**명작 영화로
명배우·명감독·역사를 읽다**

명작 영화로 명배우·명감독·역사를 읽다

발행일	2025년 12월 12일
지은이	고지찬
펴낸이	손형국
펴낸곳	(주)북랩

출판등록	2004. 12. 1(제2012-000051호)
주소	서울특별시 금천구 가산디지털 1로 168, 우림라이온스밸리 B동 B111호, B113~115호
홈페이지	www.book.co.kr
전화번호	(02)2026-5777 팩스 (02)3159-9637
ISBN	979-11-7224-994-6 03900 (종이책) 979-11-7224-995-3 05900 (전자책)

잘못된 책은 구입한 곳에서 교환해드립니다.
이 책은 저작권법에 따라 보호받는 저작물이므로 무단 전재와 복제를 금합니다.
본 도서는 (주)북랩이 보유한 리코 인쇄 장비 등 자체 생산 인프라를 통해 제작되었습니다.

작가 연락처 문의 ▶ ask.book.co.kr
전용 게시판에 문의를 남기시면 저자에게 직접 전달됩니다.

(주)북랩 성공출판의 파트너
북랩 홈페이지와 SNS에서 다양한 출판 솔루션을 만나 보세요!

홈페이지 book.co.kr   •   블로그 blog.naver.com/essaybook   •   출판문의 text@book.co.kr
카톡채널 북랩

세월을 넘어 오늘을 비추는 40편의 명작 이야기

명작 영화로
명배우·명감독·역사를 읽다

Read Great Actors, Directors, Histories in Famous Films

고지찬 지음

북랩

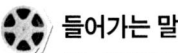 들어가는 말

알고 보면 감동은 더욱 깊어진다

  평생을 영화와 역사에 천착해온 필자는 10여 년간의 준비 끝에 지난 5년간 이와 관련한 3부작을 발간한 바 있습니다. 1부『명작 영화와 함께 읽는 역사와 인물』과 2부『명작 영화로 미국 역사를 읽다』에서는 총 70편의 영화와 그 영화의 배경이 되는 역사적 사실과 인물들에 대해서 서술했습니다. 3부『불멸의 명작 영화 50선』에서는 영화와 명배우·명감독에 대해서 살펴 본 바 있습니다. 3부작을 끝낸 후 일부 독자들로부터 영화와 역사 그리고 명배우·명감독을 동시에 읽어 볼 수 있는 책자가 아쉽다는 의견들을 보내와서 고민하던 끝에 나온 것이 이번 책자입니다.

  집필 과정은 먼저 나온 두 권의 책자에서 소개한 70편 중 40편을 엄선하고 여기에 세 번째 책자에서 소개한 영화 50편에 나온 명배우와 명감독을 덧붙였습니다. 아울러 기존에 기술한 영화와 역사 이야기도 여러 부분을 수정했고 명배우나 명감독도 추가로 보완했고 관련 내용도 대폭 수정했습니다.

이번 책의 40편의 서술은 소개하는 역사적 사건과 인물들이 등장하는 시대별로 순서를 따랐습니다. 책에서 소개하는 배우들은 총 32명이고 감독은 총 11명으로 되어 있습니다. 클린트 이스트우드의 경우에는 배우이지만 감독의 카테고리에 포함시켰고 찰리 채플린은 배우 카테고리로 구분했습니다. 우리가 일반적으로 알고 있는 명배우들은 대부분 포함이 된 것 같으나, 감독의 경우에는 머빈 르로이, 조지 스티븐스, 프레드 진네만, 엘리아 카잔, 윌리엄 와일러, 알프레드 히치콕, 샘 페킨파, 코엔 형제 등 여러 거장들이 빠져 다소 아쉬운 생각이 듭니다. 이 감독들에 대하여는 3부작 중 하나인『불멸의 명작 영화 50선』에서 소개한 바 있으니 참고 바랍니다.

흔히들 하는 얘기로 '한 번 명작은 영원한 명작'이라는 얘기가 있지요. 그래서 우리는 이들 명작을 불멸의 고전이라고도 합니다. 이는 다른 예술작품이나 문학작품에도 해당하는 말이지만… 시대를 막론하고 명작이라는 찬사를 받는 영화들은 아무리 세월이 흘러도 볼 때마다 언제나 새로움과 감동을 주는 것은 그래서일 겁니다. 시대가 바뀌어 영화의 장르는 더욱 다양해지고 촬영 기술과 컴퓨터 그래픽 등 제작환경은 기가 막히게 좋아지고 있지만 명작이 풍기는 향기는 좀처럼 사라지지 않는 법입니다. 한편의 명작은 우리의 가슴을 치기도 하고 먹먹하게도 하면서 강렬한 감동을 안겨줍니다. 이를 통해서 우리는 위안과 카타르시스를 얻기도 하지요. 한편으로는 우리를 아련한 추억의 저편으로 이끌기도 하면서 팍팍한 일상을 살아가는 우리의 메마른 마음을 촉촉이 적셔주기도 합니다.

　아울러 우리가 국내외 명승지를 여행할 때 아는 만큼 보인다는 말이 있듯이 영화도 마찬가지가 아닌가 합니다. 해당 영화의 역사적 배경인 사건과 실제 인물을 알고 보면 더욱 재미있게 감상할 수 있는 것처럼 말입니다. 특히 그 영화를 연출한 감독의 특질과 성향 그리고 출연 배우들의 스타일과 살아온 인생 역정을 알고 감상하시면 영화는 더욱 입체적이고 생생하게 다가올 것으로 믿습니다. 이번에 펴내는 『명작 영화로 명배우·명감독·역사를 읽다』도 그런 측면에서 읽으시면, 감상하신 혹은 감상하실 명작 영화의 감동도 이전보다 더욱 배가倍加되리라 믿습니다.

　끝으로 맛깔스러운 편집과 책자 디자인 등에 힘써 주신 북랩 출판사 관계자 여러분들께 감사의 말씀을 드립니다.

남한산성 우거에서
고지찬
2025. 11

 차 례

들어가는 말　　　　　　　　　　　　　　　　　　5

제1장　스팔타커스
Ⅰ. 스팔타커스(1960년), Spartacus　　　　　　　　19
Ⅱ. 완벽주의자 스탠리 큐브릭 감독　　　　　　　　23
Ⅲ. 로마 최대의 노예 반란 스파르타쿠스의 난　　　25

제2장　글래디에이터
Ⅰ. 글래디에이터(2000년), Gladiator　　　　　　　37
Ⅱ. 터프 가이, 러셀 크로우　　　　　　　　　　　39
Ⅲ. 로마의 검투사　　　　　　　　　　　　　　　42

제3장　바이킹
Ⅰ. 바이킹(1958년), The Vikings　　　　　　　　　53
Ⅱ. 할리우드의 상남자, 커크 더글라스　　　　　　55
Ⅲ. 바이킹족의 등장　　　　　　　　　　　　　　58

제4장　킹덤 오브 헤븐
Ⅰ. 킹덤 오브 헤븐(2005년), Kingdom of Heaven　　67
Ⅱ. 최고의 비주얼리스트, 리들리 스콧 감독　　　　70
Ⅲ. 십자군 전쟁　　　　　　　　　　　　　　　　72

제5장　천일의 앤

Ⅰ. 천일의 앤(1971년), Anne of the Thousand Days　　　91
Ⅱ. 웨일스의 자랑, 리차드 버튼　　　94
Ⅲ. 헨리 8세와 그의 여인들　　　97

제6장　바운티호의 반란

Ⅰ. 바운티호의 반란(1962년), Mutiny On The Bounty　　　109
Ⅱ. 할리우드의 원조 반항아, 말론 브랜도　　　112
Ⅲ. 바운티호 선상(船上) 반란 이야기　　　116

제7장　전쟁과 평화

Ⅰ. 전쟁과 평화(1958년), War and Peace　　　123
Ⅱ. 성녀聖女, 오드리 헵번　　　125
Ⅱ. 나폴레옹의 러시아 침공과 퇴각　　　129

제8장　알라모

Ⅰ. 알라모(1965년), The Alamo　　　142
Ⅱ. 서부극의 아이콘, 존 웨인　　　145
Ⅲ. 알라모 전투　　　148

제9장　링컨

Ⅰ. 링컨(2013년), Lincoln　　　157
Ⅱ. 아카데미 남우주연상 3회 수상, 다니엘 데이 루이스　　　159
Ⅲ. 에이브러햄 링컨의 일생　　　162

제10장 바람과 함께 사라지다

I. 바람과 함께 사라지다(1939년), Gone with the Wind	175
II. 비비안 리의 가슴 시린 이야기	177
III. 서먼의 바다로의 진군	183
IV. 백색 공포(KKK단)	187

제11장 늑대와 춤을

I. 늑대와 춤을(1991년), Dances with Wolves	191
II. 제2의 게리 쿠퍼 케빈 코스트너	195
III. 눈물의 여정 - 인디언들의 고난	199

제12장 황야의 결투

I. 황야의 결투(1948년), My Darling Clementine	205
II. 서부극의 거장, 존 포드	208
III. 와이어트 어프 이야기	214
IV. 서부 개척 시대의 카우보이	216

제13장 내일을 향해 쏴라

I. 내일을 향해 쏴라(1969년), Butch Cassidy and the Sundance Kid	222
II. 풍부한 인간성의 지성인, 폴 뉴먼	225
III. 부치 캐시디 & 선댄스 키드	229

제14장 열정의 랩소디

I. 열정의 랩소디(1956년) Lust for Life	233
II. 천의 얼굴을 가진 배우, 안소니 퀸	235
III. 한 많고 처절했던 고흐의 생애	240

제15장 타이타닉

I. 타이타닉(1998년), Titanic	252
II. 흥행의 귀재, 제임스 카메론 감독	255

III. 타이타닉호 침몰의 진실   258

제16장 닥터 지바고

I. 닥터 지바고(1978년), Doctor Zhivago   274
II. 장대한 서사극의 거장, 데이비드 린   276
III. 러시아 혁명   279

제17장 아라비아의 로렌스

I. 아라비아의 로렌스(1962년), Lawrence of Arabia   288
II. 아카데미상 최다 수상 실패, 피터 오툴   291
III. 토머스 에드워드 로렌스의 생애   294

제18장 앵무새 죽이기

I. 앵무새 죽이기(1962년), To Kill a Mockingbird   302
II. 완벽한 신사, 그레고리 펙   305
III. 흑인 민권운동   309

제19장 분노의 포도

I. 분노의 포도(1940년), The Grapes of Wrath   320
II. 진보의 아이콘, 헨리 폰다   323
III. 1930년대 미국 중서부를 휩쓸었던 먼지 폭풍   327
IV. 1929년 대공황   329

제20장 저것이 파리의 등불이다

I. 저것이 파리의 등불이다(1957년), The Spirit of St. Louis   340
III. 미국 원조 국민배우, 제임스 스튜어트   343
III. 파란만장했던 린드버그의 일생   347

제21장 언터쳐블

I. 언터쳐블(1987년), The Untouchables   359

II. 전설의 제임스 본드, 숀 코너리 　　　　　　　　　　362
II. 밤의 제왕, 알 카포네 　　　　　　　　　　　　　　366
IV. 웃기는 미국의 금주법 　　　　　　　　　　　　　　372

제22장　누구를 위하여 종은 울리나

I. 누구를 위하여 종은 울리나(1943년), For Whom the Bell Tolls 　379
II. 세기의 명배우, 게리 쿠퍼 　　　　　　　　　　　　383
II. 여신女神, 잉그리드 버그만 　　　　　　　　　　　　385
IV. 스페인 내전 　　　　　　　　　　　　　　　　　　387
V. 독재자, 프랑코 총통 　　　　　　　　　　　　　　393

제23장　진링의 13 소녀

I. 진링의 13 소녀(2011년), The Flowers of War 　　　397
II. 육체의 연금술사, 크리스찬 베일 　　　　　　　　　400
III. 일본군의 만행, 난징 대학살 　　　　　　　　　　403

제24장　작전명 발키리

I. 작전명 발키리(2009년), Valkyrie 　　　　　　　　412
II. 할리우드의 흥행보증수표, 톰 크루즈 　　　　　　　415
III. 히틀러 암살 음모: 발키리 작전 　　　　　　　　　419

제25장　라이언 일병 구하기

I. 라이언 일병 구하기(1998년) Saving Private Ryan 　　430
II. 믿고 보는 명배우 맷 데이먼 　　　　　　　　　　　433
III. 노르망디 상륙작전 　　　　　　　　　　　　　　436

제26장　패튼 대전차 군단

I. 패튼 대전차 군단(1971년), Patton 　　　　　　　446
II. 거장 데이비드 린과 비견되곤 하는 프랭클린 J. 샤프너 감독　449
III. 전쟁의 달인이자 트러블 메이커, 패튼 　　　　　　452

제27장 파리는 불타고 있는가

Ⅰ. 파리는 불타고 있는가(1966년), Is Paris Burning?   467
Ⅱ. 프랑스 대표 감독, 르네 클레망   471
Ⅲ. 드라마틱한 파리 해방 이야기   474

제28장 쉰들러 리스트

Ⅰ. 쉰들러 리스트(1994년), Schindler's List   487
Ⅱ. 할리우드의 지존, 스티븐 스필버그 감독   490
Ⅱ. 의인義人, 오스카 쉰들러   494

제29장 대부 1

Ⅰ. 대부 Ⅰ(1973년), The Godfather   497
Ⅱ. 살아있는 전설, 알 파치노   501
Ⅲ. 마피아의 역사와 주요 인물들   505

제30장 이미테이션 게임

Ⅰ. 이미테이션 게임(2015년), The Imitation Game   526
Ⅱ. 영국의 국민배우 베네딕트 컴버배치   528
Ⅲ. 천재 수학자이자 컴퓨터 공학의 아버지, 튜링의 비극적인 삶   531

제31장 라임 라이트

Ⅰ. 라임라이트(1952년), Limelight   540
Ⅱ. 20세기 최고의 희극배우, 찰리 채플린   543
Ⅱ. 매카시 선풍   549

제32장 빠삐용

Ⅰ. 빠삐용(1973년), Pappillon   556
Ⅱ. 나비처럼 살다간 스티브 맥퀸   559
Ⅲ. 앙리 샤리에르 이야기   563

제33장　JFK

I. JFK(1992년), JFK　　　　　　　　　　　　　　　568
II. 정치·사회적 이슈물의 거장, 올리버 스톤　　　　571
III. 케네디 암살 사건　　　　　　　　　　　　　　574

제34장　인생

I. 인생(1994년), 活着　　　　　　　　　　　　　　588
II. 중국을 대표하는 명감독 장이머우　　　　　　　590
III. 대약진운동　　　　　　　　　　　　　　　　　593
IV. 문화대혁명　　　　　　　　　　　　　　　　　601

제35장　디어 헌터

I. 디어 헌터(1979년), The Deer Hunter　　　　　　612
II. 연기의 특급 달인, 로버트 드 니로　　　　　　　614
III. 베트남 전쟁　　　　　　　　　　　　　　　　　617
IV. 호치민의 일생　　　　　　　　　　　　　　　　630

제36장　더 포스트

I. 더 포스트(2018년), The Post　　　　　　　　　　633
II. 연기의 신, 메릴 스트립　　　　　　　　　　　　635
III. 불알 달린 여자, 캐서린 그레이엄　　　　　　　638

제37장　아폴로 13

I. 아폴로 13(1995년), Apollo 13　　　　　　　　　651
II. 미국의 국민배우, 톰 행크스　　　　　　　　　　653
III. 아폴로 13호 사고 전말　　　　　　　　　　　　656

제38장 모두가 대통령의 사람들

I. 모두가 대통령의 사람들(1976년), All The President's Men　　666
II. 명배우·명감독이자 지성인 로버트 레드포드　　668
III. 워터게이트 사건　　671

제39장 아르고

I. 아르고(2012년), Argo　　679
II. 포스트 클린트 이스트우드, 벤 애플렉　　682
III. 이란 인질 사태　　684

제40장 아메리칸 스나이퍼

I. 아메리칸 스나이퍼(2015년), American Sniper　　696
II. 팔방미인 노익장, 클리트 이스트우드　　698
III. 크리스 카일 이야기　　703
IV. 이라크 전쟁　　705

참고문헌　　715

 제1장

스팔타커스

완벽주의자, 스탠리 큐브릭 감독/로마 최대의 노예 반란, 스파르타쿠스의 난

I. 스팔타커스(1960년), Spartacus

영화 〈스팔타커스〉가 만들어진 배경에는 윌리엄 와일러 감독의 걸작 영화 〈벤허〉가 있었다. 1959년 가을에 공개된 〈벤허〉는 대작 중의 대작이었다. 영화제작 초기 단계에서 벤허 역으로 거론된 배우는 커크 더글러스와 찰턴 헤스턴이었는데 당시만 해도 헤스턴은 그다지 유명한 배우가 아니었다. 반면에 더글러스는 할리우드에서 내로라하는 명장들과 작업한 대스타였다. 그런 더글러스가 벤허 역을 탐내다가 그 역을 윌리엄 와일러의 〈빅 컨츄리〉에 출연한 찰턴 헤스턴에게

빼앗기자 기분이 몹시 상했다. 그래서 본때를 보여주겠다고 자신이 직접 제작하고 지휘할 수 있는 영화를 만들고자 생각했고 그렇게 나온 것이 바로 〈스팔타커스〉였다.

와일러 감독은 더글러스에게 영화 〈벤허〉에서 벤허의 적수인 메살라 역을 제안했으나 더글러스는 메살라가 2류 악당에 지나지 않다고 거절했다. 주연 역을 탐낸 더글러스에게 조연 역인 이런 제안은 씨도 먹히지 않았다. 하워드 패스트의 소설이 원작인 〈스팔타커스〉는 할리우드의 유명한 좌파인 달턴 트럼보를 각본가로 영입해 제작되었다. 〈스팔타커스〉의 감독으로 처음에는 〈엘 시드〉〈로마 제국의 멸망〉을 만든 안소니 만이 고용되었지만 제작자인 더글러스는 그를 해고했다. 더글러스는 나중에 만 감독이 너무 유순해서 그랬다는데 그는 이 점을 항상 미안해했다. 그래서 4년 후 영화 〈텔레마크의 요새〉에서 주연으로 발탁되었을 때 안소니 만이 감독을 맡는다는 조건으로 수락했다고 한다.

만 감독의 후임으로 과거 〈영광의 길〉에서 한 번 호흡을 맞춘 적이 있는 스탠리 큐브릭 감독이 선택되었다. 그러나 큐브릭 역시 영화 촬영 내내 영화제작에 대한 권한을 행사한 실질 오너인 더글러스와 심각한 마찰을 빚었고, 영화의 완성 이후에 "다시는 이런 바지 감독을 안 하겠다"라고 말하기까지 했다. 더글러스는 로맨스가 짙게 깔린 영웅의 일대기를 만들고 싶어 했고, 다소 냉소적인 큐브릭은 멜로 드라마적 감동을 자아내는 인위적인 설정들이 영 마음에 들지 않았다. 예를 들어 영화 마지막 부분에서 포로가 된 노예들이 너도나도 일어나서 "I am Spartacus"라고 외치는 장면이 있는데 이건 정말 웃기는 일이라고 이죽거렸다. 급기야 큐브릭은 이 작품을 자신의 프로필에서 빼달라고 요청하기도 했다. 한편 더글러스는 "큐브릭은 재능있는 개새끼(Stanley Kubrick is a talented shit)"라고 씹어대기도 했다.

작가주의 성향의 카리스마 있는 거장 큐브릭과 기세가 등등한 할리우드 거물인 더글러스와의 만남은 이렇게 불화가 있었으나 다행히 영화는 매우 훌륭한 작품이라는 평을 받았다. 〈스팔타커스〉는 스펙터클한 영상과 멋진 대사, 배우들의 완벽한 연기, 적절한 긴장감의 조율 등 어느 것 하나 〈벤허〉에 모자랄 것이 없었지만 큐브릭에겐 평생 동안 트라우마처럼 따라다니는 영화였다. 이후 공식 자리에서도 종종 〈스팔타커스〉는 자신의 영화가 아니라고 했던 큐브릭에게 이 영화의 촬영은 꽤나 힘든 일이었던 것 같다.

배우 캐스팅도 화려했다. 영국의 명배우 로렌스 올리비에가 크라수스를, 〈쿼바디스〉에서 네로 역으로 능글맞은 연기를 보였던 피터 유스티노프가 약삭빠른 검투사 양성소 소장으로, 준수한 용모의 존 개빈이 시저(카이사르) 역할을 맡았다. 고혹적인 자태의 아름다운 여배우 진 시몬즈가 스팔타커스의 연인 바리니아를, 〈바이킹〉에서 커크 더글러스와 호흡을 맞췄던 토니 커티스는 크라수스의 노예였다가 스팔타커스에게 도망치는 영민한 청년 안토나이너스를 맡았다. 처음에는 여주인공 바리니아 역으로 더글러스는 프랑스 여배우 잔 모로를, 큐브릭 감독은 오드리 헵번을 염두에 두었으나 각각 사정이 생겨 성사되지 못했다. 이 영화의 원작 소설을 쓴 하워드 패스트는 매카시즘*의 광기가 미국을 휩쓸 무렵 반미 활동 조사위원회에 협조하지 않았다는 죄목으로 3개월간 투옥되기도 했다.

그는 감옥에서 〈스팔타커스〉의 이야기를 구상했고 출판사들이 거절해 결국 자비로 소설을 출간해야만 했다. 그리고 각색을 맡았던 달턴 트럼보 역시 매카시 선풍으로 할리

영화에서 마지막 전투

우드에서 쫓겨나 있었던 인물이었다. 더글러스는 당시 이런 풍조에도 트럼보의 이름을 엔딩 크레딧에 과감히 올려놓으며 그에게 감사를 표시했다. 당시 트럼보는 가명으로 여러 영화의 각본을 숨어서 쓰고 있었다. 그러나 더글러스는 이에 전혀 개의치 않고 그를 실명으로 공개했고 이는 할리우드에서 그가 진정한 용기와 의리 있는 진짜 상남자라는 것을 다시 한번 알리는 계기가 되기도 했다. 더글러스는 이 영화를 한마디로 '사랑에 대한 영화'라고 정의했다. 스파르타쿠스와 바리니아의 사랑은 물론 민중에 대한 사랑, 자유에 대한 사랑을 담고 있다고 했다. 주인공 이름은 '스파르타쿠스'가 맞으나 1964년 우리나라에서 개봉할 때 '스팔타커스'라는 영어식 발음으로 제목을 정하면서 당

---

* 매카시즘이란 50년대 초반 극우적인 상원 의원 매카시가 선봉이 되어 벌인 빨갱이 색출 운동을 말한다. 한동안 미국 전역을 들썩이게 했다. 할리우드도 예외가 아니었다.

시 영화팬들은 이 제목이 뇌에 박혀있다.

II. 완벽주의자 스탠리 큐브릭 감독

스탠리 큐브릭은 영화 역사상 가장 창의적이고 환상적인 영상을 만들어 낸 감독 중의 한 사람으로 평가받고 있다. 특히 영상물에 대한 뛰어난 감각과 완벽주의적인 제작 방식은 가히 독보적이라고 일컬어져 왔다. 〈스팔타커스〉〈닥터 스트레인지러브〉〈2001: 스페이스 오디세이〉〈시계태엽 오렌

스탠리 큐브릭

지〉〈배리 린든〉〈샤이닝〉〈풀 메탈 재킷〉〈아이즈 와이드 셧〉 등의 대표작을 남겼다. 그의 최고 대표작으로 손꼽히는 SF영화인 〈2001, 스페이스 오딧세이〉는 영화 역사상 최고의 걸작 중 하나로 반드시 언급되는 작품이다. 당시 SF 영화는 B급 영화라고 취급받던 시절이기도 했다. 〈스타워즈〉가 역사상 가장 상업적으로 성공한 SF 영화라면, 〈2001 스페이스 오디세이〉는 역사상 가장 영향력 있는 SF 영화라고 평가받고 있다.

이런 이유로 이후에 나온 거의 모든 SF 장르의 영화나 소설 등은 대부분 이 영화의 영향을 받았다고 해도 과언이 아니다. 1968년에 제작된 이 영화는 인류에게 문명의 지혜를 가르쳐 준 검은 돌기둥의 정체

를 밝히기 위해서 목성으로 향하는 디스커버리호 안에서 벌어지는 일련의 사건을 다루고 있다. 컴퓨터 그래픽 기술이 극히 미비했던 시절 아날로그 기술만으로 이런 환상적인 영화를 만들었다는 것은 대단한 업적이 아닐 수 없다. 특히 인류가 달에 가기 전에 만들어졌음에도 우주 공간과 관련된 뛰어난 여러 장면은 지금도 감탄을 자아내고 있다.

큐브릭은 1928년 7월 26일 뉴욕의 맨해튼에서 태어났다. 자라면서 아버지 제이컵 큐브릭은 그에게 사진을 권했고 취미 삼아 시작하면서 사진 세계에 깊이 빠졌다. 16살에 당시 대통령이었던 프랭클린 루스벨트의 죽음을 다룬 세트 사진이 〈LOOK〉지에 실렸고, 17세부터 이 잡지의 견습기자로 활동하기도 했다. 한편 많은 시간을 근대미술관의 필름도서관에서 보내며 그때부터 영화에 열중하기 시작했다. 이후 1951년 〈시합의 날〉을 포함해서 세 편의 다큐멘터리 영화를 만들고 1953년 첫 장편영화 〈공포와 욕망〉을 통해 영화감독으로 데뷔했다. 큐브릭은 유대계 혈통이었으나 유대인 단체의 자금 기부 요청을 거부하거나 할리우드를 지배하고 있는 유대인들의 횡포가 심하다고 툴툴거리기도 해서 유대인들로부터 반유대주의자라는 비난을 받기도 했다.

큐브릭은 어릴 때부터 체스광이었다. 세 번째 영화 〈공포와 욕망〉의 제작비는 대부분 뉴욕의 워싱턴 스퀘어 공원에서 체스 경기를 통해 얻은 상금으로 충당했다고 한다. 미국을 싫어해서 영국으로 이주했다. 이곳에서 〈배리 린든〉〈샤이닝〉〈풀 메탈 재킷〉을 만든 이후 10년간 침묵하다가 마지막 작품으로 1999년, 당시 부부였던 톰 크루즈와 니콜 키드먼이 주연한 영화 〈아이즈 와이드 셧〉을 연출했다.

이 영화는 뉴욕의 한 의사가 그의 아내와의 갈등으로 인해 겪는 3일간의 성적 판타지를 다루고 있는데 큐브릭의 꼼꼼한 완벽주의 탓에 촬영 기간이 길었던(3년) 영화로도 유명했다. 영화의 배경은 뉴욕이지만 촬영은 영국 런던 그리니치의 파인우드 스튜디오에서 진행되었고 그래서 톰 크루즈와 니콜 키드먼은 런던으로 이사를 하기까지 했다. 촬영과 최종 편집본을 넘기고서 비공개 인터뷰를 하고 1999년 3월 7일, 영국 세인트올번스의 자택에서 심근경색으로 생을 마감했다.

III. 로마 최대의 노예 반란 스파르타쿠스의 난

탈주 및 반란

로마에서 남쪽, 나폴리 근처 카푸아 검투사 양성소에 트라키아 출신의 스파르타쿠스라는 검투사가 있었다. 그는 그리스 북부의 트라키아의 왕자라는 전설이 전해진다. 그러나 당시 트라키아는

스파르타쿠스의 난 상상화

수많은 부족이 난립한 야만 지역이었기 때문에 그는 고작해야 일개 부족장의 아들 정도였을 것이다. 이 양성소의 주인인 바티아투스는

무척 포악해서 검투사들에게 못되게 굴었다. 결국 BC 73년 어느 여름날, 스파르타쿠스는 바티아투스의 잔혹한 대우에 반발해 74명의 동료 검투사들과 함께 반란을 일으켜 양성소를 탈출했다. 양성소를 탈주한 스파르타쿠스와 그의 동료들은 인근에 있는 베수비오산의 산악지대로 도망쳐 틀어박혔다.

이들은 일단 스파르타쿠스, 갈리아 출신의 크릭수스와 오이노마우스 세 사람을 지도자로 선출했다. 보통 화산 지역은 암석만 그득한 황폐한 지역이지만 베수비오산은 이로부터 150년 후 화산이 폭발해 폼페이를 덮치기 전에는 포도밭이 산재해 있는 기름진 옥토였다. 이들은 이곳에서 진을 치고 지나가는 행인들의 짐을 터는 산적질을 시작했다. 산적질이 점차 심해지자 마침내 카푸아 지방정부에서 이들을 토벌하기 위해 소규모의 진압대를 파견했으나 스파르타쿠스 일당은 이들을 제압하고 빼앗은 무기와 갑옷으로 무장한 뒤 점점 더 세력을 넓혀갔다. 이들의 명성이 널리 알려지면서 근처에서 노예·불량배·부랑자들이 모여들면서 카푸아 지방 정부로서는 도저히 손을 쓸 수가 없는 상황이 되었다.

로마군의 연전연패

마침내 로마 정부가 나서게 되었다. 그들이 일당백의 검술과 체력을 겸비하고 있었다는 사실을 로마 당국은 간과했다. 이 때문에 로마 정부는 이웃 마을 마실 가듯 가벼운 마음으로 정규 군단병이 아닌 시민군을 파견했다. 3천 명의 신병이 긴급히 소집되었고 이들은 법무관

글라베르의 지휘 아래 소풍 가듯이 한가롭게 스파르타쿠스군을 토벌하러 갔다. 법무관 글라베르는 베수비오 화산으로 올라가는 유일한 길을 차단하고 차근차근 올라가며 노예군을 포위해 굶주리게 하면서 압박했다. 그리고 그들이 뛰쳐나오면 섬멸하겠다는 계획이었다. 하지만 노예군은 산포도 덩굴로 튼튼한 줄사다리를 만들어 몰래 글라베르 군대의 후방으로 내려왔다. 이들은 재빨리 로마군의 주둔지를 급습했다. 앞만 보고 있던 로마군은 전혀 예상 밖의 기습에 혼비백산하면서 참패하고 말았다.

스파르타쿠스의 성공 소문이 퍼지자 노예·탈영병·목동들이 속속 모여들었다. 특히 스파르타쿠스가 전리품을 공평하게 나누어준다는 소식에 자유민들도 합세하면서 노예군은 이제 1만 명을 넘어서게 되었다. 그러자 로마 정부는 2차로 법무관 바리니우스 지휘 아래 시민군 4천 명을 편성해 보냈다. 이때 바리니우스는 그의 부관인 코시니우스에게 2천 명을 쪼개어 지휘하게 했다. 코시니우스는 별장에서 마음 푹 놓고 목욕을 하다가 스파르타쿠스군의 기습을 받고 간신히 가운만 걸치고 도주했다. 스파르타쿠스군은 계속 로마군을 쫓아 코시니우스와 그의 군대를 도륙했다. 한편 바리니우스는 스파르타쿠스 반란 도당을 포위하는 데 성공했지만 스파르타쿠스는 한밤중에 시체를 주둔지에 세워놓고 빠져나가는 속임수를 썼다.

이 사실을 알아낸 로마군은 곧바로 스파르타쿠스를 추격했지만 얼마 못 가 괴멸당했다. 두 차례에 걸쳐 로마 정부가 파견한 토벌대를 무찌르자 스파르타쿠스의 명성은 이제 로마 전역에 퍼졌고 그 소식을 들은 이탈리아 전역의 노예들이 속속 반란군으로 모여들었다. 이들 노예 외에도 그들과 처지가 별로 다를 것 없고 사회에 불만이 많은 하층민들도 반란군에 합류했다. 스파르타쿠스 휘하의 노예군은 무려 4만 명으로 불어나게 됐다. 로마군이 참패한 것은 당시 로마는 노예군은 단지 강도떼에 불과하다고 우습게 생각해 대규모 군단병이 아니고 오합지졸들을 끌어모아 찔끔찔끔 대처했기 때문이었다. 당시 로마는 소아시아와 스페인에서 전쟁을 하고 있어서 정규 군단병을 편성할 형편이 못되었다.

이제 스파르타쿠스의 탈주는 단순한 노예 탈주 사건이 아니라, 로마 역사상 유례가 없는 사상 최대의 노예 전쟁으로 번지게 된다. 스파르타쿠스 휘하의 노예군은 누케리아·메타폰툼 등의 도시를 함락했으며, 그때마다 병력을 보충하고 많은 전리품을 획득했다. 이런 와중에 스파르타쿠스는 야생마들을 잡아 길들여 기병대를 조직하고 억센 양치기들을 모아 군인으로 키우는 등 조직을 강화하면서 만반의 준비를 했다.

상황이 예사롭지 않게 진행되자 로마 정부에서는 신경을 조금 더 쓴답시고 법무관 휘하 두 개 군단(1만 5천 명)을 파견했다. 그러나 이 지역에 모여든 노예의 숫자는 예상보다 많아서 그들을 얕잡아 보았던 로마군은 스파르타쿠스의 게릴라 전술에 말려 또다시 패배하고 말았다. 이와 같은 연전연승으로 스파르타쿠스는 이탈리아 전역의 노예들 사이에서 최고의 영웅으로 떠올랐다. 약탈을 계속하며 남하하는 스파르타쿠스의 군대는 점점 불어나 거의 7만에 육박하기에 이르렀다. 영화와는 달리 여기에 참여한 자들은 육체노동을 주로 하는 하급 노예나 빈민들로서 노약자는 거의 없었다. 그러나 세력이 커지는 만큼 내부의 분열도 생겼다. 특히, 트라키아 출신으로 알프스를 넘어 고향에 돌아가는 것을 목적으로 하는 두목 격인 스파르타쿠스와 갈리아 출신으로 먹거리 등 물산이 풍부한 이탈리아 남부의 약탈에만 목적을 두고 있던 부두목 격인 크릭수스 사이에 갈등이 커져만 갔다. 결국 크릭수스는 절반에 가까운 3만 명의 병력을 이끌고 진영에서 이탈했다.

한편, 다음 해인 BC 72년에 이르러 로마 정부는 그해 안으로 이 반란 사건을 반드시 해결하겠다는 결의를 굳힌다. 이번에는 집정관 두 명(겔리우스, 렌툴루스)이 투입된 본격적인 토벌군을 편성했다. 두 명의 집정관이 이끄는 네 개 군단의 정규군이 일개 노예군 토벌에 투입된 것은 로마 역사상 전무후무한 일이었다. 그들은 각각 두 개 군단 1만 5천 명씩을 이끌고, 스파르타쿠스(4만 명)와 크릭수스(3만 명)에게 각각 맞섰다. 본래 약탈에 중점을 두고 활동하던 크릭수스의 군대는 가르가노 산에서 포위되었고 결국은 겔리우스군에게 패배하고 말았다. 그러나 고향으로 돌아가는 것을 목적으로 한 스파르타쿠스는 로마군의 예상과는 달리 진로를 북으로 돌려 알프스 방면으로 나아갔다.

이에 두 명의 집정관은 급하게 방향을 틀어 뒤를 쫓았다. 두 부대는 스파르타쿠스군을 피체노 부근에서 만나 양쪽에서 협공하는 모양새를 갖추었다. 이때 스파르타쿠스는 휘하의 기병대를 십분 활용했다. 먼저 겔리우스 군단을 깨뜨리고 이어서 렌툴루스가 이끄는 나머지 두

개 군단도 궤멸시켰다. 이 전투에서 로마군단은 파스케스*와 군기를 모조리 스파르타쿠스군에게 빼앗겼다. 이것은 로마의 위신에 엄청난 상처를 입혔고, 망신은 망신대로 톡톡히 당했다. 연이어 들어온 소식은 로마 고위층의 분노를 폭발시켰다. 스파르타쿠스는 포로로 붙잡은 로마 병사들에게 검투사 경기를 시켜 서로 죽이게 했던 것이다. 소식을 들은 로마는 화가 날 대로 났다. 두 집정관을 패배시킨 뒤에도 스파르타쿠스군은 계속 알프스까지 행군했고 더 이상 로마군은 이들의 탈출을 막을 능력을 상실한 상태였다.

회군

이들은 목적지를 트라키아로 잡은 듯했으나 무슨 까닭인지 갑자기 남쪽으로 도로 내려왔다. 역사가들은 이것이 스파르타쿠스 최대의 실책이라고 평가한다. 그냥 알프스를 넘어갔으면 자유를 찾을 수 있었는데 그것을 포기하고 이탈리아로 돌아갔기 때문이다. 스파르타쿠스 본인이 이탈리아에서 탈출해 자유를 찾는 것을 최종 목표로 삼았던 것이 분명한 만큼, 왜 이랬는지에 대해서는 여러 의견이 분분하다. 가장 설득력이 있는 설은 스파르타쿠스군의 상당수를 이뤘던 갈리아·게르만인들이 소위 2세대 노예였던 점을 지적한다. 즉, 그들에게 알프스 이북은 고향이 아니라 낯선 땅이나 다름없었다. 스파르타쿠스가

---

* 파스케스(fasces, 라틴어로 "묶음"이란 뜻)란 권력과 사법권, 군사지휘권의 상징성을 나타낸다. 도끼를 나무 막대기 여러 개로 감싼 다발로 되어있다. 20세기에 들어와 무솔리니가 이끄는 이탈리아의 국가주의자들이 이것을 "단결된 결속된 힘"의 상징으로 이용해서 파시즘이란 전체주의 정치철학을 내세우며 스스로를 파시스트라고 불렀다.

세력 확대를 위해 포섭했을 이탈리아 남부의 빈민과 양치기들도 마찬가지였을 것이다. 또한 평생 안온한 이탈리아 남부에서 살아왔을 그들에게 눈 덮인 알프스 거봉들이 주는 위압감도 무시할 수 없었을 것이다. 전투가 어렵기는 하겠으나 몇 번의 승리로 자신감도 생겼다. 승리와 함께 약탈이라는 달콤한 열매가 눈에 어른거렸을 것이다.

이들은 척박한 땅이 기다리는 불확실한 미래보다 현실에 안주했을 공산이 크다. 결국 스파르타쿠스는 홀로 고향으로 가는 것을 포기하고 그들과 함께하기로 했다. 그들의 의견에 따라 남쪽으로 향해 메시나해협을 건너 곡창 지대인 시칠리아섬으로 가기로 했다. 고대 시칠리아는 농산물이 풍부했다. 굶주린 반란군들은 석양에 붉게 물드는 바다 건너 시칠리아섬을 바라보며 새로운 삶을 꿈꾸었을 것이다. 한편, 스파르타쿠스가 이탈리아로 돌아온다는 사실을 안 원로원은 로마 제일의 부자인 법무관 크라수스*에게 스파르타쿠스군 토벌의 명을 내렸다.

크라수스의 등장

그는 패주한 집정관의 군대와 자신의 사비를 털어 징집한 병사를 합친 여덟 개 군단으로 스파르타쿠스의 노예군과 맞서 싸우게 되었다. 집정관이 패배한 싸움에 등급이 낮은 법무관인 크라수스가 나선

---

* 리키니우스 크라수스는 집정관, 감찰관을 지낸 바 있고 카이사르·폼페이우스와 함께 삼두정치의 일원으로서 활약했다. 로마 최고의 부자로 유명했으나 저저분하게 부를 모았다는 악평이 뒤따랐다. 말년에 동방의 파르티아 원정을 갔다가 대패하고 죽임을 당했다.

것은 두 집정관들이 이미 노예군에게 패배했다는 망신을 당했으므로 더 이상 군단을 지휘할 수 없기 때문이었다. 크라수스는 여덟 명의 법무관 중에서도 수석 법무관이었고 따라서 두 집정관의 패배 이후 크라수스가 지휘할 차례였던 것이었다.

크라수스는 군사적 경험도 거의 없고 특별한 군사적인 역량도 없는 인물이어서 여덟 개 군단의 대규모 부대를 지휘하는 부담감이 컸다. 더구나 정적이자 라이벌이기도 한 폼페이우스가 에스파냐에서 승리했다는 소식과 함께 그가 곧 귀국한다는 얘기가 전해졌다. 그가 돌아오면 노예군의 토벌은 그가 맡을 것이 분명할 것이고 그러면 자기의 입지는 더욱 좁아질 것이 뻔했다. 그는 마음이 조급해졌다. 그는 먼저 토벌군의 군기를 잡기로 했다. 이전에 패배한 겔리우스와 렌툴루스 병사들에게 본때를 보여준다고 로마군의 가장 엄격한 형벌인 이른바 '10분의 1형'을 집행토록 했다.

이 형벌은 병사 중 제비뽑기로 10분의 1을 가려내서 다른 병사들이 집단으로 때려서 처형하는 방식이었다. 본래 반기를 들었거나 도주한 병사들에 대해서만 행해지는 처벌이었다. 어찌 되었든 그 효과는 대단했다. 병사들 스스로 몽둥이·돌멩이·채찍·곤봉을 들고 동료를 죽이면서 병사들의 눈에는 핏발이 서기 시작했다. 악이 바짝 오른 크라수스군은 스파르타쿠스군을 뒤쫓기 시작했다. 대규모 로마군단의 세에 밀린 스파르타쿠스군은 이탈리아반도의 남서부 끝자락인 레기움까지 몰렸다. 스파르타쿠스는 인근의 칼리키아 해적들과 협상을 벌였다. 그들에게 반란군들을 시칠리아섬으로 데려다주면 충분히 보상해

줄 것을 약속하고 금화까지 건네주면서 먼저 2천 명을 실어 날라달라고 했다. 해적선은 크기도 작고 숫자도 작아 한꺼번에 많은 사람을 태울 수가 없었다. 스파르타쿠스는 먼저 선발대를 보내 시칠리아의 노예들을 부추겨 섬을 장악하도록 할 계획이었다. 물론 정예 병사들을 엄선했을 것이고 일단 이들이 섬을 제압하면 더 많은 사람들을 데려간다는 계획이었다.

그러나 실제로 그렇게 되지 않았다. 해적들은 돈만 떼어먹고 달아나 버렸다. 한 마디로 사기를 당한 것이다. 영화에서는 해적들이 크라수스에게 매수당한 것으로 묘사되고 있다. 이렇게 되자 급하게 뗏목을 만들어 메시나해협을 건널 생각도 해보았지만 급물살 때문에 이것도 불가능했다. 또한 메시나 해협 건너편에서는 시칠리아 총독인 베레스가 상륙 지점에 진지를 구축해 놓고 있었다. 이래저래 노예군의 시칠리아섬 침공은 물 건너갔다. 이런 와중에 스파르타쿠스의 말을 안 듣는 노예들의 고질병이 또 터졌다. 카스투스·간니쿠스가 이끄는 노예군 일부가 스파르타쿠스와의 의견 차이로 갈라지고 떨어져 나갔지만 이들은 곧 로마군에게 섬멸당했다. 이제 노예군은 3만 명으로 줄어들었다. 스파르타쿠스는 그래도 어떻게 해서라도 동쪽으로 이동해 부룬디시움항으로 가서 이탈리아를 탈출해 보려고 움직였으나 크라수스군이 앞을 막아섰다.

마지막 전투

스파르타쿠스군은 인근의 산악 지대로 도피했다. 바다를 옆에 끼고 있는 이 산악 지대는 험한 산이란 뜻의 아스프로몬테였다. 그러나 스파르타쿠스를 중심으로 노예군은 산속에서 오래 버티지 못하고 산 밑으로 내려왔다. 아마도 식량문제 때문에 별 수 없이 내려왔을 것이다.

영화에서 마지막 회전

그들은 산 밑의 계곡에서 포진하고 있던 로마군과 정면으로 부딪쳤다. 그동안 이리저리 쪼개지는 바람에 스파르타쿠스군은 크라수스 군단에 비해 중과부적으로 내몰렸다. 수적으로 수세에 몰린 스파르타쿠스는 마지막 수단으로 돌격대를 편성해 크라수스를 향해 정면으로 돌진했다. 로마군은 전력을 다해 이를 저지했고, 스파르타쿠스는 그의 손으로 여러 명의 백인대장을 베어 쓰러뜨리는 등 분전했으나 결국 힘이 다해 쓰러지고 말았다. 스파르타쿠스의 죽음은 곧바로 노예군의 붕괴를 야기했고, 수많은 시체가 쌓이는 것으로 끝나버렸다.

이 처참한 현장 속에 스파르타쿠스는 없었다. 아마도 시체들 사이에 묻혀버렸을 것이다. 그가 무사히 도망쳐 살아났다는 전설이 없는 것도 아니지만 영화에서 보여주듯, 노예들이 너도나도 나서서 "내가 바로 스파르타쿠스요!"라며 그를 두둔하는 가슴 뭉클한 장면은 물론 없었다. 포로로 잡힌 6천 명은 크라수스의 명에 따라 주인에게 반항한 노예에 대한 가장 무거운 형벌인 십자가형에 처해졌으며 아피아 가도 연변에 세워진 처형 행렬은 가히 수십 리에 이르렀다고 한다. 반란군 6천 명의 이 십자가형은 아마도 고대 세계에서 기록된 가장 대규모의 십자가형이었을 것이다. 이러한 극단적인 조치에서 크라수스의 손길이 느껴진다. 그는 출세를 위해서는 물불을 가리지 않는 사람이었다. 이렇게 잔인하고 요란한 제스처와 구경거리를 연출함으로써 로마인들에게 자신의 위상을 세우려 했을 것이다. 또한 로마의 노예들에게도 앞으로 이런 반란은 아예 꿈도 꾸지 말라고 본때를 보여준 것이다.

스파르타쿠스의 난 이후

로마인들은 스파르타쿠스에 대한 기록을 조금밖에 남기지 않았다. 스파르타쿠스 전쟁은 사실 그 규모 면에서 두 명의 집정관이 털리고, 이례적인 조치로 여덟 개 군단을 동원해서야 겨우 진압됐을 정도로 규모가 큰 전쟁이었다.

영화에서 십자가에 매달린 스파르타쿠스

그러나 기록을 남기기 좋아하는 로마인들답지 않게 남은 기록이 별로 없는 편이다. 이 사건을 기록으로 남기기에는 비천한 노예들에게 로마가 몇 차례나 털렸다는 사실이 너무나 창피해서 그랬을 것이다. 여하튼 기록은 별로 남기지 않은 로마인들이었지만 스파르타쿠스를 잊지는 않았다. 이후 키케로나 카이사르도 스파르타쿠스를 언급한 바 있고, 반란이 있은 지 150여 년 후인 AD 79년에 화산 폭발로 멸망한 도시 폼페이 유적에서도 스파르타쿠스가 말을 타고 싸우는 모습을 그린 낙서가 발견되었다.

'스파르타쿠스의 난' 이후 로마 제국에서 노예 반란이 일어나지 않은 것은 절대 아니다. 기회만 있으면 로마에서는 소규모로 노예들의 반란이 계속 일어났다. 심지어 로마 제국의 번영기라는 5현제 시대에도 노예 반란이 끊임없이 일어났다. 로마 제국이 막장이 되는 말기에 들어서는 이 노예 반란이 더욱 심각해졌다. '스파르타쿠스의 난'은 이후 오랜 세월 그다지 주목받지 못했다. 하지만 근대로 접어들면서 자유와 평등을 부르짖는 인문 사상의 발달과 함께 점차 관심이 높아졌다. 인간의 자유와 관련해 많이 회자되는 역사적 대사건으로 살아난 것이다. 그만큼 호소력이 있는 사건이기에 지금도 할리우드에서 이 사건을 소재로 영화나 드라마를 자주 만들어지고 있다.

끝으로 『마스터스 오브 로마』라는 대작(21권)을 쓴 오스트레일리아 여류 작가 콜린 매컬로는 스파르타쿠스가 트라키아 출신의 노예가 아니라 원래 로마 시민 자격을 갖춘 장교였다고 한다. 일개 노예 출신이 대규모 군대를 훈련시키고 정규병은 아니지만 로마군들과 대등한 전투를 벌였다는 것은 어불성설이라는 것이다. 매컬로에 따르면 스파르타쿠스는 원래 군단에서 많은 경험을 쌓았던 인물이었으나 반란 혐의로 누명을 뒤집어쓰면서 검투사의 길을 택하였다고 한다. 당시 로마법에서는 로마 국적의 병사일 경우에 추방이냐, 검투사냐 두 갈래 길 중에 하나를 선택할 수 있었는데, 재판에서 그는 검투사의 길을 택했다고 한다. 일리가 있는 얘기다.

제2장

글래디에이터

터프 가이, 러셀 크로우/로마의 검투사

Ⅰ. 글래디에이터(2000년), Gladiator

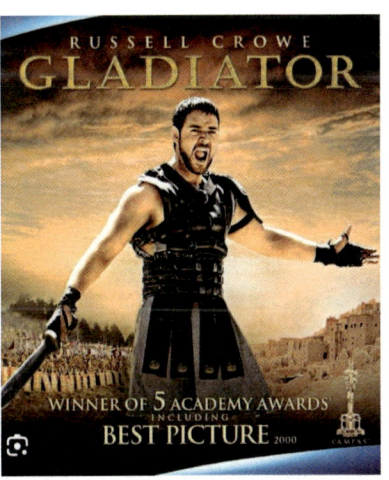

〈글래디에이터〉는 무려 1억 1,000만 달러를 투입한 블록버스터 영화다. 로마 시대를 완벽히 재현하기 위하여 2년간에 걸쳐 이탈리아·몰타·모로코·영국 등 4개국에서 촬영했다. 막대한 제작비와 컴퓨터 그래픽 기술을 동원해서 대작〈벤허〉에 버금가는 웅장한 볼거리들을 만들어냈다. 감독 리들리 스콧은 영화의 흐름을 해치지 않는 선에서 최대한 정확한 고증을 위해 역사학자들을 자문역으로 두는 열정을 보였다. 또

한 주어진 배경을 누구보다 밀도 있게 담아내는 스콧 특유의 영상 스타일을 구사하면서 스케일이 크고 박진감 넘치는 액션 장면을 관객들에게 선사했다.

컴퓨터 그래픽으로 원형 경기장 콜로세움을 그대로 복원했으며, 도입부에 나오는 도나우강 인근의 게르만족과의 10분 동안의 전투 장면에서는 영국 서리의 숲 하나를 모두 불태워 촬영했다. 실제 현지 삼림 당국에서는 개발을 위해 이 숲을 정리하려는 참이었는데 스콧 감독이 이를 알고 적극적으로 요청해서 이루어졌다는 후문이다. 영화 초반부 게르만족들의 측면을 향해 막시무스가 이끄는 로마 기병들의 돌진 장면이 나오는데 이들 중 20명은 영국 왕실근위대에서 빌려온 베테랑 기병들이었다. 또한 검투사 조련사인 프록시모 역의 배우 올리버 리드가 촬영이 끝나기 3주 전에 숨지자, 2분여 남은 그의 연기 장면을 위하여 320만 달러를 들여 컴퓨터 그래픽으로 그의 모습을 완벽히 복원해서 무사히 촬영을 마쳤다.

이러한 노력 등으로 2000년, 전 세계에서 개봉하여 흥행은 물론 비평가들로부터도 호평을 받았다. 국내에서도 그해 6월 3일 개봉하여 서울에서만 132만 명의 관객을 동원했다. 처음에 배우 멜 깁슨에게 막시무스 역을 의뢰했으나 그는 나이가 많다고(43세) 고사했다. 호주 태생의 작곡가이자 가수인 리사 제라드가 부른 주제곡 'Now we are free'는 뛰어난 명곡으로 지금도 많은 이들의 귀에 각인되어 있다. 가수의 독특한 음색과 뛰어난 성량 그리고 겹치는 코러스는 경건하고도 거룩한 분위기를 조성하고 있다.

제73회 아카데미 시상식에서는 작품상과 남우주연상·의상상을 비롯해 총 5개 부문에서 수상했다. 특히 주인공 막시무스 역을 맡은 러셀 크로우의 강렬한 연기는 많은 평론가들의 찬사를 받았다. 이 밖에 2001년

혈전을 벌이는 검투사 막시무스

골든글로브상의 최우수작품상, 영국 아카데미의 작품상 등을 수상했다. 2024년에 같은 감독의 〈글래디에이터 II〉가 팬들의 폭발적인 기대 속에 개봉되었으나 전편보다 등장인물들의 감정선의 깊이가 미흡하다는 둥 다소 아쉽다는 평을 남겼다. 무엇보다도 주인공 막시무스 역의 폴 메스칼이 전편에서의 러셀 크로우의 존재감에 미치지 못한 점도 작용했을 것이다.

II. 터프 가이, 러셀 크로우

러셀 크로우는 1964년 뉴질랜드 웰링턴에서 태어나 4세 때 부모와 호주로 이주하였다. 어린 시절부터 아역 스타로 출발한 그는 커가면서 TV와 영화에 출연했다. 1992년 출연한 〈이유 없는 반항〉으로 세계적으로 그를 알리게 된

러셀 크로우

다. 이후 1994년에 출연한 〈섬 오브 어스〉는 그가 할리우드에서도 상품 가치가 있음을 보여준 영화였다. 다음 해인 1995년, 당시 〈퀵 앤 데드〉의 제작을 맡았던 여배우 샤론 스톤이 그의 캐스팅을 추천했다. 1998년 커티스 핸슨 감독의 느와르 영화 〈LA 컨피덴셜〉에서 거칠지만 의협심 있는 형사로 두각을 나타내면서 영화계에 뚜렷한 인상을 남겼다.

이후 아카데미 남우주연상을 안겨준 〈글래디에이터〉의 복수심에 불타는 막시무스, 〈뷰티풀 마인드〉의 조현병에 걸린 수학 천재 존 내쉬, 〈마스터 앤드 커맨더: 위대한 정복자〉의 잭 오브리 함장 그리고 〈신데렐라 맨〉의 가난한 복서 짐 브래덕 역에 이르기까지 놀라울 정도로 다양한 역할들을 연기하면서 드디어 최고의 배우의 반열에 오른다.

2015년에는 제1차 세계대전 당시 갈리폴리 전투로 세 아들을 모두 잃은 한 남자를 그린 〈워터 디바이너〉의 주연을 맡으면서 동시에 처음으로 메가폰을 잡았다. 이 영화에 대한 감독으로서의 역량에 대하여도 찬사를 받았는데 후에 스태프진들은 크로우에 대해 영화 십여 편을 찍은 관록이 묻어난다고 놀라워했다. 이에 대하여 크로우는 〈글래디에이터〉 〈바디 오브 라이즈〉 〈로빈 후드〉 등을 함께 만든 거장 리들리 스콧으로부터 가장 많이 배웠다고 그에게 공을 돌렸다. 2023년에는 영화 〈포커 페이스〉를 감독·주연을 맡아 카리스마 넘치는 갬블러로 나온다.

그는 록 가수가 되고자 했던 어릴 때 꿈을 버리지 않고 지금도 한 록 밴드에서 기타를 치고 노래를 하고 있다. 그는 10대 시절부터 음악을 해왔고, 당시 잠시 살던 시드니 시절에는 거리에서 버스킹을 하면서 월세와 식비를 해결하기도 했다. 그는 호주에 가정을 꾸렸고 거기서 오랜 연인인 호주 출신의 가수이자 배우 다니엘 스펜서와 결혼하여 두 자녀를 두었는데 지난 2017년에 두 사람은 이혼했다. 이후 호주 출신의 니콜 키드먼·조디 포스터와 염문을 뿌리고 다녔다.

영화 〈LA 컨피덴셜〉에서 보여주듯이 터프가이 같은 인상 덕분에 주로 선이 굵은 스타일의 상남자 역할들을 자주 맡지만 〈인사이더〉 〈뷰티풀 마인드〉에서 보여준 바와 같이 섬세한 연기에도 탁월한 재능이 있다. 이 때문에 영화계에서는 강하면서도 섬세한 연기도 동시에 소화할 수 있는 배우라고 호평을 받고 있다. 생긴 인상대로 다혈질에 자기 소신이 뚜렷하다. 스태프들뿐만 아니라 촬영장 밖에서도 수틀리면 곧잘 주먹다짐을 벌이는 불같은 성격의 소유자이기도 하다. 그래서 여러 폭행 사건들에 휘말리면서 구설수에 오르기도 했다. 최근에는 나이가 들어서인지 한층 부드러워졌다는 얘기가 나돌기도 한다. 본인은 영화 제작과정에서 작품에 집중하다 보니 간혹 언성이 높아지기도 했고 성격적으로 의협심이 강해 대충 지나치지 않은 점도 있었음을 시인하기도 했다. 앞으로 연륜이 쌓이면서 더욱 노련한 연기 솜씨가 기대되고 있다.

III. 로마의 검투사

검투사의 기원

검투사 경기는 에트루리아*인들의 장례식 풍습에서 유래했다고 한다. 즉 죽은 조상들을 기리기 위해 장례식장에서 검투사 경기를 벌이면서 이 풍습이 생겨난 것이다. 이후 에트루

검투사 경기

리아를 정복한 로마인들에 의해서 로마에 검투사의 풍습이 이식되었다. 로마 최초의 검투사 경기는 제1차 포에니 전쟁(로마와 카르타고와의 전쟁)이 시작된 해인 기원전 264년으로 기록되고 있다. 기원전 2세기로 넘어오면서 점차 검투사 경기의 규모가 커지기 시작했다. 이때 로마는 카르타고와 마케도니아와의 전쟁에서 승리하면서 막대한 부를 챙기게 됐다. 이 막대한 부는 상류층의 부로 연결되었고 상류층은 이런 부를 과시하기 위하여 점차 거창한 검투사 경기를 열기 시작했다.

이렇게 개인적으로 개최하던 검투사 경기가 공적인 차원으로 변모하기 시작했다. 검투사 경기를 사회 유력층 인사들이 정치적 목적으

---

* 에트루리아는 로마보다 앞서 이탈리아반도에 최초로 독자적인 문화를 남겼으며, 기원전 8세기경부터 기원전 2세기까지 북쪽은 토스카나 지방부터 남쪽은 로마에 이르는 지중해 연안 지역을 중심으로 한 중부 이탈리아의 거의 전역을 지배했다.

로 활용하게 된 것이다. 검투사들의 피 터지는 싸움 광경은 시민들의 신나는 볼거리로 변했다. 오늘날 축구장에서 환호하는 관중들의 마음과 다를 바 없었다. 시민들은 이렇게 재미있는 경기를 보여준 주최자 측에 고마움을 표시했다. 시민들이 주최자들에게 보내는 감사하는 마음은 곧 이들에게 정치적 자산이 되었다. 이들이 정치계에 나서게 되면 이렇게 쌓아두었던 시민들의 후원이 큰 힘이 되었고, 이제 검투사 경기는 정치가들에게 권력을 유지하는 중요한 수단 중의 하나로 떠올랐다. 로마가 후기공화정으로 접어들면서 검투사 경기는 로마 정치 깊숙이 자리를 잡아갔다.

정치가가 자신의 입지를 구축하려면 검투사 경기를 개최해야만 했다. 시민들의 인기를 먹고 사는 그들에게 검투사 경기야말로 그야말로 딱이었던 것이다. 물론 경기 개최에 많은 비용이 드는 것도 사실이었다. 한편 검투사들이 경기뿐만 아니라 정치적 폭도로 활용되는 것도 이 시기였다. 내전에도 이 검투사들이 동원되었다. 제정帝政 시대에 접어들어서 황제들은 검투사 경기의 정치적 의미를 너무나 잘 알고 있었다. 시민들이 열광하는 검투사 경기를 통해 정적들이 인기를 독점하는 것을 그냥 두 눈 뜨고 볼 수 없었다. 황제들은 재력도 있었다. 이렇게 해서 로마 시내에서의 검투사 경기 개최는 황제의 전유물이 되었다.

검투사의 자격

검투사가 되는 자격 조건은 따로 없었다. 초기에는 주로 전쟁포로

나 노예를 검투사로 훈련시켜 경기에 나서게 했다. 또한 범죄자들의 경우, 가벼운 죄를 졌을 때에는 검투사 양성소로 보내기도 했다. 이들은 재판에 의해서 졸지에 검투사가 된 것이다. 이 밖에 빚에 쪼들리거나 먹고 살기가 막막하거나 혹은 이름을 날리는 쟁쟁한 검투사들이 부럽거나 해서 자유민들도 자원해서 검투사가 되었다. 아주 드물기는 했지만 남자다운 용기와 시민들의 환호에서 오는 짜릿한 쾌감을 즐기려고 검투사로 나서는 로마 시민들도 있었다.

제국 후기에 접어들어 로마가 쇠락하면서 경제 사정이 악화되자 일반 시민들은 너도나도 검투사를 자원하는 일이 벌어졌다. 목숨을 걸 만큼 먹고사는 문제가 절박해진 것이다. 일부 인기 있는 검투사들이 재산을 모으는 일이 생기자 이런 풍조를 더욱 부채질했다. 실력 좋은 검투사는 요즘의 연예인 내지 스포츠 스타들과 비슷한 대우를 받았다. 그러나 검투사에 대한 전반적인 사회적 인식은 형편없었다. 검투사들은 천한 노예 신분에 불과했다. 당연한 얘기지만 당시에는 '인권'이라는 인식이 아예 없었다.

2천 년이 지난 후 미국 독립 혁명과 프랑스 혁명이 낳은 이 사상이 있을 리 없었다. 노예란 단지 '말하는 도구'일 뿐이라고 간주하던 시절이었다. 그때 로마인들은 '노예는 자신의 운명을 스스로 결정할 권리가 없는 자'라고 확실하게 정의 내리고 있었다. 그러니 주로 전쟁 포로나 노예 출신들로 이루어진 검투사는 로마인들에게 인간 취급을 받을 수 없었다. 그가 아무리 경기장에서 인기를 모으는 일류 검투사라 할지라도 말이다. 검투사가 된 포로나 노예가 인기를 모으면 자유인이 될 수 있었다. 검투사들은 검투장 안에서 자유를 뜻하는 '목검'을 받았는데 황제가 직접 건네주기도 했다. 노예가 자유를 얻는 가장 빠른 방법은 검투사가 되는 것이기도 했다. 검투사들의 평균 연령은 대략 10대 후반에서 20대 전반까지였다. 이들은 대개 경기장에서 싸우다가 죽어나갔다.

그러나 실력이 출중하거나 운이 좋아서 살아남는 경우도 왕왕 있었다. 금전적인 여유가 생기면 자유를 사서 당당하게 로마 시민으로 살아가기도 했다. 전직 검투사들이 최고로 치는 직업은 황제나 고위 정치인들의 경호원이었다. 이 밖에 군대에 들어가기도 했고 오늘날 살인청부업자인 이른바 '해결사'라는 직업을 가지기도 했다. 이들은 채권자들에게 고용되어 채무자들에게 사람 죽이는 기술을 써먹었다. 모아둔 것이 없는 전직 검투사들은 노숙자나 행려병자 신세를 면치 못했다.

검투사들의 경기

검투사들이 경기장에서 죽는 비율은 대략 20퍼센트였다. 하루 평균 100명이 경기장에 나갔는데 이 중 20명가량이 죽어나갔다. 초짜 검투사는 보통 1년 내에 죽기 마련이었다. 운이 좋아 1년을 넘기더라도 3년 안으로 대부분 황천길에 올랐다. 로마인들은 실력이 좋은 베테랑 검투사가 초짜들을 상대로 일방적인 경기를 펼치는 것을 싫어했다. 언제나 스릴 있고 손에 땀을 쥐게 하는 종이 한 장 차이의 아슬아슬한 승부를 좋아했다. 그래서 대개 비슷한 실력의 검투사들끼리 싸우게 했다. 그러나 실력 있는 검투사들끼리의 경기는 이들의 몸값이 비싸기도 하고 양성하는 기간이 길기도 해서 덮어놓고 죽이기에는 아까웠다. 그래서 일단 승패가 결정난다 하더라도 상대방을 쉽게 죽이게 하지 않았다. 다음 경기에 또다시 나서야 했기 때문이었다. 죽었어야 할 패배자가 부상을 당해 '스폴리아리움(시체실)'으로 실려 가면 관리인들이 마지막 숨통을 끊었다.

대부분의 검투사는 투구를 쓰고 경기에 임했다. 그런데 투구를 쓰지 않고 맨머리로 그물을 들고 경기에 임하는 검투사가 있었다. 이들을 '그물 검투사'라고 불렀다. 영화 〈스파르타쿠스〉에서 주인공 커크 더글라스와 대결하는 맨머리 흑인 검투사가 바로 그물 검투사다. 이들이 투구를 안 쓴 것은 앞을 잘 보기 위해서였다. 잘 보여야 그물을 제대로 던질 수 있었기 때문이었다. 이렇게 얼

그물 검투사(왼편)

굴을 내보이고 싸우는 검투사들은 대개 미남들이었다. 여성 관객들은 이들의 얼굴을 보고 싶다고 난리법석을 떨었기 때문이다. 그래서 검투사 양성소에서는 얼굴이 잘생긴 검투사들을 주로 그물 검투사로 써먹었다. 이들은 왼팔에 천을 감싸고 가죽끈으로 묶는 팔 보호대를 착용했다. 이들은 기다란 삼지창을 들고 싸웠다.

그물 검투사들과 대적하는 검투사는 대개 로마 군단의 중장보병을

모델로 한 '철갑 검투사'였다. 이들은 투구 전면이 송송 뚫려 있는 구멍으로 시야를 확보해야 했는데 무척 갑갑했을 것이다. 그리고 둔한 기동성 때문에 그물 검투사의 밥이 되곤 했다. 묵직한 철갑 무장 때문에 싸움이 진행될수록 점점 더 불리해졌다. 그래도 그물만 피하면 그런대로 승률이 높았다. 인기 있는 검투사들은 주로 갈리아족 출신이나 게르만족 출신이었는데 이들은 북쪽에서 잡아 온 포로였다. 거의 다 장신에 금발이어서 이런 사람들이 검투사로 나오면 로마 시민들은 열광했다. 갈리아 출신 검투사들은 물고기 검투사라고 불렸다. 이들의 투구 꼭대기가 물고기의 등지느러미와 같다고 해서 붙여졌다. 영화 〈글래디에이터〉에서처럼 전차를 타고 경기에 나서는 검투사들도 있었다. 그러나 보기엔 근사했지만 유지비가 많이 들어 검투사 양성소 측에서나 주최 측에서 양성하길 꺼렸다.

검투사는 로마에서 최고로 검술 실력이 뛰어난 존재들이었다. 로마 공화정 시기 검투사들이 주동이 되어 일으킨 '스파르타쿠스의 난' 때 로마가 휘청거릴 정도로 혼쭐이 났었다.

영화에서 혈전 중인 막시무스와 동료

이는 로마의 위정자들이 이 난의 핵심 주력이 검투사 출신이라는 점을 간과했기 때문이었다. 검투사들은 목검으로 나무를 타격하는 기초 훈련에서부터 턱걸이·달리기·통나무 들어올리기·푸쉬업 등의 기초체력 훈련을 하루도 빠짐없이 소화했다. 목숨이 걸린 일이라 열심히 했을 것이다. 초짜들은 교관들에게 머리나 얼굴·허벅지·옆구리·종아리 등을 찌르는 법을 배웠다. 주로 목검과 방패를 가지고 연습했다. 이후에는 진짜 장비를 갖추고 하는 훈련이 이어졌다.

검투사의 식사

검투사들의 주식은 콩을 섞은 보리죽이었다. 가축의 사료인 보리를 먹인 것은 딱히 검투사들을 가축 수준으로 취급해서가 아니라 보리가 근육을 강화하는데 밀보다 더 좋다고 여겼기 때문이다. 사실 보리보다는 함께 섞어 먹는 콩이 단백질이어서 근육을 만들어주거나 체력을 보완하는 데는 더 요긴했지만 말이다. 주기적으로 고기도 먹었다. 특히 맹수들의 경기가 있는 다음 날 죽은 동물들의 고기가 제공되곤 했다. 경기 전날 저녁 식사 시간에는 검투사들에게 푸짐한 식사가 준비되었다. 그러나 죽음이 눈앞에 어른거리는 검투사들에게 입맛이 당길 리 없었다. 실력이 뛰어나 죽을 확률이 매우 낮은 경험 많은 베테랑들 소수만이 음식을 즐길 뿐이었다. 당장 내일 죽을지 모르는 신참 검투사들은 긴장감 때문에 음식에 손이 가지 않았다.

검투사 경기의 날

경기 당일, 오전에는 처음 순서로 관중들 앞에서 검투사들의 행진을 선보인다. 이어서 맛보기로 동물과 검투사들 간의 싸움을 벌인다. 이 동물과 싸우는 검투사들을 '베스티아리'라고 불렀다. 엄밀히 말해 베스티아리는 글래디에이터로 취급되지 않았다. 이들은 제국 각지에서 잡아오는 호랑이·코끼리·사자·표범 등과 싸웠고 심지어는 하마·악어·북유럽의 스라소니·북극곰·인도코뿔소 같은 희귀한 맹수들과도 싸웠다. 이런 동물들은 황제의 명령에 의해 동물 사냥꾼들과 변방의 군인들이 주로 했다. 위험한 맹수들과 싸워야 했기 때문에 이들은 활과 창·횃불·갑주 등으로 단단히 무장하고 사냥개들을 대동한 채 맹수들과 대결했다. 대개 베스티아리가 승리하지만 동물이 이길 경우도 종종 있었다. 이 때문인지 관중들은 짐승을 죽이는 장면 못지않게 베스티아리가 죽는 장면을 간절히 보고 싶어 했다.

정면으로 맹수와 싸우는 장면에서는 관중석이 더욱 들썩거렸다. 동물들이 빌빌거리며 싸울 기미를 안 보이면 사육사들이 채찍·횃불·쇠막대기 등을 동원해서 뒤에서 무자비하게 몰아댔다. 어떤 베스티아리는 곰이나 사자와 맨손으로 싸우기도 했는데 이때 관중들의 흥분은 숨이 넘어갈 정도로 치달았다. 정오에는 죄수들의 처형식이 거행되었다. 죄수들의 처형엔 십자가형 외에 화형이 있었고, 또 맹수에게 잡아먹히게 하는 경우도 있었다. 십자가형이나 화형은 당하는 이에겐 지극한 고통이었으나 시간을 많이 잡아먹어 관중들에겐 지루하기 짝이 없었다. 그래서 주최 측은 시간이 짧게 걸리는, 관중들이 좋아하는 맹수를 풀어 죄수를 물어뜯게 하는 방법을 많이 사용했다. 네로 황제는 로마 대화재의 책임을 기독교도들에게 뒤집어씌우고 이들에게 십자가형·화형·야생동물형을 집행했다. 어떤 기독교인에게는 야생동물의 가죽을 뒤집어씌우고 동물로 오인한 개들로 하여금 물어뜯도록 했다. 이런 형 집행은 딱히 검투사 경기 날에만 벌어지는 것은 아니었다.

관중석에서는 오늘날 축구장이나 야구장에서처럼 잡상인들이 차가운 음료수·빵·소시지 따위를 팔며 다녔다. 이렇게 정오의 처형이 진행되는 동안, 관중들은 틈틈이 화장실도 다녀오고 집에서 싸온 빵·계란·삶은 콩을 와인과 물을 곁들여 먹었다. 이들은 오후의 하이라이트인 검투사 경기를 목이 빠지게 기다렸다. 이윽고 오후 시간이 되면, 우선 급수가 낮은 신참 검투사들이 진짜 싸움이 아닌 흉내 내기 싸움을 보여줬는데, 일종의 오픈 게임이었다. 아울러 코믹한 연기 등으로 관중들로 하여금 본 경기를 더욱 애타게 기다리게 했다. 이렇게 여러 가지 볼거리가 끝나면 드디어 메인 게임이 펼쳐졌다.

바로 앞에서 소개한 여러 종류의 검투사들이 목숨을 건 피 터지는 혈투를 벌이게 되는 것이다. 경기는 대개 15분 내에 결판이 났다. 승산이 없는 검투사는 손을 들어 상대의 처분에 목숨을 맡겼다. 그러면 이긴 검투사는 관중들에게 칼을 치켜세우고 죽일 것인가 말 것인가에 대한 결정을 맡기게 된다. 검투 경기의 패자를 처분하는 것은 보통 관중이 결정권을 쥐고 있었다. 관중이 보기에 경기 내용이 지루했다면 패자는 거의 무조건 죽었다. 반대로 지더라도 멋지게 싸웠다면 관중들은 검투사를 살리라고 아우성을 쳤다. 이런 경우 해당 검투사는 졌더라도 살아서 경기장을 나갈 수 있었다. 하지만 무조건 관중이 패자의 목숨을 결정하는 것은 아니었다. 최종 결정권은 황제가 쥐고 있었기 때문이다.

검투사들에게 있어 어떤 황제를 만나느냐는 굉장히 중요했다. 베테랑 검투사라 해도 황제의 심기를 건드리면 목이 날아가는 일이 다반사였기 때문이다. 악질 황제 콤모두스*는 같은 양성소의 검투사들이 서로 봐주면서 살살 싸우는 것처럼 보이자 화딱지가 났다.

그래서 대기하고 있던 검투사들을 경기장에 몽땅 내보내도록 하여 모두가 죽어 나갈 때까지 싸우도록 하는 엽기적인 명령도 내렸다. 하지만 모든 황제가 검투사들에게 잔인했던 것은 아니었다. 이례적인 케이스도 있었다. 착한 황제라고 소문이 났던 티투스**의 경우, 프리스쿠스와 베루스라는 두 명의 검투사가 파이팅 있게 싸우고 서로가 동시에 항복했으나 이들에게 목검을 하사하면서 자유의 몸으로 풀어 주었다. 둘 모두에게 승자 판정을 내린 것이다. 로마 제국이 서서히 몰락해 가던 4세기 즈음에는 검투사로 공급할 노예 수가 달랑달랑해지는 바람에 사망자는 거의 나오지 않았다. 검투사들을 아끼기 위해서 경기에서 이기는 조건이 상대방의 몸에 상처를 내는 것으로 완화되었다.

검투사 시대의 종말

서기 325년, 기독교를 최초로 공인한 콘스탄티누스 황제 시대에 검투 경기를 금지하는 법이 만들어졌다. 기독교가 로마의 국교로 지정

---

* 콤모두스는 로마 제국의 제17대 황제이다. 철인황제라고 불리는 마르쿠스 아우렐리우스의 아들이며, 로마 제국 사상 최악의 황제 중 한 사람으로 언급되어 '포학제暴虐帝'라고도 불린다. '로마 제국 쇠망사'를 쓴 에드워드 기번은 로마 제국의 쇠망은 콤모두스 이후부터 시작되었다고 말했다.

** 티투스는 로마 제국의 열 번째 황제이며 아버지는 쩐빵이라는 별명으로 불리던 황제 베스파시아누스의 아들이었다. '선량한 황제'로 칭송되어 왔다. 그의 치세 동안 폼페이 유적을 낳은 유명한 베수비오 화산 대폭발이 있었다.

되면서 검투 경기는 지나치게 잔인하고 기독교 교리에 위배된다는 이유로 점차 줄어들었다. 하지만 열성 관중의 맥은 쉽게 끝나지 않는 법이었다. 서기 4세기와 5세기의 황제들은 거듭해서 금지령을 내렸다. 결국 6세기에야 제국 전체에서 완전히 끝났다. 검투사 경기에 돈이 지나치게 많이 들었기에 재정이 말라버린 로마 제국 말기에는 더 이상 검투 경기를 할 수 없던 이유도 있었다. 이후 맥이 끊겼던 검투사들의 경기는 중세에 들어와 기사들의 토너먼트 경기로 대체되었고 스페인에서는 투우가 그 대용으로 등장했다. 현대에 들어와서는 권투와 이종격투기가 그 맥을 이어간다고도 볼 수 있을 것이다.

 제3장

바이킹

할리우드의 상남자, 커크 더글라스 / 바이킹족의 등장

I. 바이킹(1958년), The Vikings

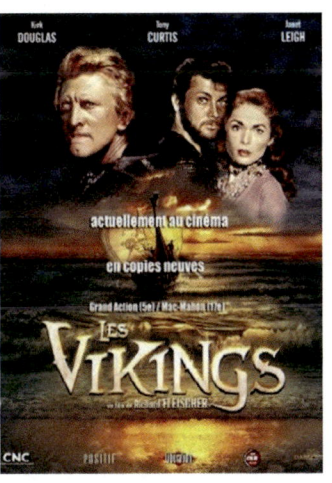

1958년도에 제작된 영화 〈바이킹〉은 미국의 에디슨 마셜의 원작 소설을 영상으로 옮긴 액션 어드벤처 작품이다. 〈해저 2만 리〉〈바라바〉〈도라! 도라! 도라!〉 등의 대작을 만들었던 리처드 플레이셔가 메가폰을 잡았다. 고전 역사극 중에서도 〈바이킹〉은 단연 압권으로 손꼽힌다. 끝임없이 침범당하는 고대 영국이라는 나라와 바이킹족과의 관계와 음모, 흥미를 유발하는 출생의 비밀, 남성미 물씬 풍기는 모험 등을 흥미롭게 버무려 놓은 오락 사극이다. 바이킹 두목

제3장 바이킹　　53

에게 겁탈당한 노섬브리아 왕국의 왕비가 몰래 낳은 아들이 주인공 에릭(토니 커티스 분)이다. 결국 자신의 친부 래그나(어네스트 보그나인 분)와 또 다른 이복형 아이나(커크 더글러스 분)까지 물리치고 사랑을 쟁취한다는 이야기다.

커크 더글러스가 이복동생인 토니 커티스와 결투 중 칼에 찔려 숨지기 직전(이복동생일지도 모른다고 멈칫한 순간 찔리는 것이지만) 칼을 쥐고 죽게 해달라고 말하는 장면이 인상적이다. 당시 모든 바이킹의 가장 큰 소원은 칼을 손에 쥔 채 죽어서 발할라에 들어가는 것이었다. 바이킹들은 발할라에는 오딘 신이 모든 영웅들을 기다린다고 믿었기 때문이었다. 그의 시신을 실은 바이킹 배를 바다로 띄워 보내며 불화살들을 쏘아 배를 태우면서 장엄한 바이킹 장례식을 올리는 마지막 장면도 인상적이다. 당시 바이킹들은 죽음을 일종의 항해로 생각했기 때문에 시체를 배에 태우고 불태워 띄워 보내는 장례식이 유행했다.

레슬링을 비롯해 각종 운동으로 단련된 더글러스는 자신이 출연한 영화에서 가끔씩 어려운 동작과 기술을 선보이곤 했다. 이 영화에서도 예외 없이 이런 장면들이 나온다. 특히 수평으로 펴진 바이킹 배의 노의 위를 밟으면서 성큼성큼 뛰어 건너는 장면은 올드팬들에게는 기억에 남는 장면이다. 영화는 노르웨이의 하르당에르 피오르드에 있는 작은 마을 크빈헤라드의 현지 로케를 통해 바이킹 마을을 완벽히 재현했다.

거대한 성채, 실감 나는 전투 장면, 다양한 의상과 역사적 생활상 등 당시의 모습을 리얼하게 살리면서 스펙터클한 현장감의 진면목을 보여준다. 로케이션 장소가 워낙 추워서 커크 더글러스·토니 커티스·어네스트 보그나인 등 출연 배우들은 물론 스태프들도 촬영 내내 감기를

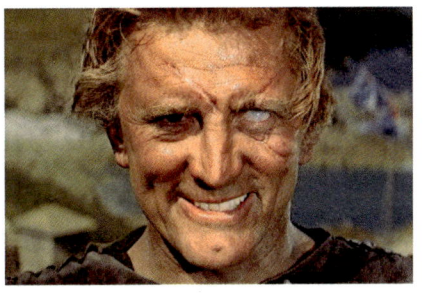

바이킹족 아이나로 분한 커크 더글라스

달고 살았다. 커크 더글러스는 애꾸눈을 재현하기 위해 특수 처리된 콘택트렌즈를 착용했는데 워낙 고통스러워 몇 분 이상 연속 촬영이 불가능했다는 후문이 있다. 당시 기술로서는 어쩔 수 없었을 것이다.

II. 할리우드의 상남자, 커크 더글라스

커크 더글라스는 1916년 벨라루스(당시 제정러시아)에서 이민 온 유대 계통의 부모에게서 뉴욕주 암스테르담서 태어났다. 어린 시절 가사를 돌보기 위해 신문 배달·노점상 등을 하며 지냈다. 이후 세인트로렌스 대학교를 다니면서도 접시

커크 더글라스

닦기·정원사·경비원 등 닥치는 대로 알바를 했다. 남보다 운동 신경이 뛰어난 더글라스는 수준급의 레슬링 선수였다. 훗날 더글라스는 스턴

트맨들도 꺼려하는 어려운 장면들을 직접 해내는 것으로 유명했다. 프로 레슬러였던 더글라스는 배우라는 직업에 매력을 느끼고 아카데미 드라마 아트 스쿨에서 연기를 배운 뒤 41년부터 브로드웨이 무대에 서기도 했다. 2차 세계대전이 발발하자 해군에 입대해 복무 중 1944년에 부상으로 제대했다.

1945년 다시금 브로드웨이로 돌아와 여러 배역을 맡다가 할리우드로 진출한다. 1949년 영화 〈챔피온〉에서 뛰어난 연기를 보여주면서 아카데미 남우주연상에 노미네이트되기도 했다. 이 영화는 〈록키〉 〈성난 황소〉 등과 함께 최고의 복싱 영화로 회자된다. 이 영화의 성공으로 더글라스는 할리우드에서 주목할 만한 배우로 이목을 모았다. 이후 〈탐정 이야기〉 〈율리시스〉 〈해저 2만리〉 〈영광의 길〉 〈바이킹〉 〈OK목장의 결투〉 〈열정의 랩소디〉 등의 화제작에 출연하면서 할리우드의 대표 배우로 자리를 잡았다. 이후 영화 제작에도 참여하기 시작한다.

드디어 더글라스 최고의 대표작인 〈스팔타커스〉에서 제작과 주연을 맡으면서 최고의 전성기를 누린다. 그러나 감독인 스탠리 큐브릭은 영화 촬영 내내 영화제작에 대한 권한을 행사한 실질적인 오너인 더글러스와 심각한 갈등을 빚기도 했다. 철저히 작가주의*적이고 나름대로 카리스마 있는 명장 큐브릭과 할리우드에서 거물급인 기세등

---

* 작가주의란 영화에서 중심적인 인물은 감독이며 따라서 감독은 작가와 같은 역할을 해야 한다는 주의이다. 이는 영화 제작이란 한편의 예술작품을 창조하는 행위와 같은 것이며 그 창조 행위의 주체는 감독에게 있다는 것이다.

등한 더글러스와의 만남은 영화 촬영 내내 불협화음을 나타냈으나 다행히 영화는 절찬을 받았다.

한편 영화의 각색을 맡았던 달톤 트럼보는 매카시 선풍으로 영화계에서 쫓겨나 있었던 인물이었다. 더글러스는 당시 이런 살벌한 분위기에도 아랑곳하지 않고 트럼보의 이름을 엔딩 크레딧에 올려놓으며 그에게 감사를 표시했다. 당시 트럼보는 가명으로 여러 영화의 각본을 몰래 쓰고 있던 처지였다. 그러나 더글러스는 좌고우면하지 않고 그를 실명으로 공개했다. 다시 한번 더글러스는 할리우드에서 용기와 의리로 뭉쳐진 진짜 사나이라는 말이 사람들 입에 오르내렸다. 그는 2011년 《뉴욕 타임스》에 이 일과 관련하여 "내 인생에서 가장 자랑스러운 선택 중 하나"라고 언급했다. 이 일화는 2015년도에 개봉된 영화 〈트럼보〉에 자세히 나온다.

1991년에는 헬기 사고를 당하면서 척추 수술을 받았고 1996년에는 뇌졸중을 앓으면서 언어 장애가 오기도 했다. 이후에도 종종 파티에 참석해 건강한 모습을 보였다. 2020년 103세의 나이로 숨을 거두었다. 아들이자 배우인

아들 마이크 더글러스와 함께한 커크

마이클 더글러스는 아버지에 대해 "영화의 황금기를 경험하고 인생의 황금기까지 보낸 배우이자 자신이 믿었던 대의에 헌신한 박애주의자"라고 애도를 표했다. 이어 "아버지는 좋은 인생을 살았고, 영화계에

많은 유산을 남겼으며, 평화와 대중을 위해 노력한 자선가로서도 역사를 남겼다"고 했다.

그는 세 번씩이나 아카데미 남우주연상 후보에 올랐으나 실패했다. 그러나 1987년도 59회 아카데미 시상식에서 아들 마이클이 영화 〈월스트리트〉로 아카데미 남우주연상을 수상함으로써 아쉬움을 달랬다. 더글라스는 1991년에는 미국영화연구소(AFI), 1996년에는 아카데미, 1999년에는 미국영화배우조합(SAG)에서 평생공로상을 수상했다. 생전에 더글라스 재단을 설립해서 세계 분쟁 지역에 학교와 공원을 세우고 모교인 세인트로렌스 대학 등 여러 곳에 8천만 달러를 기부하기도 했다.

III. 바이킹족의 등장

사람들은 바이킹들이 활약하던 시대에 스칸디나비아인들을 통틀어 바이킹으로 불렀다. 하지만 넓은 의미의 정확한 학술적 용어는 노르드인이다. 바이킹이란 뜻은 고대 노르드어로 만灣을 뜻하는 'Vik'과 '~으로부터 온 사람'을 뜻하는 'ing'의 합성어로서 즉 "만에서 온 사람"이란 뜻이다. 한마디로 '바닷사람'을 의미한다. 8세기에 접어들면서 유럽 전역에 따뜻한 기후가 밀려왔다. 스칸디나비아반도도 예외가 아니어서 이런 온난한 기후에 힘입어 인구가 유례없이 크게 증가했다.

그러나 한정된 자원으로는 이 늘어나는 인구를 도저히 먹여 살릴 수가 없었다. 이에 새로운 식량 공급원을 찾거나 아예 보다 나은 삶의 터전을 찾아 나서는 사람들이 대거 등장하기 시작했다. 그리고 이들은 조직적으로 전 유럽을 약탈하기 시작했다. 이들이 바로 난폭한 광전사狂戰士, 즉 바이킹이었다. 이들은 8세기 말부터 11세기 초까지 200여 년간 유럽 전역을 들쑤시고 다녔다. 당시 유럽 어느 나라도 바이킹 전사의 용맹을 당할 재간이 없었다. 이 200여 년간이야말로 유럽을 공포의 도가니로 만들었던 바이킹의 전성시대였다. 당시 바이킹은 종족별로 데인인(덴마크인), 스웨덴인, 노르웨이인들로 나뉘어 있었고 자기네들 입맛대로 골라 여기저기 쳐들어갔다.

바이킹의 배 - 롱쉽

그들은 '롱쉽'이라 불린 22미터의 길이에 5미터 정도의 폭을 가진 빠르고 바닥이 평평한 배를 타고 40~50명 정도의 전사를 태운 후 전단을 형성했다. 그리고 유럽 각지의 강을 타고 내륙으로 깊숙이 쳐들어가 도시·농촌 할 것 없이 닥

바이킹족의 배

치는 대로 온갖 농탕질을 하고 다녔다. 다행히 이베리아반도(스페인)는 내륙에 흐르는 큰 강이 없어 바이킹의 약탈을 면했다.

바이킹은 단순한 침략자 이상의 존재였다. 유럽 각국의 역사에서 바이킹은 크고 작은 흔적을 남겼다. 영국과 유럽 내륙에 정착한 바이

킹들은 각 지역 토착민과 융화됐고 특히 러시아와 잉글랜드, 프랑스 등의 국가가 세워지는 데 큰 영향을 끼쳤다. 바이킹족은 일반적으로 작은 무리를 지어 돛과 노를 쓴 작은 배를 타고 템스강·센강·론강·드네프르강·볼가강 등 하여튼 강만 있으면 어디든지 들어가 약탈을 일삼았다. 바이킹족의 침입에 대항해 서유럽인들은 성곽과 기병대에 의존해 싸웠으나 효과적인 대응책이 못되었다. 바이킹들은 해안가나 강변에 기지를 만들어 자신들의 조직을 구축해 나갔다.

바이킹 군대의 과감함과 용맹함에 대하여 당시 어떤 군대도 적수가 못되었다. 바이킹들의 또 하나의 놀라운 점은 기동성이었다. 그들의 배인 '롱쉽'은 속도가 엄청 빨랐고 얕은 흘수(배가 물에 잠겨 있는 부분) 때문에 강의 상류까지 치고 올라가 어느 뭍에도 댈 수 있었다. 게다가 롱쉽은 메고 운반할 수 있을 정도로 가벼웠다. 이런 롱쉽을 타기도 하고 메기도 하면서 바이킹들은 여러 마을을 휩쓴 다음에 적이 오기 전에 바로 내뺄 수 있는 혀를 내두를 정도의 기민함을 자랑했다. 지금도 노르웨이 오슬로에는 바이킹이 사용한 배 가운데 대표적인 것으로 고크스타트가 남아 있다.

그것은 길이가 21미터이고 중량은 20톤이 넘는다. 떡갈나무로 만들어졌으며, 뱃전 위에서 용골까지는 1.8미터, 배 한가운데에는 약 12미터의 돛대가 있다. 바이킹들은 선박의 틈새로 바닷물이 새어드는 것을 효과적으로 막을 수 있는 '타르'라는 방수재防水材를 만들어냈다. 그래서 그들은 연안뿐만 아니라 원거리 항해가 가능한 대규모 선단을 제작할 수 있었다. 항해 시에는 돛을, 공격 시에는 노를 사용했다. 노는 16쌍으로, 일부는 길이가 4.9미터이고 나머지는 그보다 길었으며, 각각의 노를 두 사람이 함께 저었다. 바이킹족은 나중에는 훨씬 더 큰 배를 만들어 200명까지 타고 하루에 240킬로미터를 항해하기도 했다.

바이킹의 전투

바이킹은 언제나 근해에서 해전을 치렀고 대개는 3단계 과정을 밟았다. 먼저 지휘관은 적정을 살피고 공격하기 좋은 위치를 골랐다. 그리고 그 장소로 은밀히 접근해 상대방 선박에 일제히 화살을 쏘아대면서 공격을 시작했다. 마지막으로 적 선박에 쇠갈퀴를 걸어 끌어당긴 다음 육박전으로 승부를 결판냈다. 상륙 후에는 하천을 따라 올라간 다음에 마을과 수도원 등을 약탈했다. 바이킹들은 활과 둥근 나무 방패로 무장했다. 그들의 가장 위력적인 무기는 장검이었다. 그리고 도끼도 사용했다. 그들은 적 기병이 잘 싸울 수 없는 시냇가나 늪지대 또는 가파른 언덕에서 방패와 벽을 만들어 일단 수비 태세를 갖추고 있다가 결정적인 순간에 육박전으로 전환했다. 그들은 체격이 크고 건장했다. 그들은 긴급히 출동된 적군을 향해서 마치 미치광이들처럼 난폭하게 무기를 휘두르며 성공 신화를 쌓아나갔다.

전투중인 바이킹

바이킹의 진출

여기저기 쑤시고 다니는 바이킹

바이킹은 세 갈래로 유럽 대륙에 진출했다. 8세기 말에서 11세기 초까지 약 200년간 유럽을 쑥대밭으로 만든 것은 주로 사납기 짝이 없는 덴마크계 바이킹이었다. 노르웨이계 바이킹은 탐험과 개척, 덴마크계 바이킹은 싸움질, 스웨덴계 바이킹은 교역을 주특기로 했다. 노르웨이계는 아이슬란드·그린란드 등 사람이 별로 살지 않은 땅을 주로 골라 침략했다. 이 밖에 영국 북부·아일랜드도 노략질의 대상이었다. 이들은 작은 규모로 공격해 물자를 약탈하고 신속히 빠져나오는 게릴라 수법을 사용했다. 덴마크계 바이킹들은 8세기 말에 잉글랜드로 쳐들어왔다. 바이킹들은 누구도 봐주는 경우가 없었다. 저항하는 수도사들이나 주민들을 참혹하게 난도질하고 다녔다.

이들이 휩쓸고 지나간 마을에는 시체들이 천지사방에 뒹굴고 있었다. 이후 분탕질에 재미를 붙이면서 점차 규모를 늘려 어떤 때는 300척의 대규모로 템스강까지 쑤시고 들어와 런던을 쓸어버리기도 했다. 이들 바이킹들은 스코틀랜드와 아일랜드까지 침략했다. 이들은 먼저 해변가를 공략하고 이어서 강을 타고 거슬러 올라가 내륙 깊숙이 들어가 노략질을 했다. 강이 막히면 타고 온 배를 뭍으로 끌어 올려 통나무를 받침대로 삼아 어깨에 메고 으쌰으쌰 하면서 이동했다. 그들이 이런 방법으로 프랑스의 론강이나 센강을 따라 올라와 분탕질을 계속하자 당시 프랑크 왕 샤를 3세는 바이킹의 두목인 롤로에게 면담을 요청했다.

프랑크 왕으로서는 도저히 이 사나운 바이킹들과 싸워 이길 자신이 없어 살살 구슬려야 했다. 그는 지도를 펴서 대서양에 면한 엄청나게 넓은 땅덩어리를 가리키며 이곳을 뚝 떼어 줄 테니 제발 자기네 땅에 얼씬거리지 말았으면 좋겠다고 했다. 그 땅이 바로 센강 하구의 따뜻하고 비옥한 땅인 오늘날의 노르망디반도 일대였다. 이어서 샤를은 롤로를 노르망디공에 봉하자 이 땅은 노르망디공국이라는 실질적인 독립국이 되었다. 이후 많은 바이킹이 몰려와 이곳에 정착하게 되었고 1066년에는 노르망디의 윌리엄공이 영국을 침략하여 노르만 왕가를 열었다. 한편, 스웨덴계의 바이킹은 영국과 프랑스를 설치고 다니던 그들의 사촌들과는 달리 방향을 틀어 발트해 건너에 펼쳐진 광대한 숲 지대에 눈을 돌렸다.

당시 이들은 슬라브인들로부터 '바랴그라'라고 불렸다. 이후 점차 약탈보다는 교역에 관심을 가졌다. 이들 바이킹은 발트해 연안의 핀족으로부터 루오치라고 불렸는데 점차 루스라고 와전되었다. 현재의 러시아 북부의 노브고로드 지역에 진출한 이 루스인의 수장 류리크가 그 지역의 슬라브인을 다스리면서 노브고로드 공국을 건설했다. 차츰 이곳 바이킹들이 슬라브화에 따라 이들은 '루시'란 이름으로 불렸다. 오늘날 러시아라는 명칭은 바로 이 루시에서 기원한다. 류리크가 죽은 뒤 그의 아들 이고르는 수도를 드네프르강 중류의 키예프로 옮겨, 주변의 슬라브족을 복속시키고 키예프 공국을 건설한다.

이들 스웨덴계 바이킹족은 뛰어난 장사꾼 기질을 살려 러시아, 흑해, 비잔틴 제국 등 동남쪽으로 점차 내려갔다. 이들은 볼가강이나 드네프르강을 타고 내려가 흑해에 이르고, 비잔틴 제국뿐만 아니라 일부는 바그다드까지 진출해 아랍 사람들과 장사를 했다. 아랍의 상인 한 사람은 볼가강에 진을 치고 있던 바이킹들을 만났을 때 이제껏 그들보다 큰 덩치의 사람들을 본 적이 없다고 기록을 남겼다. 이들과 교역하는 바이킹들의 수출품은 수달과 담비와 비버 가죽·장검·호박琥珀 등이었다. 수입품으로는 포도주·비단·향료·비잔틴 제국의 무늬가 있는 직물·페르시아의 가죽공예품·보석류·화장품류·유리 제품들이었다.

바이킹의 북아메리카 진출

노르웨이계의 바이킹은 일찍부터 스코틀랜드 북방의 여러 섬으로 이주하고 더 나아가 860년경에는 아이슬란드를 식민화했다. 9세기 말에는 여기서부터 그린란드로 건너가 식민지를 건설하고, 이를 징검다리 삼아

바이킹족

1000년경에는 더욱 남하해 북아메리카 대륙을 발견했다. 당시 그린란드는 오늘날과는 달리 일부 지역에는 초원 지대가 있었다. 바이킹은 콜럼버스보다 500년 앞선 9세기경에 아메리카 대륙의 일부인 캐나다 뉴펀들랜드섬에 식민지를 세웠지만 오래 유지하진 못했다. 『그린란드 사람들의 전설』과 『붉은 털 에리크의 전설』이라는 두 권의 책

에는 10년이라는 기간 동안 바이킹이 그린랜드에서 빈란드까지 다섯 번의 항해가 있었고, 빈란드에서 짧은 기간 동안 머물렀다는 사실이 기록되어 있다. 바이킹들이 '빈란드'라고 부른 곳은 오늘날의 캐나다 뉴펀들랜드섬으로 그린란드 정착지에서 직선거리로 1,600킬로미터 떨어진 곳이다.

'빈'이란 바이킹어로 '풀'이란 뜻으로 '빈란드'는 '풀이 있는 땅'이란 뜻이다. 그때는 장거리 항해술이 발달하지 않았던 시기였기에 바이킹 선박들은 해안을 따라 항해할 수밖에 없었다. 이에 따라 실제 항해 거리는 3,200킬로미터가 훨씬 넘었다. 항해 시간만 해도 6주가 소요됐다. 빈란드에서 정착에 실패한 이유로는 수적으로 우세한 현지 원주민과 적대적 관계가 이어졌던 점이 우선 꼽힌다. 여기에 빈란드 공략의 후방 기지라고 할 수 있는 그린란드가 물질적으로 빈약한 상태여서 제대로 지원해 줄 수 없었다는 점이 발목을 잡았다. 그린란드는 나무와 철이 너무 부족했다. 거기다가 그린란드는 유럽과 빈란드 어디를 기준으로 잡더라도 너무 떨어져 있었던 것이다. 이들 노르웨이계 바이킹들은 서유럽을 빙 돌아 지브롤터 해협을 뚫고 지중해로 들어가 프랑스 남부와 시칠리아까지 진출하기도 했다.

바이킹의 문화

바이킹족은 오랜 옛날부터 금 세공품·뿔잔·철제 투구·청동 거울 등을 만들었을 만큼 손재주가 뛰어났다. 또한 바이킹은 결코 지저분하지 않았고 깔끔한 편이었다. 그들은 위생을 무척 중시하는 문화를 지니고 있었다. 바이킹들의 옛 거주지에서는 빗과 면봉·면도칼 등이 출토되었고 심지어는 원시적인 형태의 비누까지 사용했다. 토탄 난로로 가열한 돌 위에 물을 뿌려 수증기를 가득 채운 목욕탕이 있었는데 이것이 오늘날 사우나의 원조가 되었다. 바이킹의 남성과 여성은 동등하지는 않았지만 세계 어떤 나라들보다 비교적 차별이 덜했다. 바이킹 남성들은 집안의 기둥이었지만 실제적으로는 여성들이 가사家事를 꾸려나갔다. 바이킹들은 무시무시한 용사로 기억되고 있으나 싸움은 결코 그들의 전업이 아니었다. 대부분의 경우 농업과 어업에 종사했다. 그리스의 스파르타처럼 병들고 약하게 태어난 아이들은 숲에 버려지거나 바다에 던져졌다. 워낙 그들의 삶이 척박해서 한 입이라도 덜려고 그랬을 것이다. 유럽 문화에 스며든 바이킹 유산의 하나는 뷔페다. 바이킹은 전투에서 이기거나 약탈에 성공한 경우 축하연을 열면서 널빤지에 여러 음식을 차려놓고 먹는 습관이 있었다. 이 바이킹의 음식 문화는 오늘날의 뷔페 음식의 원조가 되었다.

바이킹의 쇠퇴

12세기가 되면서 바이킹의 활동은 서서히 쇠퇴한다. 8세기 빙하가 녹으면서 온화해졌던 북구의 기후가 다시 추워지면서 바이킹 전사의 수가 줄어들었다. 또한 유럽 각국은 해안 경비를 강화하면서 바이킹의 침략에 철저하게 대비했기 때문이다. 결정적인 것은 이 시기 바이킹들은 전통 신앙을 버리고 기독교로 많이 개종하면서, 같은 기독교 신자의 땅을 침략할 수는 없다는 도덕적인 명분까지 더해져 침략의 당위성이 사라진 것이다.

제4장

킹덤 오브 헤븐

최고의 비주얼리스트, 리들리 스콧 감독 / 십자군 전쟁

I. 킹덤 오브 헤븐(2005년), Kingdom of Heaven

"창조적이고 경이로운 두뇌들이 모여 거대한 역사의 현장인 중세 예루살렘을 부활시켰고, 당시 십자군 전쟁의 정수를 탁월하게 묘사하다!" 개봉 당시 이 영화에 대한 극찬이었다. 이

영화는 거장 리들리 스콧 감독의 역량이 집대성된 영화사상 가장 위대한 서사 액션 대작 중 하나이다. 그동안 수많은 영화인이 십자군 전쟁을 영화화하기를 꿈꾸어 왔다. 하지만 그 방대한 스케일을 감내하기가 어려웠는지 누구도 감히 도전장을 내밀지 못했던 금단의 소재이기도 했다.

그러나 스콧 감독은 해냈다. 개인의 휴먼 드라마에 이 방대한 역사적 사건들을 버무려 넣으면서 중세에 일어났던 이슬람과 기독교도들 간의 치고받던 전쟁을 생생하게 담아냈다. 이뿐만 아니라 영화사상 가장 웅장하고도 완성도 높은 작품 중의 하나로 만들어 역사를 신화로 변모시켰다는 평을 들었다. 상상을 뛰어넘는 압도적인 스케일과 세부 묘사까지 리얼하게 그려낸 대규모 전투 장면, 여기에다 화면을 압도하는 폭풍우가 휘몰아치는 지중해와 거친 사막 위에서 벌어지는 십자군과 이슬람군의 장쾌한 격돌, 피 터지는 예루살렘 공성전, 가슴 시린 사랑, 그리고 현대인들에게 과연 진정한 종교가 무엇인가를 묻는 묵직한 주제까지 어느 것 하나 놓칠 수 없다.

이 영화에서 전투 장면은 주로 모로코 와르자자트에서 촬영했는데 스콧 감독은 이곳에서 〈글래디에이터〉 〈블랙 호크 다운〉을 촬영한 적이 있었다. 그래서 그런지 스콧 감독과 모로코 왕 모하메드 6세는 절친한 관계로 알려져 있다. 모하메드 6세는 영화 촬영을 위해 자국 병사 1,500명을 지원했는데, 이들은 의복과 장비만 바꾸면서 십자군과 이슬람군으로 겹치기 출연했다. 이 영화의 주인공으로 등장하는 이벨린의 발리안(올랜드 블룸 분)은 영화에서 묘사된 것처럼 프랑스에서 태어나지도 않았고 대장장이도 아니었다. 그는 순수한 예루살렘 왕국 태생의 귀족 출신이었다.

이 영화는 미국에서의 흥행은 별로였으나 아랍 세계에서는 흥행 돌풍을 일으켰고 특히 이집트에서는 대박을 터뜨렸다. 이는 영화에서 십자군이 이슬람 국가들을 도발하고 약탈하는 모습을 여러 번 묘사하는 장면이 나오는 데다가 그들의 우상인 살라딘이 근사하게 나오니 아랍인들이 열광했을 것이다. 종교 문제라는 민감한 뇌관을 다룬 이 영화를 관통하는 키워드가 있다면 그것은 '종교의 허망함'이라고 할 수 있다. 영화의 주 무대는 지금까지도 수많은 사람의 피를 부르는 예루살렘이다. 영화 내내 셀 수 없이 많은 사람들이 예루살렘이라는 한 뼘의 땅덩어리를 위해 목숨을 바쳐가며 피 터지게 싸운다.

영화는 예루살렘이라는 돌무더기는 종교가 남기고 간 빈껍데기에 불과한 곳이라는 것을, 지금 자신이 살아 있고 살고자 하는 의지야말로 진짜 천국으로 가는 지름길이 아니냐고 관객들에게 묻고 있는 것이다. 십자군

사라센군을 지휘하는 살라딘

을 이끄는 주인공 발리안과 아랍군을 이끄는 살라딘(가샨 마수드 분)이 영화의 종말부에 협상을 끝내고 헤어지기 전에 주고받는 문답에는 영화가 전달하려는 메시지가 그대로 녹아 있다.

발리안: 예루살렘이 무슨 가치가 있소?
살라딘: 아무 가치가 없소.

살라딘 역시 발리안과 같이 '성지 예루살렘'에 대해서는 일말의 가치도 두지 않는 합리주의자였다. 이 말을 마치고 뒤돌아 걸어가던 살라딘이 되돌아서서 또다시 말한다.

살라딘: 아니, 모든 것이오,

하지만 아랍 세력을 이끄는 수장으로서, 예루살렘이 그에게는 'everything'인 것이다. 살라딘은 발리안을 향해 씩 웃고 다시 뒤돌아 선다.

이 영화의 극장판은 무려 40분이나 잘라먹어서 이야기의 진행을 따라가는 데 상당히 애를 먹는다. 가급적이면 감독판(무삭제판)을 보아야 전체적인 맥락을 이해하는 데 도움이 될 것이다.

II. 최고의 비주얼리스트, 리들리 스콧 감독

리들리 스콧은 다양한 시대 배경을 가진 명작 영화들을 만들어 낸 거장 감독으로 손꼽힌다. 흔히 '비주얼리스트'라는 별칭으로 불리울 정도로 영화의 시각적인 부분에 있어서 뛰어난 영상미를 보여준다. 디자인을 전공하고 CF 업계에서 단련되어 비주얼은 할리우드 최고 수준이라는 평을 받고 있다. 평범한 스토리를 스릴 넘치게 연출하여 처음부터 끝까지 관객을 영화에 몰입하게 하는 비상한 능력의 소유자이다. 할리우드에서 최고 수준의 영상미를 자랑하는 감독들에게 흔히 붙이는 별칭인 '비주얼리스트'의 이른바 원조 격인 감독이다.

리들리 스콧 감독

스콧은 1937년 11월 30일 영국 사우스 실즈에서 태어났다. 어렸을 때 그는 화가가 되기를 바라면서 런던왕립미술학교에서 수학했지만 이후 웨스트 하틀풀 예술대학에서 그래픽 디자인을 전공하면서 이때부터 그는 화가보다는 그래픽 디자이너로서의 꿈을 키워나갔다. 이곳에서 그는 영상 제작·사진학 등 다방면의 시각 문화 요소들을 흡수하면서 본격적으로 영상 산업에 관심을 가졌다. 이곳에서 비주얼적 감각의 천재성을 인정받으며 장학금을 받으면서 수석으로 졸업했다. 이후 1년간 뉴욕에서 다큐멘터리 제작을 경험한 뒤 영국으로 돌아와 BBC의 세트 디자이너가 되었다. 그 후 영화감독으로 변신한 스콧은 1977년 데뷔작 〈대결자〉로 칸 영화제에서 만장일치로 황금카메라상을 수상하면서 할리우드 영화계에 알려졌다. 이후 할리우드로 건너가서 〈에이리언〉〈블레이드 러너〉 등을 연출하였다.

1989년에 일본에서 야쿠자와 대결을 벌이는 두 미국형사의 이야기를 그린 〈블랙 레인〉, 페미니즘 영화 〈델마와 루이스〉 등으로 스콧을 대표적인 흥행 감독으로 부상시켰다. 이후에 찍은 〈1492 콜럼버스〉〈지 아이 제인〉이 잇달아 흥행에 실패하면서 잠시 침체기를 겪다가 2000년에 발표한 〈글래디에이터〉의 성공으로 멋지게 재기하였다. 이후 〈킹덤 오브 헤븐〉〈로빈 후드〉〈블랙 호크 다운〉〈어느 멋진 순간〉〈아메리칸 갱스터〉〈마션〉〈올더 머니〉〈라스트 듀얼-최후의 결투〉〈하우스

영화 〈블랙 호크 다운〉 중에서

오브 구찌〉 등의 화제작을 연달아 발표했다.

　2023년에는 대작 〈나폴레옹〉을 만들었으나 그의 장기인 영상미 표현은 뛰어나나 시대를 풍미한 나폴레옹이라는 거물의 일대기를 담아내기에는 많은 부분에서 부족했다는 평이 따랐다. 또한 정작 나폴레옹을 배출한 프랑스에서의 반응이 안 좋았다. 곧바로 2024년에는 마찬가지로 대작 〈글래디에이터 II〉를 발표하면서 세인의 기대를 한껏 모았다. 영화 개봉 후 일부 평론가들은 "전작만큼 매력적이지는 않지만 여전히 시각적으로 관객을 사로잡고 흥분시키는 영화적 힘을 가지고 있다"는 호평을 했으나 한편으로는 "아카데미상을 수상한 전작의 영광을 재현하는 데는 모자란다" 등의 비판도 따랐다. 이런 대작들을 연속으로 쏟아내고 있는 그는 현재 90에 가까운 고령임에도 불구하고 벌써부터 차기작을 구상하고 있다는 소문이 일고 있다. 알 수 없는 팬데믹이 미국을 파괴한 미래에, 개 한 마리와 함께 사는 전직 해병이자 민간인 조종사에 대한 이야기라고 한다. 참으로 놀라운 노익장이 아닐 수 없다.

III. 십자군 전쟁

　인류 역사상 200년에 가까운(서기 1096~1291년)이라는 가장 오랜 기간 동안 치러진 전쟁이자 세계 2대 종교가 격돌한 십자군 전쟁은 세계사적으로 대사건이었다. "신이 그것을 바라신다." 교황 우르바누스 2세의 이 위력적인 한마디로 촉발된 십자군 전쟁은, 그 무엇보다도 기독교인들 자신이 일으킨 전쟁이었다. 십자군 전쟁은 신이 아니라 인간들의 이야기인 것이다. 십자군 전쟁은 200년에 걸쳐 총 아홉 차례 치러졌다. 이 중에서 제1차 십자군 전쟁(예루살렘 함락), 제3차 십자군 전쟁(사자심왕 리처드 1세와 이슬람의 전설인 살라딘과의 격돌), 제4차 십자군 전쟁(십자군의 콘스탄티노플 함락)이 눈여겨볼 만하다.

십자군

십자군 전쟁의 배경

1071년의 '만지케르트 전투'와 1077년의 '카노사의 굴욕', 이 두 개의 사건이 없었다면 십자군 전쟁은 일어나지 않았을지도 모른다. 비잔틴 제국(동로마 제국)은 11세기 초까지는 동유럽과 중동에서 막강한 위력을 떨쳤다. 그러나 1025년에 바실리우스 2세가 죽은 후 약 반세기 동안 13명의 황제가 죽고 죽이고 쫓겨나는 등 지지고 볶고 하면서 혼미 속에 빠져 있었다. 이때 동쪽에서 셀주크튀르크가 노도와 같이 밀려오면서 제국은 위기에 몰렸다. 마침내 만지케르트 전투에서 셀주크군에 대패하면서 튀르키예반도(소아시아반도, 혹은 아나톨리아반도라고도 한다) 대부분이 셀주크의 손에 들어갔다. 이후 셀주크튀르크는 이집트를 제외한 대부분의 중동을 장악한다.

6년 뒤에는 서유럽에서 '카노사의 굴욕'이라는 사건이 일어났다. 이 사건은 로마 교황과 독일 황제 사이의 극한 대립에서 비롯되었다. 독일 지역 사제들의 서임권을 두고 하인리히 4세 황제와 그레고리오 7세 교황이 서로 티격태격하다가 벌어진 충돌이었다. 처음에는 교황이 황제에게 파문을 선언했다. 당시 제후들의 지원을 못 받았던 황제는 할 수 없이 교황이 머물던 북이탈리아 카노사성으로 찾아왔다. 황제는 칼바람이 부는 엄동설한의 차디찬 땅에서 3일간 맨발로 서서 빌고 또 빌었다.

드디어 교황이 사면을 내리자 황제는 이를 갈면서 독일로 돌아갔다. 와신상담하면서 복수의 기회를 노렸다. 마침내 그는 1082년에는 로마를 공격해 그레고리오 교황을 내쫓아 버렸다. 원한 속에 숨진 그레고리오를 이어 1088년에 선출된 우르바누스 2세도 교황권의 부활을 외친다. 이처럼 동서의 로마(동로마 제국과 로마 교황)가 모두 위기에 처한 가운데, 양측에서 서로 힘을 합쳐보면 어떨까 하는 생각이 슬그머니 고개를 들기 시작한다.

그 뒤 비잔틴에서는 1081년에 알렉시우스가 황제에 즉위했다. 그는 제국의 위기에 때맞춰 나타난 영명한 군주였다. 그는 나중에는 자력으로 셀주크를 물리치고 터키반도를 대부분 수복하지만 당시는 콘스탄티노플까지 위협받아 똥줄이 타던 다급한 처지여서 서유럽으로부터 지원을 받아보자는 생각을 했다. 알렉시우스가 보낸 사절이 1095년, 피아첸차 공의회에 참석해 "이교도와의 전쟁에 힘을 보태주기를 바란다"라는 뜻을 전하자, 우르바누스 2세 교황은 이를 황제와의 싸움에서 주도권을 잡을 수 있는 천재일우의 호기라고 보고 무릎을 쳤다. 자신이 치켜든 깃발 아래 전 유럽의 봉건영주와 기사들이 모여든 다면, 로마 교황으로서는 단숨에 자신의 입지를 끌어올릴 수 있는 절호의 기회라고 본 것이다.

차근차근 준비하던 그는 8개월 뒤, 프랑스 남부의 클레르몽 공의회에서 마침내 다음과 같이 외치며 역사적인 '십자군 운동'을 제창한다. "이슬람 교도들이 성지를 빼앗고 그곳을 찾는 순례자들을 박해하고 있다. 이슬람교도들과 싸워 예루살렘을 되찾길 원하는 사람들은 모두 순례자의 맹세를 하라. 그리고 1096년 8월 15일 성모마리아의 승천 축제일을 기해 콘스탄티노플에 집결해 그곳에서 성지로 출발하라. 그 보답으로 누구든지 모든 죄를 사면해 주는 면죄부를 받을 것이다." 교황이 굳이 프랑스 땅인 클레르몽에서 십자군을 부르짖고, 프랑스인들이 앞장설 것을 촉구한 것은 독일과 이탈리아에서는 황제의 영향력이 너무 막강했기 때문이었다.

십자군 전쟁의 시작 – 민중 십자군(거지 십자군)

"신이 그것을 바라신다(Deuls Lo vult)."

교황 우르바누스의 이 한마디의 위력은 굉장했다. 중세 유럽인들은 매일매일의 소소한 죄가 쌓여 죽은 다음 혹시 지옥불에 떨어지지 않을까 하면서 전전긍긍하며 나날을 보냈다. 그런데 은자隱者*피에르라는 수도사를 따라 십자군에 참여해 성지 탈환을 떠나는 것만으로도 모든 죄가 사해진다고 교황이 약속한 것이다. 십자군에 참가하면 지옥은커녕 죽으면 천당으로 곧바로 직행한다는 것이었다. 귀가 번쩍 뜨일 만한 굉장한 뉴스였다. 이때부터 십자군 광풍은 프랑스·독일·영국 등 유럽 전역을 휩쓸었다. 각처에서 가족을 남겨두고 너도나도 먼 동방으로 떠나려는 사람들로 인산인해를 이루었다.

은자 피에르의 열변에 감동해 동쪽으로 향하는 이 십자군에는 농민·부랑자·떠돌이 기사·유랑민, 여자와 애들까지 무려 10만 명이 넘었다. 그러나 그들은 장비도 없었고, 식량도 준비가 안 된 어중이떠중이들로 이루어진 완전 오합지졸이었다. 누덕누덕해진 옷에 쪼록쪼록하는 배를 움켜잡고 길을 나서는 이들은 그냥 거지 떼와 다름없었다. 이

---

* 피에르는 우르바누스 교황 시절, 당나귀를 타고 거리를 싸돌아다니면서 이슬람과 전쟁을 해야 한다고 떠들며 다니는 것이 하루의 일과였다. 그의 광적인 말과 행동은 사람들의 주목을 받았고 교황의 연설보다 더 설득력이 있었다. 그는 한 때 예루살렘에서 9달 동안 머무른 적이 있었는데 그때 이슬람 측의 횡포를 보고 앙심을 품었을 것으로 보인다. 은자란 수도사와는 달리 깊은 산속이나 사막의 동굴에서 수행하는 이를 말한다.

들은 변변한 무기도 식량도 없이 출발했기에 현지에서 보급을 받아야 했다. 헝가리에서 이 문제로 현지인들과 충돌을 일으켜 '십자군 사상 첫 싸움'은 같은 유럽 기독교도끼리 벌였다.

어찌어찌해 비잔틴 제국의 경계로 들어가서부터는 그런대로 제대로 된 보급을 받았다. 그러나 멋진 갑옷으로 치장한 위풍당당한 지원병을 기대했던 알렉시우스 황제는 이런 거지발싸개 같은 군대를 보고 기겁했다. 더구나 이들의 전쟁 목표조차 알렉시우스가 바라는 '셀주크 침략의 격퇴'라기보다는 '성지 예루살렘 탈환'이었다. 그래도 알렉시우스는 약속한 것도 있고 해서 이 거지 십자군을 먹여주고 재워주었다. 이렇게 한 것은 서유럽인들을 이슬람과 싸우게 하면서 그동안 자신은 천천히 힘을 기를 수 있다고 생각했기 때문이다. 이는 단기적으로는 옳은 전략이었으나, 장기적으로는 비잔틴 제국에 재앙이 되었다.

아무튼 이 거지 떼 민중 십자군은 간신히 소아시아반도로 진입했으나 셀주크 튀르크군에게 당연히 박살이 났다. 일부는 여기저기 흩어져 떠돌아다니다가 제1차 십자군에 합류하기도 했다. 이 패배는 이슬람 쪽에서 십자군을 가볍게 보게 만듦으로써 이후 전개되는 십자군과의 전쟁에 큰 영향을 미쳤다. 이 십자군을 정식 십자군으로 치지는 않는다.

제1차 십자군(1095~1099년)

예루살렘 점령

1096년 말, 벨기에 남부 부용의 고드프루아, 그의 동생인 볼로뉴의 보두앵, 툴루즈의 레이몽, 블루아의 스테판, 타란토의 보에몽 등 주로 프랑스 출신의 영주들이 이끄는 군대가

1차 십자군 예루살렘 함락

보스포루스 해협으로 모여들었다. 이를 제1차 십자군이라 한다. 그리고 이들은 1097년에 소아시아반도 초입의 니케아를 점령한다. 허를 찔린 튀르크군은 도릴라이움에 약 3만의 병력을 집결시켜 습격을 시도했으나 격퇴당했다. 십자군은 소아시아반도를 거침없이 가로질러 진격할 수 있었다. 1098년에는 보두앵이 시리아 지역의 에데사를, 보에몽이 안티오크를 점령했다. 마침내 1099년 6월, 성도 예루살렘의 성벽을 놓고 치열한 공방전이 벌어졌다.

당시 예루살렘은 셀주크가 아니라 이집트의 파티마 왕조가 다스리고 있었다. 파티마는 십자군에게 "이제까지 점령한 영토는 모두 줄 테니 예루살렘만은 건드리지 말아 달라"라는 타협안을 제시했으나 일언지하에 퇴짜 당했다. 한 달 정도 계속된 공성전에서 보급이 절대적으

로 부족했던 십자군은 고전했다. 하지만 성서의 여리고 공성전*을 흉내 내어 맨발로 예루살렘 성벽 주변을 돌며 찬송가를 부르는 퍼포먼스를 하는 등 사기를 북돋웠다. 마침 제노바의 보급선이 도착하자 한숨 돌릴 수 있었다.

예루살렘의 이슬람 수비대는 일종의 화약인 '그리스의 불'**까지 동원하며 악착같이 버텨보았지만, 7월 15일에 십자군의 공성기에서 처음으로 두 명의 기사가 성벽 안쪽으로 뛰어내렸다.

그리고 홍수가 범람하듯이 성스러운 도시는 십자군 병사들에게 함락되었다. 이어서 대규모 학살이 자행되었다. 노인도, 여자도, 어린애도 전혀 아랑곳하지 않았다. 무슬림은 물론 유대인들도 십자군의 칼부림에 쓰러졌다. 이슬람 최초의 사원인 알 아크사 모스크에도, 유대인들의 예배당인 시냐고그에도, 1,000년 전쯤 예수가 십자가를 지고 갔다는 길에도, 예외 없이 수많은 무고한 사람들의 피가 흘러넘쳤다.

기록에 따르면 피가 무릎까지 차고 넘쳤다고 한다. 낯선 땅에서 오랫동안 고된 싸움을 하며 쌓인 울분과 이교도에 대한 극단적인 적개

---

* 여리고 공성전은 구약성경에 나오는 이야기로 병사들과 제사장들이 나팔을 불며 여리고성을 6일간 돌고 행진하였다. 일곱 번째 날에도 성을 일곱 번 돌다가 마지막에 제사장들이 나팔을 불고 백성들은 크게 소리를 지르니 결국 성벽이 무너지고 여리고성이 함락됐다는 전설이다.
** 그리스의 불은 물로 잘 꺼지지 않았고 수면에서도 불이 계속 타오르는 특수한 성질이 있다. 그리스의 화약이라고도 불린다. 동로마 제국의 군대가 주로 무기로 사용하던 폭발물을 말한다. 동로마 제국이 수많은 외침을 당하면서도 약 천 년간 꿋꿋이 버틴 것은 바로 이 그리스의 불이라는 병기에 힘입은 바가 크다.

심은 정복자들의 이성을 마비시켰다. 이러한 광란의 학살극은 불과 몇백 명만 살려둔 채 일주일만에 가까스로 멈추었는데, 살아남은 자들도 도시를 뒤덮은 수많은 시체들을 눈물로 치우고는 이들 역시 시체 더미 위에 쓰러졌다. "주님의 심판은 공정하며, 참으로 위대하시도다!" 현장의 어느 성직자는 이렇게 외쳤다.

이슬람의 반격 - 살라딘의 등장

이렇게 제1차 십자군 전쟁에서 십자군은 본래의 목적대로 예루살렘을 점령했다. 그리고 팔레스타인에 새로운 기독교 왕국도 세웠다. 네 개의 지역(에데사, 트리폴리, 안티오크, 예루살렘)으로 분리해 사이좋게 통치했다. 12세기 중반이 되자 아랍의 지도자들은 프랑크(당시 아랍인들은 십자군을 프랑크군이라 불렀다)놈들이 우리 땅에 와서 이렇게 설치는 것을 그냥 두고만 볼 수 없다고 일어섰다. 그들 중 가장 세력을 떨친 이가 이마드 앗 딘 장기였다.

그는 십자군 나라들 중 가장 북쪽에 위치한 에데사를 함락 후 그곳의 기독교인들을 몰살시켰다. 이 소식은 유럽을 경악케 했고 이는 제2차 십자군 전쟁을 불러왔다. 프랑스의 루이 7세와 신성 로마 제국 황제 콘래드 3세가 2차 십자군을 일으켜 팔레스타인으로 왔으나 다마스쿠스를 공략하다가 참패를 당했다. 이후 장기의 아들 누르 알딘은 십자군을 전방위로 압박하기 시작했다. 전쟁은 몇 년 동안 아랍군의 우세로 흘러갔다. 이때부터 십자군 병사들은 아랍인들을 '사라센'인이라고도 불렀다.

앗 딘 장기에 이어 누루 알 딘이 죽고 이어서 살라흐 앗 딘의 뒤를 이어 마침내 아랍인들에게 전설의 영웅으로 칭송받는 살라딘이 등장한다. 쿠르드족 출신의 살라딘은 14살 때부터 누르 알 딘의 군대에서 복무했다. 1169년에 삼촌인 시르쿠를 따라 카이로를 점령했다가 두 달 만에 시르쿠가 죽자 그를 대신해 파티마 왕조의 재상이 되어 이집트의 실권을 쥐었다. 2년 뒤에는 파티마 왕조를 폐하고 아이유브왕조를 세웠으며, 다시 3년 뒤인 1174년에 누르 알 딘이 죽자 1186년까지 시리아와 이라크를 병합해 중동을 석권했다.

하틴의 뿔 전투 - 이슬람의 예루살렘 탈환

당시 예루살렘에서는 문둥병 환자였던 보두앵 4세와 5세가 잇달아 죽고 보두앵 4세의 매제인 기 드 뤼지냥이 왕위를 계승했다. 살라딘은 1175년에 예루살렘

하틴의 전투

과 휴전협정을 맺었으나, 본격적인 전쟁만 자제했을 뿐 서로가 적대 행위를 지속하던 중 1187년 초에 자신의 누이가 포함된 대상隊商이 십자군에 약탈되자 마침내 그해 3월 지하드聖戰를 선언했다. 지하드를 내세운 살라딘은 1187년 7월, 갈릴리 호숫가의 티베리아스를 함락했다. 이에 기 드 뤼지냥은 군사를 모아 원정에 나섰다. 그러나 이는 중대한 판단착오였다.

제4장 킹덤 오브 헤븐　　81

병력 집결지인 아크레에서 티베리아스까지는 30킬로미터에 불과했지만 이 지역은 건조하고 황폐한 사막 지역이었다. 때는 7월이었다. 그야말로 뜨겁게 달궈진 염천炎天의 행군길이었다. 십자군은 살인적인 더위와 갈증 때문에 기진맥진했다. 병사들은 목이 타들어갔으나 물이라고는 눈을 씻고 찾아봐도 한 방울도 없었다. 이때 매복해 있던 살라딘군이 덤불에 불을 질러 연기를 피우고, 화살을 소나기처럼 쏟아 부었다. 불과 연기와 화살 때문에 병사들은 죽을 맛이었다. 탈진한 기사들은 갑옷을 벗어버리고 달아나다가 이슬람군의 칼에 쓰러졌다.

날이 밝자 십자군은 북쪽으로 길을 돌아 '하틴의 뿔'이라고 알려진 언덕으로 올라가서 일단 한숨을 돌리려 했다. 하지만 이를 낱낱이 지켜보고 있던 살라딘은 십자군들을 사방에서 에워싸고, 하늘을 새카맣게 덮을 만큼 엄청난 양의 화살을 쏟아 부었다. 전의를 완전히 상실한 뤼지냥의 군대는 사로잡히거나 죽음을 당했다. 그래도 살라딘은 포로들을 정중하게 대우했다. 이 하틴 전투는 십자군 역사상 최대의 패배로 기록된다. 이 전투로 예루살렘 왕국의 군대는 거의 사라져 버렸다. 로마 교황 우르바누스 3세는 이 패전 소식을 듣고 쇼크를 받고 급사하기까지 했다. 살라딘은 이 기세를 타서 거침없이 진격, 9월에는 예루살렘을 에워쌌다. 궁지에 몰린 예루살렘 수비대 지휘관인 발리안 이벨린은 최후의 수단으로 살라딘에게 도시를 파괴하고 이슬람 주민들을 모두 죽이겠다고 위협했다. "너 죽고 나 죽자"라고 덤벼든 것이다.

이에 살라딘은 타협책을 제시하고 항복한 기독교인들에게는 자유롭게 도시를 떠날 수 있도록 했다. 이제 성도는 88년 만에 다시 이슬람의 손에 들어갔고, 살라딘의 관대한 처분은 제1차 십자군 점령 때의 지옥 같던 학살극과는 대조를 이루었다. 이 부분은 영화 〈킹덤 오브 헤븐〉에서도 그대로 재현되었다.

제3차 십자군(1189~1192년) - 리차드 1세(사자심왕)의 등장

이슬람군의 예루살렘 점령 소식이 전해지자 유럽 각국은 발칵 뒤집혔다. 교황 그레고리오 8세와 그 후임자인 클레멘스 3세가 부랴부랴 새로운 십자군 파병을 호소하자 여러 군주가 이에 호응했다. 독일에서는 붉은 수염(바르바로사)이라고 불리는 신성 로마 제국 황제 프리드리히 1세, 프랑스에서는 존엄왕 필리프, 영국에서는 전투

사자심왕 리차드

시에 성난 사자같이 싸운다고 '사자심왕獅子心王'이라고 불리는 리처드 1세가 그들이었다. 그 결과물로 탄생한 제3차 십자군은 중세 역사상 최대 규모의 군사 이동이었을 뿐만 아니라, 십자군 운동의 정점이기도 했다.

프리드리히 1세는 소아시아반도를 가로질러 오다가 작은 개천에 빠져 익사했고 리처드 1세와 필리프는 배를 타고 지중해를 가로질러 팔레스타인으로 오고 있었다. 이렇게 제3차 십자군이 오고 있는 동안, 팔레스타인에서는 기독교 국가의 잔존 세력이 다시 한번 결집해 살라딘의 대군을 상대로 전투를 재개했다. '하틴의 전투'에서 패배한

적이 있는 뤼지냥이 지휘하는 십자군은 이슬람군이 장악하고 있는 항구 도시 아크레를 탈환하려고 육지에서 포위 공격을 가하고 있었다.

그런 십자군의 배후를 살라딘의 군대가 또다시 포위 공격하고 있었다. 살라딘은 막강한 군사력에도 적을 쉽사리 굴복시키지 못하고 있는 와중에 잉글랜드의 리처드 1세와 프랑스의 필리프 2세가 달려왔다. 전세는 기독교인 군대 쪽에 유리하게 돌아갔다. 갑옷으로 중무장한 신규 병력에 리처드 1세라는 탁월한 지휘관까지 가세하는 바람에

살라딘

살라딘의 대군은 물러났다. 3차 십자군은 아크레를 함락했으며, 이후 서서히 진군해 이듬해 7월에는 예루살렘의 코앞에까지 다다랐다. 그러나 그때 마침 잉글랜드에서 국왕의 부재를 틈타 리차드의 망나니 동생 존이 왕위를 노리고 있다는 소식이 들려왔다(훗날 형 리처드가 죽은 뒤 왕이 된 존은 폭정 끝에 귀족과 시민들에게 마그나 카르타*를 강요당하는 수모를 겪었다).

게다가 절친이자 경쟁자였던 뺀질이 필리프 2세도 일찌감치 십자군에서 발을 빼고 고국으로 돌아갔다. 그리고 휴전 서약을 깨트리고 프랑스 내의 잉글랜드 영토를 야금야금 집어삼키고 있었다. 이래저래

---

* 마그나 카르타란 1215년 6월 15일, 잉글랜드 왕국의 존 왕에게 실망한 귀족과 기사가 백성의 지지를 받아 왕을 협박함으로써 받아낸 일종의 법률적 계약서이다. 세계 정치사에서 엄청난 위상을 지닌 문서 중 하나다. 그야말로 민주주의의 초석으로 간주된다.

리차드는 즉시 귀국해야 했다. 1192년 10월 9일, 살라딘과 평화조약을 서둘러 맺은 리차드는 팔레스타인을 떠나 고국으로 향함으로써 제3차 십자군 전쟁은 일단 막을 내렸다.

제4차 십자군(1202~1204년) - 엉뚱한 콘스탄티노플 함락

십자군 원정 중에서도 말도 많고 탈도 많고 악명도 높았던 것이 제4차 십자군 원정이었다. 1198년 교황에 오른 인노켄티우스 3세는 1202년 제4차 십자군 원정을 승인했다. 교황은

4차 십자군 콘스탄티노플 공략

이번에는 지난 3차와 같이 영국·프랑스·독일의 참여를 유도해 이슬람의 본거지인 이집트 공략에 나서려고 했다. 하지만 교황의 의도와는 달리 이번 원정에는 고작 프랑스 북부의 기사들만이 참여했다. 게다가 이들은 놀라운 일을 계속 벌이는 바람에 교황을 당혹스럽게 했다. 베네치아에 집결해 원정에 나서려던 이들은 예상보다 훨씬 적은 병력이었고 게다가 베네치아에 약속한 수송비도 찔끔찔끔 가져왔다. 원정이 지체되는 사이에 이들의 빚은 눈덩이처럼 불어났다.

이때 어찌할 바를 모르던 원정대에게 베네치아가 맹랑한 제안을 했다. 그 무렵 헝가리가 점유하고 있던 아드리아해에 면한 '자라'라는 기독교 도시를 탈환해 주면 모든 빚을 탕감해 주겠다는 것이었다. 원래

종교적 열정은 눈곱만치도 없고 장삿속만은 철저하게 챙기는 베네치아의 이 제안을 원정대는 덥석 받아들였고, 1202년 1월 자라를 덜컥 점령했다. 이 사실을 전해 들은 교황은 화가 머리끝까지 치밀어 올랐다. 기독교 신자들이 같은 기독교 국가를 잡아먹다니, 더구나 헝가리 왕은 자신에게 충성을 맹세한 군주였다. 그는 즉시 십자군 전체를 몽땅 파문하는 전대미문의 결정을 내렸고, 이제 십자군이란 말 자체가 아예 우습게 되어버렸다.

그런데 더욱 놀라운 일이 또 벌어진다. 그 무렵 추방당한 비잔틴의 왕족인 이사악이라는 자가 이 파문자들에게 발칙한 제안을 한 것이다. 바로 "콘스탄티노플을 공격해 자신을 황제에 오르게 해주면 이집트 원정에 필요한 재정 지원은 물론 베네치아에 진 빚도 갚아주고, 동로마 교회들마저 모조리 로마교황청에 바치겠다"라는 것이었다. 기왕에 파문당한 몸, 이들은 일말의 망설임 없이 바로 말머리를 콘스탄티노플로 돌려 또 다른 기독교 국가를 향해 칼을 빼들었다. 결국 이사악을 황제 자리에 올리지는 못했지만 수개월에 걸친 격전 끝에 1204년 4월 12일, 콘스탄티노플을 함락하기에 이르렀다.

베네치아 상인들은 승리의 전리품을 나누고 콘스탄티노플도 분할 통치하기로 했다. 이때 플랑드르 백작인 보드앵이 황제로 추대되면서 라틴 제국(1204~1261년)이 세워졌다. 이들은 그 와중에도 자신들을 파문한 교황을 잊지 않고 그에게 성물과 보물을 바리바리 싸서 잔뜩 갖다 바쳤다. 그러자 교황은 마치 기다렸다는 듯이 얼씨구나 하고 이들에게 내렸던 파문을 즉각 취소했다. 이후 라틴제국은 비잔틴인들의 지속적인 반발에 부딪혔다. 결국 1261년 비잔틴 성직자들의 지지를 바탕으로 부활한 니케아제국과 투르크족의 습격을 받아 멸망하고 말았다.

십자군 전쟁의 결과

4차 십자군 이후 5차례에 걸쳐 추가로 십자군 원정이 이루어졌으나 예루살렘 수복이라는 꿈은 이루어지지 못했다. 하여튼 200년간에 걸친 십자군 전쟁을 통하여 이슬람 문명을 비롯한 동방 문명에 대한 서구인들의 이해가 깊어졌다. 무역과 국제교류에서 아시아와 유럽의 교류는 십자군 전쟁 이전과는 비교도 안 될 정도로 활발해졌으며, 십자군 지역이 멸망한 뒤에도 그런 흐름은 이어졌다. 동방의 문물이 유럽으로 퍼져 가면서 철학과 과학·예술의 발달에 영향을 주었고, 교황의 권위와 기독교의 맹목적 신앙은 내리막길을 걸었다.

지중해 무역의 중심에서 맹활약한 베네치아·제노바 등 이탈리아 도시국가들이 부흥하고, 전쟁 중 생겨난 성전기사단이나 구호기사단 등은 근대 유럽의 상비군의 원형이 되었다. 이런 점에서 십자군은 서양이 중세에서 벗어나는 데 큰 도움을 주었다고도 할 수 있다. 한편 동과 서의 길고도 처참했던 이 전쟁을 놓고 18세기 최고의 지성인이었던 볼테르나 루소는 십자군의 의미를 평가 절하했다. 또한 『로마 제국 쇠망사』를 쓴 에드워드 기번은 십자군을 "광신에 따른 야만행위"에 불과했다고 잘라 말했다.

리처드 1세와 살라딘의 격돌과 에피소드

3차 십자군 전쟁 내내 리처드 1세와 살라딘은 서로에게 칼끝을 겨누는 와중에도 상대방에 비상한 관심과 호의를 드러냈다. 가령 살라딘이 병상에 누운 잉글랜드 국왕에게 과일과 얼음을 선물로 보낸다든가, 전투 중에 땅에 서서 싸우는 리처드 왕의 모습을 보고 "체통에 어울리게 말에 올라 싸우시라"라며 명마 두 필을 선물한 것이 그것이다. 리처드 1세 역시 살라딘에게 깍듯이 예의를 갖췄으며, 심지어 (물론 어디까지나 립 서비스였겠지만) 자신의 여동생과 살라딘의 남동생을 결혼시키자고까지 제안하기도 했다. 팔레스타인을 떠나며 리처드 1세는 조만간 다시 돌아올 테니, 그때 가서 제대로 한 번 싸워보자고 자신만만하게 말했다.

그러자 살라딘이 만약 내가 이 땅을 결국 누군가에게 내준다면, 차라리 당신 같은 훌륭한 적에게 내주고 싶다고 재치 있게 응수했다는 얘기도 전해진다. 그러나 두 사람의 재대결은 결코 성사되지 않았다. 리처드 1세는 귀국길에 신성 로마 제국 황제에게 붙들려 1년 넘게 억류당했으며, 살라딘은 1193년 3월 4일에 갑작스럽게 사망했기 때문이다. 십자군 전쟁 와중에 피어난 낭만적인 에피소드이기도 하다. 리처드 1세는 1199년 프랑스 리모주의 샬뤼성을 공격하던 중 석궁에 맞아 전사했다. 그때 그의 나이는 42살이었다.

이슬람의 전설, 살라딘

오늘날에도 이슬람 세계의 영웅으로 추앙받는 살라딘 살라딘은 이라크 서쪽 티크리트에서 지위가 높은 쿠르드족 가문에서 태어났다. 살라딘은 탁월한 군사 지도자이기도 했지만, 동시에 뛰어난 정치가이기도 했다. 또한 당시 아랍 세계와 기독교 세계의 모든 군주들에 비해서 보기 드물게 관대하고 합리적인 면모가 있었다.

전투에 임해서는 단호하면서도 교활한 작전을 펼치기도 했지만, 한편으로는 타협과 외교라는 무기를 활용하기도 했다. 살라딘은 금욕적인 생활을 유지했고, 신심이 깊었으며 정무도 결코 게을리하는 법이 없었다. 그의 본명은 '살라 알-딘 유스프 이븐 아유브'라는 긴 쿠르드 이름이다. 의외의 사실이지만 과거 오랫동안 살라딘은 이슬람 세계보다 오히려 유럽의 역사가들이나 문학가들에 의해서 칭송을 받으면서 오래 기억되어 왔다. 월터 스콧의 소설을 비롯해서 십자군을 소재로 한 여러 낭만적 문학작품에서 살라딘은 종종 리처드 1세의 멋진 숙적이면서도 존경할 만한 인물로 묘사되었다.

이슬람 세계에서 살라딘을 지하드의 영웅, 즉 저항과 독립의 상징으로 드높이게 된 것은 비교적 최근의 일이다. 아마 근세에 접어들어 서양 제국주의자들의 횡포에 시달려 왔고 현대에 와서는 미국을 등에 업고 '중동의 깡패'로 불리면서 툭하면 아랍인들을 두들겨 패곤 하는 이스라엘 때문에 살라딘이 더욱 그리워질 것이다. 여하튼 과거 예루살렘 성지를 되찾았던 이슬람의 영웅 살라딘은 아랍인들의 마음에 영원히 살아있을 것이다. 리처드 1세가 십자군 원정에서 이탈한 지 오래 지나지 않은 1193년 56세의 나이로 다마스쿠스에서 눈을 감았다.

제5장

천일의 앤

웨일스의 자랑, 리차드 버튼 / 헨리 8세와 그의 여인들

I. 천일의 앤(1971년), Anne of the Thousand Days

영화 〈천일의 앤〉은 헨리 8세의 아내가 되었다가, 이후에 영국의 위대한 여왕이 되는 딸 엘리자베스 1세를 낳지만 끝내 비운의 죽음을 당한 앤 불린 왕비의 이야기를 그린 대형 사극이다. 여러 명작 사극들을 남긴 극작가 맥스웰 앤더슨의 1948년도 무대극을 영화화했다. 찰스 재럿 감독의 치밀한 연출과 함께 리처드 버튼, 주느비에브 뷔졸드의 빛나는 명연기로 영화사에 길이 남을 걸작이 되었다.

관록의 대배우 리처드 버튼의 상대역으로 나온 무명의 캐나다 출신 여배우 주느비에브 뷔졸드는 버튼에게 전혀 뒤지지 않는 열연을 펼쳐 화제를 불러 모았다. 음악을 담당한 조르주 들르뤼의 주제곡 'Farewell My Love'는 지금도 많은 사람이 즐겨 듣는 영화음악 중 하나이다. 이 영화 제목 〈천일의 앤〉은 앤 불린이 왕비로 있었던 기간을 가리킨다. 영화는 영국의 왕 헨리 8세(리처드 버튼 분)와 비운의 두 번째 부인 앤 불린(쥬느비에브 뷔졸드 분)의 로맨스에 초점을 맞춘다. 역사적 고증을 통한 역사 드라마라기보다는 역사를 소재로 한 러브 스토리에 가깝다고 볼 수 있다.

이 작품은 한 손에는 헨리 8세를 쥐고, 또 다른 손으로는 영국을 움켜잡으려는 깜찍하게 영리하며 야심만만한 앤 불린과, 왕위를 승계할 아들을 원하는 상남자이자 호색한 헨리 8세가 벌이는 궁중에서의 사랑과 암투를 아기자기하고 드라마틱하게 그린다. 한편 이 작품은 냉혹한 욕망과 야망을 쫓는 여러 인물을 그리면서 궁중의 권력을 둘러싼 암투와 정치적 모략 등을 다양하고도 리얼하게 묘사한다. 당시 여배우 엘리자베스 테일러와의 두 번의 결혼과 이혼, 그리고 알코올 중독으로 망가져 가면서 재기 불능이라는 평가를 받았던 리처드 버튼이 이 작품으로 화려하게 스타의 자리에 복귀했다.

그러나 이 작품에서 단연 돋보이는 배우는 앤 불린 역을 맡은 뷔졸드였다. 그녀는 반항적이고 오만하지만, 현명함을 잃지 않는 당당한 여인의 모습을 멋지게 소화해 냈다. 애초에 〈로미오와 줄리엣〉의 줄리엣 역을 맡았던 올리비아 허시에게 앤 불린역 제안이 있었지만 특별한 사유 없이 무산되었다. 그 밖에도 비운의 캐서린 왕비 역의 아이린 파파스, 추기경 울지 역의 앤서니 퀘일 등이 이 비극적인 러브 스토리 퍼즐의 완성도를 높여주었다. 어느 정도 각색은 이루어졌지만, 역사적 사실의 흐름을 최대한 반영한 흔적이 역력한 명작으로 영화사에 한 획을 그은 작품이다.

앤 불린은 특유의 재기와 강단으로 헨리 8세의 마음을 얻었다. 그러나 헨리 8세의 후계자인 아들을 낳아야 한다는 정치적 욕망을 충족시켜 주지 못하고 그

춤추고 있는 헨리와 앤

강단이 오히려 파멸의 지렛대로 돌변한다. 앤은 외교관 아버지를 두었기에 일찍이 5개 국어에 능통했으며, 독실한 기독교 신자였던 헨리 8세와 성서에 관한 토론을 나누면서 가까워졌다고 한다. 한편 왕비가 되는 날까지 절대 몸을 내주지 않으면서 확실한 미래를 약속받으려 했다.

결국 앤의 야생화 같은 매력과 야망은 그녀가 단두대에서 흘린 피에 녹아들었다. 그래서 유럽의 변방 섬나라에 불과했던 영국을 해상 강국으로 거듭나게 한 엘리자베스 1세 치세의 자양분이 되었다. 영화 마지막 부분, 앤은 처형장으로 향하면서 이렇게 독백한다.

"내 딸 엘리자베스는 당신네 가문(튜더 왕가)의 어느 왕보다 더 위대

한 왕이 될 거예요. 그 아이는 당신(헨리 8세)이 앞으로 이룰 수 있는 것보다 더 위대한 영국을 통치할 거예요. 나의 엘리자베스는 여왕이 될 거예요. 그래서 나의 피는 뜻 있게 쓰일 거예요."

II. 웨일스의 자랑, 리차드 버튼

세기의 미녀 엘리자베스 테일러와의 전설적인 사랑 이야기로 유명한 명배우 리차드 버튼은 고향 사람들 웨일스인들에게는 최고의 자랑으로 각인되어 있다. 영화라면 영화, 연극이라면 연극 등 배우가 상상할 수 있는 모든 분야에서 뛰어난 자질을 보여준 버튼은 출생지인 웨일스에서는 인간문화재로 꼽힐 정도로 존경과 사랑을 받고 있는 존재이다.

리차드 버튼

리차드는 1925년 웨일스의 탄광지대인 폰트리디벤에서 태어났다. 그의 원래 이름은 리차드 젠킨스였다. 광부인 아버지 밑에서 13명의 자녀 중 막내로 태어났다. 어머니는 리차드를 출산하다 죽었다. 성격이 유쾌하긴 했지만 술과 도박에 빠져 살던 아버지여서 그랬는지 리차드는 두 살 때부터 큰누나네 집에서 키워졌다. 술과 도박으로 날을 세우던 아버지 밑에서 안 되겠다 싶어서 누이가 입양 비슷하게 데려다 키운 것이다. 형들은 모두 광부였고 이 중 19살 위의 제일 큰 형 이보로부터 특히 보살핌을 받았다. 큰형은 리차드에게 아버지와 같은 존재였다. 훗날 버튼이 대배우로 성공했을 때 형들 모두를 광부 신세에서 벗어나게 해주었다.

리차드는 집안에서 최초로 중등학교에 진학한 케이스였다. 그는 시·노래·스포츠 등 다방면에 소질을 나타냈다. 이때 교사였던 필립 버튼과 평생의 인연을 맺는다. 리차드의 재능을 일찍이 알아본 필립은 리차드가 평생의 은인으로 생각할 정도로 그의 뒤를 돌봐 주었다. 필립은 리차드에게 문학과 연기를 가르쳤고 제2차 세계대전이 발발하자 항공훈련부대에 입대했을 때 리차드의 상관으로 부임하면서 BBC 라디오 방송의 군 관련 다큐멘터리 나레이션과 라디오 연극까지 맡기는 등 물심양면으로 그를 도와주었다. 원래 필립은 버튼을 입양하려 하기도 했었다.

필립의 후원으로 옥스퍼드 액시터 칼리지에 입학해서 6개월간 교육을 받았다. 액시터에 입학할 때 필립 버튼이 법적인 피후견인이 되면서 리차드 젠킨스는 리차드 버튼이 되었다. 액시터에서 잠시 교육을 받은 버튼은 1944년 정식으로 입대하여 1947년까지 조종사로 근무했다. 제대하고 1949년 〈돌윈의 마지막 나날〉이라는 영화에 처음으로 데뷔하였다. 이 영화에서 버튼은 매력 있는 목소리와 존재감을 나타냈다는 평을 받았다. 여기서 함께 출연했던 시빌 윌리엄스와 결혼했다. 이후 여러 영화에 출연하면서 영화계에 존재감을 나타내면서 1952년 할리우드에 진출하게 된다. 이곳에서 찍은 〈나의 사촌 레이첼〉에서 골든 글로브 신인상을 수상하면서 정상급 배우로 떠올랐다. 이어 〈사막의 대진격〉을 찍고 종교 영화 〈성의聖衣〉에 출연하여 엄청난 흥행을 기록했다. 버튼은 할리우드에서 두각을 나타냈지만 연극에 대한 꿈을 버리지 못해 종종 영국으로 돌아가 준수한 연극배우로도 활약하면서 여러 상을 수상하면서 셰익스피어 연극의 대배우 로렌스 올리비에의 후계자로도 손꼽혔다.

1963년 버튼은 대작 영화 〈클레오파트라〉 촬영장에서 배우 엘리자베스 테일러와 불타는 사랑에 빠지면서 부부가 되었다. 이렇게 뜨겁게 달아올랐던 두 사람도 결국 10년간의 결혼생활을 지속하고 끝냈다. 그러나 1년 4개월 후에 이 두 사람은 다시 결합했다. 그때 테일러는 이후로는 다른 누구와도 결혼하지 않을 것이며 버튼을 미치도록 사랑한다고 말했다. 그러나 그들의 두 번째 결혼은 1년도 채 지속되지 않았다. 버튼의 고질적인 폭음이 다시 도졌기 때문이었다.

버튼과 테일러의 단란했던 때

두 번씩이나 헤어지기를 반복했지만 테일러는 생전에 "내가 죽으면 버튼의 고향에 뿌려지길 원한다"고 말할 정도로 버튼을 사랑했다. 또한 "버튼이 일곱 번의 아카데미 시상식에서 노미네이트 됐지만 단 한 차례도 트로피를 타지 못한 게 가슴이 쓰리다"며 그의 여러 번 거듭된 아카데미상 탈락에 대해 안타까운 감정도 가지고 있었다. 테일러와 결혼과 이혼을 반복하던 버튼은 이후 〈누가 버지니아 울프를 두려워하랴?〉 〈추운 나라에서 온 스파이〉 〈독수리 요새〉 〈천일의 앤〉 〈지옥의 특전대〉 등 다수의 영화에 출연하면서 여러 번 아카데미 남우주연상에 노미네이트되었지만 모두 실패했다.

엘리자베스와 이혼 후 버튼은 영화 〈바그너〉를 찍을 때 분장사 보조인 샐리 해이에 반해 결혼을 했는데 이때 버튼은 57세, 해이는 34세였다. 그러나 버튼은 해이와의 결혼 생활 중에도 테일러에 대한 집착을 버리지 못했고, 곁에서 이를 지켜보던 해이는 무척 괴로워했다. 해이는 버튼 사후에도 괴로움은 지속되었다. 그녀는 상당히 오랜 시일이 지난 후에야 버튼이 죽기 직전의 삶에서 버튼의 중심은 자신이었다는 확신으로 겨우 마음의 평정을 되찾을 수 있었다고 한다.

버튼은 12살 때 술을 마신 이후 평생 알코올에 의존해 평생을 살았다. 배우 리 마빈은 버튼이 한 자리에서 마티니를 연속으로 17잔 들이키는 걸 보고 질려버렸다는 얘기도 있다. 역시 술 좋아하기로 유명했던 여배우 에바 가드너와 〈이구아나의 밤〉 촬영장에서 주연 배우 둘이 하루 종일 취해 있었다는 소문이 있었다. 그뿐만 아니라 하루에 담배를 5갑이나 피워대는 골초이기도 했다. 결국 1984년 스위스 셀리니의 저택에서 〈지옥의 특전대〉 속편을 준비하던 중 뇌출혈로 쓰러지면서 별세했다. 향년 58세였다. 좋아하던 딜런 토머스의 시詩와 함께 묻혔다.

III. 헨리 8세와 그의 여인들

헨리 8세는 영국에서 귀족과 왕족들 간의 권력 다툼이었던 장미 전쟁이 끝나고 6년이 지난 1485년, 헨리 7세의 둘째 아들로 태어났다. 그는 어려서부터 유럽 여러 나라를 방문하는 부왕父王과 형 아서 왕자를 자주 따라다녔다. 이에 따라 외교적 동맹 관계가 국가를 운영하는 데 아주 유용하다는 점을 유년기부터 터득하고 있었다. 겨우 10살에 형수를 맞이하러 형을 대신해 에스파냐에 다녀왔으나 형 아서 왕자는 결혼

헨리 8세

후 6개월 만에 덜커덕 죽고 말았다. 부왕인 헨리 7세는 살아남은 차남을 철저히 보호하기 시작했다. 1491년 헨리 7세가 눈을 감자 튜더 왕가의 두 번째 국왕이 되었다.

헨리는 형인 아서 왕자가 스페인의 캐서린과 결혼할 당시 10살 소년이었다. 당시 헨리 7세는 강력히 부상하던 스페인 왕국과 국교를 공고히 할 필요성을 느끼고 장남인 아서 왕자를 스페인 왕녀 캐서린과 혼인시키기로 마음먹었다. 그러나 결혼한 이듬해에 아서 왕자는 몇 달 만에 사망했다. 캐서린은 양쪽 부왕의 뜻에 따라 이전 혼인을 무효화하고 다시 미성년인 헨리 왕자와 약혼했다. 헨리 7세의 사망 후 왕위에 오른 헨리 8세는 즉시 캐서린과 결혼했다. 결혼 후 몇 년간 이들 부부는 좋은 금슬을 유지했다.

즉위 당시 18살이었던 헨리 8세는 스포츠 외에 문학·음악·시 등 다양한 인문적 취향이 있었다. 그는 『유토피아』를 쓴 대학자 토머스 모어를 가까이해 그의 얘기를 즐겨 들었고, 나중에는 그를 대법관에 임

명하기도 했다. 당시 유럽에서 최고의 인문학자로 소문났던 에라스무스를 케임브리지대학교에 초빙해 그의 강연을 듣기도 했다. 헨리 8세는 활쏘기 부문에서는 전문가를 뺨칠 수준이었으며 말타기에도 일가견이 있었다. 또한 문학적인 소양까지 갖추고 있어 직접 책을 쓰기도 했고, 각종 악기를 수십 개씩 소유할 정도로 음악과 춤을 좋아했던, 못하는 것이 없었던 참으로 다재다능한 군주였다. 또한 특유의 카리스마와 매력을 이용해 백성들의 호감을 샀다.

득남에 실패한 캐서린과의 이혼과 이후 앤과의 결혼 과정을 통해 로마 교황에게서 과감하게 독립하면서 영국 국교를 창시했다. 파괴된 수도원의 폐허 위에 새로운 국교회를 세우고 교회의 부패를 뿌리 뽑으면서 백성들의 환영을 받았다. 그러나 두 사람의 왕비와 세 사람의 총신을 죽이는 등 수틀리면 도끼로 목을 치는 헨리 8세의 치세는 항상 공포감이 어른거리고 있었던 시대이기도 했다. 런던탑의 단두대와 스미스필드의 화형장은 그의 통치 기간 동안 쉴 틈이 없었다. 한편에서는 그를 변호하기 위해 이러한 소름 끼치는 처벌이 제한된 소수에게만 내려졌다고 하지만 그의 권력에 대든 것도 아닌데 도대체 왜 이런 잔인함을 필요로 했는지 의아스럽게 생각하는 이들도 많다.

헨리 8세의 여성 편력은 그의 정력만큼이나 참으로 대단했다. 1536년 한 해 동안에만 헨리 8세의 첫 왕비인 아라곤의 캐서린이 사망했고 두 번째 왕비인 앤 불린은 참수되었으며, 제인 시모어가 세 번째 왕비가 되었다. 그런데 1537년 제인 시모어가 유일하게 아들을 남기고 사망하자 헨리 8세의 상심은 상당히 깊었다. 그래서 그런지 그 후

3년간은 새로운 왕비를 맞아들이지 않았다. 그러나 1540년 총신 토머스 크롬웰의 적극적인 권유로 또다시 독일 클레베의 왕녀인 앤을 맞아들였지만 바로 그해에 앤이 박색인 데다가 촌닭 같다고 이혼하고는 역시 같은 해에 다섯 번째로 당시 19살의 캐서린 하워드와 결혼했다. 그러나 결혼한 지 2년 뒤인 1542년에 캐서린 하워드도 간통죄로 목이 잘렸고, 이듬해인 1543년 헨리 8세는 마지막 왕비인 캐서린 파와 결혼해 비교적 안정을 찾았다. 이처럼 다양한 그의 여성 편력의 배경에는 무엇보다도 아들을 낳아 튜더 왕가를 굳건하게 이어가고자 하는 강한 의중이 실려 있었다.

첫 번째 왕비, 아라곤의 캐서린

캐서린

캐서린은 고귀한 왕가의 딸로 태어나 이미 왕비의 삶이 예상되었으나 아들을 낳지 못해 내쳐졌다. 그녀는 뼛속 깊이 뿌리박은 가톨릭주의자로, 매사에 헌신적이었으나 고래 심줄 같은 황소고집의 소유자이기도 했다. 스페인의 왕 페르디난도 2세와 여왕 이사벨 1세의 딸이었던 캐서린은 '피의 메리Bloody Mary'라는 별명이 붙었던 메리 1세의 어머니이기도 하다. 캐서린이 15살의 아서 왕자(헨리 7세의 장남)와 결혼하기 위해 영국으로 왔을 때 그녀의 나이는 16살이었고 캐서린을 호위하는 행렬에 끼어 있던 헨리 왕자(후일 헨리 8세)는 10살이었다. 당시 그녀는 스페인 왕실에서 자라면서 몸에 밴 경건하고 우아한 품위를 지니고 있었다.

원래 병약한 체질이던 아서 왕자는 캐서린과 결혼한 지 몇 달 뒤에 죽었다. 나중에 헨리는 캐서린이 이때 제대로 신방을 치르지 못했다고 이 결혼이 무효라고 주장했다. 그녀와 결혼을 하기 위해서였다. 헨리의 아버지 헨리 7세는 동맹 관계를 유지하기 위해 우선 캐서린과 헨리 왕자를 약혼시켰다. 당시 헨리는 미성년이라 아직 결혼을 할 수 없었다. 후에 스페인과의 동맹 관계가 별 볼 일 없게 되자 헨리 7세는 이 결혼에 명분이 없음을 아들에게 알리고, 헨리는 이를 순순히 받아들였다.

그러나 헨리 7세 사망 후 즉위한 헨리 8세는 곧바로 캐서린과 결혼식을 올렸다. 캐서린은 첫아들을 낳았으나 몇 주 만에 죽었다. 이후 캐서린은 다섯 번의 임신과 유산을 거듭하지만 결국 생존한 유일한 혈육은 딸 메리뿐이었다. 캐서린에게 왕자 출산을 더 이상 기대할 수 없게 되자 헨리 8세의 마음은 돌아섰다. 헨리는 때마침 캐서린의 시녀였던 앤 불린에게 눈독을 들였다. 먼저 그는 캐서린과 이혼하기 위해 별의별 방법을 다 동원했다. 캐서린은 이혼을 완강히 거부하다가 왕궁에서 쫓겨났다.

그녀는 1532년에는 딸 메리와도 떨어져 외롭고 쓸쓸한 말년을 보내다가 결국 1536년 암으로 사망했다. 죽을 때까지도 캐서린은 자신만이 영국의 정통성 있는 왕비라는 생각을 끝끝내 버리지 않았다. 그는 유일한 혈육 메리에게 스페인의 유명한 교육자들을 데려와 양질의 교육을 시켰고 특히 가톨릭 신앙을 지키도록 했다. 메리는 후일 메리 1

세로 즉위한 뒤 영국에서 로마 가톨릭을 부활시켰다. 그리고 '피의 메리'라는 별명이 붙을 정도로 어머니를 폐비廢妃시킨 신교 세력을 혹독하게 탄압했다.

두 번째 왕비, 앤 불린

앤 불린

앤 불린은 외교관이었던 아버지 토머스 불린과 명문가인 하워드 가문 출신 어머니 엘리자베스 사이에서 태어났다. 어려서부터 총명했던 앤은 12살부터 프랑스의 궁정에서 프랑스어와 라틴어를 배웠다. 나중에 스코틀랜드 여왕이 되는 프랑스의 왕비 메리 스튜어트의 시녀로 발탁되었으며, 왕비의 통역도 도맡아 했다. 용모는 눈에 확 띌 정도는 아니었으나 재기발랄하고 활달한 성격에 매혹적인 검은 눈의 앤은 1522년 영국으로 돌아와 왕실에 입성했다. 그리고 개미 허리에 교태가 좔좔 흐르는 그녀가 캐서린 왕비의 시중을 드는 모습을 본 헨리 8세는 군침을 흘리기 시작했다.

앤은 헨리의 마음을 얻게 되자, 맹랑하게도 왕비와 이혼하고 자신과 결혼하기 전에는 절대로 잠자리를 같이 할 수 없다고 선언했다. 이러한 태도는 헨리 8세의 애간장을 더욱 태웠다. 왕은 대신들과 의회를 닦달하면서 마침내 캐서린과 이혼에 성공했다. 이혼하기 직전인 1532년 12월에 앤은 결국 임신했으며 1533년 1월 비밀리에 결혼식을 올렸다. 그러나 그해에 태어난 아이는 공주인 엘리자베스였으며 이는 헨리를 무척 실망시켰다. 이후 앤은 캐서린처럼 임신과 유산을 반복했으나 아들을 낳는 데 실패했다.

그러나 앤은 고분고분한 성격도 아니었고 자존심 강하고 야심만만했다. 그리고 너무 나대다가 인심을 잃으면서 점차 왕의 눈 밖에 나기 시작했다. 뭐니 뭐니 해도 아들 출산의 실패가 결정타였다. 헨리의 사주를 받아 그녀를 제거하려던 세력들은 아무런 증거도 없이 그녀와 친오빠를 비롯해 여러 남자에게 간통죄를 뒤집어씌워 버렸다. 헨리 8세는 냉정하게 앤을 내쳐버렸다. 결국 앤은 런던탑에 갇혔고 법정에서 자신의 죄목을 하나하나 부인했지만 모두 묵살되었다. 그녀는 1536년 목이 잘렸다. 결국 헨리와 앤 불린의 관계는 폭발적인 열정으로 시작해 앤의 잔혹한 죽음으로 끝났다.

세 번째 왕비, 제인 시모어

의지력이 강하고 아들 출산에 성공했던 제인 시모어, 그러나 그녀의 인생은 너무나 짧았다. 제인 시모어는 앤 불린과 마찬가지로 궁녀였다가 헨리 8세의 눈에 들어 왕비가 되었다. 차분하고 검소했던 제인 시모어는 앤 불린과는 대조적인 성격이었다. 헨리가 많은 재물을 보냈으나 이를 모두 돌려보낼 정도로 검박했다. 제인은 왕

제인 시모어

비가 된 후에는 헨리의 맏딸 메리 공주의 신원 복원을 간곡히 요청했고, 메리를 포함해서 둘째 엘리자베스와 헨리와의 화해를 중재하기도 했던 지혜로운 여인이었다. 결혼 후에는 왕실의 평화와 안정을 위해 노력했고 마침내 돌아온 메리 공주와 화평하게 지냈다. 그러나 헨리와 결혼을 할 무렵 제인은 이미 27살로서 당시에는 결혼과 출산을 위한 적절한 나이가 아니었다. 게다가 허약한 체질이었던 제인은 1537년 출산 때 무려 사흘이나 걸려 간신히 아들 에드워드를 낳았다. 헨리 8세는 기다리고 기다리던 아들의 탄생에 눈물까지 질질 흘리면서 기뻐했고, 런던탑에 있는 포란 포는 모두 동원해서 축포를 쏘아댔다. 그는 왕자를 낳아준 제인 시모어를 특별하게 여겼고 사후에는 제인 곁에 묻히기를 원했다. 헨리가 가장 사랑했던 여인이었다.

네 번째 왕비, 클레베의 앤

독일의 뒤셀도르프에서 클레베 공작인 요한 3세의 딸로 태어난 앤은 헨리 8세의 네 번째 왕비가 되었다. 당시 앤과의 결혼을 추진하던 이는 영국성공회를 탄생시키는 데 지대한 공헌을 한 총신 토머스 크롬웰이었다. 크롬웰은 당시 급부상하던 신교 국가인 클레베 공국의 앤과의 결혼을 통해 영국이 독일의 신교 국가와 동맹 관계를 맺을 것을 주장했다. 왕비의 외모가 몹시도 궁금했던 헨

실물보다 훨씬 낫다는 클레베의 앤의 초상화

리는 궁정화가가 그려 보내온 앤의 초상화에 만족했고, 그 자리에서 앤과의 결혼을 즉각 추진하도록 지시했다. 초상화는 크롬웰의 지시에 의거해 실제와 달리 아름답게 그려졌는데, 나중에 왕을 속였다는 이유로 크롬웰은 목이 잘렸다. 헨리는 잔뜩 기대에 부풀어 그리니치 궁에서 로체스터까지 새 신부를 맞으러 몸소 행차 길에 나섰다.

그러나 직접 대면한 앤은 초상화와는 전혀 달랐다. 박색에 독일어만 할 줄 알고, 궁정의 예의범절도 별로인 데다가 문학과 예술적 취향도 전혀 없었다. 이렇게 헨리의 취향과는 너무나 거리가 멀었던 앤은 왕을 크게 실망시켰다. 헨리는 아예 앤과는 합방도 하지 않았다. 결혼 이후 앤을 '플랑드르의 암말'이라고 공공연히 조롱하다가 불과 6개월 뒤에 바로 이혼 수속을 밟았다. 촌닭처럼 순박하기 짝이 없던 앤은 첫째 왕비 캐서린과 달리 앙탈을 부리지 않고 이혼을 순순히 받아들였다. 왕비가 아닌 '왕의 누이'라는 이상한 호칭을 얻은 것에 만족하며 그냥 영국에 머물렀다. 그녀는 후에 왕실과 평화로운 관계를 유지하며 이따금씩 조언을 하기도 했다. 헨리 8세가 마지막 왕비인 캐서린 파를 간택했을 때는 모두들 만장일치로 동의했다. 하지만 앤은 캐서린 파의 용모가 자신보다 못하다고 유일하게 반대 의견을 제시했다는 웃기는 얘기도 전해진다.

다섯 번째 왕비, 캐서린 하워드

캐서린 하워드는 왕비가 된 이후에도 혼전에 있었던 남자관계가 지속되면서 발각되어 목이 잘렸다. 그녀는 춤과 옷에만 관심을 쏟는 경박함이 있었지만 앤 불린처럼 행실이 방 자하지는 않았다. 네 번째 앤 왕비의 시 중을 들다가 헨리 8세의 간택을 받은 캐 서린 하워드는 명문가인 하워드가 출신 으로 앤 불린과는 외사촌 간이었다. 그 러므로 앤 불린의 딸인 엘리자베스(훗날 의 엘리자베스 1세)와 가깝게 지냈으며, 후 일 캐서린이 참수되었을 때 엘리자베스

캐서린 하워드

는 큰 충격을 받았다고 한다. 당시 47살이었던 헨리 8세는 19살인 캐 서린 하워드의 활기차고 발랄한 스타일에 홀딱 반했다. 어린 새 신부 캐서린 하워드에게 보석과 토지와 의복 등을 마구 퍼주며 환심을 사 려고 애를 썼다.

그러나 이미 뚱뚱해지고 둔중해진 중년의 왕에게 캐서린은 곧 싫증 을 느꼈다. 바람기가 다분한 캐서린은 혼전 애인이었던 프랜시스를 시종으로 삼는가 하면 또 다른 애인에게 연애편지를 써 보내는 등 왕 비로서의 정숙한 행실과는 거리가 먼 천방지축으로 행동했다. 그녀는 바로 추문에 휩싸였고, 어린 신부를 '가시 없는 장미'라는 애칭으로까 지 부르며 어여삐 여겼던 헨리 8세는 처음에는 귀를 틀어막고 이 스 캔들을 믿으려 하지 않았다. 그러나 여러 추문이 점차 사실로 밝혀지 자 헨리는 격노해 캐서린의 두 정부를 잡아다가 중형에 처했다. 헨리 는 분노했지만 한편으로는 애증이 뒤섞인 복잡한 심경에서 평펑 울었 다고 한다. 간통죄로 런던탑에 갇힌 캐서린은 왕비가 된 지 두 해 만 에 참수되었다.

여섯 번째 왕비, 캐서린 파

캐서린 파

후덕하고 지혜로웠던 캐서린 파는 노쇠하고 힘이 빠진 헨리를 끝까지 보살펴주었다. 헨리 8세의 왕비 중 가장 유식하고 지적인 여인이었다. 미인이라기보다는 따스한 마음과 솔직 담백한 기질의 소유자였다. 1543년 헨리는 마지막으로 당시 왕실의 가정교사였던 캐서린 파와 결혼했다. 캐서린 하워드가 런던탑에서 목이 잘린 지 1년 만의 결혼이었는데 이때 캐서린 파는 이미 두 번이나 결혼한 전력이 있었다. 첫 남편이었던 에드워드 버로와는 1529년 사별했고, 두 번째로 래티머의 영주 존 네빌 경과 결혼했다. 그러나 남편이 병약한 탓에 캐서린 파는 런던으로 이사와 남편을 간호하면서 헨리 8세 자녀들의 교육을 담당했다. 특히 에드워드 왕자의 작은 외숙인 토머스 시모어에게 연정을 품게 되었다. 한편 왕의 청혼은 집요했다. 1542년 캐서린 하워드를 참수하고 새로운 짝을 찾아 방황하던 헨리 8세는 아직 남편이 죽기도 전인 캐서린 파에게 일상 하던 방식대로 선물 공세를 퍼부었다. 캐서린 파는 남편을 사랑하고 있었지만 왕의 요구를 거절할 수 없었고, 결국 헨리 8세의 마지막 왕비가 되었다. 결혼할 당시 캐서린 파의 용기는 주위를 놀라게 했다.

이미 앤 불린, 캐서린 하워드를 참수시켰고, 첫 왕비와 클레베의 앤과는 이혼을 감행했던 헨리 8세의 왕비가 된다는 것은 공포 자체였기 때문이다. 게다가 왕은 이미 노쇠했고 메리·엘리자베스·에드워드 등 세 명의 자녀들까지 보살펴야 하는 위치에 있었다. 그러나 캐서린 파는 온후한 성격의 소유자로서 왕비의 임무를 잘 수행해 나갔다. 그는 왕이 화를 내면 차분히 토닥거려주고 두 딸과 왕의 관계를 중재했으며 아픈 왕의 다리를 자기 무릎에 올려놓고 마사지를 해주는 등 극진히 간호했다. 헨리는 중년 나이 때 낙마하면서 무릎을 크게 다쳐 죽을 때까지 무지하게 고생했다. 결국 헨리 8세는 1547년 1월 에드워드에게 양위한 뒤 사망했다. 캐서린 파는 헨리 8세가 사망하자마자 바로 그해에 이전의 구혼자이자 천하의 난봉꾼이었던 토머스 시모어와 결혼했다. 이후 그녀는 35살이라는 적지 않은 나이에 첫 임신을 했지만, 출산 도중 사망했다.

제6장

바운티호의 반란

할리우드의 원조 반항아, 말론 브랜도 / 바운티 호 선상船上 반란 이야기

I. 바운티호의 반란(1962년), Mutiny On The Bounty

영화 〈바운틴호의 반란〉은 18세기 후반, 남태평양을 항해하던 바운티호에서 실제 벌어진 선상 반란 사건을 그리고 있다. 오랜 항해와 가혹한 선상 생활로 인해 육체적, 정신적으로 피곤에 찌든 선원들이 선장의 권위주의적이고 독단적인 행위를 참지 못하고 일으키는 반란과 이후 벌어지는 사건을 밀도 있게 영화화했다. 망망대해를 항해하는 선원들의 질서를 책임지는 선장

의 권위와 선원들의 인간적인 존엄성 중 어느 것이 더 중요한 것인가에 대해 심각한 의문을 제기했던 영화이다.

주인공 역을 맡은 말론 브랜도, 조연을 맡은 선장 역의 트레버 하워드, 선장에게 체벌을 당하는 선원 역에는 젊은 날의 리챠드 해리스 등 쟁쟁한 배우들이 열연을 펼치고 있다. 애초에 선장인 블라이 역에는 잭 호킨스가 물망에 올랐었고 선원인 밀스 역에는 피터 오툴을 점찍었는데 당시 〈아라비아의 로렌스〉에 출연 중이라 성사되지 못했다. 감독은 중간에 두 번 바뀌었다. 처음에는 〈제3의 사나이〉를 만든 명장 캐롤 리드 감독에 의해 시작되었는데 대본에 불만을 느껴 중간에 그만 두었다. 이어서 대타로 〈서부전선 이상 없다〉를 만든 루이스 마일스톤이 투입됐는데 그 역시 대본에 문제가 있다고 지적하며 나머지 추가 촬영을 거부했다. 최종적으로 〈34번가의 기적〉의 감독 조지 시튼이 마무리를 지었다.

항해 중인 바운티호

어쩔 수 없이 반란을 주도하는 크리스천 역에 카리스마가 넘치는 젊은 날의 말론 브랜도와 맛이 간 블라이 선장역의 트레버 하워드,

선장에 반항하는 밀스 역에 리차드 해리스의 연기가 볼만하다. 크리스천은 처음엔 선원들과 거리를 두면서 다소 능글맞게 처신하지만 정작 반란의 주모자가 된 후에는 고뇌하는 모습을 보인다. 그는 비록 선장을 쫓아냈지만 이미 정통성을 상실하여 군사재판이 기다리는 고국으로 영원히 돌아가지 못하는 딱한 입장에 놓인 것이다. 바다 위를 정처 없이 떠돌아야하는 자신의 기막힌 신세를 비관하며 점차 신경질적으로 변해간다. 결국 선원들이 몰래 배를 불살라버리자 배를 구해보려고 동분서주하다가 끝내 목숨을 잃는 모습이 애처로우면서도 처절하다.

〈바운티호의 반란〉은 여러 번 영화화되었는데, 오리지널은 1935년 프랭크 로이드 연출로 찰스 로튼과 클라크 게이블이 주연을 맡았고 아카데미 작품상을 받았다. 그다음이 1962년도에 만들어진 이 영화였다. 이후 1984년에 멜 깁슨, 안소니 홉킨스가 주연을 맡은 영화가 나왔는데 등장인물들의 캐릭터를 새롭게 조명했다는 평을 받았다.

영화에서 선장 블라이는 걸핏하면 선원들을 채찍질로 다스리는 난폭한 인물로 나온다. 더욱 큰 문제는 부하 사관들에 대한 그의 태도였다. 그는 선원들이 보는 앞에서 밑의 사관들에게 심한 욕설을 퍼붓는 등 인격적으로 모멸감을 안겨주었다. 결국 이들 사관들의 불만이 쌓여 반란을 일으키는 데 빌미를 제공한 것이다. 바운티 호 상세한 선상반란 이야기는 당시 승선하고 있던 식물학자 데이비드 넬슨의 기록에 의해 후에 밝혀진 것이다. 그는 귀국하는 항해도중에 사망했다.

II. 할리우드의 원조 반항아, 말론 브랜도

말론 브랜도

말론 브랜도는 많은 영화인들이나 평론가들 사이에서 '20세기 최고의 배우' 중의 한 사람으로 흔히 꼽히는 인물이다. 평생 동안 수많은 명품 연기를 쏟아내며 영화 연기론의 정전正典을 다시 쓰게 하고도 남을 대배우였다. 그런 만큼 그가 영화사에 남긴 배우로서의 족적은 뛰어난 것이었다.

브랜도는 1924년 미국 네브라스카주 오마하에서 출생했다 그의 가정은 그리 단란치 못했다. 바람기 많은 사업가인 아버지와 여배우이자 극장 관리자인 어머니는 주벽이 심했다. 서로가 원만하지 못했던 부모와 특히 아버지에 대한 원망으로 가득 차서 보낸 어린 시절이 후일 기성 체제에 반발심 가득한 그의 성격 형성에 영향을 미쳤을 것이다. 고등학교 진학할 때가 되자 이전에 아버지가 다녔던 미네소타에 있는 섀턱 사관학교로 보내졌다. 그곳에서 그는 연극에 뛰어난 소질을 보였지만 상관에게 불복종했다는 이유로 퇴학을 당했다.

이후 집에서 빈둥거리는 그를 보고 아버지가 좀 더 가치 있는 일을 해보라는 충고를 하게 된다. 이것이 브랜도가 연기에 입문하게 된 동기였다고 한다. 당시 뉴욕에서 그의 누이 둘이 연극과 예술을 공부하고 있었다. 그곳에서 그는 배우 양성가로 유명한 스텔라 애들러의 지도를 받게 된다. 처음부터 브랜도의 재능을 간파한 스텔라는 "브랜도는 따로 뭘 배울 필요도 없는 천부적인 배우"라며 "그가 연기하지 못할 인물은 없다"고 극찬했다는 얘기가 전해진다.

1946년 비평가들도 "앞으로 이 젊은이 브랜도를 주목하라"라고 앞다투어 얘기했다. 그동안 조용히 브랜도를 지켜본 극작가 테네시 윌리엄스는 엘리아 카잔 감독에게 브랜도를 추천했다. 이를 계기로 브랜도는 1947년 연극 〈욕망이라는 이름의 전차〉에 출연하면서 대단한 호평을 받았다. 이때 자신의 대타 배우였던 잭 팰런스와 복싱을 하다가 코가 부러지는 바람에 그의 트레이드 마크가 되는 매부리코가 되는 사고를 당했다. 연기력이 소문난 그를 할리우드가 가만히 놔둘 리 없었다. 그가 주역을 맡고 있던 연극 〈욕망이라는 이름의 전차〉는 안소니 퀸이 브랜도 대신 그의 역을 맡았다.

할리우드에 진출한 그는 50년대에 들어오면서 영화 〈욕망이라는 이름의 전차〉〈혁명아 자파타〉〈줄리어스 시저〉〈위험한 질주〉 등에 출연하면서 그의 진가를 알리기 시작했다. 엘리아 카잔의 52년 작인 멕시코 혁명을 다룬 〈혁명가 자파타〉를 통해 칸 영화제 남우주연상을 수상했고 54년에는 〈워터 프론트〉에서 주인공 테리 역으로 아카데미 남우주연상을 수상하게 된다. 특히 이 영화는 흔히 브랜도의 메소드 연기*의 서막을 알린 작품으로 평가받고 있다. 이후 〈아가씨와 건달들〉〈젊은 사자들〉〈애꾸눈 잭〉〈바운티호의 반란〉 등에 출연했다.

---

* 메소드 연기란 배역에 완전히 몰입하는 극사실주의의 연기 방법을 말한다. 예를 들어 배역이 간호사라고 한다면 실제로 간호사의 발걸음부터 말투 억양까지 최대한 모방, 거의 간호사가 되다시피 하면서 사실적으로 연기하는 것을 말한다.

이후 브랜도는 세월이 흘러 70년대에 들어와 활동이 잠시 소강상태를 보였다. 그의 중년 시절은 운둔으로 일관했다. 연기 스타일도 많이 달라졌다. 젊은 시절 넘치는 에너지를 오토바이·술·여자로 해소하던 모습과는 달리 조용하면서도 카리스마 넘치는 연기를 보이기 시작했다. 젊은 시절과 닮은 점이라면 여전히 남의 간섭을 싫어하는 독불장군 같은 모습이었다.

드디어 1972년에 영화사에 길이 남을 브랜도 최고의 작품 〈대부〉가 탄생했다. 프란시스 코폴라 감독의 걸작 〈대부〉에서 대부 콜리오네를 연기한 브랜도의 연기는 영화 백년사를 통틀어 최고였다는 평가를 받는다. 그런데 당시 영화를 제작한

영화 〈대부〉의 브랜도

파라마운트 제작자 로버트 에반스는 브랜도를 캐스팅할 경우 코폴라 감독까지도 해고할 것이라며 강경하게 그의 캐스팅을 반대했다. 할리우드의 반항아로 이름난 말썽쟁이 브랜도를 머리에 떠올리기도 싫었던 것이다.

그러자 코폴라 감독은 브랜도의 머리에 구두약을 칠하고 휴지를 말아서 브랜도의 양쪽 볼에 넣어 볼록하게 만든 후 테스트 촬영을 했다. 미처 누구인지도 모르고 테스트 필름을 본 에반스는 "이 사람이 바로 주인공이야"를 외쳤다. 결국 브랜도는 돈 콜리오네 역으로 영화에 출연할 수 있었다. 하지만 다소 우물거리며 어눌한 말투로 연기를 해야

했던 그는 촬영 내내 마우스피스를 끼고 있어야 했다. 〈대부〉로 아카데미 남우주연상이 확정되자 그는 미국인들의 인디언에 대한 차별을 이유로, 대신 인디언 출신 여배우 새친 리틀페더를 보내 인디언 권익에 대한 연설을 하게 해 수상식장을 들썩거리게 만들었다.

꾸준히 미국 내에서 차별받는 아메리칸 인디언을 지원해온 그가 할리우드 영화계에 보내는 반항의 메시지이기도 했다. 역시 브랜도다운 돌출 행동이었다고 수군거렸다. 그 해에 이탈리아의 거장 베르나르도 베르톨루치 감독의 〈파리에서의 마지막 탱고〉에 마리아 슈나이더와 노골적인 정사신을 연기하면서 또 한 번 화제를 불러왔다. 이후 죽을 때까지 〈슈퍼맨〉〈지옥의 묵시록〉〈포뮬러〉 등 약간은 이상한 영화들에 출연했지만 광기에 휩쓸린 군인 등 배역들의 캐릭터는 상당히 독특하고 다채로웠다.

브랜도의 여성편력은 다양하기로 소문났었다. 세 번 결혼한 브랜도의 상대는 첫 번째는 영화 〈산〉에 출연한 바 있는 인도계 부인 앤나 캐쉬피, 두 번째 부인은 〈애꾸눈 잭〉에서 공연했던 멕시코 출

영화 〈워터 프론트〉에서 에바 마리 센트와 브랜도

신 모비타 카스테나다. 세 번째 부인으로는 영화 〈바운티호의 반란〉에서 상대역으로 나온 타히티 원주민 출신 타리타 테리피아였다. 살아생전 "백인, 혼혈인, 태평양의 폴리네시아인 등 여러 인종의 여성을

두루 경험했다"고 너스레를 떨었다. 첫 부인인 웨일즈 출신 여배우 앤 나 캐쉬피와의 사이에서 태어난 아들 크리스천은 1990년 배다른 여동생 치엔의 남자친구를 권총으로 쏘아죽인 혐의로 징역 10년을 선고받았고 이에 충격을 받은 치엔은 1995년 25살의 나이로 자살하는 등 브랜도 말년의 가족사는 불행으로 점철되었다.

비록 운둔자의 모습을 지속했지만 여전한 악명, 순탄치 않은 가정사, 뚱뚱한 몸집 등 그의 말년도 여전히 세인의 관심을 끌었다. 그는 2004년에 80세의 나이로 세상을 떠났다. 브랜도는 할리우드 영화의 남자 주인공 이미지를 바꾼 인물이다. 매부리코를 한 그는 권투선수 같은 인상에다가 매섭게 쏘아보는 눈빛은 한 마디로 2차 세계대전 직후 세계를 재패한 미국을 상징하는 아메리칸 마초를 상징했다. 브랜도가 연기한 것은 바로 미국의 얼굴이었다. 어느 평론가는 이렇게 말했다.

"인간 브랜도, 거칠고 섹시한 반항아, 무뚝뚝하고 한없이 건방진 그의 태도는 60년대를 휩쓸었던 위대한 음악 형식인 로큰롤을 떠오르게 한다."

III. 바운티호 선상船上 반란 이야기

빵나무

바운티호는 애초엔 군함이 아니었다. 1784년 건조돼 민간 상선으로 쓰이던 선박을 영국 해군이 1787년 매입해서 뜯어고쳤다. 개조의 초점은 화물칸의 확대였다. 선장 실조차 식물이 자랄 수 있는 온실로 바꿨다. 직사광선이 앞으로 실을 화물에 좋지 않은 영향을 줄 수

빵나무

있다며 유리도 불투명한 간유리로 바꿔 끼웠다. 화물칸의 습도를 유지하기 위해 원시적 장치까지 해 넣었다. 도대체 당국에서는 무엇을 적재하려고 배를 뜯어 고쳤을까.

답은 빵나무였다. 항해의 목적은 남태평양 특산물인 '빵나무 breadfruit' 묘목의 운송에 있었다. 조리하면 빵과 비슷한 맛을 내는 열매를 맺는 빵나무였다. 묘목의 행선지는 서인도제도였다. 설탕의 원료인 사탕수수 농장에서 일하는 노예들에게 비싼 곡물 대신 빵나무를 먹여 수익을 늘리겠다는 속셈이었다. 독립전쟁에서 승리한 미국으로부터 식량 공급이 어려워진 것이다. 사탕수수 재배를 하는 플랜테이션 주인들과 무역업자들이 짝짜꿍이 돼서 해군 수뇌부를 움직였다. '베시아'라는 상선을 사들여 묘목운반선으로 개조키로 한 것이다.

말썽 많은 블라이

영국 해군은 개조된 상선의 이름을 바운티호로 바꾸고 선장에 윌리엄 블라이를 앉혔다. 블라이는 누가 보더라도 적임자로 보였다. 제임

스 쿡* 선장 아래에서 세계를 일주한 경험이 있었다. 블라이도 얼씨구나 하고 반겼다. 블라이는 미국과의 전쟁이 끝나고 단행된 군비축소의 일환으로 신분이 예비역으로 바뀌어 급여가 절반 이상 깎인 뒤 무역선에서 근무하고 있었다. 그는 현역 복귀는 물론 특별 상여금까지 약속받았다.

그러나 선원들에게 바운티호의 근무 환경은 열악했다. 이런저런 기구를 많이 싣는 통에 선원들의 주거 공간이 좁아지고 장기간의 항해로 스트레스가 점차 쌓여갔다. 더욱이 민간인 생물학자 2명을 포함해 모두 46명인 선원 중에는 질서를 담당하는 해병이 한 명도 없었다. 당시 해병은 선상에서 질서를 유지하는 일종의 경찰 노릇을 했다. 함선의 단독 지휘는 생전 처음이었던 블라이는 경험 많은 항해사가 필요했는데 일등 항해사 프라이어를 못미더워 했다. 그래서 자신과 두 번 항해를 같이 하기도 한 크리스천을 부항해사로 임명하여 태웠다. 크리스천은 보수도 받지 않고 기꺼이 승선할 정도로 두 사람은 무척 친밀한 사이였다.

영국에서 타히티로 가는 항로는 남아프리카의 희망봉을 돌아서 동쪽으로 가는 길이 조금 멀지만 안정적이기 때문에 일반적으로 채택되

---

* 제임스 쿡은 영국의 탐험가이며 대항해가이다. 캡틴 쿡(Captain Cook)으로도 불린다. 뉴질랜드, 오스트레일리아 탐험에 이어 북태평양 탐험을 떠나 베링 해협을 지나 북빙양에도 도달했다. 그의 탐험으로 태평양의 많은 섬들이 알려졌고 이름도 정해졌다. 그에 의해 현재와 거의 유사한 태평양 지도가 만들어졌다. 1779년 2월 14일 하와이섬에서 원주민들에게 살해당했다. 향년 50세였다.

는 항로였다. 하지만 블라이는 세계일주를 해보겠다는 개인적인 야심 때문에 거칠기로 유명한 남아메리카 최남단의 마젤란 해협으로 가는 항로를 선택했다. 두 항해사와 선원들이 반대했지만 블라이가 밀어붙이는 바람에 악천후 속에

영화에서 크리스천 역의 말론 브랜도

결국에는 개고생을 하면서 한 달이라는 시간만 허비하고 남아프리카 항로로 선박을 되돌린다. 이때 프라이어가 남아메리카 항로에 결사적으로 반대하기도 해서 그를 해임하고 대신에 크리스천을 일등 항해사로 임명했다.

타이티 도착

선원들 사이에서는 불만이 가득했다. 블라이는 성격이 위압적이고 난폭해서 선원들을 가혹하게 취급했다. 툭하면 채찍질이 일수였다. 그동안 선원들과 어느 정도 거리를 두고 있었던 크리스천도 블라이의 가혹한 선원들 통솔방법에 점차 반감을 갖게 되면서 사사건건 그와 마찰을 일으키기 시작했다. 천신만고 끝에 도착한 타히티섬은 선원들에게 비할 데 없는 천국이었다. 대대로 서구인들에게 친절히 대해온 섬 주민들은 블라이 일행도 변함없이 열렬히 환영하며 거의 매일 축제를 열어주었다. 요구하는 빵나무 묘목도 주었다. 날씨는 온화했고 짙푸른 해변과 야자열매 등 먹을 것은 넘쳐나는 데다가 원주민 여자들도 친절했다.

반년 가까이 머물면서 원주민 여자들과 가까워진 선원들이 딴 마음을 먹는 것은 당연했다. 여자들과 연애하는 선원들이 늘어났다. 특히 크리스천이 원주민 추장의 딸과 사랑에 빠져 해롱거리자 블라이는 야단을 치며 난리법석을 떨었다. 이때를 계기로 크리스천이 블라이와 완전히 등을 돌리게 된다. 상당수의 선원들이 마음속으로 타히티를 떠나기 싫어했지만 군율은 지엄한 법이다. 탈영한 선원 몇 명을 채찍질로 본때를 보인 후에야 바운티호는 간신히 본국으로 출발할 수 있었다. 그 후에도 블라이의 무자비한 통솔 방식은 바뀌지 않았다.

선상 반란

결국 출발한 지 20여 일만인 1789년 4월 28일, 크리스천의 주도하에 선상 반란이 일어난다. 크리스천과 반란 선원들은 블라이와 그의 편에 선 선원 18명을 구명보트에 태워 망망대해로 떠나보내고 자신들은 바운티호를

쫓겨가는 블라이 선장 일행

몰아 타히티로 돌아갔다. 블라이와 그의 부하들은 40여 일간 태평양 바다 위를 무려 6,000km를 죽을힘을 다해 항해한 끝에 피지섬에 도착했다. 그들은 그곳 원주민들한테 도움을 받기도 하는 등 다시 우여곡절 끝에 1789년 6월 14일, 티모르의 네덜란드령 항구인 쿠팡에 도착했다. 그 즉시 블라이는 네덜란드 관청에 반란 사건에 대해 보고했고

이 소식은 영국 본국에 전해졌다. 멀고 험한 항해로 체력이 쇠약해진 생존자들은 약 2개월 동안은 쿠팡에 머무르면서 몸을 추스렸다. 이후 다시 항해에 나선 블라이 일행은 1790년 3월 14일 영국에 도착했다. 1년여 동안 군사재판을 받았는데 블라이는 무죄를 선고받았다. 이후 블라이는 태평양에 한 번 더 갔다 와서 기어이 빵나무를 서인도제도에 운반하는 데 성공한다. 하지만 빵나무는 그곳 원주민들에게 외면을 받으면서 식목에 실패하고 만다.

나중에 블라이는 호주 뉴사우스웨일즈 총독을 지내지만 제 버릇 개 못 준다고 또다시 통솔력에 문제가 생겨 사달이 났다. 달달 볶아대는 블라이에 대해서 사관들이 반란을 일으키는 불상사가 벌어진 것이다. 그는 결국 본국에 소환되었다. 영국은 해상 무역이 국가의 근본이었고 그래서 제해권이 가장 우선시 되는 해양 국가였다. 이런 이유로 선상 반란에 대해서는 추호도 용납을 하지 않았다. 때문에 반란자들은 지구 끝까지 쫓아가서라도 잡아낸다는 철칙이 있었다. 영국 해군성은 에드워드 선장이 지휘하는 군함 판도라호를 파견해 반란자 색출에 나섰다.

반란자 토벌

반란자들의 말로는 불을 보듯 뻔했다. 언젠가는 반드시 붙잡힐 운명이었다. 크리스천을 포함한 반란자들은 일단 타히티로 향했다. 그곳에서 일부는 멍청하게도 타히티에 눌러앉았고, 다른 일부는 영국 해군이 찾을 수 없는 오른편에 있는 무인도인 핏케언섬에 도착한 다음 바운티호에 불을 질러 침몰시키고 그곳에 주저앉았다. 1791년 3월 21일, 판도라호가 타히티에 도착했다. 승조원들과 해병대가 한 달여간에 걸쳐 섬

피켓언 섬

을 토끼몰이하듯 샅샅이 수색해서 14명의 반란자를 잡아들였다. 판도라호는 나머지 반란자들을 잡으려고 사모아·통가 등 남태평양의 섬들을 이 잡듯 뒤지기 시작했다. 그런데 당시 핏케언섬은 해도에 안 나타나 있는 무인도에 불과했기 때문에 수색 대상이 아니었다.

판도라호는 나머지 반란자 색출을 포기하고 본국으로 돌아갔다. 최종적으로 영국에 도착한 10명의 죄수는 군사재판을 받았는데 4명은 무죄, 6명은 유죄 판결을 받았지만, 최종적으로 교수형을 당한 건 3명이었다. 핏케언섬에 정착한 자들은 오손도손 잘 사나 싶었지만, 같이 간 원주민들을 노예처럼 마구 부려먹다가 이들이 폭동을 일으키면서 대부분은 죽임을 당했다. 이때 크리스천도 죽은 것으로 추정된다. 1808년 미국 포경선 토파즈 호가 이들을 발견했을 때는 존 아담스라는 이름의 성인 남자 1명과 여자 8명, 어린이 19명만 생존해 있었다.

제7장

전쟁과 평화

성녀聖女, 오드리 헵번 / 나폴레옹의 러시아 침공과 퇴각

I. 전쟁과 평화(1958년), War and Peace

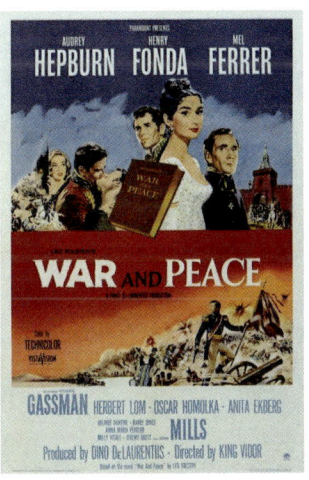

이 영화는 파라마운트사가 러시아의 대문호 레프 톨스토이의 대하 소설『전쟁과 평화』를 원작으로 삼아 역작을 남기겠다는 단단한 각오로 만든 작품이다. 1958년도 개봉 당시로써는 초대형 블록버스터였다. 19세기 나폴레옹의 러시아 침공을 배경으로 인간과 전쟁, 그리고 사랑을 그린 대하드라마이며, 개봉 당시 엄청난 규모의 제작비로 화제를 모았던 작품이다. 처음에는 두 시간으로 줄여 상영했던 것을 1977년에 다시 세 시간 15분으로 원상 복구해 재개봉하기도 했다.

출연 배우들의 명연기와 당시 러시아를 되살린 배경, 장대하고도 압도적인 전투 장면, 모스크바의 대화재, 오드리 헵번이 분한 여주인공 나타샤의 상큼한 매력이 잘 어우러져 있다는 평도 있었지만 한편으로는 다소 지루하고 따분하다는 평도 뒤따랐다. 〈전쟁과 평화〉는 나폴레옹이 유럽을 정복하고 러시아를 침공하기까지의 러시

나타샤와 안드레이

아 사람들이 어떻게 생활했는지, 특히 귀족들이 어떤 삶을 살았는지 등 당시 생활상과 풍속도를 자세하게 그리고 있다. 한편으로는 남자 주인공인 안드레이(멜 파라 분)와 피에르(헨리 폰다 분), 나타샤(오드리 헵번 분)를 중심으로 전쟁 시작부터 종료까지, 이들이 우여곡절을 겪으면서 인간적으로 어떻게 성숙해 가는지를 보여준다.

난리 통에 겪는 주인공들의 여러 경험, 나타샤의 천진난만함과 무모한 열정, 그리고 젊음의 성장통을 겪으면서 내적으로 성숙해져 가는 모습을 보는 재미도 빼놓을 수 없다. 사실 헨리 폰다가 남자 주인공 피에르로 캐스팅될 당시, 자신의 나이가 너무 많은 것이 문제라는 건 스스로 잘 알고 있었다. 20대의 피에르를 50대의 폰다가 연기해야 했으니 그럴 만도 했다. 그가 처음에 받았던 시나리오는 작가 어윈 쇼가 쓴 것이었는데, 이것에 감명받아 출연을 결정했다고 한다.

그러나 나중에 시나리오는 다른 여러 사람의 수정을 걸쳐 완성되었

고, 폰다는 이를 보고 매우 불편한 심기를 드러냈다. 그래서 나중에 촬영이 끝나고 이렇게 툭 뱉었다. "높은 개런티 때문에 출연했지요. 뭐." 피에르 역 후보에는 말론 브랜도, 몽고메리 클리프트 등의 명배우들이 물망에 오르내렸다. 브랜도는 헵번과 같이 일하기 싫다고 거절했고 클리프트는 별 뚜렷한 이유 없이 거절했다. 킹 비더감독은 이에 대해 "피에르 역에는 여러 후보를 고려했지만, 나타샤 역에는 헵번 이외에는 어느 누구도 고려해 본 적이 없다"라고 말했다.

당시 이 영화로 헵번은 350만 달러의 출연료를 받았다. 이 금액은 그때까지 어느 여배우도 받아본 적이 없는 거액이었다. 나중에 헵번은 그녀의 에이전트에게 "저는 그런 출연료를 받을 만한 여배우는 못돼요. 다른 사람들에게 알리지 말아주세요"라고 말했다고 한다. 이 작품은 구소련에서도 여러 번 영화로 제작되었다. 전설적인 영화음악가 니노 로타의 경쾌하면서도 감미로운 '나타샤 왈츠'가 전편에 흐르면서 관객의 마음을 촉촉이 적셔준다.

II. 성녀聖女, 오드리 헵번

오드리 헵번은 1929년 벨기에에서 영국의 은행가인 아버지와 네덜란드 귀족의 딸인 어머니 사이에서 태어났다. 그녀는 어려서 영국에서 자랐지만 부모가 이혼을 하면서 2차 대전 중에는 어머니를 따라 외가가 있는 네덜란드에서 지냈다. 아버지는 친 나치주의자여서 영국에서 왕창 찍혀버리는 바람에 운둔생활을 했고 딸 헵번과도 나중에야

가까스로 연락을 할 수 있었다. 헵번은
이런 연유로 10대 시절 대부분을 나치
치하의 네덜란드에서 보내게 된다. 전쟁
이 막바지에 치닫자 나치의 수탈은 날이
갈수록 극악해지면서 헵번과 외가 가족
들은 튤립 구근을 먹고 쓰레기통까지 뒤
지는 등 처절하게 살아갔다. 헵번은 이
시기에 극심한 영양실조를 겪기도 했다.

오드리 헵번

 헵번은 나치 치하에서 너무나 심한 고난을 겪었기 때문에 훗날 영화 〈안네의 일기〉의 캐스팅 제안을 거절하기도 했다. 당시의 고통스러웠던 기억들이 되살아날까 봐 그랬다는 것이다. 당시 프랑스 여배우 브리지트 바르도는 한국의 개고기 식문화에 대하여 틈만 나면 씹어대곤 했는데 헵번은 "그래, 개고기가 어때서? 전쟁 나면 그보다 더한 것도 먹게 된다구. 당신도 그런 경험 해봤냐?"라고 일침을 놓았다는 일화도 전해진다.

 헵번은 종전 후 암스테르담에서 발레 수업을 받으며 한편으로는 모델 활동도 했다. 1952년 헵번은 프랑스 작가 콜레트의 원작인 뮤지컬 〈지지〉에 캐스팅 되면서부터 여기저기 알려지게 된다. 이후 24세가 되던 이듬해 윌리엄 와일러 감독의 영화 〈로마의 휴일〉의 여주인공인 앤 공주 역에 오디션을 거친 후 발탁되었다. 이 영화는 어마어마한 대성공을 거두면서 겨우 스물네 살의 그녀에게 아카데미 여우주연상을 안겨주었다. 신데렐라처럼 세계적인 스타로 발돋움하게 된 것이다.

1954년 헵번은 빌리 와일더 감독의 〈사브리나〉에서 험프리 보가트, 윌리엄 홀덴 등 대배우들과 열연하면서 아카데미상 여우주연상 후보에 오르는 등 인지도를 굳혀나갔다. 이 영화를 촬영하면서 헵번은 홀덴과 염문을 뿌리기도 했다. 1957년에는 발레리나로서의 경험과 노래 실력을 살려서 뮤지컬 〈화니 페이스〉에 출연하였다. 1959년에는 아프리카를 배경으로 하는 영화 〈파계〉에서 수녀 역으로 나왔고 1960년에는 버트 랭카스터 주연의 〈웨스턴 용서받지 못할 자〉에서 인디안 핏줄의 캐릭터로 출연했다. 화려하게 은막을 수놓던 50년대가 지난 후, 1961년에 블레이크 에드워즈 감독의 작품인 〈티파니에서 아침을〉에서 주인공을 맡아 또 한 번 세계를 들썩거리게 했다.

특히 이른 아침에 선글라스와 검은색 정장을 한 여주인공 홀리(헵번 분)가 뉴욕 5번가의 '티파니 보석상'의 쇼윈도우 앞에서 커피를 들고 크루아상을 먹는 깜찍한 모습은 팬들에게 깊은 인상을 심어주었다. 1964년에는 그녀의 두 번째 뮤지컬 영화 〈마이 페어 레이디〉에 출연하

〈티파니에서 아침을〉에서 헵번

면서 평생 20번째의 배역에서 주연을 맡았다. 장님 역으로 출연한 영화 〈어두워질 때까지〉 이후부터는 영화 출연을 사양하다가 마지막으로 스티븐 스필버그의 1989년도에 조연배우로 출연한 〈영혼은 그대 곁에〉를 끝으로 영화계에서 은퇴하면서 인류를 위한 봉사활동에 나서기 시작했다.

두 번의 결혼을 했던 헵번은 사생활에서 그리 행복한 편은 못되었다. 배우 멜 퍼러와 닥터 안드레아 도티가 그 상대였고 그들에게서 각각 아들 한 명씩을 두었다. 첫 번째로 결혼 상대자였던 배우이자 제작자 멜 퍼러는 헵번보다 12살이 많은 유부남이었다. 그는 자타가 공인하는 바람둥이였고 성질도 더러웠지만, 헵번을 감언이설로 구워삶으면서 결국 둘은 1954년에 결혼에 골인했다. 이 결혼은 누가 봐도 헵번이 한참 밑진다고 주위에서 수군거렸다. 퍼러는 헵번의 지속되는 눈부신 명성 앞에서 기가 푹 꺾였고 콤플렉스는 점점 더해갔다. 상황이 이렇게 되자 퍼러의 바람기가 슬슬 살아나기 시작하면서 두 사람 사이는 점점 벌어졌다. 급기야 손찌검까지 당한 헵번은 이혼을 결심하면서 이들의 14년 결혼 생활은 끝장이 나고 말았다.

이후 심란했던 헵번의 마음을 달래 준 것은 그동안 우정 관계를 지속하고 있었던 이탈리아의 정신과 의사 안드레아 도티였다. 헵번은 〈로마의 휴일〉 촬영 당시부터 "나는 헵번과 결혼식을 올리고 말 거에요"라면서 헵번을 졸졸 따라다니던 도티와 재혼한 것이다. 그러나 전성기 시절 헵번의 아름다운 모습만을 마음에 담고 있던 도티는 중년이 된 헵번을 받아들이지 못하고 바람을 피우기 시작했다. 결국 이들은 결혼 13년 만에 갈라섰다. 그래도 이 두 사람은 계속 연락하고 지냈다. 1989년 스티븐 스필버그가 영화 〈영혼은 그대 곁에〉를 준비할 때 이 영화의 주연을 맡은 리처드 드레이퓨스가 스필버그에게 "누가 천사를 연기할 거지?"라고 물었다. 그러자 스필버그가 즉석에서 "오드리 헵번"이라고 대답하자, 드레이퓨스는 "그래, 그녀 말고 누가 천사를 맡을 수 있을까!"라고 손뼉을 쳤다는 얘기가 전해진다. 바로 이 천사 같은 헵번의 마음씨는 그녀의 말년을 인류를 위한 봉사활동으로 승화된다.

1960년대 후반부터 헵번은 아프리카와 라틴아메리카에서 유니세프와 함께 활동했다. 그녀는 영화계 은퇴 이후 유니세프 대사로서 인권운동과 자선사업 활동에 참가하고 제3세계 오지 마을

아프리카에서 봉사활동 중인 헵번

에 가서 아이들을 돌보아 주었다. 봉사활동 중에 미소 짓는 노년의 헵번이 보여준 모습은 젊었을 때의 고왔던 이미지 못지않게 유명해졌고, 세계적인 찬사를 받았다. 특히 1992년 암 투병 중에도 불구하고 소말리아를 방문, 봉사활동을 한 것은 특히 유명한 일화로 남아 있다. 나중에 헵번은 제2차 세계대전 당시 네덜란드에서의 어린 시절의 힘들었던 경험이 봉사활동을 하는 계기 중 하나가 되었다고 말했다. 자신도 한때 전쟁 난민이었기 때문에, 그들의 어려움을 외면할 수 없었던 것이다. 이렇게 은퇴 이후에도 사회봉사가로서 아름다운 삶을 살다가 1993년 1월 20일 결장암으로 향년 63세로 이 세상을 하직했다.

III. 나폴레옹의 러시아 침공과 퇴각

침공

나폴레옹 체제가 지배하고 있던 유럽 대륙은 거인이었지만 외양과는 달리 내부는 위태하기 짝이 없었다. 그 불안정의 첫 징후가 스페인에서 발생했는데, 이제 결정적인 사건이 러시아에서 일어나려 하고 있었다.

네만강을 건너는 나폴레옹과 대육군

나폴레옹의 힘이 절정에 달했을 때는 부득이 러시아도 그를 따르지 않을 수 없었으나 이제는 사정이 달라지고 있었다. 그동안 프랑스가 영국을 견제하느라고 유럽 대륙 전역에 걸쳐 내린 대륙봉쇄령으로 가장 큰 피해를 보고 있는 것이 러시아의 지주계급이었다.

영국은 러시아의 밀·목재·대마·수지의 가장 큰 시장이었다. 그 큰 시장이 대륙봉쇄로 막히자 러시아는 산업뿐만 아니라 재정적으로도 어렵게 되었다. 그러자 지주들의 항의가 빗발치자 하는 수 없이 알렉산드르 황제는 나폴레옹과 결전을 약속하게 되었다. 그리고 러시아는 대륙봉쇄의 그물을 찢고 거기에서 나와야만 했다. 이제 나폴레옹과 러시아의 군사적 충돌은 시간 문제였다. 문제는 어느 쪽이 먼저 칼을 빼느냐였는데, 나폴레옹이 먼저였다. 당시 모스크바 주재 프랑스 대사였던 콜랭쿠르는 나폴레옹에게 광대한 러시아 땅에서 러시아군과 싸우면 안 된다고 수차례 경고를 보냈다.

콜랭쿠르는 러시아의 겨울이 얼마나 무서운지도 거듭 역설했다. 그는 러시아가 단기적으로는 패하겠지만 장기적으로는 승리할 것으로 예측했다. 그리고 초원 지대의 병사들을 굴복시키는 데에는 최소 2년이라는 시간이 필요하다는 점도 강조했다. 그러나 나폴레옹은 이런 조언을 들은 척도 안 했다. 하도 성가시게 굴어 콜랭쿠르를 아예 소환해 버렸다. 이 밖에 밀정들도 러시아와 전쟁하면 패한다고 수차례 정보들을 보내왔으나 콧방귀도 안 뀌었다. 나폴레옹은 점점 더 자기만의 아집 속에 빠져들어 가고 있었다. 나폴레옹의 생각으로는 러시아를 이번 기회에 확실하게 제압해 버리면 대륙 운영은 안정적으로 운영될 터였다.

나폴레옹의 러시아 원정 대군은 총 60만 명이었다. 그중 20만이 후위군으로 독일에 남고 40만이 네만강을 건넜다. 아군의 중핵을 구성한 프랑스군은 20만도 못 되고 나머지는 모두 나폴레옹 지배 아래에 있던 타국의 병사들이었다. 프로이센·오스트리아와 라인 연방의 독일인·스페인인·이탈리아인·네덜란드인·크로아티아인·폴란드인 등 가히 총천연색으로 인종 전람회를 방불케 했다. 1914년 제1차 세계대전이 일어나기 전까지 그런 전람회 같은 혼성군은 없었다. 여기에 맞서 최일선의 러시아군을 이끄는 바그라티온 장군은 프랑스군의 동태를 슬슬 살피면서 프랑스군이 전진하면 그만큼만 후퇴하는 작전을 구사했다. 이렇게 러시아의 끝없는 대평원에 발을 내디딘 프랑스군의 고난은 초기부터 시작되었다.

군마의 먹이인 건초가 부족해 농가의 지붕을 벗겨다가 먹이자 며칠 만에 2만여 마리의 말이 와르르 죽어버렸다. 또한 식수가 부족해 노천수를 먹은 병사들은 발진티푸스에 걸려 첫 2주 만에 13만여 명의 병력이 전투도 없이 러시아 평원에서 속절없이 증발해 버렸다. 8월에 접어들어 스몰렌스크에서 첫 번째 전투가 벌어졌다. 몇 번 접전을 벌이다가 러시아군 총사령관 드 톨리가 스몰렌스크를 불바다로 만들고서 내빼버렸다. 그러자 황제 알렉산드르 1세는 스몰렌스크를 지켜내라는 명령을 어기고 도시를 완전히 태워먹은 드 톨리를 경질해 버렸다. 그 대신 초토화 전술에 부정적이었던 쿠투조프*를 총사령관으로 임명했다.

알렉산드르가 애초에 쿠투조프를 총사령관으로 기용하지 않은 것은 만만한 드 톨리를 세워놓으면 일일이 전투에 간섭을 하기 편하기 때문이었다. 쿠투조프는 취임 조건으로 통수권자인 황제한테 대놓고 간섭하지 말라는 말은 할 수 없었다. 그래서 황태자인 콘스탄틴 대공을 통해 명령권을 간섭하지 말 것을 차르에게 요구했고, 이에 대해 황제는 속으로는 기분이 더러웠지만 수락할 수밖에 없었다. 쿠투조프는 막상 실무를 떠맡고 보니 그동안 열심히 씹어댔던 드 톨리의 초토화 전술이 그런대로 써먹을 만했다.

그러나 옛 수도인 모스크바를 절대 사수하라는 황제의 명령도 있었고 "한 번도 싸워보지 않고 모스크바를 내줄 순 없다"라는 말을 황제 앞에서 뱉어놨기 때문에 모스크바 근방에서 한 번쯤은 맞짱을 뜰 생

---

* 미하일 쿠투조프는 1745년 상트 페테르부르크에서 태어났다. 러시아의 야전 원수로서 1812년 나폴레옹의 러시아 원정 기간 중 프랑스의 대육군을 패퇴시켰다. 이 승리는 나폴레옹 전쟁의 중요한 전환점이 되어 나폴레옹의 몰락을 불러왔다. 나폴레옹군을 쫓던 쿠투조프는 1813년 초 폴란드 분즐라우에서 병사했다.

각은 하고 있었다. 더구나 바그라티온 같은 주전파들의 반발이 심한 데다가 군의 사기로 보아서도 계속 싸우지 않고 도망만 가면 지휘도 어려워지리라는 것을 너무나 잘 알고 있었다. 그래서 벌어진 것이 모스크바 인근에 위치한 보로디노 전투였다.

보로디노 전투

보로디노에서 양군의 병력은 대포의 화력까지 대충 비슷했다. 새벽부터 프랑스군의 포격으로 전투가 시작되어 나폴레옹의 의붓아들 외젠이 러시아 우익에 유도 공격을 하는 척했다. 그리고 러시아군의 좌익 바그라티온을 프랑스군 우익 포니아토프스키가 기병을 이끌어 우회하고, 중앙의 다부가 바그라티온을 협공하면서 전투가 시작되었다. 포니아토프스키는 러시아 보병대에 저지당했고 바그라티온의 러시아군 좌익은 프랑스군의 집중 공격을 받으며 버텨냈다.

하지만 톨스토이에 따르면 러시아군의 병력 배치가 잘못되었다. 좌익에 병력이 적었고 집중 공격을 받자 우익의 드 톨리가 구원을 하러 왔고, 이에 따라 개활지에서 프랑스군 좌익을 담당한 외젠에게 측면을 노출당했다. 이 때문에 시작도 전에 배치 실수로 진 전투라고 평가하기도 했다. 어쨌든 격렬한 전투는 오후까지 계속되었고 양군은 너나 할 것 없이 탈진해 버렸다. 중요한 전투 국면에서 나폴레옹은 근위대 투입을 거부했고 전투는 시간이 흐를수록 진흙탕 싸움이 되어갔다. 나폴레옹이 이때 근위대를 내보냈다면 완벽한 승리를 거두었을 것이다. 그러나 나폴레옹은 원수들의 간곡한 요청을 완강히 거부했다.

"세금징수원이 모르는 곳에 마지막 남은 금붙이를 숨겨놓는 코르시카 농부"처럼 코르시카 출신인 나폴레옹은 전쟁 때마다 항상 근위대 투입을 꺼려하곤 했는데 보로디노 전투의 경우도 예외가 아니었다. 러시아군을 격멸할 수 있는 천재일우의 기회를 놓쳐버린 것이다. 여하튼 양군은 엄청난 사상자를 남긴 채 러시아군이 후퇴함으로써 프랑스군의 근소한 승리로 끝났다. 러시아군의 완강한 저항에 대해 나폴레옹은 훗날 유배지 세인트헬레나에서의 회고에서 러시아군을 높이 평가했다.

모스크바 입성, 불 불 불

나폴레옹은 보로디노 전투 7일 후인 9월 15일, 유유히 모스크바에 입성했다. 나폴레옹은 모스크바에 머무르면서 이집트 원정 때처럼 한껏 정복자 행세를 했다. 포고

불타는 모스크바

문으로 약탈을 금지하고 모스크바에서 흩어진 상공인들에게 공정한 통상과 안전을 보장하며 평소처럼 경제활동에 종사할 것을 주문했다. 나폴레옹과 참모들의 계산으로는 모스크바에는 대군을 먹여 살릴 반년치 정도의 식량이 확보되어 있었다.

이 정도면 모스크바에서 월동하며 항복 사절을 기다려도 된다고 판

단한 것이다. 그러나 9월 14일에서 18일 사이에 모스크바에서 의문의 화재가 연속해 발생했다. 이 방화는 당시 모스크바 총독 로스토프친 백작의 소행으로 알려졌다. 일단 화재 진압을 했으나 다음 날 또 큰 화재가 발생해 모스크바의 4분의 3을 태워 먹었다. 그리고 그 불은 한때 나폴레옹이 머문 크레믈린 인근에까지 번져 잠시 성 밖으로 몸을 피해야 할 정도였다.

불은 사흘간 계속되었고 모스크바는 잿더미 가득한 유령의 도시로 변했다. 모스크바 인구는 점점 줄어들었고 도시 안 병력들은 위대한 군대에서 폭도로 변화되어 가고 있었다. 병사들은 뭔가 하나라도 챙겨가려고 뿔뿔이 사방에 흩어졌다. 그들은 귀족들의 집을 서로 차지하고는 술 퍼먹고 멱살 잡고 싸웠으며 총질은 기본이었다. 유서 깊은 교회들도 약탈당했기 때문에 점령군은 사제들에게 사탄 취급을 받았다. 나폴레옹이 예전처럼 극장에서 연극과 오페라를 상영할 것을 지시했지만 지켜지지 않았다. 왜냐하면 여배우들도 통째로 약탈당했기 때문이다.

장교들은 물론이고 헌병대까지 약탈병들에게 공공연히 살해당했다. 이런 풍조는 정예병인 근위대 병사들에게까지 번져 근무 서는 것도 거부하고 약탈에 나서기가 일쑤였다. 크레믈린궁 나폴레옹 침실 앞 복도까지 약탈이 행해질 정도였다. 이 때문에 훗날 나폴레옹은 모스크바에 너무 오래 뭉개면서 병사들을 타락하도록 방임한 것을 뼈저리게 후회했다. 나폴레옹은 모스크바를 점령하면 알렉산드르 1세와 강화를 맺을 것이라 판단했다. 그래서 세 번이나 항복을 권했지만 알렉산드르 1세는 일체 대꾸를 안 했다.

퇴각

퇴각하는 나폴레옹군

약탈은 끝이 보이지 않았고 식량이 모자라자 모스크바 밖까지 병력이 흩어지면서 나폴레옹의 모스크바 생활은 종지부를 맞이했다. 사실 나폴레옹도 장군들도 모두 알고 있었지만 체면 때문에 서로 말을 못 했을 뿐이다. 어느 날 나폴레옹이 모스크바 순찰 중에 어느 병사와의 대화에서 병사가 "지금이라도 신속히 후퇴해야 할 겁니다. 황제 폐하"라고 말해 이를 듣고 이틀 후에 전군 철수 명령을 내렸다는 일화도 있다. 결국 더 이상 뭉개고 있을 수가 없다고 판단한 나폴레옹은 철수를 결심했다.

그동안 나폴레옹은 일언반구 대꾸도 안 하는 알렉산드르의 답변을 속절없이 기다리면서 모스크바에서 굼벵이처럼 꿈지럭거렸다. "이제 모스크바를 점령하고 엉덩이로 깔고 앉았으니 알렉산드르가 머리를 조아리고 강화 요청을 해오겠지" 하고 세월아 네월아 하며 마냥 죽치고 기다리기만 했다. 떡 줄 놈은 꿈도 안 꾸고 있었는데 김칫국부터 먼저 마시고 있었던 것이다. 모스크바까지 불태우고 프랑스군을 말려 죽이려는 알렉산드르의 속셈을, 인류가 낳은 몇 안 되는 천재 나폴레옹이 왜 그렇게 감을 못 잡았었는지 도무지 알다가도 모를 일이다.

위대한 군대의 처참한 몰락

후퇴하는 날 나폴레옹은 깜짝 놀랐다. 자기 군대의 어마어마한 짐 때문이었다. 모스크바의 모든 짐마차를 동원해(물론 나폴레옹조차도 많이 챙기긴 했지만) 일개 졸병까지 금붙이·골동품·미술품들을 산더미처럼 들고 나왔으니 이것은 행군 대열이 아니라 이삿짐 행렬이었다. 이렇게 병사들 군기가 빠질 대로 빠져 있었지만 나폴레옹은 "마차가 많으니 부상병들에게 도움이 될 것"이라며 애써 자위했다. 4주간의 모스크바 생활 동안 병사들은 저희끼리 죽이고 이탈하고 약탈하러 나갔다가 죽고 해서 9만으로 팍 줄어버렸다.

나폴레옹군은 신속하게 후퇴했어야 하는데 챙겨온 짐들 때문에 어기적거렸고 러시아군은 바짝 추격하고 있었다. 이를 견제해야 할 프랑스군의 기병대는 혹독한 배고픔으로 말들을 대부분 잡아먹는 바람에 사실상 붕괴한 상태였다. 이렇게 말이 없게 되자 다량의 대포와 수송차들이 길바닥에 내팽개쳐졌다. 나폴레옹군의 주력이라 할 수 있는 포병대의 붕괴로 이어졌고 이는 나중에 나폴레옹 몰락의 원인 중의 하나로 작용한다. 네Ney 원수의 3군단 기병 병력은 사실상 전멸했고 뮈라의 기병대 병력도 겨우 수천으로 감소했다. 코사크 기병대에게 붙잡힌 프랑스 병사들에게는 이루 말할 수 없는 끔찍한 종말이 기다리고 있었다. 이들은 포로들을 악에 받친 러시아 농민들에게 넘겨주었다.

러시아 농민들은 활활 타오르는 분노를 포로들에게 터뜨렸다. 말뚝에 절러 넣고 끓는 물에 산 채로 집어넣어 통째로 삶아버렸다. 두 눈을 뽑아냈고, 항문에 뾰족하게 깎은 장대를 박아 수직으로 세웠다. 장대는 몸을 관통해서 꼬치처럼 턱에 박혔다. 끓는 물에 산 채로 집어넣어 통째로 삶아버렸다. 팔 다리를 잘라 피범벅이 된 토르소(몸통 조각품)를 만들었다. 이 밖에 물에 젖은 부대를 뒤집어씌운 뒤 몽둥이와 삽·곡괭이 자루로 개 패듯 두들겨 팼다.

프랑스군의 병력은 갈수록 줄어들어 11월 8일 스몰렌스크에 겨우 도착했을 때는 생존자가 6만까지 줄어들었고 무장한 병력은 4만에 불과했다. 쿠투조프의 판단대로 공격하지 않아도 프랑스군은 스스로 무너지고 있었다. 말고기에 화약을 뿌려 먹다가 병에 걸리거나, 굶어 죽든가, 농가를 약탈하려다가 잡혀서 앞에서와 같이 혹독하게 죽임을 당하든가 하는 선택만이 있을 뿐이었다. 식량은 바닥이 났다.

많은 병사들은 모스크바에서 노획한 금은보화를 몸에 지고 허둥거리다가 눈밭에 쓰러져 죽었다. 좀비처럼 휘청대며 걷는 병사들에게는 언덕 위에서 코사크 기병들

필사적인 퇴각

이 총탄 세례를 퍼부었고 칼로 난도질을 했다. 쇠약해진 병사들은 각종 질병에 픽픽 쓰러져 갔다. 눈으로 뒤덮인 광활한 혹한의 대평원을 병사들은 발을 질질 끌며 겨우 한 걸음씩 내디디며 나아갔다. 얼굴에는 절망과 체념이 가득했고 땟국물과 연기로 시커멓게 푹 절어 있었

다. 거지발싸개처럼 신발 없는 발에 천 조각을 감싸고 머리는 모자 대신 째진 누더기로 칭칭 싸맸다. 몸에는 여자 치마나 다 떨어진 담요와 짐승 가죽 등으로 덕지덕지 둘러쌌다. 이런 몰골의 병사들이 간신히 눈 속을 헤쳐 나가다가 쓰러질라치면 미처 죽기도 전에 동료들이 득달같이 달려들어 넝마 쪼가리들을 뺏으려고 아귀다툼을 벌였다.

끔찍했던 베레지나강 도하

나폴레옹은 간신히 드네프르강을 건너 마지막 장애물인 베레지나강을 향해 도주로를 재촉하고 있었다. 이제는 빅토르와 우디노가 남은 3만여 정규군을 포함한 약 5만 명의 체계 잡힌 병력과 그 절반가량의 낙오병, 비전투원들을 이끌었다. 북쪽에서는 러시아의 비트겐슈타인 군대가 프랑스군의 빅토르와 우디노의 군대를 뒤쫓아 남하하면서 압박해 왔고 남쪽에서는 치차코프가 이끄는 러시아군이 접근해 왔다. 만약 치차코프와 비트겐슈타인이 이끄는 두 군대가 합류한 후 쿠투조프의 본대가 공격해 오면 나폴레옹군은 꼼짝없이 포위당할 위기에 처해 있었다. 나폴레옹은 휘하 군대를 독려해 최대한 빨리 서쪽으로 가서 바리사우에서 베레지나강을 건너려고 했다.

이즈음에는 기온이 올라가 강은 얼어 있지 않았다. 11월 28일, 바리사우에 있는 베레지나강에 도착한 나폴레옹은 패주 중의 나폴레옹과 병사들 강 왼편에 교두보를 확보할 때까지 어떻게든 치차코프의 주력을 도강 지점에서 떼어놓을 필요가 있었다. 이를 위해 여기저기에서 도강 준비 작업을 하고 있는 것처럼 위장했다. 치차코프는 나폴레옹군이 바리사우보다 하류에 위치한 지점을 골라 도강할 것이라고 오판해 주력을 이끌고 남쪽으로 내려갔다.

이 덕분에 나폴레옹군 공병대는 바리사우의 약간 상류에 있는 스투디안카 마을에서 방해받지 않고 다리 건설에 착수할 수 있었다. 공병들은 가슴까지 차는 끔찍하게 차디찬 얼음장 같은 물속에 들어가 가까스로 간신히 두 개의 부교를 완성했다. 이렇게 해서 근위대를 포함한 나폴레옹군은 하루 이상의 시간을 벌면서 간신히 강 너머로 건너갈 수 있었다. 이틀째 되는 날 아침에 잘못 판단함을 깨닫고 군대를 되돌린 치차코프가 강 좌안을 방어하는 우디노의 군대를 총공격했으나 완강한 저항 때문에 교두보를 쉽게 빼앗지 못했다. 허둥대다가 나폴레옹군의 도하를 막지 못한 치차코프는 나중에 엄한 질책을 받을 것이 걱정되자 프랑스로 줄행랑을 놓았다. 미처 강을 건너지 못한 병사들은 코사크 기병들의 칼날에 피를 뿌렸다.

사실 베레지나강 도하 직전인 11월 6일, 나폴레옹은 파리에서 클로드말레 장군이 쿠데타를 일으켰다는 급보를 받았다. 나폴레옹은 다급해졌고 한시바삐 본국으로 가야만 했다. 강을 건넌 후 12월 5일, 나폴레옹은 매제인 뮈라에게 뒷일을 맡기고 썰매를 타고 본국으로 꽁지빠지게 돌아갔다. 그러나 뮈라는 나폴레옹의 의붓아들인 외젠에게 남은 부대를 대충 남기고 자신의 영지인 나폴리왕국으로 허겁지겁 뺑소니를 쳤다. 12월 7일부터 영하 39도의 극심한 강추위가 찾아왔다. 들판에서 노숙하던 병사들은 상당수 얼어 죽었다. 외젠은 간신히 남은 부대를 이끌고 12월 14일, 러시아 영내를 벗어났다. 러시아군의 끈질긴 추격·폭설·살인적인 추위, 시도 때도 없이 도처에서 출몰하는 코사크 기병들, 극심한 굶주림 등으로 세계에서 가장 강력한 군대가 폭삭 오그라들었다.

이제 대육군은 누더기를 걸친 초라한 부상병들만 남았다. 나폴레옹의 몰락이 시작되었다. 러시아 원정군 60만 명 중 25만이 전사하고 10만이 포로가 되고 15만 명이 부상 또는 실종되었다. 전대미문의 대규모를 자랑하던 대군은 흔적도 없이 사라지고 이제 어디에도 존재하지 않았다. 나폴레옹의 러시아 원정 실패 소식에 지금까지 숨죽이고 지내던 독일 라인연방 국가들이 벌떼같이 들고 일어나 나폴레옹 타도의 기치를 높이 들었다.

나폴레옹의 러시아 원정에 어쩔 수 없이 군대를 동원했던 프로이센과 오스트리아가 러시아와 동맹을 맺고 프랑스에 선전포고를 했다. 유럽 전역의 프랑스 점령 지역에서 프랑스에 저항하는 모든 세력이 들고 일어났다. 이탈리아에서는 반프랑스 폭동이 발생했으며, 스페인에서는 웰링턴이 영국군을 이끌고 피레네산맥을 향해 파죽지세로 진격하기 시작했다. 나폴레옹은 이렇게 말했다.

"1년 전에는 전 유럽이 우리와 함께 진군했다. 오늘은 전 유럽이 우리를 향해 몰려오고 있다."

제8장

알라모

서부극의 아이콘, 존 웨인 / 알라모 전투

I. 알라모(1965년), The Alamo

알라모 요새의 전투는 미국 역사에서 특히 텍사스 독립 운동사에서 빼놓을 수 없는 신화적인 이야기다. 이 전투는 텍사스의 샌안토니오 지역의 알라모 요새에서 민병대 187명이 멕시코의 산타 아나 장군이 이끄는 수천 명의 병력과 맞서 13일간의 사투를 벌이고 전원 전사했던 역사적인 사건이다. 그리고 이 전투를 지휘한 윌리엄 트래비스 대령, 민병대장 짐 보위, 그리고 테네시주에서 달려와 합류한 데이비 크로켓 등 3인은 신화적 인물이 된다. 당연히 이들의 이야기는 무성영화 시절부

터 여러 번 영화화되어 왔는데 정작 거물급 감독이나 배우가 만든 메이저급 영화는 없었다.

서부극의 대스타인 존 웨인은 10여 년간 공을 들이면서 이 알라모 전투의 영화화에 대단한 집착을 보였다. 이후 자신이 직접 제작·감독·주연까지 맡으면서 1960년에야 비로소 대작 영화 〈알라모〉가 탄생했다. 앞에서 열거한 알라모의 3대 영웅 데이비 크로켓, 짐 보위, 트래비스 중에서 존 웨인은 크로켓 역으로 출연했다. 짐 보위 역에는 찰턴 헤스턴에게 출연 제안을 했지만 결국은 리처드 위드마크에게 돌아갔다. 당시 헤스턴은 영화 〈벤허〉 촬영을 막 끝내서 기진맥진했던 차라 사양했다는 후문이다.

트래비스 대령은 좀 의외의 캐스팅이라고 여겨졌는데, 서부극과는 인연이 없던, 셰익스피어 연극 〈로미오와 줄리엣〉으로 알려진 영국 배우 로렌스 하비에게 돌아갔다. 존 웨인, 리처드 위드마크 등 이미 서부극에서 잔뼈가 굵은 베테랑 배우들과 비교할 때 너무 젊은 영국 배우인 것이 의외였다. 그러나 나름대로 트래비스 대령 역할을 무난하게 소화했다는 평이었다. 2시간 40분이 넘는 대작인 이 영화는 존 웨인이 제작비조차 미처 확보하지 못한 채 어렵사리 촬영을 시작했다. 처음에는 멕시코를 촬영지로 모색하다가 영화의 상징성 때문에 결국 텍사스의 어느 목장 근처에 세트를 짓고 촬영했다.

역사적인 알라모 전투가 벌어지는 장면은 2시간이 지난 후에나 나타나고, 존 웨인도 영화가 시작되고 20분이나 지나서야 등장한다. 전투 이전까지는 트

전투

래비스 대령, 짐 보위, 데이비 크로켓 등 알라모 영웅인 세 명의 인물들 위주로 이야기가 전개된다. 후반부에 가면서 영화는 점차 스케일이 커진다. 민병대에게 지원군이 오는 것이 불투명하다는 것을 숨기던 트래비스 대령은 결국 아무도 오지 않는다는 것과 이 병력으로는 전투에서 승리할 수 없다는 것을 솔직히 이야기하며 떠날 사람은 떠나라고 한다. 이 장면은 참으로 비장하다. 부하들을 데리고 떠날 듯싶었던 짐 보위가 말에서 내려 트래비스 대령의 병력에 합류하고 이어서 차례차례 민병대들이 말에서 내려 합류하는 장면은 극적이면서도 인상적이다. 영화는 미국 내에서는 어느 정도 흥행에 성공했으나 해외에서의 흥행 실패 때문에 적자를 면치 못했다. 그래서 제작자인 존 웨인은 재정적으로 상당한 어려움을 겪었다. 이후 TV 방영으로 어느 정도 적자를 만회했다.

아카데미 후보 일곱 개 부문에 올랐지만 딱 한 개(사운드 상)만 수상했다. 그해 〈스팔타커스〉〈엘머 갠트리〉〈아파트의 열쇠를 빌려드립니다〉 등 수작 영화들과 맞서기에는 다소 역부족이었다. 한편 서부영화와 관련, 존 웨인과 특별한 인연을 가진 존 포드 감독이 촬영 현장에 자주 찾아왔다. 존 웨인은 자신의 은사인 존 포드를 많이 어려워

했다. 그래서 촬영장에 찾아와 태연하게 감독석에 떡하니 앉아 있어도 찍소리 못했다. 실제로 존 포드가 몇 장면을 직접 촬영하며 지휘하기도 했다. 기대만큼의 흥행 성공이나 호평을 받지는 못했지만 〈알라모〉가 존 웨인의 대표작이 된 것은 분명하다.

서부 영화 음악의 거장인 디미트리 티옴킨이 음악을 담당했다. 기마병 장면에서는 천 마리가 넘는 말이 등장했고, 전투 장면 외에도 소 떼의 이동 장면 등 여러 가지 볼거리를 제공한다. 찰턴 헤스턴이 연기할 뻔했던 짐 보위 역의 리처드 위드마크는 특유의 거칠고 힘 있는 연기로 꽤 적역이었다는 느낌을 주었다. 세 명의 영웅 중 제일 나중에 죽는 역할을 맡았다. 존 웨인의 아들인 패트릭 웨인도 출연하는데, 지원군이 못 오게 되었다는 안타까운 소식을 알리는 장교 역할을 맡았다.

II. 서부극의 아이콘, 존 웨인

존 웨인은 150편에 달하는 할리우드 역사상 가장 많은 서부극에 출연했다. 느릿느릿한 말투와 산山 만한 덩치의 남자다운 풍모로 무수한 서부극에 출연하면서 웨스턴의 아이콘이 되었다. 서부극은 역사적으로 미국인들이 가장 선호하던 전통적인 영화 장르의 하나였다. 그래서인지 웨인은 클래식한 할리우드 남자배우들 중에서

존 웨인

는 항상 최상위권의 인지도를 자랑하는 배우였다.

웨인은 미국 아이오와주 윈터셋에서 태어났다. 본명은 매리언 로버트 모리슨이었다. 존 웨인이라는 이름은 1930년 영화 〈빅 트레일〉에 출연하면서부터 사용했던 예명이다. 웨인은 듀크(공작)라는 애칭도 있었는데 이는 그의 애완견의 이름이었다.

〈역마차〉에서 웨인

어려서 캘리포니아 글렌데일로 이사한 그는 그곳 고등학교와 남부 캘리포니아 대학교에서 미식축구 선수 생활을 했다. 대학 졸업 후 할리우드를 기웃거리던 그는 20세기 폭스 영화사의 소품 담당 스태프로 일하다가 단역으로 영화배우 인생을 시작했다. 1930년 〈빅 트레일〉에 주연을 맡기도 했으나 잠깐이었다. 이후 10년간 계속 B급 서부 영화에 겹치기 출연하는 싸구려 배우로 지내다가 존 포드 감독의 〈역마차〉로 대박을 치면서 스타의 반열에 오르기 시작했다. 처음에 제작자 셀즈닉은 웨인의 링고 역으로 출연하는 것에 시큰둥했다. 그러나 포드는 셀즈닉에게 〈역마차〉는 그때까지 존 웨인이 출연했던 B급 영화와는 수준이 다른 서부극이 될 거라고 설득하면서 웨인의 출연을 강력히 요청했다. 웨인은 이후 포드의 웨스턴에 단골로 출연하며 할리우드 최고의 스타로 굳히게 되며 두 사람의 우정은 죽을 때까지 이어졌다.

〈역마차〉 이후 존 포드와 함께한 대표적인 서부영화는 〈아파치 요새〉〈수색자〉〈황색 리본을 한 여자〉〈리오 그란데〉〈기병대〉 등인데 웨인은 이 중에서 〈수색자〉와 〈황색 리본을 한 여자〉는 본인 스스로 최고의 영화로 손꼽기도 했다. 비서부극으로는 마찬가지로 포드의 〈말 없는 사나이(아일랜드의 연풍이라고도 한다)〉를 자신의 최고의 작품으로 손꼽았다. 서부극에 줄창 출연하는 웨인을 두고 당시 일부 비평가들은 그의 연기를 서부극만을 위한 스테레오 타이프라고 비판하기도 했지만 절제된 동작과 연기로 확고한 캐릭터를 구축했다는 호의적인 평가도 없지 않았다.

〈수색자〉에서 웨인

또한 배우 그레고리 펙은 웨인이 연기를 잘하는 것은 150편에 달하는 서부극을 꾸준히 연기하면서 현실감이 흐르는 진솔한 캐릭터를 창조했기 때문이라고 두둔하기도 했다. 거의 200편에 가까운 영화에 출연하면서 말년에 이른 웨인은 1969년에 한쪽 눈에 안대를 감은 루스터 역으로 출연한 서부극 〈진정한 용기〉로 아카데미 남우주연상을 수상했다. 오랜 기간 동안의 대중적 인기에 더해 비평가들의 인정까지 받았던 셈이다.

자타가 인정하는 보수주의자인 웨인은 애국을 부르짖는 이미지와는 상반되게 병역을 기피한 인물이었다. 2차 세계대전 당시 징병 대상이었지만 연령과 부양가족 때문에 면제를 받았다. 대중적 인기를 고려해 자원입대를 공언했지만 영화 한 편만 더 찍고 입대하겠다며 한 편 한 편 미루다가 결국 전쟁이 끝나버렸다. 비슷한 나이에 자원입대한 헨리 폰다나 제임스 스튜어트와 비교하면 겉만 터프한 겁쟁이라고 할리우드에서 소문이 나기도 했다. 나중에 영화계의 은인이기도 한 존 포드와 영화 촬영을 하던 중 스태프들에게 껄떡거리다가 포드가 그의 군미필을 들먹이면서 면박을 주기도 했다.

포드는 50에 가까운 나이로 제2차 세계대전 당시 카메라를 들고 태평양 전선을 누비며 기록사진을 찍기도 했던 열혈남이었다. 포드와 페르소나* 관계의 인물이었던 웨인은 포드한테만큼은 할리우드에서 유일하게 꼼짝 못 했던 사람이었다. 열성 공화당원인 웨인은 평생 동안 지독한 우파이자 반공주의자로 살았다. 그러나 나이가 들면서 정치적 견해는 약간은 온건해졌다. 흥미롭게도 1978년에는 파나마 운하 문제로 카터 대통령과 민주당을 지지하기도 했다. 그는 그 운하를 파나마 국민에게 돌려줘야 한다고 한마디 했다.

III. 알라모 전투

전투의 전개

알라모 전투는 미국 민병대와 멕시코 정규군과의 싸움이었다. 이야

---

* 페르소나란 그리스어로 '가면'을 나타내는 말이다. '외적 인격' 또는 '가면을 쓴 인격'을 뜻한다. 영화에서 페르소나의 의미는 영화감독 자신의 분신이면서 동시에 특정한 상징을 표현하는 배우를 말한다. 흔히 어느 특정한 배우를 자주 출연시킬 때 이 용어를 사용한다.

기는 1812년으로 거슬러 올라간다. 스페인 군대가 텍사스를 떠난 뒤 대신 독립국이 된 멕시코가 텍사스를 차지한다. 이 광대한 땅을 발견한 미국인들이 이게 웬 떡이냐고 하면서

오늘날의 알라모 요새

몰려들기 시작했다. 최초의 개척자는 모제스 오스틴이었다. 그는 텍사스에 미국인 정착촌을 만들겠다고 왔지만 꿈을 못 이루고 이른 나이에 죽고 말았다. 그의 꿈은 아들 스티븐 오스틴에 의해 이루어졌다. 그는 갖은 난관을 뚫고 미국인들의 텍사스 이주를 도왔다. 현재 텍사스의 주도인 오스틴은 바로 이 오스틴 부자의 성姓을 딴 것이다.

오스틴이 1821년 300여 가구의 미국인들을 텍사스로 이주시킨 것을 계기로 미국인들이 몰려오기 시작했다. 사실 미국은 오랫동안 멕시코 땅인 텍사스에 눈독을 들여왔다. 일찍이 존 애덤스와 앤드루 잭슨 대통령은 멕시코에 텍사스 매수를 제안하기까지 했지만 거절당했다. 멕시코는 이런 미국의 속셈을 알았으면 미국인들이 아예 텍사스에 발을 못 붙이게 했어야 하는데, 한심하게도 거꾸로 미국인들의 이주를 허용하고 장려하는 정책을 폈다. 멕시코는 텍사스의 경제를 키워 세금을 더 많이 거두어들일 속셈이었던 것이다. 문제는 이때부터 잉태되기 시작했다. 처음엔 300여 가족이었지만 1830년경에는 백인 2만여 명, 흑인 노예 2천여 명으로 불어났다. 곧 미국인들의 수가 멕시코인들을 앞지르기 시작했다.

자연히 미국 사람들과 멕시코 정부 사이에 여러 충돌이 빚어지기 시작했다. 특히 멕시코는 노예제도를 금지하고 있었다. 그러나 텍사스인들은 흑인 노예 없이는 농장을 경영할 수 없다면서 대놓고 멕시코 정부에 반기를 들었다. 이 무렵인 1834년 멕시코에선 산타 아나 장군이 쿠데타를 일으켜 정권을 잡았다. 텍사스인들은 이 기회를 놓치지 않았다. 독재자 밑에서 살 수 없다며 독립을 선언했다. 이때 오스틴은 체포 구금을 당하면서까지 멕시코 당국에 텍사스를 분리해 달라고 요구했다. 독립 추진자들이 "텍사스 독립 운동에 참여하라! 승리하면 땅을 주겠다"라고 선언하자 미국 각처에서 이민 희망자들이 몰려왔다.

이에 산타 아나는 텍사스를 도저히 이대로 놔두어선 안 되겠다고 결심하고 군대를 끌고 텍사스를 정벌하기에 이르렀다. 최초의 충돌은 알라모 요새였다. 원래 알라모는 전체가 두꺼운 성벽으로 둘러싸인 예배당·수도원·수녀원으로 구성된 일종의 전도소였다. 1718년 샌안토니오에 건설되었다. 19세기 초반 스페인군 기병대가 주둔하며 이 요새를 스페인어로 '미루나무'라는 뜻인 알라모라고 불렀다. 독립선언서를 발표하기 전 1835년 12월에 이미 텍사스 의용군 부대는 알라모를 점령했다. 이에 산타 아나가 군을 이끌고 리오그란데강을 건너왔다. 그러자 샘 휴스턴을 위시해 텍사스군을 지도하는 몇 사람은 전투 경험이 전혀 없는 소수의 초보 민병대만 이끌고는 멕시코군을 이기기가 불가능하다는 판단으로 샌안토니오를 포기하기로 결정했다.

그러나 이미 알라모에 진을 치고 있던 의용군들은 후퇴하기를 거부하고 산타 아나가 이끄는 멕시코군을 기다렸다. 리오그란데 강을 건너 남측에서 접근해 요새 알라모를 포위하고 공격하기 시작한 멕시코군은 6,000명이었으나 알라모 요새를 지키는 텍사스 의용군은 소수 부대인 데다가 텍사스 주민과 나중에 보강된 증원군 약간을 합해봐야 불과 187명이었다. 제임스 보위와 윌리엄 트래비스 대령이 텍사스 의용군을 지도했고 변경 개척자로 유명한 데이비 크로켓도 멀리 테네시주에서 의용군을 이끌고 참여했다. 제임스 보위는 당시 40세였으며 칼싸움의 명수였다. 그의 이름을 딴 '보위의 칼'은 지금도 샌안토니오에서 유명한 관광 상품일 정도로 그는 텍사스 개척의 전설적인 인물 중의 하나다.

산타 아나

아무튼 보위의 칼이 유명해진 계기가 있었다. 1827년 9월 19일, 보위는 미시시피주 나체즈에서 노리스 라이트라는 결투 상대방한테서 총을 맞고 칼로 가슴을 찔렸으나 곧바로 허리춤의 나이프로 상대를 썰어버리는 사건이 있었다. 그 후 이 보위 나이프는 전설이 되었다. 이 덕분에 나이프 유행이 들불처럼 번져, 카우보이들은 물론 미국 남부의 신사들은 보위 나이프를 허리에 차지 않으면 복장이 적절하지 못하다고까지 생각했다. 데이비 크로켓은 알라모 전투 당시 50세였다. 테네시주 출신으로 사냥꾼·개척자·하원 의원을 지냈다. 당시 그는 미국에서 가장 인기 있는 정치인이기도 했다. 그는 1835년 하원에 재선되기 위해 출마했다가 낙선했는데, 무엇보다도 무식하다는 것이 주요 원인이었다.

그가 백 마리 이상의 곰을 쏴 죽였다고 말했을 때 친구들은 낄낄거리며 절대 그럴 리 없다고 믿질 않았다고 한다. 이는 크로켓이 그 정도까지 많은 수를 셀 수가 없었을 거라는 이유에서였다. 알라모의 비장한 신화는 트래비스에 의해 더욱 보태졌다. 전투에 임박해 트래비스는 모든 사람을 집합시켰다. 이제 탈출을 시도하든지, 여기에 남아 싸우든지 양자택일을 해야 했다. 그러면서 칼로 모래 위에 선을 그었다. 죽기를 각오하고 싸울 사람은 줄을 넘으라고 말했다. 그 당시 단 한 사람만 빼고는 모두가 줄을 넘어서서 알라모 사수를 결의했다고 한다. 그러나 이 신화는 20세기에 들어와 조작됐다는 시비가 끊이지 않았다. 알라모에 남은 사람들은 1836년 3월 6일까지 13일에 걸쳐 멕시코군에 대항했고 막바지에는 탄약이 떨어져 총을 막대기처럼 쓰면서까지 저항했다.

그러나 1836년 3월 6일 멕시코군은 마침내 안마당 외벽의 무너진 틈으로 물밀듯 들어왔다. 그리고 텍사스 의용군 187명은 전멸당했다. 이들 의용군의 시체는 모두 기름에 적셔 불태워졌다. 멕시코군도 1,000여 명이 전사했다. 이 알라모 전투는 13일간의 포위 끝에 끝났다. 병사들은 전멸했지만 한 병사의 아내 수재나 디킨슨, 그녀의 15개월 된 아기, 지휘관 윌리엄 트래비스 대령의 노예인 조까지 세 명만 살아남았다.

산 하신토 전투와 텍사스 독립

알라모 전투 후, 즉시 산타 아나는 텍사스 동쪽 깊숙이 군대를 이끌고 진격해 갔다. 그 목적은 샘 휴스턴 장군이 이끄는 텍사스 의용군과 결정적인

전투

전투를 하는 것이었다. 이들 반란군들의 뿌리를 아예 뽑아버리겠다는 심산이었다. 멕시코군의 동향을 보고받은 휴스턴은 열세인 자기편 군대가 산타 아나와 싸워 이길 준비가 되어 있지 않다는 것을 간파했다. 경험이 풍부하고 훈련된 멕시코 기병대를 텍사스 의용군이 쉽게 물리칠 수 있는 대상이 아니었다. 그의 유일한 선택은 좋은 입지를 찾아 유리한 위치에서 싸울 수 있을 때까지 기다리는 것이라고 생각했다. 그래서 휴스턴은 미국과의 경계까지 철수를 명령했고 많은 정착민들도 함께 이동했다. 산타 아나는 반란자들을 하루빨리 붙잡아 전쟁을 끝내고 싶었다.

그러나 산타 아나는 자만했다. 본대와 떨어져 선봉 부대를 이끌고 있었다. 알라모 전투 6주 후 휴스턴에게 결정적인 기회가 왔다. 산타 아나가 본대와 떨어져 이동을 하고 있다는 정보가 입수됐다. 게다가 산타 아나의 선두 부대는 달랑 750명으로 휴스턴 군대 820명보다도 적었다. 텍사스 민병대를 너무 얕잡아봤다. 4월 20일 양군은 오늘날의 휴스턴 인근에 있는 산 하신토강에서 대치했다. 휴스턴은 드디어

기회를 포착했다. 이때 멕시코군은 긴장의 끈을 늦추고 있었고 방비도 허술했다. 다음 날 멕시코 군대는 보초도 안 세워놓고 느긋하게 시에스타(낮잠)를 즐기고 있었고 일부는 식사를 하고 있었다. 텍사스 의용군은 "알라모를 기억하라"라고 벼락같이 외치며 득달같이 공격에 나섰다. 제2차 세계대전 발발 시 "진주만을 기억하라!"라는 구호를 떠오르게 하는 대목이다. 멕시코군

샘 휴스턴

은 속절없이 무너졌고 단 20분간의 전투 끝에 멕시코군은 죽거나 포로로 잡혔다.

반면에 텍사스 의용군의 사망자 수는 아홉 명에 불과할 정도로 전투는 일방적으로 싱겁게 끝나버렸다. 산타 아나는 입고 있던 울긋불긋한 화려한 군복을 병사에게 입히고 자기는 사병 복장으로 갈아입고 탈출했다. 그러나 곧바로 발각이 되면서 포로로 잡혔다. 산타 아나가 잡히자 멕시코 본대는 리오그란데강 너머로 철수했다. 휴스턴 장군은 산타 아나에게 텍사스의 독립을 승인하면 살려주겠다고 제안했다. 이 제안을 기꺼이 받아들인 산타 아나는 워싱턴으로 보내졌다. 앤드류 잭슨은 텍사스 독립을 약속받은 뒤 그를 멕시코로 돌려보내 주었다.

텍사스 주민들은 곧바로 자신들의 헌법을 제정하고, 휴스턴을 텍사스 공화국의 초대 대통령으로 선출했다. 휴스턴은 잭슨 대통령의 오랜 친구였으며 사람들이 스스로 추종할 만한 훌륭한 인품을 지니고

있었다. 독립 직후 텍사스인들은 미합중국에 합병되고자 하는 그들의 갈망을 표시하기 위해 텍사스 깃발에 큰 별 하나를 그려 넣었다. 이래서 오늘날에도 텍사스는 론스타 공화국(Lone Star Republic)으로 불리고 있다. 이후 텍사스는 10년간 독립 공화국으로 유지되다가 이후 미합중국에 합병된다.

지금도 텍사스인들은 짧은 기간이었지만 자기네들이 미국에서 유일하게 독립 공화국이었다는 것을 자랑스럽게 생각하고 있다. 그러나 사실 텍사스 독립 공화국이 10년간 유지된 것은 고질적인 노예제 때문이었다. 노예제를 지지하는 텍사스가 미합중국에 편입되면 당시 화약고 같던 노예 문제에 대한 격론이 또 다시 불거질 것으로 염려되어 워싱턴 정치인들이 텍사스와의 병합을 머뭇거렸기 때문이다.

하여튼 알라모 전투는 미국의 영웅담을 담은 신화가 되었다. "지금도 샌안토니오 중심에 있는 알라모 유적지에는 관광객들이라기보다는 참배객이라는 말이 더 어울릴 듯한 사람들이 줄을 잇고 있다"라고 어느 프랑스 역사학자는 말하고 있다. 알라모를 찾은 대다수 미국 관광객들은 열광한다. 어떤 미국인은 이렇게 말한다. "알라모의 영웅담은 일부 부풀려 가공되었겠지만 그들은 악조건 속에서 승산이 없는 싸움을 벌였고 희생적으로 처절하게 저항을 했다. 그 사실만은 외면할 수 없다."

샌안토니오에 살고 있는 어느 멕시코인은 이렇게 말한다. "텍사스 독립의 당위성을 강조한 나머지 산타 아나의 멕시코군을 너무 폄하하고 있다. 멕시코 정부가 자기 땅에서 벌어진 반란을 진압하기 위해 군대를 보내는 것은 너무나 당연한 것 아니냐."

현재 텍사스에서 불법으로 체류하고 있는 적지 않은 멕시코인들은 자기네들은 단지 도큐멘테이션文書化만 안 되었다 뿐이지 결코 불법체류자들이 아니라는 정서를 가지고 있다. 원래부터 그곳은 자기네 땅이라는 것이다. 지금도 불법적으로 국경선을 넘고 있는 멕시코인들은 내심으로는 자기네 땅으로 들어가고 있다고 생각할는지 모른다.

제9장

링컨

아카데미 남우주연상 3회 수상, 다니엘 데이 루이스 / 에이브러햄 링컨의 일생

I. 링컨(2013년), Lincoln

에이브러햄 링컨은 미국 역사상 가장 많은 사랑과 존경을 받고 있는 제16대 대통령이다. 영화는 1865년 1월, 남북전쟁의 거의 막바지 시기, 노예제도를 헌법으로 금지하는 수정 헌법 13조가 하원을 통과하는 한 달간의 숨 가쁜 과정을 그리고 있다. 종전이 되면 노예제도 폐지 선언이 폐기될 것을 우려해 전쟁이 끝나기 전에 헌법 13조 수정안을 통과시키려 애쓰는 링컨의 의지를 표현하고 있다.

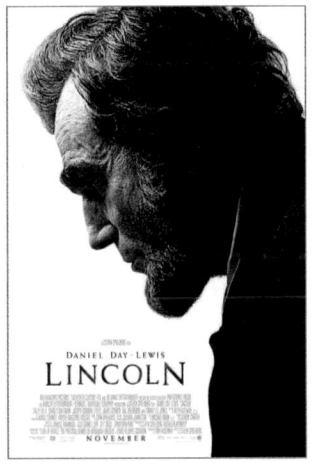

감독 스티븐 스필버그는 이런 류의 영화에서 흔히 보여주는 특유의 미국식 애국주의를 과하지 않게 표현했다는 평을 들었다. 〈링컨〉은 전쟁 영화가 아닌 정치영화에 가까워 전쟁 장면은 많이 안 나온다. 영화는 전쟁과 노예제도를 놓고 첨예하게 대립하고 있는 공화당과 민주당 의원들을 설득하고, 이해와 갈등을 조율해 가는 링컨의 타협 정신과 리더십을 보여준다. 또한 영화는 스필버그 감독 특유의 스펙터클하고 빠른 전개보다는 시종일관 차분하고 신중하게 진행된다.

이 영화는 2005년도에 출판된 도리스 굿윈 저작인 『권력의 조건』의 내용 일부를 배경으로 해서 만들었다. 스필버그는 이 영화를 위해 무려 13년간 준비했다고 한다. 아마도 그가 가장 오랫동안 매달린 작품일 것이다. 스필버그가 작가 굿윈이 막 쓰기 시작한 『권력의 조건』의 판권을 산 것이 1999년이었다. 링컨 역을 맡은 다니엘 데이 루이스의 명연기는 역시 탁월했다. 링컨의 외모를 거의 완벽하게 재현해 냈고 전쟁 중 대통령으로서 결단력 있고 고뇌에 찬 내면을 탁월하게 연기했다. 2013년 아카데미 시상식에서 남우주연상을 받으면서 남우주연상 3회 수상 신기록을 세웠다.

다니엘은 링컨이라는 캐릭터에 몰입하기 위해 촬영장에서 모든 사람에게 자신을 "대통령 각하 또는 미스터 링컨"이라 부르라고 요구했다고 한다. 심지어는 스필버그 감독조차 따라야 했다. 링컨과 관련된 책만 100권 이상 읽었고, 링컨과 최대한 닮은 외모를 만들기 위해 메이크업을 하는 데 오랜 시간 동안 공을 들였다.

지금 당장 병사들의 피를 멈출 수 있는 종전 선언이냐, 앞으로 태어날 수백만 명의 인권을 보장하는 헌법이냐, 이 어려운 선택의 기로에서 링컨이 보여주는 행보는 흥미롭다. 링컨은 전쟁이 끝나기

각료들을 다독이는 링컨

전에 의원 3분의 2의 찬성을 얻어 수정헌법 13조(노예제 폐지)를 통과시키려 했다. 그러나 여당 의원이 다 찬성해도 20명의 표가 부족했다. 링컨은 반대만 하는 야당을 탓하지 않았다. 설득·읍소·매수·강요 등 강구할 수 있는 모든 수단을 동원했다. 의원들을 백악관으로 부르고 직접 집으로 찾아가기도 했다. 영화 마지막 부분에서 "미국에서 가장 순수한 사람이 추진한, 부패가 동원된 19세기의 위대한 입법"이라는 대사가 퍽 인상적이다.

II. 아카데미 남우주연상 3회 수상, 다니엘 데이 루이스

다니엘 데이 루이스는 영화사상 최고의 배우 중 한 명으로 일컬어지고 있다. 연기력으로 전설급에 속하는 말론 브랜도·로버트 드 니로·알 파치노 급으로 평가받고 있다. 특히 〈링컨〉으로 오스카상을 3회나 수상하면서 영화사상 최고의 배우가 아니겠느냐는 논란을 불러일으키기도 했으며 메소드 연기의 대표

다니엘 데이 루이스

제9장 링컨

적인 달인으로 평가받기도 한다.

다니엘은 1957년 영국 런던에서 계관시인인 세실 데이 루이스와 여배우였던 질 밸콘 사이의 둘째 아들로 태어났다. 이후 런던 남쪽의 그리니치로 이사해 그곳에서 어린 시절을 보냈다. 청소년 시절에는 영국 국립 청소년 극장에서 연기를 배우면서 무대 장악력이 뛰어나다는 칭찬을 받았다. 당시 연기 교수 존 하토치로부터 극찬을 받으면서 장래에 직업을 배우라는 직업을 갖겠다고 결심하는 계기가 되었다. 첫 데뷔작은 14살 되던 1971년에 존 슐레진저 감독의 〈사랑의 긴 여로〉에 출연한 때였다. 동네 주차장에서 비싼 차를 파손시키는 작은 역할이었으나 일생 동안 잊지 못할 추억으로 남아있다고 했다.

이후 여러 작품에서 단역으로 출연하다가 1985년에 〈전망 좋은 방〉에 조역으로 출연하여 대중들의 주목을 받으면서 인지도를 넓히게 된다. 드디어 1987년에는 〈참을 수 없는 존재의 가벼움〉에 주연으로 출연하게 되었다. 이 작품에서 그는 체코 외과 의사를 연기하면서 본격적으로 메소드 연기에 몰입하기 시작했다. 1989년에는 짐 셰리던 감독의 〈나의 왼발〉에서 뇌성마비 장애인을 실감나게 연기하면서 제62회 아카데미 남우주연상을 받으면서 본격적인 오스카상 사냥에 나서기 시작했다. 그는 촬영을 하지 않을 때에도 휠체어를 타고 다녔으며, 심지어는 식사를 할 때도 스태프들에게 밥을 대신 먹여달라고 부탁할 정도였다. 주인공역에 철저하게 몰두했다.

1990년에는 마이클 만 감독의 〈라스트 모히칸〉에 주연공인 나디니엘 역을 탁월하게 소화하면서 관객과 비평가들의 극찬을 받았다. 이번에도 그는 메소드 연기의 달인답게 주인공역에 몰입했다. 그는 직접 당시 주인공이 살았을 성싶은 숲에서 사냥과 낚시를 하며 지냈고 촬영하는 동안 내내 긴 화

〈라스트 모히칸〉에서 루이스

승총을 휴대하고 다녔다고 한다. 1997년에는 짐 셰리던 감독의 〈더 복서〉에 출연한 이후 연기 활동을 잠시 접고 이탈리아 피렌체로 이사를 가서 그곳에서 제화공인 스테파노 베머에게 구두 만드는 법을 배웠다. 원래 목공 기술에도 뛰어나지만 이번에는 제화기술까지 습득한 것이다. 그는 이 두 직업으로도 먹고 살 수 있는 수준이 되었다고 한다.

3년간 영화계로부터 떨어져 지내던 그는 2002년에 마틴 스코세이지 감독의 〈갱스 오브 뉴욕〉에 출연하면서 이번에도 녹슬지 않은 뛰어난 연기력을 보여주었다. 영화 자체는 평이 별로였지만 루이스로 인해 구원받았다는 평을 받았다. 이어서 2007년에는 〈데어 윌 비 블러드〉에 출연했다. 뛰어난 석유 사업가로 나온 그는 성공을 위해선 무지막지한 방법을 가리지 않는 냉혈한을 연기했는데 이 연기력으로 제80회 아카데미에서 두 번째 남우주연상을 수상했다.

이후 띄엄띄엄 영화에 출연하다가 2012년에는 스티븐 스필버그 감독의 〈링컨〉에서 링컨 역을 연기하면서 제85회 아카데미 남우주연

상을 수상했다. 전무후무한 세 번째 수상이었다. 이때 타임지 표지에 '세계 최고의 배우'라는 이름으로 소개되었다. 이후 폴 토마스 앤더슨 감독의 〈팬텀 스레드〉에 출연하고 2017년 6월 20일, 배우 은퇴를 선언하고 영화계를 떠났다. 알려진 바에 의하면 이번에는 디자이너라는 새로운 직업을 추구하기 위해서라고 한다.

다니엘은 어린 시절부터 지금까지 실제 성격은 조용하고 내성적이라고 알려져 있다. 배우 생활과 별개로 자신의 사생활은 철저하게 보호하는 편이다. 과거 프랑스 미인 여배우 이자벨 아자니와 5년간 사귀면서 아이를 가졌지만 헤어졌다. 헤어진 이유는 줄리아 로버츠와 불륜을 저질렀기 때문이라고 한다. 팬들로부터 욕을 바가지로 얻어먹은 두 사람은 결국 1년간 교제하다 헤어졌다. 이후 다니엘은 극작가 아서 밀러의 딸 리베카 밀러와 1996년에 결혼했으며, 슬하에 두 명의 자식을 두었다.

III. 에이브러햄 링컨의 일생

미국에서 가장 존경받는 대통령인 링컨은 켄터키주 통나무 오두막집에서 태어나 여러 곳을 전전하며 가난하게 자랐다. 당시 개척민들의 생활이 대부분 그랬지만 어린 시절은 고난의 세월이었다. 아홉 살에 어머니가 돌아가시고 이후 10년도 채 지나지 않아 참으로 의지했던

누나마저 죽었다. 링컨은 우물을 파거나, 이웃의 돼지를 잡거나, 땅을 갈면서 살아야 했지만 궁핍한 생활 속에서도 책을 손에서 놓지 않았다. 재능이 있었음에도 정식 교육이라곤 1년도 받지 못했다. 입에 풀칠하기 위해서 뱃사공·점원·장사꾼·우체국장·측량 기사 등을 전전했다.

켄터키주의 링컨이 태어났다는 오두막집

자신을 좀 더 체계적으로 닦기 위해 영문법과 세익스피어 희곡, 기하학과 법학까지 공부했다. 결국 고학으로 변호사가 되었고 진정으로 존경받는 사람이 되겠다는 야망을 품고 정계에 진출했다. 그의 정치 경력은 기껏해야 별 볼 일 없이 임기를 마친 하원 시절과 상원 의원 선거에서의 낙선 두 번이 전부였다. 하지만 이 무명의 정치가는 전국적으로 스포트라이트를 받고 있던 쟁쟁한 라이벌들을 제치고 역사상 전무후무한 정치 역전의 드라마를 이루어낸다. 링컨은 미국의 16대 대통령으로 당선된 후, 자신을 얕잡아 보고 멸시했던 같은 당의 정치인들을 탁월한 정치적 수완으로 그들의 협력을 이끌어냈다. 남부의 반발로 시작된 남북 전쟁 가운데에서도, 이들과 함께 링컨은 훌륭하게 국가를 이끌어갔다.

링컨은 평생 친절하고 겸손한 태도를 잃지 않았다. 그랬기 때문에 예전에는 그에게 적대적이었던 사람들에게서 존경과 협조를 이끌어냈다. 실패에서 교훈을 얻었으며, 더 중요한 것을 이루기 위해 작은 것을 양보할 수 있었다. 그는 피비린내 나는 동족상쟁이라는 전쟁 중 재선에 성공해 국민의 지지를 받았고 마침내 남부의 항복을 받아냈다. 건국의 아버지들이 남겨준 영광의 땅에서 민주주의를 구하고 연방을 지키며 노예해방이라는 역사적 사명을 완수한 것이다.

변호사가 되기까지의 전반기 생애

링컨의 아버지 토머스 링컨은 목수와 머슴 등으로 전전하며 살다가 조용하지만 신앙심이 깊은 젊은 낸시 행크스와 결혼했다. 낸시 행크스는 현재 미국의 국민배우인 톰 행크스의 먼 친척뻘이 된다. 에이브러햄 링컨은 1809년 2월 12일, 켄터키주 시골구석의 통나무 오두막집에서 태어났다. 링컨이 태어난 후 아버지 토머스는 가족들을 이끌고 인디애나주의 남서부로 이사 갔다. 링컨의 어머니는 주위 사람들에 의하면 아버지 링컨보다 뛰어난 여인이었다고 한다. 강한

젊은 날의 링컨

정신력을 가지고 있었고 동시에 사랑과 자비심을 겸비한 여인이었다. 어린 링컨에게 성경을 읽어주었고 읽고 쓰는 법을 가르쳤다.

그러나 그녀는 링컨이 아홉 살 때 '우유병'에 걸려 세상을 떠났다. '우유병'은 뱀풀이라는 독초를 먹은 소의 우유를 먹으면 걸리는 치명적인 병이다. 그녀는 링컨과 손위 누나인 세라를 남겼다. 링컨은 누나

세라와 무척 도타웠다. 살던 곳이 워낙 시골 개척지라서 이웃이 없던 탓에 누나와 친하게 지내면서 놀았기에 남매는 정이 도타웠다. 세라는 결혼해서 아기를 낳다가 21살의 나이로 일찍 세상을 떠나 링컨을 무척이나 슬프게 했다. 그는 사랑했던 어머니와 누나, 두 여인을 저세상으로 보냈다.

아내가 세상을 뜨자 아버지는 켄터키주로 가서 새 아내를 데려왔다. 계모인 사라 링컨은 딸 둘과 아들 하나가 딸린 과부로 열정과 애정을 가지고 가정을 보살폈다. 다른 계모들과는 달리 링컨 자매를 친자식처럼 대했는데 특히 어린 링컨을 귀여워했다. 후일 링컨은 그녀를 '천사 엄마'라고 부르며 회상했다. 일찍부터 사라는 링컨이 보기 드문 재능을 가진 떡잎임을 알아보았다. 자신은 일자무식이었지만 링컨이 많이 읽고 배울 수 있도록 온갖 정성을 다했다. 친어머니가 사랑과 칭찬으로 링컨의 자신감을 키워주었다면 새어머니 사라는 그의 자신감을 더욱 키워준 셈이다. 사라는 시집 올 때 〈성서〉〈이솝 우화집〉〈로빈슨 크루스〉〈천로역정〉〈아라비안 나이트〉 등 5권의 책자를 가지고 왔다.

어린 링컨은 이것을 되풀이해서 읽으면서 거의 외우다시피 했다. 그는 후에 성장하면서 〈워싱턴 전기〉〈월터 스코트 작품집〉〈키케로〉〈데모스테네스의 연설집〉〈셰익스피어 작품집〉 등의 고전들을 읽고 또 읽었다. 이러한 독서는 그의 훌륭한 인격 형성에 피와 살이 되었고 훗날 발휘되는 그의 우수한 영어 산문체를 구사하는 데에 큰 도움이 되었다. 링컨은 기껏해야 1년 정도 학교를 다녔다. 이는 그의 아버지가 그를 농사꾼이나 하인으로 취직시키려는 생각에서였고 결국 이런 이유로 아버지와는 점차 사이가 틀어져 갔다. 그는 독학을 통해서 모든 지식을 습득할 수 있었다.

1830년 이른 봄, 링컨 가족은 일리노이주로 이사했다. 일리노이에 도착했지만 농부가 될 마음이 별로 없던 링컨은 농사일 말고 여러 다른 일에 손을 댔다. 그는 마지못해 아버지의 새로운 농장에서 일했지만 한편으로는 선원이 되어 배를 타고 미시시피강을 따라 뉴올리언스까지 항해하면서 견문을 넓혔다. 링컨은 결국 법률 쪽을 공부하기로 마음을 굳혔고 1836년 법률시험에 합격했고, 이후 변호사 일을 시작했다.

대통령 링컨

1837년 무렵에 변호사를 개업하고 이후 일리노이주 주의원과 연방 하원의원을 지낸 후 잠시 정계를 은퇴했다. 1850년대부터 노예제도에 관한 논쟁이 치열해지자 다시 소란한 정계에 뛰어들었다. 그리고 1860년 링컨은 치열한 선거전 끝에 제16대 미국 대통령에 당선되었다. 노예제도 때문에 국론이 갈가리 찢긴 사태에 직면해 그는 대통령 취임 연설식장에서 무엇보다도 남부의 연방 탈퇴를 결코 묵과하지 않을 것이며 연방의 고수를 확고하게 다짐했다.

대통령으로 취임한 후 그가 임명한 장관 중에서 국무장관 윌리엄 슈어드, 재무장관 새먼 체이스, 육군 장관 사이먼 캐머런(나중에 에드윈 스탠턴으로 바뀐다), 이 세 사람은 수완에서는 자기들이 링컨보다 뛰어나다고 생각하며 대통령을 자기들 마음대로 쥐고 흔들 수 있는 촌닭 정도로 깔보고 있었다. 그러나 시골티가 물씬 풍기는 대통령에게는 이들 각료들에게서 찾아볼 수 없는 타인의 입장을 이해하려는 공감 능력, 치열하게 인생을 살아오면서 습득한 불굴의 정신, 여러 고전을 통해 체화한 웅대한 사상과 고결한 품격이 깃들어 있었다. 그는 소탈한 모습으로 이솝 우화 같은 속담을 즐겨 인용했고 때로는 음담패설도 서슴지 않았다. 시인 월트 휘트먼은 링컨을 '노예제 때문에 야기된 치열한 남북 갈등이라는 비극적인 미국이라는 무대에 웃음을 도입한 사람'이라고 표현하기도 했다.

노예제도를 찬성하는 남부 사람들은 노예제를 반대하는 링컨을 그들의 대통령으로 도저히 받아들일 수가 없었다. 이 촌뜨기를 지도자로 인정할 수 없던 것이다. 그들은 "링컨에 반대하는 것이 곧 하나님에 순종하는 것이다"라고 극단적으로 말했다. 남부는 이때부터 연방을 이탈하려는 계획이 분명해졌다. 나라가 두 동강으로 갈라지는 비극적인 사태가 시시각각 눈앞에 닥쳐오고 있었다. 링컨의 남부에 대한 정책은 강경하면서도 한편으로는 온건했다. 그는 노예제도의 확대를 억제하고 점차적으로 소유자에게 보상금을 주어가면서 노예를 해방하려고 생각하고 있었다. 그리고 이들 노예들을 아프리카로 도로 보낸다는 생각도 했다. 그러나 무엇보다도 우선 연방을 수호해야 한다는 결심이 앞서 있었다. 그는 "노예를 해방하지 않고 연방을 수호할 수 있다면 그렇게 하겠고, 노예를 해방해야만 연방을 수호할 수 있다고 해도 그렇게 하겠으며, 또한 일부 노예만 해방하고 나머지를 그대로 두어야 한다면 그렇게 하겠다"라고까지 하며 연방제도를 수호하려는 각오가 남달랐다.

남북 전쟁

일촉즉발을 눈앞에 두고 살얼음판을 걷던 남북 관계는 기어코 1861년 4월 12일 터져버렸다. 사우스캐롤라이나주 찰스턴에 있는 북군 섬터 요새에 남부 연맹군의 포탄이 날아가면서 4년간의 피비린내 나는 내전이 시작되었다. 남부는 인구 면에

전선을 방문한 링컨

서 북부에 밀리고 농업 위주의 사회였던 탓에 전쟁 물자 생산도 미흡했다. 그러나 우수한 지휘관들이 북부를 떠나 남부로 합류했고, 특히 미 육군사관학교가 위치한 버지니아가 가담한 덕분에 많은 사관생도들을 확보했다. 또한 "침략자 북군을 물리쳐 자기 주와 관습(노예제)을 지켜야 한다"라는 명확한 목표 의식이 있었기 때문에 사기가 훨씬 높았다.

그래서 전쟁 초반, 남군은 잘 훈련된 정예 병력과 명장 로버트 리 장군의 탁월한 지휘 아래 승승장구했다. 그러나 장기적으로 볼 때 여러 면에서 남부 쪽에는 승산이 없었다. 일단 인구수부터 북부가 네 배나 많았고, 총기 생산량 또한 북부가 압도적으로 우세했다. 철도망도 북부가 훨씬 잘 정비되어 있었기 때문에 전쟁 수행 능력 면에서는 북부

가 절대적으로 유리했다. 4년 동안 여기저기서 매우 격렬한 전투가 벌어졌다. 양측의 수도가 위치해 있어 관심이 많았던 동부에 비해 서부는 당시에는 큰 관심을 받지 못했다.

그러나 1863년 7월 4일, 미시시피강 유역의 마지막 남부 요새였던 빅스버그가 북군의 그랜트 장군에게 함락된다. 이 '빅스버그 포위전'은 남북 전쟁의 주요한 터닝 포인트 중 하나였다. 북군의 빅스버그 점령으로 남부의 동서가 단절되면서 텍사스와 아

게티스버그 전몰장병 추모식 연설 중인 링컨

칸소주에서 남부의 다른 지역에 지원을 해줄 수 없게 되었기 때문이다. 그다음 날은 워싱턴 인근에서 벌어진 유명한 '게티즈버그 전투'에서도 북군이 승리를 거두었다. 이 전투를 계기로 남군은 차츰 패망의 내리막길로 접어들었다. 빅스버그를 함락한 후 그랜트 장군은 북부군 총사령관으로 임명되었고, 서부 전역에는 그 후임으로 윌리엄 셔먼 장군이 임명되었다. 명콤비였던 그랜트와 셔먼은 전쟁에서 승리하기 위해서는 남부의 전쟁 수행 능력과 의지를 완전히 박살내야만 한다고 판단했기 때문에 셔먼은 총력전의 개념으로서 초토화 전술을 수행했다. 셔먼은 1864년에 수행된 애틀랜타 전투에서 승리를 거둔 후, '대서양으로의 진군'을 통해 극단적인 초토화 전술을 구사했다. 셔먼은 애틀랜타에서 출발해 서배너까지 진군하며 가는 길마다 쑥대밭을 만들며 남부의 전쟁 수행 능력과 의지를 완전히 꺾어 버렸다.

한편 동부 전역에서는 그랜트 장군의 지휘 아래 리의 북부 버지니아군을 파죽지세로 밀어붙이기 시작했다. 비록 그 와중에 큰 손실을 계속 겪었지만 그랜트는 공세를 멈추지 않고 리를 압박해 남군의 퇴각을 강요했다. 셔먼도 북쪽으로 방향을 틀어 사우스캐롤라이나, 노스캐롤라이나를 거쳐 버지니아 쪽으로 진격해 리의 남군을 남북에서 압박하는 형세가 되었다. 1865년 4월 1일에는 남부의 수도인 리치먼드가 함락되었다. 리는 전술적으로나 병참 상황으로나 도저히 싸울 수 없는 막다른 골목에 이르렀다. 결국 같은 해 4월 12일, 애포머톡스에서 리가 항복 문서에 조인함으로써 남북 전쟁은 종결되었다.

링컨의 죽음

남군이 항복한 이틀 뒤 1865년 4월 14일 대통령 부처가 워싱턴에 있는 포드 극장에서 연극을 보고 있을 때 한 암살자의 총탄이 링컨의 생명을 앗아갔다. 암살자는 연극배우인 광신적 분리주의자 존 부스였다. 링

링컨의 암살 장면

컨이 암살되던 날인 1865년 4월 14일 화창한 금요일, 이날은 링컨에게 가장 행복한 날이었다. 전쟁도 끝났고 노예제도 폐지 헌법 수정안도 통과되었기 때문이다. 그날 밤 링컨 부부는 포드 극장에서 〈우리 미국인 사촌〉이라는 연극을 관람할 예정이었다. 저녁 10시경, 링컨은 극장 특별석에 부인 메리와 나란히 앉았다. 그 옆에는 링컨의 지인인

헨리 래스본 대령이 앉았다. 10분쯤 지나서 암살자 부스가 하인에게 명함을 보이고 특별석으로 들어갔다. 그가 포드 극장의 단골 배우인지라 하인은 의심을 품지 않았다. 그는 링컨 가까이 다가가 대통령의 뒷머리를 향해 방아쇠를 당겼다. 링컨이 앞으로 쓰러지자 헨리 래스본이 침입자를 잡으려 했다. 그러자 부스는 칼을 꺼내 래스본을 여러 군데 찌르면서 특별석 아래의 무대로 뛰어내렸다.

그는 앞에 드리워진 국기 주름에 장화가 걸려 뒹굴며 떨어졌다. 그러나 번쩍이는 단검을 휘두르며 "폭군의 말로는 이런 것이다!"(로마공화정 시대, 브루투스가 카이사르를 암살한 직후 한 말)라고 소리치며 극장 밖으로 도주했다. 잠깐 동안 관객들은 총소리와 부스가 무대 위로 뛰어내린 것이 연극의 일부라고 생각했다. 그러나 부인 메리가 "대통령이 총에 맞았어요! 대통령이 총에 맞았어요!"라고 비명을 질렀다. 그제서야 주위에서는 사태를 알아차렸고, 특별석 근처의 젊은 의사 찰스 릴리가 맨 먼저 달려갔다. 그는 대통령의 머리에서 쉴 새 없이 피가 쏟아져 나오는 것을 보고는 길 건너편에 있는 피터슨 하숙집으로 급히 링컨을 옮겼다. 각료들이 링컨의 주위에 모두 달려왔다. 메리는 시시각각 목숨이 꺼져가는 남편의 침대 머리맡에서 자기가 죽었어야 한다고 절규하며 눈물을 쏟아냈다. 1865년 4월 15일 아침, 링컨은 드디어 숨을 거두었다. 헐레벌떡 도주했던 부스는 워싱턴 교외의 리처드 개릿이라는 농부의 집에 머물렀다. 부스의 존재를 몰랐던 농부는 며칠 동안 부스를 손님처럼 대접해 주었으나 이상한 기미를 느끼고 군 당국에 신고했다. 급히 출동한 연방군에게 포위된 부스는 불타는 헛간에서 투항을 거부하고 총격전을 벌이며 최후 발악을 하다가 마침내 사살되었다.

링컨에 얽힌 일화

링컨은 193센티미터의 껑충한 장신이었지만 비쩍 마르고 벽촌의 시골뜨기 같은 인상으로 외모는 별로였다. 얼굴도 못생겨서 그의 정적인 더글러스는 틈만 나면 그를 고릴라에 비유하곤 했다. 그러자 링컨은 이렇게 대꾸했다. "여러분, 우리는 고릴라를 만나기 위해 머나먼 아프리카까지 갈 필요가 없습니다. 일리노이주 스프링필드에 가면 링컨이라는 고릴라를 만날 수 있으니까요." 링컨을 고릴라라고 씹어대던 더글러스는 머쓱해져 버렸다.

또 한 사람의 정적 스탠턴은 더글러스보다 더했으면 더했지, 못하지 않았던 링컨의 숙적이었다. 선거기간 내내 연설할 때마다 링컨을 켄터키 깡촌놈이라고 씹으며 그를 공개적으로 적대시했다. 그러나 링컨은 나중에 그를 전쟁성장관으로 임명했다. 하지만 참모들이 결사적으로 반대를 했다. 과거 그가 링컨을 줄기차게 비난했던 사실을 생각해보라고 하면서 말이다. 전쟁 기간 중에 스탠턴은 훌륭하게 업무를 수행했고 링컨을 깍듯이 모셨다. 스탠턴은 링컨이 죽은 다음에 누군가 링컨의 이름을 꺼내기만 해도 그 자리에 주저앉아 눈물을 펑펑 쏟곤 했다고 한다.

그레이스 베델이라는 소녀가 편지로 그에게 턱수염을 기르길 바란다고 한 일화는 유명하다. 링컨은 편지를 받고 턱수염을 기르기 시작했다. 이 턱수염 덕분에 그는 사람들에게 인자하고 따뜻한 인상을 줄 수 있었다. 그가 턱수염을 기른 기간은 약 5년간에 불과했지만 이 턱수염이야말로 링컨의 영원한 트레이드마크가 되었다. 링컨은 평소에 농담을 입에 달고 살았다. 대인 관계를 유지하는 활력으로 사용했다. 원래 우울증이 있는 그에게 이 농담이야말로 자신을 달래는 보약 같은 것이었다. 그의 측근들은 링컨이 시도 때도 없이 썰렁한 농담을 하도 많이 해서 가끔은 지겨웠다고 회고했다.

링컨은 남북 전쟁 초기에 무능하고 멍청이 같은 장군들 때문에 지지리 속이 썩었다. 드디어 전쟁 중반에 그는 싸움닭 그랜트를 발견했다. 그리고 그를 북군 총사령관으로 임명하자 여기저기서 와글거렸다. 특히 그가 술을 너무 좋아한다는 비방이 심했다. 이 얘기를 들은 링컨은 이렇게 말했다. "그랜트가 마신다는 그 술의 이름을 알고 싶구먼. 다른 장군들에게도 이 술을 먹이고 싶단 말이야." 전투를 앞두고는 뭉그적거리다가 막상 전투에 임해서는 노상 얻어터지기만 하는 다른 장군들에게 그랜트를 좀 닮으라는 의미에서 한 소리였다.

링컨의 일상 속 즐거움 중 하나는 관저에서 얼마 안 떨어진 국무장관 윌리엄 슈어드의 집에 가서 환담을 하면서 심신을 쉬는 일이었다. 마누라 메리가 바가지를 긁을라치면 슬그머니 백악관을 나가서 슈어드의 집으로 향했다. 술과 담배를 하지 않는 링컨은 국무장관의 거실 소파에서 긴 다리를 쭉 뻗고 누워서 시시걸렁한 농담을 풀어놓곤 했다. 링컨에게 이마저도 없었으면 남북 전쟁의 중압감에서 헤어나기가 어려웠을 것이다. 대통령 지명전 당시 가장 강력한 정적이었던 슈어드는 함께 국사를 논의하면서도 촌놈이라고 깔보던 링컨의 이러한 매력에 점차 빠져들기 시작했다. 그는 아내에게 링컨의 한없는 관대함과 큰 도량에 대해서 자주 얘기했으며 결국 그에게 끝까지 충성을 다했다. 링컨의 비서였던 존 헤이도 슈어드가 대통령에게 깊은 애정을 갖고 진심으로 헌신했다고 회고했다.

바람과 함께 사라지다

비비안 리의 가슴 시린 이야기 / 셔먼의 바다로의 진군 / 백색 공포(KKK단)

I. 바람과 함께 사라지다(1939년), Gone with the Wind

영화 〈바람과 함께 사라지다〉는 인원·물량·예산 등 모든 면에서 당시로서는 상상을 초월하는 엄청난 스케일을 자랑했다. 제작자 데이비드 셀즈닉은 감독에서부터 엑스트라까지 1만 2천여 명에 이르는 인원을 캐스팅하고 일사불란하게 동원하고 조정하면서 거대한 작품을 만들었다. 이 영화는 마거릿 미첼이 1936년에 발표한 소설을 원작으로 해서 제작되었다. 그해 여름에 출간된 이 작품은 그해 12월까지 100만 부가 팔렸으며 이 작품으로 그녀는 이듬해 퓰리처상을 수상했다.

데이비드 셀즈닉은 소설이 출간되기도 전부터 관심을 가지고 있다가 책이 발간되자마자 5만 달러를 주고 부랴부랴 판권을 구매했다. 그는 이 판권을 구입한 뒤부터 무려 2년에 걸친 캐스팅 작업을 거쳤다. 셀즈닉은 처음부터 남자 주인공인 레트 버틀러 역할에 클라크 게이블을 염두에 두고 있었다. 하지만 당시 그와 계약관계에 있었던 MGM은 쉽사리 게이블을 놓아주지 않았다. 셀즈닉은 하는 수 없이 게리 쿠퍼를 접촉했는데, 그도 계약 문제가 걸려 있었고 무엇보다도 본인이 〈바람과 함께 사라지다〉를 썩 맘에 내켜 하지 않았다.

결국 셀즈닉은 장인이었던 MGM 사장 루이스 메이어를 구슬려 125만 달러에 클라크 게이블을 발탁하는 데 성공한다. 여자 주인공 스칼렛 오하라 역을 캐스팅하기 위해서는 엄청나게 요란을 떨었다. 셀즈닉이 영화의 선전을 위하여 일부러 가창하게 오디션 쇼를 벌였다는 후문이 뒤따랐다. 전국적으로 공개 오디션을 열었고 오디션에 신청한 인원만 무려 1,400명에 이르렀다. 그중에는 비비안 리·진 아서·수잔 헤이워드를 비롯하여 내로라 하는 여배우들 31명이 스크린 테스트를 받았다.

결국 비비안 리가 발탁되었다. 셀즈닉은 일찍이 비비안 리를 점찍어 놓고 영화에 대한 관심도를 높이면서 한편으로는 영국 배우가 미국의 미녀 역을 맡는 데 대한 할리우드 여배우들의 반발을 막아내

농장을 배경으로 한 스칼렛

려는 의도였다는 설이 떠돌았다. 1939년 12월15일 애틀랜타의 로스 그랜드 극장에서 첫 공식 시사회가 열렸다. 배우들은 공항부터 극장까지 리무진 퍼레이드를 가졌는데 30만 명으로 추산되는 인파가 연도에 몰려나와서 이 행사를 구경했다. 하지만 나중에 아카데미 여우조연상을 수상하는 스칼렛의 몸종 매미 역으로 나왔던 흑인 여배우 헤티 맥대니얼은 불행하게도 백인들과 함께 영화를 볼 수 없다는 조지아주의 법에 따라 시사회에 참석할 수가 없었다. 클라크 케이블이 이에 불만을 토로하면서 시사회에 불참을 시사하자 주최 측에서 애걸복걸해서 간신히 참석했다는 얘기도 있다.

이듬해 열린 제12회 아카데미 시상식에서 〈바람과 함께 사라지다〉는 13개 부문 노미네이트와 8개 부문 수상이라는 대기록을 세웠다. 이 기록은 1959년 〈벤허〉가 11개 부문을 수상할 때까지 깨지지 않았다. 또한 이 영화는 아카데미 작품상을 수상한 최초의 컬러 영화이자 상영 시간이 가장 긴(221분) 영화이기도 했다, 1962년 상영 시간 222분의 〈아라비아의 로렌스〉가 최우수작품상을 수상하며 그 기록은 깨졌다(〈벤허〉는 212분). 위에서 얘기한 아카데미 여우조연상을 수상한 헤티 맥대니얼은 최초의 흑인 아카데미상 수상자로 기록되었다.

II. 비비안 리의 가슴 시린 이야기

"이 배우만큼 아름다운 외모를 가졌다면 연기력은 필요 없을 것이다. 또 이 배우만큼 연기력이 뛰어나다면 아마 외모는 그다음 문제가 아니겠는가?"

―《뉴욕타임스》

"그녀는 우아하고 경이롭게 움직이는 무용수 같은 델리케이트한 눈부신 난초다."

― 테네시 윌리엄스(『욕망이라는 이름의 전차』, 『뜨거운 양철 지붕 위의 고양이』를 쓴 희곡작가)

이는 아마 할리우드의 배우가 들을 수 있는 최고의 찬사일 것이다. 그러나 이 여성은 일생 동안 이러한 찬사 속에서 살았고 배우로서 최고의 명예를 얻었지만 양극성장애*라는 조증 증세로 시달리면서 평생을 사랑과 이별로 점철된 파란의 삶을 살았다. 이는 바로 배우 비비안 리를 두고 하는 소리다. 그녀는 잉그리드 버그만, 에바 가드너와 함께 1940년대를 풍미했던 시대의 아이콘이었다.

비비안 리

비비안은 1913년 11월 5일, 영국의 식민지였던 인도 벵골 다즐링에서 외동딸로 태어났다. 18살이 되던 1931년부터 부모님의 적극 지원 속에 런던 왕립연극학교에서 연기를 배우기 시작했다. 그러나 얼

---

* 양극성장애란 정신이 유쾌하고 흥분된 상태와 우울하고 억제된 상태가 교대로 나타나거나 둘 가운데 한쪽이 주기적으로 나타나는 병으로 조울증이라고도 한다.

마 안 있어 13살 연상의 변호사 허버트 리 홀먼과 사랑에 빠져 1932년 12월 결혼을 하고 딸을 낳는다. 결혼 생활 중에도 배우의 희망에 차 있던 비비안의 우상은 배우 로렌스 올리비에였다. 비비안 스스로 '올리비에는 내 삶의 등불'이라고 표현했을 정도로 그녀는 올리비에를 끔찍이 흠모했다. 그에 대한 존경은 배우가 되겠다는 비비안의 열정에 더욱 불을 지폈다. 결국 비비안은 당대 최고의 톱스타 로렌스 올리비에와 사적 모임에서 운명적인 만남을 갖는다.

당시 올리비에는 유명 여배우 질 에이몬드와 결혼한 유부남이었고 비비안 역시 딸을 두고 있는 유부녀였다. 그러나 이들의 만남에서 이것들은 전혀 장애물이 되지 못했다. 올리비에 역시 뛰어난 매력과 아름다움을 지니고 있었던 비비안에게 첫눈에 반하게 됐고 결국 영화 〈무적함대〉에서 같이 공연하면서 둘은 불륜관계로 돌입한다. 올리비에를 만남으로써 비비안은 가정도 버리고 그를 따라 곧장 할리우드로 날아간다. 당시 〈바람과 함께 사라지다〉의 제작자 데이비드 셀즈닉은 여주인공 스칼렛 오하라를 연기할 배우를 찾기 위해 2년 반이라는 오랜 시간 동안 오디션을 진행 중에 있었다. 셀즈닉은 2년 반 동안이나 적격자를 찾지 못해 애를 태우고 있었다.

캐서린 헵번, 조안 크로포드 등 당대 최고의 여배우들이 계속해서 거론됐지만 셀즈닉의 대답은 항상 "NO!"였다. 그렇게 덧없는 시간이 흘러가던 중 셀즈닉은 형 마이론이 한 여성을 오디션 장에 데려온 것을 보았다. 초록빛 고양이 눈에 허리가 가늘고 갸날픈 몸매의, 마치 스칼렛 오하라가 살아나온 듯한 비비안이었다. 마이론은 셀즈닉에게 비비안을 선보이면서 이렇게 말했다. "자, 스칼렛 오하라를 만나보게나." 25살의 비비안은 이렇게 자신의 배우 인생 중 최고의 순간을 맞게 된다. 당시 무명 수준의 배우였던 비비안이 〈바람과 함께 사라지다〉의 최종 주인공으로 낙점되자 할리우드에선 이름 없는 영국 배우가 전형적인 '남부 출신 미녀'를 연기하게 됐다고 많은 사람들이 입방아를 찧기도 했다.

사실 셀즈닉은 이미 비비안을 점 찍어놓고 영화 홍보를 위해 생쇼를 했다고 뒤에서 쑥덕거렸다. 그러나 셀즈닉의 소신은 확고했고 비비안 역시 자신감에 꽉 차 있었다. 캐스팅 후 비비안에 대해서 긴가민가했

〈애수〉에서 로버트 테일러와 비비안

던 할리우드의 분위기는 영화의 개봉과 함께 급격히 뒤집혔다. 비비안은 그 자체가 스칼렛 오하라였고 신비스러운 매력과 고혹적인 아름다운 외모, 완벽한 연기로 전 세계적으로 찬사를 받기에 이른다. 그리고 결국 1939년 제11회 아카데미 시상식에서 비비안은 당당히 여우주연상을 수상한다. 이미 예정되었다 할 만큼 언론에서는 "비비안이 여우주연상인 것은 당연하다"는 반응을 보였다. 이듬해 1940년, 비비안은 로렌스 올리비에와 결혼식을 올렸다. 주위의 따가운 시선에도 불구하고 두 사람은 꿋꿋했다. 그들은 배우로서 서로를 존경했고, 인간으로서 서로 사랑했다. 뜨거운 예술혼과 배우라는 직업에 대한 열정 역시 변함없었다.

비비안은 더없이 행복했다. 그는 열정적으로 올리비에를 사랑하고 존경했으나 선천적으로 허약했던 비비안은 유산을 한다. 그녀는 이후에도 여러 번 유산했다. 비비안은 유산의 충격으로 가뜩이나 예민한 성격에 우울증에 시달리면서 평생을 양극성장애라는 정신분열증을 앓는다. 그녀는 이후 잦은 감정 기복을 공공연하게 노출

비비안과 올리비에

하면서 영화판에서 함께 작업하기 어려운 배우로 소문이 나게 된다.

한편 올리비에는 비비안의 우울증이 유산에 따른 일시적 현상이라고 믿었다. 왜냐하면 비비안은 끊임없이 연기에 대한 열정을 쏟았고 1951년에는 영화 〈욕망이라는 이름의 전차〉로 두 번째 아카데미 여우주연상을 수상했기 때문이었다. 그러나 비비안은 양극성장애가 심해지고 줄담배와 무리한 촬영으로 인해 결핵까지 걸리게 된다. 희한하게도 그녀는 영화와 연극에서도 정신병을 앓는 인물들을 여럿 연기하는 바람에 사람들의 구설수에 오르내리기도 했다.

비비안의 날로 심각해지는 양극성장애 증상은 결국 올리비에와의 부부 관계도 파탄에 이른다. 그녀는 발작을 시작하면 욕설을 내지르고 물건을 던지며 올리비에에게 대드는 등 과격한 행동을 하다가 바닥에 쓰러져 울다가 기절했다. 그리고 깨어난 뒤에는 무슨 일이 있었는지 전혀 기억하지 못했다. 혹시 무슨 일이 일어났는지 알게 되면 매우 부끄러워했다. 이런 증상 때문에 그녀는 정신병원에도 들락거려야 했다.

결국 20년 가까운 두 사람의 결혼 생활은 1960년 합의 이혼하면서 종말을 고했다. 올리비에와의 결별은 그녀로서는 인생을 잃은 것과 마찬가지였다. 올리비에와 비비안은 이혼한 후에도 서로를 그리워하며 서신을 교환했지만, 이미 예전의 관계로는 돌아가지 못했다. 그렇게 정신 분열과 착란, 심각한 조울증으로 시달리던 비비안은 1967년 7월 7일 향년 54세로 조용히 세상을 하직했다. 그녀의 죽음을 지켜보았던 것은 고양이 한 마리뿐이었다. 당시 암 치료를 하기 위해 병원에 입원 중이었던 올리비에는 비비안의 죽음을 듣자마자 그녀에게 달려왔다.

올리비에는 비비안의 싸늘한 시신 옆에 주저앉아 "비비안의 죽음은 모두 내 책임이다"라며 흐느꼈다. 암 치료를 성공적으로 마친 올리비에는 비비안이 죽은 뒤에도 22년 동안 더 살았다. 그러나 올리비에는 비비안과 지난날에 함께 했던 사랑을 회상했고 말년에 이르러서는 비비안을 더욱 그리워했다. 그것은 세 번째 부인인 플로라이트의 극진한 애정과는 별개의 감정이었을 것이다.

1987년 올리비에의 친구가 올리비에를 찾아갔을 때 그는 TV 속에서 비비안의 영화를 조용히 보고 있었다고 한다. 비비안의 모습을 보고 있던 올리비에는 닭똥 같은 눈물을 뚝뚝 떨구며 이렇게 말했다.

"아는가, 친구? 비비안은 내 사랑이었네…. 그건 내 인생의 단 하나 뿐인 진짜 사랑이었다구."

III. 셔먼의 바다로의 진군

영화 〈바람과 함께 사라지다〉에서 북군이 애틀란타를 공략할 때 시민들이 "셔먼이 온다!" "셔먼이 온다!"라고 소리들을 지르면서 난리법석을 떠는 장

북군의 초토화 작전

면이 나온다. 당시 북군의 장군 셔먼은 그야말로 남부인들에게 공포의 대상이었다. 1964년이 되자 그랜트가 지휘하는 북군이 리치먼드에 웅크리고 있는 리 장군의 남군에 총공세를 펼 때 그랜트 휘하의 셔먼은 조지아로 진격해 남부와 리치먼드 간의 교통을 차단하는 역할을 맡았다. 먼저 애틀란타의 공략에 나섰다. 조지아주의 수도인 애틀란타는 남부지역 교통의 중심지였으며 물산의 집산지였다.

1864년 9월, 셔먼은 4개월의 개고생 끝에 애틀란타를 점령했다. 이후 셔먼은 대군을 이끌고 조지아주를 가로지르면서 대서양 연안으로 진군하는 그 유명한 '바다로의 진군(Sherman's March to the Sea)'을 시작했다. 진격하면서 걸림돌이 되는 소규모 남군들을 박살내며 조지아주를 초토화시키며 대서양 연안의 서배너에 쾌속으로 도달했다. 셔먼은

다시 북쪽으로 방향을 틀어 사우스캐롤라이나와 노스캐롤라이나를 진격하면서 이 지역 역시 철저하게 초토화시켰다. 그는 점령한 지역의 주민들에게 극도로 엄한 군율을 시행했고 남군이 숨어 있을 만한 곳은 모조리 불태워버렸다.

셔먼

그때마다 그는 "만약 주민들이 내 혹독한 처사에 대하여 투덜거린다면 나는 전쟁은 어디까지나 전쟁이라고 대답할 수밖에 없다. 그들이 정 평화가 아쉽다면 먼저 그들 스스로가 전쟁을 그만두어야 할 것이다"라고 퉁명스럽게 말했다. 진군하는 도중 거추장스러운 장애물과 철로는 깡그리 파괴했다. 만나는 마을들은 하나도 남기지 않고 깡그리 잿더미를 만들어 셔먼은 남부인들에게 오랫동안 잊을 수 없는 무시무시한 기억으로 남았다. 그의 부하들은 이제 약탈의 광인이 되어 있었다. 그들은 장롱 속까지 샅샅이 뒤져 값나가는 물건들을 수거했고 부인들의 옷가지들은 고향의 아내들에게 보냈다. 책들도 불태웠고 피아노와 가구들도 철저하게 때려 부수었다. 당시 셔먼군이 진군하는 동안 자기 손으로 양키들을 목매달아 죽였으면 속이 시원하겠다고 말한 남부 여성들은 부지기수였다.

날씨는 쾌청했고 본대를 따라다니는 군악대는 신바람이 나서 '존 브라운*의 시신屍身'을 연주했다. 거침없이 진군하는 병사들은 군악대에 맞추어 "글로리, 글로리, 할렐루야!"를 목이 쉬도록 불러댔다. 흑인들이 길가에 몰려나와 하느님의 전사들이 도착했다고 열광했다.

이렇게 조지아·사우스캐롤라이나·노스캐롤라이나를 초토화시키면서 진격한 셔먼 군대는 리의 군대를 후방으로부터의 보급을 완전히 차단했다. 이렇게 탄약과 무기, 그리고 식량이 거덜 난 남군은 결국 북쪽에서 밀고 내려오는 그랜트의 북군에 항복했다. 셔먼의 이와 같은 인정사정없는 초토화 작전은 남북 전쟁을 종결로 이끄는 데 큰 역할을 했다.

윌리엄 테쿰세 셔먼

윌리엄 테쿰세 셔먼(1820~1891)은 1820년 2월 8일 오하이오주 랭커스터에서 성공한 대법원 판사인 찰스 로버트 셔먼의 아들로 태어났다. 중간 이름이 상당히 특이해서 평생 이목을 끌었다. 이는 셔먼의 아버지가 당시 유명했던 인디언 추장 테쿰세처럼 강인해지라고 그런 이름을 붙였다고 한다. 웨스트포인트를 졸업하고 육군 장교로 임관해 미국-멕시코 전쟁에 참전했다가 소령으로 예편한 뒤 은행 지점장 등 여러 직업을 전전했다. 그러다가 루이지애나 군사학교의 교장으로 1860년에 부임했다가 1861년 남북 전쟁이 발발하면서 북군에 여단장

---

* 존 브라운(1800~1859)은 굳은 신념을 가진 노예 해방론자였다. 노예들의 반란을 계획하고 병기 창고를 습격하다 붙잡혀 처형되었다. 그를 붙잡은 이는 후에 남군을 지휘했던 로버트 리 장군이었다. 그의 죽음은 노예 해방론자들에게 큰 정신적인 자극을 주었다.

으로 복귀했다. 이때부터 그의 인생은 빛나기 시작했다.

전쟁 초기에는 동부 전역에서 활약하다가 1861년 그랜트의 포트 헨리, 포트 도널슨 공략전에서 보급을 맡아 평생 그의 친구가 되었다. 1862년 이후 서먼은 그랜트 휘하에서 샤일로 전투·빅스버그 포위전·채터누가 전투 등 주요한 격전을 치렀고 전쟁이 끝날 때까지 그랜트와 친분을 쌓으면서 그의 오른팔 역할을 충실히 수행했다. 그의 전략가적 능력을 보여주는 가장 중요한 증거는 현대전을 정의하는 총력전에서 상대방의 전투수행 역량과 의지를 뭉개버리는 초토화 전술을 구사한 점이다. 전략기동의 달인으로 남북 전쟁 당시 남부 연맹의 중심지 조지아와 사우스캐롤라·노스캐롤라이나를 말 그대로 쑥대밭으로 만드는 초토화 전술을 구사한 것이다. 결국 서먼의 예상대로 이런 초토화 작전에 시달린 남부는 더 이상 전쟁을 지속할 능력을 상실했고, 이는 남부 연맹의 수도였던 버지니아주의 리치먼드 근처에서 접전을 벌이던 리와 그랜트의 싸움에도 큰 영향을 끼쳤다.

서먼은 골초에다 성미가 급하고 말이 많았지만 직관력은 발군이었다. 성격도 얼마나 독특했든지 한때 "서먼이 미쳤다"는 신문 보도가 나와 직위해제를 당한 경험도 있었다. 그는 "전쟁은 지옥이야"라는 말을 입에 달고 살았다. 총력전을 창안해 현대전의 선구자로 불리지만, 전장을 지옥처럼 만든 장본인이기도 했다. 남부인들은 그에게 북부의 악마, 파괴자 양키 등 온갖 저주가 담긴 별명을 붙였다.

남북 전쟁 이후 서먼은 중장으로 진급했다. 대통령에 당선된 그랜트는 그를 미국 역사상 두 번째 육군대장으로 진급시키고 총사령관의 자리에 임명했다. 셔먼은 그 후 64세에 은퇴할 때까지 15년간 그 자리를 유지했다. 남북 전쟁에 관한 그의 회고록은 명저로 평가받아 문인으로서의 명성을 얻기도 했다. 그는 어려서부터 편지 쓰기를 좋아해 거의 평생을 썼고 전쟁 중에도 매일 편지를 쓸 정도로 필력이 상당했다. 은퇴 후 셔먼은 정계 진출을 권유받았으나 모두 거절하고 조용히 살다가 은퇴한지 7년이 되던 1891년에 71세의 나이로 눈을 감았다.

IV. 백색 공포(KKK단)

남북 전쟁에서 패전한 남부는 철저히 파괴되었다. 너덜너덜해진 회색 군복을 걸치고 돌아온 군인들이 고향에 돌아와 발견한 것은 불타버린 가옥과 황폐화된 황무지뿐이었다. 과거 떵떵거렸던 부인네들은 길거리에서 구걸을 하고 있었고 농장주들은 흑인들에게 식량을 내다 팔 정도로 궁핍했다. 아주 간단한 생필품조차 구하기가 하늘의 별 따기였다. 남부인들은 이 모든 역경과 고난을 몰고 온 양키들을 저주했다. 자랑스럽던 시대를 뒤로하고 남부인들에게 절망의 시대가 도래한 것이다. 그들은 패자였고 그들이 내세운 백인 우월주의, 연방보다 주 우선주의, 노예제도 존속이라는 남부의 이념과 문화는 사라졌다.

남부인들은 자신들이 고유하게 지켜왔던 삶의 토대가 근본부터 뿌리 뽑히고 있다고 절감했다. 전쟁이 끝나도 남부인들은 시대의 변화에 눈을 감았고 흑인에 대한 새로운 시각을 거부했다. 그들은 악착같이 과거의 생활 태도를 고수하려 했다. 형편없는 시대착오였지만 이들은 모든 걸 전쟁 이전 상태로 돌리려고 필사적으로 발버둥쳤다. 이를 알아차린 북부 급진파들은 연방의회에서 남부재건법을 통과시켰다. 그것은 한 마디로 남부 주정부의 기능을 일시에 동결시키고 직접 군정을 실시하는 것이었다.

남부는 경악했고 반발했다. 북부의 군정이 남부 각처에서 실시되자 남부는 다시 한번 철저히 모욕당했다, 남부가 침공당하는 것이라고 단정했다. 그러나 남부인들은 비록 지금은 전쟁에 패해서 어쩔 수 없다지만 언젠가는 복수할 날이 올 것을 기대하면서 이를 갈고 있었다. 남부에서는 애향심이 더욱 고취되었고, 모든 불만을 흑인들에게 화살을 돌리면서 수많은 "흑인차별법'을 제정했다. 흑백 간의 결혼은 물론 공공장소에서 흑인이 백인과 어울리는 것을 금지시켰다.

이런 와중에 1865년 크리스마스이브인 12월 24일 밤, 테네시주 풀라스키에서 남부 퇴역군인 6명이 모였다. 그들의 이름은 캘빈 존스·존 케네디·제임스 크로우·프랭크 맥코드·리처드 리드·존 래스터였다. 장소는 토머스 존스 판사의 법률사무소였다. 그들은 패전으로 남부가 쑥대밭이 되어가는 데 분노를 터뜨렸다. 위기감과 상실감이 그들의 적개심에 더욱 불을 질렀다. "북부가 남부를 깔아뭉개고 있다. 양키놈들이 남부를 만신창으로 만들고 모독하고 있다"라고 너도나도 입에 침을 튀겼다. 이렇게 가만 있으면 안 되겠다고 하면서 남부의 고유 정신과 문화를 지키기 위한 모임을 만들자는 데 의견이 모였다.

비밀결사의 명칭이 정해졌다. KKK(Ku Klux Klan)로 정해졌다.

KKK라는 이름은 그리스어의 모임이나 단체를 뜻하는 kyklos에 씨족, 가족을 뜻하는 clan을 두음에 맞춰 klan으로 바꾼 것이다. 이 비밀결사는 흑인과 흑인해방에 동조하는 백인들을 가차

KKK단

없이 찾아내어 구타하거나 그들의 집을 불태우고 채찍으로 때리고 살해하는 등 잔인한 테러 행위를 하기 시작했다. 그들은 밤이면 수의로 몸을 감싸 유령으로 분장하고 불타는 십자가를 들고 흑인들을 놀라게 하며 린치를 가했다. 그들은 뾰족한 두건을 뒤집어쓰고 백포로 덮은 말을 타고 다녔다. 그리고 옷 속에 뼈다귀를 감추고서 덜거덕거리는 소리를 내고, 긴 막대기에 해골을 얹어 들고 다니고, 한밤중에 묘지에서 묘석에 걸터앉는 등 괴상한 행동으로 흑인들에게 무시무시한 공포감을 안겨 주었다.

비밀결사의 대표를 '대마왕大魔王'이라고 불렀다. KKK는 1867년 4월 본부를 주도인 내슈빌로 옮겨 맥스웰 하우스에서 결성식을 가지면서 규모가 점점 더 커지기 시작했다. 결국 거절당했지만 대마왕으로 남군 총사령관이었던 점잖은 로버트 리 장군을 모시려고까지 했다. 결국 전직 남군 장군이었던 네이선 포레스트를 포섭해서 대마왕으로 내세웠다. KKK의 주요 멤버들의 구성원은 주로 전직 사단장 급, 남부 연맹 정치지도자, 목사들이었다. KKK 단원들은 공격 신호로 십자가를 태웠다. 그래서 "A cross is burned(공격 시작이다)"라는 말이 생

겨났다.

폭력 행위가 걷잡을 수 없이 번지자 연방정부는 서둘러 반테러조직법을 만들고 소요 지역에 군대를 파견하면서 KKK의 위세가 어느 정도 수그러들었다. 그러나 이들의 공포는 여전히 남아 있었다. 각양각색의 협박과 테러에 겁먹은 대부분의 흑인은 투표권을 자진해서 포기했다. 전쟁 전과 마찬가지로 남부에서는 백인 독재와 흑인 차별이 계속되었다.

한동안 활동이 뜸했던 KKK단은 1920년대에 종교적 보수주의가 전국을 휩쓸면서 화려하게 부활했다. 한때 회원 수가 450만 명을 넘었고, 1925년 8월 8일에는 5만 명 이상의 KKK 단원들이 흰 두건을 뒤집어쓰고 수도 워싱턴의 중심인 펜실바니아가를 4시간 동안이나 행진하면서 난리법석을 떨기도 했다. 이때가 아마도 KKK의 최고의 절정기였을 것이다. 이후 많이 수그러들기는 했지만 KKK는 지금도 옛날의 '좋았던 시절'을 그리워하는 일부 극우 보수 백인층을 중심으로 하는 세력을 온전하고 있다.

제11장

늑대와 춤을

제2의 게리 쿠퍼, 케빈 코스트너 / 눈물의 여정 - 인디언들의 고난

I. 늑대와 춤을(1991년), Dances with Wolves

　이 영화는 자연과 인디언들 속에 동화되어 살아가는 한 백인의 이야기를 감동적으로 그린 마이클 블레이크의 원작을 케빈 코스트너가 기획·각색·감독·제작·주연 등 한마디로 코스트너가 북 치고 장구 친 작품이다. 코스트너가 이 작품을 영화화하기로 하고 제작자를 물색하였으나 찾을 수가 없었다. 이유는 서부극은 이미 한물 간지 오래된 데다가 작품이 너무 길고 특히 대사 중 절반 가까이 차지하는 인디언 언어를 자막 처리하는 경우 관객들을 영화에 몰입시키기에 무리가 있다는

점 등이었다. 그러나 코스트너는 이러한 어려운 여건을 딛고 과감히 영화 제작에 나섰다.

이 영화는 그동안 침체기에 있던 할리우드 서부극을 부활시킨 공로와 아메리카 원주민을 악으로 보지 않는 1970년대 수정주의* 서부극을 계승했다는 두 가지 의의가 있다. 원주민을 조명하면서도 백인을 주인공으로 내세웠다는 점과 수우족과 대척점에 있는 포니족 등을 악랄하게 묘사했다는 점 등이 비판받기도 한다. 그러나 이 영화가 원주민을 바라보는 시선은 이전의 다른 영화들과는 매우 달리 무척 신선하다. 이 영화에 등장하는 수우족의 묘사는 매우 사실적이다. 코스트너는 서정성과 따뜻한 인간미 그리고 아름다운 장관을 통해 서부영화 사상 가장 매혹적인 영화를 만들었다.

또한 기존의 서부극에서는 인디언들을 난폭하고 야만족인 시각으로 묘사해 온 반면에 이 영화는 인디언들을 긍정적인 시각에서 바라본다. 전통적인 서부영화에서는 대부분 인디언들을 약탈자, 머리를 벗기는 미개인, 납치자 등으로 그려왔고 그래서 백인들이 인디언들을 죽이는 것에 대해 관객들도 아무런 죄책감이 없이 자연스럽게 받아들여 왔던 것도 사실이었다. 그러나 인디언들의 시각에서 바라보면 백

---

* 수정주의 서부극이란 전통적인 서부극의 형식을 따르지 않고 선과 악의 경계가 뚜렷하지 않고 도덕적 모호성을 내세우는 60년대부터 본격적으로 등장한 서부극의 한 장르이다. 전통적인 서부극은 주로 백인 남성 영웅을 중심으로 이야기가 전개되며 인디언을 악당으로 묘사한다. 〈수색자〉〈내일을 향해 쏴라〉〈와일드 번치〉〈늑대와 춤을〉〈용서받지 못한 자〉 등을 수정주의 서부극의 대표작으로 친다

인들의 서부 개척은 그들에게 있어 자기네들의 조상들이 대대손손 살아온 땅을 강탈당하는 것과 다름없었다.

그래서 이들에게는 백인의 군대가 더 무지하고 야만적으로 보이는 것이다. 그리고 이 영화에 등장하는 수우족은 자연에 순응하고 던바와의 관계에서 보듯이 이웃과의 따뜻한 교제를 통하여 백인들보다 도리어 더 문명적으로 보이고 있다. 이런 면에서 이 영화는 기존의 공식에 익숙한 우리에게 더욱 충격적으로 다가오는 것이다. 이와 같은 대비는 수우족과 백인들의 버펄로의 사냥을 통해서 더욱 극명하게 드러난다. 수우족은 자기네들의 최소한의 생존을 위하여 버펄로의 사냥을 자제하지만 백인들은 단지 가죽만을 위하여 무차별 사냥을 한다. 던바가 가죽만 벗겨진 채 벌판에 버려진 참혹하고도 무수한 버펄로들의 시체들에 경악을 금치 못하는 장면이 그것이다.

이 영화는 수우족의 문화와 복장 고증 등을 치밀하게 재현하고, 영화에 출연하는 다른 부족 출신 인디언 연기자들은 수우족 언어를 배워야 했다. 결국 수우족 언어 전문가를 초빙하여 인디언 엑스트라들을 교육시켰을 정도로 고증에 충실했다는 후문이다. 영화가 개봉된 후 상업적인 대성공과 함께, 아카데미 7개 부문(작품·각색·감독·편집·촬영·음악·음향)을 휩쓸었고, 골든 글로브 3개 부문과 베를린 영화제 곰상을 수상했다. 코스트너는 로버트 레드포드·워렌 비티·리차드 어텐브로에 이어 배우출신으로 4번째 아카데미 감독상 수상자가 되었고 이후 이 대열에 클린트 이스트우드가 합류한다.

시종일관 압도하는 경치가 펼쳐지는 이 영화의 실제 촬영은 사우스다코타의 광활한 대평원에서 이뤄졌다. 무려 3,000마리의 버팔로를 사냥하는 장면은 영화사에 남을만한 스펙타클한 장면이기도 했다. 초보 감독답지 않게 4시간(감독 판)이라는 긴 대작을 지루하지 않게끔 적재적소에 사건을 적절히 배합한 연출은 아카데미 감독상 수상자로 손색이 없었다. 코스트너는 당시 각본에서부터 편집까지 너무나 많은 작업에 관여를 하였기에 마치 그의 일인극이나 마찬가지라 할 정도로 이 작품에 그의 모든 것을 쏟아 부었다.

수우족의 주술사인 '발로 차는 새'는 주인공인 던바 중위에게 "슈마니투통카 오브 와시테". 즉, '늑대와 춤'이라는 이름을 지어준다. 그는 참으로 시적이고 낭만적인 사람임에 틀림없을 것이다. 그는 매우 신중하고 의리가 있는 인디언이기도

던바와 수우족 추장 '발로 차는 새'

하다. 이 "발로 차는 새"는 실재했던 인물이었다고 한다. 그는 던바에게 "가장 멋진 길은 참다운 인간으로 사는 것이다"라는 멋진 말을 남기기도 한다. 아울러 이 영화는 인종과 국경을 초월한 휴머니즘을 짙게 풍기고 있다. 가죽만을 얻기 위해 버팔로를 무참하게 사냥하는 백인들을 향해 수우족들은 "영혼이 없는 자들의 소행"이라고 분노한다. 백인들은 이렇게 순박하고 정의롭게 살아가는 그들을 문명이라는 이름을 앞세우면서 무자비하게 침략하고 학살하였던 것이다. 마지막 자막에 이런 글이 올라온다.

"13년 후 수우족 마을은 파괴되고 버펄로는 사라졌다. 남은 수우족은 네브라스카주 로빈슨 요새에서 미국 정부에 항복했다. 이로써 서부 정복은 막을 내리고 대평원에서 인디언들의 삶도 막을 내렸다."

II. 제2의 게리 쿠퍼, 케빈 코스트너

케빈 코스트너는 그의 몇몇 대표작인 〈늑대와 춤을〉〈언터처블〉〈JFK〉〈오픈 레인지〉 등을 통하여 묵묵히 자신의 꿈을 향해 나아가는 카우보이와 같은 미국 남성의 전형적인 자화상을 미국인들에게 심어주었다. 그래서 중산층 미국인들이 환호하는 영웅으로 입지를 구축하면서 새로운 게리 쿠퍼의 재림이라고 갈채를 받았다.

케빈 코스트너

코스트너는 1955년 캘리포니아주 린우드에서 셋째아들로 태어났다. 그는 독일인·아일랜드인·체로키족 혈통을 가지고 있는데 할아버지가 바로 체로키족 혼혈이었다. 아버지의 직업 때문에 어렸을 때부터 케빈은 자주 이사를 다녔으며, 10살 때 교회 성가대에서 노래를 불렀고, 시와 작문을 즐겼다. 18살 때 그는 직접 카누를 만들어 태평양으로 가기 위해 강을 타기도 했으며, 지금의 큰 키(185㎝)와는 달리 그가 고등학교를 졸업했을 때는 키가 겨우 157㎝였다고 한다.

1973년 풀러턴에 있는 캘리포니아 대학에 진학해 재정학과 마케팅학을 전공했다. 이때 코스트너는 야간수업을 통해 연기를 배우게 된다. 1978년 대학을 졸업하고 대학 시절 연인이었던 신디 실바와 결혼을 한다. 첫 직장으로 그는 오렌지 컨츄리에서 마케팅 일을 하다가 멕시코행 비행기에서 우연히 영화배우 리차드 버튼을 만나면서 인생의 방향이 바뀐다. 버튼이 그에게 정말로 간절히 원하는 인생을 살라고 충고를 해 준 것이다. 케빈이 진정으로 원하는 것은 바로 배우로서의 연기였다. 이후 1980년대부터 연기자로 나서면서 본격적으로 여러 영화에 출연하게 된다.

1974년 에로물 〈말리부의 뜨거운 여름〉으로 영화계에 얼굴을 내민 그는 몇 편의 저예산 영화들에 단역으로 출연했다. 이후 1985년 웨스턴 〈실버라도〉에서 좌충우돌하는 총잡이로 나와 주목을 받기 시작했다. 이후 80년대 말과 90년대 초에 걸쳐 코스트너는 할리우드를 뜨겁게 달군 가장 빛나는 별 중의 하나로 자리를 굳혀갔다.

80년대 실베스타 스텔론으로 대표되는 근육질 배우들의 과도한 남성적 매력에 식상해하던 관객들에게 코스트너는 신선한 대체물로 등장했다. 1987년에 브라이언 드 팔마가 연출한 〈언터쳐블〉에서 폭력을 휘두르는 람보가 아니라, 법전을 들고 악을 응징하는 지적知的인 남자로 열연하면서 미국인들에게 강렬한 인상을 남겼다. 이어서 〈노 웨이 아웃〉에서는 성마른 기질의 섹스 심벌을 연기하면서 대박을 쳤다.

이어서 두 편의 야구영화 <19번째 남자>와 <꿈의 구장>이 성공을 거두자 점점 상승세를 타던 그는 서부극 <늑대와 춤을>에서 주연과 감독·제작을 맡아 아카데미상 7개 부문을 석권하며, 할리우드 최고의

<언터쳐블>에서 숀 코너리와 케스트너

인기 배우 중 하나로 굳혀 간다. 흥행면에서도 제작비 2,200만 달러로 만든 이 영화는 4억 2,400만 달러의 흥행 성적을 올리며 대박을 터뜨렸다. 곧이어 <로빈 후드> <보디 가드>와 같은 상업영화뿐만 아니라 <JFK> <퍼펙트 월드>와 같은 작품성 있는 영화에 출연하면서 관객들의 신뢰를 쌓아갔다. 이때 사십 줄에 접어든 나이로 할리우드의 정상에 오른 코스트너는 세상에 못할 것이 없다 싶었을 것이다.

그러나 잘 나가던 코스트너는 제작·감독·주연을 맡은 대작 <워터월드>와 <포스트맨>에서 연거푸 폭삭 망하는 대실패를 맛보게 된다. 두 영화 모두 막대한 제작비를 투입했던 터라 정신적으로나 재정적으로 커다란 타격을 받았다. 잠시 주춤거리다가 정신을 차린 코스트너는 1998년에는 <병 속에 담긴 편지>를 찍으면서 슬픈 로맨스의 주인공으로 돌아왔으며 쿠바 미사일 위기를 다룬 영화 <D-13>을 찍은 다음 2003년에는 대형 웨스턴인 <오픈 레인지>로 왕의 귀환을 알렸다.

그는 2천만 달러를 마련해서 까마득히 지평선이 펼쳐져 있는 캐나다의 광활한 평원으로 향했다. "요즘에는 진정한 서부영화를 볼 수가

없다. 내가 만들려고 하는 영화야말로 진정한 서부영화가 될 것이다" 라고 하면서. 그러나 주위의 영화인들은 대부분 한물간 스타가 등장하는 서부영화를 보려고 하지는 않을 것이라며 극구 말렸다.

이렇게 여러 사람이 실패를 예상했던 〈오픈 레인지〉는 코스트너를 구했다. 개봉하자마자 제작비의 절반을 넘게 벌어들인 이 작품은 6주 연속 전미 박스오피스 상위에 랭크되면서 6천만 달러를 벌어들였다.

〈오픈 레인지〉에서 코스트너

작품 면에서도 대부분의 비평가들은 이 서부영화를 따스하게 받아들였다. 《버라이어티》지는 "코스트너는 클린트 이스트우드 이후 마지막 고전 영화감독으로 탄생했다"라고 갈채를 보냈으며 영화인들도 이 구동성으로 코스트너가 느리지만 아름답게 움직이는 고전적인 서부영화의 전통을 온전히 살려냈다고 찬사를 보냈다.

이후 〈미스터 브룩스〉 〈맨 오브 스틸〉 〈하이웨이 맨〉 〈렛 힘 고〉 등의 준수한 영화에 출연하면서 다시 왕년의 명성을 재현하고 있다. 〈오픈 레인지〉 이후 오랫동안 감독을 하지 않다가 2024년에는 사비를 털어 4부작 〈호라이즌-아메리칸 사가saga〉라는 대하 서부극에 제작·감독·주연에 나서 1부작을 완성했다. 제77회 칸 영화제에 초청되는 등 세간의 관심을 불러일으켰지만 작품에 대한 평가는 물론 흥행성적도 별로여서 과거 〈워터월드〉와 〈포스트맨〉에서 말아먹은 경험이 있던 터라 이번에도 그 전철을 밟지 않을까 하고 영화인들은 우려의 시선을 보내고 있다.

코스트너는 3번의 결혼을 통해 7명의 자식을 두었다. 첫 번째 부인 신디 실바와의 사이에서 3명, 이후 잠시 교제한 브리짓 루니와의 사이에 1명, 그리고 독일계 크리스틴과의 사이에서 난 3명이다. 2023년에는 조강지처라고 소문이 났던 크리스틴과 19년 만에 파경을 맞았다. 최근에는 벤 애플렉과 이혼한 제니퍼 로페스와 염문을 뿌리고 다닌다는 소문이다.

III. 눈물의 여정 - 인디언들의 고난

미국 독립전쟁 기간 동안에는 대부분의 인디언들은 영국 편을 들었다. 이는 영국이 패할 경우 백인 정착민들이 그들의 지역으로 밀려 들어올 것으

눈물의 여정

로 걱정되었기 때문이었다. 인디언들의 판단이 옳았다. 영국이 패하면서 1800년경에는 70만 명의 백인들이 애팔래치아산맥 서부의 인디언 지역으로 쑤시고 들어와 정착했다. 이후 미국인들은 점차 미시시피강까지의 영역을 차지하고 싶어 했고 급기야는 태평양 연안까지의 전역을 다 차지해야 한다고 생각했다. 그때부터 미국 정부는 백인들

의 거주지를 마련하기 위해 인디언 이주 계획을 준비하기 시작했다. 이러한 이주로 인해 엄청나게 많은 인디언이 목숨을 잃었으며 고통에 나날을 보내야 했다.

영미 전쟁* 후 미국은 서부로의 진출을 가속화했다. 이번에는 프랑스로부터 헐값에 사들인 애팔래치아산맥을 넘어 미시시피강까지의 루이지애나 지역이었다. 이 땅에는 오래 전부터 여러 인디언 부족이 터를 잡고 살아가고 있었다.

잭슨이 대통령이 되기 전인 1820년대 초반에는 남부의 인디언들과 백인들은 함께 정착하여 평화롭게 지내며 빈번한 왕래도 가졌다. 백인들이 인디언 마을을 방문하기도 하였고 인디언들이 백인들의 손님이 되기도 하였다. 인디언들의 좋은 이웃이었던 이 개척자들은 인디언을 추방하는 움직임에 적극적이지 않았다. 데이비드 크로켓(알라모 전투에 참가하여 멕시코의 산타 아나에게 죽임을 당했다)이나 샘 휴스턴(텍사스 독립전쟁을 이끌었으며 초대 텍사스 주지사를 지냈다) 같은 개척자들이 바로 그런 사람이었다.

1820년대에 들어와 백인들은 이들 인디언을 미시시피강 서쪽으로 몰아내기 시작했다. 이런 인디언 강제 이주를 밀어붙인 선봉장은 영미전쟁의 영웅이자 미국의 7대 대통령이었던 엔드류 잭슨이었다. 잭

---

* 영미전쟁은 1812년 6월, 영국과 미국 사이에서 일어난 전쟁이다. 나폴레옹전쟁 때 중립을 선언한 미국이 영국의 프랑스에 대한 봉쇄로 미국의 해운 이 위협을 받자 영국에 선전 포고를 하였으며 1814년 12월에 강화가 이루어졌다.

슨은 인디언 역사에서 가장 무자비했고 인디언들에게는 철천지원수였다. 잭슨의 뒤에는 정치가·사업가·부동산 투기자들이 도사리고 있었다. 잭슨은 전쟁이 끝난 후 휘하의 민병대를 동원해 플로리다와 조지아에 살던 인디언들을 잔인하게 토벌해 나갔다. 인디언들에게 '긴 칼'이라는 별명으로 불렸던 그의 잔인성은 이루 말할 수도 없었다. 한편 잭슨은 이렇게 해서 인디언들을 쫓아낸 땅을 친구들과 헐값에 매입하여 큰 부자가 되었다.

대통령 잭슨은 더 나아가 인디언들을 미시시피강 너머의 백인이 살지 않는 곳으로 강제 이주시킬 것을 촉구하는 서한을 의회에 보냈다. 그는 "인디언들이 백인과 떨어져 있어야만 그들 방식대로 행복하게 살 수 있을 것이며, 이런 인도주의적 정책은 결국 인디언 자신들에게도 커다란 유익이 될 것"이라고 귀신 씨나락 까먹는 소리를 늘어놓았다. 잭슨의 촉구에 의해 연방정부는 이 지역 인디언들에 대한 이주 정책을 본격적으로 밀어붙이기 시작했다. 이런 와중에 수많은 인디언이 이주하다가 또는 새로운 땅과 기후에 적응하지 못해 비참하게 죽어갔다. 대표적으로 고통을 받은 부족은 크리크족과 체로키족, 그리고 세미놀족이었다.

1826년 조지아 주정부에서 대규모 병사들을 파견하여 크리크족에 대하여 이주하라는 협박을 가하기 시작했다. 미국 군인들은 크리크족 마을에 마구 들어와 2,000~3,000명 단위로 묶어 이들을 서부로 쫓아내기 시작했다. 곧바로 위기를 느낀 크리크족은 알아서 고향을 떠나는 것이 상책이라 생각하여 오클라호마로 떠나갔다. 낡고 썩은 배에

타서 미시시피강을 건너다가 침몰해서 몰살당하기도 하고 기아와 질병으로 수백 명씩 죽어 나갔다. 전체의 절반 이상이 험난한 여정에서 목숨을 잃었다.

체로키족은 더 비극적이었다. 체로키족은 일찍부터 백인 문명을 받아들여 농부·대장장이·목수가 됨으로써 백인들의 세상에 발맞추려고 노력했다. 그들은 통치기구를 조직했으며 백인 선교사들까지 받아들였다. 추장 세쿼이아는 체로키 문자를 만들어 영어와 체로키어로 신문을 발행했고 인근 백인들과도 아주 우호적인 관계를 유지하고 있었다. 그들은 1827년 그들만의 독립정부를 수립하고 조지아주에 승인을 요청했다.

그러나 조지아 주정부는 이를 단칼에 거부하고 그들의 거주지를 몰수하겠다고 위협했다. 그러자 체로키족은 연방대법원에 자신들의 권리를 확인해 달라는 소장을 제출했다. 대법원은 인디언을 조상 대대로 살아온 토지에서 몰아내는 것은 헌법위반이라는 판결을 내렸다. 그러나 잭슨 대통령은 이 판결을 너무나 비상식적이라고 비판하고 나섰다. 조지아 주정부는 잭슨 대통령의 호응에 힘입어 대법원의 판결에 불복하고 체로키 거주지를 무력으로 점령해 나가기 시작했다. 당시만 해도 이런 소소한 일에 주정부가 반기를 들어도 힘이 약한 연방정부는 그냥 두고 볼 수밖에 없었다.

위협에 시달리던 체로키족은 하는 수 없이 굴복했다. 마침내 1838년 10월 1일 1만 7,000여 명의 체로키 부족 일단이 첫 번째 '눈물의 여정(The Trail of Tears)'을 시작했다. 연방정부군은 마치 전쟁포로를 끌고 가듯 이들을 몰고 갔다. 반항하는 자는 쇠사슬에 묶이거나 가차 없이 처분되었고 잇따른 굶주림·갈증·질병 등으로 4,000여 명의 체로키족이 눈물의 행로 도중 숨졌다. 그러나 잭슨에 이어 대통령이 된 밴 뷰런은 1838년 12월 의회에서 "체로키족 전원이 미시시피 서쪽의 보금자리로 완전히 이주했다"고 말했다. 이어서 체로키족을 이주시키기로 한 의회의 결정은 "체로키족에게 최상의 행복한 결과"를 낳았다고 지껄여댔다.

한편 플로리다에 흩어져 살던 세미놀족은 크리크족과 체로키족을 반면교사로 삼아 목숨을 걸고 자신들의 땅을 지키기로 결의했다. 그들은 오세올라라는 젊은 추장 밑에 수천 명의 전사들이 모여들어 에버글레이드를 근거로 치열한 항전을 지속했다. 이 싸움은 무려 8년이나 계속되었다. 세미놀족은 치고 빠지는 전술을 택했다. 정부군은 진흙·늪·열기·질병 등에 시달리면서 1,500명 이상이 목숨을 잃었다. 그러나 오세올라가 정부군에 잡혀 처형을 당하면서 항전도 끝이 났고 남은 세미놀족도 체로키족을 따라 오클라호마로 강제 이주당하고 말았다.

세미놀족의 이주로 미시시피강 동쪽의 사우스캐롤라이나·조지아·플로리다 지역 수천만 에이커의 땅이 백인들의 손아귀로 넘어왔다. 백인들은 이를 개척과 진출이라고 불렀고 원주민의 입장에서 볼 때는 이는 살육과 부당한 강점에 다름 아니었다. 백인들의 욕심은 여기서 끝나지 않았다. 인디언들이 오클라호마로 이주한 지 채 20년도 되지 않아 백인들은 다시 그곳으로 몰아닥쳐 이들을 더욱 서쪽과 오지로 몰아냈다.

한편 서부지역에는 아파치족·코만치족·샤이엔족·수우족 등 여러 부족이 매우 완강하게 버티고 있었다. 이들은 말을 갖고 있었기 때문에 수렵을 통해 먹을 것을 확보할 수 있어서 백인들과 끈질기게 대항할 수 있었다. 양 진영 간에 끊임없이 충돌이 있었지만 결국 60년이 지나서는 미국의 모든 인디언은 백인들에게 제압당하고 말았다.

수우족 마지막 추장 시팅불

황야의 결투

서부극의 거장, 존 포드 / 와이어트 어프 이야기 / 서부 개척 시대의 카우보이

I. 황야의 결투(1948년), My Darling Clementine

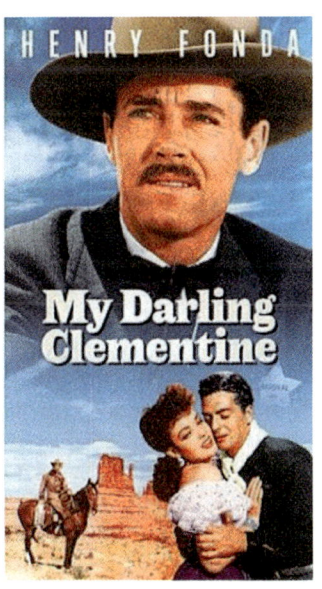

이 영화는 서부극의 거장이자 전설이라고 일컬어지는 존 포드 감독이 스튜어트 레이크가 쓴 소설 『Wyatt Earp: Frontier Marshal』을 원작으로 만들었다. 와이어트 어프와 닥 콤비가 주인공으로 나오는 'OK 목장의 결투'를 테마로 해서 〈OK 목장의 결투〉〈OK 목장의 결투 2〉〈툼스톤〉〈와이어트 어프〉〈와이어트 어프 리벤지〉 등이 나왔는데 이 중에서 가장 낭만적이고 감상적인 작품은 존 포드의 이 영화를 치고 있

다. 포드 감독의 치밀한 연출 아래 할리우드의 지성파 배우인 헨리 폰다와 영화〈삼손과 데릴라〉에서 삼손 역으로 출연했던 다소 우악스러운 인상의 빅터 마츄어가 각각 와이어트와 닥 할리데이 역을 맡아 열연하고 있다.

보안관·카우보이·바텐더·유랑극단 배우·이발사 등이 등장하면서 서부 개척 당시의 생활상과 당시 사람들의 생기 넘치는 모습을 잘 그려냈다. 역마차가 지나다니고 먼지가 폴폴 나는 황량한 서부의 풍경 속에 감도는 시정詩情이 영화 전편에 흐르고 있다. 같은 내용을 다루고 있는 버트 랭카스터와 커크 더글라스가 주연한〈OK 목장의 결투〉가 남성적이라면〈황야의 결투〉는 상대적으로 여성스럽다고 할 수 있다.

일요일 아침, 와이어트와 클레멘타인이 팔짱을 끼고 교회로 향하는 장면이 인상적이다. 클레멘타인의 스카프와 리본이 바람에 날리고 맑은 하늘에는 구름 몇 점만이 떠있을 뿐 멀리서 불어오는 산들바람에

어프와 클레멘타인의 이별의 순간

낭만이 물씬 풍긴다. 이어서 건축 중인 지붕 없는 교회에서 와이어트와 클레멘타인이 추는 스퀘어댄스 광경과 의사인 닥 할리데이가 "살 것이야 죽을 것이냐"라며 '햄릿'의 명대사를 읊는 장면도 잊지 못할 장면 중의 하나다.

이밖에 옛 연인인 할리데이를 찾아온 클레멘타인을 멀리서 바라보던 와이어트는 바텐더에게 묻는다.

"사랑해본 적 있어요?"
"평생 바텐더로 살았는걸요."

서부의 총잡이답지 않은 낭만적인 질문과 바텐더다운 쿨한 대답도 뇌리에 남는다. 영화의 주제곡 '나의 사랑 클레멘타인'의 멜로디는 결투를 주제로 한 황량할 수도 있는 서부영화를 서정적으로 수놓고 있다.

영화가 대성공을 거둔 후, 주제곡 'My Darling Clementine'(골드러시 당시 이곳으로 몰려간 광부들이 개고생하는 가운데 탄생했다)도 따라서 유명해졌다. 이 영화에서도 포드 감독은 애리조나주의 모뉴먼트 계곡*에서 올 로케를 했다. 모뉴먼트 계곡을 사랑한 포드는 〈역마차〉를 시작으로 해서 〈황색 리본〉〈리오 그란데〉〈아파치 요새〉 등 9편의 서부극을 이 계곡에서 촬영했다.

---

* 모뉴먼트 계곡은 콜로라도고원에 있으며 애리조나주와 유타주 경계에 위치해 있다. 존 포드가 〈역마차〉 촬영지를 물색하다가, 신비한 경관이 있다는 소문을 듣고 영화인으로선 처음으로 모뉴먼트 계곡을 방문했다. 이후 서부극의 대표적인 풍경으로 자리 잡게 되었다. 그 때문에 지금도 황량한 사막에 높은 봉우리가 솟아있는 풍경을 '존 포드 풍경'이라고 부르기도 한다.

II. 서부극의 거장, 존 포드

존 포드

존 포드는 영화 역사상 최고의 감독 중 한 명으로 평가받는다. 특히 '서부극의 거장'이라는 닉네임이 항상 따라다닌다. 포드는 무성영화 이후 맥이 끊길 위기에 처했던 서부극을 영화 <역마차>를 통해 부활시킨 사람이었다. 그는 어떤 감독보다 서부극을 잘 이해했고 걸작 서부극을 많이 만들었다. 한편 포드는 서부극만큼 비서부극도 다수 만들었으며, 생전엔 서부극보다 비서부극으로 높이 평가받은 인물이기도 했다.

이는 그의 아카데미 감독상을 받은 네 작품(<밀고자> <분노의 포도> <나의 계곡은 푸르렀다> <아일랜드의 연풍>)이 모두 비서부극이라는 사실이 이를 증명한다. 그러나 그의 영화 여정 중 서부극이 가장 중요한 위치를 차지한다는 것은 재론의 여지가 없다. 포드의 영화 인생을 따라가는 것은 바로 서부극 역사를 더듬는 길이기도 하다.

존 포드는 영화가 탄생한 해인 1885년 미국 메인주에서 아일랜드 이민의 후예로 태어났다. 메인주립대학을 중간에 그만두고, 형의 손에 이끌려 할리우드에 오게 된 그는 잭 포드란 이름으로 1917년에 그의 첫 작품 <토네이도>를 연출하게 된다. 이어 <철마> <세 악당> 같은 무성영화 시대의 웨스턴을 만들어내게 되는데, 그는 이 시기부터 야외에서 행해지는 액션신에 장대한 스펙터클을 집어넣기 시작했다. 초기 웨스턴의 원형인 카우보이 극에 시각적 요소를 강조하기 시작한 것이다.

1930년대는 할리우드에서 감독 포드의 입지를 굳히는 시대였다. 1935년 아일랜드 혁명의 무용담을 그린 영화 〈밀고자〉로 최초로 아카데미 감독상을 탔고, 1939년에는 〈젊은 링컨〉과 〈모호크족의 북소리〉,

영화 〈역마차〉, 뒷배경은 모뉴먼트 밸리

그리고 그의 초기 걸작이자 대표작이 된 〈역마차〉를 만들었다. 이 영화는 고전 서부극 4대작(〈황야의 결투〉〈셰인〉〈하이 눈〉〈역마차〉)의 하나로 손꼽힌다. 1930년대는 서부극 장르가 위기에 몰려 있었다. 몇 년 동안 〈빅 트레일〉과 〈시마론〉 등의 서부극에 많은 비용을 들이고 실패만 거듭한 메이저 영화사들은 모두 진저리를 치며 웨스턴에서 손을 뗐다. 소규모 영화사들만 B급 서부극을 만들면서 명맥을 이어가고 있었다. 이때 등장한 〈역마차〉가 흥행에서 성공을 거두면서 서부극 장르의 부흥에 크게 기여한 기폭제 역할을 했다.

포드는 1940년 〈분노의 포도〉, 1941년 〈나의 계곡은 푸르렀다〉로 연속 아카데미 감독상을 수상하며 감독으로서 완숙한 기량을 보여주었다. 1952년에는 아일랜드 출신인 그의 기질을 유감없이 보여준 〈아일랜드의 연풍〉으로 네 번째 아카데미상 감독상을 받았다. 2차 대전이 발발하자 전쟁 다큐멘터리들을 만들며 잠시 할리우드와 멀어졌던

영화 〈나의 계곡은 푸르렀다〉

포드는 이전 영화보다 더욱 서정적이고 인간미가 풍부한 서부극을 만들었다. 명작 〈황야의 결투〉와 기병대 삼부작 〈아파치 요새〉〈황색 리본〉〈리오 그란데〉가 그것이다. 50년대로 넘어오면서 잠시 휴식을 취했던 포드는 1956년 그의 진정한 걸작으로 꼽히는 영화 〈수색자〉와 1962년 〈리버티 밸런스를 쏜 사나이〉를 발표한다. 이 영화들은 서부와 사라져가는 영웅을 그린 서부극에 대한 고별사와도 같은 작품들이었다.

그는 존 웨인·헨리 폰다·제임스 스튜어트 등을 발굴해서 대배우로 키우기도 했다. 특히 존 웨인의 경우 영화사의 반대를 무릅쓰고 〈역마차〉에 출연시켰다. 웨인은 이를 발판으로 승승장구하면서 훗날 서부극의 아이콘으로 자리 잡는다. 서부극의 대표적인 명소인 모뉴먼트 계곡도 그가 처음 발굴했다. 1939년도 작품인 〈역마차〉에 이곳이 처음 소개된 이후 9편의 서부극을 모뉴먼트 계곡에서 촬영했다. 그가 이렇게 모뉴먼트 계곡을 촬영 장소로 여러 번 활용하면서 관객들은 서부극 하면 가장 먼저 떠올리는 이미지가 되었다. 포드 이후로도 〈옛날 옛적 서부에서〉를 비롯해서 많은 서부영화의 로케 장소로 이용되었다.

제2차 세계대전이 발발하면서 포드는 기록영화 촬영팀을 이끌고 태평양과 북아프리카 등의 전투 현장을 누비고 다녔다. 1941년부터 종전까지 4년간 이 팀은 여러 편의 전쟁 기록영화를 만들었다. 그중 가장 유명한 것은 포드가 미드웨이섬에서 직접 일본군의 공습과 미군의 반격을 찍은 〈The Battle of Midway〉였다. 포드는 촬영 도중 파편에 맞아 심하게 다치기도 했다. 2019년 롤랜드 에머리히가 만든 영화 〈미드웨이〉에서 포드가 미드웨이섬에서 다큐멘터리를 찍는 장면이 나온다. 1944년 6월에는 육해군 합동 촬영 팀을 이끌며 노르망디 상륙작전의 영상물을 찍기도 했다. 젊었을 적에는 'OK 목장의 결투'로 유명한 총잡이 와이어트 어프를 만나, 몇 년 동안 친하게 지냈다. 그리고 그의 증언을 토대로 찍은 영화가 〈황야의 결투〉였다. 1948년 54세 때 세트에서 불의의 사고로 왼쪽 눈을 실명하면서 선글라스를 착용하거나 눈가리개를 하고 다녔다.

그는 무뚝뚝한 성격답게 기자들의 질문에 썰렁한 답변으로 일관해서 물어보는 사람들을 머쓱하게 만들곤 했다. 예를 들어 "어떻게 할리우드에 오셨나요?"라고 물어보면 "기차 타고"라고 답변하는 식이었다. 그나마 대답을 회피하거나 본심과 반대되는 답변을 해대는 통에 인터뷰하기에 고약한 인물로 소문났었다. "영화를 만드는 건 좋아하지만, 영화에 관하여 떠드는 건 싫다구"라고 말하기도 했다. 그는 할리우드에서 괴팍한 상남자로 유명했다. 툭툭 내뱉는 말투와 변덕스러운 성격, 그리고 이것저것 가리지 않고 할 말은 하는 사람이었다. 포드는 정치적으론 보수주의자였지만, 도를 넘어 지나치게 설쳐대는 매카시즘*을 극도로 혐오했다. 당시 공산주의 콤플렉스에 너나 할 것 없

---

* 매카시즘은 50년대 초반 극우적인 상원 의원 매카시가 선봉이 되어 벌인 공산주의자 색출 운동을 말한다. 한동안 미국 전역을 들썩이게 했다. 할리우드도 예외가 아니었다.

이 몸 사리고 있던 미국 사회의 분위기를 생각하면 굉장히 깡다구가 있는 인물이었다.

아래는 50년대 미국에서 매카시즘이 한창 불어닥칠 때 감독협회에서 존 포드가 행한 연설의 일부이다.

"나는 존 포드요. 서부극을 찍는 사람입니다. 미국인들이 무엇을 원하는지, 이 방에서 세실 B. 드밀보다 더 잘 아는 사람은 없다고 생각합니다. 그리고 그는 그것을 어떻게 보여주는지도 분명히 알고 있습니다. (드밀을 바라보며) 그러나 나는 당신이 싫소. 오늘 밤 여기서 당신이 말한 것도 싫소."

할리우드에서 매카시즘 바람을 주도한 인물 중의 한 사람이 바로 명감독이었던 세실 B. 드밀(《십계》 〈삼손과 데릴라〉 감독)이었다. 이 회의에서 드밀과 그의 추종자들은 무려 4시간에 걸친 연설을 하며 매카시즘 전파의 선봉에 섰다. 드밀은 협회의 모든 감독들에게 '충성맹세'를 해야 한다고 주장하며 분위기를 몰고 갔다. 이때 드밀에게 정면으로 들이받은 인물이 바로 포드였다.

이 연설에는 포드의 두 가지 특징이 드러나 있다. 우선 반골 기질로서의 비판적인 태도이다. 매카시즘이라는 일방적 애국주의에 많은 감독과 영화인들이 주눅이 들어 있을 때, 포드의 배짱 있는 한 마디는 회의장에 팽팽하게 감돌던 긴장의 얼음판을 깨버렸다. 그의 발언 이후 분위기가 역전된 것은 물론이다. 두 번째는 서부극에 대한 자부심이다. 그는 아카데미에서 감독상을 네 번이나 받았지만, 한 번도 서부극으로 수상한 적이 없었다. 당시 서부극은 저급한 장르로 치부될 때였다. 그런데도 그는 자신을 소개하며, "서부극을 만든다"고 자신 있게 말했다. 서부극 장르에 대한 그의 자신감을 말하고 있는 것이다. 포드는 마초 기질이 다분했고 카리스마가 대단했던 인물이었다. 그 앞에서는 할리우드의 내로라하는 배우들도 함부로 목소리를 높이거나 감독의 지시를 거부하기는커녕 항변할 생각조차 할 수 없었다. 그는 영화를 제작할 때나 그 이후나 항상 자신이 보스라는 사실을 인식하고 있었고, 그 권한을 즐겼다. 아래는 할리우드 거장들의 그에 대해 바치는 찬사다.

"존 포드의 영화는 시각적 희열이었다." - 알프레드 히치콕

"그의 작품이 영원히 기억될 것이기에, 존 포드도 영원히 기억될 것이다." - 스티븐 스필버그

"그는 미국 고전 영화의 정수이며, 오늘날 영화를 만드는 사람들은 모두 알게 모르게 존 포드의 영향을 받았다." - 마틴 스콜세지

"존 포드는 미국 영화계의 선구자이다. 나를 포함한 대부분의 영화인은 전부 존 포드의 영향을 받았다. 그게 서부극이든 〈분노의 포도〉이든 간에." - 클린트 이스트우드

III. 와이어트 어프 이야기

와이어트 어프

와이어트 어프는 살롱 주인·도박사·보안관·총잡이로 일생을 보냈다. 그는 1848년 3월 19일, 일리노이주 먼머스에서 니컬러스 어프의 8남매 중 셋째로 태어났다. 형으로는 제임스·버질, 동생으로는 모건·워렌이 있었는데 형 제임스를 빼고는 4형제가 어프를 중심으로 생사고락을 여러 해 같이했다. 와이어트란 이름은 그의 아버지가 남북 전쟁 당시 부대장의 이름을 따서 지었다고 전해진다. 1864년에 부모와 함께 캘리포니아주 샌버나디노로 이사했고 철도 노동자로 일했다. 1868년 가족은 일리노이스로 다시 돌아왔다. 1870년 미주리 주로 가서 혼자 정착했던 어프는 우릴라 서덜랜드와 결혼했다. 아내가 당시 유행했던 티푸스에 걸려 죽는 바람에 잠시 방황하던 어프는 버팔로를 사냥하러 다녔다. 이때 목장주이자 사냥꾼인 팻 개러트와 친분을 쌓으면서 버펄로 가죽을 벗기고 다녔다. 이 3년 동안의 사냥꾼 시절에 총 쏘는 법을 완벽히 마스터하면서 성격도 터프해졌다.

1870년 4월, 어프와 두 형이 오클라호마 인디언 보호 지역에서 말도둑질을 하다가 체포되었으나 도주하기도 했다. 1874년 캔자스 위치타에 정착한 어프는 유곽촌의 경비원으로 일하다가 경찰관으로 직업을 바꿨다. 그 후 샌버나디노와 로스엔젤레스 사이를 오가는 웰스 파고 역마차 호위대로 한동안 근무하다가 1873년 캔자스로 이주하여 경찰관이 되었다. 이 시기에 엘스워스에서 무법자로 이름 날렸던 벤 톰슨을 체포하면서 명성을 날렸다. 1875년 캔자스주 위치타로 가서 부보안관직을 수행했고 1년 후인 1876년에 캔자스주 닷지 시티로 이주해 보안관직을 맡았다. 이곳에서 유명한 총잡이인 뱃 매스터슨과 마찬가지로 총잡이이자 도박사이며 치과의사였던 닥 할리데이를 만나 교분을 쌓았다. 할리데이는 평생의 친구가 되었다. 이 시기 카우보이 조지 호이를 쏴 죽이기도 했다.

이때 앤 매티와 두 번째 결혼을 했지만 곧 이혼을 하고 1879년 애리조나주의 신생 은광 마을인 툼스톤으로 옮겨 오리엔탈 살롱(술집 겸 도박장)을 개업하고 형제들과 친구인 할리데이를 불러들였다. 이때 조시 마커스와 세 번째이자 마지막 결혼을 한다. 1881년 10월 26일 드디어 이곳에서 클랜튼 갱단과 지역 이권을 두고 대결이 벌어졌다. 이 사건이 바로 미

영화 〈황야의 결투〉에서 어프
- 헨리 폰다 분

국 서부 개척 시절에 벌어진 유명한 총격전인 이른바 'OK 목장의 결투'이다. 이 대결은 OK 목장 인근의 공터에서 벌어졌다. 클랜튼 일당 4명과 할리데이를 포함한 어프 삼형제 4명, 4대4로 벌어졌는데 클랜튼 일당 3명이 숨지면서(한 명은 도주) 결판이 났다.

이듬해 1882년 동생인 모건이 당구를 치다가 클랜튼 잔당에게 등 뒤에서 총을 맞고 살해당하는 일이 벌어졌다. 분노한 어프는 형 버질

과 동생 워렌과 함께 용의자를 추적하여 네 명의 용의자를 사살해 버렸다. 그 때문에 살인 혐의로 기소가 되면서 아내와 함께 그곳을 떠나게 된다. 이후 샌디애고로 가서 도박과 부동산업에 종사하던 와이어트 부부는 1887년 골드러시가 한창이던 알래스카주로 이동해 그곳에서 살롱을 운영했다. 말년에는 로스앤젤레스 근처에서 노년을 보냈다.

1907년경에는 자신이 머물던 호텔에서 스튜어트 레이크라는 작가에게 구술을 통하여 자서전 『와이어트 어프, 서부 보안관』을 펴냈다. 후에 이 책은 와이어트를 전설적인 인물로 미화시키기 위해 허구적인

〈황야의 결투〉에서 어프를 전송하는 클레멘타인

이야기를 많이 첨가했다는 비판이 뒤따르기도 했다. 1929년 1월 13일, 로스앤젤레스에서 아내인 조시가 곁을 지키는 가운데 숨을 거두었다. 노년에는 당시 영화 산업이 흥성하던 할리우드에서 많은 서부극이 만들어졌는데, 그때마다 초빙되어 나름대로 자문역을 맡기도 했다고 한다.

IV. 서부 개척 시대의 카우보이

서부 개척 당시 텍사스 초원에는 엄청난 수의 롱혼longhorn이라는 긴 뿔 육우가 서식하고 있었다. 콜럼버스의 아메리카 대륙 발견 이후 남

부를 지배했던 스페인 사람들이 가져온 소들이 야생화한 것이다. 이 소떼들을 붙잡아 텍사스를 벗어나 동북부 도시로 연결된 기차역으로 소 떼를 운반하던 직업이 바로 원조 카우보이(Cowboy)였다. 카우보이는 목동 내지는 소몰이꾼 등으로 부른다. 카우보이들이 가축을 잡

카우보이들

을 때 쓰는 올가미 밧줄·가죽 바지·챙이 넓은 모자와 굽 높은 장화·소에 찍는 낙인들은 멕시코로부터 들어왔다.

  남북 전쟁이 끝난 다음 철도가 텍사스 인근까지 진출하기 시작했다. 이때 소값은 동부에서는 40달러를 호가했으나 텍사스에서는 3~4달러에 지나지 않았다. 이에 텍사스 목축업자들은 소들을 철도로 운송해서 동부로 실어 나르면 떼돈을 벌 수 있는 기회가 생긴 것이다. 이래서 목장주들은 소들을 이끌고 철도역까지 운송해야 하는 머나먼 대장정을 구상하게 되면서 소몰이를 전담하는 카우보이들을 모집하기 시작했다. 먼저 가난한 멕시코인들이나 흑인들이 카우보이를 하겠다고 찾아왔고 이어서 소문을 듣고 동부에서 많은 백인이 일자리를 찾아서 몰려왔다. 종착역으로 향하는 기나긴 소몰이에 참가했던 카우보이 중에는 너덜너덜한 회색 군복을 입은, 남북 전쟁에 참전했던 남군 출신들도 꽤 있어서 이채를 띠었다.

장거리 소몰이의 최종 도착지는 대개 캔자스의 애빌린·위치토·엘즈워스·닷지 시티 등이었다. 게리 쿠퍼나 존 웨인이 나오는 서부 영화를 보면 이런 카우보이들의 삶이 무척이나 낭만적이고 폼나게 그려져 있지만 실제로 이들이 겪

도하 중인 카우보이들

었던 고생이란 낭만과는 거리가 퍽 먼 것이었다. 물과 풀을 찾아 광야를 며칠씩 헤매는 것은 보통이고 카우보이들끼리 좋은 초지와 물을 두고 피 터지는 싸움이 벌어지기도 했다. 할리우드 영화에서 묘사된 카우보이의 낭만은 신화에 불과할 뿐이지만 이것이 미국인들의 정서와 절묘하게 맞아떨어졌다. 카우보이 이야기는 미국 역사를 미화하는 데 큰 몫을 했다.

카우보이들은 이 소 떼를 몰고 철도가 지나가는 중부까지 수천 마일을 올라와 철도 주변 대도시의 도축장에 팔아넘기면 소들은 열차에 실려 동부로 수송되었다. 이 와중에 지역 신문에 카우보이라는 존재가 과대포장 되어 알려지면서 카우보이에 대한 전설이 후대에 생겨나게 된 것이다. 이 카우보이들의 활동을 가장 생생하게 보여주는 대표적인 영화는 존 웨인·몽고메리 클리프트 주연의 〈Red River〉였다. 그러나 사실 이 영화에서 보이는 것처럼 카우보이는 잘생긴 용모와 풍채를 지닌 멋진 백인들이 아니었다. 그들의 삶은 고되고 거칠었으며 저임금과 노동 속에서 술을 위로 삼아 삶을 이어갔다.

소몰이꾼은 대부분 수송대장(주로 목장주)을 위시로 해서 5~6명의 카우보이, 요리사, 예비용 말을 돌보는 한두 명의 말 전문 카우보이로 구성되어 있었다. 카우보이들은 6~7마리 중에서 골라 탈 수 있었다. 이들은 텍사스에서 여름 내내 초원에서 놓아 기르던 소들을 보통 1,000~5,000마리씩 소 시장이 있는 철도역으로 몰고 갔다. 이 수송대의 맨 앞에서 요리사가 보급품을 실은 마차를 덜커덩거리면서 몰고 갔다. 그들의 먹을거리는 주로 토마토 통조림·밀가루·콩·커피·베이컨·말린 과일 등이었고, 이밖에 양파 묶음과 식초 단지·당밀통도 가지고 갔다.

요리사 마차 뒤에는 카우보이들이 말 떼를 몰고 따라갔고 소 떼가 그 뒤를 이었다. 소떼들의 앞에 선 두 명은 '포인트 맨', 양쪽에서 따라가는 몇 명은 '스윙 맨', 뒤쪽은 '드래그 맨'이라고 했다. 폭풍이 몰아쳐서 소 떼가 놀라 도망치는 경우도 있었다. 강을 건널 때가 가장 조마조마한 순간이었다. 소들은 양옆에서 카우보이들의 인도를 받으며 가까스로 강을 건너갔다. 도중에 인디언이나 소떼들을 강탈하는 무법자들도 만났고 농경지를 지날 때에는 농민들로부터 욕설을 바가지로 먹기도 했다.

여로의 종착지인 철도역이 있는 카우타운에 도착하면 카우보이들은 소를 우리에 가두어 두고 거래인에게 팔아넘겼다. 상인들은 소들을 중서부로 수송하거나 시카고 등지에 있는 도살장으로 보냈다. 카우보이들은 보통 100달러 수준의 보수를 받았다. 그들은 이 돈을 받자마자 목을 축이러 술집과 도박장을 겸비한 살롱으로 갔고, 일부는 매춘굴로 득달같이 달려갔다. 그 때 어느 살롱도 애빌린에 있는 '알라모'만큼 번쩍이는 곳은 없었다. 이 살롱에는 빛나는 황동으로 장식한 긴 바, 초록색 펠트를 깐 도박 테이블, 그리고 화려한 장식이 붙어있는 대형 거울이 있었다. 그러나 영화에서 보는 멋진 살롱들과는 달리 대부분의 살롱은 허술하고 누추했다.

1870년대 중반, 텍사스에 철도가 들어오면서 종착역까지 2,400㎞나 되는 긴 소몰이 여행을 할 필요가 없어졌다. 목축업자들은 텍사스를 떠나 점차 캔자스와 다코타 산맥을 지나 네브라스카·콜로라도·와이오밍·몬타나 등 북쪽으로 진출했다. 목축업자들은 튼튼한 황소는 북쪽의 초원 지대에서도 잘 자란다는 것을 알게 되었기 때문이었다. 이제 장기간의 소몰이 여행도 필요 없어지고 현지에서 방목하는 형태의 목축이 생겨나기 시작했다.

목장에서 일하는 카우보이들은 군대 막사 모양의 방 하나짜리 합숙소에서 거주했다. 벽에는 안장·굴레·박차 그리고 기타 장비가 함께 걸려 있었다. 식사는 커피·말린 과일·

카우보이들의 숙소

콩·말린 고기·베이컨·기름에 튀긴 비스킷 정도였다. 허허벌판 초원에서 밤을 보낼 때에는 자리를 깔고 눕기 전엔 전갈이 있는지, 추운 평원의 밤을 새우고 일어나 부츠에 발을 넣기 전에는 그 속에 방울뱀이 있는지를 확인해야 했다. 그런 다음에는 온종일 말을 타고 뛰약

별 아래서 모래 먼지를 뒤집어썼고 다시 형편없는 식사와 끔찍한 잠자리가 기다리고 있었다. 그러나 카우보이들의 보수는 적었고 어떤 때는 술값도 충분치 않았다. 마침 총도 있고 해서 그냥 강도로 변하기도 했다. 때론 여러 카우보이가 작당하여 강도질을 저지르기도 했다. 이 같은 모습은 오 헨리의 단편인 『사라진 검은 독수리』에서 자세히 묘사되어 있다.

이윽고 너도나도 중북부 고원지대로 몰려와 방목을 하면서 문제가 발생하기 시작했다. 자연산 목초에 의존하고 있었던 방목업자들은 에이커 당 소의 수가 일정한 수준을 넘자 목초공급이 부족하게 되었다. 이제 방목하는 좋은 시절도 거의 종말을 고하게 되었다. 마침 값싼 철조망이 개발되어 이제 목축업자들은 소떼를 끌고 초원에서 방목하지 않게 되었다. 철조망으로 울타리를 쳐서 집약사육을 시작하게 된 것이다. 이렇게 해서 고원의 대목장에서 소들이 효율적으로 출하되고 질 좋고 값싼 쇠고기가 동부 지역뿐만 아니라 세계 각국으로 수출되기 시작했다.

이제 카우보이들은 소몰이를 하거나 소를 잡기 위해 로프를 던지기보다는 울타리를 수선하는 데 더 많은 시간을 보내는 일꾼이 되었다. 수많은 소 떼들을 몰고 광활한 초원을 질주하는 카우보이 시대는 끝이 났다. 하지만 그들이 남긴 전설은 책과 영화에서 한껏 미화되어 미국인들의 가슴 속에 영원히 남아 있을 것이다.

제13장

내일을 향해 쏴라

풍부한 인간성의 지성인, 폴 뉴먼 / 부치 캐시디 & 선댄스 키드

I. 내일을 향해 쏴라(1969년), Butch Cassidy and the Sundance Kid

이 영화는 19세기 말엽 미국의 살아있는 전설이 되어버린 서부 최후의 무법자들인 '부치 캐시디와 선댄스 키드'의 후반기 갱스터 행각을 그린 일대기이다. 이들은 미국 중서부 일대를 무대로 종횡무진 은행과 열차를 털었으나 사람은 결코 죽이지 않았다. 특히 여성 승객들의 물건은 손을 안 댔고 해서 당시 미국인들에게 로빈 후드의 이미지가 덧씌워졌다. 이들은 미국 초등학교 교과서에도 등장하기도 했다. 이들을 주제로 만든 영화 〈내일을 향해 쏴라〉는 캐시디와 선댄스의 단순한 강도행각

에 끝나는 게 아니라 미국의 꿈을 이루고자 했던 당시 개척자들의 이미지를 떠오르게 하면서 한편으로는 일종의 낭만과 개척정신을 살짝 보여주는 독특한 서부극이었다.

조지 로이 힐 감독은 폴 뉴먼과 로버트 레드포드를 부치와 선댄스로 각각 등장시켜 멋진 버디 무비(두 사람 사이의 긴밀한 우정을 다루는 영화)를 만들었다. 조지 감독이 묘사한, 이들이 학교 여교사 에터 플레이스(캐서린 로스 분)와 함께 강도 3인조가 되어 서부를 누비는 모습은 마치 허클베리핀에 나오는 악동들처럼 보인다. 조지 감독은 존 웨인으로 상징되는 장대하고 거친 남성적인 서부극보다는 부드럽고 가벼운 감성을 가미하면서 여성적인 냄새가 풍기는 웨스턴을 연출하고 있다. 자극적이고 재미있고 유쾌하면서도 낭만적인 요소가 영화 곳곳에서 빛을 발하고 있다.

이 영화가 오랫동안 팬들의 사랑을 받고 있는 이유는 단연 폴 뉴먼과 로버트 레드포드의 익살맞고 재치있고 교활하고 한편으로는 건방지기까지 한 맛깔스러운 연기에 있다. 이들은 비록 강도들이지만 귀엽고 사랑스럽기까지 하다. 이 둘의 환상적인 콤비는 조지 로이 힐과 함께 4년 후 다시 만나 반전의 묘미를 실감케 하는 영화 〈스팅〉을 찍었다. 이 영화는 1973년도 아카데미 시상식에서 최우수 작품상을 비롯해서 7개 부문을 수상하는 기염을 토했다.

이 영화를 찍을 때 폴 뉴먼은 이미 할리우드의 유명스타였고 로버트 레드포드는 조연과 단역 등의 배역만 맡았던 무명이었다. 처음 폭스사에서는 뉴먼과 스티브 맥퀸에게 제안을 했지만 몇 가지 문제로 맥퀸이 하차했다. 이후 워렌 비티와 말론 브랜도에게 제안이 갔지만 브랜도는 자기가 만들었던 영화 〈애꾸눈 잭〉의 캐릭터가 겹치는 것을 우려해 출연을 고사했다. 폭스사는 처음에 로버트 레드포드를 그리 탐탁치 않아했는데, 이는 뉴먼 수준의 인기 스타가 필요했기 때문이었다. 그러나 조지 로이 힐 감독이 계속해서 그를 고집했다. 결국 선댄스 키드를 연기한 그는 이 영화로 불쑥 스타덤에 올랐다. 그는 훗날 자신을 있게 한 선댄스 키드의 이름을 따 세계적인 독립영화를 후원하고 응원하는 선댄스 영화제를 직접 만들기도 했다.

황량한 대서부의 평원보다는 풍광이 뛰어난 자연을 배경으로 만든 이 영화는 전편에 걸쳐 시적인 감흥을 물씬 풍기고 있다. 볼리비아에서의 도피행각에서는 스틸사진으로만 편집 처리하는 기발한 방식을 시도하기도 했다. 이

라스트 씬

영화는 아카데미 시상식에서 최우수 각본상·촬영상·주제가상 작곡상을 수상하였다. 주제가 'Raindrops Keep Fallin On My Head'는 우리 귀에 많이 익어있는 유명한 노래이다. 이 영화는 원래 제목 'Butch Cassidy and the Sundance Kid'보다 우리말 제목 '내일을 향해 쏴라'가 더 근사한 것으로도 유명하다. 이와 비슷한 경우로서 〈우리에게 내일은 없다 (Bonnie and Clyde)〉 〈파도가 지나간 자리(The Light between Oceans)〉 〈사랑과 영혼(The Ghost)〉 〈박물관은 살아있다(Night at the Museum)〉 〈

시애틀의 잠 못 이루는 밤(Sleepless in Seattle)〉 등을 흔히 들고 있다.

II. 풍부한 인간성의 지성인, 폴 뉴먼

폴 뉴먼은 말론 브랜도, 제임스 딘과 함께 50년대 미국의 청년문화를 상징하던 배우였다. 뉴먼은 이 둘과는 달리 도시인의 냄새가 폴폴 나는 냉소적이고 이지적인 반항아의 이미지를 표출했다. 뉴먼은 오하이오주 셰이커 하이츠에서 태어나 1943년 오하이오 대학교에 입학했지만 2차 세계대전이 발발하자 학

폴 뉴먼

교를 그만두고 군에 입대했다. 태평양 전쟁에 참전해서 뇌격기* 후방 사수로 근무했다. 제대 후 예일대학교 드라마스쿨을 이수하고 뉴욕 액터스 스튜디오에서 리 스트라스버그**에게 사사했다. 연극 〈피크닉〉을 통해 배우로서 데뷔했다. 이후 영화에 출연하면서 1956년 로버트 와이즈 감독의 복싱 영화 〈상처뿐인 영광〉에서 가난한 무명 복서 그라지아노 역으로 처음 알려지기 시작했다.

---

* 뇌격기는 태평양 전쟁 당시 미군과 일본군은 뇌격기와 급강하 폭격기를 동원해서 해전을 벌였다. 양 기종 모두 조종사와 기관총 사수가 탑승했다. 뇌격기는 어뢰로 적의 함선을 공격했고 급강하 폭격기는 고공에서 내리꽂으면서 적 함선에 폭탄을 투하했다. 1인이 조종하는 전투기들은 이들 폭격기들을 호위하면서 공중전을 벌였다.
** 리 스트라스버그는 미국의 저명한 연극지도자이며 연출가였다. 뉴욕에 배우학교 액터스 스튜디오를 설립하여 메소드 기법을 가르쳤다. 말론 브랜도·제임스 딘·폴 뉴먼·알 파치노·로버트 드 니로 등 이름난 연기자들을 줄줄이 양성했다. 1975년에는 영화 〈대부 2〉에서 유대인 마피아 하이몬 로스로 출연하기도 했다.

이후 엘리자베스 테일러와 공동 주연의 테네시 윌리엄스 원작 〈뜨거운 양철지붕 위의 고양이〉로 할리우드 톱스타로 자리잡는다. 〈길고 긴 여름날〉로 칸영화제 남우주연상을 거머쥐며 할리우드의 정상급 배우로

〈스팅〉에서 뉴먼

성장했다. 출중한 연기력에 비해서는 상복이 없는 편이어서, 1958년 〈뜨거운 양철지붕 위의 고양이〉로 아카데미 남우주연상 후보에 올랐다가 물을 먹은 것을 시작으로 〈허슬러〉〈허드〉〈폭력탈옥〉〈선택〉〈심판〉〈추억〉 등의 작품으로 아카데미 남우주연상에 무려 8차례 노미네이트되었지만 모두 탈락되었다. 결국 62세가 된 1987년, 마틴 스코세이지 감독이 〈허슬러〉의 속편으로 만든 〈컬러 오브 머니〉로 남우주연상을 수상했다.

그는 "이번에도 보나마나 안 줄게 뻔한 데 뭘" 하면서 아예 시상식에도 불참했다. 특히 전년도에 아카데미로부터 평생 공로상을 수상했기에 남우주연상은 거의 물 건너 간 것으로 생각하고 있었다. 사실 25년 전에 제작된 〈허슬러〉로 수상했어야 됐었다는 평가가 많았기에 그 속편인 〈컬러 오브 머니〉로 주연상을 받은 것은 아카데미가 뒤늦게 인정했다는 평이었다.

뉴먼은 영화 〈영광의 탈출〉에 나왔다는 이유 때문에 튀르키예를 제외한 아랍권에선 평생 입국 금지를 당했다. 〈영광의 탈출〉은 2차 세계

대전 직후 팔레스타인 지역에서 독립
국을 세우려는 유대인들의 이야기라
서 아랍인들에게는 도저히 용납이 안
되는 영화였다. 뉴먼은 이슬람 국가인
튀르키예는 여러 번 방문하기도 했다.
그는 유대인이었으나 유대교를 믿지
않았고 유대인 단체들의 기부 요구에

〈컬러 오브 머니〉에서
톰 크루스와 뉴먼

대하여도 외면해 왔다. 그래서인지 이스라엘에서도 그를 별로 탐탁해
하지 않았다.

할리우드에서는 보기 드문 인간성이 풍부한 지성인으로 알려져 왔
다. 무명 시절 잠깐 결혼했다가 이혼한 적이 있으나 1958년 두 번째
부인인 조앤 우드워드와 결혼한 이래 사망할 때까지 50년 동안 스캔
들 한 번 없이 금슬 좋은 부부관계를 유지했다. 평생 할리우드의 허영
과 사치를 혐오해서 유명해진 뒤에는 아예 할리우드와 멀리 떨어진
동부의 코네티컷에서 평생을 살았다. 카레이서로서 뉴먼을 빼놓을 수
없을 것이다. 그는 카레이싱이야말로 할리우드의 스트레스에서 벗어
날 수 있는 최고의 방법이라고 말하곤 했다. 몇몇 레이싱 대회에서 상
위에 랭크될 정도로 실력도 뛰어났다.

1980년 크리스마스 무렵, 창고에서 직접 샐러드드레싱을 만들던 뉴
먼은 『파파 헤밍웨이』를 쓴 작가이자 친구인 허츠너가 찾아오자 회사
를 만들자는 얘기를 나누었다. 의기투합한 두 사람은 100% 무방부제
천연재료를 사용한 샐러드드레싱 제조 회사를 설립, 크게 성공했다.

이후 이 회사를 비영리 식품회사 Newman's own으로 전환하면서 의료 연구·교육·환경운동·난치병 어린이를 위한 사업 등 현재까지 가난한 사람들을 위하여 2억 달러 이상을 기부해 왔다.

정치적으로는 헨리 폰다, 〈쇼생크 탈출〉로 유명한 팀 로빈스와 함께 할리우드의 가장 진보적 지성인으로 꼽혀왔다. 60년대에는 FBI의 사찰 대상이기도 했으며, 50년 동안 절대 권력을 휘둘렀던 FBI 후버 국장이 가장 싫어하는 배우 중 한 사람이었다고 한다. 실제로 워터게이트 사건 당시 상원 청문회에서 공개된 '닉슨의 주적主敵 명단(Nixon's Enemies List) 20명' 중 한 사람으로 밝혀졌다. 이 명단에는 노조 간부, 진보적 지식인과 언론인들이 올라 있었다. 뉴먼은 나중에 이것이야말로 자신이 이룬 최고의 업적이었다고 비아냥거렸다. 가끔 정계 진출설도 나돌았지만 그럴 때마다 "나는 그만한 인내심도 없고 자격도 없다"며 극구 사양했다.

그는 워런 버핏*과 테드 터너**와 함께 '책임지는 부자'라는 단체를 만들어 부자들의 사회적 책임을 실천해 왔다. 뉴먼은 "우리는 지금도 충분히 사치스럽게 살고 있기에 우리처럼 부유층에 대한 감세는 범죄

---

* 워런 버핏은 역사상 최고의 투자가로 불리는 투자의 귀재이다. 억만장자이면서도 검소한 생활 태도를 지니고 있으며 재산의 85%를 사회에 환원하기로 공표하면서 적극적인 자선활동을 펼치고 있다. '오마하의 현인'으로 불리기도 한다.
** 테드 터너는 세계 최초로 24시간 뉴스 채널 CNN을 개국해 일대 파란을 일으켰다. 그는 UN에 10억 달러를 기부하는 등 자선사업은 물론, 세계 환경 및 평화, 비핵화 문제 등에 앞장서서 활동하고 있다. 현재 각종 자선사업 등을 관리하는 터너 엔터프라이즈(TEI)의 대표로 있다.

와 다름없다. 나는 운이 무척 좋았기 때문에 나같이 행운을 타고난 사람들은 그들보다 불운한 사람들을 도와야 한다"라는 말을 남겼다. 그는 영화 역사에서 보기 드문 진정한 상식인이자 지성인이었다. 2008년 83세를 일기로 폐암으로 사망하자 그가 살던 웨스트포트 마을의 주민들은 배우가 아닌 '훌륭한 동네 이웃'으로서 그의 죽음을 슬퍼했으며 마을의 주요 건물이 모두 그를 추모하는 조기를 게양했다.

III. 부치 캐시디 & 선댄스 키드

영화 〈내일을 향해 쏴라〉의 두 주인공 부치 캐시디와 선댄스 키드도 전설적인 서부 시대의 무법자 반열에 오른다. 부치 캐시디라는 이름으로 더 잘 알려져 있는 로버트 파커는 악명 높은 미국 서부 시대의 열차강도, 은행강도로 와일드 번치 갱단의 두목

와일드 번치 갱단(앞줄 왼편 선댄스 키드, 앞줄 오른편 부치 캐시디)

이었다. 미국에서 수년간 범죄를 저지른 그는 핑커턴 수사국*으로부터 추격의 압박이 이루어지는 가운데 동료 선댄스 키드, 즉 해리 앨런 조 롱가보 및 그의 여자 친구 에타 플레이스와 함께 도주하였다. 세

---

* 핑커턴 수사국은 원래 이름은 핑커톤 전미탐정사무소(National Detective Agency)이다. 1850년 앨런 핑커톤이 창립한 사립 탐정 업체로서 요인 경호와 시설-열차 경비를 도맡았다. 조직적인 현상금 사냥꾼으로 이름을 날렸다.

사람은 아르헨티나를 거쳐 볼리비아로 달아났으며, 파커와 롱바고는 1908년 11월의 총격전에서 사망한 것으로 알려졌다.

부치는 1866년 4월 13일 미국 유타주 비버에서 태어났다. 그의 부모는 1850년대 미국으로 이주한 영국인이었다. 부치는 13자녀 중 첫째였다. 그는 솔트레이크시티 남쪽에서 346㎞ 떨어진 서클빌 근교 농장에서 자랐다. 그는

영화에서 오른편 부치(뉴먼)와
선댄스(레드포드)

10대 초반 집을 떠나 목장에서 일하였는데, 그의 뒤를 봐주며 그의 인생 선배가 되어준 사람은 목장주이자 '마이크 캐시디'라는 별명의 존 톨리버 매클래미였다. 로버트는 이후 여러 목장을 전전하며 일하였는데, 잠시 와이오밍주 록스프링스에 있는 푸줏간에서 일하면서 부치라는 별명을 얻었다. 그는 자신을 돌봐준 마이크 캐시디를 존경하는 의미에서 그의 성에 이 별명을 더하여 부치 캐시디라는 이름을 사용하였다.

부치는 1880년에 옷 가게에 들어가 옷을 훔치는 것으로 강도 행각을 시작하였다. 틈틈이 목장에서 일하던 그는 1889년 워너, 매카티 형제와 텔루라이드에 있는 산 미겔 은행에 침입하여 2만 1천 달러를 강탈하여 유타주 남동부로 도주하였다. 이곳에서 목장을 하나 사서 생활하다가 1890년 부치는 와이오밍주 랜더에서 말을 훔치고 불법 경마장을 운영한 죄로 체포되었다. 와이오밍 주립교도소에서 18개월을

복역하고 석방된 그는 다시 한 범죄자 무리와 어울리기 시작했다.

이 무리는 와일드 번치라는 이름의 갱단을 조직하고, 아이다호주의 몬트펠리에 있는 은행을 털었다. 사건 직후 부치는 펜실바니아주 토박이 해리 롱가보, 즉 선댄스 키드를 갱단에 참가시켰다. 와일드 번치 갱단은 여러 번에 걸쳐서 열차강도

남미로 도피하는 세 남녀

질과 은행 강도질을 번갈아 하자 핑커턴 수사국이 이들을 집요하게 추적하게 되며 많은 멤버들이 사살당하거나 잡히게 된다. 부치와 선댄스는 이제 도저히 미국에서 발을 붙일 수가 없게 되자 남미로 도주 계획을 세우게 된다. 부치와 선댄스는 동쪽으로 달아나 뉴욕에 도착, 1901년 선댄스의 애인 에타 플레이스를 대동하고 배를 타고 아르헨티나로 도주한다.

이들은 아르헨티나 중서부의 안데스 근처에서 목장을 구입하고 1905년까지 지낸다. 그러나 제 버릇 개 못 준다고 이들은 아르헨티나 최남단의 타라파카 은행을 털어 10만 달러를 강탈하여 북쪽으로 도주한다. 세 사람은 칠레로 일단 도망했다가 다시 아르헨티나로 돌아와서 은행강도 행각을 벌이고 칠레로 다시 도망하게 된다. 1906년 도망자의 삶에 지친 에타 플레이스는 미국 샌프란시스코로 돌아간다. 부치와 선댄스는 볼리비아로 가서 주석 광산에 취직하게 된다.

1908년 11월 3일, 볼리비아 남부 산 비센테 근처에서 아라마요 은 광 노동자들을 위한 급료를 운송하던 사람이 복면을 한 두 명의 미국인 강도에게 강탈당했는데, 아마 이 두 사람은 부치와 선댄스로 추정되었다. 두 강도는 산 비센테 지역의 작은 광산마을에 있는 하숙집으로 향했다. 이들의 행태를 수상히 여긴 하숙집 주인은 인근의 볼리비아 군대에 신고하였고, 잠시 후에 하숙집은 군인들에 의하여 포위당하게 된다. 저녁 무렵 총격전이 벌어지고 나서 새벽 2시경 경찰과 병사들은 집안에서 한 남자가 비명을 지르는 것을 들었다. 곧 집안에서 한 발의 총성이 들렸고, 비명이 멈추었다. 몇 분 후 다시 한 발의 총성이 들렸다.

   하숙집은 아침까지 포위상태로 있었다. 날이 밝자 조심스럽게 집안으로 들어간 경찰들과 병사들은 두 구의 시체를 발견했는데, 팔과 다리에 수많은 총상을 입은 상태였다. 시체 중 하나는 앞머리에 총상을 입었으며 다른 하나는 관자놀이에 총상이 있었다. 경찰은 시체의 위치를 바탕으로 한 용의자가 치명상을 입은 다른 용의자를 쏜 후 자기도 자살한 것으로 추정하였다. 경찰의 추가 수사가 이루어진 결과 두 강도 용의자는 아라마요 광산 급료를 강탈한 범인으로 확인되었다. 그러나 볼리비아 당국은 이들의 이름을 몰랐으며 신원을 밝혀낼 수도 없었다. 후대의 사람들은 막연히 이들이 부치와 선댄스라고 추정하고 있지만, 일부에서는 이들이 몰래 미국으로 돌아와서 생존하다가 죽었다는 전설 같은 이야기도 떠돌고 있다.

제14장

열정의 랩소디

천의 얼굴을 가진 배우, 안소니 퀸 / 한 많고 처절했던 고흐의 생애

I. 열정의 랩소디(1956년) Lust for Life

영화 〈열정의 랩소디〉는 어빙 스톤의 베스트셀러인 빈센트 반 고흐의 전기소설을 영화로 만든 영화이다. 이 작품은 광기와 가난과 고독으로 점철되는 불운한 천재 화가 고흐의 인생을 연대기 순으로 사실적으로 묘사함으로써, 위대한 예술가를 그린 영화 중에서 수작 중의 하나로 평가받고 있다. 영화는 고흐가 성직자가 되고자 했던 청년기부터 그의 자살에 이르기까지의 전 생애를 그리고 있다. 또한 전기의 기본적 특성인 연대기를 충실히 따라가면서도 고흐의 인생행로에

커다란 영향을 미친 사람들과의 만남을 몇 개의 시퀀스로 구성함으로써 극적 긴장감을 더해 준다. 게다가 고흐의 작품 속에 등장하는 인물과 장소들이 실제 그의 작품들과 결부되어 풍부하게 인용됨으로써 사실감도 더해 주고 있다.

미넬리 감독은 고흐가 살았던 벨기에의 보리나즈, 네덜란드의 뉘넨, 프랑스의 아를, 오베르에서 촬영을 하며 작품의 배경을 완벽하게 재현했다. 그리고 지금은 상상도 할 수 없는 일이지만, 고흐 작품

아를의 도개교를 그리고 있는 고흐

의 진품 소장가들로부터 촬영을 허락받아 관객들에게 200여 점에 달하는 진품을 감상할 수 있는 드문 기회를 제공해 준다. 진품을 카메라에 담는다는 것은 결코 쉬운 일이 아니다. 작품의 탁월함과 미묘한 차이를 카메라에 완벽하게 담는다는 것은 불가능한 일이며, 게다가 조명에서 나오는 열기 때문에 작품이 훼손될 수 있기 때문이다.

고흐의 처절하고 고독했던 삶을 액션 배우 커크 더글러스가 생생히 연기하고 있다. 〈율리시즈〉〈바이킹〉〈스팔타카스〉등의 영화에서 전사戰士 같은 역할과는 달리, 열정적이지만 좌절과 고독 속에 묻혀 살았던 불안정한 성격의 예술가 고흐를 완벽하게 표현했다. 1946년 데뷔 후 대부분 액션 영화에 출연하였던 더글러스였으나 이 작품에서는 정반대되는 이미지의 화가로서 일생일대의 열연을 했다. 그는 1957

년도 아카데미 주연상 후보에 올랐으나 그해 〈왕과 나〉의 율 브리너에게 밀려서 수상을 못했다. 골든 글러브 남우주연상과 뉴욕 비평가협회 남우주연상을 수상했다.

조연을 맡았던 안소니 퀸은 아카데미 남우조연상을 수상하는 저력을 보였다. 안소니 퀸은 고갱의 역할을 거의 완벽하게 소화해 냈다는 평을 받았다. 단 12분 출연으로 아카데미 남우조연상을 받아 할리우드 역사상 가장 짧은 출연으로 아카데미를 수상한 배우로 기록됐다. 원제인 〈Lust for Life〉는 번역하자면 '삶에 대한 갈구' 등이 될 수 있을 것 같은데 생뚱맞게 〈열정의 랩소디(음악 용어로 '광시곡')〉로 소개되었다. 우리나라에서는 정식 개봉은 안 했고 이따금씩 EBS 등 TV에서 방영되곤 한다.

II. 천의 얼굴을 가진 배우, 안소니 퀸

안소니 퀸은 1915년 4월 21일 멕시코 북부 치와와에서 아일랜드계 아버지와 멕시코 혈통의 어머니 사이에서 태어났디. 그 유명한 판초 비야의 혁명군*에 가담해서 한가락 했던 아버지는 혁명 세력이 와해되자 가족들을 이끌고 미국 텍

안소니 퀸

---

* 판초 비야는 19세기 말엽에 활약했던 멕시코의 혁명가이다. 판초 비야는 멕시코의 의적, 농민의 친구, 멕시코 혁명의 영웅으로 불린다.

사스 엘파소로 이주하여 노동자로 전전하다 로스앤젤레스에 정착했다.

퀸은 10세 때 아버지가 교통사고로 사망하자 졸지에 소년 가장이 되어 구두닦이, 신문팔이 등을 전전하며 힘겨운 성장기를 보냈다. 어머니가 다른 남자와 재혼하자 화딱지가 난 그는 할머니와 동생들을 몽땅 데리고 집을 나온 뒤에는 이들을 부양하느라 더욱 힘든 생활을 했다. 그는

〈길〉에서의 퀸

돈 받는 권투 스파링 파트너·공사장 심부름꾼·내기 권투선수 등을 전전했다. 어린 나이에 하도 고생해서 남들보다 훨씬 폭삭 늙어 보이는 얼굴을 갖게 된 퀸과 거리의 다른 소년들과 구분해주는 것은 그에게는 꿈이 있었다는 점이었다. 미술에 소질이 있었던 그는 건축가가 되고 싶었다. 건축물 스케치 대회에서 일등을 하기도 했다.

그가 연기자의 길에 들어선 것은 우연한 계기에서였다. 어느 날 유명한 건축가 프랭크 라이트가 퀸이 부정확한 발음을 고치고 오면 조수로 써주겠다고 제의했다. 발음을 교정하기 위해 배우 학원에 허드렛일을 해주는 조건으로 등록한 그는 연기의 세계에 빠져버렸다. 퀸의 재능을 알아본 여배우 매 웨스트의 추천으로 18세에 〈깨끗한 침대〉라는 연극 무대에 처음 섰다. 이 연극에서 얼굴이 늙어 보이는 퀸은 육십을 넘은 노인 역을 맡았다.

이후 주연급은 아니었지만 그는 거장 세실 B. 데밀의 〈평원아〉에 출연하게 된다. 영화의 사실성을 금과옥조처럼 여기는 데밀은 그때 샤이언족 인디언 배우를 찾고 있었다. 아일랜드와 멕시코 원주민의 피가 섞여 있는 퀸은 데밀이 인디언을 찾고 있다는 광고를 보고 바로 달려갔다. 드밀이 "너, 인디언 맞아?"라고 묻자 그는 "저야말로 진짜배기 샤이언입니다"라고 넉살을 피웠다. 일당 75달러였다.

막상 인디언 역을 맡은 퀸의 연기에 실망한 드밀이 그를 퇴짜 놓으려고 하자 옆에 있던 영화의 주인공인 게리 쿠퍼가 "퀸이 수더분하고 착하게 생겼는데 한번 써 봅시다"라고 거들면서 퀸은 간신히 구제를 받게 된다. 이렇게 해서 퀸은 배우의 길로 들어선다. 특히 그곳에서 데밀의 수양딸인 캐서린을 첫 번째 아내로 얻는 행운을 누리기도 했다. 그러나 데밀은 배우로서 그랬던 것처럼 사위로서의 퀸도 끝내 마음에 들어하지 않았다. 먼 훗날 퀸은 아카데미가 수여하는 평생공로상을 데밀에게 바쳤다.

이렇게 해서 할리우드 실력자의 사위가 된 퀸은 차츰 연기자로서의 입지를 넓혀갔다. 퀸은 특이한 외모와 약간 쉰 목소리로 1947년까지 거의 50편 이상의 영화에 출연했다. 인도인·마피아·하와이안 족장·필리핀 자유 투사·중국 게릴라·아랍인 족장 등 안 해 본 역이 없었다. 그때부터 '천의 얼굴을 가진 배우'라는 닉네임이 붙었다. 그러나 1940년대 말 할리우드에도 빨갱이 소탕운동인 매카시즘 광풍이 몰아치기 시작했다. 퀸은 재빨리 동료를 빨갱이로 고발해야 살아남을 수 있는 살벌한 할리우드를 떠나 뉴욕의 연극무대로 발길을 돌렸다.

그곳에서 명장 엘리아 카잔의 눈에 띈 그는 연극 〈욕망이라는 이름의 전차〉에서 말론 브랜도가 맡았던 스탠리 코왈스키 역을 맡아 연기력을 인정받았다. 이어서 1952년에는 카잔이 감독한 영화 〈혁명아 사파타〉에 출연하였다. 이 영화에서 사파타(말론 브랜도 분)의 동생 역을 맡아 혁명을 이끄는 형의 조력자에서 술주정뱅이로 타락하는 연기로 1953년 첫 번째 아카데미 남우조연상을 수상한다. 1954년에는 네오리얼리즘*으로 세계 영화에 새바람을 일으키고 있던 이탈리아로 건너가 페데리코 펠리니 감독의 〈길〉에서 짐승 같은 곡예사 잠파노 역으로 출연하여 세계적으로 명성을 날린다. 1956년에는 화가 고흐를 그린 〈열정의 랩소디〉에 고갱 역으로 고작 8분간 출연하면서 두 번째 아카데미 남우조연상을 받았다.

1964년에는 니코스 카잔차키스의 소설을 영화화한 〈희랍인 조르바〉에서 천하의 자유인이자 낙천가인 그리스인 조르바 역을 맡아 절정의 연기력을 보여주었다. 영화 촬

〈희랍인 조르바〉에서의 퀸

영이 끝난 후 그는 "내가 바로 조르바"라고 말하면서 조르바라는 인물을 평생 자신의 분신처럼 여기며 살았다. 이후 〈노트르담의 꼽추〉 〈나바론 요새〉 〈바라바〉 〈아라비아의 로렌스〉 〈노인과 바다〉 〈25시〉

---

* 네오리얼리즘은 2차 세계대전 이후 전쟁으로 피폐해진 이탈리아에서 일어난 영화 운동이다. 있는 그대로의 현실을 포착하고자 한다. 루치노 비스콘티·로베르토 로셀리니·비토리오 데시카 등이 이 운동을 주도했다.

〈사막의 라이온〉 등 150편이 넘는 영화를 통해 투박하고 선 굵은 남성적 연기를 하면서 영화사에 뚜렷한 족적을 남겼다. 그는 이렇게 말하곤 했다.

"나는 모든 역할에 나 자신의 100%를 쏟는다. 그것이 B급 영화이든, C급 영화이든 간에…."

미술에도 일가견이 있어 노년에는 회화와 조각에 몰두, 작품성을 인정받을 정도의 솜씨를 자랑했다. 1988년 유엔의 세계인권선언 선포 40주년을 기념하는 우표에 그의 그림이 실렸으며, 1998년 말에는 조각가 아들 로렌조와 함께 방한하여 예술의 전당에서 작품전을 열기도 했다. 어렸을 때부터 퀸은 그림에 소질이 있었다. 10대 시절 동안 그는 캘리포니아에서 열린 여러 미술 대회에서 입상했고 건축 스케치 콘테스트에서 1등을 하기도 했다. 그는 "예술이 없다면 삶은 존재할 이유가 없다"라는 말도 남겼다.

세 명의 아내와 두 명의 정부情婦로부터 열세 명의 아이를 얻은 그는 "우글거리는 자식들은 내 자부심의 원천"이라고 공공연히 말해왔다. 80세가 넘은 나이로 47세 연하의 여비서 캐시 벤빈과 결혼하여 화제가 되기도 했다. 사생활이야 어쨌든 영화사적으로 수많은 걸작과 뛰어난 연기를 보여주었던 안소니 퀸은 2001년 3월 향년 86세의 나이로 미국 보스턴에서 눈을 감았다. 투박하고 강인한 얼굴이지만 이웃집 할아버지 같은 어딘가 정겨운 이미지를 팬들에게 남겨준 퀸이었다.

III. 한 많고 처절했던 고흐의 생애

어린 시절

고흐는 1853년 3월 30일 네덜란드 준데르트에서 태어났다. 아버지는 목사였으며 형제가 많아 무척 가난했다. 고흐는 내성적이고 사소한 일에도 금방 상처를 입는 섬세하고 민감한 성격의 소유자였다. 한편으로는 다혈질이어서 자기 의견을 굽힐 줄 몰랐고 누군가가 억지로 자기 마음에 들지 않는

귀를 자른 고흐의 자화상

것을 시키면 불같이 화를 냈다. 그런 성격 때문에 부모도 걱정을 많이 했고 친구들과 잘 어울리지를 못했다. 이때부터 혼자서 숲이나 들판을 거닐며 자연을 사랑하는 습관이 생겼다. 자연만은 그와 다투지 않았던 것이다.

동생 테오는 형의 말에 고분고분 따라서 그런지 사이가 아주 각별해서 산책할 때는 항상 데리고 다녔다. 또한 그림에 재주가 있던 어머니의 영향으로 고흐는 어려서부터 연필화를 그렸고 수채화도 소질이 있었다. 그러나 그림 공부는 하지 않았다. 어린 그에게 특기할 일은 화상畵商인 숙부로부터 방학이 되면 그림 이야기를 많이 들었다는 것이다. 어린 시절 먼 친척 아저씨를 마중 나갔다가 그가 짐을 들어주겠다고 하니까 고흐는 '괜찮아요. 사람은 누구나 무거운 짐을 짊어지고

먼 길을 걸어가야 하는 법이에요'라고 도통한 어른처럼 대답을 했다고 한다. 훗날의 고흐의 삶이 떠오르는 말이다.

청년 시절

학비 때문에 중학교를 중퇴한 후 집에서 빈둥거리던 고흐를 부모는 숙부의 추천을 통해 헤이그에 있는 구필화랑 헤이그 지점의 견습 사원으로 보냈다. 화상으로서 사회에 첫발을 내딛게 된 것이다. 고등학교 1학년 나이였다. 시골 소년 고흐는 이곳에서 나름대로 무난한 화랑 생활을 보냈다. 어머니의 고향이어서 여러 외가 친척들과 어울리기도 했다. 그는 그곳에서 그림을 파는 세일즈맨으로서의 역할을 그럭저럭 잘 해냈다. 앞으로 훌륭한 화상이 될 것이라는 칭찬을 들으며 4년을 보내고 런던으로 영전(?)해 간다.

그의 전 생애를 생각해 보면 전혀 상상할 수 없는 딴 사람의 모습을 보인 것이 바로 이 시절이었다. 이곳에서 지내면서 화랑 근처의 미술관에도 자주 드나들었다. 수많은 화가의 그림을 보면서 자기도 모르게 훗날 화가로서의 밑천을 쌓을 수 있었다. 이때 그는 무엇보다도 바르비종파(야외의 자연을 주로 그리던 일단의 회가들)의 장 프랑스와 밀레이 그림에 푹 빠졌었다. 그의 그림에 밀레의 화풍이 일부 보이는 것은 그런 연유에서일 것이다. 고흐는 평생 엄청난 독서를 통해 대단한 교양과 학식을 구비했다. 그가 죽기 전까지 테오와 주고받은 625통의 서신을 통해서 이를 짐작할 수 있다. 테오한테 보낸 편지는 네덜란드어·프랑스어·영어로 씌어 있다. 또한 이때부터 셰익스피어·괴테·발자크·

톨스토이 등 세계적인 문호들의 작품들도 모두 섭렵했다.

런던의 구필화랑의 지점에서 근무하던 그는 하숙집 딸 유제니한테 홀랑 빠지고 말았다. 그녀에게 간신히 사랑을 고백했으나 그녀는 이미 약혼자가 있었다. 그는 충격에 빠졌으나 막무가내로 그녀에게 달려들었다. 시도 때도 없이 무작정 접근해 오는 고흐에 대하여 유제니는 진저리를 쳤다. 이렇게 고흐에게는 쉽사리 포기 못하는 집요한 면이 있었다. 보통 사람이면 상대방이 싫다고 하면 포기하는 게 십상이나 그의 집착은 유별났고 결국은 본인이나 상대방을 힘들게 만들었다. 결국 유제니한테 일방적으로 걷어 채이고 비참한 몰골로 고향으로 돌아온 장남을 보고 고흐의 부모는 한없이 실망했다. 부모는 고흐가 제대로 사람 구실이나 제대로 하려는지 모르겠다고 걱정했다.

전도사 생활

고향에서 빈둥거리던 고흐는 이후 성직자의 길을 걸으려고 결심했다. 아마도 집안 분위기 탓이 컸으리라 짐작된다. 암스테르담에서 신학대학 준비를 하다가 중단한 고흐는 전도사가 되기로 결심한다. 브뤼셀로 가서 전도사 양성학교에 다니던 고흐는 여기서도 기이한 행동을 보이면서 동료들과 한바탕 싸우고 자퇴를 했다. 이후 임시직이기는 하나 전도사 자격을 부여받은 고흐는 벨기에 남부의 탄광촌이 있는 보리나주로 향했다. 그곳에서 그는 전도 생활에 열과 성을 몽땅 바쳤다. 지독한 가난에 허덕이는 사람들에게 복음뿐만 아니라 자신의 의복과 돈마저 탈탈 털어 나눠 주었고, 진정한 기독교인이길 자처하며 솔선수범했다.

굶주린 아이들에게 자신의 식사를 그대로 주었고, 입고 있던 옷을 그 자리에서 싹둑싹둑 잘라 광부들의 상처를 동여매어 주었다. 광부들과 하나가 되기 위해 목욕조차 하지 않았다. 이렇게 매사에 극단적으로 덤벼드는 것이 그의 성격이기도 했다. 이런 그를 지방 전도위원회는 해임해 버렸다. 고흐가 남들과 다른 열성적인 봉사활동을 하는 건 인정하지만 전도사에게 절실히 요구되는 설교에 필요한 말주변이 부족하다는 것이 첫 번째 이유였다. 이 밖에 교회의 권위와 위엄을 유지해야 할 성직자가 그들보다 더 더러운 옷을 걸치고 종교 활동을 했다는 것이 또 다른 이유였다.

파리 몽마르트르 시절

전도사의 길도 막히자 고흐는 그림이야말로 신이 자신에게 준 천직이라 생각했다. 그림을 그리는 활동 속에서 진정한 신의 존재를 발견하려고 했던 것이다. 이후 고향 에덴과 브뤼셀·헤이그·뉘넨 등을 전전하면서 그림 그리기에 전념한다. 27세의 늦깎이 화가 인생이 시작되었다. 이때부터 죽을 때까지 한 푼도 벌지 못한 그에게 그림에만 전념할 수 있도록 그의 동생 테오의 형에 대한 평생의 헌신적인 지원이 시작된다. 당시 파리에서 화상으로 있던 동생 테오가 보내주는 돈으로 근근이 그림 공부를 하며 벨기에와 네덜란드를 전전하던 고흐는 32세 되던 해에 파리로 향한다. 그의 파리 체재는 1886년부터 1888년까지 2년간 계속되었다.

이때 그는 당시 파리 미술계에 떠오르는 여러 인상파 화가들과 교류했다. 그러나 그는 그들과 동일한 화풍의 그림을 그릴 생각이 없었다. 그는 오히려 '탈 인상파'에 가까웠고 후에 그의 그림은 현대 미술의 큰 장을 열었다. 고흐는 화가 에밀 베르나르·앙리 로트렉 등과 특히 가깝게 지냈다. 나중에 기이한 인연을 맺게 되는 폴 고갱을 동생 테오로부터 소개받았다. 고흐보다 다섯 살 위였던 고갱은 당시 다니던 증권거래소를 청산하고 새로이 화가의 길을 걷고 있었다. 고흐는 고갱의 그림과 직설적이고 거침없는 그의 말투에 홀딱 반해버렸다. 그는 고갱을 거칠고 야성적이지만 타락하지 않은 인물로 생각했다. 그러나 고갱은 다른 사람의 의견을 무시하고 남의 염장을 지르는 데는 선수였다. 결국 이 때문에 나중에 두 사람은 아를에서 사달이 나고 만다.

아를에서의 생활

고흐는 이들과 어울리며 회화 전반에 대하여 이야기도 하고 스스로도 새로운 그림을 그리는 데 몰두했다. 몽마르트르에서 머문 지 2년이 되어 가면서 고흐는 점점 답답해졌다. 그림 실력은 향상되는 것 같았으나 정작 그의 그림은 팔리지 않았기 때문이었다. 테오 역시 인상파 화가들의 작품을 꾸준히 팔았으나 정작 형의 그림은 팔리지 않았다. 이때부터 고흐는 탈출구로써 프랑스 남부의 아를 지방으로 옮길 것을 결심한다. 화가 로트랙이 간간히 그가 어린 시절을 보낸 프로방스 지방 이야기하는 것을 듣고 그곳이 마치 멋진 신세계처럼 생각된 것이다. 무엇보다도 동생 테오가 요한나와 혼담이 오가자 형으로서 한 푼도 못 벌면서 동생의 신혼집에서 눌러앉아 먹고 자고 하는 일이 너무나 염치없는 일로 생각되었다.

그는 떠나기로 결심했다. 나름의 새로운 그림을 추구할 공간과 시간도 절실해졌다. 남쪽 지방의 빛나는 태양, 따뜻한 색채, 그리고 저렴한 생활비로 가난한 화가들을 불러 모아 화가 공동체를 만들 수 있으리라는 희망에 가득 찼다. 아를로 떠나는 형을 배웅하면서 동생 테오의 마음도 착잡했다. 화가로서 형의 놀라운 재능을 알아주지 않는 세상이 원망스럽기도 했다. 아를에 도착한 고흐는 밝은 태양과 짙푸른 하늘 등 아를 지방의 인상적인 풍경 속에서 맹렬하게 작품 제작에 몰두하게 된다. 아를에는 겨울철에 특유의 미스트랄(알프스에서 지중해 쪽으로 부는 차고 건조한 바람)이라는 돌풍이 거세게 분다. 이 돌풍이 불 때에도 그는 말뚝을 땅에 박고 거기다 이젤을 단단히 묶어서 악착같이 그림을 그려나갔다. 테오가 보내주는 돈이 변변치 않아서 물감사기에도 턱없이 부족했다. 물과 빵으로 간신히 끼니를 때우면서 해가 뜨고 질 때까지 그는 오직 그림만 그렸다. 1888년 2월부터 1889년 5월까지 1년하고도 두 달 반 동안 고흐는 아를에서 무려 190여 점의 유화를 그렸다. 역시 한 가지에 극단적으로 집착하는 그의 성격이 그림 제작에 나타난 것이다.

이 시기의 작품에는 세상에 알려진 것들이 많다. 〈해바라기 연작〉 〈도개교〉 〈밤의 카페 테라스〉 〈론강 위로 별이 빛나는 밤〉 〈노란 집〉 〈우편배달부 룰랭〉 등 고흐의 절정기 작품들이 이때 죄다 나왔다. 그러나 밑바닥 생활 때문에 제대로 영양 섭취를 하지 못한 그의 몸은 점차 쇠약해져 갔으며 예민한 그의 정신세계를 병적인 상태로 몰아갔다. 바로 이때 고갱이 이곳으로 찾아온다. 고흐가 아를에 온 목적 중 하나가 일종의 예술가들의 공동조합을 만드는 데 있었다. 그는 가난한 화가들이 공동으로 모여서 생활하면 식비와 집세 등의 비용이 절약될 수 있

고흐의 작품 〈별이 빛나는 밤에〉

지 않을까 생각한 것이다. 그래서 파리의 여러 화가들에게 이곳으로 와서 같이 작업을 하자고 계속 편지를 보냈는데 이들 중 고갱만 혼자 불쑥 찾아 온 것이다.

고흐와 고갱 두 사람은 미래에는 사람들이 자신들의 그림을 이해할 수 있을 것으로 생각하고 있었다. 그러나 이들의 동거 생활은 불과 두 달밖에 계속되지 못했다. 두 사람의 성격과 예술관은 완전히 극과 극인데다 자기주장을 내세우며 고집을 피우기 시작하면 한도 끝도 없었다. 둘이 함께 그림을 그리고 있을라치면 서로가 상대방 그림의 결점을 지적하기에 바빴다. 이러니 두 사람이 온전히 지내기란 거의 불가능해졌을 것이다. 날씨 탓에 집안에 콕 박혀 있자 두 사람은 더욱 승강이가 심해졌다. 그러던 어느 날 고흐는 해바라기를, 고갱은 고흐를 그리고 있었다. 그런데 고갱이 그린 고흐는 미친 사람처럼 보여 고흐는 불같이 화를 냈다. 그날 밤 두 사람은 술집에 가서 술을 마시다가 또 한 번 대판 싸움을 벌였다.

이럴 때는 신경이 섬세한 사람이 신경이 두꺼운 사람한테 백전백패하는 법이다. 두 사람의 관계는 기어코 1888년 12월 24일 크리스마스이브의 밤에 파국으로 치달았다. 고갱이 온 지 꼭 두 달이 되는 날이었다. 고흐와 또 언쟁이 붙자 고갱이 슬그머니 밖으로 나갔다. 고갱이 동네 라마르틴 광장을 막 건너가려고 했을 때 고흐가 면도칼을 들고 그의 뒤를 쫓고 있던 것을 보았다. 골목길 입구에서 고갱이 홱 고개를 돌려 노려보자 고흐는 바로 고개를 푹 떨구고 그 길로 집에 돌아왔다. 그리고 귀를 잘라 종이에 싸서 평소 알고 지내는 창녀에게 주었다. 그 다음 날 짐을 싸려고 고흐의 집에 들른 고갱은 고흐가 귀를 싸매고 침대에 누워 끙끙거리고 있는 것을 보고 테오에게 전보를 치고 파리로 돌아갔다. 밤늦게 테오가 도착했고 밖에서는 동네 사람들이 모여 고흐가 살점 하나 없이 귀만 싹둑 도려낸 것을 두고 연신 입방아를 찧어대고 있었다. 고갱은 이후에도 고흐와 계속 편지를 주고받았다.

처절한 가난과 장기간의 제작 활동으로 심신이 지쳐 있었던 데다가 심적으로 계속 긁고 있는 고갱과의 관계가 고흐에게 면도칼을 쥐게 했을 것이다. 한편 동생 테오의 결혼이 진행되면서 그가 보내오는 송금이 끊길지 모른다고 조마조마했고 그림도 여전히 한 점도 팔리지 않는 등 불안감이 극도로 가중되었다. 이때부터 그는 강한 자극을 받거나 하면 발작이 재발하는 증상이 심해져 갔다. 자신의 귀를 자른 이 미치광이 화가가 다시 발작을 일으킬지도 모른다는 소문이 마을 사람들에게 커다란 불안을 안겨 주었다. 그들은 고흐를 이대로 놔두었다가는 동네에서 무슨 일을 벌일지 모른다는 공포에 휩싸였다. 급기야 그들은 미치광이를 감방에 가두어 달라는 청원을 하기에 이르렀고 결국 고흐는 아를의 정신병원에 강제로 입원되었다.

생 레미 정신병원에서의 생활

고흐도 이런 분위기의 아를에 머물러 있고 싶지 않았다. 끔찍하고 불쾌했던 기억이 가득 찬 이 시골 마을에서 한시바삐 떠나고 싶어 했다. 그는 아를 북동쪽 25㎞ 부근에 위치한 생 레미 정신병원에 입원하게 됐다. 병원 측은 고흐가 광인이 아니라 간질 발작 정도라고 진단했다. 훗날에는 이런 증세를 정신분열증이라고 했다. 고흐는 병원에서도 작품 활동을 계속했다. 테오는 아를에서 형이 보내온 〈우편배달부 롤랭〉〈씨 뿌리는 남자〉〈론강 위로 별이 빛나는 밤〉〈해바라기〉 등을 받고 훌륭하다고 평가했다. 그림이 팔리지 않는 것은 아직 일반 애호가들이 형의 그림의 진가를 모르기 때문이라고 위로했다.

이어서 곧 파리에서 개최되는 앙데팡당 전시회*에 고흐의 작품을 출품해 달라는 요청을 받았다고 덧붙였다. 드디어 고흐의 작품이 세상에 드러내어 평가의 대상이 되는 날이 온 것이다. 그러던 어느 날 병원 근처에서 그림을 그리던 고흐가 아를에서 귀를 자르던 사건 이후 두 번째 발작이 엄습했다. 잠시 잠잠했던 발작이 재발한 것이다. 고흐는 자신이 그 병원에 있다는 것 자체가 발작의 원인이라고 생각했다. 과거에 수도원이었던 이 정신병원의 어떤 종교적인 무엇인가가 자기에게 영향을 끼치지 않는가 하고 생각했다. 이 병원은 가끔 음식에서 바퀴벌레가 나오기도 했을 정도로 급식을 비롯한 여러 환경이

---

* 앙데팡당 전시회란 1884년 프랑스에서 전통적이고 관료적인 아카데미즘에 반대하는 화가들에 의해 주최된 자유출품제로서 진보적인 인상파 화가들에 의해 처음 시도되었다.

지독하게 열악했다. 닷새 동안이나 발작이 계속되었고, 자살소동까지 벌이게 됐다. 그는 병원에 불만을 느끼게 되었고 그곳을 나가고 싶어 했다.

고흐의 마지막 거처 오베르

1890년 5월 17일 고흐는 잠깐 파리에 들렀다가 5월 21일 그의 마지막을 보낸 파리 근교의 오베르에 도착했다. 오베르로 간 것은 테오가 형의 친구이자 너그러운 품성의 화가 피사로에게 형의 거처를 부탁했기 때문이었

마지막 거처(고흐의 집)

다. 피사로는 그곳에 폴 가셰라는 의사가 있어 고흐를 가까이 돌볼 수 있을 것이라고 생각했다. 고흐는 그곳에서 의사이자 미술애호가인 가셰를 만났고 라부라는 사람이 경영하는 여관 2층 거처에 여장을 풀었다. 아래층은 식당 겸 카페인데 지금도 그대로이고 2층은 고흐가 살던 당시 그대로 재현해 놓고 관광객을 맞이하고 있다. 오늘날에는 이 집을 '고흐의 집'이라고 부르고 있다. 1890년 7월 27일에 권총 자살을 기도하고 이틀 후인 29일에 절명하기까지 약 70일 동안 고흐는 소묘를 포함하여 53점이라는 경이적인 숫자의 그림을 그렸다. 게다가 그림의 내용도 훨씬 훌륭해졌다. 그림의 밝기도 전체적으로 약간 억제된 느낌을 주고 있는데 본인도 자신의 그림에 만족스러워했다.

7월 27일, 고흐가 저녁때가 되어도 돌아오지 않았다. 여관집 라부 부부가 이상하게 여기고 있었는데 해가 진 후 현관문을 열고 고흐가 돌아왔다. 몸을 구부리고 들어 온 고흐에게 라부 부부가 웬일이냐고 묻자 끙끙거리며 아무 말도 없이 자기 방으로 올라갔다. 이상하게 여긴 라부 부부가 급히 올라가자 고흐는 총탄이 관통한 심장 근처의 상처를 보여 주었다. 고흐의 주치의 비슷한 가셰가 급히 달려와서 상처에 붕대를 감아주고 파리의 테오에게 전보를 보냈다. 이튿날 아침 테오는 형에게 즉시 달려왔고 온종일 형을 간호했다. 총알은 심장 아주 가까운 부위에 박혀 있어 수술도 불가능했다. 29일 오전 1시 30분 동생 테오는 형과 나란히 누워 형의 머리를 안았다. 잠시 뒤에 고흐는 "이대로 죽고 싶다"라고 하면서 숨을 거두었다.

그날 아침 파리와 여러 곳에서 일곱 명의 친구들이 찾아와 해바라기로 방을 장식했고, 관 옆에는 그의 그림들이 진열되었다. 7월 30일

마지막 작품 〈까마귀 나는 밀밭〉

에 거행된 장례식에 참석한 이는 베르나르·탕기·라발·카미유 피사로·요한나의 오빠 그리고 가셰였다. 고갱은 참석하지 않았다. 고갱은 얼마 있다가 남태평양의 타이티섬으로 떠났다. 그도 결국 죽을 때까지 세상 사람들의 인정을 못 받았다. 영화에서나 소설에서는 고흐가 불타오르는 듯한 황금색 밀밭에서 권총을 쏘아 자살을 기도한 것으로 되어 있는데 그것이 사실인지 아닌지는 고흐 외에는 아무도 모른다.

단지 고흐가 말년에 그린 음산한 분위기의 작품 〈까마귀 나는 밀밭〉을 보고 대충 짐작했을 뿐이다. 그러면 고흐는 왜 자살했을까?

고흐 형제의 묘지(왼편 고흐, 오른편 동생)

유언을 남기지 않아 확실하게는 몰라도 자꾸만 발작 증세가 도지면서 동생 테오에게 더 이상 부담을 주지 않으려고 시도한 것으로 보인다. 일부에서는 완전히 지칠 대로 지쳐 있던 신경이 그렇게 몰아갔다는 설도 있다. 고흐의 죽음 이후 테오는 착란증에 빠져 정신병원에 입원했다가 6개월 후에 신장병으로 숨을 거두었다. 형이 죽은 지 불과 6개월 만이었다. 23년 후 1914년 요한나는 테오의 유골을 오베르의 고흐 곁에 묻어주었다. 이 두 형제는 현재 오베르에 있는 묘지에 나란히 잠들고 있다. 묘지 울타리 너머에는 한없이 넓은 밀밭이 펼쳐져 있다. 두 형제는 어떠한 성공에 대한 보장도, 일체의 도움도 없이 그들이 꿈꾸는 미래를 위해 용감히 싸우고 돌진하다가 패잔병처럼 스러져 갔다.

제15장

타이타닉

흥행의 귀재, 제임스 카메론 감독 / 타이타닉호 침몰의 진실

I. 타이타닉(1998년), Titanic

이 영화는 〈바람과 함께 사라지다〉 〈벤허〉 〈아라비아의 로렌스〉 등에 비견될 만한 영화사에 길이 남을 불후의 명작이다. 역사상 최고의 제작비 2억 8,000만 달러에, 최대 세트 제작, 자료 준비 기간 5년과 제작 기간 2년 등 '20세기 마지막을 장식하는 대작'으로 평가받았다. 무려 아카데미상 11개 부문을 수상함으로써 대작 〈벤허〉와 동일한 기록을 남겼다. 감독 제임스 카메론의 열정과 치밀성은 영화 곳곳에서 관객의 시선을 사로잡았고, 심

장을 뜨겁게 달구면서, 장대한 스케일의 3시간 이상의 전설을 창조했다. 그는 단순한 멜로드라마도 이처럼 큰 감동을 줄 수 있다는 사실을 유감없이 보여주었다.

이 작품은 전 세계를 놀라게 한 실제 사건을 바탕으로 창조된 낭만적인 서사극이다. 그동안 이 비극적 사건을 소재로 한 영화나 TV물은 여럿 있었지만 이렇게 아름답게 러브스토리를 엮어서 관객의 심

잭(레오나르도 분)과 로즈(케이트 분)

금을 울린 영화는 없었다. 영화의 스토리는 젊은 로즈(케이트 윈슬렛 분)의 시점에서 진행되는데 그녀가 평생 가슴속에 간직한 잭 도슨(레오나르도 디카프리오 분)과의 러브스토리는 어떤 것이었을지, 그녀는 어떻게 생존했으며 '침몰할 수 없다는 배'는 과연 어떻게 침몰했을지 등등을 보여준다.

처음에 잭 역을 매튜 매커너히로 점찍었는데 카메론 감독이 디카프리오를 강력히 추천했다는 후문이다. 케이트 윈슬렛은 로즈 역을 따내려고 끈질기게 카메론 감독에게 졸라댔다. 런던의 자택에서 카메론 감독에게 매일같이 이메일을 보냈고 LA로 와서는 매일 전화를 해댔다. 마침내 로즈 역을 거머쥔 케이트는 카메론 감독에게 장미(로즈) 한 다발을 보내며 진정한 로즈를 보여주겠다고 기염을 토했다. 스미스 선장 역에는 로버트 드 니로가 결정되어 있었는데 갑자기 위장에 탈

이 나는 바람에 포기했다. 이 영화 촬영이 끝난 후 디카프리오와 케이트는 친남매처럼 가깝게 지내오고 있다. 2015년 88회 아카데미 시상식에서 〈레버넌트 - 죽음에서 돌아온 자〉로 남우주연상을 따낸 디카프리오에게 눈물을 글썽이며 가장 환호했던 배우가 케이트였다.

이미 타이타닉호를 주제로 한 영화들이 여럿 있어서 처음 영화가 기획될 때에는 많은 이들이 흥행을 시큰둥하게 보고 이 영화의 제작에 별로 내키지 않아 했다. 이런 여러 부정적인 시각에도 불구하고 카메론은 영화를 밀어붙이다시피 해서 만들기 시작했다. 그러나 시간이 지날수록 제작비가 무지막지하게 늘어나면서 제작사인 폭스와 파라마운트 관계자들의 애간장은 점점 더 타들어갔다. 애당초 1억 2,000만~1억 5,000만 달러 정도를 예상했던 제작비가 2억 달러를 넘어가기 시작했던 것이다.

이처럼 예상보다 마구 늘어나는 제작비 때문에 제작을 중도 포기하려는 움직임도 나타나자, 카메론 감독은 자신의 개런티 800만 불을 포기하기까지 했다. 따라서 원래대로라면 〈타이타닉〉이 아무리 성공해도 카메론은 각본료를 제외하고는 한 푼도 받을 수 없었다. 여하튼 제작사였던 폭스나 파라마운트 또한 파산은 아니지만 엄청난 타격을 받을 것이라고 예상했기에 조금이라도 덜 망하기 위해 개봉 시기까지 세심하게 조율하며 안간힘을 썼다.

그러나 막상 뚜껑을 열어본 결과는 예상을 뛰어넘는 전대미문의 초대박이었다. 미국 내 흥행 성적 6억 달러(약 6,000억 원), 미국을 제외한 해외 흥행 성적 12억 4,500만 달러(약 1조 2,450억 원)를 합쳐, 총합 약 18억 4,500만 달러(약 1조 8,450억 원)로 10년 넘게 세계 1위의 타이틀을 고수했다. 이후 많은 블록버스터들이 〈타이타닉〉의 아성에 도전했지만 모두 실패로 돌아갔다. 이전 〈E.T.〉와 〈쥬라기 공원〉 이후 미국 영화가 전 세계 시장을 대상으로 영역을 넓혀간 이후 올린 최고의 성적 중 하나였다.

실제로 엄청난 불안감 끝에 개봉한 〈타이타닉〉의 첫 번째 주(週) 성적은 겨우 2,800만 달러였다. 오프닝 성적이 바닥의 성적을 기록하여 암운을 드리우기도 했다. 이래저래 폭스와 파라마운트 간부들의 심장은 타이타닉호처럼 또 한 번 덜컥 가라앉았다. 그러나 입소문을 타고 점차 성적이 오르더니 박스오피스 15주 연속 1위라는 역대급 기록을 달성하면서 기염을 토했다.

II. 흥행의 귀재, 제임스 카메론 감독

오늘날까지 세계 영화사상 20억 달러의 이상의 수익을 돌파한 영화 6편(〈아바타〉 〈어벤져스: 엔드게임〉 〈타이타닉〉 〈스타워즈: 깨어난 포스〉 〈어벤져스: 인피니티 워〉 〈아바타: 물의 길〉) 중 절반인 3편을 만든 감독이 바로 제임스 카메론이다. 경이적인 흥행몰이의 주인공인 것이다. 그는 매번 관객들에게 신선한 충격과 짜릿한

제임스 카메론

〈트루 라이즈〉의 제이미 리와 슈와즈네거

재미를 안겨주면서 단순히 볼거리와 스케일에 치중된 단순한 블록버스터*가 아닌, 짜임새 있는 스토리를 풍성한 볼거리와 함께 풀어낸다. 또한 스토리 텔러로서의 재능과 영상에 대한 뛰어난 감각을 표현해 왔다.

캐나다 온타리오에서 태어난 카메론의 아버지는 전기기술자, 어머니는 화가였다. 어렸을 적 〈고질라〉 시리즈에 푹 빠지기도 했던 카메론은 그때부터 잡동사니로 로켓·비행기·탱크 등을 만들면서 미니어처 제작의 습작을 거쳤다. 한편 독서광이었던 카메론은 특히 공상과학소설을 좋아해 그 시각적 상상력을 화면에 표현하는 데 관심을 가지고 있었다. 캘리포니아 주립대를 중퇴한 카메론은 결혼을 하고 트럭운전사로 일했다. 시나리오를 쓰고 있던 그는 LA로 가서 로저 코먼의 뉴월드 영화사에 들어간다. 81년에 〈식인 피라니어〉로 감독 데뷔했다. 그 후 카메론은 〈터미네이터〉 시나리오를 들고 제작자 게일 앤 허드를 찾아가고 〈터미네이터〉 속편을 비롯한 모든 권리를 1달러에 넘길 테니 자신을

〈터미네이터2〉의 슈와즈네거

---

* 일반적으로 블록버스터(Blockbuster)란 제작비용이 많이 들어간 영화를 말한다. 블록버스터의 뜻은 초대형 폭탄으로 세계 2차 대전에 영국 공군이 쓰던 4.5톤의 거대한 폭탄을 말한다. 간혹 대히트작들을 일컬을 때도 쓰인다.

감독으로 기용하라고 제안한다.

1988년, 650만 달러라는 비교적 저예산으로 만든, 미래사회의 암울한 묵시록이 담긴 SF액션물인 〈터미네이터 1〉은 '테크 누아르'란 평과 함께 대성공을 거뒀고, 이어서 〈에이리언 2〉의 감독으로 발탁된다(〈에이리언 1〉은 리들리 스콧이 감독). 카메론은 〈터미네이터〉와 〈에이리언 2〉의 대성공으로 영화사의 돈을 맘대로 쓸 수 있게 되자 새로운 특수효과를 개발해가면서 시각세계의 표현영역을 넓히는 데 주력한다. 이후 그의 블록버스터 작품인 〈타이타닉〉〈아바타〉〈아바타: 물의 길〉 등에서 보여주었듯이 대부분 그의 작품은 엄청난 규모의 제작비를 쏟아부은 블록버스터 급으로 유명하다. 그래서 카메론은 할리우드 영화의 제작비 상승을 주도해온 인물로 알려져 있다.

카메론은 명장 윌리엄 와일러, 스탠리 큐브릭 감독처럼 완벽주의자로 유명하다. 거기다 괴팍하기까지 해서 악명이 높다. 촬영장에서 배우들과 스태프들을 달달 볶는 데는 일가견이 있다는 소문이 나 있었다. 제 아무리 몸값이 높고 유명한 배우라 할지라도 인정사정없었다. 그러나 훗날 〈아바타〉 촬영 준비 차 여러 과학자와 함께 심해 탐사를 다녀오면서 성격이 일변했다. 그는 "다른 사람들을 존중하며 함께 일하는 과정에서 생기는 유대감"을 탐사 과정에서 배웠다고 소회를 밝혔고 이후 촬영장의 분위기가 전과 다르게 부드러워졌다는 후문이다. 금년 12월 아바타 시리즈 3편인 〈아바타: 불과 재〉를 공개할 예정에 있다.

III. 타이타닉호 침몰의 진실

1912년 4월 10일, 세계 최신이며 최대 규모를 자랑하는 초호화 여객선인 타이타닉호가 영국의 사우스햄프턴항을 떠나 뉴욕을 향해 출발했다. 배의 규

진수된 타이타닉호

모나 시설로 보나 이 여객선은 그야말로 천하무적으로 보였다. 이 배는 당시의 어떤 군함보다 두 배나 컸다. 그야말로 불침선이었다. 검은빛으로 도색된 반짝이는 선체엔 엷은 황색의 굴뚝 4개, 총톤수 4만 6,328톤을 자랑하고 있었다. 길이는 약 2.7 킬로미터로 두꺼운 강철판을 사용한 2중 바닥이었고, 갑판 밑은 만약을 대비하여 16개의 방수 구획실이 설치되어 있었다. 또한 브리지(선교)에서 단추를 누르면 자동으로 각 구획실의 문이 닫히도록 설계되어 있었다. 이 배에는 당시 사람들의 기대에 부응하는 모든 시설이 갖추어져 있었다.

4월 14일 일요일. 별이 빛나는 추운 밤, 타이타닉호는 캐나다 뉴펀들랜드섬 남동해역을 20노트를 약간 웃도는 속도로 미끄러지듯 나아가고 있었다. 달빛도 없는 칠흑 같은 고요한 밤이었다. 2,224명의 승객과 승무원들은 이 호화 여객선의 첫 번째 항해라는 축제 기분으로 한껏 들떠 있었다. 승객 명부에는 당시 내로라하는 부호들과 기라성 같은 명사들의 이름이 올라 있었다. 그 가운데는 대부호인 존 제이콥 애스터, 미국 메이시 백화점 소유자인 이시도어 스트라우스와 여러

명의 영국 귀족, 또한 이 배의 설계자인 토마스 앤드류스 등이 있었다. 앤드류스는 이 배야말로 20세기 기술을 몽땅 응축한 것이라고 자부하고 있었다. 승무원들 역시 이 배를 자랑스럽게 여기면서 이렇게 말하기도 했다.

"하느님이라도 이 배를 가라앉힐 수는 없을 것이야."

타이타닉호가 첫 항해를 떠난 그해, 그린란드와 북부 지역은 30년 만에 가장 따뜻한 겨울이 찾아왔다. 그래서 빙산과 얼음들은 래브라도 해류의 영향을 받아 남쪽으로 움직이고 있었다. 자연의 기후도

영화에서 첫 항해를 떠나는 타이타닉호

사고를 유발하기에 딱 좋은 조건이었다. 그래서 동북쪽으로 따뜻한 걸프 해류에 떠밀려 빙산은 국제적으로 통용되던 대서양 횡단 해상 통로로 여기저기 밀려 들어와 있었다. 밤이 깊어지면서 타이타닉호는 근처에 빙산이 떠 있다는 첫 번째 전문을 받았다. 이 최초의 빙산 경고는 카로니아호에서 온 것이었다.

"타이타닉호 선장께 알림, 서쪽으로 향하는 여러 선박들이 북위 42도, 서경 49~51도 사이에 빙산과 얼음덩이들이 떠 있다고 경고하고 있음."

통신실에서는 잭 필립스와 해롤드 브라이드 두 무선사가 그 지역에 있는 다른 배들로부터도 빙산에 대한 경고 메시지를 거듭 받고 있었다. 그러나 이들 무선사는 그 전문을 무시해 버렸다. 이들은 "어떤 경우에도 이 배는 절대로 침몰할 수 없다"라는 주위에서 하는 말을 귀에 못이 박히도록 들었기 때문이다. 몇 시간 후에 다시 한번 같은 내용의 전문이 들어왔다.

이제는 그 전문을 아예 받아 적지도 않았다. 세 번째 전문이 들어오자 할 수 없이 이번에는 그 통신내용을 적어서 에드워드 스미스 선장에게 전했다. 스미스 선장은 그 전문을 읽어보고는 아무 말 없이 타이타닉호의 소유 회사인 '화이트 스타 라인' 사장에게 건네주었다. 그는 그 전문을 보고 쓰레기통에 휙 던져 버렸다. 한 시간쯤 후에, 다시 네 번째 경고가 들어왔다. 그러자 이번에는 선장이 말했다. "승객들에게 떠다니는 빙산을 조심하도록 일러줘라" 그것이 전부였다. 승객들이 빙산을 어떻게 조심해야 하는지, 그것은 참으로 웃기는 말이었다.

그날 밤 9시 30분에 다섯 번째 전문이 들어왔다. 다섯 시간 동안 계속 들어오는 빙산 경고는 깡그리 무시되었다. 배는 전속력으로 달리고 있었다. 이제 타이타닉호는 뉴펀들랜드섬 최남단 지점인 케이프 레이스에 가까워졌다. 이때에는 친구들과 친척들 그리고 사업상 계약 등 승객들의 일상 무전들로 통신실은 온통 북새통을 이루었다. 열 단어에 3달러를 받는 당시로서는 엄청난 폭리를 취하는 무선 요금에도 불구하고 1등석의 승객들은 경쟁적으로 타이타닉호에서 무선 연락을 보냈다.

외부로 나가는 무선 송신기는 고장이 나서 불통이 되기까지 했다. 아마 세계 최고의 여객선을 타고 있다고 지인들에게 자랑하고 싶었을 것이다. 이와 같이 호기를 부리며 메시지를 보내는 일은 긴 항해 동안 즐길 수 있는 기분전환 방법 중 하나였다. 증기선인 메사바호가 급전을 보내 타이타닉호가 진행하고 있는 방향에 거대한 빙산이 떠 있다고 또 한 번 전해 주었지만, 이 전보도 끝내 묵살되고 말았다.

밤 11시, 캘리포니안호의 스탠리 로드 선장은 전속력으로 항해하는 타이타닉호를 보고 기겁했다. 그는 곧 무선사 시릴 에반스에게 타이타닉호에 신속히 경고 메시지를 보내라고 지시했다. 에반스는 곧바로 "우리 캘리포니안호가 빙산에 둘러싸여 오도 가도 못하고 있다. 귀 선박도 주의하시오"라는 무전을 보냈다. 그러나 이를 수신한 타이타닉호의 필립스는 "끼어들지 마시오. 당신은 지금 우리 무선 교신을 방해하고 있단 말이오"하고 핀잔을 줬다. 폼을 잡고 싶어 하는 1등석 승객들의 전보 보내기에 바빴던 필립스가 땍땍거린 것이다. 애써 조심하라고 보낸 무전에 거꾸로 면박을 당하자 화딱지가 난 에반스는 씩씩거리며 11시 30분경 잠을 청했다. 승객들의 폭주하는 무선 처리를 위하여 이렇게 중요한 무선 내용을 깔아뭉갠 처사는 곧바로 커다란 비극을 불러왔다.

밤 11시 40분, 마스트 꼭대기의 망대에서는 승무원 프레데릭 플리트가 어둠을 응시하고 있었다. 그때, 그는 배 항로 바로 앞에 검은 물체가 떠 있음을 발견했다. 그것은 빙산이었다! 빙산도 보통 큰 빙산이 아니었다. 빙산은 유령처럼 어둠 속에서 어슴푸레하게 그 모습을 나타냈다. 그는 급히 망대의 종을 세 번 크게 울렸다. 종을 세 번 친다는 것은 바로 앞쪽에 물체가 있다는 신호였다. 선교에 전화를 걸었다. 고함이 터져 나왔다. 난리가 났다. "전방에 빙산이다!" 이 빙산은 높이 25미터, 길이 약 20미터로, 추정 배수량은 20만 톤급으로 타이타닉호의 4배나 되는 거대한 규모였다.

선교에 있던 1등 항해사 윌리엄 머독은 '전속력으로 후진' 할 것과 '좌측으로 급히 선회' 할 것을 명령했다. 그러자 배는 왼쪽으로 천천히 돌기 시작했고, 빙산을 피할 수 있을 것처럼 보였다. 항해사의 행동은 민첩했지

영화에서 침몰하는 타이타닉호

만, 그러나 이미 때가 늦었다. 끽끽거리는 귀에 거슬리는 긁히는 소리가 들려오고, 머독은 배가 빙산에 부딪쳤음을 깨달았다. 감시원으로부터 보고를 접수한 지 30초가 조금 지났을까 말까한 시간에 당직 항해사는 '트드드득' 하는 기분 나쁜 소리를 들었다.

거대한 빙산이 배의 우현을 긁고 지나갔다. 야구공만 한 얼음 조각에서 농구공 크기의 얼음에 이르기까지 많은 얼음이 우현의 갑판 위에 폭포처럼 쏟아져 내렸다. 배와 빙산은 길어야 10초 동안 접촉했다. 동시에 약 90미터 닫는 레버를 가동시켰다. 16개의 방수 구획실이 즉각 닫혔으며, 승무원들은 안심했다. 갑판 위의 승객들은 얼음 조각들을 주워서 깨뜨리면서 장난까지 치고 있었다. 카드놀이에 정신이

팔렸던 사람들은 테이블에서 눈을 돌려 밖을 보았으나, 창문 밖으로 빙산이 휙 지나가는 것을 본 뒤 무심하게 다시 놀이에 몰두했다. 그때 34년간의 항해 경력을 지닌 베테랑인 스미스 선장은 배 설계자인 앤드류스와 함께 배를 막 순시하려던 참이었다. 바로 그 순간 선장의 상상을 초월한 끔찍한 사건이 벌어진 것이었다. 빙산은 이미 선체의 리벳(철판을 이어 고정시키는 큰 대가리 못)을 쥐어뜯고, 강철판에 구멍을 뚫어 놓았던 것이다.

후에 수거한 강철을 실험해 본 결과 타이타닉호에 사용된 강철 종류는 영하의 수온에서 부서지기 쉽다는 점이 발견되었다. 10분 사이에 16개 방수 구획실 가운데 3개 구획실이 물로 꽉 찼고, 뱃머리(이물)가 아래로 기울기 시작했다. 앤드류스는 스미스 선장에게 타이타닉호가 이미 파국을 맞이했음을 침통하게 알려 주었다. 방수 구획실이 3개나 파손된 이상 배의 침몰은 불가피하다는 것이었다. 4월 15일 자정이 약간 지난 시각, 스미스 선장은 조난 신호를 발신하도록 지시했다. 불과 20킬로미터 정도의 거리에 화물선 캘리포니안호가 있었지만 무선사 에반스는 이미 잠에 곯아 떨어져 있었다. 당시는 교대 근무 제도가 없어 한 사람이 24시간씩 꼬박 근무하곤 했다.

한심한 것은 캘리포니안호의 한 수습 승무원이 하늘에서 터지는 구조 신호탄을 보고 선장을 깨우러 갔다가 막상 선장님을 깨우기 직전 겁이 나서 그만두었다. 그때는 그런 시절이었다. 하늘같은 선장을 깨운다는 게 보통 용기가 필요한 게 아니었다. 스미스 선장은 타이타닉에서 구명보트를 내리고 하선할 것을 명령했다. 그러나 승객들은 구명보트를 타라는 지시가 있었지만, 상당수는 그 지시에 따르지 않았다. 그때까지도 승객들은 타이타닉호가 결코 침몰하지 않을 것이라고 생각하고 있었기 때문이다. 그래서 처음에는 승객 대부분은 구명보트에 탈 생각조차 안 했다. 시커먼 북대서양 한복판에서 나무로 만든 조그마한 보트보다는 길이 270미터의 강철로 만들어진 최신형 여객선이 훨씬 안전해 보이는 건 어쩌면 당연한 일일지도 몰랐다.

배에서 가장 부호였던 존 제이컵 애스터도 아내에게 "여기가 저 조그만 보트보다 안전해"라고까지 말했다. 스미스 선장은 탈출 명령을 내리되, 혼란 방지를 위해 대놓고 승객들에게 침몰이 임박하다고 알리지도 않았다. 이

침몰하는 타이타닉호(상상화)

배에는 구명보트 14척, 비상용 소형 돛배 2척, 공기 구명정 4척으로 총 20척이 탑재되어 있었고, 공식 수용인원은 1,178명으로 승선 인원의 약 3분의 2에 해당되었다. 나중에야 밝혀진 일이지만, 최초 배 설계 시에는 구명보트가 64척이 계획되어 있었다. 그러나 그것은 어느새 40척으로 줄어들었고, 그다음에는 다시 23척으로 점점 더 줄다가 선박 제작팀과 소유주 사이의 절충 끝에 결국 20척으로 팍 줄어들어 버렸다. 선박 소유주는 구명보트가 차지하는 공간을 산책로로 사용하길 바랐던 것이다. 점차 배가 서서히 기울어짐에 따라 대다수의 승객들은 상황이 훨씬 심각함을 깨닫기 시작했다. 그때 가서야 너도나도

구명보트를 향해 필사적으로 달려가기 시작했다.

혼란 속에서 구명보트에 옮겨 탈 수 있었던 사람들은 불과 711명의 승객에 불과했다. 12시 45분쯤 우현에서 정원 65명의 구명보트 7호가 겨우 28명을 태우고 처음으로 내려졌다. 곧이어 55분에 좌현에서 구명보트 6호가 7호와 마찬가지로 28명을 태우고 내려졌다. 이와 같이 정원수를 채우지 않고 구명보트를 내린 것은 2등 항해사 찰스 라이톨러가 스미스 선장이 지시한 "여자와 어린이 먼저"란 말을 "여자와 어린이만"으로 해석했기 때문이었다.

이것이 문제를 더욱 악화시켰다. 정원이 덜 찼음에도 성인 남자라는 이유로 탑승이 거부된 것이다. 구명보트는 좌현과 우현 양쪽에서 하나둘씩 내려지기 시작했는데 대부분 정원을 제대로 채우지 않고 내려졌다. 구명보트 5호는 41명이 탔고 3호는 32명이, 8호는 39명이 탔고 1호는 겨우 12명(정원 40명)밖에 타고 있지 않았다. 모든 구명보트에는 최소한 500명이 더 탈 수 있었다는 사실이 나중에야 확인되었다. 1시 30분쯤에는 배의 앞머리가 잠기기 시작하고 혼란은 점점 더 심해져 갔다.

구명보트도 이제 어느 정도 정원을 채우면서 태우기 시작했다. 그 사이에 배는 심하게 기울어져 차디찬 바다 속으로 조금씩 가라앉고 있었다. 오전 2시 15분, 빙산과 충돌한 지 대략 2시간 반 후 드디어 선미(고물)를 공중에 높이 들어 올리면서 배가 순간적으로 수직으로 섰다. 그러자 엔진과 승강기, 비품류와 식료품, 유리 식기와 석탄 등 고정되어 있지 않은 모든 것들이 튀어나와 굉장한 소리를 내면서 굴러 떨어졌다.

그리고는 잠시 후 음산한 정적만이 남았다. 이렇게 호화 여객선은 1,513명을 태운 채 바다로 사라지고 말았다. 오전 2시 20분, 배가 완전히 침몰하자 배에 남아있던 사람들은 차가운 북대서

영화에서 침몰하는 배를 바라보는 잭

양 한복판에 버려졌다. 당시 바닷물의 온도는 영하 2도였다. 바닷물에 빠졌다가 나온 2등 항해사 라이톨러의 회상에 따르면 "천 자루의 칼로 몸을 찌르는 느낌"이었다고 한다. 사람들의 비명은 침몰로부터 20분이 지나면서 점차 잠잠해지기 시작했다. 영하 2도의 차가운 바닷물 속에 있던 사람들은 '저체온증'으로 대부분이 30분 안에 사망했으며 4명만이 그곳에서 겨우 살아남았다.

90킬로미터 떨어져 있던 여객선 카르파티아호가 구조신호를 받고 황급히 달려왔지만 현장에 도착한 시간은 오전 4시였다. 타이타닉호가 완전 침몰한 지 1시간 40분이 지난 시각이었다. 카르파티아호는 타이타닉호의 정반대 방향으로 가고 있었다. 4월 14일 자정 무렵, 로스트론 선장은 자고 있던 중 통신사로부터 타이타닉호가 침몰하고 있음을 보고받았다. 그는 즉시 사고 현장을 향해 전속력으로 달려갈 것

을 지시했다. 바다의 파도는 점점 거칠어지고 있었다. 멀리서 달려오는 카르파티아호의 불빛은 오전 3시 30분에 볼 수 있어서 생존자들이 환호했지만, 모든 생존자를 구조하는 데는 몇 시간이 더 걸렸다. 오전 4시쯤 구명보트 4호를 최초로 발견하여 구조했고 약 4시간 30분 동안 20개의 구명보트에 타고 있는 생존자들을 인양했다.

이 무렵 카르파티아호의 선원들과 승객들은 바다에 20개가 넘는 거대한 빙산들과 타이타닉호의 잔해들이 떠 있는 것을 보았다고 한다. 오전 8시 30분에 마지막 생존자를 구조하고 나서 45분 후 다른 배들도 구조를 위해 달려왔지만 추가 생존자는 발견할 수 없었다. 그리고 뒤늦게 달려온 화물선 캘리포니안호에게 잔해를 더 뒤져보라고 지시하고 오전 8시 50분에 미합중국 해군의 정찰 순양함 체스터호의 호위를 받으며 뉴욕으로 향했다. 카르파티아호의 뉴욕행 항해도 빙산·안개·폭풍·거친 파도 등 악천후의 연속이었지만, 4일 후인 4월 18일 뉴욕항에 도착했다. 항구는 사고 소식을 들으려는 수만 명의 사람들로 북새통을 이루었다. 로스트론 선장은 영웅으로 칭송받았고, 1912년 미국 의회 명예 황금 훈장을 받았다. 이후 그는 제1차 세계대전에 참전해 활약했다.

비하인드 스토리

스미스 선장은 끝까지 배에 남았다. 그가 마지막으로 목격된 이후에 무엇을 했는지는 알려져 있지 않다. 배의 설계자인 앤드류스는 승객들의 구명보트를 내리는 것을 돕다가 1등실 흡연실에서 배와 함께 최후를 맞이했다. 이때 흡연실에서 고귀하게 남기로 한 사람은 앤드류스뿐 만이 아니라 다른 1등실 승객들도 있었다. 어떤 승객들은 카드 게임을 계속했으며 당대 저명한 언론인이었던 윌리엄 스티드는 차분하게 앉아서 책을 읽고 있었다. 기관장인 조지프 벨을 포함한 많은 기관사와 화부들이 배가 완전히 침몰하기 전까지 배의 전기를 작동시키는 작업을 하며 배와 함께 최후를 맞이했다. 항해사들과는 달리 기관사들은 전원 순직했다. 이들은 최후의 순간까지 고군분투했는데 이는 전속 항해 중이던 타이타닉호의 기관이 바짝 달아올라 있어서 차가운 바닷물이 닿으면 폭발할 위험이 있었기 때문이었다.

월리스 하틀리가 지휘를 한 8명의 악단은 배가 침몰하기 불과 10분 전까지 찬송가를 연주하고 서로에게 행운을 빈 후 헤어졌다. 2등실 승객이었던 가톨릭 사제 토머스 바일스 신부는 구명보트 승선을 거절하고 사람들의 구명보트 승선을 도왔고, 구명보트를 타지 못하고 죽을 운명만을 기다리는 사람들을 위하여 갑판 위에서 미사를 드리다가 선종했다. 백만장자인 철강업자 벤저민 구겐하임은 부인과 하녀를 보트에 태우고 선원의 구명조끼를 거절하고 턱시도로 갈아입은 뒤 자신을 따르는 하인과 함께 "우리는 가장 어울리는 의복을 입고 신사답게 갈 것이다"라고 말하며 마지막까지 시가와 브랜디를 마시며 배와 함께 최후를 맞이했다. 그의 딸 페기 구겐하임은 유산으로 물려받은 예술 작품들로 나중에 베네치아 구겐하임 미술관을 세웠다.

뉴욕에서 유명한 메이시 백화점을 소유하고 있는 스트라우스 노부부는 금슬이 좋았다. 남편인 이시도어 스트라우스가 구명보트 승선을 거절하자 그의 아내인 아이다 스트라우스도 선원의 구명보트 승선 제안을 정중하게 거절한 다음 하녀 엘렌 버드에게 모피 코트를 건네주었다. 그리고 그녀를 자기 대신 구명보트에 태운 뒤 남편과 함께 운명을 맞이했다. 이시도어 스트라우스 부부가 승선을 거부한 건 노블레스 오블리주라는 게 이런 거라는 걸 보여주는 보기 드문 사례로 칭송을 받았다. 옆에 있던 지인이 노부부가 승선하는 것에 대해서 누구라도 시비를 걸지 않을 거라면서 승선을 권유했지만, 이시도어는 "나는 다른 이가 누리지 못하는 특권을 누리고 싶지 않네"라고 말하며 승선을 거부했다. 영화 〈타이타닉〉에서는 물이 들어오는 선실 침대에 이 부부가 함께 껴안고 누워 있는 장면으로 등장한다. 현재 뉴욕 브롱크스에 스트라우스 부부를 기리는 기념비에는 이런 글귀가 적혀 있다. "바닷물로도 침몰시킬 수 없었던 사랑".

남편이 금광을 발견해 하루아침에 부자가 된 1등실 승객 여장부 몰리 브라운은 구명보트에서 가장 앞장서서 노를 저었으며 생존자를 구조하자고 요청했다. 하지만 조타수 로버트 히친스가 자꾸 뭐라고 지껄이자 계속 그렇게 구시렁대면 바닷물 속에 처넣어 버리겠다고 강압적으로 말했다. 명배우 케시 베이츠가 영화에서 몰리 브라운으로 나오는데 구명보트에 타기 전 배의 구석구석을 돌아다니며 길을 잃어 헤매는 3등실 승객들을 보트로 안내했다.

5등 항해사 헤럴드 로우는 침몰 직후 물 위에 떠 있는 승객들을 구조하러 간 항해사였다. 서열은 생존한 항해사 중 막내였으나, 괄괄한 성격답게 자신이 지휘하는 보트 3척을 모아 2척에 승객들을 전부 옮기고, 선원 3명과 구조작업을 지원한 남성 승객 1명과 함께 침몰 현장으로 나머지 보트를 몰고 갔다. 당시 세계 최고 부자 중 한 사람이었던 존 제이콥 애스터는 임신 5개월 된 아내를 구명보트에 태워 보내며 갑판 위에 앉아, 한 손에는 강아지를 안고 다른 한 손에는 시가를 피우면서 멀리 가는 보트를 향해 "사랑해요. 여보!"라고 외쳤다.

승객들을 대피시키던 선원 한 명이 애스터에게 보트에 타라고 하자, 애스터는 일언지하에 거절했다. "사람이 최소한의 양심은 있어야 하지 않겠습니까?" 그런 다음 마지막으로 남은 한 자리를 곁에 있던 한 아일랜드 여성에게 양보했다. 그리고 며칠 후, 배의 파편들에 의해 찢긴 애스터의 시신을 생존자 수색 중이던 승무원이 발견했다. 그는 타이타닉호 10척도 만들 수 있는 재산을 가진 부호였지만 살아남을 수 있는 모든 기회를 사양했다. 목숨으로 양심을 지킨 위대한 사나이의 선택이었다. 희생자 중에는 억만장자 애스터를 비롯하여 저명한 언론인·사업가·군인·엔지니어 등 사회적 저명인사가 많았지만, 이들 모두는 곁에 있던 가난한 부녀자들에게 자리를 양보했다.

그러나 예외도 있었다. 일본 철도원 차장인 호소노 마사부미는 여성과 어린이들로 채워진 10번 구명보트에 여장을 하고 살그머니 올라탔다. 구조 후 미국에 도착했을 때 그는 '행운의 일본인'으로 알려졌다. 얼마 후 도쿄에서 발행된 잡지에 그의 이야기가 실리면서 그는 줄지에 나락으로 떨어졌다. 잡지에는 영국의 윤리학 교수 로렌스 비슬리가 "사람들을 밀쳐내고 보트에 탄 비열한 일본인이 있었다"라는 증언이 실려 있었다. '창피한 일본인'이라는 비난과 함께 그는 직장을 잃었고 언론에 의해 오랫동안 겁쟁이로 비난받았다. 그는 후회와 수치 속에서 남은 생을 보냈다.

찰스 조긴은 타이타닉호의 요리사였다. 배가 빙산에 충돌했을 때 취침 중이던 조긴은 급히 잠에서 깨어났다. 그는 자리에서 일어나자마자 구명정을 내리는 작업에 임했고 공포에 빠진 승객들을 진정시켰다. 또한 수십 개의 의자를 바다로 집어던져 사람들이 잡고 떠 있을 수 있게 하기도 하였다. 그는 이런 헌신적인 행동 덕에 구명정에 탑승하라는 권유를 받았다. 하지만 더 많은 사람을 구한다면서 그 기회를 사양했다.

죽음을 직감한 그는 "마지막으로 술이나 실컷 마시고 죽자"라고 굳게 마음을 먹고는 술을 꺼내 들이키기 시작했다. 마지막 구명정이 떠나고 결국 타이타닉호는 침몰했다. 조긴은 거의 두 시간 동안 차가운 바닷물 속에 몸을 담그고 있었다. 그의 주장에 따르면 술 덕분에 거의 추위를 느끼지 않았다고 한다. 그는 물 위에 떠 있는 생존한 승객들을 구하기 위해 돌아온 구명보트에 의해 구조되었다. 그는 끝까지 "술이 나를 구했다"라고 주장했다.

침몰 및 참사 원인

첫째, 빙산과 스치듯 충돌할 때 찢어진 배의 철판이 너무도 강도가 약했다는 것이다. 이런 경우 요즘 같으면 찢기지 않고 그냥 움푹 파이면서 구부러지기만 했을 것이다. 그러나 황화물이 많이 함유된 당시 배의 철판은 차가운 바닷물 속에 오래 잠겨 있으면 가벼운 충격에도 그냥 부서져 버리는 성질이 있었다. 오늘날의 야금학에서는 철강에 유황의 함량이 높을 경우 특정한 조건에서는 그냥 부서져버리는 현상을 잘 알고 있다. 그러나 당시에는 그런 지식이 전혀 없었다. 결국 황화물이 많이 들어간 철판을 쓴 타이타닉호의 외벽이 그냥 부서진 것이다.

둘째, 불량 리벳(철판을 연결하는 데 쓰이는 대형 못)의 사용도 원인으로 작용했다. 당시는 선박용 리벳의 소재가 일반 철에서 훨씬 탄탄한 강철로 한창 바뀌는 때였다. 그러나 타이타닉호의 조선소에서는 리벳 난으로 인해 하중이 많이 걸리는 선체 중앙에만 강철 리벳을 사용하고 나머지 부분에는 일반철 리벳을 썼다. 빙산과 스친 선박 표면에 있던 일반철 리벳들이 부서지면서 이 틈으로 바닷물이 밀려 들어왔던 셈이다.

셋째, 대서양을 여러 번 횡단한 경험이 있던 다른 선박들과 먼저 대서양을 횡단한 선박들의 무선사들이 타이타닉호 무선사들에게 여러 차례 빙산 충돌의 위험 경고를 보냈으나 타이타닉호의 무선사들은 이러한 경고를 개무시하거나 선장에게 전달이 되었어도 선장도 크게 개의치 않았다.

넷째, 쌍안경을 보관하는 상자의 열쇠를 항구에 두고 오는 어처구니없는 일이 생기는 바람에 쌍안경 사용이 불가능했다. 더구나 당일 밤에는 달빛도 없는 칠흑 같은 어둠 때문에 맨눈으로는 먼 거리를 식별하기 매우 어려웠다.

다섯째, 가장 가까웠던 배인 캘리포니안호의 유일한 무선사인 에반스는 초과 근무로 피곤해서 침몰 당시 깊은 잠을 자고 있었다. 캘리포니안호가 제 시간에 도착해 구조 활동을 하였다면 대형 인명사고는 피할 수 있었을 것이다. 당시에는 통신사 1인이 24시간 근무하는 것이 일상적이었다. 이 사고 이후 통신사들의 교대 근무제가 실시되었다.

여섯째, 사고에 대처한 승무원들의 구조 훈련이 전혀 안 되어 있었다. 일례로 3등객 승객들이 탈출하는데 여러 가지 어려움을 겪었다. 일단 나중에는 대부분 어떻게든 나오긴 했지만 이미 상당수의 구명보트가 내려진 상태였다. 이 밖에 구명보트에 승객을 태우고 내리는 일도 훈련이 안 되어 있어 대형 참사로 이어졌다.

일곱째, 구명보트의 수가 최초 계획보다 현저히 부족했다. 처음에는 64척이 계획되어 있었으나 나중에는 20척으로 1/3 이하로 줄어들었다. 그나마도 많은 구명보트가 꽉 채우지 않은 상태로 내려졌다. 20척의 보트에 꽉꽉 채워 탑승시켰다면 이론적으로 1,500명 정도는 살릴 수 있었을 것이다.

제16장

닥터 지바고

장대한 서사극의 거장, 데이비드 린 / 러시아 혁명

Ⅰ. 닥터 지바고(1978년), Doctor Zhivago

〈닥터 지바고〉는 구소련 작가 보리스 파스테르나크의 노벨문학상 수상 작품을 스크린에 옮긴 대작 영화다. 원작은 1955년에 완성됐지만 공산주의 혁명을 불순하게 다룬다는 이유로 소련에서는 출판이 금지됐고 파스테르나크는 작가 동맹에서 제명되는 등 온갖 박해를 받았다. 그러나 1957년 이탈리아에서 첫 출판 이후 세계적인 베스트셀러가 된다. 영화는 인간들이 만들어낸 혁명과 전쟁 속에서 고난과 시련 속에 살아가는 여러 다양한 인간 군상을 그리고 있다. 이와 같은

군상 속에서 예술적 감성을 지닌 시인이자 주인공인 지바고의 삶을 그려 나가고 있다. 이를 통해 시인도 혁명가도 죽음을 피할 순 없지만 순수한 예술혼은 불멸하다는 것을 보여준다.

이 영화를 만든 감독 데이비드 린 감독은 일찍이 〈위대한 유산〉〈올리버 트위스트〉로 문학 작품을 영화화하는 데 일가견이 있음을 보여주었다. 특히 〈아라비아의 로렌스〉〈콰이강의 다리〉로 전쟁과 인물을 그리는 데 탁월한 연출 감각이 있다는 것을 보여준 바 있었는데 마찬가지로 〈닥터 지바고〉에서도 그의 뛰어난 재능과 역량을 유감없이 발휘했다.

영화의 대부분 장면을 스페인에서 촬영한 뒤 겨울 장면은 핀란드와 캐나다 밴프 국립공원으로 옮겨 촬영했다. 특히 겨울 장면 중에서 영화 〈아라비아의 로렌스〉의 사막 풍광처럼 '익스트림 롱 샷*'으로 찍은 눈 덮인 평원의 풍광은 영화사에 영원히 잊

전장에서 라라와 지바고

지 못할 장면으로 남을 것이다. 이집트 배우인 오마 샤리프는 맑고 커다란 눈망울로 시대의 격동기를 헤쳐 나가는 의사이자 시인의 역할을

---

* 익스트림 롱 샷은 보통 아주 넓은 샷을 말한다. 인물과 피사체는 아주 작게 보이며 배경이 주가 된다. 버드 아이샷(새의 눈으로 본다는 뜻)이라고도 한다. 주로 웅장한 배경 혹은 사건을 보여줄 때 사용한다.

탁월하게 연기했고 줄리 크리스티는 뜨거운 감성과 냉철한 자제심을 갖춘 여주인공 역을 멋지게 소화해 냈다.

촬영감독 프레디 영은 러시아의 광대하고 거친 풍광을 실감나게 재현했고 린 감독의 명콤비인 모리스 자르의 가슴을 울리는 음악도 이 영화를 더욱 빛내 주었다. 이 영화는 아카데미 촬영상·각본상·작곡상·미술상·의상상의 다섯 개 부문을 수상했고 지금도 TV 방영을 통해 계속해서 많은 관객에게 감동을 안겨주고 있다.

II. 장대한 서사극의 거장, 데이비드 린

데이비드 린

거장 데이비드 린은 1908년 영국 크로이던에서 태어났다. 10대 시절 우연히 본 영화에 푹 빠져 무작정 영화계에 입문한다. 이후 스튜디오에서 잡역부 등으로 일하면서 1930년대에는 꽤 촉망받는 편집기사로 영국 영화계에 이름을 알린다. 편집기사로서 실력을 인정받은 린은 1942년 영국 최고의 극작가이자 배우인 노엘 카워드와 공동 연출로 1942년 전쟁 홍보 영화 〈토린호의 운명〉이라는 장편 영화로 데뷔한다.

1945년 린은 영화 〈밀회〉를 감독하면서 치밀한 연출과 편집, 멋진 화면 구사 등으로 주목을 받기 시작한다. 이 영화는 기차역에서 벌어지는 러브스토리 중 몽고메리 클리프트의 〈종착역〉과 함께 영화사에 영원히 남는 걸작 중의 하나로 손꼽히고 있다. 영화 전편에 흐르는 라흐마니노프 피아노협주곡 2번의 선율과 함께 기억되는 슬프고도 아름다운 러브스토리이다. 이 작품은 린이 이후 스펙터클 대작들을 내놓기 전에 만든 가장 아름다운 영화로 기록된다.

린은 〈밀회〉를 찍은 후 〈위대한 유산〉〈올리버 트위스트〉 등 찰스 디킨스의 작품을 스크린에 담아냈다. 두 작품 모두 성공하면서 린은 문학작품을 영화화하는데 뛰어난 감독이라는 평판을 얻게 된다. 특히 〈올리버 트위스트〉라는 복잡한 소설을 간결하면서도 깔끔하게 영상화하는 데 성공했다는 평을 받았다. 훗날 따라다니는 '스크린의 서사 시인'이라는 칭호는 이때부터 그 싹을 보이기 시작했다.

1950년대 중반 린은 할리우드 자본을 무기로 대작 영화를 연출하기 시작한다. 이 시기에 영화사에 길이 남을 〈콰이강의 다리〉〈아라비아의 로렌스〉〈닥터 지바고〉. 총 세 편의 대작을 연출했다. 초기에는 영국 영화를 만들면서

〈아라비아의 로렌스〉, 피터 오툴과 안소니 퀸

아름답고 소박한 영국의 리얼리즘을 표현했던 린은 이제는 70㎜의 대형카메라로 사막과 설원의 광대함을 스크린에 담아내어 시각미의 극치를 관객들에게 선사하기 시작한 것이다. 이 영화들은 후대의 블록

버스터 급 영화 감독들에게 지대한 영향을 주었다.

〈닥터 지바고〉에서 지바고

〈닥터 지바고〉의 대성공 이후 1970년에는 〈라이언의 딸〉을 내놓았다. 삼 년 이상의 제작 기간과 1,400만 달러라는 막대한 자본을 투입한 이 영화는 비평가들로부터 뭘 얘기하려는지 도대체 모르겠다는 비아냥과 함께 '거장의 객기'라는 차가운 비판에 시달렸다. 이 영화는 세월이 흐르면서 호의적인 평가로 바뀌긴 했지만 상심이 너무 깊어서였는지 린은 14년 동안이나 침묵했다. 이후 1984년 〈인도로 가는 길〉을 만든 후 16세기 멕시코를 배경으로 한 조셉 콘라드의 작품 〈노스트로모〉를 준비하다가 인후암으로 1991년 83세의 나이로 세상을 떠났다.

린은 열여섯 편의 영화라는 그리 많지 않은 작품을 남겼으나 그의 영화들은 무려 26개의 아카데미 트로피를 획득하는 등 영화사에 커다란 발자국을 남겼다. 격동기를 배경으로 등장하는 인간들의 얽히고설킨 드라마를 거대한 스케일과 빈틈없는 작가적 역량으로 능숙하게 펼쳐 보였던 거장이었다. 특히 풍경 묘사에 있어서는 타의 추종을 불허하는 대가였다. 단순하면서도 중후한 촬영으로 놀라운 화면 미학을 실현했다는 절찬을 받았다.

〈닥터 지바고〉의 하얀 설원, 〈아라비아의 로렌스〉의 뜨거운 열사熱沙, 〈라이언의 딸〉의 넓고 푸른 바다와 해변 장면 등을 익스트림 롱 샷으로 잡아낸 아름다운 영상들이 그 대표적인 장면들이다. 그는 어느 인터뷰에서 "나는 우연히 카메라라는 좋은 눈을 갖게 되었다. 렌즈를 통해 보는 세상은 정말 즐거운 일이다. 진정한 감각적 기쁨을 주는 이 작업은 나는 정말로 사랑한다"라는 말을 남겼다.

III. 러시아 혁명

20세기는 1917년 러시아 혁명으로 막을 열고, 1989년 공산국가 소련의 해체로 막을 내리면서 지구인들이 공산주의를 실험했던 기간이라고 해도 과언이 아니다. 20세기 초까지 서유럽에서는 혁명과 변혁이 잇따랐다. 그러나 러시아는 유럽에서 가장 후진적인 나라로 차르(러시아 황제)의 압제가 극에 달했었다. 차르는 군주 신권神權을 굳게 지키고 있었다. 러시아정교는 유럽 어느 나라보다 더 권위적이고 차르 정부의 도구 역할을 톡톡히 했다. 그들은 이 나라는 거룩한 러시아이며, 차르는 인민들의 거룩한 아버지라고 끊임없이 외쳐댔다.

교회와 차르 정부의 이와 같은 쇼는 인민들의 정신을 압살했다. 차르의 러시아 지배 뒤에는 감옥과 고문, 그리고 황량하고 참혹한 시베리아 유형지가 도사리고 있었다. 수많은 정치범들이 가차 없이 시베리아로 보내졌다. 혹독한 유형 생활이나 장기간의 감옥살이는 참고 견디기 어려운 고통이었다. 차르의 러시아는 저항의 목을 쳐들기만

하면 단칼에 베어 버리고 자유의 싹을 발로 뭉개 놓았다. 지나친 압제에 대한 본능적인 반항으로 수차례 농민들의 반란이 일어났으나 그때마다 잔혹하게 진압되곤 했다. 그러나 이런 와중에도 서유럽의 자유와 민주주의 사상이 조금씩 틈새를 비집고 흘러 들어왔다.

나폴레옹 전쟁 말기, 프랑스군을 추격하면서 서유럽 한가운데 위치한 파리로 진군한 러시아군 청년 장교들에게 자유와 평등 같은 프랑스 혁명 이념이나 인권 사상에 대한 개념은 신선하고도 커다란 충격을 안겨주었다. 1776년에는 영국 식민지인 아메리카에서 독립 전쟁이 일어났고, "모든 사람은 평등하게 태어났다"라는 기치 아래 저 먼 곳, 북아메리카에 자유스러운 입헌 공화국이 세워졌다는 사실과 1789년에는 프랑스 혁명이 일어나 자유, 평등, 박애의 깃발 아래 새로운 세계가 펼쳐졌음을 그들은 현장에서 직접 눈으로 확인한 것이다.

러시아의 청년 장교들이 호흡한 유럽의 공기는 참으로 신선했고 충격적이었다. 반면에 조국 러시아의 현실은 극도로 암울했다. 비록 청년 장교들이 대부분 귀족의 자제들이었지만 차르의 폭정으로 신

데카브리스트 봉기

음하는 조국 러시아 농민들의 모습이 자연스럽게 떠올랐을 것이다. 새로운 사조를 접하고 러시아로 돌아간 이들 청년 장교들과 일단의 지식인들이 1825년 12월 당시 러시아의 수도였던 페테르부르크에서

반란을 일으켰는데, 이를 '데카브리스트 반란'이라고 한다. 이 반란은 러시아 최초의 정치적 각성의 표시였다. 비록 이 반란은 가혹하게 진압되었지만 이 반란으로부터 훗날 혁명의 싹이 트기 시작했다.

먼저 러시아 혁명이 일어났던 20세기 초, 러시아를 다스렸던 황제 니콜라이 2세에 관해 알아보자. 그의 유약한 성격과 무능력, 그리고 우둔함이 러시아 혁명과 무관하지 않기 때문이다. 니콜라이 2세는 부황 알렉산드르 3세로부터 대

니콜라이 2세와 가족

제국을 물려받았다. 그러나 불행히도 니콜라이 2세는 대제국을 다스릴 만한 그릇이 못 되었다. 그는 전제자에게 요구되는 지능과 성격, 능력을 전혀 구비하지 못했다. 성격이 지나치게 유약했고 특히 과격한 성격의 사람을 만나면 질겁을 하면서 멀리했다.

자신의 중신들 가운데에서도 자기처럼 사근사근하고 온순한 신하들만 가까이했다. 지적知的으로 모자라다 보니까 국정 현안들을 토론하는 것을 가급적 기피했다. 시대의 대변혁기에 놓인 러시아를 참으로 무능하고 무기력한 차르가 물려받았던 것이다. 이런 니콜라이 2세의 무능과 아둔함을 더욱 부추긴 인물은 황후 알렉산드라였다. 그녀는 영국 빅토리아 여왕의 외손녀로서 독일의 헤센 공국에서 태어났다. 거만하고 쌀쌀맞아서 국민들에게 인기가 없었다. 그녀는 자기 주

제에 남편 니콜라이 2세가 성격이 어린애 같다고 늘 걱정하면서 자신이 보호해 주어야 한다고 말했다. 천생연분이라고 니콜라이 2세는 이런 아내의 말이라면 곧이곧대로 따랐다. 결국 러시아 혁명으로 목숨을 잃게 되는 니콜라이 2세 부부는 프랑스 혁명으로 처형된 루이 16세 부부와 참으로 많이 닮았다.

니콜라이 2세는 차르에 즉위하자 "부황은 내가 무엇을 해야 할지 하나도 가르쳐 주지 않았어"라고 볼멘소리를 늘어놓았다. 프랑스 혁명 당시 왕이었던 루이 16세도 역시 "할아버지(루이 15세)는 나에게 아무 것도 가르쳐주지 않았어"라고 칭얼거렸다. 니콜라이 2세의 황후가 외국인이었듯이 루이 16세의 왕후인 마리 앙투아네트 역시 오스트리아 공주였다. 앙투아네트는 철딱서니가 없었고 천방지축인 데다 사치가 심해 프랑스인들의 인심을 잃었다. "오스트리아 년이 온통 나라를 말아먹고 있다"라고 국민들에게서 손가락질을 받았다. 알렉산드라에게도 "독일 년이 황제를 갖고 논다"라고 모두들 뒤에서 쑥덕거렸다. 니콜라이 2세 부부는 1남 4녀를 두었고 금실은 꽤 좋았다. 평범한 계급에서 태어났더라면 어쩌면 행복했을 부부가 황제와 황후가 되는 바람에 본인들에게도 불행했고 러시아에도 불행을 가져왔던 것이다.

피의 일요일

러일 전쟁이 한창이던 1905년 1월 9일 일요일, 20만 명가량의 가난한 노동자들이 페테르부르크의 겨울 궁전 앞으로 시위를 하면서 모이기 시작했다. 이 시위의 지도자는 사제이며 노동 운동가인 가폰 신부었다. 그와 그의 추종자들은 제헌의회의 구성, 노동시간 단축, 최저임금 보장 등을 내걸고 시위를 시작했다. 시위대는 성상을 들고 찬송가를 불렀으며 또 "신이여, 차르를 보호하소서"라는 국가國歌

피의 일요일

를 합창했다. 군인들과 경찰들이 동원되어 군중들에게 해산을 명령했다. 노동자들이 이에 불응하자 군인들은 발포했고 그 결과 500명 이상의 사망자와 수백 명의 부상자가 발생했다. 궁전 앞 광장의 백설은 붉은 피로 물들었다. '피의 일요일'이라고 불리게 된 이 사건의 소식이 전해지자 러시아 전역에 큰 파문을 불러일으켰다. 이때의 상처로부터 러시아 제국을 무너뜨리는 혁명이 12년 후에 기어코 터지고 만다.

요승 라스푸틴

제1차 세계대전 중 러시아는 모든 교전국 중에서 가장 큰 타격을 입었다. 원래 러시아 장군들은 무능하기로 정평이 나 있었다. 장비도 변변치 못한 러시아 병사들을 무지막지하게 적진으로 밀어 넣고 한꺼번에 떼죽음으로 몰아넣었다. 또한 부패한 관리들의 농간으로 무기와 보급품은 형편없었다. 한편 투기 상인들은 전쟁을 이용해 엄청난 돈을 벌었다. 반면에 병사들과 노동자, 농민들은 굶주림에 허덕이고 불만의 소리는 날로 높아만 갔다. 어리석은 황제는 드세고 멍청한 황후와 고약한 성직자인 라스푸틴에 둘러싸여 온갖 악정을 자행하고 있었다.

요승 라스푸틴은 비천한 농가에서 태어났다. 그는 도둑질·싸움질·성폭행 등 온갖 못된 짓을 하며 자랐다. 장년이 되면서 그는 돈벌이가 쉬운 성직자가 되기로 작정하고 머리를 길게 기르고 잔꾀를 부리면서 어찌어찌해서 궁정에까지 진출하게 되었다. 차르의 외아들 알렉세이는 혈우병에 시달렸다. 그런데 어찌 된 영문인지 황태자가 출혈이 생길 때마다 라스푸틴이 손만 대면 증상이 호전되곤 해서 황후의 신임을

요승 라스푸틴

독차지하게 되었다. 그는 우둔한 차르를 마음껏 쥐고 흔들면서 최고층 인사까지도 좌지우지했다. 그리고 뒷구멍으로는 거액의 뇌물들을 챙기는 등 악덕을 일삼으며 권력의 정점에서 한껏 농간을 부리고 있었다. 이에 온건한 귀족들까지 불만이 높아지기 시작했다.

드디어 1916년 말경 차르가 자리를 비운 틈을 타서 라스푸틴은 소수의 귀족에게 살해당했다. 처음에는 그에게 독약을 먹였는데 죽지 않았다. 다시 또 몇 발의 총알을 박아 넣었는데 그래도 죽지 않았다. 그래서 귀족들은 그를 네바강으로 강제로 끌고 갔다. 그리고 차디찬 강물 속으로 억지로 밀어 넣어 기어코 죽이고 말았다.

2월 혁명

1917년 2월 23일, 24일에 걸쳐 드디어 불만이 극도에 달한 20만 명의 노동자들이 거리로 쏟아져 나왔다. 진압을 명령받은 황제의 근위대인 코사크 기병대는 진압에 나섰다가 멈칫했다. 전선에서는 동료들이 무더기로 죽어가고 후방에서는 국민이 신음하는 참상을 보고 그들조차도 분개하고 있었기 때문이다. 전 시가에 포진하고 있던 군인들도 반란에 합세했다. 그들은 거리의 군중과 합세했고 이 사태를 저지하려고 나선 장교들은 자기 부하들의 총에 맞아 죽었다. 전선에 있던 차르는 모스크바까지 페테르부르크에 동조해 혁명에 가담했다는 소식을 듣고 정예부대를 급파했으나 이들도 시민들 편에 붙어버렸다. 3월 2일 군대에서 버림을 받고 퇴위 요구에 직면한 차르는 스스로도 심신이 지칠 대로 지쳐 퇴위를 받아들였다.

이로써 수 세기에 걸쳐 러시아를 통치해 온 로마노프 왕조는 역사의 뒤편으로 사라졌다. 체포된 황제의 가족들은 서부 시베리아의 예카테린부르크로 끌려가 감금되었다. 1918년 7월 17일, 이들 황제 가족은 감시하고 있던 볼셰비키 병사들에 의해 총살되었다. 그날 새벽, 차르 가족들과 시종들을 포함한 11명은 지하실로 끌려 내려왔다. 지하실은 연기와 화약 냄새로 가득 찼으며 시체들의 피가 시냇물처럼 흘렀다.

10월 혁명

갑작스러운 노동자 계급의 대두와 지배자들의 도구였던 군대가 노동자와 합류한 것을 본 귀족, 지주계급 등의 상층계급과 부유층들은 공포에 떨며 어쩔 줄 몰라했다. 혼란 속에서 임시정부가 수립되고 케렌스키가 수상으로 선출되었다. 내부적인 권력 다툼과 쿠데타 시도까지 겹치는 등 극심한 혼란이 지

10월 혁명 후 연설하는 레닌

속되었다. 이 무렵 잠시 핀란드로 도주했던 레닌이 10월 7일 슬며시 페테르부르크로 돌아왔다. 2월 혁명과는 달리 이번에는 그가 직접 주도하면서 10월 혁명의 막이 오른다.

10월 25일 새벽 6시경 페테르부르크의 주요 관공서들이 볼셰비키의 수중에 장악되었다. 붉은 깃발을 휘날리며 순양함 오로라호가 네바강에 정박했다. 함포들은 포탄을 장전한 채 내각이 자리 잡은 겨울 궁전을 겨냥하고 있었다. 그곳에는 우유부단한 임시정부 수반인 케렌스키가 정신을 못 차리고 갈팡질팡하고 있었다. 25일 아침에 부관이 "이제 우리가 믿을 만한 부대는 하나도 남아 있지 않습니다"라고 보고했다. 이 말을 듣자마자 그는 바로 보따리를 싸 들고 일단 미국 대사관으로 튀었다가 미국으로 망명했다. 그리고 26일 새벽, 임시정부 최

후의 각료들이 마침내 백기를 들고 투항했다. 레닌이 이끄는 볼셰비키가 마침내 승자가 되었다. 소련 공산국가가 수립되었고 이후 레닌이 죽으면서 인류가 낳은 최고의 악당인 스탈린의 잔인한 통치가 시작되었다.

러시아에 볼셰비키 정권이 들어선 이후 영국의 저명한 수학자이자 철학가인 버트런드 러셀 경은 왜 자기가 볼셰비즘을 결단코 거부하는지에 대해 다음과 같이 말했다.

"먼저 볼셰비키 방식이 치러야 할 희생이 너무나 끔찍하다는 것이고, 설사 그 희생을 치른다 하더라도 그들(볼셰비키)이 원하는 결과를 결코 얻을 수 있다고 믿지 않기 때문이다"

역사는 그의 말대로 진행되었다.

제17장

아라비아의 로렌스

아카데미상 최다 수상 실패, 피터 오툴 / 토머스 에드워드 로렌스의 생애

I. 아라비아의 로렌스(1962년), Lawrence of Arabia

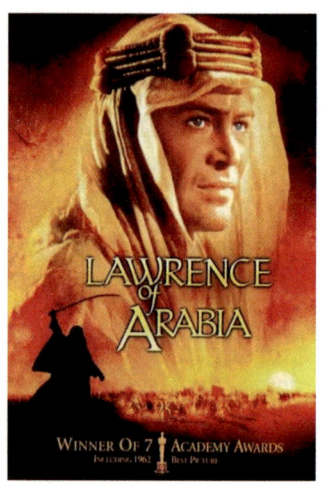

영화 〈아라비아의 로렌스〉는 이미 〈콰이강의 다리〉로 작품성과 흥행면에서 재미를 톡톡히 본 제작자 샘 스피겔과 데이비드 린 감독이 다시 한번 의기 투합하여 만든 영화사에 길이 남을 걸작이다. T. E. 로렌스의 자서전 〈지혜의 일곱 기둥〉을 바탕으로 〈사계절의 사나이〉〈닥터 지바고〉의 각본으로 유명한 로버트 볼트가 시나리오를 집필했다.

〈아라비아의 로렌스〉는 1차 세계대전 당시 중동지역의 어지러운 정치 상황과 여기에 휘말린 아름다운 몽상가인 로렌스라는 한 개인의 삶을 장쾌한 화면 속에 담아내면서 '생각하는 인간 서사시'라고 평가를 받

아랍군을 이끄는 로렌스

았다. 통상적으로 한 인물의 일대기를 그린 작품과는 달리 이 영화는 주인공 로렌스를 일방적으로 영웅화하지 않는다. 비록 전쟁을 승리로 이끌지만 목 타게 바라던 아랍권의 독립이 실패로 끝나는 과정에서 정신 분열 단계에까지 이르는 로렌스의 복잡한 심리를 깊이 있게 파헤치고 있다.

이 영화의 상영시간에 대부분 등장하는 것은 광활한 사막의 모래바람과 뜨거운 태양, 그리고 그곳에서 거주하는 베두인들이다. 요즘 같이 디지털 시대의 화려한 편집이 난무하는 영화들도 발끝도 따라오지 못할 거대한 장관을 연출했다. 영상으로 펼쳐진 방대한 사막의 풍광은 숨이 막히게 아름답다. 그야말로 관객들 스스로 사방이 모래로 덮인 사막의 여정에 함께 동참한 듯한 착각을 불러일으키게 하고 있다. 장장 2년간 요르단에서 진행된 이 사막 촬영은 악전고투의 연속이었다.

《라이프》지는 〈아라비아의 로렌스〉를 '지금까지 만들어진 영화 중 가장 공이 많이 들어간 작품'이라고 말했다. 이 영화는 총 제작 기간이 10년이라는 긴 세월이 소요된 작품이었다. 오로지 촬영 기간만 3

년이 훌쩍 넘었으며 수천 마리의 낙타가 동원되는 등 투입된 물량도 어마어마했다. 신인급인 피터 오툴, 오마 샤리프가 일약 스타덤에 올랐던 작품이었다. 이 영화는 1963년 제35회 아카데미에서 7개 부문(최우수작품상·감독상·남우조연상·촬영상·편집상·음악상·음향효과상)을 수상했다. 이전에 〈콰이강의 다리〉에서 메가폰을 잡은 데이비드 린은 이 영화 이후 〈닥터 지바고〉〈라이언의 딸〉〈인도로 가는 길〉 등을 연출하며 완전히 대작 전문 감독으로 자리를 잡았다.

이 영화는 조지 루카스와 스티븐 스필버그를 비롯한 수많은 거장 감독들에게 영감의 원천이 되었다. 특히 스필버그와 역시 이 영화의 열광적인 팬인 마틴 스코세이지 감독은 나중에 함께 이 작품을 원작의 길이(216분)로 복원하는 방대한 작업에 참여하기도 했다.

화면을 휩쓸어가는 듯한 멋진 주제곡도 이 영화를 명작으로 만드는 데 크게 기여했다. 프란시스 레이·미셸 르그랑과 함께 프랑스 영화 음악 3대 거장으로 불리는 모리스 자르가 음악을 맡았다. 린과 명콤비였던 자르는 이 영화 이후에도 〈닥터 지바고〉〈라이언의 딸〉〈인도로 가는 길〉에서 음악을 담당했고 이밖에 〈위트니스〉〈죽은 시인의 사회〉〈사랑과 영혼〉〈파리는 불타고 있는가〉 등 200여 편이 넘는 작품에서 음악을 담당했다. 자르는 이 영화에서 광활한 아라비아 사막을 배경으로 펼쳐지는 대서사시를 필하모닉 오케스트라가 연주하는 장쾌한 음악으로 어루만지며 생애 최초로 아카데미 음악상 수상의 영광을 안았다.

이 영화는 아카데미 7개 부분에 걸쳐 상을 받았지만 남우주연상 후보였던 피터 오툴은 아쉽게도 받지 못했다. 그의 이 탈락은 이후 8회에 걸쳐 후보에 오르지만 일생 동안 끝내 수상하지 못한 불운(?)의 전주곡이기도 했다. 그해에 남우주연상은 〈앵무새 죽이기, 일명 알라바마에서 생긴 일〉의 그레고리 펙에게 돌아갔다.

처음에 오툴이 영화의 주역을 맡는다고 했을 때 많은 사람들이 의아해했다. 엄청난 제작비가 투입된 대작 영화의 주연이 알려지지 않는 무명 배우에게 돌아갔으니 그럴 만도 했다. 사실 로렌스란 인물은 연기하기가 만만치 않은 복잡한 내면을 지닌 캐릭터이다. 그러나 오툴은 놀라운 연기력으로 로렌스 역할을 100% 소화해 내었다. 오툴이 캐스팅되기까지 말론 브랜도나 앤서니 홉킨스, 알랭 들롱 등 여러 배우들이 로렌스 역으로 물망에 올랐다. 제작자 스피겔은 오툴의 캐스팅을 극구 반대하면서 몽고메리 클리프트를 밀었다. 그러나 클리프트의 심각한 알코올 중독 문제가 거론되면서 린 감독이 적극 추천한 오툴이 발탁되었다는 후문이다.

II. 아카데미상 최다 수상 실패, 피터 오툴

영화 〈아라비아의 로렌스〉의 명배우 피터 오툴은 1932년 출판업자 아버지와 간호사 어머니 사이에서 아일랜드인으로 태어났다. 이후 영국으로 가족이 옮겨가서 어린 시절을 리즈에서 보내게 된다. 아버지가 인쇄업에 종사했기 때문에 자연스럽게 책을 가까이했던 그의 어렸을 때 꿈은 저널리스트였다. 《요크셔 이브닝 뉴스》라는 신문사의 기자로 잠시 활동하기도 했던 그는 열일곱 살 때 연기자로 진로를 바꾸었다. 이후 왕립 연극 아카데미에 입학, 장학금을 받을 정도로 뛰어난 재능을 보여주었다.

피터 오툴

1955년 셰익스피어의 〈햄릿〉에 출연, 평단의 호평을 받으며 연극계에 데뷔하게 되었고, 1960년에 영화 〈납치〉에 첫 출연했다. 이때 데이비드 린 감독의 눈에 띄면서 영화에 출연했는데, 그것이 바로 〈아라비아의 로렌스〉였다. "하룻밤 자고 깨어나 보니 스타가 되어 있더라"라는 말이 바로 오툴에게 해당되는 말이었다. 빼빼 마른 체격에 나르시즘에 빠져 새하얀 아랍 의상을 걸치고 낙타에 걸터앉아 아랍 병사들을 이끌고 사막을 질주하는 그의 연기에 세계 영화계는 화들짝 놀랐다. 한때 아랍의 스타가 되었다가 배신당하고 실의에 고통받는 한 인간의 모습을 절절하게 보여준 그의 연기는 최고였다. 모두 아카데미 남우주연상은 따 놓은 당상이라고들 했지만 〈앵무새 죽이기〉의 주연을 맡았던 그레고리 펙에 고배를 마시고 말았다. 이후 아카데미상은 평생을 손에 잡힐 듯 말 듯하면서 그로부터 멀어져갔다.

아카데미 평생 공로상을 받고

세계적인 스타로 발돋움한 그는 이후 오드리 헵번과 공연한 〈백만 달러의 사랑〉을 비롯해서 〈베켓〉〈겨울의 라이온〉〈굿바이 미스터 칩스〉〈바르샤바의 밤〉 등에 출연했다. 그는 〈맨 오브 라만차〉 돈키호테 역이나 〈아라비아의 로렌스〉에서 로렌스처럼 광기 어린 역할도 소화했으나 주로 왕이나 귀족 등 품격 있는 역할을 맡는 등 폭넓은 연기로 주목을 받았다. 〈마지막 황제〉에서 청나라 황제 푸이의 영국인 사부師父인 레지널드 존스턴 역을 맡기도 했고 2004년에는 〈트로이〉에서 프리아모스 왕으로 출연, 자식을 잃은 아버지의 비통함을 생생한 연기로 보여주며 큰 호평을 받기도 했다.

〈트로이〉에서 프리아모스왕 역의 오툴

한때 도박에 빠져 가산을 탕진하기도 했고, 알코올 중독으로 고생하기도 했다. 그는 말도 못 할 음주가로 유명했다. 배우 마이클 케인과 리처드 해리스에 의하면 그는 영국의 연극계에서 알아주는 술꾼이었다고 한다. 영화 〈아라비아의 로렌스〉를 찍을 때에는 오마 샤리프와 술에 절어 살았다는 풍문도 나돌았다. 결국은 1975년 건강 때문에 술을 끊었다. 오툴은 1962년 출세작 〈아라비아의 로렌스〉로 처음 아카데미상 남우주연상 후보로 지명된 이래 2006년 〈비너스〉까지 여덟 번이나 추천을 받았으나 끝내 수상에는 실패했다. 그는 수상에 8번 실패하고 난 뒤 2003년 공로상을 수상하면서 "세상에! 주인공은 못 되고 늘 들러리만 섰네요"라며 진한 아쉬움을 표했다고 한다.

당시 71세였던 오툴은 이 상을 받기 전 "그 멋진 녀석(남우주연상)을 정정당당히 따낼 시간이 더 있었으면 좋겠다. 아직 활동 중이니 80세가 될 때까지만 공로상을 미뤄 달라"며 아카데미 남우주연상에 대한 미련을 표시했다. 이는 사실상 수상을 거절하는 의사였으나 주최 측의 간곡한 요청에 결국 상을 받았다. 오툴이 〈아라비아의 로렌스〉로 남우주연상을 받지 못한 것은 '아카데미의 큰 실수 중의 하나'로 꼽히기도 한다. 오툴에게는 '아카데미상 최다 수상 실패 배우'라는 꼬리표가 따라다녔으나 네 차례의 골든글로브상과 한 차례의 에미상을 받았다. 〈아라비아의 로렌스〉로 영원히 기억에 남을 위대한 배우 오툴은 2013년 12월 14일 토요일 런던에 있는 웰링턴 병원에서 81세의 나이로 세상을 하직하였다.

III. 토머스 에드워드 로렌스의 생애

로렌스는 1888년 8월 16일 웨일스의 작은 마을 트리머독에서 태어났다. 로렌스는 어린 시절부터 몽상가적 기질이 다분했다. 이 기질은 아버지로부터 물려받았다. 아버지의 원래 이름은 토머스 로버트 채프먼 경이었다. 그는 원래 아일랜드의 웨스트미트에 본부인과 네 딸을 둔 가장이었다. 그런데 그만 하녀 사라 메이든과 사랑에 빠져버렸다. 사랑과 가정을 동시에 지킬 수도 있었으련

토머스 에드워드 로렌스

만, 그는 가정과 나라, 이름까지도 팽개치고 사라와 함께 사랑의 도피행각을 벌였다. 결국 바다 건너 웨일스의 트리머독에 새 보금자리를 꾸렸다.

새로운 둥지에서 그는 성을 로렌스로 바꾸고 5형제를 낳았다. 토마스는 둘째였다. 아버지가 본부인에게 이혼을 요청했으나 본부인이 딱 잘라 거절하는 바람에 로렌스 형제는 법적으로 사생아가 되었다. 귀족 신분이면서 사생아라는 불명예는 로렌스의 일생에 늘 어두운 그림자가 되었다. 그래선지 그는 음습한 웨일즈보다는 태양이 작열하는 아랍의 광활한 사막을 동경했는지도 모른다. 아버지는 사냥이나 낚시·요트·승마 등 야외 스포츠광이었고 어머니는 캘빈교도로 지독한 금욕주의자였다.

로렌스는 몽상가인 아버지와 금욕적인 어머니를 반반씩 닮았다. 그는 일생 동안 술과 담배는 일체 가까이하지 않았고, 여자는 더더욱 멀리했다. 로렌스는 말 타는 것 빼고는 아버지의 귀족적인 취미를 거의 물려받지 않았다. 어릴 때부터 비정상적일 정도로 자기 단련에 열중했고 철이 들 무렵부터 굶기를 밥 먹듯 했다. 먹을 걸 안 먹고 물을 안 마시고 얼마나 견딜 수 있는지, 끊임없이 스스로를 극한에 몰아넣으면서 시험해보는 괴짜였다. 그래서였을까. 그는 서구인으로는 작은 편인 키가 166cm에 불과했다.

운동신경이 뛰어났음에도 그는 여럿이 모여 하는 경기를 멀리했다. 인기 스포츠인 축구나 럭비 혹은 크리켓 따위는 구경조차 하지 않았다. 규칙이나 약속에 얽매이는 것, 많은 사람이 모이는 곳에 가는 걸 질색을 했다. 이는 속박 받는 것을 질색하는 그의 성벽 때문이었다. 또한 사람들과의 신체적 접촉도 극도로 싫어했다. 상대방이 악수를 하려고 손을 내밀면 움찔하면서 반사적으로 두 손을 등 뒤로 숨기곤 했다. 또한 섹스를 혐오해서 결혼은 물론 여자와 교제한 기록은 아예 없다. 동성애적 기질이 있었던 것으로 추정되나 확실하지는 않다.

어쨌든 로렌스는 친구들과 잘 어울리는 사회성이 풍부한 원만한 타입은 아니었고, 홀로 고독을 즐기며 사색을 즐기는 전형적인 외로운 몽상가의 모습을 보였다. 방학이 되면 카메라를 들고 자전거 여행을 떠났다. 영국 각지는 물론 바다 건너 프랑스에도 다녀왔다. 주로 옛 교회와 성터를 답사했다. 고등학교를 졸업할 무렵에는 중세의 고적이라는 곳은 안 가본 데가 없을 정도였다. 역사 지식에는 발군이었다.

고등학교 시절부터 고고학 탐구에 매료되어 있었던 그는 옥스퍼드 대학의 사학과에 진학하여 수석으로 졸업한다. 이후 첩보원 신분으로 유프라테스강에서 발굴작업을 하던 대영박물관 원정대의 일원으로 특파되었다. 1914년까지 메소포타미아·튀르키예·그리스·이집트 등지를 조사하며 다녔다. 이 기간 동안 로렌스는 아랍

아랍 복장을 한 로렌스

인들의 문화 및 언어를 배웠다. 그는 원래 이런 수순을 밟으면서 고고학자가 될 꿈을 키우고 있었다. 대학 시절 만난 옥스퍼드 대학의 박물

관장 데이비드 호가스는 로렌스를 중동지역으로 이끈 은사였다. 호가스는 로렌스에게 아랍어를 배울 것을 권했고, 그로 인해 로렌스의 아라비아에 대한 관심도가 부쩍 증가하기 시작했다. 실제로 옥스퍼드 대학은 대영제국의 중동 정책 산실이었고 호가드는 중동전략 책임자였다.

로렌스의 아라비아와의 직접적인 인연은 1909년 대학에서의 마지막 여름방학 시절이었다. 졸업 논문을 완성할 겸 메소포타미아에서 진행 중이던 고대 히타이트 문명의 발굴 사업을 견학하기 위해 아라비아 여행을 추진했다. 스승인 호가스는 여름에는 여행하기 좋지 않다며 반대했지만, 로렌스는 휴대품이라고는 카메라와 권총, 칫솔만 달랑 들고 마치 이웃 마을에 놀러 가는 것처럼 가벼운 마음으로 길을 떠났다. 그러나 여정은 험난했다. 생사의 기로에 여러 번 마주치는 등 고생은 막심했지만 극기주의자인 그에게는 충분히 감내할만한 일이었을 것이다. 훗날 아라비아의 로렌스의 싹이 보이는 대목이다.

대학 졸업 후 로렌스는 시리아·메소포타미아·소아시아·그리스·이집트 등을 홀로 돌아다녔다. 어차피 혼자 생활하는 것을 즐겼던 그였기에 여행의 고독이, 특히 사막의 고독이 그에게는 오히려 오래 입은 옷처럼 편했다. 제1차 세계대전이 발발하자 로렌스는 정보 장교 신분으로 카이로에 있는 아랍 부서로 배치되었다. 주로 중동 지역 지도 제작에 참여했다. 1915년이 되면서 아랍 민족주의 열풍이 불기 시작하여 오스만 터키에 대한 아랍 진영의 반란의 기미가 솔솔 풍기기 시작했다. 당시 영국은 사우디 헤자즈 지역의 태수였던 샤리프(아랍의 지도자)

후세인에게 반란 여부를 타진하고 있었다. 후세인은 반란을 일으키는 대신 헤자즈·시리아·메소포타미아 지방을 포함한 아랍영토에 대해 영국이 독립을 보장해줄 것을 요구하였다.

10월이 되도록 영국이 꿈지럭거리면서 회답이 없자 후세인은 오스만 제국 편에 붙어버리겠다고 공갈을 쳤다. 그렇지 않아도 갈리폴리 전투에서 똥줄이 타고 있던 영국은 결국 헨리 맥마흔 경을 통해 부랴부랴 후세인의 요구를 들어주기로 한다. 이에 따라 정보장교 신분인 로렌스는 1916년에 아라비아 지역으로 파견되어 본격적으로 아랍 반란을 지원하기 시작한다. 영국군 수뇌부는 아랍어도 능통하고 아랍 문화에 빠삭한 로렌스에게 오스만 터키에 대항할 대표 아랍인을 찾으라는 명령을 내린다. 그 대상자가 바로 메카의 대종주大宗主이자 헤자즈의 태수 후세인의 셋째 아들인 파이잘 왕자였다. 이후 파이잘 왕자와 로렌스의 질긴 인연이 시작된다. 파이잘과 제휴하여 스스로 아라비아인으로 분장하고는 사막의 유목민인 베두인족의 유격대를 지휘하는 역할을 맡았다.

1917년 로렌스는 이 유격대를 이끌고 홍해 근처 요충지인 아카바 공략에 나선다. 로렌스가 이끄는 유격대는 튀르키예군이 전혀 예상하지 못한 곳에서 공격을 가하기로 했다. 그것은 바다로부터가 아닌 사막으로부터의 공격이었다. 2개월 동안 열사熱砂의 네퓨드 사막을 피말리는 행군 끝에 1917년 7월 6일 홍해의 북쪽 끝에 있는 아카바를 점령한다. 이후에도 철도와 교량 파괴 등 파상적으로 게릴라전을 전개해나갔다. 1918년 10월 영국의 앨런비 장군의 부대와 협동 작전을 펼치면서 마침내 중동의 거점도시인 다마스쿠스를 점령할 수 있었다. 전쟁은 끝났다. 로렌스가 약속했던 아랍의 독립이 목전에 다가온 것이다.

영화에서 아랍군을 이끌고 있는 로렌스

하지만 약속했던 아랍 민족의 독립을 논의할 시점이 다가오자 영국과 프랑스는 그동안 감추고 있던 중동의 분할 통치 음모를 드러내기 시작한다. 이들은 1916년 사이크스-피코 협정*을 통해 아랍영토분할을 비밀리에 체결한 바 있었다. 아랍인과 로렌스의 승리는 아랍의 독립과 해방이 아닌 제국주의 국가들인 영국과 프랑스를 위한 승리였던 것이다. 이 때문에 로렌스는 본국에 항의하고 아랍 민족에게도 단결을 호소해 보았지만 아무런 소용이 없었다.

아랍의 영웅으로 추앙받던 로렌스의 인생과 꿈

튀르키예군을 압살하는 로렌스

---

* 사이크스 피코 협정은 1916년 5월 영국의 마크 사이크스와 프랑스의 조르주 피코 사이에 1차 대전이 끝난 후 오스만 터키가 지배하던 중동지역의 분할을 비밀리에 맺은 협정을 말한다. 프랑스는 시리아·레바논을, 영국은 이라크·요르단을 통치하고, 러시아에게도 터키의 동부지방을 주며, 팔레스타인은 공동관리로 한다는 내용이었다. 그러나 영국은 아랍 민족의 지도자 후세인에게 독립 약속을 한 뒤였다. 이 협정은 이중외교·비밀외교라 하여 많은 문제를 야기했다.

은 종전과 함께 무너져버렸다. 제국주의라는 패러다임 속에서 소수민족의 독립과 해방, 평화는 애초부터 불가능했던 것이다. 이상적인 결말을 꿈꾸었던 로렌스는 깊은 환멸을 느꼈다. 그는 국왕 조지 5세로부터의 훈장도 거부했다. 자신은 아랍인들에게 거짓된 희망을 불어넣었다며 아랍인들의 독립전쟁에서의 자기 역할은 자신에게나 영국에게나 결국은 불명예스러운 것이었다고 말했다.

아랍의 독립 운동은 결국 영국과 프랑스의 중동 지역에 대한 식민지 지배로 이어지면서 그의 꿈은 물거품이 되어 버린 것이다. 이제는 세계적인 스타가 되었으나 로렌스는 실의와 좌절의 나락에 빠져버렸다. 그는 전쟁이 끝나자 고국인 영국으로 돌아가서 세상의 관심으로부터 멀어지기 위해 군대에 입대한다. 군대로 피신하고 싶다는 그의 희망은 정부도 들어주었다. 로렌스는 1935년 2월 말까지 10년의 병역 만기를 채우고 제대했다.

이제 그를 간섭하는 일체의 요소는 없어졌다. 새로운 이름으로 개명한 로렌스는 마음껏 은둔 생활을 즐길 수 있게 되었다. 제대 후 그는 영국 도싯주 작은 마을 웨어햄에 있는 클라우즈 힐의 오두막집에 정착하였다. 그리고 그는 자신의 회고록인 〈지혜의 일곱 기둥〉을 썼다. 생각해보면 지나온 세월은 꿈과도 같은 날들이었다. 그는 오토바이의 스피드를 즐기면서 고독을 만끽했다.

영화 〈아라비아의 로렌스〉는 로렌스가 오토바이를 타고 가는 장면으로부터 시작된다. 1935년 5월 12일이었다. 친구를 초대하기 위해 오토바이를 타고 전보를 치러 갔다가 집으로 돌아오는 길이었다. 농촌의 한적한 길을 전속력으로 달리고 있는데, 앞에 자전거를 타고 가는 소년들이 보였다. 그들을 피해 급히 핸들을 꺾는 순간 오토바이는 곤두박질치고 오토바이로부터 분리된 로렌스의 몸은 공중으로 붕 떠올랐다가 나동그라졌다. 의식을 잃은 그는 이튿날 육군병원으로 옮겨졌다. 머리에 치명상을 입은 이 20세기의 괴짜 영웅은 5월 19일, 이승을 하직했다. 이때가 그의 나이 45세. 그의 유해는 5월 21일 모턴 교회에 매장되었다.

"인간은 누구나 꿈을 꾼다. 그러나 그 꿈이 모두 같은 것은 아니다. 밤에 꿈을 꾸는 사람은 밝은 아침이 되면 잠에서 깨어나 그 꿈이 헛된 것이라는 사실을 이내 깨닫는다. 반면에 낮에 꿈을 꾸는 사람은 몹시 위험하다. 그런 사람은 눈을 활짝 뜬 채 자신의 꿈을 실현시키려고 행동한다. 그렇다. 나는 낮에 꿈을 꾸었다"

— T. E. 로렌스의 저서 〈지혜의 일곱 기둥〉 머리말 中

제18장

앵무새 죽이기

완벽한 신사, 그레고리 펙 / 흑인 민권운동

I. 앵무새 죽이기(1962년), To Kill a Mockingbird

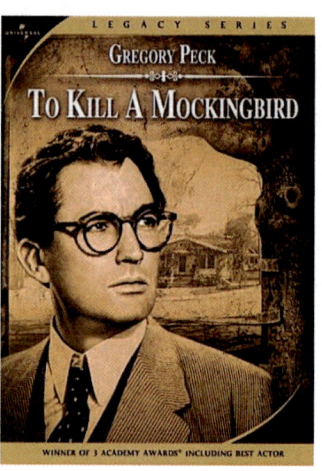

미국의 여성 작가 하퍼 리가 쓴 이 영화의 원작인 『앵무새 죽이기』에서 '앵무새를 죽이는 일'은 그 자체가 이 소설의 주제임을 말하고 있다. 이는 곧 20세기 초 미국 남부지방의 백인들이 갖고 있는 흑인들에 대한 지독하고 뿌리 깊은 인종차별을 말한다. 앵무새는 한국에서 퍼진 것으로, 'mockingbird'는 '흉내지빠귀'라는 이름의 새다. mockingbird는 미국에만 사는 흉내지빠귀과로 인간에게 해를 끼치지 않고 노래만을 불러주는 새이다.

원작은 미국에서 출판된 흑인들에 대한 인종 문제를 다룬 책 중에서 가장 뛰어난 문학 작품으로 손꼽힌다. 이 작품은 미 고교생의 필독서이며 저널리즘과 문학적 업적 등에 주는 최고의 상인 퓰리처상을 수상했다. 이 영화는 국내에서 개봉할 때 〈알라바마에서 생긴 일〉이란 제목으로 소개되었고, 이후에도 꽤 오랫동안 이 제목으로 불렸다. 문학 작품을 가장 잘 각색한 영화 중의 하나로 손꼽히고 있다.

이 영화의 백미는 단연 애티커스 역의 그레고리 펙과 딸 스카웃 역의 메리 배드햄의 뛰어난 연기일 것이다. 펙은 온화하면서도 사려 깊은 아버지이면서 고결한 인격의 소유자이다. 그는 아

아버지 애티커스와 딸 스카웃

내와 사별한 변호사로, 한 백인 여성을 강간했다는 억울한 누명을 쓴 흑인 로빈슨(브룩 피터스 분)을 열정적으로 변호한다. 이를 통해 남부 작은 마을의 지독한 독선과 인종차별을 폭로하면서 자신의 아이들에게도 고통스러운 교훈을 통해 도덕적 용기를 가르치는 역할을 탁월한 연기력으로 소화했다. 펙은 이 영화로 1963년도 아카데미 시상식에서 남우주연상을 수상했다. 이 영화는 그해 각색상도 받았다. 배드햄은 사내아이 같지만 한편으로는 섬세한 화자話者의 역할을 완벽히 해내고 있다.

이 영화는 편견으로 가득 찬 어른들의 부끄러운 세계를 천진난만한

아이들의 눈으로 바라보았기 때문에 더욱 강한 설득력을 갖는다. 르네 클레망 감독의 프랑스 영화 〈금지된 장난〉에서 아이들의 눈으로 전쟁을 고발하는 것과 유사하다. 이 영화에서 아이들이 괴상하고 무시무시한 광인狂人으로 상상하지만 결국은 그 아이들의 구원자가 되는 은둔적인 이웃 부 레이들리의 역할을 연기한 로버트 듀발의 영화계 데뷔작이기도 하다. 이 영화에서 그는 향후 명배우의 소질이 엿보이는 멋진 연기를 보여주고 있다. 엘머 번스타인의 음악도 이 영화의 감동을 불러일으키는 데 전혀 손색이 없다. 각색을 맡은 극작가 호튼 푸트는 미국 남부 시골 사람들의 정서를 사실적으로 그려내면서 그의 첫 아카데미상을 거머쥐었다.

이 영화는 인종차별에 관한 고발 말고도 놓칠 수 없는 주옥같은 몇 가지 메시지가 있다. 먼저 스카웃의 이웃에는 사람들이 미친 사람이라고 무서워하는 부 아저씨(로버트 듀발 분)가 살고 있었다. 그러나 스카웃과 오빠 젬은 그와의 접촉을 통해 그에 대한 자신들의 두려움이 아무런 근거나 어른들의 편견이 이유 없음을 깨닫게 된다. 어른들의 편견을 고발하고 있는 것이다. 결국 영화 막판에 부 아저씨는 스카웃과 젬을 죽이려는 악당으로부터 아이들을 구해준다.

두 번째는 바로 애티커스가 보여주는 민주적이고 인본주의적인 모습이다. 애티커스는 자식들에게 자신의 이름을 부르게 하고, 모든 것을 강제가 아닌 설득과 대화로 해결하려고 한다. 또한 그는 새 사냥을 하려고 하는 애들에게 아무런 해를 끼치지 않는 앵무새를 쏘는 것은 나쁜 짓이라고 말한다. 이를 통해 흑인이나 미친 사람, 혹은 가난한 사람들을 멸시하거나 무시해서는 안 된다는 것을 간접적으로 말해주고 있다.

II. 완벽한 신사, 그레고리 펙

훤칠한 키, 숯덩어리 같은 짙은 눈썹, 수려한 용모, 따스함이 묻어나는 눈빛으로 세계 여성들을 사로잡았던 그레고리 펙은 1916년 4월 5일 미국 캘리포니아주 라졸라에서 약사의 아들로 태어났다. 5살 때 부모가 이혼하면서 외할머니의 손에서 자랐다. 샌디에고 고등학교 졸업 후 명문 UC 버클리 의대에 진학했지만, 연극에 푹 빠져 전공을 문학과 연극으로 바꾸게 된다.

그레고리 펙

펙은 1939년 대학 졸업 후 뉴욕으로 건너가 네이버후드 플레이하우스 연기학교에 입학해 전설적인 연기지도자 샌퍼드 마이너스에게 수학했으며, 1942년 연극 〈더 모닝 스타〉의 주연으로 발탁되어 브로드웨이 무대에 처음으로 섰다. 브로드웨이에서 재능을 인정받은 그는 할리우드로 진출하여 1944년 영화 〈영광의 나날들〉로 영화에 데뷔를 했다. 첫 데뷔작에서는 별로 주목을 받지 못했지만, A. J. 크로닌의 소설을 영화화 한 두 번째 작품 〈천국의 열쇠〉에서 사려심 깊은 신부 역을 맡아 열연하며 아카데미 남우주연상 후보에 올랐다.

펙은 이후 〈가장 특별한 선물〉〈신사협정〉〈정오의 출격〉으로 아카데미 남우주연상 후보에 올랐다. 드디어 펙은 〈앵무새 죽이기〉에서 자상하고 민주적인 아버지이자, 백인 여성을 성폭행한 혐의로 억울하게 투옥된 흑인 청년을 변호하는 데 앞장서는 정의로운 변호사 애티커스 핀치 역을 맡아 1963년 제35회 아카데미에서 남우주연상을 수상했다. 펙은 2000년 자신의 인생을 정리하는 고별무대인 '그레고리 펙과의 대화'에 나와서 "내가 영화에 출연한 수많은 역 중 애티커스 핀치가 나와 가장 닮은 인물이었다. 그때가 내 연기 인생의 절정이기도 했다"고 회고했다. 인종차별에 맞서 싸우는 정의로운 변호사 애티커스 핀치는, 미국영화연구소가 선정한 '100년 영화사상 100인의 영웅'중에서 최고의 인물로 선정되기도 했다.

1953년 오드리 헵번과 호흡을 맞추면서 연기한 〈로마의 휴일〉도 펙의 영화 이력 중에서 많이 언급되는 명작이다. 펙은 이 영화에서 신문기자 조 브래들리 역을 맡아 전 세계 영화팬들의 마음을

〈로마의 휴일〉에서 펙과 오드리 헵번

사로잡았다. 1993년 타계한 오드리 헵번은 펙을 가리켜 "위대한 남자의 단순함, 단순한 남자의 위대함을 보여준 배우"라며 "우리 시대의 진정한 남자였다"라고 극찬했다. 펙은 상대 배우의 명연기를 끌어낼 줄 아는 배우였다. 〈로마의 휴일〉을 찍을 당시 신참 배우이기도 했던 헵번의 명연기도 펙이 없었다면 불가능했을지도 모른다.

펙은 함께 연기한 헵번의 뛰어난 연기력을 단박에 알아차렸다. 그래서 그는 헵번의 이름도 자신의 이름과 나란히 포스터 제목 위에 올라가도록 영화사에 요청했다. 시큰둥한 영화사의 반응에 "헵번은 아카데미상을 탈 게 분명하다. 만약 그렇게 된다면 훗날 나 자신이 바보가 될 수 있다"라면서 헵번의 이름을 올려주도록 강경하게 요구했다. 그의 예상대로 헵번은 이 영화로 아카데미 여우주연상을 수상했다.

펙은 60여 편의 영화에 출연하면서 폭넓은 역을 맡았지만, 주로 도덕적이고 정의감 있는 인물로 많이 나왔다. 그는 실제의 사생활에서도 영화 속에서의 도덕적이고 성실한 모습을 그대로를 보여주어 많은 칭송을 받았다. 1942년에 결혼한 첫 아내와 이혼

〈나바론 요새〉의 펙

후, 1955년 프랑스 여기자 베로니크 파사니와 재혼해 평생을 함께했다. 다른 배우들처럼 스캔들이 있을 법도 했지만 영화에서의 성실한 이미지처럼 일상에서도 아무런 구설수 없이 모범적인 가정생활을 꾸려갔다.

펙은 배우 활동 외에도 미국 영화연구소 초대 의장, 미국 암협회 회장, 미국 아카데미상을 주관하는 미국 영화예술과학협회 회장, 미국 영화 TV 구호재단 이사장 등 사회활동도 적극적이었다. 그리고 각종 자선단체 활동도 마다하지 않는 등 왕성한 사회활동을 벌였다. 잠깐 민주당의 캘리포니아 주지사 후보로 거론되기도 했다. 월남전에 아들

이 참전했지만 한편으로는 반전시위에 앞장서기도 했다. "국민의 도리는 해야 하지만 잘못된 일은 지적해야 한다"는 것이 그의 평소 소신이기도 했다. 1972년에는 월남전을 비판하는 영화를 제작했으며, 1987년에는 고르바쵸프 치하의 소련에 가서 "핵 없는 세상과 인류의 생존을 위하여"라는 취지의 회의에 참석하기도 했다.

펙은 말년에도 미국 각지를 돌아다니며 자신의 삶에 대해서 강연을 펼쳤다. 2000년 고별무대에서 했다는 아래와 같은 말은 펙의 훌륭한 인생관을 엿볼 수 있다.

"나는 언제나 완벽한 영화를 만드는 꿈을 지녔었고 모든 일에 최선을 다하면 반드시 기회가 오리라고 믿어 왔다. 이제 나이를 먹는다는 것에 구애를 받지 않으며 죽음도 생각하지 않는다. 진정으로 즐기는 일들을 할 뿐이다."

살아있을 때에도 '살아있는 할리우드의 전설'로 불렸던 펙은 2003년 6월 12일 새벽 4시 향년 87세로 48년 동안 해로해온 사랑하는 아내 베로니크의 손을 꼭 잡은 채 평온하게 이승을 떠났다. 별세 소식이 전해진 후, 명감독 스티븐 스필버그는 '배우들의 위엄 있는 아버지', 원로배우 커크 더글라스는 '성실과 정직의 상징', 그리고 원로배우 폴리 버건은 '완벽한 신사였다'면서 그를 애도했다.

펙이 세상을 떠난 지 20년이 넘어가지만 '영원한 할리우드의 전설'로 언제나 세계인들의 존경과 사랑을 받고 있다. 펙은 시대의 진정한 스타였으며, 그 별은 영원히 저 하늘에서도 빛날 것이다. 그가 후세에 남긴 모범적인 모습과 훌륭한 인간성은 이 세상 사람들에게 커다란 귀감으로 남을 것이다.

III. 흑인 민권운동

1863년 링컨의 노예해방선언 이후에도 흑인들은 백인들과 동등한 대우를 받지 못했다. 이들은 오랜 기간 동안 백인들의 차별과 압박 속에서 비참한 생활을 해왔다. 인간으로서의 백인과 동등한 권리를 갖지 못했으며, 투표권 역시 갖지 못했다. 특히 남부지방에서의 인종차별은 아래에서 살펴보듯이 끔찍했다. 흑인들은 1950년대 중반부터 결사적으로 흑백 인종차별에 대한 저항운동과 백인과의 동등한 권리를 요구하는 민권운동을 펼치기 시작했다.

일반적으로 흑인 민권운동은 1954년 '브라운 대 토피카 판결 사건', 1955년 '로자 파크스에 의한 몽고메리 버스 보이콧 운동'을 그 효시로 본다. 이후 흑인들의 결사적인 민권운동의 결과 1964년 '민권법'과 1965년 '투표권법'으로 결실을 맺었다. 이와 같은 법 제정에 따라 합법적인 탄압은 사라졌으나 여전히 흑인 사회에 가해진 억압 등에 대항하는 운동이 이루어지고 있다.

그중 하나로 미국 경찰의 흑인에 대한 인종차별과 과잉 진압에 반대하는 'Black Lives Matter 운동'이 일어났다. 이러한 경찰 폭력과 인종차별이 원인이 되어 'LA 폭동(1992)'과 '조지 플로이드 사망 사건에 따른 소요 사태(2020)'가 연이어 일어나는 등 흑백간의 갈등은 아직도 미국의 영원한 숙제로 남아 있다.

브라운 대 토피카 교육위원회 판결 (1954)

1951년 캔자스주의 주도州都인 토피카에 사는 흑인 올리버 브라운은 여덟 살짜리 딸 린다가 먼로 초등학교에 가기 위해 위험한 철길을 건너 1.6km를 가야 하는 게 영 불안했다. 집에서 바로 옆에 있는 섬너 초등학교가 있었지만 그곳은 백인학교라 언감생심이었다. 교육위원회에 시정을 요구했지만 콧방귀만 뀌었다.

이 당시 미국은 '분리하되 평등하게'라는 원칙을 고수했다. 즉, 흑인과 백인을 분리하는 것을 당연하게 여겨, 교육에서도 이런 원칙이 고수되어 흑인과 백인은 따로 학교를 다녀야 했다. 연방대법원에서도 이를 인정할 정도였다. 그러나 현실에서는 말만 평등이었지 분리하고 불평등이나 다름없었다. 올리버 브라운은 낙심하지 않고 전미유색인연합(NAACP)의 도움을 받아 연방대법원에 토피카 교육위원회를 고소하기에 이른다. 비슷한 처지의 다른 흑인 12명이 동참했다.

결국 1954년 5월 17일 연방 대법원장 얼 워렌과 대법관들은 공립학교의 인종차별은 위헌이며 모든 공립학교는 흑백 분리 교육을 시정하고 통합하라는 판결을 만장일치로 내린다. 브라운 대 토피카 교육위원회 재판의 판결은 미국 사회에 엄청난 파장을 일으켰다. 일부 주들은 흑인 밀집 지역의 흑인 학생들을 백인 전용 학교로 실어 나르면서 판결을 수용했으나 남부의 주들은 이 판결을 아예 무시해버렸다.

당시 아이젠하워 대통령조차도 수백 년 동안의 관습을 하루아침에 바꾸긴 힘들다면서 대법원 판결 시행을 거부하는 주 정부들에 압력을 가하지 않았다. 1950년대 후반까지도 흑인 어린이 중 단 1%만이 흑백 통합 학교에 다녔을 정도로 이 판결에 대한 저항은 엄청났다. 또한 판결이 공립학교만을 대상으로 했기 때문에 사립학교들은 적용 대상에도 들어가지 않았다. 그러나 브라운 대 토피카 교육위원회 재판은 미국 사회에 중요한 이정표를 제시했다. 그것은 '공립학교에서 흑백 분리가 위헌이라면 다른 부분에서도 흑백 분리는 위헌이 아니겠는가?'라는 근본적인 의문을 제기한 것이다. 결국 이는 이어질 몽고메리 버스 보이콧 운동사태에서 중대한 영향을 미치게 된다.

로자 파크스와 몽고메리 버스 보이콧 운동 (1955-56)

1955년 12월 3일 앨라배마주 몽고메리 시내의 페어 백화점 재봉사로 일하던 42세의 로자 파크스는 퇴근길에 시내버스에 탔는데 흑인들의 구역인 뒷자리에 자리가 없는 것을 보고 중간 쪽의 자리에 가서 앉았다. 버스에 백인 승객들이 더 올라타자 운전사는 "깜둥이는 뒤쪽으로 가라구!"라

로자 파크스

고 강압적으로 소리를 질렀다. 흑인은 서서 가더라도 백인 승객을 위해 자리를 양보해야 한다는 것이었다. 전미유색인연합회 회원이기도 한 파크스 부인은 운전사의 명령에 불응했다.

그러나 그녀는 몽고메리시 흑백 분리 조례에 위반했다고 현장에서 경찰에 긴급 체포되었다. 그녀는 경찰 조사에서 로자가 앉아있던 곳이 원래 유색인 전용 좌석이란 점이 감안되어 저녁에 풀려났다. 그러나 전미유색인연합회 회원인 그녀는 이 사건에 대해서 그냥 잠자코 있을 수가 없었다. 로자의 친구인 닉슨은 앨라배마 주립대학 교수인 조안 로빈슨에게 이 사건에 대해 상의한 후 보이콧 운동을 실천에 옮겼다. 3만 5천여 장의 버스 탑승 보이콧 유인물을 몽고메리 전역에 살포했다.

12월 4일에 이르러 버스 보이콧 운동은 흑인 교회에게 알려졌고 몽고메리의 흑인 교회들은 잇달아 버스 보이콧 운동에 동참할 것을 선언했다. 흑인 교회들은 다음날인 12월 5일 하루 동안 버스 탑승을 거부하기로 결의한 뒤 이를 실천에 옮겼다. 벌집을 건드린 것이다. 흑인들은 버스를 타지 않고 직장까지 걸어 다녔으며 버스는 대부분의 좌석이 텅텅 빈 채로 운행했다. 하루의 투쟁이 끝난 후 향후 투쟁 방안이 논의되었고 '몽고메리 진보협회'가 결성되었다. 회장에는 덱스터 애비뉴 침례교회의 목사가 뽑혔는데 그가 바로 흑인민권운동의 상징적 인물 마틴 루터 킹이었다. 킹은 이렇게 외쳤다.

"짐승 같은 압제의 발길에 걷어차이면서 사는 건 지긋지긋하다. 이

제 더 이상 참을 수 없다고 말할 때가 왔다."

이후 흑인들은 대대적으로 버스 보이콧 운동을 전개해나갔다. 일련의 사태에 앨라배마주는 당황했다. 로자 파크스를 불법적으로 보이콧을 행하고 질서를 어지럽혔다는 이유로 기소했고 법정은 그녀에게 10달러의 벌금과 4달러의 법정 비용을 물도록 판결했다. 당시 흑인들의 경제력으로 14달러라는 벌금은 지나치게 무거운 것이었고 로자에 대한 판결은 흑인들을 더욱 분노하게 하여 버스 보이콧의 움직임을 더욱 활발하게 했다. 5만에 달하는 흑인들이 버스 보이콧 운동에 동참했다.

백인들도 가만히 있지 않았다. 지도자급인 루터 킹에게도 박해가 시작되었다. 처음에는 음주운전 혐의로, 그다음에는 불법 보이콧 운동을 공모한 혐의로 체포되었다. KKK단은 시가행진을 하는 등 흑인들을 겁박했다. 이런저런 방법들이 씨가 안 먹히자 흑인들의 집과 교회에 불을 질렀고, 킹을 위시한 보이콧 운동 지도자들의 집에 폭탄이 날아들었다. 로자 파크스와 그녀의 남편은 보이콧 운동을 주도한다는 이유로 직장에서 해고되었고 참가자들도 해고되거나 해고 위협을 받았다. 심지어 일부 자가용을 소유해 카풀로 이 운동에 참여하던 흑인들에게 앨라배마 주정부는 자가용 면허를 말소하거나 자동차 보험을 취소하는 등의 온갖 악랄한 짓을 동원했다.

그러나 흑인들은 보이콧 운동을 이어나갔고 전 미국에 버스 보이콧 운동이 TV 전파를 타기에 이르렀다. 몽고메리의 버스회사들도 무려

65%에 달하는 손실을 입기에 이르렀다. 자가용을 가지고 있는 경제력 있는 백인과는 달리 흑인들은 대부분 버스를 이용했는데 몽고메리 버스 승객 중 75%가 흑인이었기 때문이었다. 흑인은 시내버스 고객의 60퍼센트를 차지하고 있었다. 흑인 4만 명이 버스회사에 "엿 먹으라"고 하면서 걸어서 출퇴근했다. 버스 요금만큼만 받는 흑인 택시도 등장했다. 킹은 수천 명의 군중 앞에서 "보이콧을 계속해 달라"고 연설했고 승차거부 운동은 무려 381일간이나 계속됐다.

보복과 압박에도 불구하고 이 사건은 흑인들의 승리로 끝났다. '브라운 대 토피카 교육위원회 재판'의 경우와 마찬가지로 NAACP와 흑인 민권운동가들은 연방대법원에 버스 안에서의 흑백 분리에 대한 위헌심판을 청구하기에 이르렀고 결국 1956년, 연방대법원은 '버스에서의 흑백 분리는 위헌'이라는 판결을 내렸다. 또한 엄청난 손실을 입으면서 똥줄이 탄 몽고메리 버스회사들이 아우성을 치자 결국 앨라배마 주는 백기를 들기에 이르렀다.

이에 따라 흑인들은 보이콧 운동을 시작한 지 381일 만인 1956년 12월 21일부터 버스를 이용하기 시작했다. 몽고메리 버스 보이콧 운동은 흑인민권운동의 방아쇠를 당긴 사건이었고 이후 흑인민권운동은 본격적으로 불붙기 시작했다. 그러나 정작 파크스는 이 사건으로 해고되고 온갖 살해 협박까지 시달리다 1957년 남편과 함께 디트로이트로 이사해야 했다. 2005년 그녀는 92세의 나이로 눈을 감았다. 그녀의 유해는 생전의 공로를 인정받아 여성으로서는 처음으로 의회 의사당 중앙홀에 안치됐다.

에밋 틸 살해사건 (1955)

'브라운 대 토피카 판결'은 흑인들에게 한 줄기 빛과 같은 사건이었지만 그다음 해인 1955년에 일어난 '에밋 틸 린치 사건'은 흑인들을 다시 절망 속으로 몰아넣는 사건이었다. 시카고 출신의 흑인 소년이었던 14살의 에밋 틸이 미시시피주의 삼촌댁으로 놀러갔다가 백인들에게 납치되어 끔찍하게

에밋 틸

고문당한 뒤 살해되어 미시시피 강변에 버려진 사건이다. 틸은 시카고에서 자랐기 때문에 남부의 흑인 차별에 대해선 별로 개의하지 않았다.

어머니가 극구 방문을 말렸지만 그는 미시시피주 머니시의 삼촌댁으로 놀러 갔다. 그는 물건을 사려고 한 가게로 들어갔는데 풍선껌을 샀다. 여기서 무슨 일이 있었는지는 정확하진 않지만 틸이 가게 주인인 로이 브라이언트의 아내인 캐롤린 브라이언트에게 휘파람을 불고 손을 건드렸다는 것이었다. 흑인이 백인 여자에게 감히 이런 짓을 하는 건 남부에선 있을 수 없는 일이었다. 그러나 이런 정황도 죽은 틸이 증언할 수는 없는 일이고 백인들의 일방적인 주장일 뿐이었다.

나흘 뒤 로이와 동생 밀란은 미시시피강변 숲으로 틸을 끌고 갔다. 둘은 틸이 죽을 정도까지 무수히 팬 다음 눈을 한 개 도려내고 총으로 난사를 해버렸다. 강변에 버려진 그의 시체는 완전히 걸레처럼 너덜

너덜해져 있어 알아보기 힘들 정도였다. 그의 어머니가 틸에게 끼워준 반지로 겨우 신원을 확인할 수 있었다. 틸의 어머니는 장례식에서 끔찍한 고문을 당한 틸의 얼굴을 그대로 공개해서 사람들에게 보이게 했다. 무려 10만여 명의 장례식에 참가한 흑인들은 틸의 처참한 몰골을 확인할 수 있었다. 이러한 틸의 참혹한 죽음은 당시 이런저런 흑백차별로 부글부글 끓고 있던 흑인 사회를 뒤흔들기 시작했다.

체포된 범인 로이와 밀란은 재판을 받았으나 항상 같은 일이 반복되는 일이지만 전원 백인들로 구성된 배심원들은 당연히 무죄를 평결했다. 무죄가 된 로이와 밀란은 보상금까지 받았다. 더욱이 이들은 틸을 죽인 것에 대해 잡지사와 인터뷰를 하면서 무용담으로 미화되기까지 했다. 이 사건 이후 틸의 어머니 메이미 틸은 이후 흑인 민권 운동에 적극적으로 투신했다. 또한 그동안 남부의 흑인 차별에 대해서 어느 정도 거리를 두었던 북부의 흑인들이 남부지방의 지독한 흑인 차별에 대해서 각성하는 계기가 되었다.

동시에 이들은 향후 벌어지는 각종 흑인민권 운동에 적극적으로 동참하게 된다. 2004년에 이르러 미국 법무부는 이 사건을 다시 수사하기로 하고 유해를 발굴해서 사인과 DNA 검사를 실시했다. 다만 시간이 너무 오래 경과되어 새로운 수사 결과는 나타나지 않았다. 틸의 시신은 새로운 관에 넣어서 다시 묻었고 옛 관은 스미소니언 박물관에 기증되어 전시되기에 이르렀다. 2021년 12월, 이 사건은 완전 종결되었고 영구미제사건으로 끝났다.

싯인(sit-in) 운동(1960)

싯인 운동

몽고메리 버스 보이콧 운동을 촉발시키면서 로자 파크스가 뿌린 씨앗은 여기저기서 꾸준히 싹을 트기 시작했다. 1960년 2월 1일, 노스캐롤라이나주 그린즈버러시에서 1960년대 내내 선풍적으로 바람을 몰고 올 'sit-in movement'이 처음으로 선을 보였다. 일종의 연좌농성을 말한다. 네 명의 흑인 대학생이 백인 전용 식당에 들어가 음식을 주문했는데 거부당했다. 흑인 학생들은 끝내 식당을 떠나지 않은 채 조용히 자리를 지켰다. 다음날엔 23명의 흑인 학생이, 또 그다음 날엔 66명이, 또 그다음 날엔 100명 이상이, 급기야 일주일이 되는 날에는 천여 명의 흑인 학생들이 이른바 싯인 운동에 동참했다. 2주일이 지나자 이 싯인 운동은 남부 5개 주 15개 도시로 일파만파로 번져갔다.

싯인 운동의 시작은 먼저 흑인이 백인 전용 식당에 들어가 앉아서 주문하는 것으로 시작된다. 얼핏 쉽게 보이지만 문제는 이들이 앉아 있는 곳이 백인 전용 식당이란 점이었다. 식당 주인이나 점원은 흑인에게 음식을 주문받기를 거부했고 흑인 운동가들은 끝까지 그 자리를 고수하며 죽치고 앉아 있는 것이다. 이는 대단히 겁나는 일이었다. 당장 흑인이 백인 전용 식당에 들어가면 백인들이 증오에 찬 눈초리를 견뎌야 했다.

그리고 자리에 앉는 일은 꿈도 못 꾸었다. 만약 자리에 앉는 경우 각종 기물들이 여기저기서 날아오기 시작했고 급기야 여러 명이 떼 거리로 달려와 개 패듯 두들겨 팼다. 그리고 이들을 식당 밖으로 질질 끌고 나갔다. 그러나 흑인 운동가들은 백인들의 이 무지막지한 폭력과 공권력의 탄압을 견디며 결사적으로 이 운동을 펼쳐나갔다. 이후 이 싯인 운동은 흑인민권운동의 주요 흐름으로 자리매김을 한다.

이와 같이 백인 식당에서 일어나는 싯인 운동 말고도 일찍이 여러 곳에서 싯인 운동의 씨앗은 보였다. 1955년 1월 20일, 메릴랜드주 볼티모어에 있는 리즈 약국에서 인종차별을 하자 이에 저항하기 위해 모건 주립대학 학생들로 구성된 코어라는 단체가 이 약국에 들어갔다. 그리고 이들은 싯인 운동을 벌였다. 이들은 30분 정도 리즈 약국에 머물며 평화적으로 연좌농성을 했다. 경찰은 이들을 체포하지 않았고 이틀 후 결국 이 약국은 다시는 차별을 안 하겠다고 하면서 리즈 약국 싯인은 성공했다. 아무래도 남부가 아니라 북부 지역이라 이나마 쉽게 문제가 풀렸을 것이다.

2년 뒤인 1957년 6월 23일에는 노스캐롤라이나주 더럼에서 싯인 운동이 일어났다. 로열 아이스크림이라는 가게에서 벌어진 이 운동은 흑인 목사 더글러스 무어가 이끄는 시위대가 로열 아이스크림 가게에 들어서며 시작되었다. 그동안 여러 번 이 아이스크림 가게에서 흑인들에 대한 무시한 것에 대해서 흑인들이 분노한 것이다. 무어 목사를 포함한 7명의 시위대는 백인 전용 좌석에 일단 앉았다. 가게 주인은 이들에게 백인 전용 좌석이니 앉지 말라고 요구했으나 시위대는 거부했다.

결국 경찰이 달려와 이 7명은 체포되었다. 이들은 재판을 받았고 불법침입 혐의로 10달러의 벌금이 판결됐다. 시위대는 더럼 카운티 고등법원에 항소했다. 그러나 고등법원은 30분도 안 되는 짧은 심의를 거

워싱턴에서 연설 중인 루터 킹 목사

쳐 오히려 1심보다 더 무거운 25달러의 벌금을 부과했다. 이에 굴하지 않고 무어 목사는 이후 인종차별을 철폐하는 운동을 지속적으로 전개해 나갔다. 이 사건은 싯인 운동에 대한 최초의 공권력의 법적 처벌이 이뤄진 사건으로 기록됐다.

제19장

분노의 포도

진보의 아이콘, 헨리 폰다 / 1930년대 미국 중서부를 휩쓸었던 먼지 폭풍 1929년 대공황

Ⅰ. 분노의 포도(1940년), The Grapes of Wrath

살인죄로 4년간 복역 후 가석방된 톰 (헨리 폰다 분)은 고향인 오클라호마로 돌아온다. 하지만 소작농을 몰아내는 무자비한 철거로 인해 일자리를 찾아 가족들과 함께 캘리포니아로 향한다. 일가족의 꿈을 이뤄줄 것만 같았던 캘리포니아에 우여곡절 끝에 도착한다. 하지만 그들을 맞이하는 것은 새로운 고난의 시작이었다.

이는 존 스타인벡의 소설을 원작으로 해서 만든 영화 〈분노의 포도〉의 간략한 줄거리다. 과연 이것이 할리우드의 메이저 영화사인 20세기 폭스사에서 제작하고 존 포드가 연출한 영화인가 의심스러울 정도로 투철한 계급의식으로 시

짐을 잔뜩 싣고 캘리포니아로 가는 톰 일가

종일관하는 영화가 바로 이 영화다. 마지막 장면, 가족을 떠나 혁명가로 변신하는 톰의 여정을 원거리에서 잡은 롱 테이크는 정의의 총잡이가 추격을 피해 먼 길을 떠나는 서부극의 엔딩을 떠올리게 한다.

당시 20세기 폭스의 사장이었던 대릴 자눅은 원작의 가치를 일찌감치 알아보고 판권을 사서 서부극의 거장 존 포드에게 연출을 의뢰했다. 자눅은 스튜디오를 좌지우지하던 보수적인 투자자들의 반대를 무릅쓰고 이 책의 영화화를 고집했다. 그리고 존 포드 감독을 적임자로 꼽았다. 미국의 민중과 그 역사에 대한 포드의 이해도를 잘 알고 있었기 때문이다. 포드는 톰 조드 가족이 겪는 고난에서 가장 가슴 아픈 것이 무엇인지 정확히 짚고 있다. 존 포드와 존 스타인벡, 그리고 헨리 폰다까지 미국 영화와 문학계의 세 거물 모두에게 대표작이 된 영화다.

명작 소설을 각색한다고 해서 영화도 명화가 된다는 보장은 없다. 그러나 〈분노의 포도〉는 영화도 걸작으로 남을 수 있다는 것을 보여줬다. 문학의 명성에 걸맞은 체면을 세워준 작품이다. 주인공 톰 역할

을 했던 헨리 폰다의 역할도 크다. 폰다는 고독하고 우수에 젖은 떠돌이나 천대받는 하층 젊은이의 모습을 훌륭하게 연기했다. 포드는 톰과 어머니 주인공 톰 조드 역에 그의 영화 〈젊은 링컨〉〈모호크족의 북소리〉에 출연한 바 있는 헨리 폰다를 다시 기용했다. 헨리 폰다 외에 어머니 역의 제인 다웰도 좋은 연기를 보여주었는데 주연상 후보로 올라도 할 말 없는 비중이었지만 아카데미 조연상을 수상했다. 농장을 떠나기 전날 밤 어머니(제인 다웰 분)가 모든 세간을 불태우는 장면은 특히 잊히지 않는다.

한편 영화 〈시민 케인〉의 촬영감독으로 유명한 그레그 톨런드가 촬영을 맡았다. 톨런드의 촬영은 전반적으로 짙은 어둠을 의도적으로 사용했다. 예컨대 톰이 가석방 직후 마을을 찾았을 때 마을에서 숨어 살던 한 남자가 톰에게 어둠속에서 지난 일들을 이야기해 주는 장면은 흔들리는 촛불로 인상적으로 묘사했다. 이 영화는 아카데미 감독상을 받았는데, 당시 알프레드 히치콕 감독의 걸작 〈레베카〉와 경쟁을 했다.

〈레베카〉는 작품상을, 〈분노의 포도〉는 감독상을 나누어 가졌다. 존 포드도 아일랜드계이긴 하지만 당시 그는 이미 미국의 상징적인 감독으로 자리 잡고 있었다. 영국에서 막 건너온 알프레드 히치콕에게 일종의 텃세가 작용되었기 때문인지도 모른다. 남우주연상은 〈분노의 포도〉의 헨리 폰다, 〈레베카〉의 로렌스 올리비에가 각축전을 벌였다. 하지만 이 상賞은 의외로 〈필라델피아 이야기〉의 제임스 스튜어트에게 돌아갔다.

II. 진보의 아이콘, 헨리 폰다

헨리 폰다

헨리 폰다는 할리우드 역사에서 내로라 하는 명배우들 중 한 명으로 손꼽힌다. 호리호리한 체격과 부드러운 목소리, 선량하고 정직해 보이는 이미지는 그로 하여금 이상주의적인 미국인으로 제격이었다. 그는 진보적 분위기의 할리우드에서도 더욱 진보적인 인물이었다. 이런 성향의 인물인지라 딸인 제인 폰다가 어렸을 때 자신의 앞에서 '니거(nigger: 깜둥이)'라는 말을 입에 올리자 따귀를 올려붙였다는 일화도 있다. 당시 미국의 분위기가 흑인 인종차별이 극에 달했던 1950~60년대임을 감안하면 폰다의 행동은 상당히 진보적이었다고 볼 수 있다.

1905년 5월 16일 네브래스카주 그랜드 아일랜드에서 태어난 폰다는 이듬해 네브래스카 주 오마하로 이사했다. 아버지는 인쇄업자였으며 평탄한 어린 시절을 보냈다. 미네소타대학교에서 언론학을 전공했으나 20세 때, 폰다는 어머니의 친구이자 말론 브랜도의 어머니 도디 브랜도의 권유로 대학을 중퇴하고 오마하 연극무대를 통해 연기에 입문했다. 이후 1929년 뉴욕 브로드웨이에서 무대 배우로 경력을 쌓기 시작했다.

이후 할리우드로 둥지를 옮긴 폰다는 1939년 존 포드 감독이 연출한 영화 〈젊은 링컨〉에 첫 출연했고 계속해서 포드의 〈모호크족의 북소리〉, 그를 아카데미상 후보에 올려놓은 〈분노의 포도〉〈황야의 결투〉 등에 출연하면서 존 웨인 다음으로 포드 작품에 많이 출연했다. 폰다는 잠시 할리우드를 떠나 브로드웨이 연극무대로 돌아갔고 2차 세계대전 당시 미 해군함정을 배경으로 한 연극 〈미스터 로버츠〉에 출연, 폭발적인 인기를 모았다. 1955년, 이 연극의 영화화를 맡은 포드는 폰다를 주인공으로 캐스팅했다. 이미 오랫동안 같은 역을 해서 이 작품에 대해 빠삭한 폰다는 주인공 캐릭터에 대해 포드와 의견충돌이 번번이 있었다. 결국 어느 날 폰다가 포드에게 '웃음과 타이밍을 모르는 연출'이라고 툴툴거리자 포드가 그 자리에서 폰다의 턱을 후려갈기는 불상사가 발생했다. 두 사람 모두 한가락 하는 성격들이라 그냥 넘어가질 않았다. 이후 포드가 사과했지만 감독은 머빈 르로이로 바뀌었고, 포드와 폰다는 영원히 갈라섰다.

1957년에는 폰다는 직접 제작자로 나서면서 시드니 루멧의 〈12명의 성난 사람들〉에 출연했다. 친부 살인 혐의로 기소된 한 젊은이의 운명을 결정하는 12명의 배심원에 대한 강렬한 이야기를 담은 이 영화는 비평가들로부터 호평을 받았다. 이어서 같은 감독의 〈핵전략 사령부〉에서도 탁월한 연기를 선보였다. 그의 영화 인생의 말년이기도 한 1979년, 뜬금없이 세르지오 레오네의 마카로니 웨스턴 〈옛날 옛적 서부에서〉에 출연했다. 평소의 선량하고 정직한 이미지와 정반대로 냉혹한 악당을 연

영화 〈12명의 성난 사람들〉

기하면서 미국인들을 경악시키기도 했다. 그는 비록 악역이었지만 일품 연기를 보여줬다.

진보적인 분위기의 할리우드에서도 폰다는 폴 뉴먼과 함께 둘째가라면 서러워할 진보주의자로 평가받는 인물이었다. 보수주의자로 소문난 존 웨인과 흔히 비견되기도 한다. 존 웨인은 제2차 세계대전에 참전하지 않아 겁쟁이 이미지로 낙인찍혔지만 폰다는 죽마고우인 제임스 스튜어트와 함께 참전하면서 영웅으로 대접받았다. 2차 세계대전이 발발했을 때에는 이미 나이 40줄에 접어들었지만, 스튜디오에서 가짜 전쟁을 하고 싶지 않다며 해군에 자원입대했다. 폰다는 처음에는 구축함에서 3년간 복무하다가 중태평양 전선에서 항공전투정보과 장교로 근무하면서 대통령 표창을 받았다.

까칠한 성격의 폰다는 살갑지도 않은 편이어서 자식들인 딸 제인 폰다와 아들 피터 폰다와 사이가 좋지 않았다. 특히 제인 폰다와 사이가 좋지 않기로 소문났다. 결국 헨리가 제인과 피터를 낳아준 두 번째 아내인 프란시스 포드를 제쳐두고 수잔 블랜차드와 바람을 피우면서 사달이 났다. 프란시스가 헨리와 이혼 후 우울증으로 자살을 하는 통에 부녀관계는 극도로 악화되었다. 이 때문인지 헨리와 아들 피터, 딸 제인 셋이서 모인 공개적인 자리에서는 서로 어색한 모습을 연출하곤 했다.

부녀 관계가 완전히 회복된 것은 폰다가 생애 마지막으로 출연했던 1981년도의 영화 〈황금 연못〉 덕분이었다. 그 영화에서 헨리와 제인이 공교롭게도 티격태격하는 부녀지간으로 출연하는데 영화에서는 부녀가 화해하는 것으로 끝이 난다. 헨리와 제인도 영화 촬영 동안 서로 간의 앙금을 풀고 화해하기에 이른다. 폰다는 이 영화로 죽

〈황금 연못〉에서 캐서린 헵번과 폰다

기 전 몇 달을 남겨두고 남우주연상을 받았다. 더불어 상대역인 캐서린 헵번도 네 번째 아카데미 여우주연상을 받는 전대미문의 대기록을 수립했다.

실제로 부녀는 이 영화 이전에 화해의 조짐이 있긴 했다. 1978년 헨리가 AFI(미국영화연구소)로부터 인생 공로상을 받을 때 마지막 연설에서 자신의 딸을 비방하는 사람들을 향해 "닥쳐, 제인은 완벽하니까"라고 한 방 날리기도 했다. 아버지의 말에 감동한 제인의 눈가엔 눈물이 맺혔고, 이러한 모습은 많은 이들을 감동케 했다. 81년도에 생애 최초로 아카데미 남우주연상을 수상한 폰다는 이듬해 77세에 심장병으로 이승을 하직했다. 배우 출신인 레이건 대통령은 폰다를 "뛰어난 연기로 영화계에 헌신했던 진정한 배우였으며 진솔함으로 스크린을 빛낸 전설이었다"며 고인을 회고했다.

III. 1930년대 미국 중서부를 휩쓸었던 먼지 폭풍

미국 중서부 농지의 대부분은 19세기 중엽부터 20세기 초까지 걸쳐 밀려 들어온 이민자들이 개간한 것이었다. 미국 중서부 지역의 대평원은 넓은 초지와 풍부한 수자원으

1930년대 미국 중서부를 휩쓸었던 먼지 폭풍

로 세계적인 목축지대로 여겨져 왔다. 미국 중서부에서 공짜 목축업이 시작된 곳도 바로 이 대평원이었다. 스페인인들이 기르다 그냥 놔둔 소들과 미국 들소(버펄로)들까지 이곳에서 푸짐하게 자라는 풀을 뜯어 먹으면서 어마어마한 숫자로 번식했다. 농사도 기가 막히게 잘 됐다. 그러나 1930년대 초반부터 이 축복받은 대평원에 재앙이 찾아 들었다. 기름진 풀밭이 사막으로 변하고 한 치 앞을 내다볼 수 없는 거대한 먼지 폭풍이 일어났다. 마치 '먼지 사발(Dust Bow)' 속에 폭 빠진 것 같았다.

여름 기온이 5도에서 43도를 오가는 이상 기후에 비도 내리지 않으면서 대지는 바짝바짝 타 들어갔다. 1934년과 1939년에는 최악의 가뭄이 발생했고 1935년에는 최악의 먼지 폭풍이 일어났다. 이 먼지 폭풍은 한때 기름졌던 땅을 몽땅 황무지로 바꾸어놓았다. 거대한 먼지 폭풍이 미국 중서부의 광활한 땅인 오클라호마·텍사스·캔자스·콜로라도·뉴멕시코를 휩쓸고 지나갔다. 한낮에도 강력한 모래바람이 불면서 밤처럼 캄캄해졌다. 이 모래 폭풍은 멀리 동부의 뉴욕과 워싱턴

까지 날아갔다. 가옥이 모래에 잠기고 겨울이면 먼지가 섞인 붉은 눈까지 내렸다. 축복의 땅으로 불리던 대평원이 죽음의 땅으로 변한 것은 오로지 인간들의 탐욕과 무지에서 기인했다. 이들은 거의 화전에 가까운 마구잡이식 경작을 했던 것이다.

때마침 대거 출현한 트랙터들이 오랜 세월을 이어온 야생풀을 뿌리째 뒤집어엎었다. 사람들은 이 야생 초지가 얼마나 중요한지를 전혀 몰랐다. 방목된 소 떼가 뜯어먹고 빗물에 의한 토양 침식을 막아주며 지하수를 가두는 소중한 역할을 했던 이 야생 초지를 송두리째 없앤 것이다. 그러고도 미국인들은 '농업기계화 찬가'를 연신 불러댔다. 이제 이 황폐화된 땅에서 더 이상 농사를 지을 수가 없었다. 사람들은 하는 수 없이 뿔뿔이 살길을 찾아 나섰다. 이때 중부에서 서부로 떠난 인구가 250만 명이었다. 어마어마한 이주 대행진이 이어졌다. 은행 빚을 갚지 못해 쫓겨나듯 캘리포니아 등으로 삶의 둥지를 옮겼다. 새로 이주한 곳이라고 사정은 별반 다르지 않았다.

때는 마침 대공황이라는 엄혹한 시절이었다. 어디에 가도 온통 실업자들 투성이었고 일자리는 하늘의 별 따기였다. 간혹 일거리를 주는 회사나 농장주들은 터무니없는 품삯을 주며 노동력을 착취했다. 이후 농사법의 개량과 함께 1937년부터 비가 내리면서 가뭄이 해소되었고 모래 폭풍도 다소 멎었다. 고향을 떠나지 않고 버틴 사람들은 연방정부의 지속적 지원을 통해 토양의 풍화를 점차 줄여나갔고, 방풍림을 심었다. 밭고랑을 바람이 불어오는 방향과 직각으로 파서 바람에 의하여 기름진 흙이 날아가는 것을 상당 부분 막을 수 있었다.

모래 폭풍이 한창일 때 중부 출신 이주 농민들에 대한 일부 농장주들의 착취와 비인간적인 행태를 취재하던 《샌프란시스코 뉴스》지의 기자 존 스타인벡이 취재 수첩을 바탕으로 소설을 써 당시 참상을 생생하게 전했다. 미국의 사실주의 소설가 존 스타인벡의 『분노의 포도(1939)』는 이렇게 나왔다.

"사람들의 눈에는 포도송이처럼 주렁주렁 매달린 분노가 더욱 알알이 무겁게 영글어 간다."

―『분노의 포도』의 한 구절

IV. 1929년 대공황

검은 목요일

31대 미국 대통령으로 당선된 허버트 후버는 1929년 취임사에서 빈곤에 대한 최후의 승리가 눈앞에 다가왔노라고 국민들한테 천명했다. 대부분의 미국인도 이에 고개를 끄덕였다. 실제로 1920년대 말까지 미국은 끝없는 산업 확장에 따른 크고 작은 투자로 경제성장은 나날이 고공행진을 하고 있었다. 금융가들과 실업가들은 대중들의 우상이 되었고, 많은 미국인이 주식 광신도가 되어 있었다.

당시 미국이 낳은 최고의 경제학자로 알려진 어빙 피셔교수는 "주가는 저 영원히 높은 고원처럼 보이는 곳으로 기관차처럼 쉬지 않고 씩씩하게 달려갈 것이다"라고 말하며 미국 경제의 핑크빛 미래에 대해서 나발을 불어댔다. 주가는 날마다 올랐고 누구나 손쉽게 부자가 될 수 있었다. 평범한 점원이나 간호사가 주식을 사서 돈벼락을 맞았다는 이야기들이 시중에 떠돌아다녔다.

처음에는 비교적 여유가 있는 의사나 변호사들이 주식을 샀다. 그다음에는 사무원들이나 장사꾼들이 사기 시작했고 그다음으로는 공장 근로자들이나 트럭 운전사들이 사기 시작했다. 전업주부들도 팔을 걷어붙였고 구두닦이들까지 나섰다. 너도나도 땅과 집을 잡아 은행 돈을 빌려 주식 사기에 나섰다. 주식값은 고무풍선처럼 마냥 부풀어 올라 빵 터지기 일보 직전까지 치솟았다. 전 미국이 주식 광풍 속에 휘말려 들어갔다. 그러나 미국 경제는 1929년 9월부터 사실상 어두운 먹구름 속으로 빠져들어 가고 있었다. 호경기가 끝날지도 모른다는 이야기가 슬슬 퍼져나가기 시작했다. 그러는 와중에 사태가 터져버렸다.

1929년 10월 24일 목요일, 증권거래소가 문을 열기 전까지는 평상시와 같았다. 그런데 11시가 되자 낌새가 이상했다. 처음에는 거래가 정상적으로 진행되더니 갑자기 매도 주문이 늘어나기 시작했다. 이는 곧 눈덩이처럼 커

난리가 난 월가

지면서 너나 할 것 없이 "팔아, 빨리 팔아. 얼마라도 좋다. 팔기만 하면 된다고!"라고 난리북새통을 쳤다. 그러자 주식값이 곤두박질치기

시작했다. 전신과 전화는 매도신청으로 북새통을 이루었다. 불안에 떠는 수많은 사람이 거래소 앞에 모여 갈피를 못 잡고 우왕좌왕하고 있었다. 무슨 뚜렷한 이유도 없었다.

굳이 원인을 규명하자면 사람들이 너나 할 것 없이 주식값이 떨어질지도 모른다는 두려움에 주식을 팔려고 한꺼번에 거래소로 몰려 왔기 때문이었다. 이날 하루 동안 주식값이 떨어져 알거지가 된 주식투자가 가운데 무려 11명이 고층빌딩에서 몸을 던지는 등 이런저런 방법으로 목숨을 끊었다. 단 몇 시간 만에 파산해 버린 투자가들이 부지기수로 쏟아져 나오면서, 그날 이후 월가에는 뛰어내리려고 고층 빌딩의 창문 앞에 긴 줄이 생겼다는 소문이 파다했다. 심지어 당시 뉴욕의 호텔에서는 문 앞에서 벨보이가 투숙객에게 "주무실 겁니까? 아니면 뛰어내리시겠습니까?" 하고 물어보는 진풍경이 일어나기도 했다. 주식값은 잠시 주춤하다가 닷새 지난 화요일에 또다시 곤두박질치는 바람에 무려 반 토막이 됐다.

다른 도시의 증권시장들도 아등바등 시세 하락을 막다가 포기하고 아예 폐장하고 말았다. 피셔의 공언은 헛소리가 되어버렸다. 피셔는 명예만 잃은 것이 아니었다. 그는 전 재산을 주식에 투자하고 있었다. 그는 모든 주식을 탈탈 털리고 완전히 거지가 되어버렸다. 그가 잃은 재산은 무려 1,000만 달러에 이르렀다. 잠시 잠잠하던 주식시세가 10월 29일 화요일, 다시 한번 꼬나박았다. 이 하락세가 11월까지 이어지자 소액투자가뿐만 아니라 거액투자가들도 모두 파산하고 말았다. 대부분의 주식은 휴지 조각으로 변해버렸다. 이듬해 여름이 되자 지난

해에 비해 8분의 1수준까지 급전직하했다.

 5천 개 이상의 은행이 부도를 냈고 그 바람에 9백만 개의 저금통장이 깡통이 됐다. 절단난 기업은 이루 헤아릴 수가 없었다. 경제 전문가들이 영원할 것이라고 믿었던 번영은 이제 물거품처럼 사라져 버렸고 마침내 암울하고 고달프기 짝이 없는 고난의 '대공황'이 시작되었다. 사람들은 피땀 흘려 모은 재산이 눈앞에서 허망하게 사라져 가는 것을 멍하니 지켜봐야만 했다. 주식을 사려고 은행의 돈을 꾼 사람들은 땅과 집을 빼앗겼다. 빌려준 돈을 제대로 돌려받지 못하자 은행들이 부도를 내기 시작했다.

 도저히 은행을 믿지 못하겠다고 생각한 사람들은 은행 창구로 몰려와 돈을 내놓으라고 아우성을 쳤다. 은행들은 겉잡을 수없이 추풍낙엽처럼 쓰러져 갔다. 오늘날에는 정부나 중앙은행이 팔을 걷고 나서서 부도를 막아주겠지만 당시에는 정부가 경제에 개입하는 것을 죄악시했고 중앙은행제도란 것도 아예 없었다. 그냥 자유방임경제가 최고라고 생각하던 시대였다. 시민들은 깡통으로 변해 버린 예금통장을 보며 한숨을 내쉬기만 할 뿐이었다.

 시민들은 어쩔 수 없이 지출을 줄일 수밖에 없었다. 이런 판국이 되니까 물건은 안 팔리게 되고 기업가들은 생산을 줄이면서 애꿎은 근

끝없는 실업자의 행렬

로자들만 잘라 버렸다. 자금이 거덜 난 기업들이 줄줄이 파산하자 실업자는 더 늘어났다. 국가가 개입하지 못하고 오로지 개인의 판단과 의사결정에 맡긴다는 자유방임 경제는 이렇게 절단이 나게 된 것이다. 1932년에는 노동 인구의 4분의 1인 1,300만 명의 실업자가 발생했고 100만 명 이상의 무주택자가 생겨났다.

가난한 사람들은 겨울 내내 떨며 살았다. 거지꼴을 한 아이들은 철조망을 뚫고 여기저기 석탄을 훔치러 다녔다. 빈민가 어린이들은 영양실조로 픽픽 죽어갔다. 대도시 빈민 구호소 앞에

구직을 호소하는 실업자들

긴 줄을 이룬 실업자들은 몸과 마음이 모두 부서져 갔다. 미래에 대한 희망도 사라졌다. 이제 후버라는 이름은 가난의 대명사가 되었다. 노숙자들이 추위를 막기 위해 뒤집어썼던 신문지를 '후버 담요', 텅 빈 호주머니를 '후버 주머니', 빵꾸 난 신발은 '후버 신발', 문을 닫은 공장은 '후버 공장', 기름이 없어 말이 끌고 다니는 자동차를 '후버 마차'라고 불렀다. 미국에서 시작된 이 경제적 재앙은 전 세계로 일파만파 퍼지면서 역사상 가장 최악의, 그리고 최장기 불황으로 기록되었다.

원인

1919년 제1차 세계대전이 끝난 후 1920년대의 미국의 경제는 눈이

부실 정도로 화려했다. 미국 경제의 호황을 선도한 산업은 자동차와 석유·가전·건축업이었다. 19세기 후반부터 등장하기 시작한 각종 가전제품들이 1920년대에 들어서면서 본격적으로 일반 가정으로 보급되기 시작했다. 또한 일관작업으로 표현되는 디트로이트의 포드 자동차 회사는 17초마다 1대씩 승용차를 토해내면서 미국인들에게 마이카 시대를 선도했다. 자동차 산업은 석유, 강철, 고무 등의 소비량을 급증케 했고, 또한 기동성이 담보되자 교외 거주자들이 늘기 시작했다.

도시의 팽창에 따라 성장을 거듭하던 건설업도 교외의 주택건설 수요가 증가하자 더욱 호황을 누리게 되었다. 1920년대는 그야말로 '흥청망청 시대'였다. 그러나 이와 같은 10여 년간 지속된 표면적인 대호황 뒤에는 다가올 대붕괴의 조짐이 보이고 있었다. 정부는 대통령부터 나서서 미국은 '기업인들의 나라'라고 홍보하고 다녔다. 따라서 기업인들을 간섭하지 말아야 한다면서 부유한 사람들의 세금을 크게 줄여주었다. 독점금지법도 완화되었다.

주식 시세가 아무리 치솟아도 규제는 꿈도 꾸지 않았다. 이런 정부의 시책은 기업인들을 대만족시켰고 기업인들의 이윤도 함께 치솟았다. 기업가들은 신바람이 났다. 뭐든지 만들기만 하면 팔 수 있다는 생각들로 꽉 차 있었다. 공장은 쉴 새 없이 확장되었고 생산은 급증했다. 반면에 노동자들의 실질소득은 별로 증가하지 않았다. 또한 새로운 비료 및 농기구의 도입으로 농부들의 수확량은 대폭 늘었지만 만성적인 과잉 공급으로 농산물 가격은 계속 떨어졌다. 이와 같이 노동자들과 농민들의 구매력 저하는 생산력과 구매력 간의 큰 괴리를 낳았고 이는 곧 대공황을 초래하는 근본적인 요인이 되었다. 1929년에는 전체 인구의 5%밖에 안 되는 부유층이 전 국민 소득의 1/3을 차지하고 있었다.

바로 이 고소득층이 주식에 대한 비정상적인 투기 열풍을 주도하면서 주식 시장의 거품이 거침없이 부풀어 올랐다. 주가는 기업의 자산 가치나 수익성에 대한 전망과는 상관없이 가파르게 올라가고 있었다. 이렇게 촉발된 주식 광풍은 하층민에게도 불어 닥쳐 동네 가게의 주인아저씨·운전사·이발사·구두닦이·가정주부에 이르기까지 모든 사람의 화제는 온통 주식 얘기뿐이었다. 이런 상황에서 그동안 곳곳에서 누적되어 오던 불안 요인들이 한순간 폭발한 것이 바로 1929년 10월 24일 목요일이었다. 이 '검은 목요일' 이후, 미국의 수많은 은행과 공장들이 줄줄이 문을 닫고 사람들은 일자리를 잃었으며, 미국과 전 세계 경제는 끝도 모를 침체의 늪으로 빠져 들어갔다.

뉴딜 정책

대공황이 클라이맥스를 향해 치닫던 1933년, 제32대 대통령으로 민주당의 프랭클린 루스벨트가 당선되었다. 새로운 대통령 루스벨트에게는 모든 게 남북 전쟁 이래 최악의 상황이었다. 그는 취임 연설에서 그는 "우리가 두려워해야 할 것은 두려움 그 자체이며 무엇보다도 지금 당장 시급한 것은 무엇인가를 시도해야 한다는 것"이라고 말했다. 상대편 공화당으로부터 빨갱이 소리를 무수히 들으면서 정부가 경제에 깊숙이 간여하는 이른바 뉴딜정책을 긴급히 펴나가기 시작했다.

먼저 금융제도의 안정화 시책을 펼쳐나가면서 실업자들에 대한 지원, 농민들에 대한 보조금 지원, 주 44시간에 준수, 최저 임금제 실시, 노령보험, 실업보험, 건강보험제도 도입 등 사회안전망을 구축하기 시작했고 넘치는 실업자들을 구제하기 위해 대규모 토목사업을 추진했다. 이렇게 급한 불은 꺼 나갔지만 대공황의 그림자는 여전히 기승을 부렸다. 제2차 세계대전이 터지는 1939년이 되자 경제는 점차 살아나는 기미를 보였다. 이른바 전시경제가 경제를 회복하는 데 견인차 역할을 시작한 것이다. 역설적으로 인류를 최악의 참화에 몰아넣는 전쟁이 경제를 회복시키는데 마중물 역할을 했다는 것이 아이러니이기도 하다. 하여튼 이듬해부터 전쟁이 본격화되자 공장들의 가동률은 빠른 속도로 회복하기 시작했고 실업률은 급속도로 떨어졌다. 1945년 전쟁이 끝나자 미국은 완전히 경제가 회복되었고 세계 최고의 부국으로 발돋움했다. 이때부터 미국은 역사상 가장 양극화가 감소했고 중산층이 가장 두터워지던 시절로 기억되고 있다.

프랭클린 루스벨트

1882년 뉴욕주 업스테이트의 허드슨강변 동쪽 언덕에 위치한 하이드 파크에서 출생했다. 루스벨트는 부유한 가정 형편 덕분에 개인 교습을 받고 사립학교에 다녔다. 어려서부터 유럽 여행을 다니는 등 풍족하고 귀족적인 분위기에서 성장했다. 그의 교양은 귀족적이었으나 신념은 서민주의적이었다. 특히 그의 성장기에 대통령으로 명성을 날리던 시어도어 루스벨트는 먼 친척 형뻘로 정신적 지주가 되었다.

대통령 부부

그의 부인이 된 사촌 누이 엘리너 루스벨트는 시어도어 루스벨트의 조카로 부친을 일찍 여의었기 때문에 1905년 그들의 결혼식에는 현직 대통령이 신부를 데리고 입장해 화제가 되었다. 엘리너 루스벨트는 훌륭한 성품과 높은 지성으로 대중의 인기를 모으고 있었기 때문에 루스벨트의 든든한 정치적 자산이 되었다. 그러나 루스벨트는 뒷날 대통령이 된 다음에는 노골적으로 따로 애인을 두었고, 서른 해를 같이 산 아내 엘리너를 마치 왕조 시대 정략결혼의 존중받는 배우자 취급을 했다.

그는 하버드대학교와 컬럼비아 로스쿨을 나와 변호사로 활동하다가 1910년 뉴욕주 상원의원에 당선되어 정계에 입문했다. 처음에 동료의원들은 그를 단지 잘생긴 경량급 정치인 정도로만 생각했다. 한편 제28대 우드로 윌슨 대통령이 그를 해군성 차관보로 임명해 그는 제1차 세계대전 당시 중요한 해군 전략 수립에 간여했으며 탁월한 능력을 인정받았다. 그러나 연방 상원의원 선거에서 패배했으며 38세의 젊은 나이로 제임스 콕스 대통령 후보의 러닝메이트로 출마해 고배를 마시기도 했다. 엎친 데 덮친 격으로 잠시 금융회사의 임원으로 있을 때, 척수성 소아마비에 걸려 양다리를 못 쓰게 되었다. 당시 주변 사람들은 그의 정치적 생명이 끝난 것으로 생각했다.

그러나 그는 끝내 의지를 잃지 않았다. 3년 동안 투병 생활을 한 뒤 기적적으로 휠체어를 타고 움직일 정도로 회복했다. 1924년 그가 휠체어를 타고 민주당 전당대회장에 나타났을 때 모든 사람이 깜짝 놀랐다. 목발에 의지해 단상에 기대서 연설할 때에는 그의 인간 승리의 모습에 감동적인 환호를 보냈다. 그 후 1928년 뉴욕 주지사로 화려하게 정계에 컴백했고 결국엔 대통령의 자리에 올랐다. 대통령에 취임한 후 인간적이고 뛰어난 매력과 친근감, 청산유수 같은 말빨, 인재를 보는 능력, 탁월한 정치 감각을 발휘했다. 루스벨트는 제2차 세계대전 막바지인 1945년 4월 12일, 조지아주 웜스프링스에 있는 자신의 별장에서 오랜 연인인 루시 머서와 함께 있다가 뇌일혈로 숨을 거두었다. 아내인 엘리너가 워싱턴을 떴다 하면 백악관으로 바로 불러들이곤 했던 애인 루시 머서와는 최후의 순간에도 같이했다.

루스벨트는 엄청나게 말을 잘했다. 말의 달인이었다. 그가 하는 말에 최면이 걸린 상대방에게 아양을 떨고 웃기고 이런저런 이야기를 하면서 결국엔 두 손을 들게 만들었다. 그는 자기를 찾아온 사람들을 솔직함과 상냥함, 활달함으로 완전히 사로잡았다. "루스벨트의 이런 현란한 말솜씨에 홀려 얼떨떨해져 대통령 집무실 문턱을 나갈 때까지 상대방은 그가 들고 온 요구사항이나 질문내용은 아예 까맣게 잊어버리곤 했다"고 말할 정도였다. 자기가 고안한 노변담화도 국민을 상대로 한 최고의 통신 매체였다. 라디오로 가족이나 개인에게 다가가는 소통의 달인 역할을 충분히 발휘했고 미국인들의 마음을 사로잡았다. 기자회견도 솔직함을 앞세운 최고의 정견 발표장이었다.

제20장

저것이 파리의 등불이다

미국 원조 국민배우, 제임스 스튜어트 / 파란만장했던 린드버그의 일생

I. 저것이 파리의 등불이다(1957년), The Spirit of St. Louis

1927년 미국 뉴욕에서 프랑스 파리까지의 머나먼 거리, 망망대해를 소형 비행기에 올라타고 33시간에 걸쳐서 단독으로 대서양 횡단 비행에 최초로 성공한 찰스 린드버그라는 약관 25세의 청년이 있었다. 린드버그는 1902년에 태어나 1974년에 72세로 사망한 세계 항공 사상 족적을 남긴 전설적인 비행사였다. 그의 대서양 횡단기록은 세계 항공 역사에 전설로 기록되었으며 항공업의 발전에 큰 기여를 했다. 물론 그는 영웅이 되어 엄청난 유명세를 떨쳤고 한편으로는 빛과 그림자로

점철된 개인사를 남기기도 했다.

1957년 명장 빌리 와일더에 의해서 린드버그의 일대기가 영화로 만들어졌다. 바로 제임스 스튜어트가 주연한 〈저것이 파리의 등불이다〉이다. 빌리 감독은 40년대 필름 누아르*, 50년대 로맨틱 코미디로 이름을 날린 감독이었으며 할리우드에서도 알아주는 시나리오 작가였다. 주연은 당시 가장 호감 가는 미국적 이미지의 배우인 이른바 '국민배우' 제임스 스튜어트였다. 지금은 톰 행크스가 그 뒤를 잇고 있다. 25세의 린드버그를 연기해야 하는 스튜어트의 나이는 당시 47세였다.

그래서 젊게 보이려고 식이요법이나 다이어트를 하는 등 무지하게 고생을 했다. 실제로 린드버그는 스튜어트가 자기 역을 맡은 데 대하여 지극히 못마땅해 했다는 후문이다. 2차 세계대전 당시 유럽 전선에서 폭격기 조종사로 근무했던 스튜어트에게는 비행기 조종이 전혀 낯설지 않았다. 훗날 스튜어트는 이 영화에서 린드버그 역으로 연기를 한 것을 일생의 큰 추억의 하나로 생각한다고 언급했다. 린드버그와 마찬가지로 그도 공군 예비역 준장으로 예편하기도 했다.

---

* 누아르(noir)는 '검은'이라는 뜻의 프랑스어다. 제2차 세계대전 이후 프랑스에 소개된 할리우드 영화들 중에서 어두운 분위기의 범죄 스릴러물들을 통칭 필름 누아르라고 불렀다. 필름 누아르는 음산한 톤과 어둡고 칙칙한 느낌을 특징으로 하고 있다.

이 영화의 제목은 한국 제목과 미국 원제가 각각 의미가 있다. 한국에서의 제목인 〈저것이 파리의 등불이다〉는 린드버그의 저서 『날개여, 저것이 파리의 등불이다 - Wings,

애기 앞에 선 린드버그

That is the lamp in Paris』를 그대로 옮겨 온 것이다. 단순한 책 제목을 떠나서 꽤 감동적인 말이다. 이는 정신없이 쏟아지는 졸음과 외로움을 견뎌내며 33시간의 목숨 건 비행에 도전한 린드버그가 목적지인 파리 상공에 이르자 감격에 겨워 외친 말이다. 이 책으로 린드버그는 이듬해 퓰리처상을 수상했다. 영어 원제인 〈The Spirit of St. Louis(세인트루이스의 정신)〉는 린드버그가 타고 날아간 비행기의 이름이다. 세인트루이스의 사업가 여러 명이 이 비행기를 만드는데 스폰서 역할을 했기 때문에 붙여진 이름이다. 이 비행기는 현재 워싱턴 스미소니안 국립항공우주 박물관의 공중에 매달려 전시되어 있다.

이 영화는 전반부와 후반부로 나누어 진행된다. 항공기 업체와 계약하고 비행기를 제조하고 비행 준비를 하는 과정을 다룬 전반부와 비행기에 올라타서 길고도 먼 미지의 대서양 항로를 따라서 역사적 비행에 도전하는 후반부가 그것이다. 전반부에서는 곡예비행을 하는 등 린드버그의 당차면서도 도전적인 성격과 용기를 보여주고 있다. 한편으로 역사적인 비행이 가까워짐에 따라 잠 못 이루고 초조해하는 모습도 보여준다.

후반부는 비행기를 조종하면서 혼자만의 독백을 하거나 지난날을 회상하는 장면이 번갈아 교차되면서 나온다. 외로움과 밀어닥치는 졸음과 싸우고, 영하의 추위 속에서 사투를 벌이는 비행 장면이 펼쳐진다. 관객들은 이렇게 진행되는 이 영화의 2시간 15분의 상영시간이 지루하다고 여긴다면 33시간 동안 대서양의 상공에서 잠 한숨 못 자고 비행한 린드버그가 알면 꽤나 섭섭할 것 같다.

영화 중간에 간간이 나오는 유머러스한 대사들도 지루할 수도 있는 영화의 흥미를 돋운다. 예를 들면 승객을 태우고 곡예비행 알바를 하던 린드버그는 위험하지 않느냐는 한 노인의 질문에 "정히 염려되시면 제 낙하산을 드리겠다"라고 대답한다. 그가 "만약 낙하산 줄이 끊어지면 어떻게 되느냐"라고 되묻자 "그렇게 되면 원금에 이자까지 쳐서 두 배로 싹 갚아 드리겠다"라는 대답을 하는 장면 등이 그것이다. 이 작품이 지루하지 않게 느껴지는 것은 시나리오 작가인 와일더 감독의 이런 탁월한 각본 솜씨 때문이라고 할 수 있다.

III. 미국 원조 국민배우, 제임스 스튜어트

제임스 스튜어트는 평생 모범적인 미국인의 전형적인 삶을 살았으며 영화에서의 역할도 거의 이와 대동소이했던 인물이었다. 약간 머뭇거리는 말투로 소박하면서도 겸손한 매력을 지닌 그는 50년의 연기 생활을 하면서 자신만

제임스 스튜어트

만한 모습의 대부분의 할리우드 영화의 영웅상과는 거리가 먼 캐릭터를 연기했다. '세기의 스타 50인'에서는 그를 "정직과 근검, 청교도적인 미국인의 가치관과 평범한 서민들의 소박한 용기와 신념을 스크린과 실제 생활에서도 그대로 실천했다"라고 극찬했다. 스튜어트야말로 미국의 원조 국민배우로 딱 들어맞았다.

스튜어트는 1908년 펜실베이니아주 인디애나의 조그만 마을에서 철물상을 하는 아버지와 피아니스트 어머니 사이에서 태어났다. 머리도 명민했고 모범생으로 자란 그는 장학금을 받으며 명문 프린스턴 대학에서 건축학을 전공하였다. 대학교 시절부터 스튜어트는 자신의 연극적 재능을 발견하면서 졸업하자마자 연기를 시작했다. 브로드웨이를 거쳐 할리우드로 진출한 그는 작은 역할들을 몇 번 맡다가 프랭크 카프라 감독의 〈우리들의 낙원〉에서 첫 주요 배역을 맡게 된다. 이듬해 그는 같은 감독인 카프라의 〈스미스 씨 워싱턴에 가다〉에서 세상물정 모르며 정의를 위해 싸우는 의로운 정치인 역을 맡아 호평을 받으며 주목을 받기 시작했다.

1940년에는 캐리 그랜트와 캐서린 헵번과 공연한 영화 〈필라델피아 스토리〉에 출연하여 아카데미 남우주연상을 받았다. 당시 가장 연소한 나이에 받은 남우주연상이었다. 상을 받자마자 2차 세계대전이 발발하면서 참전하게 된다. 실전에 자원한 최초의 할리우드 스타였다. 신체검사에서 체중미달로 불합격을 받자 악착같이 체중을 늘리려고 했으나 실패하자 결국 군의관에게 통사정을 해서 겨우 합격판정을 받았다.

1941년 3월 육군 항공대에서 군 복무를 시작했다. 그는 개인적으로 항공 자격증을 취득하고 있었다. 이후 그는 비행 훈련을 마치고 1942년 1월 장교로 임관, 유럽 전선에 배치되었다. 그는 스타급 영화배우라 하여 후방에서 행정직으로 근무하거나 위문공연을 다니지 않고, 실제로 폭격기를 몰고 포화 속을 뚫고 20회에 걸쳐 유럽대륙으로 날아갔다. 당시 폭격기 조종사들의 전사율이 지상에서 싸우는 육군보다 훨씬 높았던 것을 감안한다면 대단한 용기였다. 입대 후 4년 만에 대령으로 진급한 그는 종전 후 주업인 배우 생활을 시작했다. 한편으로는 예비역으로 남아 있으면서 1959년 7월 23일 준장으로 진급하면서 완전히 퇴역했다. 이는 아직까지 할리우드 스타들 중 가장 높은 군 계급이다. 퇴직금은 공군사관학교에 전액 기부했다. '노블레스 오블리주'를 실천했던 보기 드문 품격의 인물이었다. 배우로 복귀한 뒤에도 아이젠하워와 존슨 대통령 시절, 상원 의원과 캘리포니아 주지사 출마 권유를 받았으나 거절했다.

전쟁이 끝난 후 할리우드에 돌아온 그가 출연한 영화는 역시 카프라 감독의 〈멋진 인생〉이었다. 이 영화에서 그는 소도시 삶의 좌절과 실망을 겪는 어두운 역할을 맡았다. 이후 토마스 만 감독과 〈분노의 강〉과 〈운명의 박차〉 〈라라미에서 온 사나이〉 등을 찍으면서 서부극에도 진출했다. 이어서 히치콕의 〈로프〉에 출연하면서 캐리 그랜트와 함께 그의 단골 출연 배우가 된다. 그랜트에 비해 덜 로맨틱한 스튜어트는 그랜트보다는 멋모르고 음모에 빠져드는 시민 역을 맡아 내면적 고통에 시달리는 인물을 연기했다. 이후 스튜어트는 히치콕의 영화에 가장 많이 출연한 배우가 되면서 그의 페르소나로 불려졌다.

〈이창〉에서는 다리가 부러져 꼼짝 못 하는 사진가로 출연해 아파트 창문을 통해 살인사건을 목격하는 역을 맡았고 〈나는 비밀을 알고 있다〉에서는 도리스 데이와 함께 아들을 유괴당한 아버지 역을 맡기도 했다. 〈현기증〉에서 는 고소공포증에 시

〈현기증〉에서 킴 노박과 스튜어트

달리는 형사 역할을 맡기도 했다. 후에 포드의 영화에도 출연하면서 〈투 로드 투게더〉에서 과묵하면서도 부패한 보안관을 연기했고, 이어서 〈리버티 밸런스를 쏜 사나이〉에서는 서부의 젊은 변호사였다가 상원 의원이 되는 역을 맡기도 했다.

젊은 시절 여러 여배우들과 염문을 뿌리기도 하면서 41세까지 노총각으로 지냈다. 1949년 무척 가까웠던 게리 쿠퍼와의 식사 자리에서 함께 동석했던 글로리아와 결혼했다. 이미 두 아들을 두고 있었던 그녀와의 사이에 쌍둥이 딸을 낳았다. 1986년 그녀가 3년 먼저 세상을 떠났을 때 참으로 슬퍼했다. 그는 일생 동안 아내 글로리아에게만 전념했고 성격상 할리우드의 번잡함과 화려함을 싫어했다. 스포트라이트 받는 것도 가급적 멀리한 검박한 인물이었다. 의붓아들 중의 하나는 베트남전에서 전사했다.

스튜어트는 우파적 대의들을 지지한 열성적인 공화당원이었다. 언젠가 가장 절친이자 할리우드에서 알아주는 진보성향의 헨리 폰다와 정치적인 이슈로 주먹질까지 오고 간 적이 있었다. 두 사람은 그 일로

우정이 깨지는 않았지만 다시는 정치에 관해 논쟁하지 않기로 약속했다. 트루먼 대통령은 스튜어트의 광팬이었는데, 딸을 하나 둔 그는 꼭 스튜어트 같은 아들이 하나 있었으면 원이 없겠다는 말을 했다.

군 복무 중의 스튜어트

1985년 아카데미 평생공로상 시상식에서 그는 "이 상은 여태껏 받아본 상들 중에서 가장 훌륭한 상이다. 이 상은 기나긴 세월동안 내가 잊히지 않았다는 걸 일깨워주기 때문이다"라고 수상소감을 밝혔다. 1989년 스튜어트는 심장마비와 폐색전으로 눈을 감았다. 당시 대통령이던 클린턴은 "미국은 오늘 국가의 보물을 잃었습니다. 제임스 스튜어트는 위대한 배우이며 신사였고 애국자였습니다"라며 애도했다. 그는 평생을 흠잡을 데 없는 삶을 살았다. 모든 이들이 그를 존경했으며 명배우 찰턴 헤스턴은 그를 '미국인의 진수'라고 표현했다. 1999년 미국 영화 연구소에서 위대한 남자 배우 3위에 선정되었으며 지금도 미국인들은 그를 국민 배우로 여기고 있다.

III. 파란만장했던 린드버그의 일생

찰스 린드버그는 1902년 2월 4일 미시간주 디트로이트에서 태어나, 미네소타주의 리틀 폴스와 수도 워싱턴에서 어린 시절을 보냈다. 그는 부유한 집안에서 자라나 비교적 풍파 없는 어린 시절을 보냈다. 단지 일곱 살 때 부모가 이혼한 것은 그에게 약간의 시련이었을 것이다. 린드버그의 아버지가 딴 여자와 바람피우는 것을 목격한 어머니가 아버지의 머리에 권총을 들이대고 자초지종을 캐묻자 화가 난 아버지가 그 자리에서 어머니를 두들겨 패면서 부부는 갈라서게 된 것이다. 그는 소년 시절에 소심한 편이었고 골똘히 생각에 잠기곤 했다. 하도 과묵해서 훗날 기자들이 그의 소년 시절을 취재하러 그가 자란 동네로 갔는데 아무도 그를 기억하는 이가 없었다. 조용한 것은 어머니를 빼닮았다. 그의 어머니는 하루에 꼭 필요한 기본적인 몇 마디만 했고 혹시 그 이상 했을 경우에는 말을 많이 했다고 스스로 자책할 정도였다.

찰스 린드버그

할아버지 때에 스웨덴에서 이민을 왔다. 아버지는 1907년부터 1917년까지 하원의원을 지냈으며, 어머니는 고등학교 교사였다. 아버지는 제1차 세계대전의 미국 참전을 반대하였는데, 아버지의 영향을 받아 린드버그도 철저한 반전주의자가 된다. 학교 성적이 별로 좋은 편은 아니었고 기계를 만지고 수리하는 데는 재주가 있었다. 1918년 고등학교를 졸업하고 2년 동안 농장에서 일한 후 위스콘신대학교 기계공학과에 입학했다. 2년간의 교육 수료 후 그때 한창 세계적으로 주목받기 시작한 항공기에 대해 관심을 가지게 되었다. 1922년에는 링컨비행학교에 들어가 본격적으로 비행사의 꿈을 꾸게 된다. 그해 4월 처음으로 비행기를 탄 경험은 평생 잊지 못할 짜릿한 추억이었다.

하늘에서 무한히 펼쳐진 세상을 내려다보는 것은 그 무엇과도 비교할 수 없을 정도로 매력적이었다.

그는 더 멀리 더 높이 나는 것을 꿈꾸기 시작했다. 하늘을 나는 것, 그것이 곧 린드버그가 추구하는 세상이었다. 링컨학교에서의 순회비행을 통해 그는 조종사가 되어 이 세상을 마음껏 날아다니리라 굳은 결심을 한다. 1923년 린드버그는 드디어 자신의 비행기를 갖게 된다. 미국 정부가 제1차 세계대전에서 사용하던 커티스 JN-4 'Jenny'를 경매에 내놓은 것이다. 500달러로 이 비행기를 구입한 린드버그는 비행술과 비행기 구조 자체를 깊이 연구했다. 당시 비행기는 위험천만한 기계였다. 그는 이 비행기를 팔 때까지 여러 번에 걸친 아슬아슬한 사고를 겪었다. 당시 비행기를 탄다는 것은 죽음을 각오한 모험이었다.

이후 1년 동안 텍사스 육군비행학교에서 다른 비행기와 공중에서 충돌하는 사고를 만났지만 구사일생으로 살아났다. 비행학교를 졸업한 후 1925년 린드버그는 세인트루이스의 로버트슨 항공회사에 취직했다. 하늘을 나는 것에 대한 린드버그의 집념이 결국은 직업까지 선택하게 만든 것이다. 세인트루이스에서 시카고까지 우편물을 배달하는 조종사가 된 것이다. 이밖에 공중에서 비행기 날개 위를 걷는 등 등골이 오싹한 곡예비행을 시도하기도 했다. 그러던 중 오티그상에 대한 뉴스를 접했다.

1919년 5월 15일 호텔 경영자인 레이먼드 오티그는 특별한 상을 제정하여 발표했다. 뉴욕과 파리 간 무착륙 비행 성공자에게 상금 2만 5천 달러를 주겠다는 것이었다. 결과적으로 항공기의 발전에 엄청난 공헌을 하게 된 상이었지만, 한편 여러 사람의 목숨을 앗아가기도 했다. 1924년까지 기다려도 아무도 나타나지 않자 오티그는 기간을 5년 더 연장했다. 린드버그를 비롯하여 도전자들이 여기저기서 나타나기 시작했다. 여러 도전자 중 린드버그는 나이도 가장 어리고 비행 경력도 별로 내세울 만한 것이 없었다. 첫 번째 도전자는 제1차 세계대전 때 프랑스의 전설적인 격추왕 르네 퐁크*였다. 1926년 9월 21일 루스벨트 비행장에서 첫 번째 시도한 도전은 비행기가 채 이륙하지도 못하고 그 자리에서 폭발해버렸다. 퐁크는 가까스로 살아났지만, 함께 탄 두 명의 승무원은 즉사했다. 린드버그가 도전하기까지 6명의 젊은 이가 목숨을 잃었다.

린드버그는 오랜 시간 비행하기 위해서는 충분한 연료가 필수적이며 그러기 위해서는 비행기가 최소한의 무게가 되어야 한다고 생각했다. 그는 먼저 무게를 줄이기 위해 홀로 비행하기로 했고, 식량도 최소한으로 줄였고 모든 구명장비도 생략했다. 그리고 그는 엔진과 연료통을 앞에 설치하고 비행을 하기로 했다. 불시착할 경우 많은 조종사들이 엔진과 연료통 사이에 껴서 짜부라졌기 때문이었다. 그래서 비행기 앞부분에 연료통을 설치하고 조종석은 훨씬 뒤로 물렸다. 이

---

* 르네 퐁크(1894~1953)는 제1차 대전 당시 적기를 75대를 격추한 프랑스의 에이스였다. 독일에는 붉은 남작이라는 별명의 에이스인 리히트호펜이 있었는데 그는 80대를 격추했다. 실력만으로만 볼 때 퐁크가 붉은 남작보다 더 뛰어난 조종사였을지도 모른다. 그는 45초 동안에 3대, 3시간 만에 6대 격추 같은 당시 어느 누구도 달성 못한 대기록을 세웠다.

는 전방 시야를 확보하지 못한다는 불리한 점이 있었으나 대신에 잠망경을 설치했다. 실제로 그는 잠망경을 거의 사용하지 않았다.

이런저런 조치로 충분한 연료를 싣고 비행할 수 있게 되었다. 린드버그의 비행기 이름은 그 비행기를 사는 데 후원을 해준 세인트루이스의 사업가들에게 경의를 표하는 의미로 '세인트 루이스의 정신(Spirit of St. Louis)'이라고 붙였다. 린드버그가 대서양 횡단 비행에 처음으로 성공한

파리 상공의 Spirit of St. Louis

것은 아니었다. 1919년 6월 14~15일, 영국의 비행사 존 앨콕과 아서 브라운이 한 번도 쉬지 않고 대서양을 건넜다. 따라서 최초의 대서양 무착륙 횡단 비행은 앨콕과 브라운이 이룩한 것으로 보아야 한다. 그들은 뉴펀들랜드에서 아일랜드까지 약 3,030킬로미터의 최단거리를 16시간 27분 비행했다. 린드버그는 앨콕과 브라운에 비해 훨씬 먼 거리를 장시간에 걸쳐 혼자서 비행했다는 데 차이가 있다.

마침내 1927년 5월 20일 아침, 롱아일랜드의 질퍼거리고 정비도 제대로 안 된 활주로에 린드버그와 애기愛機 '세인트 루이스 정신'이 역사적인 비행을 앞두고 있었다. 기자들, 친구들 그리고 호기심 많은 관중이 구름처럼 모여들었다. 사실 이 무명의 젊은 비행사가 최초로 대서양을 논스톱으로 비행해 내리라고는 아무도 기대하지 않았다. 2만 5,000달러의 상금 때문에 목숨을 잃은 사람이 한 둘이 아니었기 때문

이었다. 린드버그의 운명도 별수 있겠느냐고 여겼다. 기자들이 연료를 싣느라고 나침판도, 낙하산도 가져가지 않는 것에 대해서 묻자 이렇게 대답했다.

"정작 필요할 때 작동하지 않는 것이 그런 것들입니다. 무엇보다 중요한 것은 연료입니다."

드디어 린드버그가 천천히 엔진에 시동을 걸자 '세인트루이스 정신'은 아직 마르지 않은 활주로에서 날개를 흔들며 구르기 시작했다. 활주로 끝이 점차 가까워왔다. 마침내 조종간을 힘껏 당겼다. 비행기는 낮게 드리운 구름을 향해 힘차게 날아올랐다. 이제 대망의 대서양 횡단이 시작된 것이다. 그날 뉴욕 양키즈 구장에 모인 4만여 명의 야구팬들은 린드버그의 성공을 기원했다. 그가 비행을 시작하고 얼마 후 연락이 단절되고 말았다. 이 소식에 대서양 건너의 런던·베를린·암스테르담의 주식거래소에서는 거래가 한때 중단되기도 했다. 린드버그의 비행은 저녁때가 되자 예상치 못한 문제가 생겼다. 고공이다 보니 기온이 내려가 비행기 날개에 얼음이 덮인 거였다. 그는 손전등으로 날개를 살펴가며 고도를 낮추고 조심조심 비행했다. 다행히 얼음은 얼마 안 있다가 녹기 시작했다.

이번에는 쏟아지는 졸음이 린드버그를 괴롭혔다. 사실 지난 며칠 동안 날씨 때문에 출발이 자꾸 늦어지는 등 신경이 날카로워져서 린드버그는 잠을 설쳤다. 게다가 캄캄한 오밤중에 하늘을 나는 것은 지루하고 단조로운 일이기도 했다. 눈꺼풀이 천근만근 무거웠다. 그는 쏟아지는 잠과 필사적으로 싸우며 비행했다. 비행기가 미 대륙을 떠난 지 이틀째가 되자 파리 시청에서는 자가용차를 갖고 있는 사람들 모두에게 비행장으로 나와 달라고 파리시민들에게 요청했다. 착륙 예정지인 르부르제 공항에 차를 달리게 하여 그곳에서 두 줄로 나란히 헤드라이트를 켜서 안개 낀 밤이라도 활주로가 보이도록 해주기 위한 배려에서였다.

린드버그는 이렇게 쉬지 않고 33시간 30분 동안을 날아, 파리 시각으로 5월 21일 밤 10시 24분, 파리 인근의 르부르제 공항에 착륙했다. 세인트 루이스의 정신이 르부르제의 넓은 풀밭

인파 속의 Spirit of St. Louis(르부르제 공항)

활주로에 내려앉자 10여만 명의 사람들이 비행장을 가로질러 비행기를 향해 노도와 같이 달려갔다. 린드버그의 비행기가 대서양을 날아 르부르제 공항에 착륙할 것이라는 소문이 파리 시민들을 온통 들썩거리게 만든 것이다. 비행장을 둘러싼 울타리와 바리케이트가 단번에 박살이 났다. 비행기에 접근한 흥분한 시민들이 린드버그를 조종석에 끌어내린 다음 약탈한 전리품처럼 으쌰으쌰 하면서 그를 떠메고 공항청사로 행진하기 시작했다. 그의 헬멧은 누군가 잡아채서 벗겨갔고 옷은 서로 잡아당겨 너덜너덜해졌다.

공항청사로 옮겨진 그는 가까스로 땅 위에 내려섰다. 두 명의 프랑스 안전요원들이 재빨리 린드버그를 구출하여 공항 접견실로 안내했

다. 곧이어 미국 대사관저로 가서 우유 한잔과 약간의 음식으로 공복을 채운 그는 63시간이라는 기나긴 잠 속으로 빠져들어 갔다. 사실 린드버그는 비행 동안(33시간 30분) 한숨도 못 잤고, 출발 전에도 긴장해서 잠을 못 잤기 때문에 실제로 잠을 자지 못했던 것은 50시간 이상이었다. 비행을 시작하고 9시간 후부터 졸음이 쏟아졌고, 22시간이 지난 뒤부터는 환각을 보기 시작했다고 한다. 그런 후에 대사관저에서 잠에 곯아떨어져 꿀잠을 잔 것이다. 초인적이라고밖에 달리 해석할 수가 없을 것이다.

린드버그를 떠메고 군중들이 난리굿을 떨 때 비행장 한 구석에서는 괴이한 사태가 벌어졌다. 희미한 불빛 속에서 어느 불운한 미국 구경꾼 한 사람이 린드버그와 비슷하게 생겼다는 죄로 군중들이 그를 헹가래를 치고 움직이기 시작한 것이다. 졸지에 린드버그가 된 불쌍한 이 미국인은 몸부림을 치면서 나는 린드버그가 아니라고 악을 바락바락 써보았으나 아무 소용이 없었다. 군중들은 유리창이 부서지는 소동 끝에 공항 통제실로 떠메고 가서 그를 내려놓았다. 그는 거의 얼이 빠져 있었다. 윗도리 절반이 뜯겨 나갔고 벨트와 넥타이, 구두 한 짝은 온데간데없었다. 폭풍우 속을 헤치고 겨우 살아 돌아온 난파선의 선원 같은 몰골이었다. 그는 뭐가 뭔지 모르겠다는 표정의 공항 직원에게 자기 이름은 해리 휠러이며 뉴욕에서 온 가죽옷 장수라고 말했다. 그는 한숨을 꺼지게 내쉬면서 지금 당장은 오직 집 생각밖에 없다고 착잡한 심경을 토로했다.

린드버그가 도착한 다음 날 아침 비행장에서 청소부들은 틀니와 안경을 포함한 각종 분실물을 무려 1톤 트럭분의 분량을 수거했다. 린드버그가 깊은 잠에서 깨어나 대사관 관저 발코니에 나타나자 수많은 시민이 그를 보려고 새벽부터 진을 치고 기다리고 있었다. 이후 대통령 관저로 가서 레종 도뇌르 훈장을 받고 곧 이어 파리 시가행진을 시작했다. 엄청난 수의 파리 시민들이 연도에 운집했다. 중간 기착

애기 앞의 린드버그

지인 영국에서도 마찬가지로 인산인해였다. 왕실에서 주최한 환영 만찬에서 옆 좌석에 왕세자가 앉아 있었다. 그는 만찬 내내 린드버그에게 하늘에서 소변 문제는 어떻게 해결했느냐고 그 점만 꼬치꼬치 물어보는 통에 곤욕을 치르기도 했다.

린드버그가 대서양 횡단에 성공했다는 소식이 전해진 미국도 곧바로 광란의 도가니에 빠져들었다. 그야말로 린드버그 광풍이 불었다. 별의별 기상천외한 제안들이 쏟아져 나왔다. 그에게 평생토록 세금을 면제해 주자, 새로운 별이 발견되면 린드버그별이라고 명명하자, 항공성을 만들어 종신토록 장관을 해먹도록 하자, 5월 21일을 국가 공휴일로 지정하자 등등. 사람들은 자기네 마을의 광장·거리·뒷동산·개천·연못·다리 등 온갖 것들에 그의 이름을 갖다 붙였다. 그는 평생 메이저 리그 야구 경기를 관람할 수 있는 무료입장권을 받았다. 미혼인

린드버그에게 발송된 편지가 산더미처럼 쌓였는데 대부분 미혼 여성들이 보낸 것이었다.

린드버그는 이후 3개월 동안 미국 전역을 '세인트 루이스 정신'을 타고 다니면서 각종 환영식에 참석했다. 환영식에 참석한 그의 얼굴은 원래 그렇기도 하지만 무표정이었고 비행기를 타고 있을 때만 살짝 만족스러운 모습이었다. 하룻밤을 묵게 될 경우에는 난리도 그런 난리바가지가 없었다. 아침에 방을 나서는 순간부터 사람들이 그를 졸졸 따라 다녔다. 산책도 할 수 없었다. 화장실까지도 따라다녔다. 미치고 환장할 노릇이었다. 그를 환영하는 행사는 처음부터 뒤죽박죽이었다. 기다리던 구경꾼들과 심지어 환영식을 준비하는 요원들조차 활주로를 달리는 그의 비행기를 향하여 정면으로 달려갔다. 모두 제정신들이 아니었다. 그의 비행기가 구조상 전방이 안 보이기 때문에 매번 가슴이 철렁한 사태가 벌어질 뻔했다. 이렇게 난리법석을 떨면서 미국 전체 순회 비행이 끝난 다음 그는 이 비행기를 워싱턴의 스미소니안 박물관에 기증했다.

린드버그 부부

세기의 모험에 성공한 린드버그는 미국은 물론 전 세계에서 추앙받는 유명 인사가 되었다. 1929년 그는 재력가의 딸이자 소설가인 앤 모로와 결혼했다. 신혼부부는 세계일주를 하며 행복한 나날을 보냈다. 1930년 6월에는 사랑의 결실인 아들까지 낳게 되어 행복은 배가되었다. 그러나 불행의 씨앗

이 잉태되고 있었다. 린드버그 부부가 뉴저지에서 조용히 전원생활을 하고 있던 1932년, 그들의 생후 20개월 된 아들이 유괴당하는 불행한 사건이 발생했다. 유괴범은 린드버그에게 5만 달러를 내놓으라고 협박했다. 린드버그는 경찰의 도움을 뿌리치고 알음알음 암흑가의 두목들을 통해 유괴범과 접촉하려고 했지만 아이는 끝내 주검으로 발견되었다.

독일 이민자인 브루노 하우프트만이 살인 용의자로 검거되었다. 그의 재판 첫날 10만 명의 인파가 몰려들었다. 당시에는 구경거리만 있으면 만사를 제쳐놓고 달려가는 시절이었다. TV가 없었기 때문에 더욱 그랬을 것이다. 전기의자에 앉아 처형된 그는 자기는 절대로 살인자가 아니라고 주장했다. 이 사건은 마크 라이델 감독의 영화 〈린드버그 유괴 사건〉으로 만들어져 전 세계인을 안타깝게 하기도 했다. 아들의 죽음으로 미국에서의 삶에 진저리를 친 린드버그는 아내와 둘째 아들 존을 데리고 영국으로 이사했다. 유럽에서 프랑스의 생리학자 알렉시스 카렐과 협력하여 장기臟器를 몸 밖에서 산 채로 보존하는 '카렐-린드버그 펌프'를 만들기도 하였다.

린드버그는 제2차 세계대전의 미국 참전을 반대하여 군에서 해임되기도 한 반전주의자였다. 그런데 이와 모순된 행동을 하는 바람에 사람들을 아연실색케 했다. 전쟁을 반대한 그가 독일을 방문한 후 그들의 뛰어난 군사력과 기술력에 감탄하면서 돌연 나치 숭배자가 된 것이다. 심지어는 히틀러의 왕초 알랑쇠 괴링*에게서 훈장을 받아 많은 사람을 불쾌하게 만들었다. 독일과 미국이 전쟁을 시작한 뒤에도 린드버그는 훈장을 반환하지 않았다. 사람들은 점차 린드버그가 나라의 영웅이 되기에 적합한 인물인가에 대하여 의아심을 품기 시작했다.

일본이 진주만 공격을 감행했을 때 공군에 복귀할 의사를 표시했으나, 루스벨트 대통령이 린드버그의 요청을 거부한 데는 이런 이유가 있었다. 1954년 아이젠하워 대통령에 의해 공군 준장의 계급으로 지위를 회복했지만, 나치 숭배 경력은 그의 생애에 끝내 오점으로 남았다. 그는 만년에 헌신적인 보수주의자가 되어 많은 선행을 베풀었으나 끝내 미국인들의 사랑은 되찾지 못했다. 린드버그는 1974년 8월 26일 하와이에서 세상을 떠났다. 20세기에 가장 위대했던 미국의 영웅이 알 수 없는 수수께끼에 싸인 인물이며 영웅으로서의 자질이 사람들이 생각한 것보다 훨씬 뒤처진다는 사실만을 후세에 남겼다.

---

* 헤르만 괴링(1893~1946)은 제1차 대전 당시 전투기 에이스였다. 전쟁이 끝난 후 히틀러의 심복이 되면서 나치 공군의 총사령관과 제국원수를 지냈으며 호가호위하면서 각종 악행을 저질렀다. 온갖 훈장을 주렁주렁 매달고 다녀서 걸어다니는 크리스마스 트리라는 비아냥을 들었다. 뉘른베르크에서 교수형을 기다리다 집행되기 전날 음독자살했다.

제21장

언터쳐블

전설의 제임스 본드, 숀 코너리 / 밤의 제왕, 알 카포네 / 웃기는 미국의 금주법

I. 언터쳐블(1987년), The Untouchables

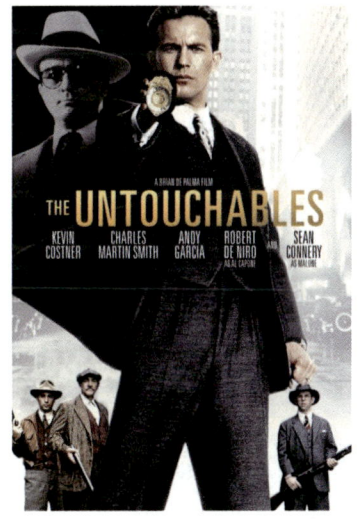

이 영화는 로버트 드 니로와 캐빈 코스트너, 숀 코너리 등의 대배우들이 출연하고 브라이언 드 팔마 감독이 메가폰을 잡은 갱스터물로, 영화 음악의 거장 엔니오 모리코네가 영화 음악을 담당한 걸작이다. 007로 유명한 숀 코너리는 이 작품으로 생애 최초로 아카데미 남우조연상을 수상했다. 파라마운트사가 〈대부〉 이래 회심의 역작으로 내놓은 이 영화는 흥행 면에서 꽤 히트를 쳤다.

알 카포네의 전성 시절, 시카고 경찰은 부패의 극에 도달해있었다. 대부분의 공무원과 경찰들이 갱들로부터 뇌물을 받아 챙기고 있었다. 이에 카포네를 비롯한 갱 조직을 일소하려는 특수수사반을 조직한 네스 반장(케빈 코스트너 분)은 강직한 성품의 경관 3명을 휘하에 모아서 갱들과의 싸움을 시작한다.

그와 부하들은 전혀 뇌물과는 거리가 멀었기에 갱들은 그들을 가리켜 '손댈 수 없는 사람들(Untouchables)'이라고 부르기 시작했고 이것이 그들을 상징하는 말이

언터쳐블 멤버

된다. 네스 반장의 이 조직은 후에 FBI의 모체가 되며 그래서 지금도 FBI의 수사관을 상징하는 말(언터쳐블)로 쓰이고 있기도 하다. 원래 이들의 활약상을 그린 동명의 인기 TV 시리즈가 있었는데 드 팔마 감독이 이를 영화로 만든 것이다. 그는 이미 알 카포네를 다룬 알 파치노 주연의 〈스카페이스〉를 연출한 바 있다. 일류 시나리오 작가인 데이비드 마멧의 치밀하면서도 사실적인 각본은 영화의 흥미를 불러일으키고 있으며 영화 음악의 거장인 모리코네의 음악도 긴박감을 한층 불러일으키고 있다.

당시 신인 배우였던 코스트너는 드 니로와 코너리의 관록에 맞서 결코 밀리지 않는 탄탄한 연기력을 보여주었다. 형사 말론으로 등장하는 코너리는 세파에 진력이 났지만 그렇다고 결코 세상에 굴복하지

않는 정의로운 경찰관 역을 노련하게 소화하고 있다. 앞이마가 벗겨진 카포네로 분한 드 니로의 카리스마 넘치는 악역연기 역시 볼만하다. 드니로는 살찌울 시간이 없어 패드와 베게로 뚱뚱한 알 카포네의 몸집을 재현했다. 약 15분 동안 피 튀기는 총격전이 벌어지는 시카고역 내에서 유모차가 굴러 내려가는 장면은 이 영화의 하이라이트 씬이기도 하다. 이 장면은 영화사에 길이 빛나는 세르게이 에이젠슈타인* 감독의 1925년도 무성영화 〈전함 포템킨〉에서의 오데사 계단에서의 민중학살 장면을 드 팔마 감독이 멋지게 오마주**했다.

실제 밤의 제왕이라고 불렀던 알 카포네는 영화와는 달리 수사관을 살해하거나 위협하지 않고 주로 뇌물을 써서 회유를 했다. 그는 식당이나 극장에서도 팁과 후원금을 후하게 건네 줄 정도로 자기 관리에 힘썼던 인물이었다. 영화에서 알 카포네가 경찰단속을 당한 자신의 부하를 야구방망이로 때려죽이는 장면은 실제 알 카포네가 자신을 죽이려던 갱 두 사람을 야구 방망이로 때리고 머리에 총을 쏴 죽인 사건을 차용했다고 한다.

영화 마지막 부분, 재판정에서 서로 주먹질을 하려고 으르렁거리던 네스와 알 카포네는 실제는 얼굴을 마주친 적이 없었다. 원래 시나리

---

* 세르게이 에이젠슈타인(1898~1948)은 라트비아 출신의 소련 영화감독이다. '몽타주 기법'을 확립하여 이름을 날렸다. 〈전함 포템킨〉, 〈오래 된 것과 새로운 것〉 등의 작품을 발표하며 러시아 영화의 황금기를 이끌었다. '몽타주 기법'이란 각각의 장면을 적절하게 이어 붙여서 스토리가 있는 하나의 내용으로 만드는 것을 말한다.
** 오마주(Hommage)는 특정한 작품이나 감독·배우에 대한 존경의 의미로 어떤 장면을 그대로 모방하거나 따라 하는 것을 말한다.

오에서는 알 카포네 회계사가 탄 열차를 세우려고 총격전을 벌이는 장면이 있었지만 1930년 열차를 배경으로 사용하기엔 너무 제작비가 많이 든다는 이유로 열차 역 내 계단에서 총격전을 벌이는 장면으로 바꾸었다. 원래 네스 역으로는 코스트너가 아니라 미키 루크를 점찍었으나 그가 거절했다.

II. 전설의 제임스 본드, 숀 코너리

세계적으로 공전의 히트를 친 전설적인 스파이물인 〈007〉 시리즈에는 숀 코너리 외에도 조지 레젠비·로저 무어·티모시 달튼·피어스 브로스넌과 최근에는 다니엘 크레이그 등이 제임스 본드 역을 맡았지만 본드를 연상할 때 사람들은 아직도 숀 코너리를 먼저 떠올린다.

숀 코너리

007 시리즈의 저자인 이안 플레밍은 2차 세계대전 기간 동안 실제 첩보 업무를 수행했다. 그는 이 기간 중 해군 정보부에서 중령으로 일했고, 전쟁이 끝난 후에는 《선데이 타임스》지의 편집부에서 일하며 007 시리즈물을 썼다. 그가 이 시리즈물에서 표현한 제임스 본드는 현재 우리가 알고 있는 본드는 머리가 비상하고, 만능 스포츠맨에 여자와 스포츠카를 사랑하는 스파이와는 달리 보다 사실적인 스파이에 모습에 가까웠다.

그이 작품이 공전의 히트를 치고 영화화를 시작하면서 첫 번째 작품인 〈007 살인번호〉의 주인공 배역이 누가 될 것인지에 대하여 세간의 화제가 집중되었다. 이때 캐리 그랜트·렉스 해리슨·로저 무어 등 쟁쟁한 인물들이 본드 역의 물망에 올랐고, 플레밍 자신은 로저 무어를 캐스팅하고 싶어 했다. 무어는 결국 나중에 제임스 본드를 맡게 된다. 그럼에도 불구하고 숀 코너리가 본드 역을 맡게 된 것은 《데일리 익스프레스》지가 독자들을 대상으로 조사한 결과 그가 가장 이 배역에 걸 맞는 배우로 뽑혔기 때문이었다.

막상 본드 배역이 코너리로 결정되자 플레밍은 "아뿔사! 코너리는 내가 생각하는 007의 이미지가 전혀 아니다"라며 극구 반대했다. 007 캐스팅 전 1962년에 찍은 영화 〈사상 최대의 작전〉에서 잠깐 등장하는 코너리의 연기에 실망을 한 바 있던 플레밍이었다. 그러나 1962년 007시리즈 첫 번째 작품인 〈살인번호〉 시사회를 보고 난 이후 플레밍은 태도를 바꾸어 "나는 큰 실수를 저지를 뻔했다. 그야말로 바로 본드 자체다"라고 극찬했다.

스코틀랜드 에딘버러의 트럭 운전사였던 아버지 밑에서 자란 코너리는 뼈저린 가난을 숙명처럼 안고 살았다. 심지어 가족의 생계를 떠맡아야 했다. 그런 가난 속에서도 어린 코너리는 훌륭한 축구 선수가 될 꿈을 품었다. 그러나 가난 때문에 일찌감치 학교를 중퇴하고 해군에 입대하여 수병생활을 했으나 위궤양 때문에 일찍 제대해야 했다. 제대 후 우유 배달부·부두 노동자·인명구조원·미술학교의 남자 모델 등 닥치는 대로 일을 해야만 했으나 좋아하는 보디빌딩은 게을리하지 않았다.

그에게 내세울 것이라곤 자신의 몸밖에 없었기 때문이다. 그런 그에게 찾아온 기회가 미스터 유니버스 대회였다. 1953년 코너리는 이 대회에 출전해 3위에 입상했고, 그의 멋진 용모에 반한 연예계에서 손길을 뻗어 왔다. 그러나 성공은 아직도 요원한 얘기였다. 가난 때문에 같은 시기의 대다수 영국인 배우들과는 달리 정식 연기 수업을 받지 못했기 때문에 기초가 부실했기 때문에 더더욱 그랬다. 그는 간혹 에딘버러에서 뮤지컬 공연에 단역으로 출연하면서 연기 실력을 쌓았다. 1955년 영화 〈Let's Make Up〉에 출연하면서 영화에 정식으로 데뷔하게 된다. 10년 후 1965년 〈007 살인번호〉에 출연한 이후 코너리는 세계적으로 널리 알려진다. 이후 그가 출연한 007 시리즈물이 계속 대박을 치자 완전히 세계적인 스타의 반열에 올랐다.

007 시리즈가 성공할 수 있었던 배경은 당시 동서냉전이라는 시대적 상황과 섹스어필하는 본드걸, 기기묘묘한 비밀무기의 등장 등 이전에 볼 수 없었던 다양한 볼거리에 있었다. 그러나 무엇보다 본드 역을 맡았던 코너리의

〈007 위기일발〉에서 코너리

매력을 빠뜨릴 수 없을 것이다. 그는 007시리즈 첫 번째 작품인 〈007 살인번호〉를 비롯해서 〈007 위기일발〉〈007 골드 핑거〉〈007 선더볼 작전〉〈007 두 번 산다〉〈007 다이아몬드는 영원히〉로 총 6번의 시

리즈물에 출연하면서 아예 '제임스 본드 = 숀 코너리'의 등식을 만들었다.

6번의 007 영화에 출연한 코너리는 본드 역에 싫증을 내기 시작했고 한편으로는 본드 이미지로 굳혀지는 것은 배우로서는 치명적일 수 있다는 사실을 깨닫고 본드 역에서 완전히 손을 접었

〈붉은 10월〉에서 코너리

다. 이후 진실을 밝혀 나가는 명 수도사 역의 〈장미의 이름〉, 베테랑 경찰관 역의 〈언터처블〉, 소련 잠수함의 함장 역의 〈붉은 10월〉 등에 출연하며 그의 커리어를 이어갔다. 특히 〈언터처블〉에서의 호연으로 1987년 아카데미와 골든 글로브에서 최우수 남우조연상을 수상했고, 〈장미의 이름〉을 통해서는 영국아카데미 시상식에서 최우수 남우주연상을 수상하기도 하였다.

이후 〈떠오르는 태양〉 〈카멜롯의 전설〉 〈더 록〉 〈어벤저〉 〈엔트랩먼트〉 〈젠틀맨리그〉 〈파인딩 포레스터〉 등에 출연하면서 더욱 중후하고 젠틀한 영국 신사의 냄새를 풍기는 원숙한 연기에 팬들은 열광했다. 그는 스물을 갓 넘긴 나이부터 연기를 하는 동안 극 중에선 숱한 본드걸들과 염문을 뿌리기도 했다. 하지만 실생활에선 이렇다 할 스캔들 한 번 없이 성실하게 살아온 이력 때문에 팬들은 더욱 갈채를 보냈다. 노년에는 영국 여왕으로부터 기사 작위를 수여받았다. 백발이 성성하고 머리가 반쯤 벗겨진 노년이 되어서도 노익장을 과시하던

그는 2003년 〈젠틀맨 리그〉를 끝으로 2006년에 공식적으로 은퇴를 선언했다. 비교적 장수한 그는 2020년 10월 31일, 90세의 나이로 타계했다.

III. 밤의 제왕, 알 카포네

알 카포네는 1899년 1월 17일 뉴욕의 브루클린에서 이태리 이민자 부모에게서 태어났다. 본명은 알폰소 가브리엘 카포네인데 애칭을 '알'이라 부르면서 알 카포네로 알려져 있다. 그의 아버지는 나폴리에서 이발사였고 어머니는 재봉사 일을 했는데 이들은 1893년 미국으로 이민을 오게 된다. 카포네의 형제들은 모두 9남매로 카포네는 가톨릭 학교를 다녔지만 14살 때 여선생의 얼굴을 주먹으로 후려갈기는 바람에 퇴학을 당하고 만다.

알 카포네

퇴학당한 카포네는 뉴욕 브루클린의 조직폭력배인 조니 토리오의 부하가 되었다. 깡패치곤 성격이 온화하고 섬세한 편인 토리오는 폭력배들을 조직하여 범죄를 저지르는 데는 아주 교활하고 지능적이었다. 그는 특정한 업종의 지배권을 장악하는 데는 선수였다. 예를 들어 일정한 구역의 모든 얼음집들은 토리오에게 수수료를 상납하는 대가로 독점적인 영업권을 허락받아 가격을 인상하는 횡포를 부릴 수 있었다. 그들의 독점권에 감히 도전하는 사람은 다이너마이트 선물을 받거나 두 다리가 부러지거나 소유한 건물이 시 당국으로부터 부실 건물로 판정을 받게 하는 등 여러 가지로 골탕을 먹었다.

토리오는 전성기에 음료수 판매기에서부터 빵·크래커·효모·파이 노점상 조합 등 200여 개의 협회를 좌지우지했다. 심지어 구두닦이들까지도 그에게 상납해야 했다. 이러던 어느 날, 뚜렷한 이유도 없이 토리오는 1920년에 뉴욕을 떠나 시카고로 둥지를 옮기기로 결심한다. 맨 먼저 그는 시카고의 조직폭력배인 콜로시모를 때려눕히고 그의 활동 영역을 빼앗았다. 이후 몇 년간 토리오의 깡패 사업은 잘 나가고 있었다. 1925년 1월 어느 추운 날 오후, 토리오가 아내를 도와 차에 싣고 온 장바구니를 집 안으로 옮기는 도중 상대방 조직폭력배 세 명이 그에게 다가와 총알 5발을 선사했다.

토리오는 간신히 목숨을 건졌다. 그러나 그는 이런 생활은 도저히 사람이 할 짓이 못 된다고 판단하고 3천만 달러를 챙긴 다음에 모든 깡패 사업을 부하였던 카포네에게 넘겨주었다. 그리고 홀연히 부모의 고향인 이태리로 돌아갔다가 잠시 후에 몸이 근질거리자 다시 뉴욕으로 돌아왔다. 그리고 루치아노*가 뉴욕 마피아 최고의 보스로 등극하는 데 큰 도움을 주었다. 하여튼 카포네는 토리노의 뒤를 이어 시카고

---

* 루치아노는 미국 뉴욕 시의 마피아 조직인 루치아노 패밀리의 두목을 지냈다. 자신의 이탈리아계 마피아뿐만 아니라 유대계·아일랜드계 등 거물 범죄조직들을 망라한 전미범죄연합체(일명 신디케이트)라는 혈통이나 인종을 초월한 기업형 범죄소식을 미국에서 최초로 창안한 전설적인 인물이다.

의 깡패 두목이 되었다. 평소에 카포네는 토리오를 가리켜 "토리오는 나를 이끌어 준 사람이며 나의 아버지와 다름이 없다"라는 말을 입에 달고 다녔다. 이제 미국 역사상 가장 유명한 카포네의 무법자 시대가 막이 올랐다.

카포네 지배의 가장 두드러진 특징은 그가 아주 젊었으며 왕초 노릇하던 기간이 다른 조폭 두목들보다는 비교적 짧았다는 사실이다. 카포네가 토리오로부터 지배권을 물려받았을 때 나이가 겨우 스물여섯 살이었다. 또한 조직폭력배의 두목으로 시카고를 주름잡던 시기는 1925년부터 1927년까지 3년간이었다. 카포네는 흉터가 있는 얼굴을 뜻하는 "스카페이스Scarface"라는 별명이 붙어 있었다. 이는 그가 뉴욕의 브루클린의 한 술집에서 술이 떡이 되어 건너편에 있는 한 여자에게 "아가씨, 엉덩이가 정말 예쁘네, 어쩌구 저쩌구…" 하다가 옆에 있던 그녀의 남동생에게 당한 것이다. 그가 휘두른 나이프가 카포네의 왼쪽 뺨을 그어버렸던 것이다. 카포네에게 상처를 입힌 인물은 추후 카포네에게 사과를 하고 카포네는 그것을 선선히 받아들이고 그를 경호원으로 데리고 다니기까지 했다. 카포네를 미화하는 것은 아니지만 그만큼 명성을 날렸던 인물이라 대범함도 남달랐던 것 같다.

카포네는 이 흉터를 가리느라고 얼굴에 땀띠약을 떡칠하고 다녔다. 당시는 금주법이 시행되고 있던 시절이었는데 시카고에서는 맥주가 유달리 다량으로 공급되었다. 맥주에는 공무원들의 대규모 부패가 필수적이었다. 다른 술과 달리 덩치가 큰 양조장을 숨길 도리가 없었기 때문이었다. 그래서 거액의 입막음용 돈이 필요했다. 시청 공무원 중에 이 돈을 먹지 않은 자가 거의 없었다. 경찰들과 관리들은 카포네의 본부가 있는 메트로폴 호텔에 풀 방구리에 쥐 드나들 듯 뻔질나게 들락거렸다. 시카고 경찰은 사실상 그의 사병집단이었다. 금주법은 정부가 카포네와 같은 깡패들에게 더할 나위 없는 최고의 선물이었다. 1927년 여름이 끝나갈 무렵 카포네는 최고의 전성기를 구가하고 있었다. 당시 카포네 조직은 6천 군데의 밀주집, 2천 곳의 마권 판매소와 갈보집, 보호비와 거리세 갈취, 고리대금업 등과 노조 개입으로부터의 부당 수익까지 일주일에 수백만 달러를 쉽게 호주머니에 챙기고 있었다.

원래 시카고 암흑가는 아일랜드계가 이탈리아계를 압도하고 있었다. 유구한 마피아의 전통을 자랑하는 이탈리아계로선 이를 그냥 두고 볼 수 없었다. 가장 널리 알려진 게 1929년 2월 14일 시카고 북쪽 링컨공원 근처에서 카포네 부하 7명이 아일랜드계의 벅스 모란 부하 7명을 톰슨 기관총으로 아작을 낸, 이른바 '밸런타인데이 학살' 사건이다. 그러나 이 사건으로 처벌받은 사람은 아무도 없었다. 알 카포네가 깔아놓은 거대한 인맥이 움직인 것이다. 경찰과 검찰은 물론 윌리엄 톰슨 시카고 시장도 알 카포네의 영향력 아래에 있었다. 당시 시카고에는 낮과 밤, 두 명의 대통령이 존재한다는 얘기가 나돌았다. 밤의 대통령이 바로 알 카포네였다. 이 밖에 그가 매수한 경찰·판사·시의원·시장·주지사 그리고 노조 지도자들까지 모두 그와 한편이었다.

때는 바야흐로 조직범죄의 춘추전
국시대였다. 1929년 시카고에는 무
려 수십 개의 깡패 조직이 주류 밀매
업을 하거나 사업가들로부터 돈을
갈취하고 있었다. 이들은 조직 성격

톰슨 기관단총

에 따라 사용하는 무기가 달랐다. 주류 밀매업에 종사하는 갱단은 톰
슨 기관총을 애용한 반면, 업체들을 협박해서 갈취하는 조직들은 주
로 다이너마이트를 사용했다. 1927년부터 1929년까지 무려 157건의
폭탄이 터지고 기관총 난사 사건이 발생했지만 처벌을 받은 사람은
단 한 사람도 없었다. 시카고의 조폭들이 특별히 사용했던 무기는 토
미 건이라는 애칭으로 널리 알려진 톰슨 기관단총이었다. 이 총의 이
름은 미국 군대의 병기감이었던 톰프슨 장군에게서 유래했다. 톰프
슨의 희망은 전장에서 병사 개인이 휴대하기에 충분히 가벼운 기관
총을 제조하는 것이었고 기어코 이 목적에 맞는 기관단총을 만든 것
이었다. 이 총은 발사 때 반동이 너무 심해 정확한 조준이 불가능해서
경찰들은 이 총을 별로 사용하지 않았다. 그러나 조직폭력배들에게는
딱 안성맞춤이었다. 이 총의 방아쇠를 당기기 시작하면 정확도는 제
쳐두고 마구 난사되기 때문에 가까이 있는 사람들에게 아주 무시무시
한 공포심을 불러일으켰기 때문이었다.

   1927년을 기점으로 카포네의 짧은 전성기가 수명을 다하고 있었
다. 1929년, 영화 〈언터처블〉에 서 주인공으로 나오는 연방 주류 단
속요원 엘리엇 네스가 카포네에 대한 수사를 개시했다. 그리고 결국
1931년 카포네는 소득세 탈세 및 주류금지법 위반혐의로 기소를 당

한다. 결국 카포네는 탈세 부분의 죄목으로 11년의 징역형을 선고받았다. 카포네는 1932년 5월에 애틀랜타의 연방 교도소에 수감되었다. 카포네에게 감옥생활은 식은 죽 먹기였다. 그는 스프링이 장착된 푹신한 침대를 제공받았고 그럴듯한 요리가 사식私食으로 들어갔다. 추수감사절에는 그날을 위해서 특별히 고용된 요리사가 준비한 칠면조 만찬이 제공되기도 했다.

그는 개인적으로 고급 위스키를 소지하고 있었으며 방문객을 접견할 때에는 교도소장의 방을 이용했다. 교도소장은 카포네에게 특별대우를 한다는 사실을 강력히 부인하기도 했지만 카포

알카트라즈섬

네의 승용차를 사용하는 것이 들통이 나기도 했다. 1934년 8월에 샌프란시스코 앞바다의 알카트라즈섬*에 교도소가 완공되자 카포네는 그곳으로 이송된다. 알카트라즈 감옥의 교정국은 카포네가 조직과 연락할 수 있는 방법을 모두 차단했다. 시카고를 쥐락펴락했던 밤의 황제는 이 감옥 안에서는 특별대우는커녕 꼼짝달싹 못했다.

---

* 알카트라즈섬은 연방정부의 형무소가 있었던 곳으로 한번 들어가면 절대 나올 수 없다고 해서 '악마의 섬'이라고 불렸다. 빠른 조류와 차가운 수온 때문에 헤엄을 쳐서는 도저히 살아서 탈출할 수가 없었기 때문이다. 형무소가 폐쇄된 지금은 관광객들의 투어 장소로 이용되고 있다.

한번은 죄수들이 이발소에 줄을 서고 있었는데 카포네가 새치기하는 것을 본 죄수 하나가 그에게 새치기하지 말라고 점잖게 타일렀다. 그는 텍사스에서 은행 강도를 하다 잡혀 온 루카스라는 인물이었는데 카포네는 내가 누군지는 알고 하는 얘기냐고 했다. 그러자 루카스는 돌연히 이발사의 가위를 뺏어 카포네의 목에 들이댔다. 그리고 네가 누군지는 알지만 줄은 서야 한다고 위협을 했고 이일로 카포네는 가벼운 상처까지 입게 되었다. 망신살이 뻗친 것이다. 이후 카포네는 정신적, 육체적으로 쇠약해진 상태로 1939년 11월에 가석방으로 출감해 마이애미의 저택에 은둔하게 된다.

카포네가 감옥에 있는 동안 조직은 거의 와해가 되어 더 이상 갱스터로서의 삶을 이어갈 수 없었다. 매독까지 걸려 있어 회복하지 못할 정도로 정신과 육체가 피폐해져 있었다. 1946년에 그를 진단한 의사는 카포네가 12살 정도 소년의 정신상태 수준이라고 진단했다. 그는 이따금씩 라이벌이었던 아일랜드 갱단의 두목이었던 벅스 모란이 자신을 죽일 거라고 횡설수설했다. 1947년 1월 27일, 심장발작으로 쓰러진 카포네는 나흘 후 가족들에 둘러싸여 짧지만 굵었던 깡패 인생을 마감했다.

IV. 웃기는 미국의 금주법

금주법은 미국이 역사상 시행했던 제도 중 가장 바보스러웠으며 대가가 컸던 사회공학적 실험이었다. 그 결과는 참담했다. 1919년 금주법이 제정되면서 미국은 자국의 다섯 번째로 큰 산업인 주류산업을 단번에 조직 폭력배들에게 넘겨주었다. 금주법은 선량한 시민들을 범죄자로 만들었고, 음주량은 도리어 증가했다. 금주법과

압수된 술

관련된 모든 것이 미숙하거나 웃음거리가 되었다. 금주법을 시행하기 위한 예산도 쥐꼬리만 해서 금주 단속기관에서는 전국적으로 불과 1,520명의 감시 요원만을 채용할 수밖에 없었다.

요원들은 3만 킬로미터의 국경선을 밀수꾼들로부터 지켜야 했으며 1억 명 인구(요원 1인당 대략 7만 5천 명)의 밀주 생산과 소비를 막아야 했다. 국가적인 경제적 대가도 엄청나게 컸다. 연방정부는 연간 5억 달러의 주류세를 졸지에 상실했다. 이는 국고 수입의 10분의 1에 해당되었다. 주 정부 차원에서는 그 고통이 훨씬 컸다. 한편 주류 밀매점은 나날이 번창했다. 맨해튼 중심가의 한 블록에만 술을 마실 수 있는 장소가 32곳이나 되었다. 시카고에서는 대략 2만 개의 선술집이 계속 영업을 하고 있었고 일부 동네에서는 버젓이 대놓고 술을 팔았다. 뉴욕에서는 술집이 3만 2천 개로 알려졌고 이는 금주법 시행 이전의 두 배에 해당하는 숫자였다.

1919년 금주법이 제정된 배경에는 캐리 네이션이라는 여성과 웨인 휠러라는 인물을 빼놓을 수가 없다. 19세기 말, 극단적인 금주 반대 운동론자인 캐리 네이션이라는 여자가 기독교 여성 금주회 회원들과 함께 전국을 돌아다니면서 "미국의 여성들이여, 이 나라의 술집들을

압수된 술을 쏟아 버리는 단속요원들

모조리 때려 부수자"라고 선동하고 다녔다. 캐리는 남편이란 작자가 허구한 날 술만 마셨다 하면 두들겨 패는 바람에 일찍이 이혼했는데 술이라면 치를 떨었다. 그녀는 마차에다 도끼와 벽돌을 잔뜩 싣고 여기저기 다니며 술집 박멸 운동을 펼쳤다. 아마 벽돌은 술집 창문을 부수고 도끼는 술집 테이블 등을 박살내려는 의도였던 것 같다.

웨인 휠러는 1869년 오하이오의 한 농장에서 자랐다. 그곳에서 어느 날 술에 취한 농장 일꾼이 휘두른 쇠스랑에 다리를 찔렸다. 이때부터 휠러는 미국에서 영원히 술을 추방하겠다는 독기를 품고 이를 필생의 과업으로 삼았다. 변호사 자격증을 딴 후 오하이오의 술집반대연맹의 회장이 된 그는 전국적인 술 추방 전도사로 그 명성을 떨치기 시작했다. 그는 미국에서 술을 추방해야 가난·이혼·소득 상실 등 모든 사회악의 근원을 치유할 수 있다고 거품을 물고 떠들면서 다니기 시작했다. 술집반대연맹이 내건 이른바 휠러주의에 따라서 미국의 대부분 지역은 금주법 시행 이전부터 술을 추방하기 시작했다. 1917년이 되자 27개 주가 완전히 금주 조치를 시행했고 이는 점차 다른 주로 번져나갈 조짐을 보였다.

드디어 1919년 10월 28일 '볼스테드 법'으로 알려진 전국금주법이 제정되고 이듬해 발효되면서 공식적으로 술은 자취를 감추었다. 이

때부터 미국인들은 하루하루 경건한 삶을 살아가야 했다. 그런데 세상일이 그런 방식으로 관리될 수 있다면 오늘날 무슨 사회 문제가 존재할까? 술의 합법적 생산이 금지되면서 제한적으로 유통되는 술의 가격이 급등했

압수한 술을 처분하는 단속요원들

고, 이는 당연히 서민들에게 고통을 안겨주었다. 반면에 사회 지배층은 약간의 돈이 더 드는 불편을 겪었지만 술을 마시는 데는 거의 지장이 없었다.

그런데 전혀 예상치 못한 일이 발생했으니 갱단들이 밀주密酒 제조에 나서기 시작한 것이다. 갱단들이 살 판 나게 되었다. 알 카포네라는 전설적인 갱스터가 두각을 나타낸 것도 이 무렵이었다. 술을 추방하여 사회가 경건해지고 맑아지면 각종 사회악이 뿌리를 뽑힐 거라는 순진한 예상과는 달리 각종 부작용이 속출하기 시작했다. 금주법 시행 이후 전국의 살인사건이 3분의 1가량이 증가했다. 시행 이후 처음 2년 반 동안 30명의 금주 단속요원이 근무 중에 살해당했다. 이에 따라 요원들도 마구잡이로 총을 쏘아대는 바람에 무고한 민간인도 23명이나 총격을 당했다.

또한 가짜 술 때문에 많은 사람들이 죽어나갔다. 예나 지금이나 알코올은 방부제 등 수많은 화학제품 제조에 사용된다. 따라서 공업용 알코올의 생산은 막을 수가 없었다. 그런 알코올이 밀주로 전용되는

것은 시간문제였다. 공업용 알코올을 마시지 못하도록 한답시고 정부는 수은 같은 독극물을 섞도록 했다. 이런 변성된 독극물을 마시는 사람들은 시력을 잃었고 더 나아가 신체적인 불구 및 죽음에까지 이르렀다.

변성된 알코올이 "미국의 새로운 국민 음료수가 되었다"고 어느 금주 단속 요원이 신나게 떠벌리고 다니기도 했다. 변성 알코올을 마시고 죽은 사람들의 숫자는 1927년 한 해에만 2만 명에 육박했다. 휠러와 같은 금주법 지지자들은 독성물질을 탄 알코올을 마시는 사람들은 죽어도 싸다고 씨부렸다. 금주 단속 요원들의 부패도 나날이 늘어갔다. 요원들은 술을 압수한 다음에 원래 소유자에게 되파는 수법으로 주머니를 채웠고, 뇌물은 일상이 되었다. 1926년 여름 북부 캘리포니아의 금주법 집행관인 그린은 금주 단속국 사무실에서 음주를 곁들인 대규모 파티를 벌인 사실이 발각되면서 징계를 먹었다. 그는 기자들에게 "나는 오래 전에 정직을 당했어야 했다"고 뻔뻔스럽게 지껄여댔다. 시카고에서는 1920년 여름, 수십만 병에 이르는 위스키가 압수되어 있던 창고에서 한 병도 남김없이 소리소문 없이 사라져버렸다. 야간 경비를 담당했던 직원들은 전혀 몰랐다고 오리발을 내밀었으나 어느 누구도 이를 믿지 않았다.

금주법은 너무나 허점이 많았다. 의사들은 환자들에게 치료용으로 위스키를 합법적으로 처방해줄 수 있었다. 1920년대 말에는 의사들은 이렇게 위스키를 처방해준 덕분에 연간 4천만 달러의 거액을 알뜰하게 주머니에 챙겨 넣었다. 성당에서는 미사에 필요하다는 이유로 무진장 포도주를 비축할 수 있었다. 캘리포니아에서는 금주법 시행 이후 처음 5년 동안 포도 재배 면적이 일곱 배로 급증했다. 이는 포도주 수입이 금지되었기 때문이었다. 포도 농장에서는 포도 농축액을 마음껏 팔 수 있었다. 웃기게도 그들은 포도 농축액 병에 이런 딱지를 써 붙여놓았다. '발효 이후 60일 이내에 포도주로 변하니 각별히 조심하기 바람', 눈 가리고 아웅 하는 격이었다.

대부분의 사람들은 술을 마시기 위해 주류 밀매점을 찾았다. 이런 주류 밀매점을 단속하기 위하여 요원들을 급히 투입하기도 했으나 대부분 헛발질을 하기 일쑤였다. 뒷돈을 챙기면서 미리 일러주거나 알아도 눈감아준 것이었다. 또한 비밀 클럽들은 앞문을 닫아걸고 뒤쪽으로 손님을 받았다. 클럽들은 언제 영업정지를 당할지 몰랐기 때문에 시설과 실내장식에 별로 신경을 안 썼다. 손님들은 술만 마실 수만 있다면 내부 시설이야 어떻든 관심이 없었다. 거의 모든 사람이 금주법이 참담하게 실패했다는 사실을 알았지만 국가는 무려 13년간이나 금주법을 유지했다.

뉴욕에서 공포의 금주 단속관으로 애주가들과 주류 밀매업자들의 간담을 서늘하게 만들었던 버크너 검사는 후에 이렇게 말했다.

"금주법으로 인해서 심각한 범죄 상황이 초래되었다. 위증·살인·공무원들의 부패·폭력·절도 등 온갖 형태의 범죄행위가 자행되었다. 금주법 때문에 발생하는 중범죄에 비하면 법 집행으로 거둔 이득은 새 발의 피에 불과했다."

결국 말도 많고 탈도 많았던 금주법은 새로이 대통령에 당선된 루스벨트에 의하여 1933년 폐지되었다. 그러나 각 주 정부의 결정을 기다려야 했고 1966년이 돼서야 미국 전역에서 금주법은 완전히 철폐되었다.

제22장

누구를 위하여 종은 울리나

세기의 명배우, 게리 쿠퍼 / 여신女神, 잉그리드 버그만 / 스페인 내전 / 독재자 프랑코 총통

I. 누구를 위하여 종은 울리나(1943년), For Whom the Bell Tolls

　이 영화는 1943년 파라마운트사가 창립 40주년을 기념해 제작되었다. 〈굿바이 미스터 칩스〉를 감독한 샘 우드가 메가폰을 잡았으며, 원작자인 어니스트 헤밍웨이와 더들리 니컬스가 함께 각본을 썼고, 명우 게리 쿠퍼와 잉그리드 버그먼이 주연을 맡았다. 헤밍웨이가 직접 게리 쿠퍼와 잉그리드 버그먼을 주연으로 지목할 만큼 당시 두 배우의 인기는 최절정에 달해 있었다. 그래서 그런지 헤밍웨이가 각본을 쓸 때 머릿

속으로 마리아 역에 버그먼을 찍어놓고 있었다고 한다.

샘 우드 감독과 게리 쿠퍼가 스페인 산악 지역과 비슷한 캘리포니아 시에라 네바다의 소노라 협곡 촬영장에서 버그먼을 기다리고 있었다. 당시 프랑코가 다스리고 있는 스페인에서의 촬영은 아예 불가능했기 때문이다.

"그녀가 촬영장에 도착했을 때 모두가 깜짝 놀랐다. 버그먼이 소설의 주인공 마리아처럼 머리를 짧게 치고 나타났던 것이다. 버그먼은 이미 완전한 마리아의 화신이 되어 있었다. 머리를 짧게 자른 버그먼의 신선한 매력은 그들을 놀라게 한 것 이상으로 관객들을 사로잡았다."

영화는 1936년 스페인에서 공화파의 집권에 반발해 프랑코가 이끄는 군부가 반란을 일으켜 내전으로 확대된, 1937년 스페인 내란을 배경으로 이에 얽힌 짧고 긴박한 사흘간의 이야기를 소재로 삼았다. 이야기는 미국의 젊은 대학 조교수 로버트 조던(게리 쿠퍼 분)이 민주주의와 자유를 수호하기 위해 남의 나라인 스페인 내전에 의용군으로 참전하는 장면으로 시작한다. 조던은 공화파의 골즈 장군에게서 일정한 임무를 부여받고 세고비아 남쪽 과다라마 동굴 지대에서 활동하는 게릴라 부대에 합류해 그곳의 철교를 폭파하고 결국 산화한다.

영화는 그 사흘간 일어난 사랑과 전투를 그렸다. 실제로 원작자 헤밍웨이는 스페인 내전 당시 게릴라들을 이끌고 철교 폭파 작전을 수행하기도 했다. 이 경험을 토대로 작품에서도 주인공 로버트 조던은 철교를 폭파한 뒤 뒤에 남아 장렬히 산화하는 모습으로 나온다. 작가 본인은 죽지 않고 살아 돌아왔지만…. 이 영화는 원작에서 강조한 정치성보다는, 전쟁이라는 긴박한 상황 속에서 싹튼 운명적 사랑을 감동 있게 묘사해 갈채를 받았다. 열렬한 공화정부 지지자인 게릴라 부

조던과 마리아

대장의 아내 여걸 필라와 기타 개성이 강한 등장인물들이 생동감 넘치는 연기를 보여줬다.

한편 이 영화는 1943년 아카데미상에서 남녀 주연상 등 아홉 개 부문 후보에 올라 게릴라 대장 파블로의 여장부 아내 필라 역을 맡은 카티나 파시누아스가 여우조연상을 받았다. 또한 골든글로브상 시상식에서 파블로 역을 맡은 애킴 태미로프가 파시누아스와 함께 남녀 조연상을 수상하는 영예를 누렸다. 또한 이 영화는 제작된 지 35년 만인 1978년에야 스페인에서 상영금지 조치가 해제되었다. 푸른 달빛이 가득한 바위틈에서 조던과 첫 키스를 나누려는 순간, 수줍은 19살 처녀 마리아가 서로의 코가 부딪치지 않으려면 코를 어디에 두어야 하냐고 묻는다. 그러자 조던은 자기 코가 맞부딪치지 않게 얼굴을 엇갈리게 비스듬히 옆으로 돌려 "이렇게!"라며 입술을 포갠다. 이 장면은 영화사상 최고의 명키스신 중 하나로 손꼽히고 있다. 영화의 원작자 어니스트 헤밍웨이는 특파원으로서 1937년 스페인으로 건너가 내전

의 진상을 직접 보도했다.

또한 그는 스페인 정부군에 협력해 영화 〈스페인의 땅〉 제작에 참여하기도 했다. 귀국 후에는 전미작가회의에서 파시즘 타도를 역설했다. 제목인 '누구를 위하여 종은 울리나'는 아래와 같은 17세기 영국의 시인 존 던의 시에 나오는 한 구절이다.

어느 사람이든지 그 자체로 완전한 섬은 아닐지니,
모든 인간이란 대륙의 한 조각이며 또한 대륙의 한 부분이라.

(…)

그러니 누구를 위하여 종이 울리는가를 알고자 사람을 보내지 말라.
종은 바로 그대를 위해 울린다.

조던은 작은 마을 시장의 딸로 프랑코군의 병사들에게 윤간을 당한 마리아와의 사랑과 게릴라 부대원들과의 깊은 유대를 통해 자신과 인류가 하나됨을 인식한다. 즉, 자신의 대의와 임무를 중심으로 사고하던 경직된 이상주의자에서 주위 사람들과의 인간적 교감을 중시하는 인간으로 변모하는 것이다. 마지막에 그의 도움으로 생명을 건진 게릴라 부대원들을 통해 조던의 삶과 사랑, 그리고 그의 죽음이 주위 사람들에게 의미가 있음을 영화는 보여주고 있다.

II. 세기의 명배우, 게리 쿠퍼

게리 쿠퍼는 1901년 미국 몬태나주 헬레나에서 출생했다. 쿠퍼의 부모님은 영국에서 온 이민자 출신으로 대농장을 소유하고 있는 등 부자여서 남부럽지 않게 자랐다. 아버지는 몬태나 대법원에서 판사로 복무하던 법조인이었다. 쿠퍼는 영국에서 몇 년간 학교에 다녔으며, 아이오와주 대학에서 미술을 전공했다. 그래서 그런지 훗날 피카소와 절친하게 지냈다. 졸업 후에는 잠시 신문사에서 정치만평을 그리기도 했다. 이후 영화계에 발을 디디면서 배우의 길을 걷게 된다.

게리 쿠퍼

1926년〈몽상의 날개〉라는 영화에 단역으로 출연했다. 이때 파라마운트사의 임원 한 사람이 "저 친구는 구석에 서 있기만 해도 여성들의 마음을 설레게 하겠구먼" 하면서 계약을 맺었을 정도로 훤칠한 키에 잘생긴 용모로 영화계에서 소문이 나기 시작했다. 1930년 영화〈모로코〉에서 전설적인 여배우 마를레네 디트리히와 함께 출연하면서 드디어 스타덤에 오른다.

쿠퍼는 '가장 미국적인 미남'이라는 소리를 들을 정도로 할리우드를 대표하는 미남 배우였다. 특히 수줍어하는 모습의 독특한 매력이 일품이었다. 이 밖에도 부드러운 말씨와 점잖은 행동거지가 돋보였다. 이후 정직하면서도 고독한 미국인을 나타내는 표상으로 자리를 잡았다.

쿠퍼는 1933년 12살 연하의 베로니카 록키와 결혼하면서 외동딸 마리아 쿠퍼를 두었다. 미남인 쿠퍼는 많은 여배우와 염문을 뿌리면서 베로니카의 속을 어지간히 썩이기도 했다. 딸 마리아도 바람둥이 아버지에 대해 여러 번 구시렁거리기도 했다. 빌리 와일더 감독에 의하면 쿠퍼는 여성을 꼬시는 데 단 세 마디면 충분했다고 한다. '설마', '정말?', '처음 듣는 말인데'였다고 한다. 요컨대 이 세 마디 말의 의미는 상대방 여성의 말을 성의껏 들어주는 것이 중요하다는 것을 말해주고 있다. 물론 알아주는 미남이었던 쿠퍼의 매력이 여심을 먼저 흔들어 놓았을 것이다.

쿠퍼는 일생 동안 모두 합쳐서 115개의 영화에 출연했는데 대표작으로는 〈요크 상사〉〈하이 눈〉〈무기여 잘 있거라〉〈누구를 위하여 종은 울리나〉〈평원아〉〈하오의 연정〉〈우정 있는 설복〉〈악의 화원〉〈베라 쿠르스〉〈교수목〉 등 부지기수다. 이 중에서 〈요크 상사〉와 〈하이 눈〉은 쿠퍼에게 아카데미 남우주연상의 영광을 안겨주었다.

〈하이 눈〉에서
그레이스 켈리와 쿠퍼

존 웨인과 마찬가지로 쿠퍼는 서부극을 상징하는 배우였다. 실제로 총도 빠르게 뽑았다고 한다. 후에 〈셰인〉의 주인공으로 나온 앨런 래드도 속사에는 전설적인 수준이었다고 하는데 두 사람이 누가 더 빨랐는지는 알려지지 않는다.

쿠퍼는 1960년 4월 전립선암으로 수술을 받았으나, 이미 폐와 뼈로

전이된 상황이었다. 그때 출연한 마지막 작품인 〈서부의 사나이〉를 보면 그의 처연한 모습이 완연하다. 이후 쿠퍼는 요양 생활에 들어갔으며 1961년 5월 13일 쿠퍼는 눈을 감았다. 쿠퍼가 암으로 투병 중이라는 사실은 절친이었던 제임스 스튜어트가 그를 대신해 아카데미 시상식에서 특별 공로상을 받던 중 "쿠퍼가 위중한 상태이다"라고 울먹이며 말하면서 대중들에게 알려졌다.

III. 여신女神, 잉그리드 버그만

잉그리드 버그만

영화 〈누구를 위하여 좋은 울리나〉를 빛낸 스타는 단연 잉그리드 버그만이었다. 뛰어난 미모와 우아함, 그리고 고결한 분위기를 풍기는 그녀는 우리가 흔히 생각하고 있던 다른 할리우드 여배우들과는 확실히 구별이 되었다. 5개 국어를 구사할 정도로 지적이며 눈부신 미모로 세계인의 사랑을 한 몸에 받은 그녀였지만 사생활에서 이탈리아의 로셀리니 감독과의 불륜 사건으로 세계 영화계를 떠들썩하게 하기도 했다.

스톡홀름에서 스웨덴인 아버지와 독일인 어머니의 사이에서 태어났다. 유럽 영화계에서 활동하던 버그만은 할리우드 영화제작자 데이비드 셀즈닉이 그녀의 영화 〈간주곡〉을 보고 그녀를 초청하면서 할리우드로 건너온다. 미국에 온 그녀는 1939년 〈간주곡〉의 리메이크작을 찍으며 할리우드에 데뷔했다. 할리우드 초기 시절에는 별로 두각을 나타내지 못했다.

이후 1942년에 찍은 〈카사블랑카〉로 일약 스타가 되고 이후 계속해서 찍은 영화들 역시 호평을 받으며 할리우드 최고의 여배우 중 한 명으로 급부상했다. 당시 버그만의 인기는 어마어마해서 '만인의 연인'이라고 까지 추앙되었다. 1943년 헤밍웨이의 소설 〈누구를 위하여 좋은 울리나〉를 영화화할 때에는 헤밍웨이가 직접 주인공 마리아 역으로 버그만을 지목했다고 한다. 1944년에는 〈가스등〉으로 아카데미 여우주연상을 수상했고 〈오명〉 등 히치콕의 여러 영화와 역사물 〈잔 다르크〉에 출연했다.

〈카사블랑카〉에서 험프리 보가트와 버그만

이로부터 몇 년 후 버그만은 이탈리아의 영화감독 로베르토 로셀리니의 작품 〈독일 영년(Germany Year Zero)〉을 보고 감동을 받아 그의 작품에 출연하고 싶다는 편지를 보냈다. 로셀리니의 초청을 받자마자 버그만은 로셀리니 곁으로 득달같이 달려가서 그의 영화에 출연했다. 동시에 그와 사랑에 빠지면서 임신까지 했다. 문제는 로셀리니가 유부남이었고 버그만 역시 남편과 딸이 있는 유부녀였다는 것이었다. 이 불륜 사건은 1950년대 영화계에 큰 파란을 일으켰다. 그녀는 이 불륜 사건에 대해 "내가 한 일에는 후회가 없다. 차라리 하지 못한 것에 대한 후회가 있을 뿐"이라는 말을 남기기도 했다. 두 사람은 훗날 배우가 되는 딸 이사벨라 로셀리니를 낳았다.

이 스캔들 후에도 그녀의 배우 생활은 중단 없이 계속되었다. 그녀는 연기 생활 동안 〈가스등〉〈아나스타샤〉로 아카데미 여우주연상을 수상했다. 특히 〈아나스타샤〉로 여우주연상을 받았을 때는 "나는 성녀에서 창녀가 됐다가 다시 성녀가 됐다. 단 한 번 사는 인생에서…"라는 유명한 말을 남겼다. 유방암으로 고생하던 말년에 출연한 〈오리엔탈 특급〉으로 아카데미 조연상을 받았다.

말년에 버그만은 유방암으로 고생하다가 1982년, 정확히 67세가 되는 그녀의 생일인 8월 29일에 눈을 감았다. 그녀는 로셀리니를 비롯해서 여러 남성과 스캔들을 안고 살았지만 자녀들에게는 아낌없는 사랑을 주었다. 그러나 기질적으로 아이들과는 자주 함께 하지 못하고 항상 떠돌아다녔다. 이런 그녀의 행동을 자녀들은 이해했지만 어머니를 몹시 그리워했다고 한다. 버그만은 세 번의 결혼으로 1남 4녀를 두었는데 이 이부 남매들은 사이가 좋아서 버그만의 사후에도 가까이 지내고 있다고 한다.

IV. 스페인 내전

직접 국제비행대대를 조직하고 스페인 내전에 뛰어들었던 프랑스

작가 앙드레 말로는 이렇게 말했다.

"인류는 정의도 패배당할 수 있다는 것을, 그리고 용기가 그에 상응한 보답을 받지 못할 때가 있다는 사실을 스페인에서 배웠다. 전 세계 수많은 사람들이 스페인의 드라마를 자신의 비극으로 간주하는 이유가 바로 여기에 있는 것이다."

쓰러지는 공화국 병사, 내전 당시 최고의 사진

스페인 내전, 이 20세기의 참혹한 비극은 스페인령 카나리아군도에 좌천되어 가 있던 프랑코가 군사 반란을 일으키면서 시작된다. 국민이 선택한 공화파 정부를 마땅찮게 여기던 대지주·자본가·가톨릭교회·군부가 똘똘 뭉쳤다. 처음에는 프랑코가 이끄는 반란군이 쉽사리 수도 마드리드를 점령할 것처럼 보였다. 그러나 민중의 저항은 거셌고 마드리드에서 반란군은 패배했다. 스페인 민중의 힘은 전 세계 지식인들을 흥분시켰다.

이상에 대한 정열과 행동에 대한 도취 등으로 스페인 내전은 20세기 초, 지식인들의 행동주의 시대를 열었다. 앙드레 말로·헤밍웨이·조지 오웰·파블로 네루다·앙투안 생텍쥐페리 등 세계의 지식인들과 예술가들이 스페인으로 앞다투어 몰려들었다. 당시 세계적으로 회오리치던 보수·진보·파시즘·민주주의·자유주의·공산주의·자본주의·무정부주의 등, 온갖 이념과 사상이 이 스페인 내전 한판에 축약되었다. 그것은 이어서 터질 제2차 세계대전의 전초전이었고 한편으로는 '펜 pen(지식인)들의 전쟁'이기도 했다.

내전의 배경

내전에 참여한 헤밍웨이

스페인 내전이 일어난 근본적인 원인은 내전이 발발한 1936년 훨씬 이전으로 거슬러 올라간다. 오랫동안 이슬람의 지배 아래 있던 스페인은 약 800년에 걸친 레콩키스타(국토 수복 운동) 끝에 간신히 이슬람을 쫓아냈다. 그러나 이슬람의 잔재는 뿌리 깊었고 이를 철저히 퇴치하기 위해 가톨릭은 광분했다. 이 광분이 종교재판소를 설치하면서 악명을 떨친 기형적인 가톨릭 왕국을 낳았다. 이 기간 동안 다른 서유럽 국가들은 봉건시대에서 계몽국가로 순조로이 역사의 흐름을 탔으나 스페인은 케케묵은 광신적이고 고립된 가톨릭 국가로 남았다. 이렇게 다른 유럽 국가들의 번영과 진보의 토대가 되었던 지적·과학적 사상을 자연스럽게 흡수하지 못한 스페인은 20세기에 들어와 여러 가지 정치적·사회적 문제점을 잉태하고 있었다.

이런 문제점들이 제1차 세계대전 이후에 활짝 만개한 민주주의·자본주의·공산주의·파시즘·무정부주의 등 여러 이념들과 뒤범벅되는 혼란의 와중에 스페인의 국내 정치가 좌우로 딱 양분되면서 터진 것이 스페인 내전이었다. 양분된 스페인이란 바로 한쪽은 개방적이고 자유주의적인 진보주의자들의 스페인이었고, 다른 하나는 광신적인 가톨릭교도들과 억압적이고 폐쇄적이며 민족주의적인 보수주의자들의 스페인이었다. 이들 양 진영의 간극은 너무나 넓고도 깊었다.

내전의 시작과 공화국군의 패배

1936년 7월 17일, 스페인령 모로코에서 군사 반란이 일어났다. 이들이 반란의 시작을 알리는 암호는 '코바동가'였다. 이 단어는 스페인이 수백 년 전 이슬람교도들을 내쫓고 국토를 회복하는 이른바 '레콩키스타'의 시발점으로 간주되는 말이었다. 즉, 반란의 주동자들은 공화파가 주동이 되어 있는 현재의 지배 세력을 이슬람교도 못지않게 스페인에서 제거되어야 할 존재로 보고 있었던 것이다. 이어서 카나리아 제도에 있던 프랑코가 반란군을 지휘하기 시작했다. 그는 북아프리카 주둔 모든 스페인군에게 본토로 이동하라고 명령을 내렸다.

그러나 공화파는 우물쭈물하다가 프랑코군의 본토 진입을 허용하고 말았다. 실제 이 본토 상륙 작전은 독일·이탈리아 등 파시스트 국가들의 전폭적인 항공기 수송 지원 덕

공화국 병사들

분이었다. 이 파시스트 국가들이 이른바 '하늘의 구름다리'라는 공중 운송로를 제공한 것이다. 이와 같은 프랑코군의 성공적인 본토 진입은 이윽고 스페인 내전이라는 비극적인 양상으로 치닫게 한다. 처음에는 풍부한 군수물자와 주요 공업지대 및 곡창지대를 안고 있는 공화국 정부군이 전력상 우세했다. 특히 바르셀로나·마드리드·톨레도 등 대도시들도 장악하고 있었다. 이에 따라 공화파가 프랑코군을 곧 진압할 것처럼 보였다. 한편 프랑코군은 군수물자가 부족했고 여기저기 흩어져 있어 공화파에 비해 열세에 놓여 있었다.

그러나 반란군은 프랑코라는 한 명의 군사령관이 모든 권한을 손안에 틀어쥐고 일사분란하게 지휘하기 시작했다. 그리고 독일과 이탈리아 등 파시스트 국가들의 전폭적인 지원을 받으면서 전세를 뒤집기 시작했다. 반면 공화국 진영은 내부적으로 공화주의파·반파시스트파·자유주의파·공산주의파·아나키스트(무정부주의)파니 뭐니 해서 온갖 정파가 뒤섞인 잡탕범벅이었다.

스페인 내전은 처음부터 전 세계의 주목을 받았다. 세계 도처에서 공화파를 지원하기 위한 지원자들이 국제여단의 이름으로 스페인에 속속 도착하기 시작했다. 프랑코군은 처음부터 독일·이탈리아로부터 지원을 받기 시작하면서 스페인 내전은 국제전의 양상을 보이기 시작했다. 공화국은 소련과 멕시코의 지원을 받았지만 정작 파시스트와 반대되는 영국과 프랑스로부터 외면당했다. 애초에 풍부한 무기와 국제여단과 소련의 지원을 등에 업은 공화국군이 우세하리라는 예상을 뒤엎고 프랑코군에 밀리기 시작했다. 이는 프랑코의 일사분란한 지휘

통솔과 독일·이탈리아의 파시스트 국가들이 집중적이고 효과적으로 반란군을 지원했기 때문이다. 승기를 틀어잡은 반란군 쪽이 점차 절대적인 우세를 보이면서 1939년 3월 말, 마침내 마드리드가 함락하고 반란군이 승리했다. 2년 9개월 동안 지속된 스페인 내전에서 약 60만여 명이 사망했다. 그리고 최소한 5만여 명 이상이 암살되거나 살해되었고 50만여 명의 공화파 군인들과 민간인들이 피레네산맥을 넘어 프랑스로 망명했다.

역사가 페르난도 산체스가 지적했듯이 공화파는 '중구난방의 지휘체제, 공화파 내부의 각양각색의 이념과 갈등, 엉성한 조직력' 등으로 패배했다. 전쟁이라는 것을 어떻게 해야 하는지조차도 모르는 지휘관이 한둘이 아니었다. 끝으로 공화국 정부를 지원하던 스탈린이 단물을 모두 빼먹고 난 뒤 막판에 발을 뺀 것과 프랑스·영국·미국 등이 요리조리 히틀러의 눈치를 보면서 처음부터 끝까지 팔짱을 끼고 있었던 점도 패배의 요인이었다.

스페인 내전에 의용군으로 참전했던 영국 작가 조지 오웰이 "스페인의 역사는 1936년에 딱 멈추고 말았다"라고 말할 정도로 스페인 내전은 수많은 희생자 속에 36년간의 프랑코 철권통치를 낳았다. 그리고 스페인 민주주의의 싹을 짓밟아 버렸다. 역사는 항상 정의의 편에서 깔끔하게 진행되지 않는다는 것을 다시 한번 보여준 한 판이었다.

V. 독재자, 프랑코 총통

프랑코는 1892년 스페인 북서부 지역인 갈리시아 페롤에서 태어났다. 그는 1910년 소위로 임관해 스페인군과 스페인 통치에 저항하는 모로코 민족주의 세력 간의 격렬한 전투에 참가했다. 프랑코는 약관 23세의 나이에 이미 용맹한 자질과 지휘 역량을 인정받아 대위로 진급했다. 당시 모로코 주둔 스페인군에서 최연소 대위였다. 1920년에

독재자 프랑코 총통

는 스페인 외인부대 부사령관이 되었다. 프랑코는 민주정치와 민주주의를 부르짖는 자들을 송충이 보는 것처럼 질겁하면서 싫어했다.

그는 위대한 스페인이 망조가 든 것은 '민주 선거'니 '대의제 민주주의'니 하는 것들 때문이라고 믿었다. 민주주의라는 허울 아래 뒤로는 사리사욕으로 배를 채우는 정치꾼들이 득실거리는 것을 보고 더욱 이런 인식이 굳어졌다. 바로 이런 사고에서 그의 독재정권이 세워졌고 민주주의는 애초부터 싹이 자랄 수가 없었다. 1939년 프랑코군의 마드리드 점령을 끝으로 3년간의 내전은 종식되었다. 그는 총통으로 취임했고 오랫동안 스페인을 엄혹한 독재정치로 다스렸다.

땅딸막하고 까무잡잡한 프랑코는 단조롭고 째지는 고성의 목소를 갖고 있어 훌륭한 연설가는 못 됐다. 그는 매우 가정적이며 종교적 신앙심이 강했다. 반면에 주위 사람들은 그의 면전에서 겁에 질려 벌벌

떨며 양같이 온순하게 행동해야 할 정도로 강한 카리스마를 지녔다. 내전 중에 프랑코는 식후 커피를 마시면서 처형자 명단을 훑어보는 습관이 있었다. 그리고 죽일 놈과 살릴 놈을 체크했다. 나중에는 아예 취미가 되었다. 저승사자가 따로 없었다. 성격은 내성적이었고 가까운 친구도 별로 없었으며 오락을 기피했다.

스페인 사람들은 프랑코의 이런 성격을 독실한 가톨릭 신자였던 어머니의 영향으로 보기도 하지만 검박한 갈리시아 사람 특유의 기질로 이해한다. 민주주의라는 제도를 극도로 불신하고 경멸했던 프랑코는 36년간 스페인을 가혹하게 철권통치 했다. 그의 엄혹한 독재정치에도 장기 집권을 할 수 있었던 비결은 대다수 스페인 국민의 종교인 가톨릭을 앞장세운 점, 개인적으로 부정 축재를 멀리하고 검박하게 살았다는 점 등을 들 수 있다.

이 밖에도 프랑코가 그나마 잘했다고 인정되는 부분은 제2차 세계대전 중 히틀러의 꼬임에 말려들지 않고 끝내 스페인을 전쟁의 참화에 빠뜨리지 않았다는 점일 것이다. 히틀러는 프랑스를 전광석화처럼 쳐부순 후 넉 달 있다가 스페인을 전쟁에 끌어들이려고 1940년 10월 23일 프랑코를 만났다. 프랑스 서쪽 끝 피레네산맥 근처의 앙다이역의 히틀러의 열차 안에서 둘은 회담을 시작했다. 일단 프랑코는 추축국 편으로의 참전 의사를 피력했다. 그리고 그는 "스페인 내전이 끝난 지 얼마 안 됐다. 나라가 어려움에 처해 있고, 전쟁 준비에 시간이 필요하다. 경제와 식량 원조를 부탁한다"라며 어려움을 호소했다. 히틀러도 여기에 지원을 약속하면서 프랑코에게 지브롤터를 점령하고 있는 영국군을 쫓아내달라는 제안을 했다.

이 제안에 프랑코도 찬동했다. 그러면서 대규모 군수물자와 장비 등이 포함된 요구 보따리를 주저리주저리 풀어놓았다. 프랑코는 참전의 대가를 요구했다. 그리고 점점 더 대담해지면서 북아프리카의 프랑스 식민지(프랑스령 모로코와 알제리 오랑)를 몽땅 넘겨 달라고 했다. 히틀러는 하도 어처구니없어 말문이 막혔다. 그의 머리에서 모락모락 김이 나기 시작했다.

이는 아무리 히틀러의 괴뢰 정권이라 하더라도 비시의 앙리 페탱 정부에 도저히 요구할 수 있는 제안이 아니었다. 시간이 갈수록 히틀러는 이 작지만 다부진 프랑코에게 점점 더 짜증이 나고 열불이 나기 시작했다. 프랑코는 결코 호락호락하지 않았다. 아홉 시간에 걸친 장시간의 회담이 끝나자 히틀러는 머리끝까지 화가 나서 "제까짓 놈이 내전에서 누구 때문에 승리했는지를 알아야지, 차라리 내 이빨을 서너 개 뽑으면 뽑았지, 이런 회담은 다시는 안 하겠다. 고약한 놈 같으니라고"라고 씨근거리면서 돌아갔다. 프랑코에게 된통 데인 히틀러는 나중에 사석에서 프랑코를 '예수회 돼지 새끼'라고 씹어댔다. 프랑코도 자신의 외무장관에게 "아니, 세상에 이런 경우가 어디 있나. 도대체 공짜로 싸워달라는 얘기가 아니고 뭔가?"라고 구시렁거렸다.

그러나 '빈대도 낯짝이 있다'고 내전 당시 히틀러에게 단단히 신세를 진 프랑코는 아예 히틀러를 못 본 체할 수는 없었다. 무선 감청기지·정찰기 기지·지브롤터 해협의 전진기지를 독일에 제공했다. 그리고 독일이 소련을 침공할 때에는 의용군이라는 명목으로 4만 5,000명의 스페인군을 파병하기도 했다. 한편 독일 무기 제조업체들에 수출하기로 약속한 광물은 어찌된 영문인지

전몰자 계곡 묘지

영국의 항구에 나타났고, 연합국 국적을 지닌 외국인들도 독일로 보내지 않고 석방시켜 본국으로 돌려보내는 등 제2차 세계대전 내내 양다리를 걸치고 있었다.

프랑코는 국가주의파나 공화파를 가리지 않고 내전 중 목숨을 잃은 60만여 명의 생자들을 추모하기 위해 마드리드 근방의 계곡에 '전몰자의 계곡*'이라는 거대한 기념관을 세웠다. 내전 중에 희생된 많은 사람들이 이곳에 묻혔는데, 프랑코 본인도 이곳에 묻혀 있다. 프랑코는 종부성사 때 "그대는 적을 용서하겠는가?"라는 신부의 질문을 받고는 "내게는 적이란 게 없다. 모두 사살했다"라고 잘라 대답했다.

---

* 전몰자의 계곡(valle de los caidos)은 마드리드 북서쪽 화강암 바위산에 스페인 내전 기간에 사망한 전몰자 5만여 명의 묘지가 조영되었다. 1959년에 완공했고 152.4m 높이의 초대형 십자가 바위산 꼭대기에 세워졌다. 바위산 내부를 파서 대성당을 건설했으며 프랑코 자신의 무덤도 이곳 성당 지하에 있다.

제23장

진링의 13 소녀

육체의 연금술사, 크리스찬 베일 / 일본군의 만행, 난징 대학살

Ⅰ. 진링의 13 소녀(2011년), The Flowers of War

영화의 원제목은 〈금릉의 13 소녀〉로 2011년 중국에서 개봉했다. 금릉金陵은 중국어 발음으로 '진링'이다. 영화는 일본 제국 침략기 시절 일어난 난징 대학살을 배경으로 한다. 춘추전국시대의 난징 이름이 진링이었다.

난징 대학살 당시 제네바 조약에 의해 보호를 받는 윈체스터 대성당에는 수녀원 학교의 소녀들, 홍등가의 창녀들, 잉글먼 주임 신부 장례를 치르러 온 미국인 장의사 존(크리스천 베일 분), 잉글먼 신부에게 입양된 중

성당으로 달려가고 있는 13 소녀

국인 고아 소년 조지, 부상당한 소년병이 모여든다. 영화 〈진링의 13 소녀〉는 이들을 중심으로 이야기가 펼쳐진다. 상하이 출신 유명 여성 작가 옌거링이 2005년 발표한 동명 소설을 원작으로 했다.

아직도 여전히 난징 대학살이 날조됐다고 주장하는 일본 우익에 대해 세계적인 명감독 중국의 장이머우 감독이 나섰다는 것이 동병상련 同病相憐의 피해국민 입장에서 우리에게는 남다른 감흥을 불러일으킨다. 한국을 비롯하여 점령지 여성들을 위안부로 강제 동원한 사실을 악착같이 부정하는 일본 우익은 중일전쟁 당시, 수도인 난징에서 어른, 아이 가리지 않고 민간인을 학살하며 집단 강간한 것을 아직도 부인한다. 서방 선교사들과 언론인들의 증언, 아랫도리가 벗겨진 부녀자들의 시체가 산더미처럼 쌓여 있는 흑백사진과 일본군의 잔혹한 행위를 담은 필름이 산처럼 존재하지만, 1937년 12월 난징 침공 후 6주간이라는 기간에 30~40만 명을 죽이는 것이 도대체 가능하냐고 일본 우익들은 여전히 귀신 씨나락 까먹는 소리를 늘어놓고 있다.

영어로 난징 대학살을 알린 『난징의 강간』(국내 번역본 『역사는 힘 있는 자가 쓰는가』)을 쓴 중국계 미국인 아이리스 장은 일본 우익들의 끊임없는 협박과 괴롭힘에 못 이겨 결국 자살했다. 어찌 됐든 이 영화에 참여한 일부 일본 스태프들과 일본군 대좌로 나오는 와타베 아쓰로 같은 일본 배우들의 용기도 대단하다. 그 당시 중국 영화 중 역대 최고인 1,000억 원 가량의 제작비를 들인 〈진링의 13 소녀〉는 2011년 12월 16일 난징 대학살 74주기를 맞이해 개봉했고 단숨에 박스오피스 1위에 오르며 중국인들이 찬사를 보냈다.

장이머우 감독은 "서양인들은 난징 대학살 사건에 대해 잘 모르고 있다. 영화라는 예술 방식으로 세계의 많은 사람들에게 일본군들의 끔찍한 만행을 알리고 싶다"라며 세계를 향해 목소리를 높였다. 한편으로는 지금은 월드 스타로 성장한 크리스천 베일의 데뷔작 〈태양의 제국〉을 상기시키는 역할을 그에게 다시금 맡기며 팬들의 향수를 불러일으켰다. 베일은 1987년 세계적인 거장 스티븐 스필버그의 〈태양의 제국〉에서 상하이에 거주하다가 제2차 세계대전으로 비화되는 중일전쟁 당시 일본군의 침략으로 외국인 수용소에 갇힌 영국인 꼬마역을 맡으며 국제적 명성을 얻었다.

당시 4,000 대 1의 경쟁을 뚫고 주인공 짐 역을 맡은 베일은 만 12세라는 나이가 믿기지 않을 만큼 놀라운 연기를 펼쳤다. 스필버그는 평소 친분이 두터운 장이머우에게 크리스천 베일을 추천했다. 장이머우는 《할리우드 리포트》와의 인터뷰에서 "친구인 스필버그에게 영어 시나리오를 주고 마땅한 배우를 추천해 달라고 부탁했고, 스필버그가 베일에게 영화 출연을 독려했다"라고 밝혔다. 니니라는 여배우의 발건도 빼놓을 수 없는 이야깃거리다. 난징 태생의 니니는 〈진링의 13 소녀〉의 여주인공인 홍등가의 여인 모 역으로 데뷔한 생짜 신인이다.

2007년부터 이 배역을 맡을 여배우를 찾아다니던 장이머우 감독에게 발견되어 2년간 영어를 비롯해 각종 연기 수업을 비밀리에 받아왔다. 그녀는 장이머우의 뮤즈로 발탁됐던 궁리·장쯔이처럼 세계적인 스타 자리를 예약했고, 그 기대를 저버리지 않았다. 여주인공 모 역으로 아시안 필름 어워드 신인 연기자상, 상하이 영화 평론가회가 주는 최고 여우상 등을 받으며 단숨에 주목을 받았다. 청순함과 요염함을 두루 지닌 니니는 〈진링의 13 소녀〉에서 상대역인 세계적 배우 크리스천 베일에게 밀리지 않는 연기로 뚜렷한 존재감을 각인시켰다. 니니는 "영어가 내 모국어가 아닌 것을 배려해 잘 이끌어줬다"라며 베일에게 감사를 표하기도 했다.

II. 육체의 연금술사, 크리스찬 베일

크리스찬 베일은 드 니로 어프로치*를 적극적으로 구사하는 대표적인 배우로 알려져 있다. 그는 출연 영화에 따라 몸무게를 어마어마하게

---

* 드 니로 어프로치란 배우 로버트 드 니로가 〈언터처블〉에서 알 카포네를 실감 나게 연기하기 위해 멀쩡한 자신의 앞머리를 뽑거나, 〈케이프 피어〉에서 악랄한 악역을 연기하기 위해 자신의 이빨을 갈아버리는 등의 충격적인 연기들을 선보이자 일본에서 이를 '드 니로 어프로츠'라는 유행어를 만들었다. 크리스찬 베일 외에 다니엘 데니 루이스·게리 올드만·안소니 홉키스·매튜 매커너히도 이 부류에 속하는 배우들이다.

늘였다 줄이기를 밥 먹듯이 하고 있다. 영화 〈머시니스트〉를 촬영할 때는 55kg까지 감량해서 거의 해골에 가까운 몰골로 변신했고 미국 딕 체니 부통령을 연기한 〈바이스〉에서는 20kg을 체중을 늘리는 등 자신의 신체를 한계까지 밀어붙이기를 자주 해서 '육체의 연금술사'라는 닉네임이 따라다닌다. 그는 체중 조절뿐만 극중 인물 역에 극도로 몰입하

크리스찬 베일

는 것으로도 명성이 자자하다. 베트남전 당시 밀림에서 탈출하는 조종사 역을 하는 〈레스큐 돈〉에서 구더기 먹는 연기를 거침없이 해내는 바람에 옆에 있던 스태프들이 기절초풍했다는 후문이다.

베일은 12세 때부터 아역 배우로 시작하여 이후 차분히 자기관리를 통해 성공을 거듭하면서 할리우드 아역배우 저주를 벗어난 배우로 유명하다. 그는 비교적 연기의 기복이 없다고 알려져 있다. 그래서 어느 영화에서든 평균 이상의 연기를 보여주고 있다. 또한 그는 출연작 결정이 대단히 특이하다. 대형 블록버스터 영화의 주연만 맡는 건 아니고 대중들에게는 덜 알려지는 우려가 있더라도 자신의 연기력을 발휘할 수 있다고 확신하면 어떤 영화에도 열성적으로 참여하는 스타일이다.

베일은 웨일스에서 1974년 서커스 공연자인 어머니와 사업가이자 사회 활동가인 아버지 사이에서 태어났다. 2살 때 잉글랜드 본머스로 이주해서 그곳에서 성장했다. 17살에 부모님이 이혼한 뒤에 LA로 이

주했다. 위로 누나가 3명이 있는 막내 아들이다. 12살 때인 1986년에 TV 시리즈 〈아나스타샤〉에서 연기 활동을 시작했다. 스티븐 스필버그의 전 부인도 이 드라마에 함께 출연해 베일을 〈태양의 제국〉 주연으로 추천, 4000:1

배트맨 역의 베일

의 경쟁률을 뚫고 배역을 얻었다. 이때의 연기력은 극찬을 받으면서 전국 비평가협회에서 청소년 최우수 연기상을 수상하기도 했다.

〈태양의 제국〉 이후 여러 영화에 출연했지만 별로 주목을 받지 못하다가 1994년 위노나 라이더 주연의 〈작은 아씨들〉에 출연하면서 시선을 모으기 시작했다. 2000년 〈아메리카 사이코〉에서 여피 사이코로 출연하면서 각광을 받기 시작했다. 이어 2005년부터 크리스토퍼 놀란 감독의 배트맨 3부작(〈배트맨 비긴스〉 〈배트맨 다크나이트〉 〈다크나이트 라이즈〉)에 연속 출연하면서 역대 최고의 배트맨이라는 찬사를 받았다. 2010년 에는 복싱 영화 〈파이터〉에서 아카데미 남우조연상을 수상했다. 그의 대표작으로는 위에서 열거한 작품들 외에 〈머시니스트〉 〈바이스〉 〈터미네이터 4〉 〈엑소더스: 신들의 왕들〉 〈퍼블릭 에너미〉 〈진링의 13 소녀〉 〈바이스〉 〈몬태나〉 〈포드 V 페라리〉 등을 들 수 있다.

부인 시비 블라직은 세르비아계 미국인인데 4살 연상이다. 그녀는 영화 〈작은 아씨들〉에서 함께 출연한 위노나 라이더의 개인 비서였다. 두 사람은 오늘날까지 20년 넘게 잘 살고 있다. 사실 베일은 시비를 만나기 전까지만 해도 독신주의를 고수했다. 가족들 상당수가 이혼하거나 불행한 결혼생활을 하는 걸 옆에서 목도한 그는 결혼할 마음이 티끌만치도 없었으나 시비를 만나고 완전히 생각이 바뀌었다고 한다.

그는 지금까지 할리우드에서 숱하게 일어나는 단 한 번의 스캔들에도 휩싸인 적이 없다. 그는 출연 영화의 시사회나 시상식에서 대부분 부부 동반으로 참석하며 해외에 촬영을 하러 갈 때면 거의 대부분 부인과 딸을 데리고 다닌다. 인터뷰를 할 때는 빠지지 않고 아내와 딸의 믿음이 가장 중요하다고 말하고 있어 할리우드에서는 지독한 애처가이면서 딸 바보로 소문나 있다.

〈몬태나〉에서 베일

III. 일본군의 만행, 난징 대학살

난징 대학살은 1937년 12월 13일 일본군이 국민당 정부 수도였던 난징을 점령한 뒤 이듬해 2월까지 대량 학살과 강간·방화 등을 저지른 천인공노할 사건을 가리킨다. 중국에서는 '난징 대도살', 일본에서는 그냥 '난징 사건'이라고 한다. 정확한 피해자 수는 확인할 수 없지만, 약 6주 동안 일본군에게 30~40만 명가량의 중국인이 잔인하게 학살되었다. 강간 피해를 입은 여성의 수도 2~8만 명에 이르는 것으로 알려졌다.

난징 대학살의 역사적 배경이 되는 중일 전쟁은 1937년 7월 베이징의 루거우차오(노구교盧溝橋)에서 일본군의 도발로 시작되면서 북쪽에서는 베이징으로부터 일본군이 파죽지세로 밀고 내려왔

대학살 현장

고, 남동쪽에서는 11월 상하이에서 치열한 공방전을 벌였다. 상하이가 일본군에 점령당한 후 장제스 정부는 난징을 버리고 수도를 충칭으로 옮겼다. 난징의 방어사령관은 탕성즈 장군이었다. 그는 쓰나미처럼 밀려오는 일본군에 필사적으로 저항해보았으나 도저히 역부족이었다.

천인공노할 만행

12월 12일 밤, 탕성즈와 그의 부대는 도주했고 다음날 일본군은 난징에 입성했다. 탕성즈 사령관이 후퇴하면서 난징성이 허무하게 일본군 수중에 들어오자, 난징에 남아 있던 시민들과 병사들에게는 미증유의 재앙이 들이닥쳤다. 난징을 점령한 일본군의 만행이 시작되면서 대로에서, 골목길에서, 대피호에서, 건물에서, 가옥에서, 광장에서 학살당한 양민들의 피가 강물이 되어 흘러넘쳤다. 먼저 일본군은 중국군 포로들뿐만 아니라 젊은 남자들을 색출하여 닥치는 대로 끌고 갔다. 그리고 성 외곽이나 양쯔강 변에서 무차별 학살을 자행했다. 그리고 모조리 양쯔강에 쓸어 넣었다.

이어서 적게는 수십 명에서 많게는 만여 명 단위로, 중국인들을 사로잡아 일본군의 총검술 훈련용이 되거나 목베기 시합 희생물로 삼았다. 적지 않은 중국인들은 총알을 아끼려는 일본군에 의해 산 채로 파묻혀서 생매장당하거나 칼로 난도질당했다. 어떤 경우에는 목까지만 파묻고 밖으로 드러난 머리 부분을 칼로 자르거나 탱크가 그 위를 지나가기도 했다. 목불인견이 시작되었다. 일본군은 학살뿐만 아니라 배를 가르거나 목을 베고 손발을 자르는 등의 눈 뜨고 볼 수 없는 만행을 저질렀다. 수백 명이 넘는 사람들의 눈을 파내고 코와 귀를 자른 후 불에 태워 죽였고 전봇대에 사람을 산채로 못 박은 다음에 총검술 훈련 대상으로 삼았다. 또한 수많은 중국인을 한 번에 처리하기 위해 구덩이에 쓸어 넣고 휘발유를 뿌리고 불을 질러 소각시켜버렸다.

사람을 허리까지 파묻은 다음에 사나운 개를 풀어놓아 물어뜯게 하고 나중에는 내장을 물고 다니게 하는 일도 있었다. 이는 중국인들에 대한 잔인한 처사 중 극히 일부에 지나지 않았다. 꽁꽁 얼어붙은 겨울의 연못에 밀어 넣어 얼어 죽게 만들고 길거리를 지나다니는 사람들에게 재미 삼아 총질을 했고, 어린아이의 목을 전깃줄에 매달기도 했다. 장작더미 위에 사람을 묶어 올려놓고 완전히 익을 정도까지 천천히 불로 구웠으며 임산부의 배를 갈라 태아를 끄집어내어 가지고 놀았고, 무더기로 사람을 묶고 코와 귀를 잘라내기도 했다. 난징 안팎에 있는 연못은 피로 시뻘겋게 물들었다. 또한 사람들을 염산이나 황산에 담그기도 하고 혀를 뽑아 벽에 매달아 놓기도 했다. 일부 시체는 고환이 잘려 있었다. 이는 일본군들이 고환을 먹으면 남자다워진다고 행한 엽기적인 짓이었다. 각종 강간 행위도 필설로 다 할 수 없는 끔찍한 행태를 보였다.

일본군은 농촌의 아낙·학생·근로자·선생·수녀·여승에 이르기까지 눈에 보이기만 하면 닥치는 대로 강간했고, 집단 윤간도 다반사로 행했다. 시간과 장소를 불문했다. 강간의 1/3은 백주 대낮에 이루어졌고, 어떤 경우에는 많은 사람들이 보는 앞에서도 이루어졌다. 절·수녀원·교회·신학교 등 장소도 가리지 않았다. 나이도 문제 되지 않았다. 어린 아이에서부터 할머니까지 치마만 걸쳤다 하면 모조리 강간했고, 임신

대학살 현장

부도 예외가 될 수 없었다. 난징의 거리마다 다리를 벌린 채 죽어있는 여자들의 시체가 산을 이루었다. 일본군은 강간 후 여자들의 생식기에 나무막대나 병을 꽂아놓기가 부지기수였다. 이 장면은 영화 〈진링의 13 소녀〉에서도 잠깐 나온다.

난징 안전지대와 욘 라베

일본군이 난징에 들어오자 독일 나치 당원이자 지멘스의 직원으로 난징에 근무하던 욘 라베는 외교관, 사업가 등 난징에 있던 20여명의

외국인들과 힘을 합쳐 '국제안전위원회'를 조직해서 '난징 안전지대'를 설치했다. 이는 난징 전투에 앞서 있었던 상하이 전투에서 베사즈라는 프랑스 선교사가 만든 '상하이 안전구'를 본 따 만든 것이었다. 그는 자신의 자택과 대사관 부지 등을 중심으로 일본군이 들어올 수 없도록 안전지대를 설정했다. 이곳에서 쫓겨 들어온 수많은 중국인에게 숙식을 제공했다. 안전지대 구역은 난징 주재 외국 대사관과 난징대학교 주변에 설치되었다.

욘 라베

이 안전지대의 설치를 주도한 독일인 욘 라베는 다른 어느 외국인들보다 일본의 만행으로부터 중국인들을 살려내기 위해 안간힘을 썼다. 그의 유일한 무기 가운데 하나는 아이러니하게도 갈고리 십자기인 '나치 깃발(하켄크로이츠)'이었다. 그는 이 깃발을 들고 일본군 고위 군관들에게 독일과 일본이 동맹국 관계에 있음을 내세우면서 한 사람이라도 구출하려고 안간힘을 썼던 것이다. 그는 중국에서 30여 년간 살면서 빌어들인 사재를 탈탈 털어 난민들을 도왔다. 그의 마음속에는 중국에 살면서 혜택을 받게 해주던 중국인들에 대한 진정한 감사의 마음이 깃들어 있었다.

그가 주동이 된 국제안전위원회의 활약으로 목숨을 구한 중국인의 수는 약 20만 명으로 헤아려진다. 그러나 일본군은 처음에 이 안전지대를 단호히 거부했다. 일본군은 이들 외국인에게 즉시 떠나라고 압박하여 일부는 떠났으나 몇몇은 끝까지 버티면서 안전지대의 난민들을 보호하려고 애썼다. 이 몇몇 중에는 윌헬미나 보트린이라는 미국 여성이 있었다. 그녀도 욘 라베처럼 수많은 여성을 보호하기 위하여 무진장 애를 썼고 안네 프랑크(나치 점령 당시 암스테르담에서 일기를 남긴 소녀)처럼 당시의 상황을 기록한 일기로 사람들에게 기억되고 있다. 그녀는 1940년 미국으로 돌아갔으나 당시에 겪었던 참혹한 장면들의 기억과 스스로 좀 더 도와주지 못했다는 자책감으로 괴로워하다가 1941년 자살했다. 이 영화의 원작인 엔거링의 책도 보트린의 일기에서 영감을 받아썼다고 한다. 그녀는 '난징의 여신'으로 불렸다.

한편 안전지대라고 해도 일본군은 안중에 없었다. 이들은 안전지대에 거침없이 들어와 패잔병을 골라내서 끌어냈다. 손가락에 굳은살이 박혀 있거나 이마에 자국이 있거나 발에 물집이 생긴 사람들을 골라 무자비하게 처형했다. 이들 대부분은 군인의 신분이 아니라 전쟁이 나기 전 인력거꾼이나 육체노동자 혹은 경찰들이었다. 안전지대라고 안전한 게 아니었다. 안전지대에서도 살육과 강간이 여전히 일어나는 참상을 참을 수 없었던 요베는 나치 당원으로서 히틀러 총통에게 이 참상을 호소하며 이를 막아달라고 편지를 쓰기도 했다. 이 우직한 독일인은 결국 일본군에게 추방당했다. 그가 난징을 떠날 때 살아남은 난징 시민 수천 명은 그 앞에 무릎을 꿇고 울부짖었다.

그는 중국인들에게 그야말로 살아 있는 부처였다. 독일로 돌아간 그는 나치 당원이었기에 전후 연합군에 체포되었고 이에 대해 자신은 나치와 같은 만행을 저지르지 않았다는 것을 증명하는 법정투쟁을 벌이다가 돈 한 푼 없이 병석에 누웠다. 그때 난징 시민들은 국공내전으로 어려운 처지에 있으면서도 돈을 모아 그에게 전달했다. 살날이 얼마 남지 않았던 욘 라베 역시 그 뜨거운 정성에 눈물을 흘렸다. 그는 중국판 오스카 쉰들러였다. 오스카 쉰들러는 영화 〈쉰들러 리스트〉의 주인공으로서 2차 대전 당시 나치로부터 1,100여 명의 유대인들은 구해낸 의인이었다.

난징 전범 재판, 일본 항복 이듬해인 1946년 8월부터 1947년 2월까지 난징에서 전범들에 대한 재판이 열렸다. 이 재판에서 수천 명의 중국인들이 수많은 살인·강간·방화·약탈에 관해 증언했다. 재판

신문에 보도된 참수 경쟁 두 일본군인

이 계속되면서 감춰졌던 증거들이 속속 공개되었다. 이 재판에서 가장 주목을 끈 인물들은 노다 다케시 중위와 무카이 도시아키 중위, 그리고 다니 히사오 중장이었다. 두 중위는 난징학살 당시 일본 《아사히 신문》에 보도된 이른바 악질적인 '100인 참수 경쟁'에 등장하는 인물들이었다. 두 사람은 목 자르기 시합을 벌인 장본인이었다.

이들은 재판정에서 신문에 보도된 150명 이상을 죽였다는 사실을 일체 부인했다. 한 사람은 외국인 특파원이 멋대로 조작한 내용에 불과했다고 횡설수설했고, 다른 한 사람은 일본에 돌아갔을 때 아내를 놀래주려고 거짓말을 한 것이라는 개 풀 뜯어먹는 소리를 지껄여댔다.

결국 이 둘은 전쟁이 끝난 후 처형당했다. 다니 히사오 중장은 1937년 난징에 주둔한 일본군 6사단 육군 중장이었다. 일본군 6사단은 난징 시내에서 살육·방화·화형·강간·약탈 등 악행이라는 악행은 빠짐없이 저질렀던 부대였다. 1946년 8월, 재판에 회부된 다니 히사오 중장은 난징으로 소환되었다. 그를 기소하기 위해 법의학 전문가들이 난징 시내 근처에 있는 매장지를 파헤쳐 수천 구의 유골을 발굴까지 했다.

1947년 3월 10일 다니 히사오는 전쟁 포로 대우에 관한 헤이그협정 위반과 자신의 군대가 난징에서 30만 명을 학살한 것에 동조한 혐의로 사형을 언도받았다. 난징 대학살은 중국인에 대한 멸시감, 누적된 전쟁 피로와 전근대적인 군 복무로 인한 사병들의 억압된 불만이 한꺼번에 결합하면서 폭발해서 일어났다고 후세인들은 해석하기도 하지만 역사적으로 일본의 잔인성은 정평이 나 있던 터였다. 멀리 고려와 중국 명나라 시대 때 왜구들이 떼를 지어 몰려와 이들 양 국가의 해안가를 약탈과 살육으로 농탕질을 하면서 시작된 일본인들의 잔인한 만행사는 근대에 이어 현대에까지 이어졌다.

임진왜란·청일 전쟁·러일 전쟁·36년간의 일제 강점기·중일 전쟁·태평양 전쟁에서도 그들은 대대로 이어져 오는 잔인성을 유감없이 보여주었다. 이 중에서도 난징 대학살이야말로 일본인들의 잔인한 만행 역사에서 그 절정을 보여주었다.

"인간이 인간에게 저지른 악행을 연대기로 남긴다면 길고도 참혹한 이야기로 가득할 것이다. 하지만 그 끔찍함에도 차이가 있어,

제2차 세계대전 중에 벌어진 '난징의 학살'에 비견될 만한 끔찍함과 규모를 지닌 사건을 발견하기란 쉽지 않을 것이다."

— 아이리스 장, 『역사는 힘 있는 자가 쓰는가』에서

제24장

작전명 발키리

할리우드의 흥행보증수표, 톰 크루즈 / 히틀러 암살 음모: 발키리 작전

I. 작전명 발키리(2009년), Valkyrie

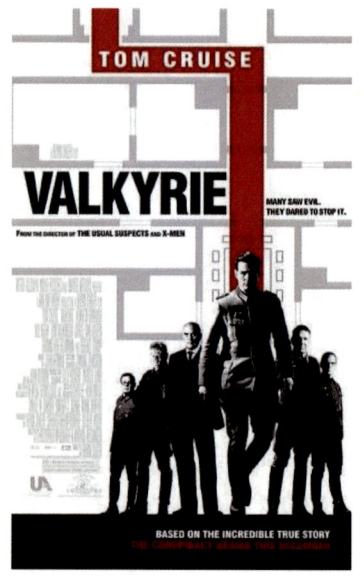

영화 〈작전명 발키리〉는 히틀러 암살 음모를 배경으로 한 실화에 근거하여 만들어진 작품이다. 브라이언 싱어 감독은 실화를 단순히 스크린에 옮긴 게 아니라 픽션의 요소를 약간씩 가미해 일종의 가상역사를 만들었다. 이 영화의 주인공으로 나오는 톰 크루즈는 나무랄 데 없는 훌륭한 연기를 보여주고 있고, 또한 함께 나오는 여러 중견 배우들과의 연기 앙상블을 보는 재미도 쏠쏠한 편

이다.

실화를 영화화한다는 것은 모험이 따른다. 결론이 뻔히 알려져 있기 때문이다. 그러나 비록 관객이 영화의 결론을 미리 알고 있더라도 영화를 보는 내내 통쾌하게 반란이 성공하는 기대감을 품게 하는 것도 감독의 역량인 것이다. 실제 크루즈가 연기하는 주인공 슈타우펜베르크의 행동 하나하나가 관객을 긴장감 속으로 몰아넣고 이어지는 여러 우연이 보는 이들의 마음을 안타깝게 만든다. 이 영화의 배경에는 히틀러 암살에 독일인들이 나선 것은 자신들의 부끄러운 역사 속에도 "적어도 의인이 존재했다"라는 사실을 알리고자 하는 독일인들의 의도가 깔려 있다. 당시 히틀러의 엄혹한 독재 시절, 독일에는 유대인을 구하고자 했던 오스카 쉰들러만 있었던 게 아니라 나라를 위해 목숨을 걸고 쿠데타를 감행했던 사람들이 있었다는 것과 독일인들이 전부 히틀러에 맹종하지 않았다는 점을 말해주고 있다.

처음에 독일 국방부는 쿠데타가 일어나는 영화의 주 무대인 베를린의 벤들러블록에서의 촬영에 난색을 표했으나 제작진과 톰 크루즈가 적극적으로 간청하는 바람에 촬영이 성사되었다. 이곳에서는 쿠데타가 실패로 돌아간 직후에 주모자인 슈다우펜베르크와 핀런지들이 치형당하기도 했는데 출연진들과 스태프진들은 영화 촬영에 들어갈 때마다 이들을 추모하기 위하여 잠깐씩 묵념을 했다는 후문이다. 벤들러블록에는 현재 독일 국방부 제2청사가 있고 나치에 저항한 레지스탕스 기념관이 있다.

크루즈는 실제 인물인 슈타우펜베르크 대령의 사진을 보는 순간 매력을 느꼈고 자기와도 비슷하다고 생각해 출연을 승낙했다고 한다. 그러나 정작 슈타우펜베르크의 후손들은 톰 크루즈가 실제 인물에 비해

슈타우펜베르크 부부

키가 너무 작고 영화 속 그가 연기하는 슈타우펜베르크가 차분하고 조용한 성격으로 묘사된 것에 불만을 제기했었다. 실제 슈타우펜베르크는 불같은 성미에다가 결단력이 대단했다고 한다. 그래도 이렇게나마 주인공의 모습을 다이내믹하게 보여줄 수 있는 배우가 바로 크루즈가 아닐까 싶다.

슈타우펜베르크의 부인으로 나오는 네덜란드 여배우는 크루즈가 직접 골랐다. 캐리스는 2006년 폴 버호벤 감독이 만든 영화 〈블랙북〉에 출연했었는데 그때 크루즈가 인상 깊게 보았다고 한다. 작중 인물들 중 데이비드 뱀버가 소름 끼칠 정도로 히틀러와 흡사한 연기를 펼치고 있다. 뱀버는 영화에 출연했던 영어권 배우 중에 유일하게 독일식 악센트를 구사하는 배우이기도 했다.

히틀러 암살은 결국 실패로 끝나고 크루즈가 역을 맡은 슈타우펜베르크 대령을 비롯한 가담자 4천여 명이 처형당했다. 그러나 세월이 흘러 2007년 7월 20일, 헬무트 콜 전 독일 총리와 독일군 병사 450명이 베를린에서 이 암살 미수 사건을 기리며 "독일 역사의 가장 위대한

날" 중 하나로 선포했다. 현재 독일에서는 슈타우펜베르크는 국민적인 영웅으로 추앙을 받고 있다.

II. 할리우드의 흥행보증수표, 톰 크루즈

톱스타 톰 크루즈는 총 여덟 편으로 이어지는 〈미션 임포서블〉 시리즈의 주인공 에단 역으로 전 세계 영화팬에게 깊이 각인되어왔다. 그는 40년이 넘는 긴 세월 동안 할리우드의 인기스타 중의 한 사람으로 군림해 왔다. 아마도 할리우드 역사상 가장 대중적으로 성공한 배우 중의 한 사람이 아닐까 싶다. 장기적인 시각에서 볼 때도 그의 작품은 흥행

톰 크루즈

에 실패한 적이 거의 없다. 이는 무엇보다도 크루즈가 시나리오를 고르는 안목이 뛰어난데다가 대중이 원하는 자신의 대표적인 이미지가 무엇인지 귀신같이 알아채고 이를 충분히 활용하고 있다는 데 기인한다.

크루즈 역시 다른 배우들과 마찬가지로 초기엔 무명 시절을 겪었다. 특히 별로 크지 않은 신장(170cm)이 흠으로 작용하기도 했다. 1981년, 브룩 실즈의 〈끝없는 사랑〉에서 엑스트라로 잠깐 출연했다가 1983년 〈위험한 청춘〉에 주연으로 캐스팅되며 주목받는 청춘스타로 부상했다. 배우로서 첫 번째 전환점이었던 〈탑건〉으로 젊은 나이에 세계적인 스타의 자리에 오르게 된다. 이어서 마틴 스코세이지의 〈컬러 오브 머니〉, 더스틴 호프만과 공연한 〈레인 맨〉이 연달아 성공하며 영화인들의 주목을 받기 시작했다.

〈미션 임포서블〉 시리즈의 톰

이어서 월남전의 후유증을 그린 올리버 스톤의 〈7월 4일생〉으로 골든 글로브 남우주연상을 수상하면서 평론가들에게도 연기력을 갖춘 배우로 인정받게 된다. 이후 그가 출연했던 영화의 장르도 아래에서 보듯이 액션·멜로·스릴러·사회·전쟁·법정·첩보 등 다양한 부문에 총망라되어 있다. 그가 출연한 〈뱀파이어와의 인터뷰〉〈어 퓨 굿 맨〉〈야망의 함정〉〈제리 맥과이어〉〈매그놀리아〉〈파 앤 어웨이〉〈아이즈 와이드 셧〉〈마이너리티 리포트〉〈오블리비온〉〈엣지 오브 투모로우〉〈라스트 사무라이〉〈콜래트럴〉〈우주전쟁〉〈작전명 발키리〉 등 부지기수의 작품들이 하나같이 흥행에 성공했다. 이 중에 〈미션 임파서블〉 시리즈 8편과 최근에 출연해서 대박을 터뜨린 〈탑건: 매버릭〉도 빠질 수 없는 그의 대표작품들이다. 이래서 할리우드에서 흥행 보증 수표라는 말이 늘 따라다니는데 이는 결코 허언虛言이 아닌 것 같다.

톰 크루즈는 1962년 7월 3일 뉴욕주 시라큐스에서 엔지니어였던 아버지와 특수교사이자 무명 배우였던 어머니 사이에서 1남 3녀 중 셋째로 태어났다. 부모님은 크루즈가 12살이 되던 해에 이혼했고 크루즈 남매는 어머니에 의해 길러졌다. 부모님의 이혼 후 집안 살림이 어려워져 어려서 무척 고생을 많이 했다고 전해진다. 결혼을 세 번 했는데 첫 번째 아내는 여섯 살 연상인 미미 로저스였다. 미미와 결혼한 지 3년 만에 이혼했고, 이혼 직

〈야망의 함정〉의 톰

후 당시 호주 연예계에서 할리우드로 막 진출한 신인 여배우였던 니콜 키드먼과 결혼했다.

영화 〈폭풍의 질주〉에서 두 사람이 처음 만났을 때부터 크루즈가 홀딱 반해 로저스와 이혼을 서둘렀다고 한다. 결혼 후 크루즈와 키드먼은 두 아이(이사벨라 크루즈, 앤서니 크루즈)를 입양해 키웠다. 이후 이 둘은 1990년대 할리우드를 대표하는 스타 커플로 통했으나 약 10년간의 결혼생활을 끝내고 이혼했다. 이혼 사유는 두 사람이 함구로 일관하고 있어 별로 알려진 게 없다. 2006년 11월 16살 연하인 후배 여배우 케이티 홈즈와 결혼했다. 둘 사이에 천 친딸인 수리 크루즈가 태어났다. 2012년 7월 홈즈와 이혼했고 이번에도 이혼 사유에 관하여는 별로 알려지지 않았다. 이후 여러 배우와 염문을 뿌렸으나 지금은 독신으로 지내고 있다.

크루즈와 관련하여 끊임없이 따라다니는 이야기는 그가 사이언톨로지 신자라는 것과 자기 관리가 대단한 인물이라는 것이다. 사이언톨로지는 SF 작가 로널드 허버드가 1954년에 창시한 사이비 종교다. 일반적으로 과학기술을 통한 정신치료와 윤회를 믿고 있는 종교

로 알려져 있다. 허버드의 표현에 따르면 '사이언톨로지'는 '진리 탐구'라는 뜻이라고 한다. 사이언톨로지라는 단어는 라틴어의 스키오(scio는 '알다', 혹은 '완전한'이라는 의미)와 그리스어 로고스(logos는 학문이라는 의미)에서 각각 유래 되었다.

 어렸을 때부터 난독증을 가지고 있어서 배우가 된 후에도 다른 사람들이 읽어주는 대본을 듣고 외워야 했지만, 첫 아내 미미 로저스의 권유로 사이언톨로지교에 입교하면서 난독증이 치료되자 열렬한 신자가 되었다고 한다. 전 세계적으로 약 10~20만의 신자가 있는 것으로 추정되며, 배우 존 트라볼타 등 적지 않은 유명인들이 신자로 되어 있다. 이와 관련하여 영화 〈작전명 발키리〉에서 여러 이유에서 주인공 슈타우펜베르크의 후손들이 크루즈의 배역에 반대를 했었다. 그중 하나가 독실한 가톨릭 신자였던 대령 역을 사이언톨로지 신자인 크루즈가 맡는 것이 적절하지 않다는 데 있었다.

 올해 63세인 크루즈가 스턴트맨을 마다하고 직접 촬영에 임할 정도로 지독할 정도로 철두철미한 몸매 관리를 하고 있다는 것은 정평이 나 있다. 철저한 식단관리와 규칙적인 운동을 게을리하지 않는다. 하루 1,200칼로리를 15번에 걸쳐서 꼬박꼬박 나눠 섭취하고 있다. 식단도 가공식품과 설탕을 피하고 단백질을 위주로 하여 블루베리·채소·귀리 등의 항산화 식품을 섭취하고 있다. 또한 술을 멀리하고 매일 아침 웨이트 트레이닝을 통한 유산소 운동을 빼놓지 않으며 암벽 등반·펜싱·카약 등 근력 운동을 꾸준히 하면서 노화 방지에 집중한다고 한다. 하여튼 자기관리 면에서는 할리우드 배우 중에서도 타의 추종을 불허하는 인물인 셈이다.

III. 히틀러 암살 음모: 발키리 작전

슈타우펜베르크

클라우스 폰 슈타우펜베르크 백작 대령은 슈바벤의 귀족 가문 출신의 장교였다. 그도 젊은 시절에는 다른 많은 사람과 마찬가지로 히틀러가 독일을 구할 진정한 지도자라고 생각했다. 하지만 1939년쯤에는 히틀러와 나치의 인종주의와 호전주의를 점차 싫어하게 되었다. 특히 1942년 늦은 봄, 친위대가 우크라이나에서 유대인들을 무차별 학살하고 있다는 여러 목격자의 증언을 들으면서 완전히 히틀러에게서 등을 돌린다. 나치 정권의 야만성에 경악하기 시작한 것이다. 슈타우펜베르크는 1943년 4월, 북아프리카 전선에서 오른쪽 손과 오른쪽 눈을 잃었고, 왼손 손가락 두 개를 잃는 중상을 입었다. 병상에서 회복한 그는 불구의 몸으로 무언가 의미 있는 일을 해야 한다고 결심했다. 결론은 독일을 파멸로 이끌고 가고 있는 히틀러를 죽이는 것이었다.

슈타우펜베르크는 군대에 남았으며 대령으로 진급했다. 그런 그에게 국방군 최고사령부의 국민보충군 참모장이라는 직책이 주어졌다. 보충군 참모장은 수시로 프로이센에 있는 라스텐부르크의 총통지휘소를 들락거리며 보고를 해야 하는 중요한 자리이기도 했다. 히틀러에게 직접 접근할 수 있게 된 것이다. 그는 이 천재일우의 기회를 이용하여 히틀러를 직접 해치워야겠다는 결심을 했다. 그리고 슈타우펜베르크는 암살계획의 최고 우두머리로 추대 예정인 예비역 육군 대장인 베크 장군과 기타 관련 인물들과 함께 '발키리 작전'이라 명명된 거사 계획을 완성했다.

계획의 개요는 먼저 라스텐부르크 늑대굴의 작전회의실에 장치한 폭탄에 의해 히틀러가 즉사하면 바로 그 순간 베를린의 전투경찰부대와 히틀러의 친위대 병력을 제압하고 정부청사와 방송국·신문사를 점거한다. 그리고 쿠데타에 가담한 장교들이 병력을 이끌고 대대적인 봉기에 나선다. 마지막으로 대통령으로 추대된 베크의 독일 임시정부가 곧바로 연합군과 강화협상을 시작한다는 것이었다. 계획을 수립하던 중 슈타우펜베르크는 특히 자신이 북아프리카 전선에서 모시기도 했던 존경하는 롬멜 원수가 이 쿠데타 음모에 관여하고 있음을 알고 더욱 힘을 얻었다.

거사 장소, 늑대굴(볼프샨체)

1944년 7월 20일 새벽, 바야흐로 서부전선에서는 독일군이 프랑스 팔레즈에서 몰살 위기에 놓여 있었고 동부전선에서는 소련군이 물밀듯이 폴란드 국경을 넘기 시작했다. 그 시각, 슈타우펜베르크는 조국을 구하고자 거사의 길에 나섰다. 백작은 부관 헤프텐 중위와 함께 베를린에서 두 시간을 비행기로 날아가 라스텐부르크에 도착했다. 오전 10시 15분이었다. 두 사람이 가지고 온 가방 안에는 영국제 플라스틱 폭탄이 들어 있었다. 이 폭탄은 독일군이 프랑스의 레지스탕스로부터 노획한 것이었다. 폭탄의 신관 속 작은 유리관이 깨지면 산성 용액이 흘러나온다. 그리고 이것이 신관을 가로막고 있는 작은

볼프샨체(늑대굴) 모습(영화에서)

철제 핀을 녹이면서 곧바로 용수철이 뇌관을 때려 폭발하는 구조를 가지고 있었다. 하지만 이 폭탄은 금속제가 아니어서 살상력이 강한 철제파편을 날려버릴 수가 없었다.

그만큼 일반 폭탄보다 살상력이 낮았다. 그래서 가능한 한 목표물 가까이서 폭발해야만 한다는 단점이 있었다. 총통지휘소 안에 들어가는 모든 사람은 친위대의 경호원들로부터 샅샅이 몸수색을 받게 되어 있으므로 금속제 폭탄을 도저히 준비할 수 없었을 것이다. 슈타우펜베르크는 '늑대굴(볼프샨체)'이라는 별명의 총통지휘소로 향했다. 그리고 회의실이 있는 총통의 집무실 겸 숙소에 도착했다. 그때 슈타우펜베르크에게 국방군 총사령부의 통신감 펠기벨 중장이 "모든 것이 잘 되길 비네"라는 의미심장한 말과 함께 슈타우펜베르크와 굳은 악수를 하고 헤어지는 의미를 어느 누구도 눈치채지 못했다. 펠기벨 장군은 암살이 이루어지면 곧바로 외부와의 통신 연락을 차단하는 임무를 맡고 있는 음모자 중의 한 사람이었다.

11시 30분경 슈타우펜베르크는 카이텔 원수의 집무실에 들러 사전

브리핑을 했다. 12시 20분경, 브리핑이 끝나자 백작은 카이텔에게 답답해서 옷을 좀 갈아입어야겠다고 양해를 구했다. 더운 날이라 카이텔도 이해했다. 슈타우펜베르크는 폭탄이 든 가방을 들고 복도에 서 있던 헤프텐 중위와 함께 화장실로 가서 신관을 맞추고 있었다. 밖에서는 카이텔의 부관이 빨리 나오라고 성화를 부리고 있었다. 첫 번째 신관을 맞춘 폭탄을 일단 가방에 넣었다. 그런데 두 번째 폭탄의 신관을 맞출 시간이 없었다. 그래서 첫 번째 폭탄이 들어 있는 가방만 챙겼다.

이때 만약 두 번째 폭탄이 신관을 맞추지 못했더라도 첫 번째 폭탄이 든 가방에 그냥 쑤셔 넣었더라면 폭발로 인한 충격 때문에 두 번째 폭탄이 저절로

히틀러 주재 회의 광경

폭파되면서 파괴력이 두 배가 되었을 것이다. 이렇게 되었다면 히틀러는 그대로 황천길로 직행하였을 것이다. 슈타우펜베르크가 가방을 들고 돌아왔을 때 회의장 밖에서 안절부절 기다리던 카이텔은 약간 신경질이 나 있었다. 그는 총통이 회의 시간에 늦는 것을 아주 싫어하는 걸 모르냐면서 질책했다.

그러나 중상을 입었던 슈타우펜베르크의 몸이 성치 않다는 것을 잘 알고 있어 더 이상 뭐라고 하지는 않았다. 두 사람이 회의실로 들어섰을 때 회의는 시작되어 있었다. 카이텔이 슈타우펜베르크를 소개하자 히틀러는 그와 건성으로 악수를 나누고 육군 참모본부 작전실장 호이

징거 중장의 급격히 악화되어 가는 동부전선 전황 보고에 다시 눈을 돌렸다. 회의가 잠시 끊겼지만 카이텔이 앉으라는 눈짓을 보냈고, 회의는 계속되었다.

슈타우펜베르크의 자리는 히틀러의 오른편, 책상 끄트머리였다. 슈타우펜베르크는 들고 온 가방을 튼튼한 책상다리 오른편에 살며시 기대 놓았다. 슈타우펜베르크는 방에 들어온 지 얼마 안 되어 잠시 나갔다 오겠다면서 슬며시 자리를 떴다. 아무도 이를 대수롭지 않게 여겼다. 낮 회의 때에는 들락거리는 일이 많았다. 급히 불려 나가거나 중요한 전화가 걸려오는 경우가 있었기 때문이었다. 슈타우펜베르크가 나간 다음에 호이징거의 부관 브란트 대령이 테이블 밑에 있던 가방이 발에 닿았다. 그는 혹시 그 가방이 히틀러에게 거추장스러울지 모른다고 생각해 히틀러의 반대 방향으로 멀찌감치 끌어다 놓았다.

폭발 및 암살 미수

밖으로 나온 슈타우펜베르크는 총통지휘소에서 약간 떨어져 있는 자신이 탈 예정인 승용차 앞에서 펠기벨 장군과 얘기를 나누고 있었다. 바로 그때 귀청

폭발 이후, 백색복장 괴링

을 찢는 폭발음이 울렸다. 그때 시각은 12시 45분. 그는 헤프텐 부관과 함께 급히 차에 뛰어올랐다. 아직 비상이 걸리지 않아 경비소를 무

사히 빠져나왔다. 자동차는 공항으로 달렸고, 오후 1시 약간 지나서 슈타우펜베르크가 탄 비행기는 라스텐부르크 공항을 이륙했다. 슈타우펜베르크는 폭발음 소리 때문에 히틀러는 틀림없이 즉사했을 것이라고 확신했다. 그가 탄 비행기에는 무전기가 없었다. 따라서 그는 이때부터 베를린에 도착할 때까지 약 2시간 동안 전혀 외부 소식을 알 수가 없었다. 그때 지상에서는 세상이 무너질 법한 일이 벌어지고 있었다.

히틀러는 죽지 않았던 것이다. 고막을 찢는 폭발음과 함께 회의실 천장에 큰 구멍이 뚫리고 유리창이 모두 박살나버린 그 아비규환 속에서 회의장에 있었던 24명 중 4명이 죽고 열댓 명이 중상을 입었다. 슈타우펜베르크의 가방을 히틀러로부터 멀리 옮긴 호이징거의 부관 브란트 대령도 사망했다. 나중에 밝혀졌지만 아이러니하게도 그도 음모자 그룹의 일원이었다. 히틀러는 가벼운 부상을 입었지만 살아남았다.

그는 바지에 붙은 불을 손으로 탁탁 쳐서 끄고 불에 그슬린 머리를 털며 어기적거리며 문가로 걸어갔다. 오른팔이 욱신거리며 부어서 쳐들지도 못했다. 이마에도 생채기가 났고 양쪽 고막이 파손되었지만 잠시 뒤에 청각은 되찾았다. 폭발 순간, 히틀러는 지도를 자세히 들여다보기 위해 자리에서 일어나 테이블 위에 상체를 구부리고 턱을 괴고 있었고, 그 때문에 묵직하고 두꺼운 참나무 테이블이 폭발의 충격을 차단해 버리는 바람에 목숨을 구한 것이다.

그가 그을음으로 꺼매진 얼굴과 뒷머리를 조금 태운 모습으로 연기 속에서 문가에서 비틀거리고 있을 때 제복 상의가 찢겨나간 히틀러의 딸랑이 카이텔이 달려왔다. 경미한 부상을 입은 카이텔은 히틀러와 마주치자 그를 껴안고 울부짖었다. "아이구! 우리총통님, 살아계셨군요. 천만 다행입니다" 하고 그는 누더기가 된 바지를 걸친 채 반쯤 정신이 나간 히틀러를 부축해 허겁지겁 회의실을 빠져나왔다. 회의실에서 먼지를 잔뜩 뒤집어쓰고 비틀거리면서 빠져나오는 히틀러의 모습을 본 펠기벨 장군은 사지에서 모든 힘이 쭉 빠지는 것 같았다.

그는 즉시 반란 주모자들에게 그 사실을 알리기 위해 전화를 걸었으나 내용이 불명료했다. 모든 전화는 친위대에 의해 도청되고 있었기 때문이었다. 결국 펠기벨의 어버버하면서 한 전화는 무슨 얘기인지 종잡을 수 없는 내용이 되어버렸다. 이 바람에 국방군 총사령부가 있는 베를린 벤틀러 구역에서 눈이 빠지게 소식을 기다리고 있던 베크를 비롯한 반란 주모자들은 펠기벨 장군의 아리송한 얘기를 접하고 갈피를 못 잡고 있었다.

혼란

히틀러가 죽었는지 살았는지 슈타우펜베르크는 잡혔는지 살아 돌아오는지 등 도통 알 수가 없었다. 그리고 찔끔찔끔 들어오는 소식에 의하면 늑대굴에 큰 폭파사건이 일어났고 히틀러는 여전히 살아 있다는 것이었다. 그래서 반란 주모자들은 반란 작전을 즉각 실시할 것인지, 아니면 급히 피신해야 할 것인지에 대한 판단이 안 섰다. 베를린의 란스도르프 공항에 도착한 슈타우펜베르크의 부관 헤프텐은 일단 반란 주모자들에게 히틀러는 죽었다고 보고했다. 주모자들은 더욱 혼란에 빠져버렸다.

그 시각 반란군 우두머리인 베크 퇴역 육군대장은 독일의 새 국가원수로 취임할 준비를 갖추고 벤들러 구역의 국방성에 도착해 있었고, 일부 반란군 부대는 행동을 개시하면서 몇몇 관공서 건물을 장악했다. 벤들러 구역에 막 도착한 슈타우펜베르크는 그런 폭발 현장에서 살아남을 사람은 결코 없을 것이라면서 헤프텐의 말대로 히틀러는 반드시 죽었을 것이라고 주장했다.

곧이어 슈타우펜베르크와 반란군 주모자들은 몇몇 부대의 지휘관들에게 전화로 이제 히틀러는 죽었으니 국가를 위해 우리 편에 가담하라고 설득하기 시작했다. 그동안 양쪽의 힘을 저울질하면서 어느 쪽에 붙는 것이 유리할까 주판알을 튕기고 있던 국민보충군 사령관 프롬은 반란 주모자들에게 총통의 죽음에 대한 확실한 증거를 보여달라고 요구했다. 그는 반란을 주도하는 보충군을 동원할 수 있는 중요한 직책의 인물이었다. 프롬은 이미 4시경에 카이텔로부터 총통은 가벼운 부상만 입었다는 소식을 접한 바 있었다. 모두가 갈팡질팡하는 사이에 금쪽같은 오후 시간이 다 흘러갔다. 그리고 오후 9시의 라디오 뉴스가 결정적이었다. 암살기도 사건이 있었지만 총통은 무사하다는 뉴스는 베크를 비롯한 반란자들에게 있어서 바로 사형선고를 의미하는 것이었다. 라슈텐베르크의 카이텔 원수는 발 빠르게 움직였다.

총살

그는 모든 주요 장군들에게 일일이 전화를 걸어 총통이 살아있음을 알렸다. 일선 부대를 지휘하는 장군 중에서 어느 누가 음모자인지를 알 수 없었기 때문에 한시바삐 쐐기를 박아야 했다. 히틀러가 무사하다는 방송 뉴스가 나오자 벤들러 구역에서는 반란 모의자들만 달랑 남았다. 프롬은 부하들을 이끌고 벤들러 구역으로 달려가 베크와 슈타우펜베르크, 그리고 다른 몇 사람의 반란의 핵심 인물들을 체포했다. 그들은 자동차 전조등의 불빛 아래서 국방성 앞뜰에 나란히 세워졌고, 거기서 즉시 총살형이 집행되었다.

총성과 함께 "거룩한 독일 만세"라는 슈타우펜베르크의 외침소리도 들렸다. 프롬은 라슈텐베르크로 부리나케 전보를 쳐서 자신이 쿠데타를 진압했으며 주모자들을 모조리 척살했다고 의기양양하게 보고했다. 하지만 비겁자 프롬에게 돌아간 것은 차가운 교수대의 밧줄이었다. 곧바로 진행된 친위대 수사에 의해 그 자신도 오래전부터 이 음모를 알고 있었을 뿐 아니라 그것을 가지고 양다리를 걸치고 저울질을 해 왔다는 사실이 들통났던 것이다.

복수의 피바람

프롬이 반역자들을 고문 없이 현장에서 신속하게 처형한 것도 히틀러는 영 못마땅했다. 폭발에서 간신히 살아난 히틀러는 "몇 년 전부터 내가 하는 일에 사사건건 발목을 잡던 놈들이 이제 만천하에 드러났다. 그 더러운 배신자 놈들을 단숨에 죽일 것이 아니라 오랫동안 고통스럽게 서서히 죽여라"라며 길길이 날뛰었다. 동부전선에서 연전연패를 거듭하고 노르망디 상륙을 사전에 분쇄하지 못하는 등 자기가 세운 모든 작전 계획이 그동안 왜 실패를 거듭했는지 이제야 알게 되었노라고 광분했다. 그동안의 연전연패는 처음부터 이들 반란자의 배신과 음모가 주요 원인이라는 것이었다. 악당 중의 악당인 친위대 장관 힘러는 물을 만난 고기와 같았다. 독일뿐만 파리·프라하·빈에도 모의 관련 세력이 남아 있었다.

체포와 복수의 피바람이 독일 전역을 휩쓸었다. 이 사건의 수사 책임이 전적으로 자신에게 맡겨진 이상, 그동안 조금이라도 나치와 친위대에 대해 적대적이었던 세력을 뿌리째 뽑아 버릴 수 있는 절호의 기회이기도 했다. 수많은 사람이 처절하게 고문당하고 처형당했다. 체포된 용의자는 공공연히 반나치주의자로 알려진 전 라이프치히 시장 괴르델러, 1차 세계대전에서 독일 첩보국을 이끌었던 전설적인 인물 카나리스 제독, 국방군 통신감 펠기벨 장군, 프리드리히 장군 같은 음모의 핵심 인물로부터 말단 장교들에 이르기까지 무려 7천여 명에 달했다.

특히 슈타우펜베르크 백작 일가에 내려진 형벌은 가혹했다. 백작의 형 베르톨트와 그의 아내를 포함하여 슈타우펜베르크라는 성姓의 모든 사람이 남김없이 잡혀갔다. 악명 높은 나치주의자 프라이슬러 판사의 주재로 진행된 재판은 단지 피비린내 나는 복수극에 불과했다. 악에 받칠 대로 받친 히틀러는 "반역자들을 푸줏간의 고깃덩어리처럼 매달아라"라고 악을 썼다. 그리고 처형실에는 정말로 고기를 매다는 갈고리들이 설치되었다. 많은 이들이 고통스럽게 죽어갔다.

이처럼 복수의 광기에 사로잡혀 있던 히틀러도 자신이 그토록 신임했던 원수 직함을 달고 있던 롬멜과 클루게 두 원수가 이 음모에 연루되어 있다는 보고를 받았을 때는 치를 떨었다. 하지만 두 사람이 반란 음모에 가담한 것이 알려지면 국민 사기에 영향을 준다고 이 두 사람에게 명예롭게 죽게 하라는 지시를 내렸다. 롬멜 원수는 순순히 자결을 택했다. 노르망디 근방 팔레즈 협곡에서 독일군의 후퇴를 지휘 중이던 클루게 원수도 전장에서 자살했다.

이렇게 상당수의 유능한 지휘관들에 대한 대대적인 검거와 숙청과 처형은 패전을 거듭하고 있는 독일군의 전력을 더욱 곤두박질치게 하는 결과를 낳았다. 이 암살사건 이후로 히틀러는 육군 장성들에 대한 불신감이 극에 달했다. 그는 이제 육군의 누구도 신뢰하지 않았고, 신병의 모집과 병력 배분 업무까지 주요 군사 업무를 친위대 장관 힘러에게 맡겨버렸다. 이로써 그동안 치열한 힘겨루기를 계속해오던 무장 친위부대가 육군보다 모든 면에서 우위에 서게 되었다.

이때부터 독일 육군은 전통적인 거수경례 대신 오른손을 쭉 뻗어 치켜드는 나치식 경례를 강요받게 되었다. 또한 군의 모든 요직은 무장 친위대 장교들이 꿰차게 되었다. 이후 전쟁이 끝날 때까지 보충병과 최신형 무기는 무장 친위대에게 가장 먼저 지급되는 등, 노골적인 차별대우를 하기 시작했다. 그리고 이런 조치들은 필연적으로 나치의 패망을 그만큼 더 앞당겼다.

라이언 일병 구하기

믿고 보는 명배우, 맷 데이먼 / 노르망디 상륙작전

I. 라이언 일병 구하기(1998년)
Saving Private Ryan

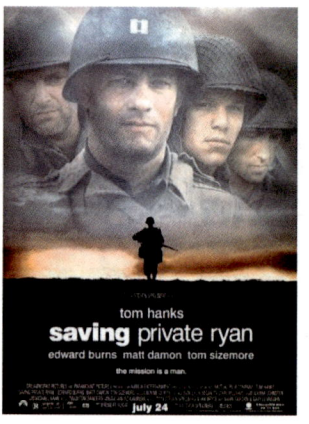

〈라이언 일병 구하기〉는 1994년 시나리오 작가 로버트 로다트가 2차 대전 당시 미 제101공수사단에서 근무했던 닐랜드* 프릿츠 병장 형제들의 이야기에서

---

* 영화 속 라이언과 비슷하게 실제 닐랜드 형제들 넷 중에 셋이 1944년 비슷한 시기에 행방불명되거나 전사하는 일이 벌어졌다. 첫째인 폭격기 조종사 에드워드는 미얀마에서 추락하면서 행방불명이 되었고 둘째와 셋째인 프렌스턴과 로버트는 노르망디 상륙작전 때 각각 전사했다. 막내 프리츠는 당시 노르망디 카랑탕에서 전투 중이었는데 그의 연대 군종 신부가 당국에 이들 형제의 사연을 보고하면서 급히 귀국 조치가 이루어졌다. 첫째 에드워드는 종전 후 일본군 포로수용소에 있다가 간신히 살아 돌아왔다. 프릿츠는 나중에 치과의사가 되었다.

영감을 받아 각본을 쓰기 시작했다. 이후 완성된 시나리오는 배우 톰 행크스를 거쳐 스필버그 손에까지 건네졌고 마침내 그에 의해 이 명작이 탄생했다.

전쟁 영화는 〈라이언 일병 구하기〉이전과 이후로 나뉜다고 할 정도로 이 작품은 영화사에 강렬한 충격을 주었다. 이 영화는 당시 할리우드에서 월남전을 다룬 영화에 밀려있던 2차 대전 영화가 부활하는 계기가 되기도 했다. 〈라이언 일병 구하기〉는 이전의 스필버그의 표현법과는 뭔가 확연히 달랐다. 이전의 그가 그린 폭력 장면은 대체로 만화 같았다.

라이언 일병(맷 데이먼 분)

하지만 이 영화 초반의 약 30분가량의 오마하 해변 전투 신은 영화사상 가장 끔찍한 전투 장면으로 손꼽힌다. 이후에 등장한 수많은 영화들이 전범으로 삼았을 정도로 기념비적 장면으로 기억된다.

상륙정의 문이 열리자마자 날아드는 기관총탄에 부서져 버리는 병사들의 얼굴, 흘러나오는 내장, 떨어져 나간 자기 팔을 잡고 어쩔 줄 몰라 하는 병사, 산산조각으로 찢겨나가는 부상병, 쉿 소리와 함께 날아온 총알은 철모를 뚫고, 날아드는 포탄에 병사들의 온몸은 갈기갈기 찢겨나가며 바다는 핏빛으로 물들어간다. 이전까지 전쟁 영화의 낭만적이고 허구적인 묘사를 완전히 뒤엎은 것이다.

이와 같은 리얼한 전투 장면은 촬영감독 야누시 카민스키의 뛰어난 촬영 기술에 힘입었다. 그는 카메라를 어깨에 메고 뛰어다니면서 찍었다. 카민스키는 나중에 전설적인 종군 사진작가 로버트 카파*의 사진들을 염두에 두며 촬영했다고도 한다. 카민스키는 이후에도 여러 영화에서 스필버그와 함께 일했다.

촬영은 대부분은 영국에서 이루어졌지만, 영화 초반 오마하 해변 상륙작전 장면은 아일랜드에서 촬영했다. 아일랜드 군 당국은 수백 명의 병사를 촬영을 위해 흔쾌히 빌려주었다. 이 병사들 대부분은 1995년도의 멜 깁슨의 〈브레이브 하트〉에도 이미 출연한 이력이 있었다. 촬영 직전에 톰 행크스를 비롯한 출연자들은 실제로 해병대 신병 훈련소에서 혹독한 훈련을 받았다.

이 영화는 제작비 7천만 달러를 들여 모두 4억 8천만 달러가 넘는 제작비 대비 7배 가까운 수익을 올리면서 흥행에서도 크게 성공했다. 2017년 영화 〈덩케르크〉가 개봉되기 전까지 전 세계에서 가장 흥행에 성공한 2차 세계대전 영화로 기록되었다. 1999년 제71회 아카데미에서 5개 부문(감독상·촬영상·편집상·음향편집상·음향효과상)에서 수상했다.

---

* 헝가리 태생의 로버트 카파는 1936년 스페인 내전을 시작으로 중일전쟁·2차 세계대전·아랍-이스라엘 전쟁·인도차이나 전쟁 등 다섯 전쟁에 종군사진기자로 참전하여 전쟁 보도 사진가로서 세계적인 명성을 떨쳤다. 오마하 해변 상륙 당시 100여 장의 사진을 찍었지만 현상실 작업자의 실수로 11장의 사진만 겨우 건질 수 있었다. 이 사진들은 전설이 되었다. 1954년 2월 베트남에서 프랑스군을 취재하다 지뢰폭발 사고로 사망했다.

스필버그는 이 영화를 찍고 난 후 2차 대전에 참전했던 모든 병사에게 이 영화를 바친다고 소감을 피력했다. 스필버그가 〈라이언 일병 구하기〉를 통해 바라보는 2차 세계대전에 대한 시각은 바로 즉 '휴머니즘 구하기'라고 할 수 있다. 2차 세계대전은 결국 나치 독일의 광기와 학살로부터 인간과 세상을 구하기 위한 전쟁이었다. 그에게 있어 이는 곧 라이언 일병을 구해 어머니의 품에 되돌려 보내는 것과 같은 의미이다.

II. 믿고 보는 명배우 맷 데이먼

영화 〈라이언 일병 구하기〉에서 라이언 일병으로 나오는 맷 데이먼은 하버드대학교 영문학과를 중퇴했다. 재학 중에 배우라는 직업에 깊이 매료되면서 자퇴했다고 한다. 그는 자신의 학창 시절이 "수업 시간표를 짜는 것보다 오디션 시간표를 짜기에 바빴던 시기"라고 할 정도였다. 데이먼은 학교를 알린 유명인으로 2013년에 하버드 예술훈장을

맷 데이먼

받기도 했다. 배우 토미 리 존스와는 같은 대학의 같은 학과 후배이기도 하다.

어린 시절부터 데이먼은 글쓰기에 재능을 보였고, 중학교 때부터 이미 시나리오와 단편소설을 쓰기 시작했으며 연극 연출도 했다고 한

다. 미국에서도 엄친아 이미지가 강하다. 그의 어머니는 유아교육학 교수라서 칼럼 등에서 데이먼을 키운 경험을 바탕으로 자녀 양육과 교육관을 피력한 적도 있다. 데뷔 때부터 쭉 흔들림 없는 연기력을 보이고 있어 영화팬들이 일단 믿고 보는 배우로 정평이 나 있다.

절친한 친구로는 배우 벤 애플렉이 있다. 둘은 보스톤에서 10살 때부터 알고 지낸 불알친구였다. 때문에 데이먼의 인터뷰에서는 항상 벤에 관한 질문이 나오며, 애플렉

〈굿 윌 헌팅〉에서 로빈 윌리엄스와 데이먼

의 인터뷰에도 맷의 질문이 안 나오면 이상할 정도이다. 맷이 영화계에 알려지게 된 계기는 1997년 거스 밴 샌트 감독이 연출한 영화 〈굿 윌 헌팅〉에서 윌 헌팅 역을 맡고서부터였다. 무명이었던 맷과 벤 애플렉이 공동으로 각본을 쓴 이 영화는 그 해 두 사람에게 아카데미 각본상이 수여되면서 화제가 되기도 했다. 이 각본은 맷이 실제로 하버드 대학 재학시절 제출했던 과제를 기초로 해서 씌어졌다. 내용은 보스턴의 빈민가에 사는 수학 천재 윌 헌팅이 유년 시절의 상처로 인해 방황하는 이야기를 다루고 있다.

아카데미 상복은 없는 편이나 다른 영화제에서 수상한 경력은 많은 편이다. 애플렉 외에 〈모뉴먼츠 맨〉에서 공연한 조지 클루니, 〈디파티드〉에서 함께 공연했던 레오나르도 디카프리오와도 절친 사이다. 각본을 고르는 시각이 까다로운 편이며 흥행보다는 살짝 예술성이 담

긴 영화를 선호하는 편이다. 이밖에 데이먼은 감독이 영화의 중심이라는 생각을 갖고 배역에 상관없이 감독을 누가 맡느냐에 따라 영화를 선택한다고 한다. 명문대학에 재학한 이력 때문에 지적인 느낌이 앞서는 배우이기도 하다.

데이먼이 지성적인 배우라는 기존 이미지를 깨고 반전의 매력을 선사한 계기가 바로 〈본 시리즈〉의 제이슨 본 역이었다. 직접 몸으로 부딪치고 깨지면서 가공할 액션을 선보였던 것이다. 데이먼 스스로 "내 인생에 영향을 미친 캐릭터"라고까지 언급했다. 액션 무비에 한 획을 그은 명작 시리즈로 평가받는 시리즈이다. 볼펜·잡지·수건 등을 이용해 상대방을 제압하는 모습은

〈본 시리즈〉에서 데이먼

가히 압권이었다. 데이먼은 편마다 수준 높은 액션과 인접한 거리에서 피 터지는 격투신 대부분을 직접 소화했다.

대표작으로는 〈굿 윌 헌팅〉 〈라이언 일병 구하기〉 〈리플리〉 〈오션스 시리즈〉 〈본 시리즈〉 〈더 브레이브〉 〈마션〉 〈스틸워터〉 〈포드 V 페라리〉 〈라스트 듀얼: 최후의 결투〉 〈에어〉 〈오펜하이머〉 등을 들 수 있다.

데이먼은 바텐더 출신의 루치아나 바로소와 만나 2005년 결혼했다. 이들에겐 바로소가 데리고 들어온 전남편과의 사이에서 낳은 딸

과 재혼 후 낳은 세 딸을 포함해서 네 딸이 있다. 영화 촬영으로 바쁜 와중에도 가족과 많은 시간을 함께 보내려 애쓰는 것으로 알려졌고, 종종 딸들과 외출이나 쇼핑을 하는 모습이 카메라에 포착되면서 딸바보라는 애교 섞인 얘기도 종종 듣고 있다.

그는 'water.org'라는 재단을 설립해서 후진국에 깨끗한 식수를 공급하는 캠페인을 펼쳐온 환경운동가이기도 하다. 자신의 집 변기의 물을 떠서 목욕을 하는 영상은 많은 이들에게 깊은 인상을 심어주기도 했다. 또한 미국의 패권주의를 노골적으로 비판하기도 하는 진보적인 성향을 갖고 있는데 이는 고등학교 시절 이웃의 하워드 진* 교수에게 영향을 많이 받았기 때문일 것이다.

III. 노르망디 상륙작전

상륙작전 - Overload(대군주)

인류 역사를 돌아보아도 그 유례가 없는 어마어마한 규모의 노르망디 상륙작전 계획인 오버로드는 1943년 4월로 런던 세인트 제임스 광장에 위치한 육군성의 작은 부속건물 노포크 하우스에서 탄생했다. 2

---

* 하워드 진은 미국의 역사학자·정치학자·사회비평가·사회운동가·희곡작가이다. 세계적 베스트셀러인 『미국 민중사』의 저자이면서 20여 권의 책을 썼다. 그는 흑인 민권 운동, 베트남 전쟁 반대 등을 통하여 평등과 평화 운동에 적극적으로 참여했던 진보적인 지식인이었다. 보스턴대학교의 명예교수를 지냈으며 2010년 1월 27일 87세로 눈을 감았다.

차 세계대전이 발발하면서 일명 전격전이라고 부르는 독일의 전광석화 같은 공격이 서부전선을 유린하던 1940년 5월, 영국군과 연합군은 독일군들에게 풍비박산되면서 지리멸렬 쫓기고 있었다. 간신히 덩케르크로부터 철수한 연합군은 그 날부터 "우리는 반드시 유럽 대륙

대서양 방벽을 시찰 중인 롬멜 원수

으로 돌아간다"라는 각오를 한시도 잊은 적이 없었다. 이후 프레데릭 모건 중장을 우두머리로 하는 영미 합동참모본부인 '코삭(COSSAC)'이 설치되면서 유럽 침공 계획은 구체화되기 시작했다.

시칠리아 상륙작전도 입안한 경험이 있는 모건은 유럽 대륙 상륙계획이야말로 결코 만만치 않다는 사실을 단숨에 알아차렸다. 이것은 수백만 명의 병사들과 어마어마한 양의 물자를 적의 필사적인 저항을 뚫고 바다 건너로 수송해야 하는 지극히 어렵고도 험난한 작전이었다. 인류사에 전무후무한 그야말로 사상 최대의 작전을 준비해야 했다. 모건과 그의 참모들은 1943년 한 해 동안 꼬박 이 작전 수립업무에 매달렸다. 무엇보다도 가장 중요한 것은 상륙 지점과 상륙 날짜를 결정하는 일이었다.

작전의 성공을 위하여는 최우선적으로 항공기의 지원이 필수적이고 또한 아군기가 작전 지역에서 활동할 수 있는 시간을 최대한 확보하려면 영국에서 가급적 가까워야 한다. 그리고 무려 300만 명의 대

병력을 유럽 대륙에 쏟아 넣고 나서부터 그 이후가 진짜 문제였다. 지속적으로 물량을 하역할 만한 적당한 항구를 찾아내야 하는 데 이 또한 여간 어렵지가 않았다.

또한 상륙지점 후방에 위치한 내륙의 제반 여건도 고려해야 한다. 일단 최초 부대가 상륙했더라도 신속하게 내륙으로 진출, 해안을 비워서 후속부대가 계속 상륙할 수 있도록 해야 하기 때문이다. 그러자면 산지가 아닌 넓은 평원과 사통팔달의 도로망이 구비되어 있어야 하는 것이다. 이와 같은 여러 난제를 끌어안고 고심에 고심을 거듭한 끝에 드디어 문제 해결의 실마리가 어렴풋이 보이기 시작했다.

프랑스의 칼레 해안과 노르망디 해안, 두 군데가 최적의 후보로 떠오른 것이다. 둘 중에서 칼레는 근접성 등 여러 가지 면에서 노르망디보다는 훨씬 안성맞춤의 상륙지였다. 그러나 이렇게 생각하고 있는 것은 독일군도 마찬가지였다. 그래서 그런지 이미 칼레 지역은 독일군이 건설한 대서양 방벽의 모든 구간 중에서도 가장 철통같이 방어벽이 구축되어 있었다. 난공불락이자 철옹성이 따로 없었다.

요리조리 고심한 끝에 결국 최종 상륙 지점이 결정되었다. 9세기와 10세기부터 멀리 북쪽 스칸디나비아반도에서 내려온 바이킹의 후손들이 살고 있는 땅, 노르망디가 바로 그곳이었다. 상륙지점이 결정되자 작전개시일(D-데이)도 결정되어야 했다. 먼저 계절에 따라 수시로 바뀌는 종잡을 수 없는 바람과 해류의 흐름을 고려해야 했다. 또한 거칠기 짝이 없는 영불 해협의 파도가 평온해야 하고 항공기들이 마음껏 활동할 수 있는 맑고 화창한 날이어야 했다. 지난 10년간의 통계로 볼 때 1년 중 그런 날들은 6월의 첫째 주이고 그중에서도 6월 5일이 가장 최적의 날짜라는 정답이 도출되었다.

기만작전 – Fortitude(불굴의 용기)

노르망디 상륙작전을 성공시킨 요인 중 독일군들을 끝까지 기만한 포티튜드 작전을 빼놓을 수가 없다. 상륙 지점과 날짜를 결정한 모건과 참모들에게 이제 곧 연합군이 유럽 대륙에 침공할 것이라는 사실을 누구보다도 잘 알고 있을 독일군을 귀신같이 속여야 한다는 문제에 부딪쳤다. 문제의 해결은 한 가지 방법밖에 없었다. 즉, 상륙작전이 다른 곳에서 진행될 것처럼 독일군을 감쪽같이 속이는 방법을 찾아내는 것이었다. 바로 이런 배경에서 오버로드 작전이 무색할 만큼 방대한 규모의 포티튜드 작전이 입안되고 개시된다.

포티튜드 작전이 개시되자 독일군의 첩보망은 정신을 못 차릴 정도로 갑자기 정보량이 폭발적으로 늘어나기 시작했다. 여기저기에서 지금까지 한 번도 듣도 보도 못한 새로운 부대가 나타났다 싶으면 곧 사라지기도 하는 일이 반복되었다. 그런데 이중에서 어느 한 부대의 움직임을 죽어라고 추적해보니 영국의 동남부 해안에 떡하니 집결 중이었다. 잉글랜드 동남부 해안이라면 바로 칼레 해안의 건너편이었다.

독일군 참모들은 무릎을 치면서 "역시 추측대로 놈들은 칼레를 노리고 있다"라고 확신했다. 얼마나 감쪽같았는지 실제로 연합군이 노르망디 해안에 상륙한 후에도 한참 동안 연합군의 주력은 칼레로 본격적으로 상륙할 것으로 철석같이 믿고 있었다. 기만작전을 담당하고 있는 연합군 담당 부서에서는 가짜 무선전화와 거짓 작전계획서의 유출을 병행하면서 유언비어를 여기저기 퍼뜨리고 독일군의 이중첩자를 이용하는 등 별별 수단을 총동원하여 진실과 허위가 마구 뒤섞인 가짜 정보를 무수히 쏟아냈다.

특히 맹랑한 것은 시칠리아 전투 당시 병사의 뺨을 때렸다는 이유로 지휘권을 빼앗긴 패튼 장군을 가짜부대인 제3군의 사령관으로 임명한 것이다. 이어서 그로 하여금 영국 여기저기를 오고 가게 하면서 유럽 대륙 침공군을 이끄는 최고 사령관으로 계속 연막작전을 폈다. 연합군 장성 중 패튼을 최고의 전사로 알고 있는 독일군은 당연히 이를 곧이곧대로 믿었다. 애초부터 3성 장군이 졸병의 따귀를 때렸다고 직위 해제시켰다는 것은 독일군의 정서로는 도저히 이해가 되지 않는 일이기도 했다. 독일군은 노르망디 상륙작전이 완료된 뒤에도 패튼이 이끄는 제3군이 칼레로 상륙하는 것으로 굳게 확신하고 있었다. 실제로 제3군은 패튼의 지휘하에 상륙작전 한 달이 경과한 후에 칼레가 아닌 노르망디반도 아래쪽을 관통하여 질풍처럼 독일 진영을 유린하기 시작한다.

연합군은 이런 기만작전을 그럴듯하게 보이기 위해 실제로 상당한 인원과 물자를 동원하기도 했다. 영국 동남부 지역에는 각종 물자가 산처럼 쌓이기 시작했고 해안에는 각종 선박들이 가득히 메워지고 있었다. 그러나 이 모두는 빈 짐짝들이었고 항구를 가득 채운 배들도 노후하기 짝이 없는 어선들이었다. 독일군 스파이들은 끝내 이를 눈치채지 못했다. 1944년 5월의 마지막 주, 독일군 참모부의 정세 분석 보고서는 이렇게 판단을 내리고 있었다. "한 주일 동안 이상한 징후가 보이지 않음. 연합군의 포티튜드 작전은 7월 중에 칼레를 목표로 반드시 실시될 것으로 판단됨." 독일군은 연합군에 기만작전에 완전히 놀아나고 있었다.

작전 개시

5월 13일까지 18만 5천 명의 대병력이 승선을 완료했다. 이제 상륙 날짜만 기다리면 되었다. 그런데 연합군 지휘부는 아주 난감한 상태에 놓이게 되었다. 기상관측에 의하면 영불해협은 6월 17일까지 비바람을 동반한 강풍이 불고 하늘은 짙은 구름에 휩싸일 것으로 예보했다. 구름도 해상 150m 정도로 낮게 깔릴 예정이어서 이런 악천후에는 정찰 비행은 물론 공수 낙하의 엄두도 낼 수 없었다. 상륙작전에 필수적인 함포사격과 공중폭격도 불가능할 것이 뻔했다.

그리고 상륙작전 날짜를 며칠 연기한다면 이 작전의 성공은 기약을 할 수가 없는 위태로운 지경에 놓이게 된다. 먼저 기밀의 누설을 보장할 수가 없게 된다. 또한 간조 시의 수위·달빛·구름·바람 등 제반 날씨 여건도 장담할 수 없게 된다. 더구나 이미 승선한 장병들이 몰아치는 파도와 뱃멀미에 시달리고 있지만 당장 하선시킬 수도 없다. 그들이 떠나고 난 빈 막사에는 이미 제2진으로 출발할 병사들이 꽉 차 들어차 있었다. 또한 이미 배에 실은 막대한 양의 장비와 물자를 모두 제

자리에 되돌려 놓는다는 것은 생각하기도 끔찍한 일이었다.

연합군 총사령관 아이젠하워의 입술이 바짝바짝 타기 시작했다. 6월 4일 밤 9시, 기상관 측의 총책임자인 스태그 대령이 연합군 수뇌들이 앉아있는 회의실로 들어왔다. 그리고 희망적인 한마디를 던졌다. 6월 5일부터 6월 6일까지

병사들을 시찰 중인 아이젠하워 사령관

의 악천후 가운데 잠깐 동안 괜찮은 날씨가 반짝 선보일 것이라는 것이었다. 회의실은 한동안 침묵에 빠졌다. 설사 잠시의 순간을 이용해서 병력 1진을 노르망디 해안에 상륙시킨다 하더라도 악천후가 다시 지속된다면 후속부대를 계속 투입할 수 없을 것이 확실한 것이다. 그러면 최초의 상륙부대는 해안에서 통째로 독일군의 밥이 되어버릴 것이라는 생각에 모두들 오싹했기 때문이었다.

그러나 이 상태에서 또 미루면 7월까지는 공격이 어려울 것이고, 그때가 되면 독일군의 방어 태세는 더욱 강고해질 것은 불 보듯 뻔한 일이었다. 하지만 무리한 상륙은 18만 명의 병력을 개죽음시킬 수도 있는 엄청난 중요한 사안이었다. 일단 회의를 연기한 뒤 6월 5일 새벽 4시 15분 다시 회의가 개최되었다. 모두들 스태그 대령의 입술을 뚫어지게 쳐다보았다.

"지난밤에는 큰 변화는 없었습니다. 단지 영국과 해협 전역을 덮고

있던 폭풍우가 멈출 것이 거의 확실해졌습니다."

모두의 얼굴에 안도의 미소가 번져 나갔다. 잠시 있다가 아이젠하워 총사령관이 단호한 목소리로 외쳤다.

"오케이! 작전 개시, 렛츠 고우!!"

1944년 6월 초, 롬멜 원수가 이끄는 서부 전선의 독일군은 대서양 방벽 건설 공사에 전력을 기울이고 있었다. 제공권과 제해권을 완전히 장악하고 있는 연합군이 곧 전면적인 상륙에 임할 것은 삼척동자라도 알 만한 사실이었다. 롬멜은 견고한 해안 방어 체계를 완성하여 연합군의 상륙을 첫 24시간 내에 내륙이 아닌 해안에서 반드시 막아야만 한다고 판단하고 있었다.

연합군의 상륙이 곧 시작될 것이라는 증거는 도처에서 나타났다. 독일군 정보부는 연합군이 프랑스 내의 레지스탕스들에게 전하는 암호문을 탐지, 24시간 내에 연합군의 상륙이 있을 것이라고 상부에 보고했다. 하지만 오래전부터 유사한 내용의 암호가 거듭 입수되는 데다가 시속 50km의 강풍을 동반한 악천후 때문에 독일군 지휘부는 그 정보를 깔아뭉개버렸다. 대서양 방벽 건설 공사를 독려하던 롬멜 원수조차도 아내의 생일을 축하한다고 선물을 사 들고 6월 5일 독일 본토로 휴가를 떠나버릴 정도였다.

하지만 연합군 사령관인 아이젠하워 장군은 6월 6일 아침에 잠시

고전 중인 오마하 해변

기상이 쾌청해질 거라는 기상 관측대의 보고에 따라 역사적인 상륙 명령을 내렸다. 주력 부대의 상륙에 앞서 적 후방을 교란하기 위해 미군 제82공수사단과 제101공수사단, 영국군 제6공수사단이 한발 앞서 프랑스로 출격하고 아울러 독일군을 혼란에 빠뜨리기 위해 자동으로 총을 쏘아대는 가짜 공수부대 인형 '루퍼트'까지 강하시킬 예정이었다.

이윽고 6일 0시 11분 영국군 공수부대는 독일군과의 격전 끝에 캉 다리를 점령하고 생 메르 에글리스에도 미군 공수부대가 강하하고, 잇달아 1시 7분에는 캉에도 가짜 공수부대가 투입되었다. 한편 노르망디 인근지역에서 암약하던 레지스탕스들도 전화선과 철도를 폭파하는 등 일제히 활동을 개시했다. 상황이 이렇게 긴급히 돌아가고 있었지만 독일군은 연합군의 정확한 상륙 지점이 정확히 어디인지 알지 못한 채 우왕좌왕하고 있었다. 그들은 칼레에 연합군이 침공할 거라고 굳게 믿고 있었고 노르망디에 상륙하리라고는 아무도 예상치 못하고 있었다.

이때 독일군 최고 군통수권자인 히틀러 총통은 깊은 잠 속에 빠져 있었다. 상황이 급박하게 돌아가고 있어도 천하의 독재자인 그의 잠을 깨울 강심장의 인물은 아무도 없었다. 아무튼 히틀러의 명령이 있어야만 출격할 수 있는 후방에 대기하고 있던 독일군 전차들은 모조리 발이 꽁꽁 묶여있었다.

 마침내 6일 새벽 6시 32분, 드디어 오마하 해안에 미군이 상륙하는 것을 시작으로 유타·골드·주노·스워드 다섯 개 해안에 연합군의 상륙이 시작되었다. 예상대로 독일 지상군의 반격은 격렬했고, 특히 오마하 해안에 상륙한 미군 부대는 괴멸에 가까운 타격을 입었다. 낮게 깔린 구름 때문에 독일군 진지에 대한 항공기들의 폭격이 여의찮았고 함포 사격도 효율적이지 못했기 때문이었다. 그러나 다른 지역에서의 상륙은 순조롭게 진행되었고 시간이 지나면서 오마하에서도 돌파구가 마련되면서 상륙작전은 성공리에 진행되었다.

 연합군의 상륙을 저지할 독일 공군의 반격은 프릴러 소령과 그의 부하 조종사가 몰고 온 전투기 2대가 해안에서 찔끔 벌인 기총소사뿐이었다. 노르망디 상공은 온통 연합군의

상륙작전이 끝난 후

항공기들만이 설치고 날아다니고 있었다. 연합군의 맹폭격으로 후방에서 해안으로 이동하던 독일군의 증원부대는 지리멸렬한 상태에 빠졌다. 이 상륙작전으로 연합군은 다소 희생을 치렀지만 롬멜의 철통같은 대서양 방벽을 뚫고 유럽 대륙에 발을 내딛는 데 성공했다. 그러나 노르망디 상륙이 성공적으로 이루어진 이후 연합군은 독일군의 결사적인 저항으로 간신히 노르망디반도를 빠져나와 프랑스 내륙으로 진공을 시작한 것은 거의 두 달이 지나서 부터였다.

제26장

패튼 대전차 군단

거장 데이비드 린과 비견되는 프랭클린 J. 샤프너 감독
전쟁의 달인이자 트러블 메이커, 패튼

Ⅰ. 패튼 대전차 군단(1971년), Patton

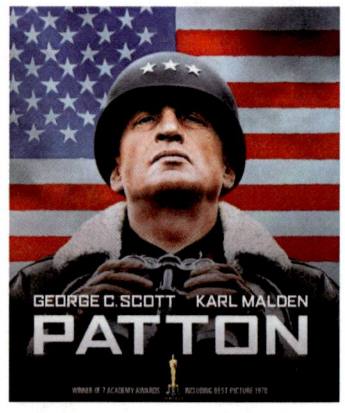

승부욕이 강하고 괴팍한 성격의 장군 조지 패튼, 그는 전투에 승리하기 위하여 상부의 명령을 거부하기도 하고 심지어 병사를 때리는 사건까지 저지르기도 했다. 그러나 투철한 군인정신과 강인한 무인 기질로 2차 세계대전을 승리로 이끄는 데 혁혁한 공헌을 세웠다는 점은 결코 무시할 수 없는 사실이다. 이런저런 호오가 극심하게 갈리는 그를 재평가하는 데 영화 〈패튼 대전차 군단〉이 크게 일조했다는 평이 따른다.

영화는 현대의 인물이었지만 머릿속은 온통 스스로가 로마 시대의 장군이나 중세 시대의 기사였다고 철두철미 믿는 어처구니없는 시대착오자, 한편으로는 탁월한 지휘관이기도 했던 패튼의 파란만장했던 후반기 삶을 그리고 있다. 전쟁이야말로 그에게 있어서 삶의 전부였다. 전쟁터에서 죽어가는 병사들의 죽음도 눈 하나 깜박하지 않고 보면서 차라리 짜릿함을 느끼는 전쟁광 패튼, 그는 2차 세계대전의 여러 번의 큰 전투를 승리로 이끌어 가며 찬사를 받았지만 거침없는 입담과 직선적인 성격으로 수차례 구설수에 오르기도 했던 인물이었다.

조지 패튼의 삶이 여러 번 영화화될 뻔했지만 이런 이유 때문인지 부인의 반대로 좌절되곤 했다. 병사 구타 사건 등의 불미스러운 사건이 조명될 수도 있고, 마치 그가 전쟁에 미친 사람으로 그려지지 않을까 하는 두려움 때문이었다고 한다. 결국 부인이 타계한 후 겨우 만들어진 영화 〈패튼 대전차 군단〉은 이런 우려를 극복하고 주연 배우 조지 스콧의 신들린 연기를 통하여 걸작으로 탄생했다. 영화는 잘 알려진 패튼의 에피소드들을 실감나게 그려내고 있으며 드넓은 대지와 눈밭에서 펼쳐지는 전차들의 장엄한 전투 장면을 삽입했다. 가까이서 봤을 땐 참혹하지만 멀리서 봤을 땐 비장미가 흐르는 전투를 군더더기 없이 깔끔하게 묘사했다.

또한 독일의 롬멜, 영국의 몽고메리를 비롯한 2차 세계대전 영웅들의 등장으로 다큐멘터리적인 리얼함을 살리는 데도 성공했다. 이는 라디슬라스 파라고의 패튼 전기와 오마 브래들리의 회고록을 기초로 한 〈대부〉 시리즈를 감독한 프란시스 코폴라와 에드먼드 H. 노스 탁월한 각본이 뒷받침되었기에 가능한 일이었다. 영화는 주로 스페인에서 현지군의 지원을 받으면서 촬영되었다. 고대 카르타고의 도시로 등장하는 장면은 모

로마 유적지에서 패튼

로코의 고대 로마 도시인 볼루빌리스가 촬영지였으며, 모로코의 군대와 국왕의 환영 장면은 라바트의 왕궁에서 촬영되었다.

아카데미 시상식에서 작품상 등 10개 부문에 노미네이트되었고 남우주연상·감독상·작품상·각본상·편집상·음향상·미술상 등 7개 부문에 걸쳐 수상하였다. 그러나 남우주연상을 수상한 스콧은 "할리우드 영화계의 상층부와 트로피를 가슴에 끌어안고 질질 짜는 배우들이 꼴보기 싫다"라며 수상을 거부했다. 참고로 이 상은 현재 패튼 장군 기념관에 보존되어 있다. 그는 이전에 〈허슬러〉로 후보 지명이 되었을 때도 이를 거부한 이력이 있다.

스콧은 아카데미상 수상을 거부한 최초의 배우였으며, 나중에 말론 브랜도가 그의 뒤를 이어 〈대부〉로 남우주연상의 수상을 거부한 적이 있다. 이 영화의 메가폰을 잡은 샤프너 감독은 유명한 TV 연출가 출신으로서 이 영화로 감독상을 수상했다. 그는 명작인 〈혹성 탈출〉과 〈빠삐용〉을 만들기도 했다. 패튼의 유족들은 이 영화에 대해 특별한 언급을 하지 않았으나, 패튼의 손자는 "이 영화를 통해서 할아버지를 알게 되었다"라고 했으며, 외손자는 "내가 어릴 적 뵈었던 외조부의

모습과 똑같다"라고 말했다.

II. 거장 데이비드 린과 비견되곤 하는 프랭클린 J. 샤프너 감독

영화 〈혹성탈출〉〈패튼 대전차 군단〉〈빠삐용〉으로 너무나 유명한 명감독 프랭클린 J. 샤프너. 그는 1920년 5월 30일에 일본 도쿄에서 선교사의 아들로 태어나 컬럼비아 대학에서 법학을 전공했다. 2차 세계대전이 발발하자 입대해서 유럽과 극동 아시아에서 해군과 전략사무국에서 복무했다. 제대 후 브로드웨이 극단에서 활

프랭클린 J. 샤프너

동하다가 CBS에서 TV 연출로 경력을 쌓아 나갔다. 이때 〈12명의 성난 사람들〉과 〈케인호의 반란〉으로 에미상을 수상했다. 이 두 드라마는 나중에 영화로 만들어져 명작으로 칭송을 받았다. 1961년에 영화 감독생활을 시작했다. 첫 번째 영화 〈여름 세상〉은 완성하지 못하고, 1963년 프로듀서가 죽는 바람에 우여곡절 끝에 맡게 된 영화 〈스트리퍼〉로 감독 데뷔했다. 이후 1964년에는 고리 비달의 원작을 토대로 하여 LA 정치 집회에서 대통령 후보로 나온 두 남자의 이야기를 다룬 〈베스트 맨〉으로 그의 이름이 알려지기 시작했다.

1965년에는 광대한 서사극 〈대장군〉에서 대배우 찰턴 헤스턴과 인연을 맺은 샤프너 감독은 1968년에 그를 다시 주연으로 기용하여 만

든 〈혹성 탈출〉의 엄청
난 흥행으로 일약 세계
적인 스타 감독으로 떠
오르게 된다. 당시 이 영
화는 원숭이가 인간을
지배한다는 흥미로운 소

〈혹성 탈출〉에서의 마지막 반전 장면

재와 너무나 사실적인 원숭이 분장, 그리고 특수효과로 개봉하자마자
전 세계 영화팬들을 충격에 빠뜨렸다. 엔딩 장면에서 보여주는 놀라
운 반전이야말로 이 영화 최고의 백미라고 할 만했다. 영화사상 최고
의 반전 엔딩 영화 중 하나로 손꼽히고 있다.

베테랑 분장사 존 체임버스의 독창적인 원숭이 메이크업이 단연 화
제였다. 단순히 마스크를 만들어 씌우는 형태가 아니라 분장을 통해
창조해낸 원숭이들의 표정 연기를 리얼하게 살려내면서 작품의 완성
도에 절대적인 기여를 했다는 평이 따랐다. 그때까지 B급으로 간주하
던 SF 영화를 대번에 A급으로 올려놓는 계기가 되었다. 이는 뒤이어
나오는 〈2001: 스페이스 오딧세이〉나 〈스타워즈〉의 대성공으로 이어
지는 발판이 되기도 했다. 〈혹성탈출〉 시리즈는 이후 5편까지 이루어
졌다.

이어 1970년에 연출한 〈패튼 대전차군단〉은 무려 아카데미 7개 부
문을 석권하면서 자신도 감독상을 수상하는 기염을 토했다. 다시 2년
후인 1973년에 명 촬영감독인 프레드 쾨네와 함께 찍은 〈빠삐용〉은
인간 고립에 대한 날카로운 통찰을 보여주었다는 호평을 받았다. 또

한 이 영화는 자유를 향한 한 인간의 끊임없는 도전정신을 보여줌으로써 삶의 목적이 무엇이냐에 대하여 성찰하게 하면서 전 세계 관객들의 뜨거운 갈채를 받았다. 1977년에는 다시 한번 프레드와 함께 바하섬을 무대로 가족 간의 화해와 유대인 탈주를 그린 〈바하마의 별〉을 찍었다.

이듬해 나치 잔당의 음모를 그린 대중소설의 거장 아이라 레빈의 소설인 〈브라질에서 온 소년들〉을 영화화했다. 이 영화는 나치 전범 멩겔레*가 아돌프 히틀러의 복제인간을 만들려는 음모를 꾸민다는 섬뜩한 이야기를 담은 스릴러물이었다. 그레고리 펙과 로렌스 올리비에 등이 출연했는데 항상 선한 역을 맡아오던 그레고리 펙이 악역인 나치 의사 멩겔레 역을 맡아 놀라움을 불러일으켰다. 언제나 정의의 편에서 연기를 해오던 헨리 폰다가 〈옛날 옛적 서부에서〉 악당 역을 맡아 미국인들이 경악을 금치 못했던 일이 떠오르는 대목이다.

〈브라질에서 온 소년들〉에서 그레고리 펙

---

* 멩겔레는 나치 친위대 장교이자 아우슈비츠 강제 수용소의 내과 의사였다. 그는 수용소로 실려온 수감자 중 누구를 죽이고 누구를 강제 노역에 동원할지를 결정하였으며 수감자들을 대상으로 생체 실험을 했던 악질이었다. 그는 죽음의 천사라는 별명을 갖고 있었다. 2차 대전 후 남미로 도망했고 1979년 브라질에서 사망했다. 이스라엘의 모사드에 의해 거의 잡힐 뻔한 순간이었다.

그는 〈패튼 대전차 군단〉〈빠삐용〉〈혹성 탈출〉과 같은 몇몇 대작들을 제작하면서 웅대하고 스펙타클한 장면을 연출하는 데 뛰어난 솜씨를 보여주었다. 이와 같이 스케일 큰 서사적인 작품으로 대성공을 거두면서도 다작을 하지 않았다는 점에서 〈콰이강의 다리〉〈아라비아의 로렌스〉〈닥터 지바고〉 등을 만든 데이비드 린 감독과 흔히 비견되어왔다. 그는 〈혹성 탈출〉의 찰턴 헤스턴, 〈패튼 대전차 군단〉의 죠지 C. 스콧, 〈빠삐용〉의 스티브 맥퀸 등으로부터 최고의 연기를 이끌어 내는 역량을 보여주었다는 평가를 받았다. TV와 영화 등 30년간의 연출활동을 해오던 그는 주인공인 베트남전의 한 귀향군인의 방황을 그린 〈웰컴 홈〉을 마지막으로 1989년 6월 2일 69세로 캘리포니아 산타모니카에서 눈을 감았다.

III. 전쟁의 달인이자 트러블 메이커, 패튼

조지 패튼은 1885년 미국 캘리포니아주 레이크 비니어드에서 태어났다. 스코틀랜드에서 이주해 온 그의 가문은 대대로 무인 집안이었고 그의 탄생을 누구보다도 기뻐했던 할아버지 스미스 패튼은 남북 전쟁 당시 남군 기병대의 대령으로 활약한 인물이었다. 따라서 그는 태어나는 순간부터 할아버지의 옛 부하인 퇴역 기병장교들 사이에서 성장했고, 또한 남부

조지 패튼

의 전설적인 장군이었던 로버트 리나 스톤월 잭슨의 무용담을 들으며 자랐다. 그래서 남들이 사관학교에 들어가서야 배우게 되는 동서양의 전쟁사를 들으면서 일찌감치 무인의 길로 나갈 수 있는 토대를 마련했다. 아울러 어린 시절, 가족 소유의 방대한 목장에서 자라면서 노처녀 고모가 읽어주는 『아이반호』 『모히칸족의 최후』 『로빈슨 크루소』 『삼총사』 등의 모험소설을 들으면서 호연지기를 키웠다. 그는 군 복무 중 쌍욕의 대가로 소문났었는데 이 쌍욕들은 당시 목장의 카우보이들한테 주워들은 것들이었다.

잘 나가던 사업가였던 그의 아버지는 패튼을 틀에 박힌 학교 교육이 아닌 상류사회의 우아한 교양과 품위를 먼저 체득하게 했다. 비록 욕을 입에 달고 살았지만 어린 시절 교육을 통하여 체득한 교양과 지성은 훗날 연합군 수뇌들이 그가 유럽의 진짜 귀족보다 더 귀족적인 인물이라고 수군거리기도 했다. 유복한 집안에서 평생 군인을 꿈꾸며 자란 그는 그렇게 바라던 육사에 입학했다. 1학년 시절 수학에서 낙제를 하는 바람에 1년 유급을 하는 등의 시련도 있었다. 그러나 만능 스포츠맨인 그는 여러 분야에서 두각을 나타내면서 난관을 이기고 졸업하는 해에는 생도대장을 맡기도 했다.

소위 임관 직후 터진 미-멕시코 전쟁에서 토벌군 사령관 조지프 퍼싱의 부관으로 참전했다. 반란군 지휘소를 급습하여 두목 중 하나를 권총으로 사살한 뒤 자동차 본네트 위에 떡 얹어서 복귀하는 기행을 벌여 일약 유명해졌다. 1차 세계대전에 참전한 그는 전쟁 막판에 큰 부상을 입었으나 다행히 회복한다. 그는 이 전쟁에서 미래에는 말馬

대신 전차가 기동전의 주력이 될 것이라는 중요한 교훈을 얻었다. 1차 세계대전이 끝난 후 그를 총애하던 퍼싱 장군(홀애비 퍼싱은 누이동생 니타와 몹시 결혼하고 싶어 했으나 실패했다)이 퇴역한 뒤 2차 세계대전이 일어나기 전까지 패튼은 군대 내에서는 버린 자식 취급을 받았다. 불같은 성격에 안하무인격인 태도는 주변 사람들과의 마찰을 빚곤 했

생도 시절의 패튼

다. 거기에 여러 차례 음주 사고에다가 불륜 소동을 일으키는 등 군부 수뇌부들의 골치깨나 썩였다. 사생활에 있어서도 승마나 요트를 즐길 정도로 귀족 취향이었는데, 모두들 생활이 어렵던 대공황 시기에도 여전히 이런 고급 취미생활을 지속했다. 그쯤 되자 상관이든 동료든 부하든 누구나 그에 대한 시선이 고울 리가 없었다. 전투복 하의 대신에 쭉 빠진 승마복 바지를 입고, 손에는 승마용 채찍을 들고 꺼떡거리고 다녔으니 구설수에 오를 만도 했다.

이런 패튼이 진면모를 보이기 시작한 것은 2차 세계대전이 발발한 이후 제2군단장으로서 북아프리카 전선에 모습을 나타내면서부터였다. 그 이후 시칠리아 전투와 제3군사령관으로서 유럽 본토 전선에서의 활약은 그를 단숨에 미국의 영웅으로 부상시키기에 이르렀다. 그는 미국이 참전하게 되자 2기갑사단장으로 북아프리카 전선으로

시칠리아 전장에서 패튼

향한다. 카세린 협로 전투에서 미군이 독일군에게 굴욕적인 대패를 당하자 미군 지휘부는 싸움꾼인 그를 중장으로 진급시켜 2군단의 지휘를 맡겼다. 지휘관으로 부임한 패튼은 "이제부터 누구든 각반·철모·타이가 없거나, 군화가 광나지 않고 복장을 단속하지 않는 놈이 보이면, 가죽을 벗겨버리겠다"라고 엄포를 놓으면서 이 오합지졸들을 닦달하며 군기를 바짝 세우고 카세린의 치욕에서 벗어나게 했다. 이후 그는 부하들을 그야말로 머리끝부터 발끝까지 완전히 탈바꿈시키면서 독일의 아프리카 군단에 대한 반격에서 주목할 만한 성과들을 거두었다. 그러나 그는 그토록 몽매에도 원하던 전차를 탄 채로 롬멜과의 1:1 대결이 무산된 것을 아쉬워했다.

그는 시칠리아 전투 당시 혁혁한 공을 세웠지만 치명적인 실수를 하는 바람에 군복을 벗게 될 위기에까지 몰렸었다. 그는 항상 최전방 시찰에서 돌아오는 길에 야전병원에 들러 부상당한 병사들을 위로하곤 하였다. 시칠리아 전투

최전방에서 지휘하는 패튼

가 한창이던 1943년 8월 3일, 제15후송병원을 방문하여 부상병들의 침대를 일일이 돌던 패튼의 눈에 붕대도 감지 않았고 수술 자국도 없는 멀쩡한 몰골의 병사가 침상에 버젓이 누워있는 것을 보았다. 부상당해 누워있는 병사들을 위로하며 걸어오던 패튼은 그 병사에게 어디가 아프냐고 물었다. 문제의 찰스 쿨 이등병은 패튼에게 전쟁공포증을 호소하며 "전장에 있으면 도저히 견디지 못할 것 같습니다"라고 무

기력하게 대답했다. 순간적으로 열 받은 패튼은 "뭐 어쩌구 어째?" 하면서 즉각 장갑 낀 손으로 그의 뺨을 후려갈긴 다음에 그가 겁쟁이 새끼라며 욕설을 퍼붓고 발로 엉덩이를 걷어차서 병동 밖으로 쫓아냈다. 다행히 이 사건은 언론에 새어나가지 않았다.

그러나 두 번째 사건은 결국 기자들에게 포착되었다. 일주일 후 8월 10일, 제93후송병원을 방문한 패튼은 평소대로 침대를 돌면서 환자들과 이것저것을 묻고 있었다. 네 번째로 부닥친 폴 베넷이라는 이병이 말짱한 채로 앉아 있는 것을 보고 어디가 아프냐고 불쾌한 표정으로 물었다. 베넷은 "저는 신경과민증에 걸려 있습니다"라고 답했다. 그 말이 끝나자마자 "뭐라구 어쩌구 어째?" 하면서 패튼은 베넷에게 권총을 들이대고 이런 겁쟁이는 당장 쏘아 죽여야 한다고 소리를 질렀다. 그리고 베넷의 얼굴을 후려갈겼다. 그리고 옆에 있던 군의관에게 "저놈을 당장 끄집어 내. 다른 용감한 젊은이들하고 같이 있게 할 수는 없어!"라고 버럭 소리를 질렀다. 그러고는 병동을 나가려다가 베넷이 침대에 앉아 훌쩍거리는 모습이 또 눈에 들어왔다. 그는 베넷에게 한달음에 쫓아가 철모가 벗겨질 정도로 세게 후려쳤다.

이때 다른 막사에 있던 간호병들과 연락병들도 우당탕탕 하는 소리에 쫓아와서 이 광경을 보게 되었다. 이 소식은 종군 기자들을 통하여 미국 전역에 알려지게 되었다. 거기에다가 이전의 폭행 사건도 합쳐져서 모두 까발려져 버렸다. 당연히 미국 내 여론은 급속도로 악화되었고, 그를 퇴역시키라는 압력이 쏟아져 들어오기 시작했다. 미국의 매스컴들이 연일 떠들어대면서 그의 군인 인생은 거의 끝나가는 것처럼 보였다. 이렇게 되자 상관인 아이젠하워도 이제는 육사 선배이자 혁혁한 승리를 거두고 있는 패튼을 마냥 감싸고 있을 수만은 없었다. 그는 패튼에게 두 병사에게 직접 사과할 것을 명령했다. 패튼은 문제의 병사들은 물론, 임시병원의 의료진 전원을 포함한 사단 병력 전체가 모인 연병장에 나가서 사과해야 했다. 그는 이 사과하는 자리에서 장병들에게 실컷 승리의 치하를 한 다음에 연설 끄트머리에 살짝 사과하는 시늉을 했지만 그래도 죽을 맛이었다.

한편 적장의 일거수일투족을 계속 주시하던 독일군 수뇌부에서는 패튼이 이와 같은 일 때문에 코너에 몰리고 있는 것이 도저히 이해가 안 되었다. 별 셋의 장군이 일개 병사의 따귀를 갈긴 게 뭐가 그렇게 난리 칠 일이냐는 것이었다. 그들은 민주주의 나라인 미국인들의 정서를 모르고 있었다. 시칠리아 전투가 끝난 후 아이젠하워는 패튼의 옷을 벗기는 대신 직책을 주지 않고 그를 독일군을 기만하는 데 써먹는다. 그를 이름뿐인 제3군 사령관으로 임명하면서 영국에서 여기저기를 어슬렁거리게 하였다. 마치 대륙침공의 선봉부대 사령관인 양 독일군을 기만했는데 여기에 독일군은 이 기만책에 완전히 속아 넘어가 버렸다. 연합군의 노르망디 상륙이 성공적으로 끝난 이후에도 독일군은 패튼이 이끄는 미 제3군이 도버 해협을 건너 칼레 근처로 반드시 상륙할 것이라고 철석같이 믿고 있었던 것이다.

전설을 남긴 유럽 전선

1944년 6월 6일의 노르망디 상륙작전은 성공적으로 끝났으나 그 이후 독일군의 격렬한 저항으로 버벅거리다가 연합군은 간신히 두 달에 걸친 격전 후에야 본격적으로 프랑스 깊숙이 진격할 차비를 하고 있었다. 이때 패튼이 이끄는 가짜가 아닌 진짜 제3군이 전설적인 위력을 발휘하기 시작하였다. 유럽 땅에 상륙한 후 연합군 주력의 남쪽을 담당한 패튼의 제3군은 그야말로 질풍노도처럼 독일군을 유린하고 독일국경을 향하여 전광석화처럼 달리기 시작했다. 전차부대가 너무 적진 깊숙이 달려감에 따라 보급선이 길게 연장되면서 측면의 위협이 걱정된 부하들이 구시렁대면 패튼의 대답은 한결같았다. "측면? 그건 빌어먹을 개자식들이나 하는 소리야. 귀관들은 기름이 있는 한 무조건 앞으로 달려가기만 하면 돼." 패튼의 머릿속에는 오로지 전진밖에 없었다. 그는 부하들에게 쉴 새 없이 신속하고도 무자비하게 진격할 것을 주문했다. 물론 그 자신도 선두에서 그들과 함께했지만 말이다. 그러나 패튼은 무조건 "전진!"만 외치는 무대뽀는 아니었다. 그는 매일매일 암호 해독반에서 보내오는 정보에 입각해서 철저한 계획을 세웠고 또한 공군의 적절한 지원도 항상 준비해 두고 있었다.

질풍노도와 같이 치고 나가는 패튼과 제3군의 활약상은 전 연합군의 사기를 드높였다. 지난 몇 달간에 걸쳐 겨우 수 킬로미터를 간신히 돌파하는 지긋지긋한 전투를 겪었던 연합군 병사들에게는 하루에도 수십 킬로를 진격하는 패튼의 전차대는 그야말로 지켜보는 것만으로도 신바람이 나는 일이었다. 전쟁이 신바람 나는 축제나 흥미진진한 스포츠처럼 변해버렸다. 병사들 사이에 승리의 분위기가 퍼지고 이제 곧 이 지겨운 전쟁도 끝나 고향으로 곧 돌아갈 수 있을 것이라는 낙관적인 생각을 불러일으켰다. 바로 얼마 전까지만 해도 노르망디반도

한 구석에서 며칠씩이나 틀어박혀서 악전고투를 했던 것을 생각하면 모두들 어떤 게 진짜 전쟁의 모습인지 도무지 어리둥절할 뿐이었다. 아래는 패튼의 제3군이 유럽대륙으로 진공하기 전날, 패튼이 연병장의 병사들 앞에서 한 연설의 일부분이다. 그의 성격과 스타일이 잘 나타나 있다.

"제군들! 자고로 어떤 자식이든 간에 전쟁에서 조국을 위해 죽은 놈은 없다. 누가 조국을 위해 죽었겠는가? 조국을 위해 죽겠다는 새끼치고 전쟁에서 승리한 놈 없다는 걸 명심하기 바란다. 전쟁에서 이기려면 그 멍청한 상대 놈이 그놈 조국을 위해 죽게 해야 한다. 그리고 미국이 싸우고 싶지 않은데 할 수 없이 싸운다는 말도 순전히 개소리다. 미국인들은 원래부터 싸움질을 좋아한다. 싸움의 열기를 사랑하는 것이다. 제군들은 어렸을 때 구슬놀이 승자, 가장 빠른 육상 선수, 유명한 야구 선수, 그리고 강인한 권투 선수들을 우러러 보았을 것이다. 미국인들은 승자를 좋아하고 패자를 받아들이지 못한다. 지고도 웃는 놈은 형편없이 웃기는 자식이다. 그래서 미국인들은 도대체 져본 일이 없으며 이 전쟁에서도 이길 거다. 왜냐하면 진다는 생각 자체를 참지 못하기 때문이다. (중략) 30년 후쯤 제군들의 손자 녀석들이 할아버지는 2차 대전에서 뭘 했냐고 물으면 루이지애나에서 똥이나 치우고 있었다고 해야 되겠는가? 패튼이라는 빌어먹을 놈하고 나치를 때려 부수면서 유럽대륙을 함께 누비고 다녔다고 하면 얼마나 자랑스럽겠는가? 나는 제군들이 한없이 자랑스럽다. 전쟁터에서 제군들과 생사고락을 함께 하는 것이…."

패튼의 활약이 돋보인 발지 전투

　전쟁 말기에 히틀러는 최후의 도박이라고 일컬어지는 '발지 전투'를 벌였다. 이 전투는 히틀러가 아르덴느 산림지대의 전선을 뚫고 다시 한번 전쟁의 주도권을 잡아 보겠다는 허무맹랑한 생각에서 벌인 전투였다. 독일군의 공세는 1944년 12월 16일 아침 5시 30분에 시작되었다. 12월 16일과 17일, 양일간 미 제8군단은 눈이 쌓인 전나무 숲 사이로 밀물처럼 쏟아져 나오는 25만의 독일군의 전진을 필사적으로 막고 있었다. 이때 연합군 최고 사령부의 지휘관들은 아이젠하워를 포함해서 모두 충격에 휩싸였다. 다만 패튼만이 혼자 자신감을 갖고 있었다.

4성 장군 패튼

　사실 패튼은 사전에 독일군의 공격을 어느 정도 눈치채고 있었다. 그는 무조건 "돌격 앞으로!" 스타일만은 아니었다. 항상 적정을 면밀하게 살피는 용의주도한 면모를 갖추고 있었다. 패튼의 자신감에 아이젠하워는 그에게 당장 강력한 반격 작전을 실행하라고 명령했다. 하지만 패튼이 장담한 대로 쉬운 일만은 아니었다. 왜냐하면 우선 진행 중인 전투를 중지하고 전군을 직각 방향으로 좌선회해서 독일군의 저항을 무릅쓰고, 게다가 몇 천 대의 차량을 눈보라 속에서 이동시켜야만 했다.

때마침 바스토뉴에서 독일군에 포위되어 사투를 벌이고 있는 제101공수사단을 긴급히 구원해야 할 상황이 벌어졌다. 그는 휘하 제4기갑사단에게 바스토뉴까지 무조건 진격하라는 명령을 내렸다. 바스토뉴까지 진격하는 동안 제4기갑사단은 상당한 피해를 입었으나 12월 26일 오후 4시, 바스토뉴에서 버티고 있던 미 제101 공수부대를 독일군에서 구출하면서 다시 한번 패튼은 명성을 떨치게 된다. 패튼이 제3군을 자아르강의 교두보에서 눈 덮인 바스토뉴까지의 폭설에 묻힌 길을 3만 3천여 대의 전차와 차량을 단숨에 이동시키는 불가능한 임무를 부하 장병에게 시킬 수 있었던 것은 오로지 패튼 특유의 대담함과 실행력 그리고 뛰어난 지휘력이었다고 볼 수 있다.

전쟁이 끝나고

공격적인 성격에다가 정치적인 처신에서 무척이나 서툴렀던 패튼은 종전이 가까워짐에 따라 점점 더 같은 연합군인 소련군과 끊임없이 문제를 야기했다. 그는 원래 공산주의를 지독하게 싫어했고 공공연히 이런 자기의 속마음을 구태여 감추려고 하지도 않았다. 이런 패튼의 스타일을 잘 알고 있는 상부에서는 소련군과 마찰을 빚지 않도록 각별히 주의하라고 신신당부를 하곤 했다. 이에 대해 그는 이런 극언도 서슴지 않았다.

"소련 놈들이 정히 그렇게 무서우면 소련을 점령해 버리면 될 게 아닌가? 나에게 2개 군만 주면 깔끔하게 정리해 보이겠다."

마침내 1945년 5월 독일이 항복하자 전쟁을 끔찍이 사랑하는 이 군인은 갑자기 세상 사는 맛이 없어졌다. 전쟁이라는 목표가 사라지자 맥이 탁 풀리면서 허탈감에 사로잡혔다. 그러다가 결국은 사고를 쳤다. 독일 남부의 바바리아지구 군정 사령관을 지내면서 치명적인 실언을 하고야 만 것이다. "전후 혼란스러운 독일의 질서 확립과 신속한 재건을 위해서는 행정 경험이 풍부한 나치 관료들을 다시 기용하는 것도 괜찮은 방법이 될 수 있을 것이다"라고 떠벌인 것이다. 패튼이 툭 내뱉은 이런 무신경한 말은 나치의 가공스러운 악행과 유태인 수용소의 홀로코스트(대학살) 관련 증거를 보고 치를 떨었던 전 유럽인들과 미국인들을 경악시키기에 충분했다. 또한 전직 나치 당원을 관청의 요직에 임명한 것에 대해서 비난이 빗발치자 "독일 공무원의 태반이 나치 당원이다. 그러면 모든 행정업무를 개무지렁이들한테 맡기란 말이냐?"라고 투덜거렸다.

심지어 자신의 관할 지역으로 소련군을 피해 항복해온 독일 국방군 2개 사단과 친위대 1개 사단을 해산하지도 않았다. 더구나 이들 중 훈장을 받은 독일 장교들을 모조리 불러다가 이들과 함께 질펀하게 먹고 마시기까지 했다. 이를 알고 열 받은 소련군이 아이젠하워에게 항의하자 아이젠하워는 브래들리에게 패튼을 좀 타일러서 독일 패잔병 놈들을 해

아이젠하워와 작전을 숙의하는 패튼

산하라고 지시했다. 그래서 전화를 걸어온 브래들리에게 패튼은 "난 이 독일 나치 놈들이 좋아. 그래도 이놈들은 전쟁의 달인들이거든. 이 놈들과 함께 손을 잡고 징징거리는 소련 놈들을 당장 박살내 버리겠어! 이제 우리의 적은 바로 소련이니까"라고 말했다. 전화를 받고 있던 브래들리는 소련군이 도청을 하고 있을까봐 등골에서 식은땀이 줄줄 흘렀다.

죽음

이처럼 거듭되는 실언으로 인해 그를 아끼던 아이젠하워 장군도 더 이상 패튼을 감싸주는 데 손사래를 쳤다. 그리고 마침내 군정사령관 직을 박탈당하고 사냥으로 우울한 심경을 달래고 있던 이 전쟁 영웅의 최후는 의외로 빨리 다가왔다. 60세의 생일을 맞은 1945년 12월 9일, 그는 운전병과 부관을 데리고 독일 도시 만하임으로 사냥을 떠났다. 그날 아침, 고속도로에서 그가 탄 캐딜락이 트럭과 충돌한 것이다. 사고가 난 날은 마침 그가 미국으로 귀국하기 하루 전날이었다. 운전수와 게이 대령은 찰과상만 입었지만 패튼은 뒤로 튕기면서 머리가 뒤의 유리창과 부딪힌 탓에 목뼈가 부러졌고 두개골이 갈라졌다. 12일 뒤 하이델베르크 군병원에서 혼수상태로 향년 60세를 일기로 눈을 감았다. 전쟁이 끝난 지 고작 7달 만이었다. 사망 후 그의 유언대로 룩셈부르크에 있는 발지 전투에서 전사한 제3군 미군묘지에 사랑하는 병사들과 함께 묻혔다.

평생 카이사르를 존경하고 본인 스스로 전생에 고대 로마의 장군이었으며 환생을 믿는다고 떠벌리고 다닌 별스러운 인간, 2차 세계대전 기간 내내 독일의 명장 롬멜과 중세기 기사들처럼 각자 전차에 타고 일대일로 맞장 한 번 뜨기를 고대했던 엉뚱한 발상의 사내, 나대기 좋아하고 거들먹거리면서도 지독한 승부근성을 간직한 인물, 전쟁을 끔찍이 사랑했던 전쟁광 등등. 이와 같은 여러 가지 인간적인 약점들 때문에 적도 많았던 패튼. 한편으로는 미국 역사를 통틀어 가장 위대한 군인 중의 한 사람, 미국이 낳은 최고의 정복자, 총탄이 빗발치는 최전선을 누비며 병사들과 고락을 함께하는 그를 위해 목숨을 바치겠다는 부하들도 적지 않았던 이 복잡한 인물이 바로 미 육군사를 통틀어 가장 위대했던 장군 중 한 사람인 조지 S. 패튼이었다.

신화를 남긴 패튼

그는 전형적인 야전형 지휘관이었다. 그것도 최전방을 휘젓고 다니는 저돌적인 맹장이자 용장이었다. 그는 이렇게 말했다. "나는 정말 전쟁이 미치도록 좋다. 전쟁에 비한다면 인간들의 일상적인 일은 모두 미미할 뿐이다." 전사자가 가득한 전쟁터에서는 "하느님 용서하십시오. 저는 이렇게 피와 살이 튀는 전쟁이 너무 좋습니다"라고까지 말했다.

패튼의 신화는 지휘관으로서 그가 보여준 여러 가지 장점에서 비롯되고 있다. 그 첫 번째는 솔선수범이다. 그는 전투가 벌어지고 있을 때 한시도 안전한 후방의 지휘소에 머무른 적이 없었고, 항상 최전방에서 직접 부대를 지휘했다. 어떤 경우에는 최전방에서 병사들과 함께 군수품들을 옮기기도 했고 진흙탕에 빠진 트럭을 병사들과 함께 밀어 올리기도 하고 심지어는 전쟁터에서 부상 입은 병사에게 직접 주사를 놓기도 했다. 패튼의 이런 행동에 대해 최고 지휘관으로서는 무모하고 무책임한 만용이라고 비판하는 사람들도 있었다. 하여튼 여태껏 모든 연합군 지휘관 중에서 그런 사람은 하나도 없었다. 그는 이런 행동을 병사들의 활기를 불러일으키기 위한 것이었다고 얘기했다.

두 번째는 대담무쌍함이다. 패튼은 쉴 새 없이 전선의 이곳저곳을 휘젓고 돌아다니며 특유의 상소리를 섞은 걸쭉한 입담으로 부하들을 독려하고 몰아세웠다. 최전방에서 병사 하나가 패튼에게 "장군님! 어디 가십니까?"라고 하자 "베를린으로 가서 온 사방에 얼굴이 도배된 그 개새끼(히틀러)를 직접 쏴 죽일 거다!"라고 했다는 일화도 있다.

3성 장군(나중에 그는 4성 장군이 된다)이 지휘봉을 휘둘러대며 몸소 전선을 뛰어다니는 패튼의 이런 지휘방식은 부하들의 사기를 크게 고무시켰다는 점과 몇 가지 실질적인 장점도 있었다. 최전방에서 적의 동태를 살피다가 기회가 생겼을 때에는 결코 이를 놓치지 않았다. 또한 시시각각 변하는 상황에 맞게 유효 적절히 대처했다. 휘하의 부대장들에게도 뒤에서 뭉그적거리지만 말고 최전방으로 나가라고 다그쳤다. 이래서 "강장 밑에 약졸 없다"라는 말이 있듯이 패튼 휘하의 장군들도 하나 같이 용맹스러웠다. 그 중에서 한국 전쟁 당시 낙동강 전선을 사수한 '불독'이라는 별명의 워커 장군도 있었다.

세 번째, 패튼은 부하 지휘관들이 개별적인 리더십을 발휘하길 원했다. 그래서 그는 시시콜콜한 내용까지 지시하는 명령서보다는 이른바 임무형 지휘*를 좋아했다. "부하들에게 절대 이래라 저래라 잔소리 하지 마라. 무엇을 해야 하는지만 알려주면 그들은 자신들의 창의력으로 우리를 놀라게 할 것이다." 패튼은 목적이 분명하고, 상부의 동의만 얻으면 나머지는 걱정할 필요가 없다고 생각했다. 그는 예하 부대장들이 앞으로 진격하기만 한다면 어떤 전술적 선택도 간섭하지 않았다.

네 번째, 그는 부하들의 충성심을 이끌어내기 위하여 일상적으로 병원을 방문했다. 그는 전투 중에 부상 입은 부하들이 입원한 야전병원에 직접 병문안을 가서 일일이 살펴보면서 격려했다. 군 사령관이 직접 말이다. 군의관과 헌병들이야 죽을 맛이었겠지만, 자연스럽게 부하들은 이 괴짜 사령관을 마음속 깊이 존경하게 되었고, 결국 제3군은 천하무적의 부대가 되었다. 마지막으로 그는 아이젠하워와 더불어 흑인으로만 이루어진 부대를 차별하지 않았던, 당시 미군 장성 중에서 인종차별의 개념이 없는 몇 안 되는 인물이기도 했다. 그것도 서부(캘리포니아)의 상류 집안 출신인 것을 감안하면 의외이기도 하다. 이 점에서 우리는 그가 철저한 결과지상주의자였다는 점을 감안해야 한다.

---

* 임무형 지휘는 임무를 부여하지만 수행 수단은 일선 지휘관에게 위임하는 지휘 철학이다. 부하 지휘관의 자율과 창의적 전술을 보장한다. 프로이센 군대에서 시작했으며 이에 반대되는 개념은 통제형 지휘이다.

제27장

파리는 불타고 있는가

프랑스 대표 감독, 르네 클레망 / 드라마틱한 파리 해방 이야기

Ⅰ. 파리는 불타고 있는가(1966년), Is Paris Burning?

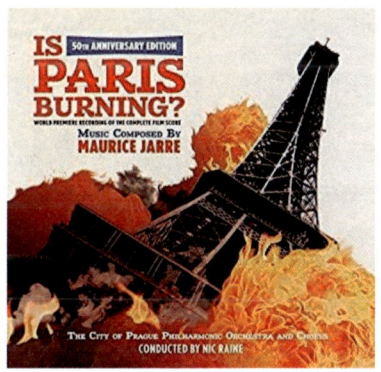

명작 〈금지된 장난〉〈태양은 가득히〉로 세계적인 명성을 지닌 르네 클레망 감독의 이 영화는 프랑스·독일·미국 등 각국을 대표하는 기라성 같은 배우들이 총출동하여 만든 실제 역사 서사물이다. 《뉴스위크》와 《파리 매치》의 두 기자가 3년에 걸쳐 완성한 원작을 토대로 해서 영화 〈대부〉 시리즈를 만든 프랜시스 코폴라 감독이 시나리오를 썼다. 다큐멘터리적인 웅변과 드라마틱한 감동을 결합시킨 작품이라는 평을 받았다. 이 영화는 배우들 캐스팅 면에서 〈서부 개척사〉〈사상 최대의 작전〉〈머나먼 다

리〉 등과 비견될 정도로 초호화급 배우들이 총망라되었다.

출연 배우들의 면모를 살펴보면 영화 제작국인 프랑스에서는 당시 최고 인기스타인 알랭 들롱과 장 폴 벨몽도가 함께 출연하였다. 이 밖에 시몬느 시뇨레·이브 몽땅·샤를르 보와이에 등이 등장하고, 미국 배우들은 커크 더글러스를 비롯한 수많은 일류급 배우들(글렌 포드·안소니 퍼킨스·조지 차키리스·오손 웰즈)이 기라성 같이 나온다. 이들을 화면에서 만나는 것만 해도 영화의 본전을 뽑는 기분이 들 정도이다.

화면에 가장 많이 등장하는 인물은 히틀러의 파리를 파괴하라는 황당한 명령을 받은 파리 주둔 독일군 사령관 콜티츠 역의 독일 배우 게르트 프뢰베이다. 그는 군인의 냉철함과 인간적인 감정 사이에서 갈등을 하는 독일 장교 역을 무난히 수행하여 보는 관객들로 하여금 연민까지 느끼게 한다. 독일군으로서 한낱 악랄한 나치가 아니라 명령을 수행하는 군인으로서의 내면적 고민을 잘 표현했다는 평이다. 프뢰베는 〈007 골드핑거〉에서 출연해서 팬들에게 익숙한 인물이기도 하다.

영화는 2차 세계대전이 후반기로 접어드는 가운데 파리의 해방을 갈망하는 레지스탕스, 명령을 수행해야 하는 독일군, 이 독일군을 대항해서 일전을 벌이는 연합군 측을 각각 조명하면서 한 도시를 둘러싼 치열한 시가전과 게릴라전, 방어전 등을 실감 나게 보여주고 있다. 개개인의 이야기보다는 상황이 어떻게 진행되는가를 신속하게 보여주는 방식으로, 마치 '프랑스판 사상 최대의 작전'이라고 할 만한 영화이다. 다큐멘터리 성격을 살리기 위해 흑백으로 만든 이 영화는 파리 시민들의 협조를 얻어 현지에서 로케이션으로 촬영하였다. 주연이 따로 없이 여러 에피소드가 짜깁기 형식으로 펼쳐진다.

영화음악의 거장 모리스 자르의 왈츠 풍의 경쾌한 주제곡이 흐르는 타이틀 화면은 하늘에서 촬영한 파리의 현재 모습이 보이는데 이 부분만 컬러이고 이어서 나오는 본 영화는 모두 흑백이다. 대부분의 배우들이 개런티 없이 우정출연했다. 커크 더글러스의 경우 단 한 씬만 등장하지만 패튼이라는 거물로 출연하고 프랑스의 대배우인 시몬느 시뇨레도 바텐더로 단역 출연한다. 연합군 장교로 등장하는 글렌 포드는 무게는 꽤 잡지만 출연 비중은 적었고, 알랭 들롱, 장 폴 벨몽도 등은 비교적 비중 있는 역할을 맡고 있다. 제법 비중이 높은 역으로는 대배우 오손 웰즈도 있는데 독일과 프랑스의 협상을 중재하는 스웨덴 총영사 역으로 등장한다.

이렇게 한 명 한 명 유명 배우들의 등장을 구경하는 것만으로도 충분히 재미가 있는 영화이지만, 배우들의 얼굴 보여주기에 급급한 영

파리로 돌진하는 프랑스군 전차

화가 아니다. 충분히 짜임새 있는 시나리오와 진행으로 레지스탕스들의 활약과 파리 해방에 대한 열망을 충분히 담아낸 작품이다. 역시 본토인 프랑스 감독이 연출한 덕일 것이다. 영화는 마지막 부분에 역사와 유적의 도시 파리가 하마터면 미치광이 히틀러에 의해서 산산이 파괴되어 돌무더기가 될 뻔한 긴박감을 보여주고 있다. 파리 사령관실의 책상 위에 덩그러니 놓여 있는 수화기를 통해 "파리는 불타고 있는가?"라는 히틀러의 허망한 외침이 인상적이다. "파리를 불태워서 독일이 승리할 수 있다면 열 번이고 그랬을 것이요"라고 말하는 파리 방위사령관인 콜티츠의 말도 인상 깊은 장면이다. 실제로 콜티츠는 전범으로 재판받아 2년 정도 복역하고 풀려났으나 프랑스 인들로부터는 '파리의 구원자'라는 별칭을 얻었다. 훗날 콜티츠 장례식에는 프랑스의 고위 공직자들과 레지스탕스 지도자였던 사람들까지 참석했다고 한다.

패망을 뻔히 알면서 총통의 황당한 명령을 수행해야 하는 당시 독일군 장교들의 심정은 "집을 나온 지 4년이나 되었는데 살아서 돌아가고 싶습니다"라고 독일군 장교가 말하는 장면에서는 연민이 느껴지기도 한다. 어쨌든 인류의 유산 파리는 무사히 보존되었고, 그래서 이 영화도 나올 수 있었다. 영화 촬영 당시 프랑스 대통령이었던 샤를 드골은 파리 해방전투 때 공산당의 활약이 비치는 것을 극도로 꺼려서 영화 내용 자체에 일일이 관심을 표시했다고 한다. 아울러 파리 해방은 전적으로 시민들과 병사들의 노고에 힘입은 것이기 때문에 자신이 영화에 잠깐이라도 나오는 것을 절대 금지했다는 얘기다.

II. 프랑스 대표 감독, 르네 클레망

르네 클레망 감독

　전후 프랑스의 가장 위대한 영화감독으로 꼽히는 클레망은 1913년 보르도에서 태어나 주로 전쟁이 가져온 정신적·물질적 변화를 소재로 한 작품을 제작해 유럽 대륙 최고의 감독으로 꼽혀왔다. 건축학교에서 수학하였으며, 1931년 중퇴 후 카메라맨이 되었다. 이후 주로 프랑스의 서정적인 모습이 담긴 기록영화를 찍다가 다큐멘터리 영화로 영화계에 발을 내디뎠다. 초기에는 여러 편의 단편, 다큐멘터리 영화들을 거쳐서 프랑스의 귀재라고 불리는 쟝 콕토*가 만드는 환상적인 이야기 〈미녀와 야수〉 제작과정에 기술 고문으로 참여한 적도 있었다.

　2차 대전이 끝난 후 다큐멘터리 수법으로 레지스탕스 활동을 그린 〈철도의 전투〉로 칸 영화제 그랑프리를 수상하면서 일약 국제적인 명성을 얻었다. 50년대에 들어와서는 〈금지된 장난〉〈목노주점〉 같은 낭만적 사실주의 경향의 명작들을 내놓으면서 세계적인 감독으로서 명성을 굳히게 된다. 다분히 여성적이고 섬세한 연출을 좋아하는 스

---

* 쟝 콕토는 시인, 소설가, 극작가, 영화감독 등 여러 예술 방면에서 다재다능한 두각을 보였다. 쟝 콕토는 1932년 〈시인의 피〉를 감독하면서 영화 경력을 시작했다. 이 영화에서 초현실주의적인 접근법을 취한 일종의 전위적인 실험 영화로서 시와 영화 예술을 결합한 시도였다는 평을 받고 있다.

타일은 이때부터 굳혀진다. 1960년에 만든 알랭 들롱 주연의 〈태양은 가득히〉의 대성공을 계기로 스릴러 경향의 범죄 드라마를 많이 만들기 시작한다. 따라서 이후 그의 영화들은 상업성에 치우치면서 비평가들로부터는 외면을 받기도 하지만 흥행면에서는 상당한 성공을 거두게 된다.

이러한 스타일은 자신의 다큐멘터리 감각을 유감없이 발휘한 대작 오락 영화 〈파리는 불타고 있는가〉를 제외하고는 계속 유지가 되었다. 특히 1970년에는 무명의 조연배우로 20년 가까이 묻혀있던 미국 배우 찰스 브론슨을 발탁하여 〈빗속의 방문객〉에서 주연을 맡겨 그림같이 정교하고도 깔끔한 명품 심리 스릴러를 만들기도 했다. 프랑스를 대표하던 클레망 감독은 1996년 3월 17일 눈을 감았다.

그의 대표작은 흔히 〈금지된 장난〉과 〈태양은 가득히〉를 들고 있다. 〈금지된 장난〉은 전쟁을 배경하고 있지만 전쟁의 참상을 직접 묘사하기보다는 아이들의 눈을 통해 순수와 죽음의 모순된 공존을 그려낸 걸작이다. 오늘날 이 작품은 단순히 프랑스 영화사의 명작에 머물지 않는다. 1952년 칸 영화제에서 황금종려상을 수상했다. 무엇보다 작자 미상의 클래식 기타곡 '로망스'와 함께 기억된다. 영화사 속에서 음악과 영상이 어떻게 서로를 불멸로 만드는지 잘 보여주는 대표적인 사례로 손꼽힌다.

〈태양은 가득히〉에서 알랭 들롱

클레망의 또 다른 대표작인 〈태양은 가득히〉는 미국의 여류 추리소설가인 패트리시아 하이스미스의 리플리 시리즈가 원작이다. 리플리 시리즈에서 리플리 증후군*이라는 의학용어가 파생되었다. 당시 프랑스의 영화계는 소위 누벨 바그파들**이 기세를 울리던 때였는데, 이들보다 전 세대에 속하는 클레망 감독이 이 새로운 물결에 대항해서 보란 듯이 내놓은 작품이 바로 이 영화였다. 일설에 의하면 누벨바그 감독들에게 뒷방 늙은이 취급을 받고 있던 르네 클레망이 '그렇다면 내가 젊은 영화를 만들어주마' 하면서 작심하고 만들었다는 얘기다. 당시 급물살을 타고 있던 누벨바그 운동을 별로 탐탁잖게 생각했다.

클레망의 깔끔한 연출, 폴 게고프의 치밀한 각색, 앙리 드카에의 뛰어난 촬영이 뒷받침되면서 명작을 낳았다. 더욱이 영화 막판에 절묘한 반전으로 프랑스 범죄 영화의 새 장을 열었다는 평을 받았다. 특히 주인공 톰 역을 열연한 알랭 들롱이라는 세계적인 스타가 탄생했다. 미움과 선망·질투·나르시즘 등 복합적인 여러 요소가 합쳐진 주인공 알랭 들롱을 통해 한 젊은이의 불운과 반항적인 모습을 끝없는 푸른 지중해의 바다와 하늘 사이에서 보여주고 있다. 흔히들 〈태양은 가득히〉를 '선탠을 한 필름 느와르'라고 부르기도 한다. 그야말로 태양빛

---

* 리플리 증후군은 거짓말을 하면서도 그것이 사실이라고 믿는 것을 일컫는 용어다. 거짓이 탄로날까 봐 불안해하는 단순한 거짓말쟁이와는 달리 리플리 증후군을 보이는 사람은 자신이 한 거짓말을 완전한 진실로 믿어버린다.
** 누벨 바그(Nouvelle Vague)는 '새로운 물결'이란 뜻으로 1950년대 말 보수적인 프랑스 사회의 권위에 도전했던 젊은 영화인들이 누벨바그를 주도했다. 누벨바그파 감독들은 기존의 보수적인 영화 풍토를 비판했고 영화적 형식의 자유분방함을 추구했다.

이 작열하는 지중해의 풍광 아래서 벌어지는 한 젊은이의 이글거리는 욕망과 음모를 가감 없이 묘사하고 있는 명작이다.

III. 드라마틱한 파리 해방 이야기

아이젠하워의 구상

1944년 8월 14일 연합군은 파리를 향하여 노도와 같이 진격을 거듭하고 있었다. 이때 제3군 사령관 패튼 장군이 휘하의 제15군단 사령관 웨이드 헤이슬립 소장의 지휘소를 찾았다. 두 사람 모두 과거 프랑스에서 수학했고 유창한 불어를 구사한다는 공통점이 있었다. 특히 프랑스를 끔찍이 사랑하는 헤이슬립 군단장은 프랑스인이 자력으로 파리 수복의 주인공이 되어야 한다고 생각하고 있었다. 패튼을 만난 헤이슬립에게 패튼은 연합군은 당분간 파리를 해방할 의향이 없다고 잘라 말했다. 패튼은 사실 연합군 총사령관인 아이크(아이젠하워의 애칭)의 생각을 헤이슬립에게 전달하고 있을 뿐이었다. 아이크도 파리 수복이 파리 시민들에게 더없이 큰 선물이 될 것이라는 것쯤은 충분히 알고 있었다.

그럼에도 불구하고 파리 해방은 그의 우선순위에서 밀려나고 있었다. 패주하는 독일군에게 시간적 여유를 주지 않고 불과 400킬로미터 저편의 라인강까지 연합군이 돌진한다면 전쟁을 좀 더 빨리 끝낼 수 있으리라 생각하고 있었다. 그러나 파리의 해방을 우선한다면 많은 노력과 보급을 파리 쪽으로 돌려야 한다. 당시 연합군의 보급물자는 여전히 셸부르 항구와 연합군이 상륙한 해안에 설치한 임시항구를 통해서만 들어오고 있었으므로 연합군의 작전은 빈약한 보급 능력에 매달리고 있었다. 아이크는 "가솔린 한 방울이 피 한 방울과 같았다"라고 당시를 회상했다. 제12집단군 사령관 오마 브래들리도 파리 시민들이 어려움을 조금만 더 견뎌 준다면 파리 해방에 필요한 가솔린과 물자로 하루빨리 진격해서 전쟁을 끝낼 수 있을 것으로 생각하고 있었다.

이 밖에 아이크가 당장의 파리 수복을 바라지 않는 이유는 또 있었다. 그는 파리의 해방이 비싼 대가를 치르리라는 것을 잘 알고 있었다. 독일군과 파리에서 피 터지는 시가전을 하게 되면 이 아름다운 유럽 문명의 보고가 심각하게 파괴될 가능성이 있었기 때문이었다. 그래서 연합군의 작전은 독일 본토를 향해 전속력으로 진격하는 것이었지만 그 과정에서 북쪽의 몽고메리 휘하 제21군 집단과 남쪽의 브래들리 휘하 제12군 집단이 파리를 포위만 하겠다는 것이었다. 연합군의 작전에 따르면 파리 수복은 9월 중순 이후로 예정되어 있었다. 그러나 갖가지 사건과 우여곡절이 겹치면서 이 파리 수복 계획은 크게 바뀌게 된다.

파리 시민들의 암투

이 시간표를 뒤엎은 배경에는 수도를 탈환하고 싶어 하는 파리 시민들의 강한 의지, 파리의 지배를 에워싼 드골파와 공산당파 간의 알력, 파리를 잿더미로 만들려고 하는 히틀러의 광기, 그리고 적지 않은 영향을 미친 것은 파리를 파괴한 죄인으로 역사에 남는 것을 우려한 독일 파리방위 사령관 콜티츠였다. 이 무렵 파리 시민들은 각종 물자의 부족 등으로 극도로 어려운 실정에 놓여 있었다. 그러나 무엇보다도 파리 시민들에게 간절했던 것은 잃어버린 긍지를 되찾는 것이었다. 1940년 파리가 점령된 이후 시민들은

파리 주둔 사령관 콜티츠

독일군에 의한 숱한 굴욕을 참아야만 했다. 시민들은 매일같이 250명의 독일 부대가 브라스밴드로 '프로이센의 영광'을 쾅쾅거리며 연주하면서 개선문에서 콩코르드 광장까지 샹젤리제 대로를 군화 소리 요란하게 행진하는 것을 눈꼴시리지만 봐야 했다. 참 더러운 나날이었다.

파리에서 제일 눈에 띄는 에펠탑 꼭대기에는 나치의 갈고리 십자 깃발(하켄크로이츠)이 휘날리고 있었다. 파리 해방을 가장 줄기차고 강력하게 주장한 사람은 알제리아에서 프랑스 국민 해방위원회 위원장을 맡고 있던 샤를 드골이었다. 이 위원회는 연합군 내의 자유 프랑스군의 전투를 지휘하고 또 여러 프랑스 레지스탕스 간의 협력관계를 조정하고 있었다. 프랑스 레지스탕스 내부에는 공산당을 중심으로 한 강력한 라이벌 집단이 암약하고 있었다. 드골은 프랑스가 해방될 때 본인이 가장 걸맞은 지도자로서 발판을 마련하기 위해서는 '파리 해방자'라는 칭호는 반드시 자기 것이어야 했다. 만약에 공산 분자들이 시민들을 선동하여 자기가 파리에 도착하기 이전에 독일군을 내쫓는

다면 전쟁이 끝난 후 그들이 프랑스를 장악하는 것은 명약관화한 일이었다.

드골은 골치가 아파졌다. 1943년 12월 30일, 아이크가 알제리아의 프랑스 국민해방위원회를 방문하여 처음으로 드골과 만났을 때 드골은 그 자리에서 파리를 점령하는 것은 프랑스 부대라야 한다고 아이크에게 요청했다. 드골이 말하는 프랑스 부대란 그가 거느린 프랑스 국민 해방위원회의 지휘하에 있는 군대를 뜻했다. 아이크는 이에 흔쾌히 동의한 것이었다. 노르망디 상륙 이후 2달 동안 해안교두보에서 버벅거리던 연합군이 마침내 빠져나온 1944년 8월, 연합군은 프랑스 본토에서 동쪽을 향해 쾌속도의 진격을 계속하고 있었다. 이 연합군의 바로 뒤를 따라가면서 드골파의 프랑스 국민 해방위원회가 지방행정기관들을 속속 접수했다. 이는 해방된 프랑스 지방의 지배권이 절대로 공산당계 레지스탕스 위원회의 손에 들어가지 않도록 하기 위한 사전 포석이었다.

프랑스 공산당은 드골에게는 독일군 못지않은 성가시고 위협적인 존재였던 것이다. 공산당 세력은 특히 파리 레지스탕스 조직 안에서 막강해 이들은 약 2만 5천 명의 무장 전투원을 보유하고 있었다. 공산당에 의한 파리 해방을 막기 위해 드골은 계속해서 휘하의 사람을 파리의 레지스탕스 내부로 침투시켰다. 그중의 한 사람이 당시 29세의 젊은 자크 샤방-델마스 장군이었다. 델마스는 공산당의 본질을 꿰뚫고 있었다. 그는 "공산당 이 인간들은 비록 세계에서 가장 아름다운 도시가 파괴되더라도 봉기를 감행할 것이다"라고 생각했다. 파리 레지스탕스의 공산당 두목인 롤 탕귀 대령은 드골이 해방군의 선두에 서서 파리에 입성할 때 온 시민이 그에게 고마움을 표시하는 일이 있어서는 절대로 안 된다고 생각하고 있었다. 스페인 내전에도 참전한 바 있는 탕귀는 골수 공산당이었으며 그의 용기와 당에 대한 충성심은 타의 추종을 불허하였다. 델마스와 마찬가지로 탕귀도 파리 해방의 중요성을 잘 인식하고 있었다. 그는 수많은 시민이 죽어나가도 파리 해방은 그럴 만한 가치가 있다고까지 생각하고 있었다.

히틀러의 미친 명령

한편 동프로이센의 '늑대굴'이라고 불리는 라스텐부르크 지휘소의 히틀러는 독일군이 파리를 내주기 전에 이 도시를 철저히 파괴할 결심을 했다. 그는 지난 7월 20일 자신에 대한 암살 시도로부터 간신히 살아남은 후에는 더욱 악랄해졌다. 화가 지망생이었던 그가 젊은 시절부터 그렇게 찬미해 마지않던 파리를 이제는 잿더미로 만들겠다는 끔찍한 망상을 품게 된 것이다. 히틀러는 이 파괴계획의 실천을 위해 8월 초 동부전선으로부터 장군 한 사람을 늑대굴로 불렀다. 당시 동부전선에서 후퇴작전을 수행하던 콜티츠 소장은 프로이센 군인 특유의 이미지와는 거리가 먼 풍모를 가진 장군이었다. 땅딸막한 키에 얼굴은 뚱뚱한 부처처럼 무표정한 그는 명령이라면 무조건 앞뒤 안 재고 밀어붙이는 돌쇠 스타일이었다.

난데없이 히틀러에게 불려온 그는 그곳에서 생전 처음으로 기이한 경험을 했다. 7월 20일에 발생한 자신의 암살 사건의 충격으로부터 아직 벗어나지 못한 히틀러는 콜티츠에게 엉뚱하게 핏대를 올리며 암살사건에 대해서 입에 거품을 물고 장광설을 늘어놓기 시작했다. 그는 나중에 히틀러가 고열로 헛소리를 하면서 제정신이 아닌 것 같다고 회상했다. 한참 침을 튀기며 지껄이고 난 히틀러는 본론으로 들어갔다. "귀관은 지금 당장 파리로 가시오. 그리고 파리를 모조리 파괴해 버리시오. 성당·다리·박물관·미술관·극장·기념비 등 하나라도 남겨두지 마시오. 그런 다음에 수돗물도 끊어 전염병이 퍼지도록 하시오." 콜티츠는 자기 귀를 의심했다. 그리고 이 자는 분명 미치광이임에 틀림없다고 생각했다.

한편 전쟁에 참전한 이래 처음으로 명령에 복종하려는 의지가 흔들리는 것을 느꼈다. 황당한 명령을 받고 파리에 도착한 콜티츠는 자신이 진퇴양난에 빠진 것을 알았다. 그가 목숨을 걸고 충성을 맹세한 히틀러는 미친놈일뿐더러 도대체 조국 독일이 일으킨 이 전쟁에 대한 대의가 무엇이냐는 생각이 들었다. 또한 세계 최고의 이 아름다운 역사의 도시를 파괴한다면 그 자신은 두고두고 영원히 역사의 지탄을 받을 것이다. 한편 히틀러의 명령을 거역하면 고국에 있는 처자식의 생명이 위험해질 것도 불을 보듯 뻔한 일이었다.

봉기, 시가전

이처럼 딜레마에 빠진 콜티츠에게 문제가 터졌다. 파리 경찰이 동요하기 시작했던 것이다. 8월 19일 잔뜩 흐린 토요일 아침, 드골파 지도자 이브 바이에가 휘하 대원들을 이끌고 노트르담 대성당 맞은편 파리 경찰청을 전광석화처럼 접수했다. 경찰청에 프랑스 삼색기가 올라갔다. 사실 전날 공산당이 경찰국 점거를 시작으로 파리 봉기를 계획했으나 이를 재빨리 탐지한 드골파가 선수를 친 것이다. 한편 드골파에 선수를 빼앗긴 공산당은 곧 파리 시내의 독일군 차량에 대하여 무차별 기습하면서 전투가 개시되었다. 점차 시가전이 확대되기 시작했다.

그날 밤늦게 콜티츠는 사무실에서 18년간이나 파리 주재 스웨덴 총영사를 지내고 있는 라울 노르들링을 만나고 있었다. 그는 콜티츠와 사업 관계상 자주 만나는 관계에 있었다. 콜티츠는 점차 번져가는 파리 폭동에 화를 내고 있었다. 오랫동안 파리에서 살아오면서 애정이 쌓인 노르들링이 도시의 파괴는

시가전

생각하기도 싫은 끔찍한 일이었다. 그는 진심으로 시가전을 그만두라고 콜티츠를 설득하기 시작했으나 콜티츠는 퉁명스럽게 대꾸했다. "나는 군인일 뿐이며 명령을 받고 수행하면 그만입니다. 저 레지스탕스 놈들 박살을 내버리겠어요." 노르들링은 일단 콜티츠에게 지금 벌어지고 있는 시가전에 의한 사상자 수습을 위하여 휴전을 제의하도록 요청했다. 시간을 벌기 위해서였다. 콜티츠도 동의했다. 콜티츠는 내심으로 히틀러의 파리 파괴 명령에 반대 의사를 굳히고 있던 터였다.

노르들링의 중재에 의하여 파리 시민군은 독일군과의 휴전에 합의

를 보게 되었다. 그러나 휴전 약속은 휴지 조각이 되었다. 탕귀가 자기 동의 없이 휴전을 합의한 것에 대하여 불같이 화를 내면서 공산당이 군사행동을 재개했던 것이다. 그의 궁극적인 목표는 수도가 파괴되든 말든 간에 파리에 대한 지배권의 장악이었다. 드골파가 황급히 말렸으나 이미 전투는 시작되었다. 휴전 합의가 깨지고 전투가 재개되었다는 사실을 보고받고 열 받은 콜티츠에게 히틀러의 최측근인 요들 장군으로부터 전화가 걸려왔다. 이 전화는 파리를 잿더미로 만들라는 히틀러의 명령을 콜티츠가 얼마나 수행하고 있는지 확인하기 위한 것이었다. 콜티츠는 현재 파리에서 폭동이 일어나고 있으며 이를 진압하느라고 도시의 파괴를 위한 아무런 조치를 취할 수 없었다고 얼버무렸다.

한편 파리로부터 레지스탕스에 의한 폭동 소식은 아이크를 당황하게 만들었다. 그리고 울화통이 울컥 치밀어 올랐다. 이는 그가 가장 피하려고 했던 사태였으며 잘못하면 전체 계획이 망가질지도 모른다고 생각했다. 아이크는 북아프리카 알

시가전

제리에 있는 드골을 황급히 불렀다. 아이크는 황급히 비행기로 날아온 드골에게 연합군은 현재의 파리 폭동에 개입할 의사가 없으며 드골이 나서서 수습했으면 좋겠다고 이야기했다. 이에 대하여 드골은 원래 계획을 수정해서 당장 연합군의 파리 진격을 촉구했다. 이는 현

재 파리가 공산주의자들의 장악 위협에 놓여 있기 때문이라는 것이었다. 그러나 아이크는 파리 수복을 위하여 연합군의 많은 희생이 따를 시가전에 말려들 것을 우려하면서 드골의 제의를 일단 받아들이지 않았다. 이렇게 해서 드골의 제의는 퇴짜를 맞았으나 그는 결코 포기하지 않고 있었다. 당시 드골이 기대하고 있는 장군이 있었으니 그가 바로 르클레르 장군이었다.

그는 파리에서 서쪽으로 150킬로미터 정도 떨어진 아르장탕에서 프랑스 제2기갑사단을 지휘하고 있었다. 그의 지휘하에 병사 1만 6,000명, 차량 2,000대, 탱크 450대가 파리 진격명령을 학수고대하고 있었다. 그때 르클레르는 파리로 진격할 때 필요한 가솔린과 탄약을 틈만 나면 뒷구멍으로 저장하고 있었다. 르클레르가 드골로부터 몰래 파리 진격을 준비하고 있으라는 지령을 받는 동안에 파리 시민들은 치열한 시가전을 벌이고 있었다. 시가전이 격화되면서 파리 시민군은 착실히 승리를 거두기 시작했다. 신문사, 정부 건물, 프랑스 대통령 관저인 엘리제궁 등 주요 건물들이 속속 레지스탕스의 손안에 들어왔다. 이런 와중에 파리의 운명이 콜티츠 사령관의 손에 달려 있었다는 것은 파리를 위해 정말 다행스러운 일이었다.

콜티츠의 고뇌와 결단

콜티츠는 파리를 잿더미로 만들라는 히틀러의 명령을 깔아뭉개기로 했다. 콜티츠는 노르들링을 불렀다. 사령부에서 콜티츠는 노르들링에게 파리의 운명은 연합군 수뇌부에게 달려 있다고 하면서 파리가 위기에 처해 있다는 사실을 연합군 사령부에게 알려주고 싶다는 의사를 피력했다. 이를 위하여 누군가가 독일군 전선을 통과하여 연합군 사령부까지 갈 수 있도록 정식 허가증까지 내주겠다고 말했다. 노르들링은 귀가 번쩍 뜨였다. 콜티츠는 윗도리 안주머니에서 파리를 파괴하라는 히틀러의 명령서를 끄집어서 보여주었다. 그리고 지금까지는 이 핑계 저 핑계 둘러대면서 명령을 회피해 왔지만 이제는 더 이상 둘러댈 수 없음을 호소했다. 그러니까 연합군이 하루빨리 파리로 들어와서 이 상황을 정리해야 하지 않겠냐는 것이었다.

콜티츠가 만들어준 통행 허가증을 들고 사령부에서 나온 노르들링은 함께 동행할 인물 4명을 긴급히 모았다. 먼저 파리 레지스탕스의 회계 담당인 팔레였고 두 번째는 1940년 당시 국방성에서 드골과 함께 근무한 적이 있던 로렝이었다. 세 번째는 벤데르라는 인물로 스위스 기업의 파리 주재원이었으나 사실은 독일 첩보기관인 방어국의 정보원이었다. 벤데르는 파리를 구하기 위한 이 공작을 돕기로 결심했다. 그의 지위로 인해 검문소 통과가 훨씬 쉬워질 터였다. 네 번째 인물은 아르누라고 칭하는 인물이었는데, 표면상으로는 파리 적십자사의 대표로 되어 있었으나 영국 첩보기관의 올리비에 대령이었다. 그런데 그날 저녁 급작스러운 사건이 발생했다. 62세의 노르들링이 갑자기 심장발작을 일으킨 것이다. 급히 그의 핀치 히터로 나선 사람은 그의 동생 롤프 노르들링이었다. 다행히 머리글자와 성이 통행허가증의 것과 똑같아 모두가 안도의 한숨을 내쉬었다.

독일군 검문소를 통과하는 등 천신만고 끝에 일행이 연합군 사령부에 도착한 것은 이튿날 아침이었다. 이들은 패튼 장군에게 인도되었다. 패튼은 대충 얘기를 듣고 이들을 지프차에 태워 상급 부대인 브래들리 사령부로 보냈다. 그러나 최후의 결정은 아이크에게 달려 있었다. 콜티츠가 파리를 파괴한 자로서의 이름을 역사에 남기고 싶어 하지 않듯이 파리의 상황을 전해 듣고 있던 아이크 역시 파리의 파괴를 방관했다는 오명을 뒤집어쓰고 싶지 않았다. 한편으로는 키는 장대처럼 크고 코는 남산만 한 위압적인 드골의 얼굴이 계속 어른거리고 있었다. 나중에 파리가 파괴된 이후 이 고집불통 인간이 떽떽거릴 생각을 하니까 머리가 지끈지끈해졌다. 그러나 입장을 바꾸어 생각해 보면 드골의 애국심도 어느 정도 수긍이 가지 않는 것도 아니었다.

진격 그리고 해방

마침 브래들리와 노르들링 일행이 도착하여 파리의 상황을 보고하자 아이크의 마지막 망설임은 말끔히 사라졌다. 울고 싶은데 뺨을 때려준 격이었다. 아이크는 나중에 파리로 진격한 이유를 이렇게 말했다. "내 결정은 급박하게 돌아가는 파리의 상황 때문에 부득이 취해진 것이다. 정보에 의하면 독일군과 큰 전투는 없을 것 같았다. 1개 사단 혹은 2개 사단 정도가 밀고 들어가면 파리 해방은 이루어질 것으로 판단되었다." 브래들리는 프랑스 기갑사단에

파리에 입성한 프랑스군

게 전속력으로 진격하도록 지시하고 이어 미군 제4사단에게도 파리 진군의 명령을 내렸다. 프랑스군은 발에 불이 나도록 달려가고 싶었으나 파리의 진격은 생각만큼 쉽지 않았다.

콜티츠는 아직도 양심과 군인으로서의 의무감의 틈바구니에서 고뇌하고 있었다. 파리의 파괴는 가급적 피하겠지만 파리 외곽에서는 가급적 전력을 기울여 방어하고 싶었다. 아니 방어를 하는 척 하는 심정이었을 것이다. 파리로 향하는 길목길마다 양군은 치열한 접전이 벌어졌다. 전투는 온종일 계속되었다. 하여튼 프랑스군은 점차 파리에 가까워져 가고 있었다. 드디어 오후 9시 22분, 선봉에 선 탱크 3대가 난관을 뚫고 파리 중심부의 시청사 앞에 도착했다. 다음날 8월 25일 르클레르 사단은 오전 8시부터 10시 30분 사이에 모두 파리에 입성했다. 그 바로 뒤로 미 제4보병사단이 뒤따라 들어왔다. 프랑스군의 도착과 함께 열광적인 축제가 시작되었다. 그날 오후 3시경, 콜티츠는 파리 주둔 독일군의 항복 문서에 서명했다. 1시간쯤 후에 샤를 드골이 검은색 컨버터블을 타고 파리에 들어왔다.

그는 환호하는 인파를 제치고 몽파르나스 역에 있는 사령부로 천천히 걸어갔다. 사령부에는 르클레르와 참모들 그리고 탕귀 대령이 기다리고 있었다. 두 사람은 잠시 말이 없다

파리해방 후 시가행진

가 드골이 먼저 라이벌의 손을 잡았다. 드골의 승리였다. 이틀 뒤 수많은 파리 시민들이 샹젤리제 거리로 쏟아져 나왔다. 그리고 개선 행진의 선두에 선 자유프랑스 군의 지도자 드골 장군에게 환호했다. 한편 모두가 환호하면서 어쩔 줄 몰라 하는 가운데에서도 점령자들에게 부역했던 사람들은 얼마 안 가서 죄의 값을 톡톡히 치르기 시작했다.

쉰들러 리스트

할리우드의 지존, 스티븐 스필버그 감독 / 의인義人, 오스카 쉰들러

I. 쉰들러 리스트(1994년), Schindler's List

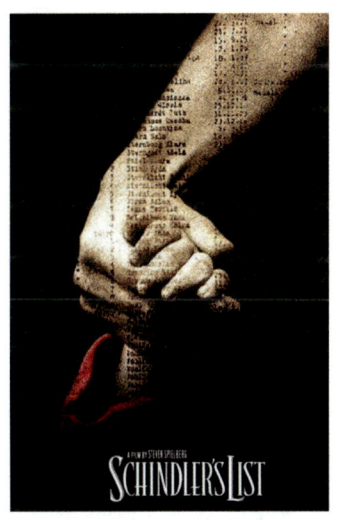

영화 〈쉰들러 리스트〉는 토머스 케닐리의 소설『쉰들러의 방주(Schindler's Ark)』를 원작으로 해서 만들어졌다. 1994년 66회 미국 아카데미 시상식에서 7개 부문(작품상·감독상·각색상·촬영상·편집상·미술상·음악상)에서 수상했다. 홀로코스트라는 끔찍한 상황에서 약 1,100명의 유대인을 구해내는 독일인 오스카 쉰들러의 이야기를 담고 있다. 이 영화는 쉰들러라는 한 사람의 선의 善意가 세상을 어떻게 변화시키는가를 그리고 있다.

스필버그는 당초 이 영화의 이야기가 무겁고 어두워서 흥행이 어려울 것으로 예상했지만, 결과는 정반대였다. 예산의 10배 이상의 이익을 거둬들이며 흥행 대박을 쳤다. 아울러 평단도 호평 일색이면서 스필버그에게 마침내 아카데미 작품상과 감독상을 안겨주는 뜻깊은 영화가 되었다. 그전까지 스필버그를 상업 영화만을 연출한다고 깔보았던 평론가들의 편견을 바꾸어 놓는 계기가 되었다. 이 영화는 시작 부분에서 나오는 유대교 예배를 비롯해서 다섯 장면만 컬러로 처리했다. 나머지는 모두 흑백이다. 이 다섯 장면 중에서 가장 인상적인 신은 빨간 코트를 입은 여자아이의 모습이다. 이 소녀는 실제로 나치에 희생당했다. 홀로코스트의 희생자들을 대표하는 상징하는 강렬한 장면이다. 이와 같은 일부 컬러를 삽입하면서 절묘한 영상을 만들어낸 촬영감독 야누스 카민스키는 이 영화 바로 직후 찍은 〈라이언 일병 구하기〉에서도 뛰어난 촬영 솜씨를 보여주었다. 이후 그는 스필버그의 모든 영화에서 쭉 함께 쭉 일해오고 있다.

이 영화는 아우슈비츠 수용소 바로 옆에 만들어진 세트에서 두 달 넘어 촬영이 진행되었다. 독일인 배우들과 이스라엘인 배우들은 아무런 문제없이 조화를 이루면서 작업했다. 나치 친위대 역할을 한 독일인 배우들은 스필버그에게 조상의 수치스러운 과거를 청산할 수 있는 기회를 주어 감사하다는 말을 했다고 한다. 스필버그는 영화를 독일어와 폴란드어로만 찍고 자막을 쓰려고 했다. 그러나 관객의 시선이 화면 아닌 자막에 집중되는 것을 우려해서 영어를 위주로 해서 촬영했다. 음악은 영화음악의 대가인 존 윌리엄스가 담당했다. 그는 처음에 자기보다 나은 음악가가 맡아야 한다고 고사했으나 스필버그가

"맞습니다. 그런데 그 사람들은 모두 고인이 됐어요"라고 응답했다. 듣는 사람의 심금을 울리는 주제 선율은 폴란드계 유대인이며 바이올린의 세계적 명장인 이작 펄만이 연주한다.

이 영화는 주인공 쉰들러(리암 니슨 분)와 그의 유대인 회계사 이자크 스턴(벤 킹슬리 분), 그리고 사이코 악역이기도 한 나치의 수용소장 아몬 괴트(랄프 파인즈 분) 등 3인이 이끌어 간다. 쉰들러와 이자

리스트를 작성하고 있는 쉰들러와 이자크

크는 대조적 캐릭터의 인물들이다. 쉰들러는 술고래이지만 이자크는 술을 입에 거의 대지 않는다. 쉰들러가 경영에는 무관심해 소위 '술상무'와 같은 역할을 하지만 이자크는 실제 경영을 담당한다. 한 명이라도 더 살리려는 쉰들러에 대해서 나치 광기의 상징을 대표하는 인물은 심심풀이로 유대인을 쏘아 죽이는 수용소장 아몬 괴트이다. 수용소의 유대인들을 재미삼아 총으로 사냥하던 괴트는 전쟁이 끝난 후 폴란드에서 재판을 받고 교수형에 처해졌다.

원작을 쓴 호주 작가 토머스 케닐리는 1980년 어느 날 LA 베벌리힐스의 가죽 제품 가게에 들렀다. 이때 주인인 유대인 페퍼버그가 얘기해 준 쉰들러의 이야기에 흥미를 느껴 소설화 작업에 착수했고 1982년에 출간했다. 케닐리로부터 판권을 사들인 스필버그는 여러 사람의 손을 거쳐 시나리오를 완성했다. 그러나 정작 스필버그는 본

인이 유대인이었기 때문인지 감독을 맡기에는 부담감을 느꼈다. 그래서 머뭇거리다가 고심 끝에 명장 마틴 스코세이지에게 연출을 맡기려 했다. 스코세이지는 아무래도 이탈리아계인 자신보다 유대계 감독이 연출해야 할 프로젝트라며 정중하게 거절했다. 스필버그는 이 영화로 얻은 자기 몫의 개런티 전액을 홀로코스트 역사재단 '쇼아 파운데이션'에 기부하였다. '피가 맺힌 돈(blood money)'이라 도저히 받을 수 없었다고 하면서.

II. 할리우드의 지존, 스티븐 스필버그 감독

할리우드의 지존이라고까지 불리는 스티븐 스필버그는 모든 영화 장르를 망라하는 천부적인 감각과 재능으로 관객을 사로잡아온 현 세기 최고의 흥행 감독이다. 자신만의 독특한 시각으로 정치적이고 사회적으로 민감한 소재를 따뜻하고 인간적으로 소화하는 데 뛰어난 역량을 가지고 있다. 한편으로는 할리우드의 모

스티븐 스필버그

든 배우들이 함께 작업하기를 원하는 온화한 감성의 소유자이기도 하다.

오하이오주 신시내티에서 출생한 스필버그는 유대인 집안에서 피아노 연주자 어머니와 전기기사 아버지 밑에서 자랐다. 어릴 적부

터 영화를 너무나 좋아해 늘 비디오카메라를 들고 다녔던 그는 스스로 영화를 만들기 시작했다. 13살 나이에 만든 8mm 단편영화를 친구들에게 돈을 받고 보여줄 만큼 어려서부터 예술과 비즈니스를 챙기는 천부적인 소질이 있었다. 상상력이 누구보다 뛰어났던 그는 알프레드 히치콕 감독의 영화를 좋아했다. 1970년 롱비치 캘리포니아 주립 대학 영문과를 졸업한 다음 TV 영화감독으로 활동하다가 영화 〈격돌〉로 주목을 받기 시작했다.

그의 이름을 세계적으로 알린 영화는 1972년도에 만든 〈죠스〉였다. 불과 26세의 젊은 나이에 최초의 블록버스터이자 서스펜스 걸작을 만들어 엄청난 히트를 기록한 것이다. 〈죠스〉의 놀라운 성공 이후, 스필버그는 할리우드 영화산업을 뒤흔들 정도의 거물 홍행사로 자리를 잡았다. 이어서 그는 〈인디아나 존스〉 시리즈를 비롯해서 여러 흥행작을 줄줄이 내놓으면서 스필버그는 베이비붐 세대의 이상과 현실을 영화화하는데 특출한 재능의 감독이라는 평가를 받기에 이른다. 1993년에는 〈쥬라기 공원〉으로 본인의 영화였던 〈E.T.〉의 세계 흥행 기록을 경신하기도 했다. 그는 역대 흥행 1위 기록을 세 번이나 갈아치운 어마어마한 기록의 보유자다.

흥행 감독으로 대성공한 스필버그는 한편으로는 자신이 존경해 마지않는 존 포드·알프레드 히치콕·프랭크 카프라·데이비드 린 등의 거장들과 같은 위치에 오르기를 마음속으로 열망하고 있었다. 동시에 이미 거장의 반열에 오른 같은 나이 또래의 프랜시스 코폴라와 마틴 스코세이지와 같이 존경도 받고 싶어 했지만 비평가들은 물론 대중도 그를 진정한 예술가로 인정하지 않았다. 모두들 그를 한낱 흥행몰이 감독 정도로만 치부했던 것이다.

그러나 1994년, 〈쉰들러 리스트〉로 마침내 아카데미 작품상과 감독상을 수상하면서 흥행과 작품성 모두에서 쾌거를 이루었다. 이를 계기로 스필버그의 작품에 대한 비평계와 대중의 시선은 변하기 시작했다. 그리고 1999년 〈라이언 일병 구하기〉로 아카데미 감독상을 수상하며 자신에 대한 평단과 대중들의 흥행위주의 감독이라는 시선을 완전히 불식시켰다. 2000년대에 들어와서도 왕성한 활동을 보이며 〈마이너리티 리포트〉〈캐치 미 이프 유 캔〉〈터미널〉〈우주전쟁〉〈뮌헨〉〈링컨〉〈스파이 브릿지〉〈더 포스트〉〈웨스트 사이드 스토리〉와 최근의 본인의 자전적 영화 〈파벨만스〉에 이르기까지 다양한 걸작들을 내놓고 있다. 다른 감독 같으면 평생 한 번 만들기도 힘든 작품들을 장르와 내용을 넘나들면서 연거푸 만들어내고 있는 것이다.

대체적으로 스필버그의 영화 저변에 흐르는 것은 가족과 어린이들에 대한 깊은 애정이다. 이 애정을 대표적으로 담은 영화가 1982년에 발표된 〈E.T.〉였다. 외계인과 친구가 되는 소년의 이야기를 그린 이 가족영화는 남녀노소 상관없이 전 세계 관객들의 순수한 동심을 자극했던 것이다. 스필버그 얼굴 자체가 천진난만하다. 때때로 순진무구하기까지 한 경탄과 믿음의 메시지가 대부분의 그의 영화에 녹아 있다. 그래서 그런지 스필버그의 영화는 전반적으로 긍정적이다.

스필버그는 가족이든 연인이든 친구든 사이가 한 번 틀어지더라도 결국에는 다시 복원될 수 있다는 것을 대부분의 그의 영화에서 보여주고 있다. 영화처럼 실제에서도 스필버그는

단짝 행크스와 스필버그

한 번 같이 작업한 스태프들과도 거의 평생을 함께한다. 영화음악의 대가 존 윌리엄스가 가장 오래된 친구이고 시나리오 작가 존 쿠쉬너, 촬영 감독 카민스키 등 스필버그는 항상 같은 사람들과 일한다. 이 사람들도 스필버그와 함께 일하는 것을 편하게 생각하고 가족같이 생각한다고 한다.

스필버그는 할리우드의 지존이라고 할 만한 위치에 있는 지금도 여전히 겸손하고 대인관계에 있어 수줍어하는 성격이다. 아직도 성실하고 예의 바른 모범생 같은 이미지를 풍기고 있다. 그는 비록 거장급 감독이지만 촬영장에서 새 영화를 찍을 때마다 긴장이 된다고 한다. 믿기 어려운 얘기다. 그 긴장이 극단적으로 심해져서 공황 상태에 가까워질 때면 언제나 기발한 아이디어가 떠오른다고. 스필버그는 촬영장에서 리허설을 하지 않는 것으로도 유명하다.

III. 의인義人, 오스카 쉰들러

오스카 쉰들러는 1908년 4월 28일, 당시 오스트리아-헝가리 제국의 모라비아의 스비타비에서 농기계 공장을 운영하던 부모의 아들로 태어났다. 쉰들러 일가는 16세기에 빈에서 모라비아로 이주한 독일계였다. 자라면서 아버지의 공장

오스카 쉰들러

에서 일하던 그는 1939년에 나치당에 자원 입당했다. 이후 1939년 9월, 나치 독일이 폴란드를 점령하자 한밑천 잡아보겠다고 폴란드의 크라쿠프로 갔다. 그는 그곳에서 나치 독일로부터 군납용 법랑 용기를 만들고 있던 유대인 소유의 공장을 불하받았다.

이때 쉰들러는 친하게 지내던 나치당 친위대 장교인 슈츠슈타펠로부터 유대인 노동자를 공급받았다. 강제 수용소에 수감된 유대인들을 차출해 거의 공짜로 부려먹으려고 공장으로 데려온 것이다. 그런데 기특하게도 쉰들러는 이 특권을 교묘하게 이용하여 어린이나 여성, 대학생들을 숙련된 금속공이라 속이고 자신의 공장에 데려와 은밀히 보호하기 시작했다. 이때 그는 암시장에서 모자라는 물자를 조달하거나 유대인 소녀와 키스했다는 등 불미스러운 이유로 악명 높은 게슈타포의 조사를 받았다. 그는 돈과 보석, 미술 작품 등을 바리바리 싸서 뇌물로 바치면서 간신히 사건을 무마하기도 했다.

1944년부터 많은 유대인이 아우슈비츠로 이송되기 시작했다. 여기서 쉰들러는 약 1,100여 명에 달하는 유대인의 목록(쉰들러 리스트)을 작성하고, 체코 모라비아의 브린리츠에 군수물자 공장을 세운 다음 이들을 이곳으로 빼돌리는 계획을 세웠다. 이들을 이송하는 과정에서 여성 유대인들 300여 명이 행정 착오로 아우슈비츠로 이송되어 가스실 처형 직전에 놓이자 이들을 아슬아슬하게 구출해서 브린리츠로 데려오기도 했다. 전쟁이 막바지에 이르자 7개월 동안 공장은 거의 가동되지 못했고 생산량 수치를 위조하는 방식으로 독일 당국을 눈속임했다.

하지만 수입이 없어지자 데려온 근로자들의 생계유지와 독일 관리 매수를 위해 자기 재산을 탈탈 털어 수백만 마르크를 지출했다. 쉰들러는 나치 장교들에게 뇌물을 주면서 버텼던 것이다. 쉰들러는 파산 직전까지 갔다. 전쟁이 끝났다. 쉰들러로 인해 목숨을 구한 근로자들은 금이빨을 녹여서 반지를 만들어 선물했다. 반지에는 탈무드에 나오는 글귀가 적혀 있었다.

'한 사람을 구함은 온 세상을 구함과 같다.'

종전 후 부인과 아르헨티나로 이민을 가서 양계를 하는 등 농장을 운영하기도 했으나 여의찮아 혼자서 독일로 귀국했다. 이후 시멘트 공장 등 몇 가지 사업을 시작했지만 모두 실패했다. 다행히 쉰들러에 의해 목숨을 건진 유대인들이 도움을 줘서 근근이 먹고살 수준은 되었다. 1962년에는 이스라엘 홀로코스트 기념박물관인 야드 바셈에서 오스카 쉰들러에게 열방의 의인*이라는 칭호를 부여했다. 이후 1974년 10월 9일 암으로 세상을 떠났고, 시신은 예루살렘의 묘지에 안장되었다. 묘지는 유대인들의 성지인 시온산에 있는데, 그는 시온산에 묻힌 유일한 나치 당원이다. 지금도 이 묘지를 향한 쉰들러를 추모하는 유대인들의 발길이 끊어지지 않고 있다.

쉰들러 묘지

---

* 열방列邦이란 모든 민족들을 가리킨다. 열방의 의인은 이스라엘에서 사용되는 명예 칭호이다. 홀로코스트 때 비유대인으로서 나치로부터 유대인을 구해낸 사람들에게 이 칭호가 수여된다.

대부 1

살아있는 전설, 알 파치노 / 마피아의 역사와 주요 인물들

I. 대부 I (1973년), The Godfather

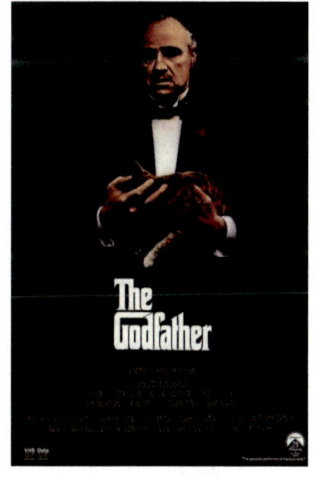

〈대부 1〉은 1972년 프랜시스 포드 코폴라 감독이 마리오 푸조의 원작 소설을 기반으로 만든 175분짜리 대작 영화이다. 이후 세계적인 절찬을 받으며 그해 아카데미 작품상·남우주연상·각색상을 수상하는 영광을 누렸다. 이 영화에는 말론 브랜도·알 파치노·로버트 듀발·제임스 칸 그리고 다이앤 키튼 등 유명 배우들이 대거 출연해 최고의 연기 각축을 벌였다. 각색은 코폴라와 원작자 푸조의 공동 작업으로 이루어졌다. 이 두 사람은 이 영화의 성공에 힘입어, 1974년에도 속편을 만들

게 된다.

 소설이 나오자마자 역시 이탈리아 계통인 코폴라 감독이 당장 영화로 만들고자 했다. 영화사는 파라마운트사였다. 그런데 마피아가 '너희들 우리 얘기 영화로 만들면 죽어!' 하며 들고 일어났다. 실제로 파라마운트사에 폭파 장치까지 했다고 한다. 소스라치게 놀란 파라마운트사는 영화 속에서 마피아라는 말을 절대로 쓰지 않기로 하고 거액을 줘서 겨우 이들을 무마했다고 한다. 그래서 1편에는 마피아라는 말이 한마디도 나오지 않는다. 속편에 가서야 마피아라는 말이 등장한다. 재미있는 것은 영화가 만들어지고 난 다음이었다. 마피아들은 원래 일자무식쟁이들이 태반이다. 이들에게 영화는 좋은 교과서가 되었다. 소설은 까막눈이라 아예 못 읽으니 영화만 수십 번, 수백 번 보고 또 보면서 말론 브랜도와 알 파치노의 말·동작·얼굴 표정을 그대로 흉내 내어 개폼들을 잡기 시작했다.

▶ 비토 콜리오네와 아들 마이클

 코폴라 감독이 비토 콜리오네 역으로 점찍은 말론 브랜도는 갖은 기행과 독선적이고 까칠한 태도 때문에 할리우드의 제작자들이 매우 꺼리던 배우였다. 더구나 영화 속의 콜리오네는 60대 노인인데, 40대에 불과한 말론 브랜도가 60대 노인을 연기해야 한다는 사실도 큰 부담으로 작용했다. 그러나 브랜도는 즉흥적으로 콜리오네의 모습이 불독을 연상시키는 얼굴이어야 한다고 생각했다. 그래서 입안에 솜을 밀어 넣은 채 우물우물 말을 하면서 테스트를 받아 관계자들을 깜짝 놀라게 했다.

아카데미는 그에게 남우주연상으로 화답했지만, 정작 브랜도는 수상을 거부했다. 그 대신 인디언 의상을 입은 인권 운동가 리틀 페더가 나와 미국 인디언에 대한 부당한 처사에 항의하는 브랜도의 뜻을 전달해 또 한 번 화제가 되었다. 이 영화는 이후 많은 아류亞流 갱 영화들을 낳았고, 그 결과 할리우드 영화들에 갑자기 갱들이 미화되어 묘사되는 풍조를 불러왔다. 또 이탈리아인들이 만들고 이탈리아인들이 주연한 영화들의 전성시대를 가져오기도 했다. 〈대부〉는 정의와 불의의 구별이 모호해진 시대, 법이 힘없는 자들 편에 서지 않는 시대, 그리고 왜곡된 미국의 꿈이 팽만한 시대를 사는 당시 미국인들에게 강렬한 호소력을 지녔던 보기 드문 작품이었다.

이 영화는 이탈리아 이민자들이 아메리칸드림을 꿈꾸며 마피아 대부로 어떻게 자리 잡아 가는지를 서정미 넘치는 화면, 수려한 음악과 함께 장대하게 그려 나가고 있다. 당시로는 신인에 불과한 코폴라의 꽉 짜인 연출로, 본격적인 TV 시대의 개막으로 위기에 봉착했던 미국 영화계의 탈출을 알리는 신호탄이기도 했다. 이 영화가 나온 이후로 모든 갱스터 영화는 이것의 기준에 의해서 판단되어 왔다고 해도 과언이 아니었다. 그것이 유대인 폭력단에 대한 것이라면 '유대인 대부', 중국의 지하 세계에 대한 것이라면 '동양의 대부', 현대에 일어난다면 '현대의 대부'가 되는 등 이른바 '대부 신드롬'을 창조한 갱스터 영화의 기념비적 걸작이 된 것이다. 는 1972년 개봉되면서 미국 영화사상 최고의 흥행 수입을 기록했다.

영화 〈바람과 함께 사라지다〉가 30년간 유지한 난공불락의 흥행 기록을 단숨에 갱신한 것이다. 음악은 〈태양은 가득히〉〈길〉〈로미오와 줄리엣〉 등에서 주옥같은 명곡을 만든 영화음악의 거장 니노 로타가 담당했다. 코폴라 감독은 처음에는 음악가인 아버지에게 맡길 예정이었으나 아버지에게서 마음에 드는 곡을 발견하지 못했다. 그래서 공과 사를 분명히 하면서 니노 로타를 찾게 되었다고 한다. 이래서 불후의 영화음악 중의 하나인 〈대부〉의 음악이 탄생했다. 코폴라 아버지의 작품은 결혼식 피로연 시퀀스에서만 일부 사용되었다. 이 영화가 개봉이 되고 나서 아주 난처한 입장에 빠진 가수가 있었는데 그가 바로 프랭크 시나트라였다. 영화에서는 가수 조니 폰테인이 직접 출연했는데 이 조니 폰테인이 맡은 역이 실제로는 시나트라라는 소문이 퍼져나갔다. 그동안 마피아 덕분에 연예계를 좌지우지할 수 있었다는 비난이 그를 몹시 당혹스럽게 만들었다. 여론들 역시 '아니 땐 굴뚝에 연기 날까'라는 식으로 시나트라에게 우호적이지 않았다.

당시 제작사인 파라마운트사가 이 영화를 개봉하면서 남긴 메시지가 오늘날에도 우리에게 긴 울림을 남겨준다.

"정치가는 이 영화에서 인간의 낌새를 터득하라. 그리고 사업가는 이 영화를 보고 현 사회를 배워라. 젊은이는 어버이와 자식 간의 애정을 보라. 여성은 뜨겁고 깊은 사랑의 진수를 만끽하라. 우리는 이 영화 한 편을 인생의 지침으로 삼아야 한다."

한 세기에 한 번 나올까 말까 한 걸작이라는 것이 당시 세간의 평이었다.

II. 살아있는 전설, 알 파치노

할리우드를 대표하는 명배우 중 한 명으로 살아있는 전설로 일컬어진다. 〈대부 시리즈〉〈스카페이스〉〈여인의 향기〉〈칼리토〉〈히트〉〈형사 서피코〉〈아이리시맨〉 등 여러 명작들에 출연했다. 20세기가 낳은 최고의 배우 중의 하나라는 평을 받을 정도로 연기력은 타의 추종을 불허한다. 영

알 파치노

화계뿐만 아니라 브로드웨이로 대표되는 연극계에서도 최정상급의 성공을 거둔 보기 드문 커리어의 소유자이다.

파치노는 1940년 4월 25일 뉴욕 이스트할렘의 빈민가에서 태어났다. 시칠리아 출신 부모에게서 태어난 그는 어렸을 때 아버지가 집을 나가자 어머니와 둘이 브롱크스의 단칸방에서 살았다. 조부모는 모두 시칠리아의 콜레오네 마을 출신이어서 〈대부〉에서 콜레오네 가문의 대부로 나오는 파치노와는 무슨 운명처럼 느껴진다. 10대 시절에는 뉴욕의 뒷골목에서 거칠고 험한 성장기를 보냈다. "어린 시절 어머니와 함께 영화를 보고 나면 집에서 혼자 연기하는 걸 흉내 내곤 했다"는 그는 1년간 청각장애를 가진 두 이모와 지내면서 대화 대신 몸을 쓰는 연습을 하기도 했다. 아마 그때부터 자연스럽게 연기의 달인이 됐는지도 모른다.

이후 연기를 가르치는 고등학교에 다니다가 1년 만에 쫓겨난 파치

노는 그때부터 스스로 벌어먹고 살아야 했다. 구두닦이·가구 운반자·사무실 비서·과일 광택 작업자·신문 배달원·슈퍼마켓 점원·경비원 등 안 해본 일이 없었다. 본격적인 연기자의 길을 밟기 시작한 곳은

〈여인의 향기〉에서 파치노

말론 브랜도와 제임스 딘 등을 키웠던 유명한 연기학교 액터스 스튜디오에 들어가고서부터였다. 그곳에서 최고의 연기력을 가르치는 전설적인 리 스트라스버그를 만나 사사했다. 스트라스버그는 영화 〈대부 2〉에서 파치노의 숙적으로 나오기도 한다. 2000년부터 '액터스 스튜디오'의 공동 대표직을 맡게 된 파치노는 현재까지 액터스의 대표직을 유지하고 있다.

파치노의 영화 데뷔작은 제리 샤츠버그 감독의 〈백색의 공포〉였다. 그는 2년 뒤 제리 샤츠버그 감독과 〈허수아비〉에서 다시 만나는데 진 해크먼과 함께 출연한 이 영화는 그해 칸 영화제에서 황금종려상을 받았다. 하지만 파치노에게 진정한 영화 인생의 길을 열어 준 것은 1972년도의 〈대부 1〉이었다. 라이언 오닐·워런 비티·잭 니콜슨·알랭 들롱 등 쟁쟁한 배우들이 마이클 콜레오네 역의 후보로 거론되었지만 코폴라 감독은 영화사 간부들의 강력한 반대를 물리치고 끝내 파치노를 발탁했다.

어느 인터뷰에서 파치노는 "누군가 내게 〈대부〉는 당신이 아니었어

도 훌륭한 영화였을 거라고 말했는데 그건 사실이다. 난 그저 그때 그 자리에 있었을 뿐이다"라고 겸손하게 당시를 회고하기도 했다. 70년대에 〈대부 1〉과 〈대부 2〉를 끝내면서 파치노는 할리우드에서 더 이상 오를 곳이 없는 최고의 위치에 오르자 극심한 권태감에 시달린다. 정작 본인은 그 시기를 회상해 보지만 항상 우울함과 술에 취해 있어 아무것도 기억이 나지 않는다고 술회했다.

침체기에 빠져있던 파치노는 이후 엘렌 바킨과 공연한 형사물 〈사랑의 파도〉와 〈딕 트레이시〉〈프랭키와 쟈니〉에 출연하면서 점차 명성을 되찾기 시작했다. 드디어 1993년에는 〈여인의 향기〉의 프랭크 슬레이드 역으로 마침내 숙원이었던 아카데미 남우주연상을 거머쥐면서 완전히 재기했다. 그러나 영화사적으로 좀 더 의미 있는 작품은 〈칼리토〉였다. 〈칼리토〉는 〈대부〉에서 시작된 파치노의 느와르 갱스터 연대기에서 하나의 정점을 찍었다.

할리우드의 두 전설 드 니로와 파치노

1996년 작 〈뉴욕광시곡〉은 알 파치노가 직접 연출하고 출연한 작품으로 호평을 받았다. 2019년에는 〈아이리시맨〉에서 로버트 드 니로·조 페시와 함께 출연하여 녹슬지 않은 명연기를 보여주었다. 80대를 바라보는 지금도 틈틈이 영화에 출연하면서 변함없이 노익장을 과시하고 있다. 파치노는 오랫동안 영화에 집중했지만, "나는 내가 연극배우로 인식되기를 바란다. 나는 무비스타가 되고자 한 적은 한 번도 없다"라고 할 정도로 연극은 여전히 그의 첫사랑으로 남아 있다.

파치노는 카리스마 있는 연기와 달리 내향적이고 수줍음을 많이 타는 성격의 소유자이다. 섬세하고 따뜻한 면모도 있고 의리도 있어 동료 배우들을 잘 챙기는 편이다. 파치노의 전기물인 『알 파치노와 로렌스 글로벨의 대화』라는 책을 쓴 글로벨은 파치노가 뉴욕 아파트에서 무척 검소한 생활을 하는 것을 보고 큰 감명을 받았노라고 말한 적이 있다. 〈대부〉 시리즈에서 마이클의 부인인 케이 역으로 나오는 다이앤 키튼은 파치노와 오랜 연인 사이였다. 그녀는 그와 결혼까지 생각했었지만 파치노의 플레이보이 기질 때문에 결국 헤어졌다고 한다. 자연인 파치노는 한 번도 결혼한 적 없는 남자로도 유명하다. 지금도 여러 여자들과 사귀고는 있지만 결혼은 생각이 없는 것 같다. 슬하에 1남 2녀를 두고 있다.

III. 마피아의 역사와 주요 인물들

마피아의 기원

마피아의 어원에 대하여는 여러 가지 설이 있다. 먼저 1282년 시칠리아 만종 사건*을 둘러싸고 시칠리아 기사들이 "Morte Alla Francia Italia Anela(프랑스인들을 죽이자)"라는 구호를 외쳤다고 한다. 바로 이 구호의 이니셜 'MAFIA'를 따서 마피아가 되었다고 한다. 또 한 가지는 지역 관리에게 딸이 유린당한 한 어머니가 시칠리아 방언인 '내 딸아!'에 해당하는 'Ma Fia!'를 외치고 돌아다녔고, 그 관리를 비밀 결사 조직이 혼내줬기 때문에 '마피아(Mafia)'가 됐다는 속설도 있다. 이밖에 여러 설이 있지만 정확한 어원은 확실치 않다.

지중해 한가운데 있다는 이유로 시칠리아 사람들은 여러 민족의 핍박의 역사 속에서 살았다. 그리스·로마·사라센·노르만·스페인·프랑스 등 무수히 많은 타지 사람들의 지배를 받아 왔다. 이들 수많은 지배 민족하에서 그들은 정부를 완전히 불신하게 되었고 자신들의 문제를 해결하기 위해서는 지배층에 호소하는 것이 아니라 그들과 같은 시칠리아인 중 더 현명하고 능력 있는 사람에게 부탁하게 되었다. 시칠리아인들은 정부나 경찰이 전혀 도움이 되지 않는다는 것을 알았기 때문이었다. 대부분 스스로가 복수를 하는 등 알아서 해결하기도 했고

---

* 시칠리아 만종 사건은 1282년 3월 30일 또는 31일에 팔레르모에서 프랑스 군인들이 유부녀를 추행하다가 살해된 사건을 계기로 시칠리아 전역에서 프랑스 앙주 왕조의 가혹한 착취에 반감을 품고 있던 민중들이 대거 봉기하여 수많은 프랑스인을 학살한 사건을 말한다.

스스로의 힘으로 해결하기 어려운 문제는 마을의 현자 혹은 해결사에게 원만한 해결을 부탁했다. 물론 폭력도 마다하지 않았다. 이 해결사를 중심으로 점차 조직을 만들기 시작했는데 이것이 마피아의 시작이었다.

19세기에서 20세기를 넘어가면서 마피아는 전국 조직으로 발전했고 미국 이민 붐이 일어나면서 마피아도 대서양을 건너 미국으로까지 진출한다. 사실 마피아라는 명칭은 자신들이 붙인 것은 아니고 이탈리아의 미디어들과 집행기관이 시칠리아 범죄 조직을 들먹이며 만들어진 명칭이다. 미국에서도 이탈리아 이민자들로 이루어진 범죄 조직이 만들어지자 매체나 기관에서 그들을 이탈리아와 같이 마피아라 부르기 시작해서 일반화되었다.

현대 미국 마피아의 발생지는 뉴욕의 이탈리아 이민자 빈민가였다. 20세기로 넘어오는 시점에 뉴욕의 이탈리아 이민자들의 거주 지역인 이스트사이드에서 시칠리안 범죄 조직인 파이브 포인츠 갱이 막강한 힘을 발휘하기 시작했다. 그들은 같은 지역의 유대인 갱단과도 자주 싸움질을 했다. 또 이스트 할렘 지역에서는 시칠리아 범죄 조직이 부상하기 시작했다. 브루클린에서는 나폴리 출신의 범죄 조직인 니어폴리탄 캐모라, 시카고에서는 이탈리아인이 많이 거주하는 19구역이 범죄 조직을 불러디 나인틴이라 불리기도 할 정도로 미국 전역으로 이탈리아 이민 범죄 조직이 번져나갔다. 그런데 이들은 전부 이탈리아 이민 사회에서 활동하며 강탈 수법도 비슷해 모두 같은 조직으로 오해받는 경우가 왕왕 있었다.

마피아의 온상, 금주법

 1920년 1월 17일, 근대 민주국가에서는 좀처럼 보기 힘든 일이 미국에서 일어났다. 바로 금주법의 제정이었다. 이 법에 따라 미국 내에서 술을 제조·판매·유통하는 모든 것이 불법이 되었다. 이 금주법은 1933년까지 무려 13년이나 계속되었다. 이런 법령이 생겨난 것은 공중의 도덕성 회복과 건강을 지키기 위한다는 명분 때문이었다. 원래부터 미국은 신교도가 주를 이루는 사회였기 때문에 음주가 식민지 시대부터 문제되어 왔었다. 그리고 1657년에는 매사추세츠 법원이 럼·브랜디·와인 등 알코올 도수가 높은 술에 대한 판매를 금지시킨 일도 있어 금주법은 사실 어제오늘의 일은 아니었다.

 그런데 미국이 이슬람 국가처럼 전통적으로 금주를 해온 나라도 아니어서 법령에 반대하는 단체도 나오고 국민들 역시 강제로 규제하는 것을 썩 내키지 않아 했다. 술을 마시는 사람들은 잘 알겠지만 법으로 못 마시게 한다고 쉽사리 포기하는 것이 아니다. 거꾸로 강제로 못 마시게 하면 더욱 마시고 싶어지는 것이 인지상정인 것이다. 따라서 불법 양조가 기승을 부리고 암암리에 유통이 되는 것은 당연한 일이었다. 금주법 기간 동안 주류 불법 유통으로 적발된 사례는 90만 건에 달했는데, 이 불법 유통에 관여한 것이 주로 정치인들과 범죄 조직이었다.

 범죄 조직 패거리들에게 금주법이야말로 눈먼 돈을 버는 황금알을 낳는 거위였고, 이를 틈타 이탈리아인 범죄 조직은 급속히 번창하게 된다. 마침 미국의 금주법이 시행되기 시작한 1920년대 초반, 독재자 무솔리니가 이탈리아 정권을 장악하자 수많은 이탈리아인이 조국을 떠나 미국으로 이민길에 오른다. 마피아들 역시 무솔리니 정권의 대대적인 소탕령 때문에 시칠리아를 떠나 미국으로 쫓겨 오게 된 것이다.

이렇게 무솔리니의 집권은 미국의 아메리칸 마피아의 기반을 깔아 놓는 가장 큰 원인이 되었다. 많은 이탈리아인이 미국으로 이민을 왔지만, 그들은 끔찍이 가난했고, 먹고살기 위해 갱 조직에 가입했다. 결국 범죄 조직이 비대해지게 마련이었다. 이탈리아인 범죄 조직들은 당연히 떼돈을 벌 수 있는 불법 주류 제조와 유통에 손을 대기 시작했다. 그 수익은 전통적인 범죄였던 보호 명목의 갈취, 도박, 매춘 사업은 저리 가라 할 정도로 점차 조직의 주 수입원이 되어갔다.

결국 미국의 금주법은 아메리칸 마피아를 탄생시키는 결정적인 주범이 된 것이다. 애초에 법으로 술을 못 마시게 한다는 발상 자체가 정치인들이나 종교인들의 한심하기 짝이 없는 발상이었다. 그런데 이것이 한심한 것으로만 그친 것이 아니라 오히려 마피아를 비롯한 암흑가의 세력을 키우는 등 사회적으로 커다란 해악을 끼친 악법이 된 것이다. 이렇게 금주법으로 돈을 쉽게 벌자 미국 대도시의 이탈리아인 범죄 조직은 막대한 자금력을 확보해 명실상부한 패밀리 형태를 갖추게 된다. 이렇게 세를 불리기 시작한 이탈리아인 범죄 조직들은 이익을 위해 도처에서 자신들이나 다른 민족의 범죄 조직들과 피 터지는 폭력 전쟁이 시작되었다.

갱들의 전쟁 - 럭키 루치아노의 등장

뉴욕에서는 프랭키 예일이 이끄는 이탈리아인 조직이 아일랜드 갱 조직인 '어메리칸 와잇 핸드'와 전쟁을 벌였고, 시카고에서는 알 카포네의 갱 조직이 아일랜드 갱 조직인 '노스 사이드' 갱

럭키 루치아노

단과 헤게모니 다툼 전쟁을 벌였다. 대공황이 극성을 떨기 시작하던 1930년과 1931년은 마란자노와 마세리아라는 두 시칠리아인이 뉴욕 지하 세계의 패권을 두고 치열한 전쟁을 벌이던 때였다. 이 전쟁을 일컬어 일명 '카스텔라마레세 전쟁'이라고 하는데 이 명칭은 마란자노가 시칠리아섬의 작은 마을 카스텔라마레에서 태어났기 때문이다.

이 전쟁은 마란자노와 손을 잡은 또 다른 군소 갱스터인 럭키 루치아노가 마세리아에 20발의 총알을 박아 넣으면서 끝났다. 마란자노는 여타 깡패들과는 달리 정규 대학을 졸업했고 설득력이 뛰어났으며 5개국 언어를 구사할 정도였다. 그는 라틴어로 된 시저의 원본까지 읽었을 정도로 인텔리였다고 한다. 마세리아를 처치한 마란자노는 이제 명실공히 뉴욕의 최고 우두머리로 우뚝 섰다. 여기서부터가 진정한 미국 마피아가 시작되는 시점이고 마란자노는 그 첫 번째 마피아 대부로 기록된다.

마세리아를 처치한 럭키 루치아노는 이탈리아 이민들이 몰려 사는

곳으로부터 몇 구역 떨어진 유대계와 슬라브인들이 사는 곳에서 이탈리아 이민의 후손으로 자랐다. 그는 그곳에서 같은 또래의 소년들과 소매치기, 좀도둑질 등을 저지르면서 범죄자로서의 경력을 쌓기 시작했다. 큰 체격은 아니었으나 대담하면서도 교활했고 머리도 비상했다. 그는 브루클린에서 꽤 큰 세력인 '파이브 포인트' 갱단에 픽업되어 활약하다가 1920년대에 독립하여 그 자신의 갱단을 만들어 사업을 시작했다.

럭키는 별명이고 본 이름이 살바토레 루치아노인 그는 원래 마세리아 조직의 일원이었다. 마세리아와 전쟁을 벌이고 있던 마란자노는 마세리아와 한 편인 루치아노를 조용히 불러 마세리아를 처치할 것을 주문했다. 루치아노가 이를 거절하자 심한 고문을 가했고 다행히 죽이지는 않았다. 그래서 죽지 않고 무사히 살아 돌아왔다고 해서 친구인 유대인 갱스터 랜스키가 이는 대단한 행운이 아닐 수 없다면서 '럭키'라는 별명을 붙여서 그렇게 된 것이다.

그런 루치아노에게 마란자노도 마피아 보스가 된 지 불과 6개월 만에 루치아노에게 살해당한다. 마세리아를 제거한 루치아노에게 크게 빚을 지기도 한 마란자노는 언젠가 루치아노에게 당할 것을 예상해서 호시탐탐 그를 제거할 기회를 노리고 있었다. 그러나 이를 눈치챈 루치아노가 보낸 자객에게 도리어 벌집투성이가 되었다. 새롭게 뉴욕의 지하 세계의 두목이 된 루치아노도 몇 년 세도를 누렸지만 당시 귀신 잡는 검사로 알려진 토마스 듀이에 의해 1936년 4월 1일 아칸소주 핫 스프링스의 한 호텔에서 체포되었다. 그는 사전에 국외로 도피할 수 있었으나 그가 벌인 사업을 그냥 팽개칠 수가 없어서 결국 감옥에서라도 계속 조직에 영향을 행사하는 쪽을 택한 것이다. 루치아노와 절친한 친구인 유대인 랜스키는 항상 그와의 우정으로 자신의 성공의 많은 부분이 이루어졌다고 생각했다. 이후 감옥에 있던 루치아노를 빼내기 위해 혼신의 힘을 다했다. 결국 2차대전이 한창이던 때 미 정부와 담판을 짓고 비록 미국에서 추방되는 조건이었지만 그를 석방시키는 데 성공했다.

1943년 연합군이 시칠리아에 상륙할 때 가장 필요로 했던 사람이 루치아노였다. 루치아노는 시칠리아 출신 부하들을 시칠리아에 파견하여 섬의 상황과 지리적 특성 등을 미군에 알려주는 조건으로 가석방된다. 전쟁을 벌이고 있는 미군 측에서는 루치아노가 마피아든 범죄자든 어떻든 상관없었다. 1945년 2차 대전이 끝나자 루치아노는 미국을 떠난다는 조건으로 정식으로 석방된다. 이후 그는 시칠리아에 머물면서 미국으로의 마약 운송에 관여하다가 1962년 1월 26일 65세의 나이로 나폴리에서 심장마비로 사망했다.

죽고 죽이는 관계였지만 마란자노와 루치아노는 미국 마피아 세계를 정립한 중요한 인물들이었다. 뉴욕의 지하 세계를 가장 먼저 통일하고 그 왕좌를 차지한 이는 마란자노였다. 그러나 오늘날 마란자노의 이름보다는 루치아노의 이름이 더 알려져 있다. 그 이유는 마란자노의 역할이 이탈리아-시칠리아 갱단을 통일시켰던 데만 국한시킨 반면에 루치아노는 단순히 마란자노를 이어받은 게 아니라 이탈리아계·아일랜드계·유대계를 총망라한 미국의 전 조폭 세계를 통일한 데 있었다.

 마란자노의 구상은 마피아의 원조인 시칠리아와 연결을 유지하면서 같은 혈통을 지닌 이탈리아 사람들끼리 비밀결사와 같은 조직을 만들어 끼리끼리 함께 해먹자는 것이었다. 반면에 루치아노가 구상하는 조직은 수익을 중시하는 기업적인 측면이 강했다. 그래서 루치아노의 비전은 단순히 이탈리안 마피아를 통합시킨 데에서 끝나지 않았다. 그는 랜스키·시겔 등 유대계 갱들도 포함한 보다 큰 규모의 갱스터 조직을 만들어 나갔다. 이때부터 사람들은 이 조직을 마피아를 뛰어넘어선 신디케이트라고 부르기도 한다.

 그래서 루치아노는 이탈리아계·유대계·아일랜드계 등을 떠나 민족을 초월하여 미국의 전 지하 세계를 통일한 인물로 기록된다. 이제 루치아노의 두뇌이기도 한 랜스키가 전체 신디케이트를 관리하면서 이 지하 사업을 더욱 확장하고 더욱 견고하게 만들었다. 이렇게 시작된 신디케이트 제국의 사업은 오늘날까지도 면면히 이어져 내려오고 있다.

금주법 해제 이후의 마피아

 1933년 금주법이 해제되고 주류 판매가 다시 합법이 되자 마피아는 수입원이 급격히 떨어졌다. 이 시점부터 그들은 방향을 전환해 노동조합의 결성·건설·위생 사업·마약 거래 같은 분야로 진출한다. 이 시기에 루치아노는 최고 자리에 오르고 평의회를 창설하면서 루치아노는 명실상부한 마피아계의 최고 보스로 등극한 것이다. 이 평의회는 영역 다툼 등 조직 간의 분쟁을 해결하고, 마피아의 이권 사업 정책 등을 세웠다. 다시 말해 미국 내에 자기들만의 왕국 하나를 건설해 놓은 것이다. 그러고는 이 왕국을 저희들끼리 '라 코사 노스트라(La Cosa Nostra)'라고 불렀다. 이 말은 이 왕국에서 우리끼리 치고받고, 죽이고 살리고, 뺏고 빼앗기고 하는 거니까 '너희들은 참견 마!'라는 의미이다.

영화 〈대부 1〉에서 바로 이 평의회가 등장한다. 비토 콜리오네(말론 브란도 분)의 아들 마이클 콜리오네(알 파치노 분)는 아버지의 복수를 하고 시칠리아로 피신하는데, 비토는 아들의 무사 귀환을 위해 평의회를 소집한다. 전국 마피아 대부들이 모두 한자리에 모인 것이다. 물론 뉴욕 5대 패밀리도 참석한다. 영화에 등장하는 평의회는 지금도 실제로 존재한다. 루치아노가 만든 위원회는 범죄 신디케이트로 거듭나고 패밀리 간의 평화가 시작되며 이후 마피아는 다시 성장 가도를 달리기 시작한다. 20세기 중반까지 마피아는 뉴욕에 기반을 둔 다섯 개 패밀리를 제외하고 26개 도시에 위원회를 조직했다.

뉴욕의 다섯 패밀리란 루치스·보나노·감비노·루치아노(추후 제노비스)·프로파치(추후 콜롬보) 조직을 말한다. 각 패밀리는 서로 독립적으로 운영되며 각각의 영역에 대한 통제권과 독점권을 가지게 되었다. 과거의 두목이었던 마란자노나 마세리아와 달리 루치아노가 이끄는 젊은 마피아는 유대인 범죄 신디케이트나 다른 민족의 범죄 단체들과도 협력을 해 더 큰 수익을 창출해 나갔다. 비록 배신을 하고, 자신의 보스를 죽인 인물이지만 루치아노는 구시대와 달리 범죄단체를 기업 경영하듯이 효율적으로 이끌었다. 20세기 중반에 들어오면서 특히 봉제 노동조합과 부두 노동조합에서 마피아 조직원들이 많은 활동을 했다. 이 밖에 건설·철거·폐기물 관리·트럭·항구·의류 사업 등 수익성 좋은 합법적 기업에 손을 뻗치고 노동조합 파업을 유도하고 입찰에 관여하는 등 광범위한 범위로 사업을 확장한다. 뉴욕시의 건설 프로젝트 대부분은 다섯 패밀리의 승인 없이는 수행할 수 없었고 항구나 하역에 관련된 모든 영역에서 마피아는 조합원을 장악했다.

오늘날과 같이 마피아가 커진 이유는 첫째, 1920년대 이탈리아에 등장한 독재자 무솔리니 때문에 시칠리아의 마피아들이 미국으로 대거 피신했기 때문이고 두 번째는 1920년부터 1933년까지 13년 기간이라는 오랜 기간 동안 실시되었던 금주법 때문이다. 세 번째로는 FBI의 수장 에드가 후버가 1924년부터 1972년까지 재직하면서 마피아에 약점*을 잡히는 바람에 마피아를 못 본 체하거나 소탕에 미적거렸기 때문으로 보는 이도 있다.

마피아 세력이 점차 수그러든 것은 루치아노를 감옥에 잡아넣은 귀신 잡는 검사라는 별명의 토마스 듀이와 전직 뉴욕 시장을 지낸 줄리아니 때문이었다. 특히 줄리아니는 연방검사 시절에 적극적으로 마피

---

* 에드가 후버는 평생을 독신으로 살았다. 그의 취향인 동성연애 사실이 알려지면 큰일 날 일이었다. 그런데 공교롭게도 후버의 동성연애 행위 사진이 마피아의 손에 들어간 것이다. 이를 알게 된 후버는 속으로 끙끙 앓기 시작하면서 이들의 범죄행각에 모르쇠로 일관하게 된 것이다.

아 소탕에 나서서 마피아 세력을 잠재우는데 큰 공헌을 세웠다. 줄리아니는 뉴욕의 5대 패밀리 중 보수들을 포함해서 11명을 기소했고 이 중 가장 악질이었던 살레르노에 대해서는 100년형을 구형하는 기염을 토하기도 했다. FBI도 후버가 죽은 다음에 뒤늦게 마피아 소탕 작전에 나섰다.

유대인 랜스키와 벅시

루치아노의 절친인 머리 좋은 마이어 랜스키는 폴란드계 유대인으로 1902년 가족을 따라 미국으로 이민해 왔다. 조폭들에게 황금의 시절이었던 금주법 시대에 랜스키는 같은 유대인인 벤자민 시겔(벅시라고도 부른다)과 손잡고 '벅 앤드 마이어'라는 갱단을 조직하여 떼돈을 벌었다. 이때 루치아노로부터 동업을 제의받으면서 이 세 사람은 죽마고우가 되었다. 특히 랜스키는 루

랜스키

치아노와 생사를 같이할 정도로 두 사람 간의 믿음은 돈독했다. 1936년 루치아노가 감옥에 들어가면서 동료나 부하들에게 남긴 단 한마디는 "랜스키와 협조하라"였다. 그리고 10년 후 이탈리아로 강제 추방당할 때도 "랜스키의 말은 무조건 믿고 따르라"였을 정도로 둘 사이의 신뢰는 대단했다.

마피아 세계에서 회계의 귀신이라고 소문났던 랜스키는 쿠바에 카

지노 세계를 열었고 쿠바산 설탕과 럼주 무역에도 관여하게 된다. 원래 유대인들은 회계 등 머리 쓰는 일에는 귀신들이다. 랜스키는 루치아노를 도와 전국적 범죄 신디케이트를 조직하는 데 중요한 역할을 했다. 그는 뉴욕·플로리다·아이오와·네바다의 라스베이거스까지 방대한 도박 제국을 건설했다. 그는 마피아와 손잡고 전국적 범죄 신디케이트를 구성하는 데 지대한 영향을 발휘했다. 이후 수십 년간 마피아 세계에서 강력한 영향력을 발휘했다.

1952년에 쿠바 대통령이 된 바티스타는 랜스키의 오랜 친구였고 이런 관계로 많은 마피아 보스들이 쿠바의 카지노에 너도나도 투자를 하게 되었다. 하지만 카스트로의 쿠바 혁명이 일어나는 바람에 바티스타는 쫓겨나고 랜스키의 카지노 사업도 종을 치게 된다. 이후 그는 마피아의 신디케이트를 운영하는 등 편안하게 노년을 보내다가 1983년 플로리다의 자택에서 사망했다. 그가 죽을 당시 그의 재산은 무려 4억 달러에 달했었다고 한다. 죽은 다음에 그 돈을 어디에 썼는지는 모르지만.

카지노로 유명한 라스베이거스 하면 랜스키와 같은 유대인 벅시 시겔을 언급하지 않을 수 없다. 해발 1920미터의 사막 한가운데 세계 최고 카지노 도시인 라스베이거스의 기초를 닦는데 기여한 인물로 프랭클린 루스벨트 대통령과 뉴욕의 유대인 갱단의 두목 벅시를 손꼽는다. 루스벨트 대통령은 1930년대 대공황을 극복하기 위한 뉴딜정책의 하나로 네바다 사막 가운데에 후버댐을 건설토록 했다. 세계 최대 토목건설 중 하나로 알려진 후버댐은 당시 실업자들의 일자리 창출

등을 위해 시작되었지만 댐이 완공된 이후에는 실업자가 된 근로자들이 아이러니하게도 도박장이 들어서기 시작한 라스베이거스에 몰려들기 시작했다.

후버댐이 착공하던 1931년, 네바다주는 미국에서 가장 쉽게 이혼할 수 있는 이혼법과 카지노 도박장의 합법화가 동시에 이루어졌다. 이렇게 카지노 합법화가 이루어지자 라스베이거스에는 여러 이름난 카지노들이 속속 들어섰다. 1945년까지 엄청난 도박비가 라스베이거스의 현금출납기로 흘러 들어왔고 사업가와 투자가들이 새로운 도시에 눈독을 들이기 시작했다. 마침 후버댐 때문에

벅시

사막 한가운데 있는 라스베이거스에 물을 무진장 공급함으로써 대규모 도시 형성이 가능해진 것이다. 이때 뉴욕에서 악명을 떨치던 벅시가 1946년 플라밍고 호텔을 건립하면서 마피아 자본이 라스베이거스 진출에 물꼬를 텄다. 이 때문에 일부에서는 벅시는 '라스베이거스의 아버지'라고 부르기도 한다. 그는 다혈질인데다 성질이 말도 못 하게 더러웠다. 그 세계에서 엽기적인 살인으로 악명이 자자했다. 벅시(Bugsy)란 말은 '잔인한 짓을 많이 해서 벌레 같은 놈'을 말한다.

그는 뉴욕에서 살인청부업자로 명성을 날렸지만 조직에서 손을 씻고 사업가로 변신한 뒤에는 합법적인 사업을 펼치고 싶었다. 그는 라스베이거스에서 카지노 사업가의 멋진 꿈을 키웠다. 라스베이거스에

서 카지노 게임을 하면서 불편한 문제점을 파악한 그는 멋진 카지노와 호텔을 짓는 사업을 구상한 것이다. 그의 사업은 술과 여자, 도박을 조합해 '사막의 오아시스'를 만드는 것이었다. 1945년 벅시는 루치아노의 마피아 조직에서 돈을 빌려 초대형 호화 호텔인 플라밍고 건립을 추진했다. 그러나 공사가 지연되면서 예상보다 훨씬 많은 예산이 소요되자 투자자였던 루치아노는 벅시가 밑 빠진 독에 물 붓기로 돈을 쓴다고 불평하기 시작했다. 약 2년에 걸친 공사 끝에 라스베이거스 최고 시설의 플라밍고 호텔이자 카지노가 1946년 12월 26일 개장했다. 하지만 설상가상으로 겨울비와 추위 때문에 개장식은 엉망진창이 되어버렸다. 초청받은 저명인사와 관객들이 참석하지 못했기 때문이다. 초장부터 호텔 카지노의 출발이 삐끗하고 개장 이후에도 매출이 죽을 쑤자 플라밍고 호텔은 파산 위기에 몰렸다.

결국 친구였던 루치아노와 랜스키는 벅시의 제거를 결정했다. 1947년 6월 20일 벅시는 자택에서 소파에 앉아 신문을 보고 있었다. 밤 10시 30분경, 몰래 들어온 자객의 기관단총에 의해 벅시는 그 자리에서 아작이 났다. 벅시가 암살당한 바로 다음날 마피아가 플라밍고 호텔 카지노를 접수했고 이듬해부터 경영 정상화에 성공했다. 벅시가 사라지자 동부의 여러 패밀리가 기업가들과 손을 잡고 대규모 카지노 건설에 나서면서 오늘날의 라스베가스가 탄생했다. 파란만장했던 삶을 산 벅시의 일생은 할리우드의 관심을 끌기에 충분했고 1991년 그의 일대기를 그린 영화 워렌 비티 주연의 〈벅시〉가 만들어졌다.

마피아의 쇠퇴

마피아가 이렇게 세를 불러나갔지만 그때까지만 해도 미국 정부에서는 이들에 대한 정확한 정보를 입수할 수가 없었다. 잡아넣으려 해도 마피아들은 증인을 협박하고 법 집행 관련 기관원들까지도 깡그리 매수했기 때문이다. 무엇보다도 FBI 국장인 후버가 마피아에 약점을 잡히고 있어 마피아 수사에 미적지근했기 때문이었다. 마피아가 전국을 장악하는 범죄 조직이라는 것이 국가적으로 인식이 된 것은 1951년 키포버 청문회(상원 의원 에스티스 키포버)에 의해서였다. 마피아로 의심되는 인물들에 소환장을 발부하고 일부는 증언도 들었지만 어느 누구도 의미 있는 정보를 발설하지 않았다.

마피아 조직원 중 처음으로 조직에 대한 정보를 까발린 사람은 1963년 조 발라치였다. 발라치는 마란자노와 마세리아가 전쟁을 할 때 마란자노 조직원이었다. 마란자노가 최고 보스가 된 후에는

발라치

그의 경호원을 맡았지만 6개월 만에 마란자노가 살해당할 때 루치아노의 행동 대원으로 활동을 했던 조직원이었다. 발라치는 마피아 중에서 최초로 침묵의 계율인 일명 오메르타를 깬 장본인이다.

이 사람이 유명해진 것은 1959년 체포됐을 때 뉴욕 5대 패밀리 대부 이름을 죄다 까발렸기 때문이다. 그전까지는 5대 패밀리를 뭐라고

딱히 부르질 못했는데, 이 사람 덕분에 이후 마피아들에 대해 감비오 패밀리니, 콜롬보 패밀리니 하는 말을 쓰게 된 것이다. 발라치는 마피아의 보복을 당하지는 않았고 1971년 연방교정병원에서 심장마비로 사망했다. 하여튼 발라치가 모조리 불어버리는 바람에 마피아는 더 이상 숨어 있을 수가 없게 되었다. 후버가 죽은 다음, FBI는 특별팀을 구성해 마피아 조직의 일망타진에 들어갔다. 이런 FBI의 노력의 일환으로 1980년대 초부터 라스베이거스의 카지노 사업을 좌지우지하던 마피아 일당들도 쫓아낼 수 있었다. 그리고 마피아에 장악되었던 전국의 노동조합들도 점차 정상을 되찾게 되었다.

뭐니 뭐니 해도 FBI가 마피아에 강력한 대응을 하기 시작한 것은 리코 법 때문이었다. 리코 법은 마피아 두목들을 잡아들이는 데 그야말로 극약이 되었다. 이 법은 범죄 조직패들을 가차 없이 형사 입건하면서 동시에 왕창 실형을 선고할 수 있도록 되어 있었다. 리코 법은 한 번의 범죄행위가 적발되어 유죄로 인정되면 최고 20년의 실형을 선고할 수 있었다. 이 같은 엄한 처벌은 마피아에게 큰 타격을 주게 되었다. 이 법안으로 1980년 초반부터 10년간 마피아의 부두목 13명과 중간 보스 43명이 줄줄이 쇠고랑을 차기 시작했다. 이때부터 마피아 세력은 급격히 하락 일로를 걷기 시작했다.

특히 '새미'라는 마피아 부두목이 1991년 FBI에 협조를 하면서 마피아의 쇠퇴는 눈에 띄게 나타났다. 새미는 뉴욕 5대 패밀리 중 하나인 감비노 패밀리의 부두목(콘실지엘레)으로 그 세계에서 막강한 위치에서 군림하던 인물이었다. 그는 수많은 살인 사건의 배후 인물로 이미 기소가 되어 있는 상태였다. FBI는 새미에게 패밀리의 두목을 잡는 데 협조를 하면 그의 기소에 대한 것은 전부 없는 것으로 하겠다고 약속하고 그를 증언대에 세웠다. 새미가 증언대에서 마구 털어놓

새미

는 바람에 감비노 패밀리의 보스였던 존 가티는 살인 등 죄목으로 종신형을 살게 되었다.

존 가티는 1980년대부터 웬만한 미국인은 다 알 만큼 유명했다. 언론에 자주 얼굴을 드러냈고 여러 차례 재판에 회부되었지만 매번 무죄 평결을 받아 '돈 테플론(Don Teflon)'이라는 별명까지 붙었다. 돈 테플론은 '좀처럼 잡아넣을 수 없는 왕초'라는 뜻이다. 하지만 죽마고우였던 새미의 배신으로 결국 종신형을 선고받았다. 새미 건을 계기로 증언을 한 증인에 대해 실형을 면제하고 재정 지원을 해주는 미국의 연방 증인 보호법이 생겼다.

물론 새미도 이런 증인 보호법에 의해 이름을 바꾸고 애리조나에서 새 생활을 시작했지만 1990년대 말, 제 버릇 개 못 준다고 그는 다시 범죄 세계에 발을 담근다. 그의 아들 제라드가 지역의 젊은 갱 조직 두목과 친구가 되고 새미는 마약 유통 조직을 만든다. 온 식구가 범죄 조직원이 되었다. 자신의 두목까지 팔아넘기고 살아남으려 했지만 개과천선은 못 한 경우였다. 어쨌든 새미 때문에 이후 패밀리를 배신하고 증언을 하는 수십 명의 조직원들이 여기저기 계속 등장하면서 마

피아의 세력은 더욱 쇠락해 갔다.

마피아의 세력이 약화된 또 하나의 요인은 이탈리아 이민자들이 세대를 이어오며 급격히 미국인으로 동화되기 시작했다는 것이다. 신세대들은 그들의 커뮤니티에 안주하기보다 주류 사회로 들어가 미국인으로 살아가기 때문에 조직원을 구하는 것도 예전처럼 만만치가 않게 되었다. 하지만 오늘날에도 마피아는 여전히 폭넓은 불법적 활동을 펼치고 있다. 여전히 살인·협박·부정부패·도박과 합법을 가장한 기업 진출·노동 착취·고리대금과 세금 포탈·주식 조작·돈세탁 등등.

마피아 조직

마피아의 조직을 보면 먼저 가장 높은 위치에 보스가 있고 그의 곁에는 콘실지엘레가 있다. 콘실지엘레는 조직의 자문이며 보스의 오른팔이기도 하다. 다른 조직과의 분쟁이 생겼을 경우 해결사 역할을 한다. 전통적으로 조직에서 오랜 경험을 쌓은 원로로 보스의 신임을 받는 인물이 맡는다. 서열로는 3위에 해당한다. 삼국지에 나오는 제갈량 같은 역할을 한다. 일종의 모사謀士다. 조직의 머리 역할을 한다. 영화 〈대부〉에서 변호사로 나오는 로버트 듀발이 바로 이 콘실지엘레이다.

전통적으로 콘실지엘레는 백퍼센트 이탈리아 사람이어야 하는데 비토 콜리오네가 이 전통을 깬 것이다. 그래서 다른 조직의 눈총을 받는다는 대목도 소설에 살짝 나온다. 보스의 아래는 언더 보스로 부두목인데 보스가 임명한다. 부두목은 조직의 모든 관리를 하며 수익성 높은 이권을 관리한다. 유사시 보스를 대신해 조직을 관리하는 실질적 후계자다. 부두목의 아래에는 카포레힘이 있는데 부두목은 하나지만 카포레힘은 중간 보스급으로 그 수가 여럿이다.

이들은 보스나 언더 보스가 임명하는데 자신의 구역을 관리하며 수익의 일부를 상납하고 할당된 실무를 처리하게 된다. 카포레힘은 실무를 담당하고 지역을 관장하기 때문에 왕왕 보스나 부두목보다 막강한 파워를 가지는 경우가 있다. 마지막 위치는 솔다티, 말 그대로 병사, 즉, 행동 대원 역할을 하는 조직원이다. 솔다티는 원래 부모 모두 이탈리아 사람이어야 될 수 있었는데 요즘은 아버지 쪽만 이탈리아인이면 될 수 있다고 한다.

솔다티는 어떻게 될까? "조직에 충성하고 노력해서 나 잘할 수 있어"라는 것을 보여주면 된다. 돈을 열심히 벌어 윗사람들에게 주다 보면 기회가 온다. 어떤 기회냐? 사람을 죽일 기회이다. 이탈리아 범죄 조직에 몸담은 인간들치고 마피아 조직원이 되는 것을 마다할 인간들은 없을 것이다. 바로 이 마피아 정식 조직원의 첫걸음이 솔다티인 것이다. 마피아 조직원이 되기 위해서는 그들이 요구하는 절차를 거쳐야 한다. 그것은 살인과 같은 강력 범죄를 저지르는 것을 의미한다.

마피아 조직의 계율

마피아 조직은 얼핏 개미 떼를 생각하면 된다. 일개미에 해당하는 솔다티들이 열심히 등치고, 사기 치고, 빼앗아서 수익의 상당 부분을 자기 윗사람에게 갖다 바치고, 그 윗사람은 또 그 윗사람에게 상납하는 식으로 움직인다. 그래서 여왕개미에 해당하는 보스에게까지 돈이 흘러 들어간다. 그러니 보스는 떼 부자가 되는 것이다. 대신 보스는 법적인 방패막이 돼주고, 혹시 조직원이 감옥에 가더라도 밖에 있는 가족들을 보살펴 걱정 없이 옥살이를 하게 해주는 역할을 해야 한다.

조직원도 지켜야 할 것이 있다. 바로 첫 번째로 침묵의 계율인 '오메르타'이다. 시칠리아 사람들은 자기 딸이 겁탈을 당하거나 부모가 살해당해도 당국에 고발하지 않았다고 한다. 그 정도로 오메르타가 무섭다. 조직원이 감옥에 가기 싫어서 이것을 깨고 당국에 협조하면 마피아는 죽을 때까지 쫓아다닌다. 두 번째로 이탈리아인이어야 한다, 세 번째로 패밀리의 사업을 조직원이 아닌 사람에게 까발리지 않는다, 네 번째로 피에는 피로 갚아준다. 하지만 보스의 명령이 하달될 때까지 기다려야 하며 독단적으로 복수를 하면 처벌받는다. 다섯 번째로 같은 패밀리끼리 절대 싸우지 말아야 한다. 주먹다짐도 안 된다.

여섯 번째로 매달 윗놈한테 상납을 해야 하며 상납액을 절대 속여서는 안 된다. 일곱 번째로 다른 조직원의 마누라와 간통을 해서는 안 된다. 여덟 번째로 콧수염이나 구레나룻 등 어떤 수염도 기르면 안 된다. 영화〈대부〉에서 비토 콜리오네 역의 말론 브랜도가 가느다랗게 콧수염을 기른 모습으로 등장하는데 이것은 감독의 실수가 아니었다. 당시 마피아들이 공갈과 협박을 하는 바람에 캐릭터의 모습을 살짝 변형시킨 것이다. 어떤 마피아 보스나 조직원의 자료 사진을 봐도 수염을 기른 인간은 없다.

역사적으로 미국 내에서 다른 민족의 범죄 조직들도 있었지만 마피아만큼 전성기를 누리지 못했다. 단단한 전통이 있어야 장구한 세월을 지탱할 수 있는 것은 범죄 세계에도 마찬가지이다. 장구한 역사를 자랑하는 시칠리아의 마피아가 그 근본이기 때문이다.

제30장

이미테이션 게임

영국의 국민배우, 베네딕트 컴버배치
천재 수학자이자 컴퓨터 공학의 아버지, 튜링의 비극적인 삶

Ⅰ. 이미테이션 게임(2015년), The Imitation Game

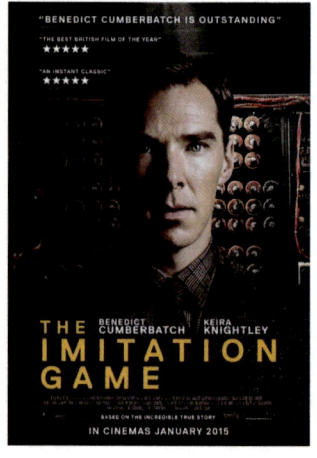

이 영화의 실제 주인공인 앨런 튜링은 '현대 컴퓨터의 아버지'라 불리는 영국의 천재였다. 그는 2차 세계대전 당시 독일군의 해독 불가능 암호를 풀어내어 매 순간마다 3명씩 죽어나가는 전쟁을 2년이나 앞당겨 끝내게 함으로써 1,400만 명의 목숨을 구했다는 평가를 받고 있는 인물이다. 그는 동성애자였으며 그 때문에 "독이 든 사과를 깨물고 자살한 것으로 기억되는 전설적인 인물이기도 하다. 이와 같은 앨런 튜링의 이야기는 오랫동안 할리우드에서 군침을 흘리던 매력적인 소재였

다. 결국 영국 정부가 그를 복권시키면서 그에 대한 영화 제작이 가능해졌다. 영화는 비극적인 삶을 살았던 한 수학 천재 이야기가 군더더기 없이 촘촘히 진행된다. 노르웨이 출신의 모튼 틸덤 감독은 천재에 대한 단순한 전기 영화로 만들지 않고 로맨스·스릴러·안타까움·애잔함 등의 다양한 요소들을 버무려 넣으면서 영화를 한 차원 높게 만들었다.

영국 드라마 〈셜록〉에서 주인공 셜록 홈즈로 나오는 명배우 베네딕트 컴버배치가 튜링 역으로 나온다. 컴버배치는 비범한 천재성, 외골수적인 캐릭터, 연구에 몰입하는 집중력, 동성애자로 취급받으면서 고뇌하고 좌절하는 복잡한 내면을 뛰어난 연기력으로 보여주었다. 키이라 나이틀리가 연기한 조안 클라크는 암호 해독팀의 유일한 여성 멤버로 나온다. 그녀는 나중에 동성애자라는 이유로 사회나 국가가 외면한 튜링을 유일하게 이해하고 감싸주는 휴머니스트로 나온다.

영화 속에서 튜링은 자신의 생각과 감정을 나타내는 것에는 늘 서툴렀다. 자폐증 환자처럼 자신만의 세계에만 빠져있는 듯이 보이다가 유리처럼 당장이라도 부서질 듯 아슬아슬한 모습도 보여준다. 그러나 정작 에니그마의 암호를 풀기 위하여 '봄베(일명 크리스토퍼)'라는 기계를 만들 때의 집중하는 모습에는 연약함이라고는 전혀 찾아볼 수가 없다. 영화 거의 마지막, 자살하기 직전에 튜링은 자신을 찾아온 조안에게 처음으로 자신의 감정을 드러내 보이며 눈물을 보인다. 이는 평범하지 않았던 자신의 삶에 대한 회한이기도 했다.

이런 그에게 조안은 "당신이 평범하지 않아서 세상은 더 나아졌다"라고 위로한다. 세상이 튜링에게 해줄 말을 조안이 대신 해주고 있는 것이다. 튜링이 진정으로 원했던 것은 전쟁의 공로를 인정받고 보상을 받는 것이 아니라 단지 세상이 자신을 이해해 주기를 바랐을 것이다. 비운의 천재라는 말처럼 튜링은 그가 이루어 낸 성과보다는 동성애자라는 그의 성적 정체성으로 사회적 고립을 감당해야 했다. 이러한 복합적인 성격의 인물을 컴버배치는 넘치지 않는 연기로 천재 앨런 튜링을 우리에게 완벽하게 보여주고 있다.

영화의 제목, 이미테이션 게임(모방 게임)

이 게임은 튜링이 1950년, "기계도 생각할 수 있을까"라는 논문에서 등장하는데 기계가 얼마나 완벽하게 인간을 모방할 수 있는지를 살피는 게임이다. 이 게임은 컴퓨터와 인간 사이의 대화를 통해 기계가 지능을 가진 존재가 될 수 있는지를 확인하기 위해 고안되었다. 그는 기계가 의식을 가진 사람과 자연스럽게 대화할 수 있다면, 기계도 생각하는 능력이 있는 것이라고 봐야 한다고 주장했다. 오늘날의 인공지능(AI)의 효시라고도 불린다.

II. 영국의 국민배우 베네딕트 컴버배치

BBC 드라마 〈셜록〉의 셜록 홈즈 역으로 나와 폭발적인 인기를 모으면서 영국의 국민배우라고까지 일컬어지고 있는 베네딕트 컴버배치는 런던에서 태어났다. 양친이 모두 배우였다. 명문 사립학교 해로우 스쿨 졸업 후, 맨체스터 대학교 연극학과를 졸업하고 런던극예술학교에서 고전 연기를 공부하였다. 2000년 TV 시리즈물인 〈심장박동〉으로 데뷔했다. 2004년 TV 영화 〈호킹〉에서 스티브 호킹 역을 맡아 호평을 받았다. 이후 꾸준히 연기 활동을 하면서 경험을 쌓다가 2010년에 방영한 시리즈 〈셜록〉이 전 세계적으로 흥행몰이를 하면서 엄청난 인기를 누리게 된다. 이후 〈스타트렉 다크니스〉〈노예 12년〉〈이미테이션 게임〉〈닥터 스트레인지〉 등에 출연하면서 톱스타로 자리매김한다.

베네딕트 컴버배치

그는 외모가 독특하기로도 유명하다. 예전에는 특이한 헤어스타일과 긴 얼굴로 못생긴 배우라는 이미지도 있었으나 현재는 오히려 182cm의 큰 키와 독특한 눈 색, 중후한 목소리 등이 매력으로 꼽히면서 보면 볼수록 정이 든다는 평가가 많은 편이다. 베네딕트라는 이름 자체가 고리타분한 냄새를 풍기는데다가 흔한 성도 아니어서 영어권에서는 그의 이름이 특이한 축에 속한다.

컴버배치 가문은 과거 카리브 제도의 바베이도스에서 노예농장주로 잘 알려져 있어 부모들도 다른 예명을 쓸 것을 조언하기도 했다고 한다. 그러나 그는 과거를 있는 그대로 받아들인다는 생각으로 본명을 고집했다. 아카데미 작품상을 수상한 영화 〈노예 12년〉에서는 농장주로 출연했는데, 배역을 맡은 이유에는 본인의 조상이 바베이도스

〈셜록 홈즈〉 시리즈의 컴버배치

에서 많은 흑인 노예들을 혹사시킨 대농장 주였다는 사실을 알게 되어 이를 속죄하기 위해서 이 영화에 출연했다고 한다. 이 영화에서 그는 노예들을 존중하는 인간적인 면모를 지닌 선한 인품을 지닌 농장주로 나와 관객들에게 감명을 주기도 했다.

불교에 관심이 있는 배우답게 컴버배치는 비건vegan으로 알려져 있다. 비건이란 육류는 물론이고 유제품·계란도 일체 먹지 않는 채식주의자를 의미한다. 컴버배치의 성격은 밝은 편이고 유쾌한데다가 유머 감각도 넘친다고 한다. 특히 인터뷰에서 이 점이 두드러져 기자들이 좋아한다고.

그는 2004년에 남아프리카에 영화 촬영을 갔을 당시 납치당하면서 식겁한 적이 있었다. 컴버배치와 동료 두 사람이 숙소로 가는 길에 타이어가 펑크 나면서 차가 멈췄다. 이때 무장을 한 여섯 명의 아프리카 흑인들이 그들을 자동차 트렁크에 때려 넣고 달렸는데 이때 베네딕트는 '아, 이대로 끝났구나' 하는 생각이 들었다고 한다. 그때 갑자기 차가 멈추더니 납치범들은 베네딕트와 그의 동료들을 외딴 도로 한가운데에 버리고 차와 짐을 가지고 떠났다.

또 한 가지는 최근 런던에서 일어난 사건인데 아내 소피와 함께 택시를 타고 가며 창문 밖을 내다보다가 어떤 배달원이 네 명의 남성들에게 얻어맞고 있는 장면을 보고 택시 운전사에게 차를 세워달라고

하고 차에서 내려 그 무리와 주먹다짐을 벌였다. 그때 택시 기사도 합세를 하자 깡패들은 도망갔다고 한다. 이 행위만으로도 세간의 화젯거리가 되었으나, 더욱 신기했던 것은 이 장소가 바로 셜록 홈스가 주로 활동했던 장소이기 때문이다. 이 사건 이후 '컴버배치에게 셜록이 빙의했다'라는 반응이 쏟아졌다고.

III. 천재 수학자이자 컴퓨터 공학의 아버지, 튜링의 비극적인 삶

2011년 5월 25일, 미국 대통령 오바마는 영국 의회 연설 중에 뉴턴과 다윈, 그리고 튜링을 영국의 대표 과학자로 꼽았다. 그만큼 튜링은 세계가 인정하는 과학자였다. 특히 2차 세계대전 중에는 독일군의 암호를 해독하면서 전쟁을 일찍 끝내는 데 결정적인 공헌을 했다고 인정되고 있다. 전쟁이 조금 더 진행되었다면 수백만 명의 목숨이 추가로 희생되었을 것이다.

앨런 튜링

출생과 성장

튜링의 아버지 줄리어스 튜링은 영국령 인도의 행정 관료였다. 튜링 부모는 인도 마드라스 근처에서 그를 가졌다. 영국에서 키우려는 마음에 영국으로 돌아와 1912년 6월 23일 런던 패딩턴에서 튜링을 낳았다. 14살 때 도셋의 셔본사립학교에 들어간 튜링은 입학식 날, 총파업으로 도시의 교통이 마비되자 프랑스에서 출발해서 사우햄프턴을 거쳐 장장 60마일(1백 킬로미터)을 자전거로 참석했다. 이 내용이 지역 신문에 보도되면서 유명세를 치르게 되었다. 괴짜라는 명성은 이때부터 시작되었다. 이와 같은 고집스런 생각과 행동은 학창 생활 내내 교사들을 난처하게 만들기도 했다. 한편으로는 장난꾸러기이기도 했고 가끔 별난 얘기를 하는 등 유머 감각도 있었다. 튜링은 어릴 때부터 수학 부문에서 뛰어난 재능을 보였다.

수학에 뛰어난 재능을 지닌 그는 미적분에 대한 초보적 지식이 없이는 풀기 어렵다는 수학 문제를 척척 풀어내서 주위를 놀라게 했다. 아인슈타인의 특수상대성이론을 요약하고 비평을 써내기도 하면서 대학생 수준을 능가하는 재능을 보여주었다. 15살 때는 수학적 재능이 빼어난 크리스토퍼 모컴과 친구 이상으로 가깝게 지냈다. 당시 국가적으로는 위법 행위로 간주되었으나 사립학교에서는 동성애가 거의 전통으로 남아 있을 때였다.

암호 해독기 콜로서스

이 둘은 함께 상당한 수학적 전통을 자랑하는 케임브리지 트리니티 대학의 입학 시험에 응시했다. 그러나 크리스토퍼는 합격했으나 튜링은 낙방했다. 이어서 비극이 발생했다. 크리스토퍼가 서본학교를 떠나기 직전, 어릴 때 먹은 우유로부터 감염된 우형결핵의 합병증으로 사망한 것이다. 사랑하는 친구의 죽음으로 튜링은 심한 심적 타격을 입었다. 튜링의 절망은 심오한 지적知的 호기심으로 승화되었다. 이때부터 튜링은 필생의 과제에 매달리기 시작했다. 그것은 인간의 지능을 기계에 넣어두는 방법을 고안하는 일이었다. 그렇게 되면 모컴이 죽기 전에 그의 뇌에 들어 있던 모든 것을 후세에 고스란히 전달할 수 있지 않겠느냐는 기발한 생각을 하게 된 것이다.

튜링은 절친인 크리스토퍼를 잃은 다음 해인 18살이 되던 1931년, 케임브리지 대학의 킹스 칼리지에 우수한 성적으로 입학했다. 대학은 그에게 지적 안식처가 되었으며 보트를 타고 테니스 게임 등을 즐겼다. 그는 유럽을 여행하고 사람들과 어울렸으며 반전 운동에도 참가했지만 기본적으로 수학에 몰두했다. 일반적인 수학 신입생 수준을 뛰어넘는 튜링은 1935년에는 〈계산 가능한 수에 관하여-결정 문제에 대한 응용〉이라는 알쏭달쏭한 제목의 뛰어난 논문에서 '튜링 기계'라 불리는 가상의 연산 기계 아이디어를 선보였다. 여기에는 오늘

마라톤 경주 중인 튜링

날의 컴퓨터 과학의 기본 구상이 담겨 있었다. 이 논문으로 튜링은 미국의 프린스턴 대학에 초청을 받아 연구 활동을 계속하다가 18개월 만에 박사학위를 받고 곧 영국으로 돌아왔다.

블레츨리 파크, 암호 해독반

튜링은 영국이 2차 세계대전에 돌입한 지 하루 만인 1939년 9월 4일 런던 북쪽의 블레츨리 파크라고 부르던 빅토리아 시대의 대저택으로 거처를 옮겼다. 그곳에서 암호 해독반에서 근무하게 된다. 당시 독일군은 타자기를 닮은 '에니그마'라는 기계를 암호화의 주요 도구로 사용하고 있었다. 그런데 침몰한 독일 잠수함에서 우연히 암호책이 입수되면서 그것을 토대로 1940년 봄, 그가 만든 암호 해독기 봄베가 설치되었다. 튜링 자신은 그 기계를 학창 시절 절친했던 친구 이름을 떠올리며 '크리스토퍼'라고 불렀다.

블레츨리 파크 건물

그의 봄베들은 블레츨리 파크 건물을 온통 '암호해독공장'으로 변모시켰다. 1943년에는 무려 84,000여 개의 독일군의 암호문을 해독하고 있었다. 튜링은 어수선한 암호학교 내에서도 여전히 괴짜 같은 행동을 했다. 동료들이 자신의 컵을 자꾸 사용하는 것에 짜증이 나자 커피잔을 난방기에 매어놓는다든가, 봄철이면 꽃가루를 조심해야 한다며 가스 마스크를 쓰고 자전거 출근을 하는 등 엉뚱한 기행을 일삼았다. 괴짜들이 득실거리는 블레츨리 파크에서도 으뜸가는 괴짜였다.

내성적인 성격과는 달리 건강한 육체를 지니고 있어야 한다며 조깅 등 운동을 게을리하지 않는 스포츠맨이기도 했다. 자기보다 지적 수준이 떨어지는 사람들을 경멸하거나 군대에

에니그마

대한 혐오감도 숨기지 않았다. 법적으로 동성애가 금지된 시절이었음에도 자신이 동성애자라는 사실을 거침없이 까발리기도 했다. 1940년 영국 본토 항공전이 불을 뿜던 여름, 조안 클라크라는 여성이 에니그마 해독반에 채용되었다. 그리고 이듬해에는 튜링과 약혼을 할 정도로 가까워졌다. 물론 튜링은 자신이 동성애자임을 숨겼으나 나중에 조안은 튜링이 동성애자임을 알게 된다. 한편 블레츨리 파크는 여러 막사로 구성되었다. 막사는 사무원들과 많은 암호 해독원들을 수용하기 위해 오래된 저택을 임시적으로 구분한 공간이었다. 해외로부터 들어오는 독일의 전파는 가공되지 않은 채로 공군과 해군 정보로 구분되어 전달되었다.

튜링은 해군 정보를 담당하는 8번 막사에서 일했다. 튜링 팀이 해독한 암호는 곧바로 6번 막사에서 해독한 공군 정보와 함께 처칠에게 전달되었다. 1943년에 들어와 전쟁이 점점 가파르게 진행되면서 영국 정부는 빠른 시일 내에 결과를 내놓으라고 암호학교를 다그치기 시작했다. 전황은 급박하게 돌아가고 있었다. 바다에서 독일 잠수함들은 거침없이 활개를 치면서 연합국 선박을 무더기로 침몰시키고 있었다. 그러나 전세가 돌변하기 시작했다. 독일군의 암호가 해독되기 시작한 것이다. 격침된 연합국 선박의 수는 현저히 줄어든 반면 연합국에 의해 침몰한 독일 잠수함의 수는 급증하기 시작했다. 이로써 점차 대서양 전투의 양상이 영국 측에 기울기 시작했다. 이와 같이 영국군이 독일 잠수함의 위치와 공격 계획을 꿰뚫어 볼 수 있었던 것은 바로 이 크리스토퍼(봄베)의 공이 컸다. 전쟁이 끝날 무렵에는 봄베의 수가 거의 200개로 늘어났다. 그러나 독일이 히틀러와 고위 지도부의 명령 같은 중요한 메시지를 암호 바퀴 12개를 사용한 전자식 디지털 기계로 새로이 암호화하기 시작하면서 봄베의 해독력이 떨어지기 시작했다.

다시 말해서 독일군이 에니그마를 더욱 복잡하게 조작하는 바람에 봄베의 실용성이 떨어지기 시작한 것이다. 튜링이 설계한 전기기계식 봄베는 그것을 푸는 어려움에 봉착했다. 그러자 속도가 빠른 전자회로를 사용한 새

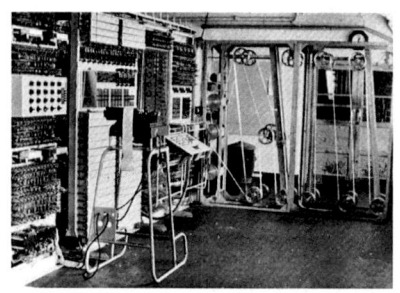

콜로서스

로운 종류의 봄베, 즉 콜로서스의 개발이 필요하게 되었다. 이를 위하여 튜링과 케임브리지의 나이 지긋한 수학자 뉴먼, 그리고 런던의 힐, 체신연구소의 플라워스가 협조하여 콜로서스를 개발하기에 이른다. 콜로서스는 제한된 프로그램의 가능성을 가진 기계였다. 1944년 6월 1일 진공관 2,400개를 장착한 콜로서스가 등장했다. 이 기계가 처음

해독한 암호는 노르망디 상륙작전을 준비하던 연합군에게 큰 도움을 주었다. 즉 히틀러가 노르망디에 추가로 군대를 투입하지 않을 것이라는 정보를 해독한 것이다. 콜로서스는 1943년 11월에야 작동하기 시작한 미국의 에니악*보다 훨씬 전에 영국의 암호 해독 전문가들이 완전 전자식 디지털 컴퓨터를 제작했다는 의미를 내포하고 있다.

튜링 테스트(이미테이션 게임)

전쟁이 끝난 후 튜링은 1948년에 맨체스터 대학의 컴퓨터연구소 부소장으로 임명됐다. 이곳에서 그는 인공지능에 관한 개척자적인 연구를 시작했다. "생각하는 기계를 만들 수 있는가?"였다. 1950년 튜링은 그것을 확인하기 위해 한 실험을 고안했다. 튜링이 '흉내내기 게임(이미테이션 게임)'이라고 명명한 튜링테스트의 내용은 이렇다. 서로 보이지 않는 방 세 개에 인간 두 명과 컴퓨터 한 대를 넣어둔다. 그중 한 명이 질문을 맡는다. 이 질문자가 다른 두 방에 질문을 보낸다. 그리고 답변이 돌아온다. 이때 질문자가 어떤 것이 인간이 보낸 것이고 어떤 것이 컴퓨터의 것인지 가려내지 못하는 일이 벌어지면 이 컴퓨터야말로 '생각하는 컴퓨터'라고 부를 수 있다는 것이었다. 이외에 그는 인공 뉴런(neuron)들의 네트워크로 되어 있는 컴퓨팅을 구상하기도 했다. 그래서 오늘날 그는 인공지능 분야의 아버지라고 불린다. 1951년 튜링은 최고 권위를 자랑하는 영국 왕립학회의 회원이 되었다.

---

* 에니악(ENIAC)은 1946년 2월 14일, 펜실베이니아 대학의 모클리와 에커트가 제작한 전자 컴퓨터이다. 1955년 10월까지 활용되었으며, 보통 에니악이 세계 최초의 컴퓨터라고 알려져 있으나, 현대적인 전자 컴퓨터로는 콜로서스가 최초이다.

동성애자 튜링, 독이 든 사과

튜링은 전쟁이 끝나 일상으로 돌아온 뒤, 아놀드 머리라는 19세 소년과 연인 관계를 맺고 동거를 시작했다. 그런데 아놀드는 소년범죄단과 연루되어 있었다. 어느 날 튜링이 집에 돌아와 보니 온갖 물건들이 도난당하고 방은 엉망진창이 되어 있었다. 이는 동거하던 소년과 그 일당의 짓이었다. 튜링은 아놀드와 도난 사건에 대해 경찰에 신고했고, 또한 자신이 동료 과학자들에게 당당하게 말하고 다녔던 것처럼 아놀드와의 동성애 관계를 경찰에게 아무렇지 않게 말했다. 그러나 동성애 사실이 기사화되면서 아무 잘못이 없는 튜링의 인생을 처참하게 망가뜨리게 되었다. 왜냐면 그 당시 영국은 동성애가 금지였고 성소수자였던 튜링은 법을 어긴 범죄자였기 때문이었다. 튜링의 성적인 취향보다는 능력을 중요시하던 동료들이 자신을 차별 없이 대해주던 것에 익숙해져 있던 것이 튜링에게는 치명적인 비수로 돌아왔던 것이다. 그의 업적과 평소 행실과는 상관없이 당시 영국의 동성애 금지법에 의하면 튜링은 사회를 혼란시키는 명백한 범죄자였다.

1952년 그는 감옥에 갇힐 것인가 혹은 여성 호르몬을 계속 투여받을 것인가. 둘 중 후자를 택해 화학적 거세 형벌을 받게 된다. 이후 1년 동안 여성 호르몬을 복용하면서 그는 거의 집에만 갇혀 지내게 되었다. 그리고 그 기간이 끝난 1954년 6월 8일. 화요일 늦은 밤 그는 침대에서 죽은 채로 발견되었다. 그의 가정부인 클레이턴 부인이 발견했는데 침대 옆 테이블 위에는 사과 반쪽이 놓여 있었다. 그의 나이 42살도 채 되지 않은 나이에 스스로 목숨을 끊은 것이다. 튜링은 입가에 거품을 머금은 채 침대에 누운 상태로 발견됐다. 전신에 청산가리가 퍼져 있었다. 튜링은 그의 어머니와 형, 그리고 몇몇 지인들이 지켜보는 가운데 1954년 6월 12일, 화장터에서 화장되었다. 그의 재는 아버지의 재를 뿌렸던 정원의 같은 장소에 뿌려졌다. 그의 추모비는 존재하지 않는다. 조국을 위기에서 구하고, 현대 컴퓨터 공학에 초석을 놓은 인물치고는 너무도 쓸쓸하고 허무한 죽음이었다.

튜링이 어떤 삶을 살았고 어떤 일을 했는지는 1974년까지 극히 일부 사람들에게만 알려져 있었다. 하여튼 이런 허무한 죽음과 함께 그의 존재는 서서히 잊혀지는가 싶었다. 그러나 21세기에 들어서면서 영국의 동성애자에 대한 인식이 개선되었고, 튜링에 대한 사죄 청원 운동이 시작되면서 잊혀져 있던 튜링의 죽음이 다시 수면 위로 올라왔다. 노동당이 집권했던 2009년에 고든 브라운 총리는 영국 정부 차원에서 튜링의 부당한 죽음에 대해 정식으로 사죄하였다. 드디어 2013년 12월 23일, 스티븐 호킹을 비롯한 수만 명의 청원이 접수되면서 여왕 특별 사면령으로 튜링은 공식적으로 복권되었다. 또한 그는 2019년 7월 15일, 영국의 50파운드 지폐의 얼굴로 결정되었다. 마크 카니 영국중앙은행 총재는 "앨런 튜링은 컴퓨터 공학과 인공지능의 아버지이자 전쟁 영웅으로서 광범위하고 선구적인 업적을 남겼다"라고 말하면서 "튜링은 그의 어깨 위에 많은 사람들이 올라탄 거인이었다"라고 덧붙였다.

제31장

라임 라이트

20세기 최고의 희극배우, 찰리 채플린 / 매카시 선풍

I. 라임라이트(1952년), Limelight

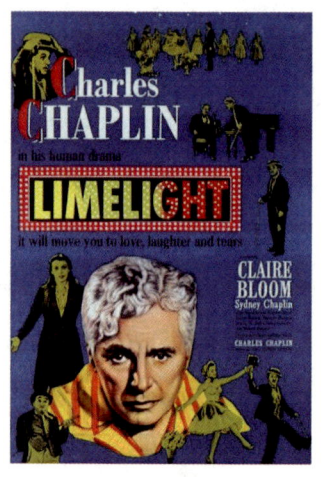

이 영화는 찰리 채플린 말년의 대표작으로 실질적인 유작이다. 제목인 〈라임라이트〉는 무대에 쓰이는 석회로 만든 조명을 말하는데, 19세기 말에 전기 조명에 밀려서 사라지는 신세가 되었다. 이는 한때 잘 나가던 이 영화의 주인공인 코미디언 칼베로가 말년에 아무도 찾아주지 않는 퇴물 취급을 받는 신세가 된 것을 비유한다. 칼베로의 이야기는 어떤 의미에서는 바로 채플린 자신의 자전적인 성격을 띤 이야기이다. 이 영화는 채플린 특유의 풍자와 비판이 사라지고 노령의 고독

과 우수가 가득 담긴 작품으로 자서전적인 색채를 풍기고 있다.

〈라임라이트〉는 제작·각본·감독·출연과 심지어 주제곡 작곡까지 그의 손길이 미치지 않은 곳이 한 군데도 없을 정도로 화려한 그의 원맨쇼였다. 네 번째 부인, 우나 오닐을 포함한 가족들도 총동원되었다. 그 결과 채플린으로서

테리와 칼베로

는 노장은 결코 죽지 않았다는 것을 대내외에 과시하면서 세계적인 극찬을 받았다. 비극적인 냄새가 짙게 풍기는 이 영화는 채플린의 인간적인 원숙미를 느끼게 한다. 이는 지난 세월, 좌익으로 몰리는 등 여러 가지 일들로 괴로웠던 세월이 그를 인간적으로 더욱 성숙시킨 결과일 것이다.

이 영화의 원작은 1948년에 쓴 채플린의 유일한 중편소설 『풋라이트Footlight』이다. 이 책은 자기 성찰적 시선으로 스스로의 인생과 예술을 돌아보며 썼다. 할리우드 시절에 겪었던 내밀한 상처들과 예술가의 번뇌 등이 응집되어 있다. 노년에 이른 한 천재가 보여주는 삶과 예술에 대한 열정, 화려한 조명과 쓸쓸한 무대 뒤 풍경이 엇갈리면서 희극과 비극이 교차되는 굴곡으로 점철된 인생을 오롯이 담고 있다.

이 영화는 메인 타이틀인 '테리의 테마'를 직접 작곡한 채플린의 예술적인 천재성을 다시 한번 보여주고 있다. 이 곡은 20세기의 위대한

영화음악 10곡 가운데 한 곡으로 선정된 곡이기도 하다. 음악적으로도 어쩌면 그렇게 극 중 분위기를 감성적으로 잘 표현하였을까 하는 감탄이 절로 나온다. 〈라임라이트〉는 21년이 지난 1973년 제44회 아카데미 시상식에서 최우수 영화음악상을 받았다. 이는 〈라임라이트〉가 20년 만에 미국에서 정식으로 개봉되었기 때문이었다. 주로 현악기 위주의 연주를 통해 슬픈 분위기를 자아내는 이곡은 21세기인 요즈음에 다시 들어봐도 여전히 우리들의 감성을 자극하고 있다. 영화에서는 여러 장면에서 이 곡이 등장하지만 특히 칼베로가 숨을 거두는 마지막 장면에서 이 곡에 맞춰 여주인공 테리(클레어 블룸 분)가 아름다운 발레 댄스를 추는 장면이 인상적이다.

채플린은 영화 〈라임라이트〉를 런던에서 세계 최초로 개봉하기로 결정했다. 이는 그가 가족들을 런던으로 데려가서 겸사겸사 자신의 고국을 보여주려는 의도에서였다. 미국에서 '매카시 선풍'이 한창이던 1952년 9월 17일, 퀸 엘리자베스에 몸을 실은 채플린 일가는 배가 떠난 지 2일 후 라디오 방송으로 미국 법무장관이 그의 미국 비자를 말소시켰다는 날벼락 같은 보도를 들었다. 그는 당시 미국 시민권자가 아니었다. 혐의는 도덕성·정신착란·공산주의 찬동 등의 이유로 입국을 금지시킨다는 내용이었다. 이후 20년 동안 채플린은 미국 땅을 밟을 수 없었다. 결국 이 영화는 그의 할리우드 시절을 마감하는 영화가 되고 만다. 〈라임라이트〉도 20년 이후에야 미국에서 개봉할 수 있었다.

이 영화가 유럽에서 개봉된 후 이탈리아를 대표하는 거장 베르나르도 베르톨루치는 이런 소감을 피력했다.

"〈라임라이트〉의 마지막 장면을 보면서 이런 생각을 했다. 슬프다. 이제 더 이상 이런 영화는 없을 것 같다. 그리곤 울어버렸다."

II. 20세기 최고의 희극배우, 찰리 채플린

헐렁한 바지에 콧수염, 찌그러진 중산모와 지팡이, 납작한 구두에다 뒤뚱거리는 걸음걸이로 평생을 남을 웃기면서 살아간 20세기 최고의 희극배우 찰리 채플린. 그러나 그의 희극적인 몸짓과 어색한 웃음 속에는 슬픔과 애수가 담겨 있었다. 그는 희극을 통해 비극을 말했고, 자본주의 사회의 여러 문제점을 적나라하게 들추어냈다.

챌리 채플린

그는 진정 시대를 앞서간 선구자였고 영화에 대한 열정이 가득했던 인물이었다.

채플린은 1889년 런던의 빈민가에서 삼류 배우인 부모에게서 태어났다. 그의 아버지는 알코올 중독으로 일찍이 사망했고, 어머니는 연극무대에서 들어오는 수입으로 그와 형을 키웠으나 점차 인기가 하락하고 건강까지 악화되었다. 별 수 없이 어머니는 두 자식을 빈민구호소에 맡겼고 자신은 정신질환에 시달리며 정신병원을 오가는 신세가 되었다.

가난 때문에 5살 때부터 무대에서 노래를 불렀던 그는 아역배우를 거쳐 사춘기 시절에는 무대에서 연기를 단련했다. 14살 때는 한 극단에 입단해서 연극 〈셜록 홈즈〉에서 꼬마 심부름꾼을 맡아 열연하며 호평을 받기도 했다. 1908년 19살 때 영국 최고의 희극 극단인 카노 극단에 입단, 그가 개발한 코믹한 취객 흉내가 인기를 모으면서 연기 인생의 전환점을 맞게 된다. 2년 후 극단을 따라 미국 순회 공연에 따라가서 그곳에서 그는 대망의 스크린에 데뷔했다. 이때 그는 할리우드로 아예 생활의 근거지를 옮겨 영화 인생을 시작한다.

채플린의 전형적인 모습

1914년에 출연한 〈베니스의 어린이 자동차 경주〉에서 그는 처음으로 중절모와 짤막한 양복바지, 지팡이를 휘두르는, 나중에 그의 트레이드 마크로 굳어지는 떠돌이 캐릭터를 선보인다. 이 캐릭터는 관객들로

〈모던 타임즈〉의 채플린

부터 깊은 연민과 동정을 불러일으키면서 한편으로는 소외자로서의 비애와 유머를 동시에 표현할 수 있는 중요한 도구가 된다. 그는 이 캐릭터로 〈방랑자〉 〈이민선〉 〈키드〉 등에서 배우와 감독으로 종횡무진 활약했다. 1917년, 할리우드 입성 3년 만에 100만 달러(현재 가치

2,350만 달러)에 이르는 놀라운 개런티를 받는 대스타로 등극했다.

1919년 30살의 나이에 스스로 '유나이티드 아티스츠(United Artists)'라는 영화사를 설립하고 독점적으로 영화를 만들기 시작했다. 가난한 삼류 배우의 아들이었던 채플린은 이제 할리우드에서 당당한 영화사의 주인이 된 것이다.

〈황금광 시대〉의 채플린

UA에서 만든 장편영화 〈황금광 시대〉〈시티 라이트〉〈서커스〉 등의 연이은 성공은 그를 세계 최고의 희극배우로 자리 잡게 한다. 1936년에 만든 〈모던 타임즈〉는 또 하나의 걸작이었다. 자동화된 기계문명 속에 말살되어 가는 인간성과 산업사회가 가져온 인간소외 문제를 풍자적 시각으로 다루면서 평론가들의 찬사를 받았다. 이 영화는 할리우드 최후의 무성영화이자 채플린의 상징인 떠돌이 캐릭터가 등장한 마지막 작품으로 기록되었다. 51살이 되던 1940년에는 히틀러를 풍자하는 자신의 최초 유성영화인 〈위대한 독재자〉를 선보였다. 이 영화는 채플린의 최고 흥행작이 되었으며 시대를 앞서간 걸작 정치풍자극의 하나로 남았다.

이렇게 배우이자 감독으로서 영화계에서는 성공 가도를 달렸으나 사생활에서는 언론에 스캔들의 인물로 계속 등장하는 등 하루도 마음 편한 날이 없었다. 채플린은 자신의 영화에서 여주인공을 맡았던 배우 세 사람과 결혼했으나 모두 얼마 못가 헤어지고 만다. 가정의 화목보다는 화려한 생활만을 추구하는 이들과의 결혼생활은 원만할 수가 없었다. 이혼할 때마다 엄청난 위자료를 물어주어야 했고, 언론은 신나게 입방아를 찧어대었다. 여기에다가 배우가 되겠다고 찾아온 적이 있던 조안 배리라는 여자가 당신 애를 임신했으니 위자료를 내놓으라고 연일 협박 전화를 하다가 급기야는 친자확인소송을 낸 것이다. 나중에 혐의는 풀렸지만 채플린은 언론에 시달릴 대로 시달린 뒤였다. 신문에는 '아이를 배게 한 채플린, 경찰을 불러 여자를 집에서 내쫓다', '채플린, 여자와 돈을 다 빼앗고 내버리다'는 등 연방 그를 두들겨 댔다.

게다가 공산주의 혐의자라는 낙인이 찍히면서 채플린은 사면초가에 몰린다. 2차 대전 이후 미국 사회에는 공산주의에 대한 공포감이 높아졌고, 이는 매카시즘이라는 빨갱이 소탕 광풍으로 이어졌다. 할리우드도 예외가 아니었다. 그동안 여러 영화 속에서 사회적 메시지를 누구보다 적극적으로 담아온 채플린이 여기에 걸려든 것이다. 또한 제2차 세계대전 중에 독일과 싸우는 소련을 원조해 주자고 연설을 몇 번 한 것도 그가 덤터기를 뒤집어 쓴 원인이 되었다. 그에 대한 비방전 뒤에는 공산주의를 극도로 혐오하는 FBI의 수장 에드가 후버가 도사리고 있었다. 후버는 공산주의자 색출을 명분으로 채플린에게도 사찰과 도감청 등 여러 가지 불법적 행위를 마다하지 않았다. 채플린의 여성 편력을 부풀려서 평판을 악화시키려고 한 것도 그의 음모였다.

이때 채플린에게 구원의 여인이 나타났으니 그녀가 바로 극작가 유진 오닐의 딸 우나 오닐이었다. 두 사람은 결혼을 약속하기에 이르렀다. 당시 오닐은 18세의 처녀요, 초혼이었지만 54세인 채플린은 네 번째 결혼이었다. 극작가 유진 오닐은 자신의 반대에도 불구하고 어린 딸이 늙은 희극배우와 결혼하자 펄펄 뛰면서 딸과 의절해 버리기까지 했다. 거듭된 사생활 논란과 용공분자라는 여론의 공격 속에 실의에 빠진 채플린은 5년간의 침묵 후 1952년 말년의 걸작 〈라임 라이트〉를 만들고 가족과 함께 런던으로 떠났다.

그러나 채플린은 미국으로 돌아올 수가 없었다. 미국 법무성이 채플린의 재입국을 허가하지 않았던 것이다. 법무성은 그가 정치적인 이유뿐 아니라 도덕적으로 여성의 적이며 사회주의자와도 관계를 가지고 있다는 별의별 이유를 다 갖다 대었다. 그는 할 수 없이 가족들을 데리고 스위스에 정착했고 그곳에서 세계적인 많은 명사들을 만나면서 스위스에서 평온한 말년을 보낸다. 우나 오닐과의 사이에서 세 아이를 더 낳았으며, 1964년에는 자서전을 발간하기도 했다. 영화 〈홍콩의 백작부인〉을 감독하기도 했다.

아카데미가 채플린을 인정해 준 것은 그가 미국을 떠난 지 20년의 세월이 지난 1972년이었다. 특별상을 받기 위하여 머리에 백설이 하얗게 내린 채플린이 시상식장에 모습을 드러내자 약 10여 분에 걸친 뜨거운 기립박수가 쏟아졌다. 감격에 겨운 채플린이 눈물을 흘렸다. 아카데미는 "영화를 20세기의 예술로 만든, 세계적인 천재 배우 채플린에게 특별상을 드립니다"라고 멘트를 하면서 채플린의 떠돌이 캐릭터를 나타내는 중절모와 지팡이를 선물했다. 채플린도 즉석에서 왕년의 슬랩스틱 코미디*를 선보이며 관객들의 웃음을 자아냈다. 1952년에 제작된 〈라임라이트〉도 제작된 지 약 20년 만에 미국에 소개되어 다시 빛을 볼 수 있었다. 음악상도 함께 수상했다.

1975년에는 엘리자베스 여왕으로부터 나이트 작위를 받았다. 또한 미국 《타임》지가 선정한 '20세기 가장 영향력 있는 인물' 100인, 스미소니언(미 국립교육재단) 선정 '미국 역사상 중요한 인물-대중문화 아이콘' 등에 선정되면서 명실상부하게 20세기를 빛낸 최고의 문화예술인으로 재평가를 받았다. 채플린은 88세의 나이로 세상을 떠날 때까지 행복한 결혼생활을 했다. 늘 헌신적이었던 아내인 우나 오닐이 곁에 있었기 때문이었다. 그는 스위스의 레만 호수가 보이는 집에서 1977년 12월 25일, 예수가 태어난 날에 파란만장한 삶을 마감했다.

"실망과 근심으로 가득한 세상에서 절망에 빠지지 않기 위해 선택할 수 있는 탈출구는 철학이나 유머에 의지하는 것이다."

"인생은 가까이서 보면 비극이지만 멀리서 보면 희극이다."

"내가 맛보았던 불행, 불운이 무엇이었든, 원래가 인간의 행운, 불운은 저 하늘에 떠다니는 구름 같아서, 결국은 바람 따라 달라지는 것에 지나지 않는다. 그렇게 생각하니까, 나는 불행에도 그다지 큰

---

* 슬랩스틱 코미디(slapstick comedyedy)란 연기와 동작이 과장되고 소란스러운 희극을 말한다. 주로 사회적인 비리나 부패를 풍자적으로 묘사한다. 1910년대 미국 영화 초기에 나타났는데 채플린이 이러한 희극 전통을 이은 대표적인 배우이다.

충격을 받지 않았으며, 행운에는 오히려 순수하게 놀라는 게 보통이었다. 나에게는 인생의 설계도 없으며, 철학도 없다. 현명한 사람이든, 어리석은 사람이든, 인간이란, 모두 괴로워하며 살아갈 수밖에 없는 것이다."

— 찰리 채플린의 자서전 중에서

III. 매카시 선풍

채플린을 그렇게 코너로 몰아갔던, 1950년부터 5년 동안 미국을 들쑤셔놓았던 빨갱이 소탕 운동인 '매카시 선풍'의 장본인은 조셉 매카시 상원 의원이었다. 그는 1908년 11월 14일, 미국 위스콘신주 그랜드슈트의 작은 농장에서 7남매

조셉 매카시

중 다섯째로 태어났다. 집안이 넉넉하지 못해 매카시는 채소 장사를 하며 돈을 벌어서 학비를 마련했고, 마케트대학교에서 법학을 전공했다. 졸업 후 변호사 일을 하다가 위스콘신주 판사직 선거에 출마해서 당선됐다. 그는 현직 판사이기도 한 상대방 후보의 나이가 66세임에도 불구하고 73세라고 억지 주장을 하기도 했다. 나중에 빛을 발하기도 하는 그의 억지 주장과 날조 솜씨는 그때부터 싹을 보이기 시작했다. 그는 판사 생활을 하면서 저지른 여러 가지 비리로 두 번씩이나 징계처분을 받았다.

2차 대전이 발발하자 해병대 장교로 근무하다 제대한 매카시는 1946년 민주당의 맥머레이에 대해서 또다시 그의 장기인 중상과 비방 전략을 동원했다. 얼토당토않게 맥머레이가 '빨갱이 냄새가 난다'며 색깔론을 펼치며 상원 의원에 당선되었다. 상원 의원으로서 그의 활동은 별 볼 일 없었다. 아마도 이목을 끌려고 그랬는지 신성한 의회 안에서 품위 없이 쭈글쭈글한 옷을 입고 다니고 아무 의자에 퍼져 누워 자거나 해병대 시절에 익혔던 시도 때도 없이 두 주먹을 불끈 쥐고 꺼덕거리며 다니는 등으로 동료의원들의 빈축을 사기도 했다.

이렇게 어영부영 4년을 보내다 보니까 다음 선거에서 떨어질 것은 불 보듯 뻔한 일이었다. 초조해진 그는 측근들이 제시한 여러 아이디어 중 하나를 골라 난국의 돌파구로 삼기로 했다. 바로 국민들의 반공 정서를 십분 우려먹어야겠다고 작정한 것이다. 마침 그때 중국이 공산화되고 공산국가의 종주국 소련이 원폭 실험을 성공하고 유럽에서는 철의 장막이 내려지는 등 미국인들이 공산주의에 대해서 기겁을 하기 시작할 때였다.

1950년 2월 9일, 매카시는 웨스트버지니아주 휠링의 공화당 집회에서 행한 연설에서 이렇게 지껄였다. "여기 바로, 내 손 안에 205명의 공산당원의 명단이 있습니다. 이들은 지금 이 시간에도 국무부 안에서 미국의 정책을 만들고 집행하는 일을 하고 있습니다!" 미국 최고의 관청인 국무부가 '빨갱이 소굴'이라는 매카시의 선언은 국민들에게는 청천벽력이었다. 당시 사회분위기는 매카시의 선동이 쉽게 먹힐 조건이 딱 갖추어져 있었다. 선언 직전에는 중국이 공산화되었고, 선언 직후에는 바로 한국전쟁이 터졌던 것이다. 이렇게 자유 진영이 극동 아시아에서 계속 밀리는 것은 국무부 안의 색깔이 붉은 공무원들이 암약하고 있기 때문이라는 가설이 그럴듯하게 먹혔다.

그러나 정작 매카시의 선언은 알고 보면 완전 맹탕이었다. 얼마 후 그는 공산당원의 숫자를 205명에서 57명이라고 슬그머니 말을 바꾸었다. 그리고 최종적으로 발표한 명단에는 국무부에 시험만 응시하고 직원이 되지 못한 사람, 퇴직한 사람, 국무부에서 일하기는 하지만 정책 수립과는 전혀 무관한 사람 등으로 되어 있었다. 사실 이 명단은 예전에 FBI에서 조사한 명단 그대로였는데, 원래 명단에서 '사회주의자'를 '공산당원'으로, '러시아계'는 '러시아인'으로, '가능성이 있다'는 '확실하다'로 살짝 살짝 바꿔 놓은 것이었다. 아무튼 당장의 연설의 효과는 컸다. 비록 각색을 했지만 매카시의 폭로는 당시 공산주의의 위협에 바짝 긴장하던 미국인들의 전폭적인 지지를 받아 매카시를 일약 공산주의에 맞서는 미국을 수호하는 애국자로 자리매김한 것이다. 특히 바로 이어 터진 1950년 6월 25일의 한국 전쟁은 매카시에게 날개를 달아주었다. 공산주의에 대해 공포감을 갖고 있는 많은 사람들은 매카시를 메시아처럼 여기게 됐다.

'빨갱이 소탕 운동'이라는 마녀사냥을 시작한 매카시는 여론조사도 완전히 그의 편이었다. 당시 미국 여론이 극우적 반공주의로 치닫고 있었기 때문이었다. 그는 신이 날 대로 났다. 초미의 관심 속에서 청문회가 줄줄이 열렸다. 거물들로 알려진 사람들이 하루아침에 빨갱이라는 혐의를 받고 불려 나왔다. 그중에는 제2차 대전 동안 육군 총

참모총장을 역임했고 전후에는 서유럽의 부흥을 가져온 '마셜 플랜'의 주인공인 전설적인 조지 마셜 전 국무장관도 있었다.

또한 미국 원자폭탄 개발의 산파였던 오펜하이머도 있었다. 마녀사냥의 대상도 국무부를 넘어 연방정부, 그리고 사기업이나 사회단체, 할리우드의 영화인들까지 손이 안 뻗친 데가 없었다. 의심이 가면 누구든 공산주의자로 매도되었다. 일단 블랙리스트에 올라간 정치인의 운명은 그것으로 끝이었다. 1952년에 매카시는 상원 의원 재선에 성공하고 아이젠하워 행정부가 들어서자 상원 정부운영위원회의 위원장이 되면서 법 위에 군림하는 인물이 되었다.

그러나 달도 차면 기우는 법이다. 이런 과정이 몇 년씩 지속되자 국민들과 정치인들은 차츰 지겨워지기 시작했다. 1953년 10월, 한 공군 중위가 아무런 이유 없이 갑자기 강제 퇴역 당한 사건이 벌어졌다. 사건의 전말인 즉슨, 어떤 사람이 그 공군 장교를 아버지의 사상이 의심된다는 이유로 고발했고, 군 당국은 해당 장교에게 아버지를 고발할 것을 요청했다가 거절당하자 강제로 퇴역시켰다는 것이다. 억울하게 퇴역당한 장교는 이를 CBS 방송국에 알려줬다. 그렇지 않아도 동 방송국의 뉴스앵커인 머로와 PD인 프렌들리는 오래전부터 이 엉터리 같은 매카시즘을 이대로 그냥 두어서는 안 되겠다고 생각하고 있었다. 이들은 당사자인 공군 퇴역 장교와 관련한 여러 증빙자료를 차분하게 모아 〈See It Now〉라는 다큐멘터리를 준비했다. 이들은 공군장교의 사건을 통해 수틀리면 공산주의자로 몰아가는 매카시즘의 본질을 파헤친 것이다.

CBS TV에 이 다큐멘터리가 방영되자 매카시는 이 방송에 대한 반박문을 보냈는데 이 반박문은 방송에서 폭로한 자료에 비하면 초라하면서 근거 없는 인신공격성 내용으로 범벅이 되어 있었다. 결국 여론도 하나씩 둘씩 매카시에게 등을 돌리기 시작했다. 철벽같던 매카시즘에 금이 가기 시작한 것이다. 한편 미국의 전설적인 코미디언 밥 호프는 "매카시 상원 의원이 공산주의자 200만 명의 명단을 공표한다는 정보를 입수했다. 매카시 의원이 모스크바 시내 전화번호부를 막 손에 넣은 모양이다"라고 비꼬는 상황도 나타났다.

조지프 웰치 변호사

매카시의 브레이크 없는 좌충우돌은 멈출 줄 몰랐다. 여기저기 정부부서를 마구 공격하다 급기야는 국가의 기간인 육군에까지 공격의 화살을 돌렸다. 즉 고위급 군 장교들까지 공산주의자로 몰아가는 결정적인 실수를 저지르고 만 것이다. 육군을 자신의 고향이라고까지 생각하는 아이젠하워 대통령도 발끈했다. 이른바 육군 청문회가 열렸다. 육군의 변호인으로 나선 보스틴의 노련한 변호사 조지프 웰치 변호사의 능숙한 말솜씨가 매카시를 코너로 몰기 시작했다. 육군은 먼저 매카시가 자기의 보좌관인 샤인의 군복무 면제를 위한 청탁을 오래전부터 해 왔으며 입대 후에도 특별대우를 요구하는 등 압력을 행사해 왔다는 비리를 폭로했다 이에 대해 매카시의 해명은 횡설수설이었다. 국민들에게 청탁이 있었다는 확신을 갖게 해주었다. 그러자 수세에 몰린 매카시는 이번에는 웰치

개인에게 화살을 돌렸다. 웰치의 보좌관인 젊은 변호사 피셔를 빨갱이 냄새가 난다고 비난하면서 물고 늘어진 것이다.

그러자 웰치는 매카시를 향해 이렇게 일갈했다. "의원님, 저는 지금까지 당신이 한 무고한 젊은이를 그렇게 갈가리 찢어 놓을 정도로 그토록 잔인하고, 무지막지한 사람이라는 것을 몰랐습니다…. 당신을 도저히 용서할 수가 없습니다. 당신 같은 사람을 도대체 누가 용서할 수 있겠습니까?" 얼굴이 시뻘게진 매카시가 뭐라고 반박하려 하자, 웰치는 단칼에 무시해 버리고 말을 이었다. "죄 없는 사람을 정치적으로 살해하려는 짓은 이제 그만두시기 바랍니다. 의원님, 그만하면 충분히 할 만큼 하셨습니다. 도대체 당신은 인간에 대한 기본적인 예의가 있는 겁니까? 없는 겁니까?" 웰치에게 된통 얻어맞아 머리가 어질어질해진 매카시는 정신을 차리고 반박하려 했으나 의장이 휴회를 선언했다.

웰치는 자리에서 일어나 힐끔 매카시를 노려보고 뚜벅뚜벅 걸어 나갔다. 그때 박수 소리가 터졌다. 여러 해 동안이나 미국을 의심과 불안과 공포의 도가니로 몰아넣은 장본인의 면전에 대고 마침내 속 시원한 소리를 내뱉은 사람에게 보내는 열렬한 지지의 박수였다. 미국 전역에 생중계된 청문회 현장을 지켜보던 미국 국민들도 마음속으로 함께 박수를 보냈을 것이다. 수백만 시청자들은 청문회를 통해 매카시가 피고인들을 거만스러운 태도로 위협하며 증거도 없이 무조건 공산주의자로 몰아가는 것을 보고 아연실색했다. 그리고 이런 인간을 혼쭐낸 변호사 웰치를 응원했다.

청문회가 끝난 후의 여론조사에서 매카시의 지지도는 급전직하했고 그동안 무서움에 벌벌 떨면서 숨을 죽이고 있던 상원 의원들이 하나, 둘씩 들고 일어났다. 그리고 언론계·하원·상원에 포진되어 있던 그의 우군들도 하나씩 둘씩 그로부터 등을 돌리기 시작했다. 1954년 12월 상원은 67대 22로 매카시에 대한 비난 결의를 결의했다. 상원의 비난 표결 이후 매카시의 영향력은 땅에 떨어졌고 의원들도 슬금슬금 그를 피하며 가까이하려 하지 않았다. 누구도 반기지 않는 외로움 속에서 무력감과 심적 고통은 날이 갈수록 더해만 갔다. 술만 들입다 퍼마셔댔다. 그는 의회에서 거의 잊혀진 존재가 되었고 1957년 5월 2일 술 때문에 생긴 간염으로 고생하다 48세로 세상을 떠났다. 매카시즘으로 무고한 사람들을 공산주의자로 뒤집어씌워 사지로 몰아넣거나 극심한 고통을 안겨주었던 악당의 비참한 말로였다.

제32장

빠삐용

나비처럼 살다 간 스티브 맥퀸 / 앙리 샤리에르 이야기

I. 빠삐용(1973년), Pappillon

아카데미가 외면한 걸작 중 대표적인 영화 중의 하나가 바로 〈빠삐용〉이다. 프랑스인 앙리 샤리에르의 자전적 소설을 영화화한 〈빠삐용〉은 개봉 즉시 전 세계적인 화제를 불러일으켰고, 흥행도 크게 성공했다. 우리나라에는 1년 뒤인 1974년에 개봉했는데 비수기인 9월 개봉에도 매진 사태를 불러일으키며 그해 최고 흥행작이 되었다.

'빠삐용'이란 샤리에르의 나비 문신을 두고 남들이 별명으로 붙여준 이름이다. 1973년 영화들은 이렇다 할 강자가 없이 아카데미에서 후보군이 갈리는 등 난전이었다. 그런데 아카데미 시상

빠삐용과 드가

식에서는 뜻밖에도 전형적인 오락물 〈스팅〉에 일곱 개 부문을 몰아주었다. 골든글러브상에는 각본상 노미네이트 외에 아무런 후보에도 오르지 못한 〈스팅〉이 아카데미에서 몰표를 받은 것은 이례적인 결과였다. 상복이 없이 아카데미에서 철저히 외면받은 〈빠삐용〉이었지만 시간이 지나도 꾸준히 불멸의 명작으로 평가받는 영화가 바로 〈빠삐용〉이다.

주인공 빠삐용 역은 1960~1970년대의 인기 스타 스티브 맥퀸이 연기했다. 스티브 맥퀸은 원래 연기파 배우라기보다는 전형적인 액션 배우로 오락 영화의 아이콘처럼 인식되었던 배우였다. 그런데 이 〈빠삐용〉에서는 정말로 일생일대의 명연기를 보여주었다. 기존의 자유분방한 모습보다 감옥 안에서 처절하게 생존 싸움을 벌이는 죄수 역할을 리얼하게 해냈다. 이미 〈대탈주〉 〈네바다 스미스〉 〈블리트〉 같은 역작을 통해 인기 가도를 달리던 대스타 맥퀸은 이 영화에서 혼신을 다한 명연기를 보여주었다. 그와 함께 공연한 명배우 더스틴 호프먼 역시 영화 〈졸업〉에서 보여준 청년 이미지에서 벗어나 빠삐용의 동료 드가 역을 매우 감동 있게 연기했다.

〈혹성 탈출〉〈패튼 대전차 군단〉이라는 걸출한 영화를 연달아 연출했던 실력파 감독 프랭클린 샤프너가 감독을 맡았다. 그리고 달턴 트럼보의 완벽한 각본과 샤프너와 콤비를 계속 이루었던 제리 골드스미스의 애절한 음악, 프레드 코엔캠프의 완벽한 촬영 등 모든 면에서 최고의 영화였다.

아카데미가 공정했다면 작품상을 비롯해 여러 부문에서 주요 상을 거머쥘 만한 영화였다. 〈패튼 대전차 군단〉에서 프랭클린 샤프너 감독을 우대했던 전력이 있어서인지 3년 뒤에 만들어진 〈빠삐용〉에서는 걸맞은 대접을 하지 않은 셈이다. 골드스미스의 주제곡에 가사를 붙인 'Free as the wind'라는 노래는 왕년의 명가수 앤디 윌리엄스가 불러 히트를 쳤다. 한편 이 영화는 2시간 30분에 달하는 대작인데도 시작부터 엄청난 몰입도를 불러오는 영화이다. 최고의 배우들과 스태프가 함께 모여서 만든 최고의 영화로, 실화를 바탕으로 한 영화라는 흥미로움을 기본적으로 갖추고 있다.

동시에 감옥이라는 공간에서 벌어지는 길들임과 자유에 대한 갈망이 상당히 절절하게 묘사된 영화다. 50세의 나이로 비교적 일찍 세상을 떠난 스티브 맥퀸이 20여 년간의 연기 생활 중에서 가장 자랑스럽게 남긴 영화라고 할 수 있다. 영화 마지막 부분에서 빠삐용이 뛰어내리는 그 장쾌한 장면의 절벽은 하와이의 마우이섬이었다. 물론 맥퀸이 직접 뛰어내린 건 아니고 스턴트맨이 뛰어내렸다. 이 장면은 영화 사상 가장 명장면 중의 하나로 기억된다.

II. 나비처럼 살다 간 스티브 맥퀸

스티브 맥퀸은 1930년 3월 24일 미국 인디애나주 비치 그루브에서 태어났다. 서커스단에서 스턴트맨을 하던 그의 아버지는 맥퀸이 태어난 지 6개월 만에 자취를 감춰버렸고 어머니마저 그를 농장을 운영하는 삼촌에게 맡기고 캘리포니아로 떠나버렸다. 맥퀸은 12살까지 그곳에서 외롭게 자랐다. 사춘기에 접어들어 어머니가 있는 LA로 온 맥퀸은 동네 깡패들과 어울리기 시작하자 그의 어머니는 그를 인근에 있는 소년원에 보내 버렸다.

스티브 맥퀸

그곳에서 맥퀸은 여러 번 탈출을 시도했다. 그는 매번 잡혔다가 다시 돌려보내지곤 했다. 탈출에는 이골이 났다. 이 덕분에 나중에 영화 〈빠삐용〉이나 〈대탈주〉의 탈주 장면에서 실감 나는 연기를 했을 것이다. 훗날 대스타가 된 맥퀸은 소년원 생활이 자신을 올바른 길에 들어서게 했다고 하면서 그곳을 자주 방문하면서 거금을 내놓기도 했다. 1983년에 그를 기려 이 소년원에 스티브 맥퀸 센터라고 명명된 빌딩이 세워졌다. 건물 안 동판에는 다음과 같은 글이 쓰어 있다.

"스티브 맥퀸은 문제아로 여기 왔지만, 사나이가 되어 떠났다. 그는 나중에 영화계에서 스타 대열에 올랐지만, 이곳을 자주 방문했고 재산도 일부 기부했다. 그의 재산은 이곳 소년원생들에게 커다란 희망과 격려가 되고 있다."

18개월간의 수용소 생활을 마치고 그는 1946년 4월 어머니가 준 돈으로 뉴욕으로 가는 버스를 탈 수 있었다. 1년간 그는 뉴욕에서 상선 선원으로 일하다 해병대에 입대했다. 이후 맥퀸은 알래스카에서 근무하다 큰 사고를 쳤다. 어느 날 빙판을 건너던 전차 한 대가 얼음이 깨지면서 물속으로 곤두박질했다. 모두들 구경만 하고 발을 동동 구르는 가운데 맥퀸은 차가운 얼음물 속으로 뛰어 들어가 거의 동사 일보 직전의 전차병 다섯 명을 구출해냈다. 맥퀸은 이 영웅적인 행동으로 대통령 트루만으로부터 무공훈장을 받았고 대통령의 요트를 경비하는 Honor Guard의 일원으로 선발되었다. 그는 1950년 4월 제대했다.

군에서 제대한 맥퀸은 텍사스로 가서 유전에서 노동자로 일하기도 하고 캐나다에서 벌목꾼으로 노동을 하기도 했다. 그리고 다시 뉴욕으로 가서 TV 가게에서 배달일이나 신발가게에서의 일을 했다. 당시 맥퀸과 데이트하던 어느 여배우 지망생이 그에게 연기를 해볼 것을 제안했고, 다행히 그는 뉴욕의 유명한 연기학교인 액터스 스튜디오에 들어갈 수 있었다. 훗날 그는 이렇게 말했다.

"나는 다른 농땡이꾼들과는 달랐다. 열심히 공부해야 했다. 나에겐 허비할 시간이 없었다. 학비를 벌기 위해 밤에는 우체국 트럭을 몰아야 했다. 초저녁부터 새벽 2시 반까지 운전하고, 아침에는 스튜디오에 가는 생활을 반복했는데 거의 초죽음이 될 지경이었다."

맥퀸은 스튜디오를 졸업한 후 브로드웨이의 연극 무대를 거쳐 할리우드로 진출한다. 1958년 그곳에서 그가 처음 주연한 역할은 〈물방울〉에서 괴물과 싸우는 역할이었다. 점차 할리우드 생활에 적응한 맥퀸은 현대적이고 도시적인 액션물의 스타로 자리를 잡아간다. 이전의 고전적인 스튜디오 풍의 할리우드 영화 시대가 끝나면서 60년대에 들어와 빌딩·도시·오토바이·자동차·형사 등이 등장하는 도시적 스타의 이미지에 잘 어울렸기 때문이었다.

그가 스타덤에 오르고 60년대를 대표하는 최고의 인기배우가 된 결정적인 계기는 명장 존 스타지스 감독과의 만남이었다. 스타지스 감독은 세 편의 영화에서 맥퀸을 기용했다. 1959년 프랭크 시나트라와 지나 롤로브리지다 주연의 〈전쟁과 애욕〉에 조연으로 출연하는 것을 시작으로 율 브리너가 주연한 걸작 서부극인 〈황야의 7인〉에 출연한 것이다. 그리고 3년 뒤인 1963년 드디어 스타지스의 영화에서 주연으로 발탁된다. 탈주 영화의 대명사가 된 〈대탈주〉가 바로 그 영화였다.

〈대탈주〉 이후의 맥퀸의 앞길은 그야말로 탄탄대로였다. 꽃미남이 아니라 땀내 나는 거친 마초 이미지의 맥퀸의 남성적 매력이 활짝 만개하기 시작한 것이다. 케리 그랜트나 존 웨인, 게리 쿠퍼 시절의 할리우드 주연 배우들은 정의롭고 신사적인 캐릭터들이었지만 60년대는 약간 삐딱하고 거칠고 아웃사이더적인 배우들이 스타로 등장하기 시작한다. 스티브 맥퀸·말론 브랜도·폴 뉴먼 등이 그 대표적인 배우들이다.

1968년에는 카 레이스의 전설이 된 영화인 〈불리트〉에서는 주인공

형사 불리트 역을 맡아 폭발적인 인기를 얻
었다. 그가 스턴트맨 없이 직접 연기한 이
영화는 지금까지도 자동차 추격신의 원조
로 평가받고 있다. 그는 스턴트맨이었던 아
버지를 닮아 운동신경이 뛰어났으며 할리
우드에서 알아주는 카 레이서였다. 이후 폭
력 미학의 거장이라는 별명의 샘 페킨파 감
독의 범죄 액션물인 〈겟 어웨이〉에 출연했

〈겟 어웨이〉에서 맥퀸

다. 맥퀸은 〈러브 스토리〉에 출연했던 명배우 알리 맥그로우와 짝을
이루어서 인상적인 액션과 터프함을 보여주었다. 이 두 사람은 영화
가 끝난 다음 바로 결혼에 골인한다.

 70년대에 들어와 출연한 〈빠삐용〉은 그의 영화 이력에서 큰 획을
긋는 작품이 되었다. 이 영화는 세계적인 히트를 쳤고, 국내에서는 재
개봉관에서조차 빈 좌석이 없을 정도로 만원을 이루었다. 〈빠삐용〉
에서 맥퀸이 바퀴벌레를 잡아먹던 장면은 소름이 돋을 정도로 깊은
인상을 남겨주었다. 〈빠삐용〉 이후 출연한 존 길러민 감독의 대작 패
닉물인 〈타워링〉에서 맥퀸은 톱스타인 폴 뉴먼과 공연했다. 이 영화
를 촬영하면서 라이벌 의식이 강한 두 사람 간의 신경전이 팽팽했었
다는 뒷말이 무성했다.

 1963년 〈대탈주〉부터 1974년 〈타워링〉까지 11년간은 맥퀸의 숨막
히게 달려온 전성기였다. 그는 〈타워링〉 이후 단 3편의 영화에만 출
연하였고, 6년 후인 1980년에 약관 50세의 나이로 세상을 떠났다. 그

의 사망원인은 일종의 폐암인 악성중피종이었다. 전문가들은 그가 1940년대 해병대 복무 시절 석면 제거 작업을 하면서 종양이 생겼는데 오랜 잠복기를 거쳐 발병했다고 추정하고 있다. 맥퀸은 영화 〈빠삐용〉의 주

〈대탈주〉에서 맥퀸

인공처럼 나비처럼 살다 저세상으로 갔다.

III. 앙리 샤리에르 이야기

빠삐용의 실제 주인공, 앙리 샤리에르의 인생 영화 〈빠삐용〉의 원작은 조국 프랑스의 잘못된 사법 체계에 맞서 목숨을 걸고 자유를 찾으려고 처절하게 사투를 벌였던 사나이, 앙리 샤리에르의 특급 모험담을 담

앙리 샤리에르

은 자서전이다. 이 책은 우리에게 "도대체 법과 정의란 무엇인가?"를 되짚게 만드는 독특한 서사시이다.

샤리에르는 남부 프랑스 아르데슈에서 태어나 18세 때인 1923년 프랑스 해군에 근무하다가 제대했다. 그 후 파리 몽마르트르에서 포주

노릇을 하는 등 건달 생활을 했다. 감옥에 들어오기 전에 한 번 결혼을 했었고 딸이 한 명 있었다. 1931년 10월 16일, 당시 스물다섯 살이던, 일명 '빠삐용(프랑스어로 나비라는 뜻)'으로 불리던 샤리에르의 젊음을 통째로 구렁텅이로 빠트린 것은 프랑스의 사법 체계였다. 그날, 그는 몽마르트르에서 포주 롤랑 프티 살해 사건의 용의자로 체포되었다. 샤리에르는 혐의를 강력히 부인했지만 법원은 그에게 10년의 중노동형을 언도했다. 그리고 남미 프랑스령 기아나의 생 로랑 감옥으로 이송된다.

당시 그의 나이 26세였다. 생 로랑 감옥소는 서로 다닥다닥 붙은 150개의 독방과 각 독방에는 작은 철문 하나만 달랑나 있는 끔찍한 곳이었다. 이 곳은 타오르는 분노와 복수의

기아나의 악마의 섬

일념이 밑바닥까지 떨어진 샤리에르를 재빨리 일으켜 세웠다. 그는 될 수 있는 한 빨리 탈옥을 해야겠다는 결심을 굳혔다. 그가 탈옥 후 제일 먼저 손볼 놈은 폴랭이라는 위증자였다. 그다음에는 그를 지옥으로 처넣은 검사 프라델이었다.

그는 처음 프라델을 만난 순간 그가 이렇게 말한 것을 똑똑히 기억하고 있었다. "이봐, 내 손아귀에서 빠져나갈 수 있다고 생각하면 큰 오산이야. 맹수의 앞발 같은 내 손은 너를 갈가리 찢을 발톱이 내 영혼 속에 있지. 그러니까 변명 같은 건 아예 생각하지 말고 가만히 입

닥치고 있으라구." 이 저주 같은 말을 가슴 깊이 되뇌이면서 샤리에르는 자유와 복수를 향한 투쟁의 칼날을 갈기 시작했다.

1933년 11월 28일, 샤리에르는 첫 번째 탈옥을 시도했다. 동료 죄수들인 마뜨렛뜨·끌루지오와 함께였다. 이 날 세 죄수는 카옌 수용소의 병원 담을 넘어 나환자 수용소로 향했고,

기아나의 감옥소

그곳에서 보트를 사서 바다로 나갔다. 이들은 콜롬비아 북부의 해안마을 리오아차에 도착했으나 둘은 잡히고 샤리에르만 탈출했다. 그는 과지라라는 인디오들의 마을에서 몇 달을 지냈지만 이 마을을 떠났다.

나중에 샤리에르는 이 마을을 떠난 것을 후회하기도 했다. 과지라 마을을 떠나온 지 채 며칠이 지나지 않아 묵고 있던 수녀원 원장의 밀고로 기아나 수용소로 다시 잡혀갔다. 샤리에르는 이후 11년 동안 무려 여덟 차례에 걸쳐 탈옥을 시도했으나 번번이 실패했다. 그리고 다시 감옥으로 끌려 올 때마다 간수들의 가혹행위는 더욱 악랄해졌다. 그래도 절망에 빠지려 할 때마다 샤리에르는 희망의 끈을 놓지 않았다. 그는 최후의 탈출지로 '수용자들의 무덤'이라 불리는 디아블(악마의 섬)을 택했다.

오래전 죄 없는 알프레드 드레퓌스*가 사형선고를 받은 뒤 홀로 앉아 새로 살아갈 희망과 용기를 다졌다는 섬의 꼭대기 벤치에 앉아 마지막 기회를 탐색했다. 그리고 마침내 탈출구를 찾아냈다. 영화 〈빠삐용〉의 마지막을 장식했던 불후의 명장면, 주인공 스티브 맥퀸이 코코넛 부대 두 개를 뗏목 삼아 바다로 뛰어들기로 결심한 것은 바로 이 드레퓌스 벤치에서였다.

정오부터 해질녘까지 어김없이 일곱 번의 파도가 밀려오는데 마지막 파도가 핵심이었다. 이 파도는 바로 전의 여섯 번의 파도들과는 달리 큰 덩어리로 밀려 왔다가 세차게 섬을 때리고 외곽으로 밀려 나가는 것이었다. 이 파도를 제대로 타기만 하면 되는 것이었다. 드디어 1941년, 샤리에르는 영화에 나오는 것처럼 코코넛 열매가 든 자루 두 개를 연결한 뗏목으로 동료 죄수 실뱅과 함께 악마의 섬 탈출에 성공했다. 그러나 실뱅은 중간에 유사流沙라는 모래구덩이에 빠져 죽었다.

샤리에르는 영국령 조지타운을 거쳐 1년 동안 베네수엘라에서 감옥살이를 마치고 베네수엘라 시민권을 얻는 데 성공했다. 1945년, 완전히 자유의 몸이 된 샤리에르는 베네수엘라에 정착해서 현지 여자와 결혼했고 식당을 운영했다. 한때 그가 유형 생활을 했던 악마의 섬 감

---

* 알프레드 드레퓌스는 일명 드레퓌스 사건으로 유명한 인물이다. 이 사건은 19세기 말 프랑스 제3공화국 시절, 당시 군에서 장교 알프레드 드레퓌스에간첩죄를 덮어씌워 프랑스 국내에서 극심한 정치적·사회적 논란이 발생한 것을 말한다. 피해자 드레퓌스는 뜻있는 사람들의 노력으로 다행히 몇 년 만에 석방되었지만, 후에도 이 사건은 오랫동안 프랑스에서 정치적·사회적 치열한 논쟁거리로 남아 근현대사에 큰 영향을 끼쳤다.

옥소는 1953년 8월 22일에 폐쇄되었다. 샤리에르는 베네수엘라에서 악마의 섬 탈출자라고 알려지면서 유명 인사가 되었다. 텔레비전 프로그램에 종종 출연하기도 했다. 샤리에르는 처음에는 자신의 모험

최후의 탈출에 성공하는 빠삐용(영화에서)

담을 쓸 생각을 안 했었다. 그러다가 어느 날 카라카스에서 알베르틴 사라쟁이라는 자그마한 흑인 여성이 자신의 탈출과 수감 생활에 대한 이야기를 책으로 썼다는 신문 기사를 가슴에 새겨 두었다.

그리고 마침내 1969년 자신의 자전소설을 출간했다. 앙리 샤리에르가 자신의 수형 생활과 탈옥 과정을 그린 자전소설 『빠삐용』은 발표되자마자 프랑스를 비롯한 17개국에서 번역되어 출간되었고, 전 세계적으로 1,300만 부가 팔려나가는 초 베스트셀러가 되었다. 샤리에르는 자유의 몸이 된 뒤 딱 한 번 꿈에도 그리던 파리를 방문했었다. 그러나 파리에는 겨우 8일밖에 머무르지 않았다. 그가 파리로 돌아온 이유는 자신을 누명 씌운 검사 프라델에게 복수하려는 마음 때문이었는데 그러나 복수는 덧없다고 생각해서 단념하였다고 한다.

1973년 그의 저서를 원작으로 해서 샤프너 감독이 만든 영화 〈빠삐용〉이 개봉되어 흥행 대박을 쳤다. 영화 촬영 중이던 빠삐용 역의 스티브 맥퀸과도 만났고 영화에 대한 조언도 했고 완성된 영화도 보았다. 그리고 얼마 뒤인 7월 29일, 스페인 마드리드에 있는 한 병원에서 후두암으로 사망했다. 향년 67세였다.

제33장

JFK

정치·사회적 이슈물의 거장, 올리버 스톤 / 케네디 암살 사건

I. JFK(1992년), JFK

1991년도에 개봉한 영화 〈JFK〉는 존 F. 케네디 대통령의 암살 사건을 다룬 작품이다. 항상 정치적·사회적 문제의식을 놓치지 않는 올리버 스톤 감독 특유의 시각이 돋보이고 있다. 스톤은 이 영화에서 다큐멘터리 필름을 사용하면서 회상·재연·대사·음악 등의 영화적 기법을 능숙하게 구사한다. 영화 대부분이 암살 사건에 대한 수사와 재판을 위주로 전개되지만 3시간이 넘는 러닝 타임에도 불구하고 치밀한 구성과 편집을 통하여 관객들의

몰입도를 고조시킨다. 픽션과 논픽션을 적절히 섞으면서 케네디 암살 사건을 재구성하고 있는데 마치 다큐멘터리를 보는 듯한 착각을 불러일으키게 한다.

이 영화는 케네디 암살 사건을 짐 개리슨 검사의 추리를 바탕으로 해서 진행되는데 실제로 그의 저서인 『JFK: 케네디 대통령 암살의 진상』을 토대로 했다. 그는 당시 뉴올리언스 지방 검사로 재직하면서 자신만이 유일하게 암살 사건 관련 인물들을 법정에 세운다. 개리슨은 케네디 암살은 미국 군산복합체의 음모에 다름 아닌 것이라고 확신했다. 그러나 그가 기소한 클레이 쇼는 결국 무혐의로 풀려

개리슨 검사역의
케빈 코스트너

나온다. 숨 막히는 세 시간이 지나고 마지막 자막이 올라간 후에도 관객들은 다른 건 몰라도 오스왈드가 결코 단독으로 벌인 범행은 아니었다는 것만은 확신하게 된다.

영화는 스톤 감독의 뛰어난 연출력과 주인공 게리슨 검사 역의 케빈 코스트너의 뛰어난 연기력이 작품을 빛내주고 있다. 이 영화는 게리슨이라는 인물이 홀로 이끌어가는 거나 마찬가지이기 때문에 주인공 역을 맡은 코스트너의 발군의 연기야말로 이 영화의 성공에 큰 공헌을 하고 있다고 할 수 있다. 코스트너 외에도 기라성 같은 배우들이 여럿 등장하고 있다. 클레이 쇼 역에 토미 리 존스, 윌리 오키프 역에 케빈 베이컨, 데이빗 페리 역에 조 페시, 리 하비 오스왈드 역에 게리

올드만, 잭 마틴 역에 잭 레먼, 그리고 미지의 인물 X로 나오는 도널드 서덜랜드 등이 그렇다. 내레이션은 노련한 배우 마틴 쉰이 맡았고 음악은 영화음악의 거장 존 윌리엄스가 담당했다.

영화의 서두에 "저항해야 할 때 침묵하는 행위는 사람들을 비겁하게 만든다"라고 밝히듯이 이 영화는 '정의에 관한 영화'라고도 할 수 있다. 이는 게리슨과 아내가 가정 문제로 다투는 장면에서도 살짝 내비치고 있다. 집안일에는 소홀히 하면서 오로지 케네디 암살 사건에만 매달리는 남편에 대해 참다못한 리즈가 투덜거리자 게리슨은 "나만 살자고 모른척하면 우리 애들은 개 같은 세상에 살게 된다구!"라고 대답한다. 여기에서도 사회적 정의에 관한 게리슨 검사의 생각을 읽을 수 있다.

이 영화는 미국뿐만 아니라 전 세계적으로도 흥행에 성공했다. 영화를 본 관객들은 영화가 끝나면서 거의 대부분 음모설에 대하여 고개를 끄덕이며 영화관을 나선다. 이런 이유 등으로 이 영화는 케네디 암살과 관련한 기존의 음모설을 확산시키는 데에 크게 기여했다고 볼 수 있다. 영화에는 실존 인물 짐 개리슨이 케네디 암살사건을 조사하는 워렌 위원회의 위원장인 얼 워렌 대법원장 역으로 나온다. 코스트너는 이 영화가 만들어지고 9년 후 쿠바 미사일 위기를 다룬 영화인 〈D-13〉에서 주인공인 케네스 오도널 역을 맡게 되면서 케네디를 다룬 두 영화에서 모두 주연을 맡았다.

II. 정치·사회적 이슈물의 거장, 올리버 스톤

올리버 스톤 감독은 정치·사회물 영화로 두 번(〈플래툰〉〈7월 4일생〉)이나 아카데미 감독상을 수상한 독보적 존재이다. 그는 〈살바도르〉, 월남전 3부작(〈플래툰〉〈7월 4일생〉〈하늘과 땅〉), 〈JFK〉〈닉슨〉〈더 프레지던트〉 등 정치물 영화를 즐겨 만들었다. 그는 항상 "나는 영화를 통해 역사를 그리지만 반면에 역사가 우리에게 제공하지 않는 것을 찾고 싶었다"라고 말했다. 특유의 일관된 사회적 비판과 작품관으로 인해 많은 지지자와 안티를 동시에 가지고 있기도 하다. 그의 여러 영화에서 미 보수파들이 이른바 '미국의 미덕'이라 부르는 것들에 대한 가차 없는 비판이 깔려 있다.

올리버 스톤

그의 작품들은 강렬하지만 논란과 도발을 불러일으키는 것으로 유명하다. 한편 음모론을 조장한다는 비판과 함께 역사적 정확성에 대하여도 종종 의문을 갖게 하기도 한다. 이에 대해 스톤은 자신의 영화가 대중들로 하여금 여러 정치적, 사회적 문제를 생각하게 하는 데 도움이 되었다고 주장한다. 그리고 이렇게 말했다. "나는 사람들이 이들 문제들에 관해 관심을 갖도록 만들고 싶다. 관련하여 나아가 그들이 책을 읽고, 의견을 제시하며 대화를 나누기를 원한다." 이에 대하여 《뉴욕 타임스》에서는 이렇게 말하기도 했다.

"올리버 스톤은 우리 시대의 가장 야심적이고 논란이 많은 영화인

중 하나다."

스톤은 1946년 9월 15일 미국 뉴욕에서 주식 중개인인 아버지와 프랑스계 어머니 사이에서 태어났다. 1965년 예일 대학교를 중퇴하고 베트남으로 가서 영어 강사와 선원 생활을 하다가 귀국한 후 곧 자원입대하여 베트남에서 실제 전투부대에서 복무했다. 그때 영화 〈플래툰〉에 등장하는 독특한 캐릭터 엘리아스(윌렘 디포 분)의 실제 모티브가 되는 선임과 만나기도 했다. 이때 그를 일생 동안 괴롭혀 온 마약 중독에 빠졌다. 부상으로 제대한 뒤 한동안 술과 마약으로 세월을 보내다가 뉴욕대학 영화과에 입학하면서 새로운 생활을 시작했다.

1974년 감독 데뷔작인 〈강탈〉이 실패로 끝났으나 시나리오로 눈을 돌려 1978년 앨런 파커의 〈미드나잇 익스프레스〉로 아카데미 각본상을 수상했다. 이어서 〈코난〉, 알 파치노 주연의 〈스카페이스〉

영화 〈알렉산더〉

〈이어 오브 드래곤〉 등의 시나리오 작가로 명성을 얻었다. 이 기간 중 연출했던 공포영화 〈손(The Hand)〉의 실패로 다시 한번 낙심하다가 1986년 정치영화 〈살바도르〉의 성공으로 감독으로서의 능력을 인정받았다. 같은 해 〈플래툰〉으로 아카데미 작품상·감독상을 포함한 아카데미 4개 부문을 수상하면서 기염을 토했다. 스톤은 이후 두 번째로 아카데미 감독상을 수상한 〈7월 4일생〉과 〈하늘과 땅〉으로 '베트남 3부작'을 완성하고 계속해서 〈월 스트리트〉〈도어스〉〈JFK〉〈킬러〉〈알렉산더〉〈닉슨〉〈더 프레지던트〉〈파괴자들〉〈스노든〉 등을 발표했다.

본서에서 소개하는 〈JFK〉 외에, 스톤의 최고 대표작의 하나인 〈플래툰〉은 스톤이 직접 월남전에 참전했던 생생한 경험을 바탕으로 각본을 쓰고 감독을 맡았다. 이 영화는 19

영화 〈플래툰〉

세의 한 젊은 병사의 눈을 통해 월남전을 벌거벗은 날것 그대로 묘사한 역사상 가장 강력한 전쟁 영화 중 하나로 꼽히고 있다. 동시에 이 영화는 10년 동안 대본을 쓰기 위해 고투했던 스톤의 개인적인 승리로 볼 수 있다.

1987년 당시 아카데미 4개 부문(최우수 작품상·감독상·편집상·음악상)을 수상했다. 역사적으로 베트남 전쟁은 20세기 후반부의 미국에서 가장 도덕적이고 정치적 이슈였기에 〈지옥의 묵시록〉〈디어헌터〉〈귀향〉〈풀 메탈 자켓〉 등의 많은 명작을 탄생시켰다. 그러나 〈플래툰〉만큼 월남전을 직시하고 리얼하게 묘사한 작품은 없었다. 그야말로 잊을 수 없는 베트남 전쟁 걸작 영화다. 2019년에는 미국 의회도서관의 National Film Registry에서 영구히 보존하는 영화로 선정되기도 했다.

이 영화에서는 소대원들이 두 하사관에 의하여 두 분파로 나누어져 으르렁거리고 있다. 전쟁의 악몽에서 탈피하기 위해 마약을 사용하지만 아직 손상되지 않은 휴머니즘을 지니고 있는 엘리아스와 생존을 위해서라면 어떤 폭력도 불사하는 반즈(톰 베린저 분)가 그렇다. 주인공 크리스(찰리 쉰 분)는 처음에는 반즈의 남자다움에 끌리지만 점차 정의로운 엘리아스에 기울어 간다. 귀환하는 헬리콥터에서 다음과 같은 주인공 크리스의 독백에서 그가 피 터지고 살점이 찢겨나가는 살육의 현장에서 정신적으로 깨달음의 한 과정이며 한편으로는 스톤 감독이 제시하는 이 영화의 주제일 것이다.

"이제 돌이켜보면 우린 적군과 싸우고 있었던 것이 아니라 우리가 싸우고 있었습니다. 적은 우리 안에 있었습니다. 이제 전쟁은 끝났으나 그 상흔은 남은 평생 동안 내 속에 남아있을 것입니다. 살아남은 자에게는 그 전쟁을 다시 떠오르게 하고… 우리가 경험했던 것들을 남에게 알리며… 생명의 존귀함을 찾아야 할 의무를 알려줍니다."

III. 케네디 암살 사건

1963년 11월 22일 오전 11시 38분, 텍사스주 댈러스 공항에 대통령 전용기가 착륙했다. 비행기 문이 열리고 한 사내와 매력적인 한 여성이 모습을 드러냈다. 바로 대통령 존 F. 케네디와 퍼스트레이디 재클린 케네디였다. 케네디의 댈러스 방문은 이듬해 대선을 준비한 정치적 목적에서였다. 케네디는 1963년 후반기에 접어들면서 선거 결과를 좌우할 승패를 가늠할 수 없는 몇 개 주를 선택하여 유세할 계획을 세웠다. 특히 텍사스가 그랬다. 보수적인 색채가 강한 텍사스 주민들은 흑인들의 인권신장 등 케네디의 진보적인 입장과 정책에 반감을 갖고 있었다. 또한 텍사스 출신인 존슨 부통령이 현지 민주당 내의 다툼을 중재해 달라고 강력한 요청을 하기도 했다.

이윽고 카 퍼레이드가 시작되면서 케네디는 아내에게 "이제 만만치 않은 나라에 들어가는군요"라고 말했다. 그만큼 텍사스는 그에게 부담을 주는 지역이기도 했다. 대통령 내외가 탄 무개차에는 원래 방호용 투명 돔형 덮개가

퍼레이드 떠나기 직전 케네디 부부

있었으나 이날은 날씨가 쾌청한 탓에 연도의 시민들이 대통령을 더 잘 볼 수 있도록 그것을 제거했다. 결국 이것이 사달이 난 것이다. 대통령과 재키는 뒷좌석에 앉았고 코널리 주지사 부부는 앞좌석에 탔다. 오후 12시 30분 케네디의 자동차 행렬은 메인 스트리트인 딜리 플라자로 들어와 휴스턴 스트리트로 우회전했다. 이것이 사실 이상했다. 댈러스에서의 유명인사 퍼레이드는 메인 스트리트를 따라 곧장 직진하여 행진하는 것이 일반적인데 왜 이렇게 구부러진 길을 택했는지, 음모론자들은 여기서부터 문제점을 지적하기 시작한다.

저격

그리고 한 블록 지나 교과서 창고 앞을 지나는 엘름 스트리트 쪽으로 좌회전했다. 이것은 거의 120도 회전이어서 그때 자동차 행렬의 속도가 시속 16km로 뚝 떨어졌다. 두 대의 경찰 오토바이가 앞장섰고 케네디의 리무진이 그 뒤를 이었다. 엘름 스트리트 연도의 군중들은 환호하면서 손을 흔들기 시작했다. 그 순간 코널리 부인이 "대통령 각하, 이제 당신은 댈러스가 당신을 좋아하지 않는다고 말할 수 없을 겁니다"라고 말했고, 대통령은 "그럼요, 그렇고말고요"라고 맞장구를 쳐주면서 환한 웃음으로 화답했다. 케네디와 재키가 미소를 지으며 손을 흔드는 바로 그 순간, 첫 번째 총탄이 날아왔다. 그것은 빗나갔다. 그 탄환의 잔재는 발견되지 않았으나 떡갈나무를 스치고 인도와 차도 사이의 연석에 부딪쳐 튕겨 나갔던 것으로 추정된다. 콘크리트 한 조각이 튀면서 길가에 서 있던 사람의 뺨을 살짝 스치며 지나갔다.

바로 직후, 두 번째 총탄이 날아왔다. 이 총탄은 케네디의 목을 관통한 이후, 앞좌석에 있던 코널리 텍사스 주지사에게 부상을 입혔다. 옆 좌석에 앉아있던 재클린은 갑자기 남편의 움직임이 이상한 것을 눈치채고 손을 뻗었는데 이때 3번째 총탄이 날아왔다. 그 총탄은 케네디의 머리를 관통하면서 두개골 오른쪽이 날아가 버렸다. 코널리 부인은 재키가 절망적인 목소리로 "그의 뇌가 내 손 안에 있어"라고 말하는 것을 들었다. 나중에 케네디가 머리를 저격당한 직후 재키가 차량의 후방 보닛으로 올라타 정신없이 기어가는 사진이 보도되었다. 이는 남편의 뇌 조각을 줍기 위해서라거나 뒤에서 올라타는 경호원을 잡아주기 위해서라는 의견들이 나왔다. 하여튼 대통령 일행의 행진에 환호를 보내던 주위는 순식간에 아수라장이 되었다. 단 6초 동안에 벌어진 일이었다.

대통령이 총에 맞은 사실을 확인되자 리무진은 급히 엑셀레이터를 밟고 5km 떨어진 인근의 파크랜드 메모리 병원으로 전속력으로 달려갔다. 응급실에서 대기하고 있던 의료진들은 대통령을 소생시키기 위

쓰러진 케네디와 뭔가 찾으려는 재클린

해 온갖 방법을 동원했지만, 총상으로 머리의 1/4 정도가 날아간 대통령을 되살리긴 어려웠다. 30분가량 호흡이 붙어 있었지만 결국 과다출혈로 숨을 거두었다. 세 번째 총탄이 두개골을 부숴버리고 뇌의 상당 부분을 날려버렸기 때문에 운 좋게 살았다 해도 식물인간이 되었을 것이다. 시계는 1시를 가리키고 있었다.

대통령의 얼굴 위에 하얀 헝겊이 덮였다. 케네디의 시신은 병원을 출발해 2시 18분 대통령 전용기에 안치되었다. 2시 39분, 혼잡스러운 대통령 전용기 안에서 존슨 부통령은, 피 묻은 옷차림 그대로 충격에 싸여 있던 재클린과 급히 달려온 사라 휴즈 연방 판사를 앞에 두고 제36대 대통령 취임 선서를 했다. 미국 정부는 사건이 벌어진 지 약 1시간 후인 오후 1시 30분, 케네디 대통령이 피살당했다는 것을 전 국민에 알렸다. 미국인들은 경악했다. 경찰과 FBI는 목격자들의 증언을

토대로 엘름 스트리트의 교과서 건물을 포위, 건물 6층에서 탄피 3개 와 암살 때 사용된 것으로 추정된 총기를 발견했다.

리 하비 오스왈드

하늘은 맑았고 날씨는 따뜻했으며 군중들은 퍼레이드가 지나갈 길가에 몰려들기 시작했다. 행진 경로는 이미 신문에 공표되어 있었다. 케네디가 탄 리무진은 휴스턴 스트리트를 지나 엘름 스트리트를 지나가도록 계획되었는데 그곳은 오스왈드가 근무하는 교과서 창고 건

호송중인 오스왈드

물 바로 앞이었다. 창고 직원들은 삼삼오오 창가에 모여서 행렬을 내려다보고 있었다. 오스왈드는 그 건물 6층으로 살그머니 올라가 동남쪽 모퉁이에 자리를 잡고 있었다. 그의 손에는 망원 조준기가 달린 이탈리아제 만리커 칼카노 라이플총이 들려 있었다. 그 총은 시카고에 있는 총기 통신판매회사로부터 구입한 것인데 그 총은 1초에 600m의 속도로 구경 6.6mm의 총알을 발사할 수 있었다. 오스왈드는 그날 아침 긴 갈색 뭉치를 들고 출근했는데 동료들에게는 '커튼 봉'이라고 둘러댔다. 12시 정오, 오스왈드는 모든 준비가 되어 있었다.

저격을 끝낸 오스왈드는 라이플의 지문을 닦은 후 교과서 상자들 뒤에 살짝 내려놓았다. 그리고 자판기에서 콜라 한 병을 꺼내 목을 축이고 창고 뒤쪽 계단을 통해 내려왔다. 그때 이미 총을 빼들고 건물에

들어와 수색하고 있던 경찰이 그를 검문하려 했으나 오스왈드의 상사가 "그는 우리 회사 직원입니다"라고 말하는 바람에 오스왈드는 유유히 밖으로 나올 수 있었다. 그는 하숙집으로 돌아와 권총을 집어 들고 바깥으로 나왔다. 그의 행동은 누가 보더라도 수상했다. 사이렌 소리를 울리면서 경찰차가 지나갈 때마다 긴장한 표정으로 고개를 휙 돌리곤 했다. 이때 티펫이라는 경관이 그를 불러 세웠다. 오스왈드는 즉시 그에게 네 발을 발사했고 티펫은 그 자리에서 즉사했다. 그때쯤 교과서 창고에서 라이플이 발견되었으며 댈러스 전역에 오스왈드에 대한 긴급 체포 명령이 내려졌다. 얼마 후 그는 숨어 있던 극장에서 케네디 대통령과 티펫 경관 살인 혐의로 체포되었다. 기자들에게 그는 "나는 결백하다"고 주장하면서 단지 자기는 소련에 살았다는 이유로 체포된 "희생양에 불과하다"고 지껄였다.

유치장에 갇혀 있던 짧은 시간에도 오스왈드는 여전히 자신은 대통령을 살해하지 않았다고 완강히 부인했다. 11월 24일 좀 더 안전한 교도소로 오스왈드를 이송하기 위해 댈러스 경찰서 지하실에서 그를 데

오스왈드를 저격하는 루비

리고 나올 때 경찰관들 사이에서 잭 루비라는 자가 불쑥 나타나 권총으로 그를 즉사시켰다. 전국의 시청자들이 이 장면을 TV를 통해 지켜보고 있었다. 이 장면은 마피아가 오스왈드와 루비를 사주해서 케네디를 살해했다고 주장하는 음모론자들에게 근거가 되기도 했다. 마피

아는 오스왈드의 입을 다물게 하기 위해 루비를 고용했다는 것이다.

그러나 루비의 마피아 연루는 결코 증명된 바가 없으며. 그와 가까운 사람들은 '루비가 음모의 일부'라는 주장을 비웃었다. 나이트클럽 운영자인 루비는 댈러스 경찰들과 친했기 때문에 오스왈드가 이송될 때 그 주변으로 쉽사리 다가갈 수 있었다는 것이다. 또한 그들은 케네디의 열렬한 지지자인 루비가 케네디를 암살한 오스왈드를 도저히 두고 볼 수 없어 방아쇠를 당겼다고 생각했다. 루비는 1964년 오스왈드 살인죄로 유죄를 선고받았으며 항소심을 기다리고 있었다. 그러나 새로운 재판이 열리기 전에 1966년 폐암으로 사망했다. 죽음이 임박해서도 그는 오스왈드 살해에 관여한 다른 사람은 없다고 주장했다.

오스왈드는 뉴올리언스의 가난한 가정에서 유복자로 태어났다. 그의 아버지는 그가 태어나기 두 달 전에 죽었다. 그의 짧은 생애 동안 외톨이라는 단어는 항상 그를 따라다녔다. 십대 시절부터 공산주의 사상에 빠졌고 어머니 마가릿을 패기도 하는 등 폭력적인 성격을 갖고 있었다. 17세 때, 해병대에 입대했는데 특등 사수의 자격을 획득했다. 특등사수란 망원조준장치의 도움 없이도 열 발 중에 여덟 발을 200m 떨어져 있는 25cm 크기의 과녁 중심을 정통으로 맞출 수 있다는 것을 뜻한다.

후에 이루어진 오스왈드에 관한 많은 연구는 그가 전형적인 고독한 암살자의 성향을 가졌음을 암시한다. 해병대 복무 중에는 공산주의적 성향 때문에 동료들로부터 따돌림을 당했다. 제대 후 그는 본격적인 공산주의자로서의 모습을 보여주기 시작했다. 오스왈드는 기어코 꿈에 그리던 공산주의 종주국인 소련에 입국했다. 그곳 민스크의 라디오 제작 공장에서 일하면서 여공인 마리나 프루사코바와 결혼을 했다. 이후 소련 시민권을 얻고자 했으나 소련관청에서 그가 정신적으로 문제가 있다면서 거부했다. 잔뜩 화가 난 그는 별 수 없이 미국으로 돌아왔다. 처와 딸을 데리고 댈러스 인근의 포스워스에 정착했다. 그는 여러 잡다한 직업을 전전하며 생계를 유지했다. 틈틈이 공산주의 신념을 실천하기 위한 행동을 이어갔다.

'쿠바를 위한 페어플레이'라고 불리는 조직에 잠시 들어가기도 했고, 멕시코로 가서 쿠바와 소련대사관을 찾아가 망명을 위한 비자를 얻으려고 노력했으나 실패했다. 이 모든 공산주의적 행동들이 후일 오스왈드가 소련이나 쿠바 심지어 CIA를 위해 일했다고 믿는 또 다른 음모론자들에게 빌미를 제공하기도 했다. 그러나 그를 아는 사람들은 오스왈드는 극히 불안정한 정서의 소유자이며 성격은 종잡을 수가 없고 지능도 떨어져서 고도의 두뇌를 요구하는 정보기관에는 맞지 않는 인물이라고 입을 모으고 있다.

오스왈드는 케네디 암살 전에도 살인미수 경력이 있었다. 1963년 4월 그는 전직 육군 대장이며 지독한 보수 꼴통이자 인종분리주의자인 에드윈 워커의 뒷마당으로 몰래 들어가 그를 저격했다. 총알은 창문턱에 맞은 다음에 워커를 스쳐 지나갔다. 케네디 암살 후 경찰이 오스왈드의 집을 뒤져 워커의 집을 찍은 사진을 발견하면서 이 사실을 알게 되었다. 이후 오스왈드는 좌익이나 우익을 가리지 않고 세상의 모든 힘 있는 자들에 대한 증오심을 불태웠다.

재프루더 필름

재프루더 필름은 딜리 플라자에 있는 가게의 의류 제조업자인 58세의 재프루더가 당일 케네디 암살 장면을 우연히 찍은 것을 말한다. 이 필름은 미국 역사상 가장 중요한 역사적 기록의 하나로 간주돼 75년부터 국립문서보관소에 소중히 보관돼 있다. 재프루더는 골수 민주당원이었고 케네디의 열성적인 지지자였다. 그는 당일 8㎜ 비디오 카메라를 들고 딜리 플라자를 지나 엘름 스트리트를 따라 걸어 내려갔다. 그리고 교과서 창고 앞을 지나 케네디의 카퍼레이드 행렬이 지나게 되어 있는 3중 교차로 가까이에 있는 정자 위로 올라가 암살 장면을 찍게 되었다. 그의 영상은 이후 JFK 암살 수사에서 아주 요긴한 증거물이 되었다.

이 필름은 암살사건 이후 6년이 지난 1969년에 짐 게리슨 검사에 의해 법정에서 공개된 바 있다. 국립문서보관서에 보관되어 있는 이 필름은 유족들에게 소유권이 있다. 영화 〈JFK〉를 촬영하기 위해 올리버 스톤 감독은 8만 달러를 유족들에게 지불하고 사용하기도 했다. 필름을 돌려달라는 유족들의 요구에 미국 정부는 엄청난 액수의 보상금을 지불하기도 했다. 영화에서 짐 게리슨 역을 맡은 케빈 코스트너는 법정에서 이 필름을 통하여 총을 맞을 당시 케네디의 머리가 어느 방향으로 움직였는가를 여러 차례 보여준다. 이 장면은 워렌 보고서가 주장하고 있는 오스왈드의 단독범행에 대해 의구심을 불러일으키게 해주는 중요한 자료이기도 하다.

여러 가지 의문점

사건 이후 존슨 대통령마저 암살 음모론에 휩싸이게 되자 독립적인 조사위원회의 구성이 불가피해졌다. 대법원장 얼 워렌이 조사위원장을 맡았다. 워렌 위원회는 10개월간 552명의 목격자들로부터 증언을 청취한 뒤 1964년 9월 암살 보고서를 발표했다. 워렌 보고서에 따르면, 케네디 암살은 오스왈드의

대통령 장례식

단독 범행이었고 배후도 물론 없었다고 했다. 극단적인 공산주의자이자이며 자신의 감정을 잘 통제하지 못하는 오스왈드가 대통령을 암살했다는 것이다. 보고서는 오스왈드가 텍사스 교과서 창고 건물 6층 창문에서 케네디를 단독으로 저격했으며, 루비의 오스왈드 살해도 그의 단독 범행이라는 결론을 내렸다.

그러니 워렌 위원회의 공식적인 발표와는 달리 케네디 암살 사건에는 석연치 않은 여러 의혹이 있었다. 가장 이상한 점 하나는 오스왈드가 소련에 망명했다가 다시 미국으로 돌아올 때 아무런 제재를 받지 않았다는 사실이다. 냉전이 극단적으로 치닫던 시절에 소련에 망명했던 자가 쉽사리 미국에 돌아올 수 있었다는 것이 가능한 일일까? 또한 목격자들의 진술과 수사 결과도 일치하지 않았다. 목격자들 대부분은

총알이 오스왈드가 있던 텍사스 교과서 창고에서 약간 떨어진 조그만 잔디 언덕 쪽에서 날아왔다고 증언했다. 그들은 이 언덕에서 총성을 들었고 화약 연기를 직접 목격했다고 진술하기도 했다. 케네디가 저격당한 장소에서 볼 때 교과서 창고와 이 언덕은 방향이 서로 다르다. 그러나 워렌 위원회는 목격자들의 증언을 무시하고 창고에 있던 오스왈드를 단독 암살범으로 지목했다.

파크랜드 병원에서 대통령의 죽음을 확인했던 의료진들이 목격한 케네디의 머리 상처와 워렌 위원회에서 발표한 그것도 크게 달랐다. 병원의 의사들은 뒤통수에 큰 구멍이 있다고 한 반면, 워렌 위원회는 머리 앞부분에 큰 구멍이 있다고 발표했다. 보통 총상은 총알이 날아온 방향을 밝히는 데 매우 중요한 단서가 된다. 총알이 들어갈 때는 조그만 구멍을 내나, 나올 때는 커다란 구멍을 만들기 때문이다. 이것만 봐도 총알이 날아온 방향이 틀리다는 것을 얘기하고 있는 것이다. 그러나 워렌 위원회 조사보고서는 이런 의문점들을 묵과했다. 그들은 오스왈드를 단독 범인으로 지목하고 그에게 모든 혐의를 씌웠다. 과연 오스왈드 혼자 케네디를 암살한 것일까? 앞에서 살펴본 대로 드러나지 않은, 혹은 FBI와 워렌 위원회가 무시한 증거들을 보면 그가 단독으로 케네디를 암살한 것 같지는 않다.

음모론

댈러스에서의 그 길고도 암울했던 날 이후 수많은 음모론이 판을 쳤다. 마피아의 소행이라는 둥, CIA의 공작이라는 둥, 소련 또는 쿠바의 카스트로 정권이 배후에 있다는 등 온갖 설이 난무했다. 연방 대법원장 얼 워렌이 진두지휘한 공식 수사는, 지금까지 암살당한 모든 미국 대통령들처럼, 케네디 역시 오스왈드라는 광신자의 단독 범행이라는 결과로 마무리되었다. 그러나 여러 가지 정황을 살펴볼 때 단 한 사람의 암살자 이상이 연관되어 있다는 가설에는 타당성이 없다고는 할 수 없을 것이다. 몇 가지 그럴듯한 가설들을 살펴본다.

첫째, CIA 음모설이다. CIA의 일부 과격한 요원들이 케네디가 빨갱이들에게 굴복해 CIA를 해체하려 한다고 불안해하고 있었기 때문에 소련에 망명한 적이 있는 오스왈드를 고용해 범행을 사주했다는 설이다. 심지어는 오스왈드는 위장에 사용됐을 뿐 실제로는 다른 장소에 배치된 명사수에게 케네디를 저격하도록 했다는 얘기도 있다. 케네디는 대통령 초기 시절, CIA가 주동해서 벌였던 피그만 침공계획이 실패하자 CIA에 대해서 삐딱하게 생각하고 있었다. 그리고 공산주의 축출이라는 미명하에 제3국가에서 벌이고 있는 CIA의 여러 어설픈 장난질에 염증을 내고 있었다. 이밖에 음모를 곁들인 CIA의 여러 제안을 물리친 적도 있었다. 이런저런 일로 케네디와 CIA는 다소 불편한 관계였겠지만 CIA 음모설은 지나친 억측으로 보인다.

둘째, 마피아 음모설이다. 케네디의 아버지 조지프 케네디는 금주법 시절 마피아와 관계를 맺으며 밀수를 하는 등 막대한 부를 축적했었다. 이후 아들의 대통령 당선을 위해 그때 맺은 친분을 이용, 선거 때 마피아의 입김이 센 노조들의 도움을 받았다고 한다. 그러나 케네디는 대통령으로 당선되자 오히려 동생 로버트 케네디 법무장관을 앞

세워 마피아 소탕 작전을 벌이자 이를 배은망덕이라고 간주하면서 암살했다는 설이다. 오스왈드에겐 마피아 조직에 숙부가 있었고, 루비에게도 마피아에 친구가 여럿 있었다. 그래서 오스왈드나 루비 같은 조무래기를 이용하는 편이 유리하다고 생각한 마피아 두목이 있었을지도 모른다는 것이 마피아 주도설을 주장하는 이들의 얘기다. 그러나 대통령 암살이라는 엄청난 위험한 일을 과연 이들 조무래기에게 맡기려 했을까. 어떤 방법으로 루비에게 오스왈드를 살해하도록 설득했는지도 알 수 없고, 오히려 루비가 입을 열어 꼬리가 잡힐 위험도 있었을 것이다.

셋째, 쿠바 음모설이다. 카스트로는 미국이 쿠바 혁명 이후 자신에 대한 암살을 끊임없이 기도하고 있다는 것을 충분히 알고 있었다. 그래서 거꾸로 케네디 암살을 지령했다는 설이다. 암살 음모설을 믿은 존슨 전 대통령이 적극적으로 지지한 설이다. 오스왈드는 자칭 마르크스주의자로서 친 카스트로파였다. 그는 케네디 암살 2개월 전에 멕시코시티의 쿠바 대사관을 방문한 적도 있었다. 나중에 이 음모설을 전해 들은 카스트로는 '벼락 맞을 소리'라고 하면서 펄쩍 뛰었다. 그는 자신은 미국의 암살 위협에 끊임없이 시달리고 있지만 미국이라는 초강대국의 대통령을 암살하라는 지시를 내리는 그런 멍청이는 결코 아니라고 거품을 물었다.

넷째, 군산 복합 음모설이다. 올리버 스톤 감독의 영화 〈JFK〉에서 주장한 이론이다. 미국은 아이젠하워 대통령 시기에 소련과의 대립이 격화됨에 따라 군비가 급격히 증가했다. 그러나 후임자인 케네디는 군비가 너무 비대하다며 군비감축 움직임을 보이자 군부와 마찰이 상당히 심해지기도 했다. 그래서 군부와 군수업체들이 손을 잡고 케네디 암살을 기도했다는 것이다. 그러나 암살집행부대·검시 팀·워렌 위원회 등 진상 은폐 협력자들의 규모가 이 정도라면 어떻게 이런 방대하고도 치밀한 계획을 세워 진행할 수 있는 것일까 하는 의구심이 제기된다. 또한 하필이면 많은 사람이 지켜보는 퍼레이드 와중에 암살을 저지를 필요가 있었을까? 하는 의문점이 제기되기도 한다.

제34장

인생

중국을 대표하는 명감독 장이머우 / 대약진운동 / 문화대혁명

Ⅰ. 인생(1994년), 活着

영화〈인생〉은 1994년 중국의 명장 장이머우가 감독하고 궁리와 거유가 주연을 맡은, 중국 현대사의 격변기를 살아가는 평범한 한 가족의 일대기를 그린 영화다. 장이머우 감독에 따르면 작가 위화가 이 소설『活着』을 완성하고 발표하기 전 그에게 한번 읽어보라고 건네주었고 그날 밤으로 그 책을 다 읽은 장 감독은 이 소설을 바로 영화화하기로 결심했다고 한다. 중국어 活着을 직역하면 '살아간다는 것'을 의미한다.

장이머우는 이 소설을 읽으면서 평범한 인간들의 생각과 세상을 살아가는 덤덤한 태도가 무척 흥미로웠고 이를 영화에 담고 싶었다고 한다. 이 영화는 1994년 칸 영화제에서 심사위원 대상

영화에서 푸궤이와 지아전

을 받았고, 남자 주인공 역을 맡은 거유는 최우수 남우주연상을 수상했다. 1995년에는 영국 아카데미 시상식에서 외국어영화상을 수상했다. 묵묵히 견뎌내는 강인한 힘, 인내심, 그리고 숱한 고난 속에서도 원망하거나 투덜거리지 않고 결국은 좋은 날이 올 것이라고 믿는 영화 속 주인공의 낙관적인 태도야말로 중국인들의 전형적인 인생에 대한 태도라는 것을 영화는 잘 보여주고 있다.

대지주로 큰소리치면서 살았던 주인공 푸궤이의 삶은 도박으로 망가지기 시작했고, 평범한 사람으로 돌아온 이후에는 많은 사건, 사고를 통해 어린 자식들의 죽음을 바라보아야만 했다. 그는 모든 불행의 이유를 시대나 사회에 돌리지 않았다. 몰락한 지주로서 아무것도 할 수 없었던 현실이, 그를 도박에 빠지게 한 사회상이, 딸아이의 병이, 어머님의 임종을 보지 못하게 한 국공 내전의 이념적인 전쟁이, 피곤해하는 아들을 어쩔 수 없이 학교로 보내어 죽게 만들었던 사회의 보이지 않는 폭력이, 딸아이를 죽음으로 내몰게 한 문화대혁명이라는 역사적인 소용돌이가 그를 불행으로 이끌었다고 그는 생각하지 않는다.

그저 "다 내 탓이오"라는 그의 처절한 절규는 역설적으로 그렇게밖에는 어쩔 수 없었던 시대의 아픔을 덤덤하게 표현해 주고 있다. 이 영화는 1940년대부터 문화대혁명이 끝나는 1970년대까지 격랑의 중국 현대사 속의 주인공 푸궤이의 인생을 그려나간다. 영화의 원작『活着』, 즉 살아간다는 것은 단절이 아닌 지속을 의미한다. 장이머우의 메시지는 그동안 그가 만든 영화 속에서 항상 보여줬던 역사에 대한 흔들리지 않는 믿음과 희망일 것이다. 거칠고 험난한 현대사의 질곡 속에서 장이머우는 그래도 역사는 진보한다고, 그리고 그 역사 속에서 인간은 어떻게든 살아간다고 얘기하고 있다.

비교적 긍정적으로 끝나는 영화와 달리 원작은 우울하다. 푸궤이의 아내 지아전은 곧 병으로 세상을 떠나고, 사위는 작업 중 시멘트에 깔려 죽고, 혼자 남은 혈육인 손자 만터우는 콩을 정신없이 먹다가 급체로 죽는다. 이 영화는 개봉 이후 꽤 오랜 시간 동안 중국에서 상영이 금지되어 있었다. '대약진운동', '문화대혁명' 같은 마오쩌둥의 중국 공산당의 흑역사가 고스란히 녹아 있기 때문이었다.

II. 중국을 대표하는 명감독 장이머우

장이머우는 중국을 대표하는 세계적인 영화감독이다. 〈붉은 수수밭〉〈국두〉〈홍등〉〈인생〉〈귀주 이야기〉 등 주옥같은 걸작을 만들어 아카데미를 제외한 세계 3대 영화제(베를린 영화제·베니스 영화제·칸 영화

제)에서 모두 최고상을 수상했다. 그는 색감과
미장센* 연출에 특히 뛰어나다는 평을 받고 있
다. 특히 붉은색과 황금색으로 대표되는 화려
한 중국의 고유한 색채를 가장 맛깔나게 표현
한다는 감독으로 손꼽힌다. 장이머우는 강렬
한 색채미학을 바탕으로 중국적이면서도 상업
영화와 예술 영화의 경계를 허물었다는 점에
서 세계적인 평론가들에 의해 높은 평가를 받아 왔다.

장이머우

그는 고도古都 시안에서 태어났다. 아버지는 장개석군의 군의관이었고, 삼촌들도 모두 국부군 고급 장교들이었다. 이들은 국부군이 패배하면서 대만으로 도피했다. 이 때문에 장이머우는 반동 집안 출신이었지만, 정작 본인은 큰 박해를 받지는 않았다. 문화대혁명 당시인 1968년에는 시골로 쫓겨나 땅을 파면서 고생깨나 했다. 3년이 지난 1971년 다시 셴양의 방직공장에서 7년간 노동자로 일하였다. 이때 그림을 습작하고, 영화 관련 책을 읽고, 사진에 심취하여 피를 팔아 얻은 돈으로 산 카메라로 사진을 찍고 다녔다고 한다. 문혁이 끝난 후인 1978년, 26세의 만학으로 대학입시를 치러 베이징전영학원의 촬영과에 입학해시 수학했다.

---

* 미장센(mise en scene)은 원래 연극무대에서 쓰이던 프랑스어로 '연출'을 의미한다. 한마디로 연극과 영화 등에서 연출가가 무대 위의 모든 시각적 요소들을 펼쳐놓는 작업을 말한다. 영어로는 'Putting on Stage', 직역하면 '무대에 배치한다'란 뜻이다.

감독으로서 데뷔작은 1987년에 발표한 〈오래된 우물〉이었는데 장이머우는 이 영화에서 주연으로 출연했다. 그리고 두 번째 작품인 1989년 작 〈붉은 수수밭〉으로 베를린 영화제 황금곰상을 수상하면서 서구인들에게 이름을 알렸다. 이후 〈국두〉와 〈홍등〉을 연이어 내놓으며 리얼리즘을 바탕으로 한 농촌과 민중들의 이야기를 역사적인 사실들과 연계하면서 그려냈다. 1992년에 발표한 〈귀주 이야기〉는 다큐멘터리 형식을 차용하여 주인공인 시골 아낙네를 중심으로 이야기를 잔잔하게 풀어가는 수작으로 평가받으면서 베니스영화제에서 황금사자상을 받았다. 2년 후인 1994년에 제작한 〈인생〉 역시 국제적으로 높은 평가를 받으며, 칸영화제에서 심사위원대상을 받았다. 이 영화는 당시 중국 내에서 상영이 금지되었으나 국제적으로 격찬을 받자 해금조치는 곧 풀렸다.

영화 〈붉은 수수밭〉

90년대 중반 이후 장쯔이의 데뷔작인 〈집으로 가는 길〉에서 보여주듯이 장 감독은 이전의 작품들과는 다소 다른 결의 영화들을 만들어내고 있다. 과거 봉건사회를 비판하거나 사회주의적 윤리규범에 어긋나는 소재보다는 현대 중국의 일상 영역과 그 고민들을 감성적으로 풀어내는 경향이 보인다는 평을 듣고 있다. 또한 〈영웅〉이라는 영화를 통해서는 머나먼 과거의 중국 왕조 시대로 카메라의 초점을 돌려 무협적인 요소를 가미하여 할리우드와 같은 스펙터클한 대작들을 만들면서 장 감독 특유의 영상미를 극대화하는 경향을 보이기도 했다.

그는 영화뿐만 아니라 공연과 무대예술에도 관심을 가졌다. 1998년에는 중국이 무대인 푸치니의 오페라인 〈투란도트〉를 감독하였다. 또한 2008 베이징 올림픽에서는 개막식과 폐막식의 총감독을 맡아 전 세계인들의 찬탄을 불러 모았다.

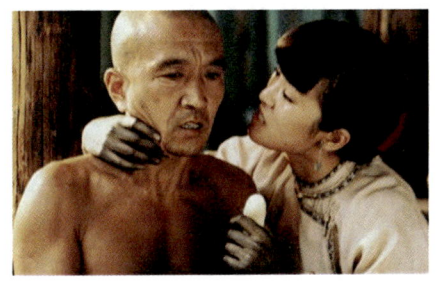

영화 〈국두〉

그는 일찍부터 여자관계가 복잡했다. 그중에서도 〈인생〉의 여주인공인 공리와의 스캔들이 가장 유명하다. 그는 두 번의 결혼과 여러 혼외 관계에서 자녀 7명을 낳았는데 신고조차 하지 않았다. 첫째 부인과 1명, 둘째 부인과 3명을 낳았으나 나머지 3명은 혼외자로부터 낳았다. 이 사실이 알려지자 한 명만 낳아야 한다는 중국 정부의 산아제한정책을 위반했다고 지탄의 목소리가 높았고 748만 위안(약 12억 원)이라는 상당한 벌금을 물면서 곤욕을 치렀다. 오늘날에는 출산율 격감으로 중국 당국에서 산아제한정책을 폐지하고 출산장려정책을 펴기 시작하자 도리어 웃고픈 해프닝이 벌어지고 있기도 하다.

III. 대약진운동

1949년 중국 통일 후 1950년대 중반까지 100~300만 명을 처형해 가며 사상 개조를 끝낸 마오쩌둥은 근대적인 공산주의 사회를 만들기 위해 담당 조직으로 인민공사를 설립하고 빠른 성과를 내기 위해 대약진운동을 전개했다. 1957년 11월 6일 소련의 서기장 흐루쇼프는 소련이 공업과 농업 생산에서 15년 이내에 미국을 추월할 것이라고 선언했다. 이 얘기를 들은 마오도 질세라 1958년에 "우리 중국 경제도 15년 안에 영국을 추월할 것이다"라고 호기롭게 대내외에 천명했다.

농촌 시찰에 나선 마오

인민공사

이와 함께 1958년 8월 29일, 중국 공산당은 인민공사 설립을 결정했다. 인민공사는 농업을 기본으로 공장·상점·병원 등을 경영하고 교육기관과 자체 민병대까지 갖춘 종합 조직이었다. 토지·농기구·가축은 인민공사가 소유하고 생산은 집단으로 진행되었다. 이미 사상 개조까지 마친 터라 농민들의 초반 호응은 열광적이었다. 3개월 후 전국에 2만 6,000여 개의 인민공사가 생겨나고 전 농가의 99퍼센트가 인민공사로 조직될 만큼 전국의 인민공사화는 빠르게 진행되었다. 마오는 중국의 엄청난 농민들을 인민공사 체제 속으로 집어넣었다.

인민공사 체제는 마오가 설계한 일종의 병영 공산주의 체제였다. 농민들은 사유재산을 포기했다. 그들은 공동식당에서 음식을 먹었으며 집에서 밥을 짓지 못하게 해서 밥솥도 처분했다. 숟가락만 들고 다니면 됐다. 인민공사의 공짜 음식으로 잔뜩 배를 채웠다. 자식들도 두들겨 패면서까지 먹이고 또 먹였다. 농사일을 더 많이 한다고 더 많이 먹을 수 있는 것도 아니어서 모두들 대충 일했다. 그들은 돼지와 소도 인민공사에 넘기느니 팔아치우거나 다 잡아 먹었다. 마오는 인민들을 행복하게 해주겠다고 인민공사를 만들었으나 인민공사는 그저 빈둥 빈둥 놀고먹는 공사가 되어갔다. 농촌은 활력을 점점 잃어갔고 생산은 바닥을 향해 곤두박질치기 시작했다. 인민공사를 시작으로 한 마오의 대약진운동은 점입가경으로 치달았다.

토법고로 土法高爐

토법고로운동

인민공사를 성공적(?)으로 출범시킨 다음 흡족한 마음으로 마오는 이렇게 말했다. "철은 산업의 쌀이다. 고로 산업화를 하려면 철이 필요한데 문제는 중국에 철을 만들 제철소가 없다는 것이다. 그럼 당장 제철소를 만들어야 되지 않겠나." 그러나 제철소 건설에는 엄청난 자본과 고도의 기술력, 그리고 시간이 필요했고 중국은 이 모두가 다 부족했다. 그러자 과학과 공학에 대해서는 일자무식이던 마오는 놀라운 아이디어로 철강 생산 증대 계획을 세웠다.

> "큰 제철소를 세울 수 없다면 마을마다 소규모의 재래식 용광로를 만들어라. 그리고 그 용광로로 철을 생산하라."

이른바 '토법고로'를 만들라는 지시였다. 말도 안 되는 얘기였지만 어쨌든 마오의 지시에 따라 마을마다, 자신의 집 뒤뜰에 용광로를 만들면서 전국적으로 100만 개가 넘는 토법고로가 만들어졌다.

물론 시골에서 용광로에 불을 지필 석탄이 있을 리 만무하니 연료는 나무밖에 없었다. 마을 어귀의 아름드리 나무들, 식용 과일나무들, 마을 한 복판에 있는 그늘을 지어주는 나무들까지 인정사정없이 베어버렸다. 산에서도 무진장한 나무가 벌목되면서 산이란 산은 모두 민둥산이 되어버렸다. 이듬해부터 홍수와 산사태가 발생하자 농사에 극심한 타격을 입게 되었다. 농민들은 용광로에 넣을 원광석이나 선철이 없었다.

그래서 쇳조각 비슷하게 생긴 건 눈에 보이는 대로 깡그리 수집해 용광로에 때려 넣었다. 곡괭이·삽·망치·도끼·손수레 바퀴·물통 등 농사지을 때 쓰이는 모든 연장이 용광로 속으로 들어갔다. 부엌용 식칼·솥·양철지붕·못·나사·철망·자물쇠 심지어 소형 트랙터까지 모조리 쓸어 넣었다. 그 결과 불순물이 잔뜩 들어간, 어디에도 쓰지 못하는 쓰레기 철이 잔뜩 만들어졌다. 용광로에 불을 때어 좋은 강철을 만드는 일은 상당히 까다로워서 숙련된 대장장이가 해야 하는데 대장간에서 하는 일이 뭔지도 모르는 일반 사람들이 달려들어 똥철을 산더미처럼 만들어 쌓아놓았다.

어느 날 지방의 토법고로 시찰에 나선 마오가 산처럼 쌓인 똥철을 보고 "이처럼 작은 용광로에서 이렇게 많은 철을 생산할 수 있는데 외국인들은 왜 거대한 제철소를 짓는 거지? 거참, 한심하기 짝이 없는 작자들이구먼!"이라고 수행원들에게 말했다. 농민들은 철을 생산하느라 바빠서 추수할 시간도 곡식을 쌓아둘 시간도 없었다. 곡식은 들판에서 그대로 썩어가고 있었다. 엄청난 양의 철강이 생산되고 있다는 보고서가 마오에게 연신 올라가고 있었다. 마오는 가슴이 뿌듯해졌다. 영국이나 미국을 따라잡을 날이 멀지 않았다고 생각했다. 이제는 극심한 홍수와 가뭄과 기아가 닥쳐올 일만 남았다.

제사해운동 除四害運動

참새잡이 캠페인

어느 날 농촌을 시찰하던 마오가 참새들을 가리키며 "저 놈들은 인민의 양식을 먹는 해로운 새"라고 깡그리 박멸하라는 지시를 내렸다. 아울러 들쥐·파리·모기도 모두 없애버리라는 명령도 함께 내렸다. 이른바 '제사해운동'이었다. 그런데 이 중 들쥐·파리·모기는 아무리 잡아도 한도 끝도 없었다. 그래서 인민들은 전부 참새 잡는 데만 집중했다. 애꿎은 참새들만 된통 수난을 당했다. 1958년 중국 정부는 '참새 섬멸 총지휘부'라는 듣도 보도 못한 희한한 기관을 베이징에 설치하고 참새와의 전쟁을 시작했다.

1958년 4월 19일부터 전국적으로 새벽부터 모든 인민이 참새 박멸 작전에 동원되었다. 빗자루·장대·몽둥이·새총·독극물이 든 과자를 준비했다. 모든 건물의 옥상과 성곽은 사람들로 북새통을 이루었다. 붉은 깃발을 치켜들고 세수 대야·양동이·꽹과리들을 온 힘을 다해 두들겨댔다. 놀란 참새들은 여기저기 흩어져 날아갔지만 어디에도 앉을 데가 없었다. 혹시 나뭇가지에라도 앉을라치면 사방에서 돌멩이와 총알이 날아왔다. 공중을 헤매다가 지쳐서 떨어지는 참새들은 부지기수였다.

그리고 저녁마다 깃발을 들고 나팔을 불고 징을 쳐대며 죽은 참새 보따리들을 메고 참새 박멸의 성과를 축하하는 대대적인 퍼레이드를 벌였다. 운동 결과 2억 1,000만 마리의 참새를 박멸하는 미증유의 대성과를 거두었다. 참새는 중국에서 거의 멸종 직전에 이르렀다. 이렇게 참새 박멸 운동이 성과를 거두었으니 이제 벼농사는 잘 될 거라고 모두가 수근거렸다.

그러나 참새가 사라지자 이듬해부터 해충들이 들끓기 시작했다. 그리고 1960년에는 메뚜기 떼의 대습격이 일어나 전체 쌀 생산 추정량의 절반 이상이 사라졌다. 이후 참새를 복권시켜야 한다는 상소문을 마오에게 올리자 참새들은 겨우 이 참사에서 복권되었다. 극동 러시아에서 부랴부랴 참새를 공수해 오기도 했다. 당시의 여파가 얼마나 심했는지, 지금도 중국에는 참새의 개체 수가 부족한 편이라고 한다.

밀집형密集型 벼 심기

농민들이 논에다가 벼를 아주 빽빽하게 심게 했는데, 이는 미국에서 항공공학 박사학위를 받고 현지에서 교수를 역임한 첸쉐썬* 박사의 아이디어였다. 첸 박사는 생산량 증분을 수학적으로 증명해 마오에게 보고서를 냈고 이를 본 마오가 박수를 치며 "참으로 신묘한 계책"이라고 하면서 쌍수를 들고 환영했다. 그리고 실험도 안 해 보고 전국적으로 실시하도록 했다. 문제는 농업 분야에서는 일자무식인 첸쉐썬 박사가 내놓은 계산은 전혀 농학에 근거한 것이 아니었다는 것이다.

간격을 좁혀 심으면 벼와 벼끼리 생장을 방해하면서 병충해가 발생하기 쉬운 조건이 된다. 결과는 벼들은 제대로 자라지 못하고 일부는 말라죽기까지 했다. 선무당이 사람 잡는다고 농민들도 다 아는 이런 사실을 무시하고 마오와 첸만이 밀어붙였던 것이다.

---

* 첸쉐썬은 저장성 항저우에서 태어났다. 1935년에 미국의 MIT에서 유학했고 1939년에는 캘리포니아 공과대학교에서 박사 학위를 취득했다. 1947년에는 MIT 교수가 되었고 1949년에는 캘리포니아공과대학교로 적을 옮겼다. 1950년에 미국 전역에 불어 닥친 빨갱이 소탕 운동인 매카시즘 광풍의 일환으로 반미활동 조사위원회에 의해 공산주의자라는 혐의로 고발당했고, 결국 같은 혐의로 인해 경찰에 체포되어 연금되었다. 1955년에는 연금에서 풀려난 뒤, 중국 측에 인도되었다. 1956년에 중국과학역학연구소의 소장이 되었고 중국의 우주개발을 이끌었다.

비참한 결말

결국 1960~1961년에 극심한 홍수와 가뭄이라는 자연재해가 발생했다. 이는 토법고로용 나무를 잘라 산이란 산을 모두 민둥산으로 만들어 생겨난 결과였다. 결국 이런저런 문제들이 한꺼번에 폭발하면서 대기근이 일어나고 제2차 세계대전 사망자와 비슷한 3,000~5,000만 명의 사람들이 순식간에 죽어나가는 사태가 발생했다. 워낙 인구가 많은 중국이었으니까 망정이지 다른 나라 같았으면 그냥 한 국가가 절단 나고도 남았을 것이다. 이런 마오에게 연일 중국 각지에서 수천만 명의 국민들이 굶어 죽는다는 보고가 올라왔다. 하지만 그는 대인배답게 이렇게 대꾸했다.

"먹을 것이 없으면 끼니를 줄이면 되잖나! 굶어 죽는 것은 옛날에도 흔히 있었던 일인데 그게 뭐가 큰일이라고 이런 걸 나한테까지 보고하나?"

결국 사람들은 굶어 죽지 않기 위해 초근목피로 연명하거나 인육을 먹거나 아니면 그냥 굶주림 속에서 죽어나갔다. '대약진운동'이란 경제와 산업 분야에서 완전 깡통인 마오가 단숨에 중국을 지상낙원으로 만든다고 이런저런 엉뚱한 삽짓을 벌이다가 생지옥으로 만든 끔찍한 참극이었다.

당시 마오의 라이벌이었던 소련의 흐루쇼프는 "마오가 방귀 한 번 시원하게 뀌려다가 바지에 똥을 싸버렸다"라고 마오의 뻘짓을 놀려

댔다. 마오는 수정주의*의 원흉이라고 들입다 씹어대던 흐루쇼프에게 놀림을 당한 것이다. 완전히 스타일을 구겼다.

Ⅲ. 문화대혁명

문화대혁명은 한마디로 대약진운동의 실패로 신망을 잃고 권력에서 밀려난 마오가 어린 청소년들을 홍위병으로 무장시켜 10년간 중국을 쑥대밭으로 만들면서 권력을 쟁취하는, 또 하나의 어처구니없는 뻘짓이었다. 대약진운동의 결과로

마오와 홍위병

3,000~5,000만에 달하는 인민이 굶어죽고 경제가 나락으로 추락하는 등 파멸적인 결과가 초래되자 이를 주도한 마오의 권위는 추락하기 시작했다. 결국 공식적으로 마오는 책임을 지는 차원에서 국가주석직을 사임했고 후임으로 류샤오치가 선임되었다.

그래도 마오는 당 중앙위원회의 주석직은 유지하고 있었다. 마오의 권위와 영향력이 쇠퇴하는 것과는 반대로 대약진운동의 여파가 차츰

---

* 수정주의란 1956년 흐루쇼프가 소련 공산당 제20차 전당대회에서 스탈린 격하 운동을 벌이며 대미평화공존을 표방하면서 탈전체주의 지향의 경제개혁 등을 추구할 때 중국공산당으로부터 수정주의라는 비난을 받았다. 반대로 당시 마오는 공산당 이론을 수정하면 절대 안 된다고 했는데 이를 교조주의라 한다.

잦아지고 류와 덩샤오핑의 영향력이 증대되자, 마오는 점점 초조해지기 시작했다. 류의 경제개혁이 실효를 거두기 시작하면서 그의 명성이 높아져 갔다. 이렇게 되자 류는 마오를 상징적인 존재로 남겨둘 계획을 세웠다.

마오의 반격

그러나 마오가 류와 덩에게 권력을 넘겨준 것은 일시적인 것에 불과했다. 마오는 이 둘이 국가경제를 운용하면서 자본주의 냄새를 모락모락 피우자 영 못마땅해 하고 있었다. 한편으로는 "국민당에 쫓겨 폭삭 망해가던 공산당을 간신히 살려 중국을 공산국가로 통일했고 그리고 너희들이 누구 덕에 이 자리까지 올라왔는데, 나를 뒷방 늙은이로 내쳐?" 하는 괘씸한 심정을 안고 있었다. 마오는 이를 부드득 부드득 갈며 호시탐탐 기회를 노리고 있었다. 대부분의 독재자들처럼 마오도 한 번 앙심을 품으면 그냥 넘어가는 일이 없었다.

그런 가운데 상하이 4인방(장칭·장춘차오·야오원위안·왕훙원) 중의 하나인 야오가 〈해서파관海瑞罷官〉이라는 역사 연극을 비방하면서 문화대혁명의 물꼬가 터지기 시작했다. 야오는 '문단의 쓰레기'라는 소리를 들을 정도로 천방지축으로 남을 해코지하는 데 일가견이 있는 인물이었다. 그가 마오의 처인 장칭의 사주를 받아 〈해서파관〉에 대하여 씹어댄 것이다. 〈해서파관〉은 1959년 당시 베이징 부시장직에 있던, 명나라 시대 역사를 전공한 역사학자인 우한이 발표한 연극을 말한다.

이 연극은 '해서'라는 청백리 관리가 직언을 하다가 폭군 황제에게 파직을 당한다는 내용이었다. 여기서 폭군 황제는 명나라 11대 황제인 가정제를 말한다. 이때 표독스러운 장칭과 야오가 1965년,《문회보》라는 신문에 칼럼을 발표하면서 문제가 생기기 시작했다. 장칭에 따르면 해서는 펑더화이를 의미하며 황제는 마오를 의미한다는 것이었다. 한마디로 1959년, 여산 회의에서 대약진운동이 삐그덕거리자 마오에게 직언을 하면서 대들다가 국방장관직에서 쫓겨난 펑을 빗대서 쓴 연극이라는 것이다.

베이징 시장 펑전은 이 문제를 단지 학술적인 문제라고 우한을 옹호했다. 그러자 상하이 4인방은 펑전과 우한을 싸잡아 비난했다. 그동안 절치부심하던 마오는 이번 기회를 그동안 벼르고 있던 류 일파를 때려잡을 수 있는 절호의 호기로 삼았다. 그는 중국 공산당 중앙위원회에 보내는 통지를 통해 펑전을 비판했다. 이때 베이징의 칭화대학교 부속중학교 학생들이 마오의 사회주의 국가를 보위한다는 의미인 홍위병이라는 이름으로 세상에 등장했다.

홍위병의 등장

곧이어 홍위병 대표단들이 "사회와 정치를 뒤집어 엎자!"라는 편지를 마오에게 보냈다. 마오는 "이 젊은이들이 참 잘하고 있다"라고 격려했다. 이어서 8

홍위병의 난동

월 8일, 마오는 《인민일보》에 "사령부를 폭격하라"라는 제목의 짧은 논평을 발표하면서 드디어 칼을 빼들었다. 공산당 안의 우파를 척결하자는 내용인데 이는 사실상 류와 덩을 겨냥한 것이었다. 이를 시작으로 마오는 세상 물정 모르는 꼬맹이들을 시작으로 고등학생, 대학생들을 홍위병으로 둔갑시켜 중국 대륙을 난장판을 만들면서 광란의 소동으로 휘몰아 갔다. 1966년 8월 8일, 마오의 논평에 맞춰 중국 공산당 중앙위원회는 소위 16개 항을 발표했다. 그 내용은 홍위병들이 기존의 낡은 것들을 자유로이 비판하고 타도할 수 있다는 의미였다.

"홍위병들에게 자유를 부여하자"라고 하자 이 미친 꼬맹이들은 신이 날 대로 났다. 학교 다니는 것보다 여기저기 마음대로 싸돌아다니면서 마구 부수고 평소 미워하던 스승까지 두들겨 패고, 패악질을 해도 아주 잘한다고 하늘 같은 마오가 뒤에서

홍위병들의 패악질

엄호사격을 해주니 이렇게 신바람이 날 수가 없었다. 그들은 각지에서 소위 낡은 것들을 마구 때려 부수면서 날뛰기 시작했다. 절·사당·성당은 부서지거나 약탈당했으며, 베이징과 상하이에서는 낡은 사상의 소유자들이라면서 많은 사람이 무차별로 홍위병들에게 붙들려 얻어터지고, 살해당하기까지 했다. 그러나 막상 이렇게 날뛰는 이들을 제지할 공안들은 멀뚱멀뚱 바라보기만 할 뿐이었다.

문화대혁명의 극성

류는 결국 국가주석직에서 쫓겨나고 가택 연금이 되었다. 그리고 덩도 먼 남쪽 장시성 촌구석으로 쫓겨나서 아주 조그만 트랙터 엔진 공장에서 일하게 되었다. 8월 22일, 마오는 아예 "홍위병이 하는 일은 그냥 놔두라"라는

천안문 광장 앞의 홍위병들

교시를 하달했다. 이제 홍위병이 하는 일을 막으려는 자는 누구라도 반혁명 분자로 몰릴 처지가 되었다. 9월 5일에는 1,100만여 명의 홍위병이 베이징 천안문 광장에 운집해서 난리를 피웠다. 난리도 그런 난리가 없었다. 베이징에서는 4인방과 박자가 잘 맞는 마오의 일등 하수인이자 악당 중의 악당인 캉성이 등장하고 있었다. 그는 과거 중국공산당이 장제스에게 쫓겨 옌안에서 웅크리고 있을 때 마오의 심복 노릇을 톡톡히 했다. 마오의 지시를 받고 이른바 '옌안 정풍운동'을 주도한 그는 참으로 악랄한 짓을 많이 했다. 그는 상하이의 여배우 장칭이 옌안에 왔을 때 마오가 군침을 흘리는 것을 보고 그녀를 마오의 침대로 밀어 넣으면서 마오의 눈에 들었던 천하의 모사꾼이었다.

그는 옌안에서 정풍운동을 주도하면서 한국의 독립투사 김산*도 간첩으로 몰아 죽였다. 한편 장칭은 문혁 사상을 이제 군대에까지 퍼뜨리기로 결심한다. 중국 건국에 기여한 여러 주요 장성들이 문화대혁명에 우려를 표하자, 4인방은 언론을 동원해 문혁을 비판한 장성들을 맹비난했고, 많은 개국 공신들이 홍위병들에 의해 조리돌림을 당한 뒤 실각당한다.

재판을 받고 있는 장칭

이 과정에서 펑은 어린 홍위병들에게 온갖 폭행과 수모를 당하며 베이징 근교의 감호소에 있다가 비참한 최후를 맞았다. 자신이 완전히 끝났다는 것을 직감한 류는 마오에게 시골에 내려가 조용히 살게 해달라고 간청했지만 마오는 결코 그를 용서하지 않았다. 중병에 걸린 그는 심신이 완전히 망가진 채로 카이펑 감호시설에 수감되었다. 의사와 간호사들은 너도나도 모른 체하면서 끝내 별다른 치료도 못 받고 고통 속에 눈을 감았다.

이렇게 최대의 적수인 류가 제거되자 마오의 입장에서도 다시금 질

---

* 김산(1905~1938)은 평북 용천에서 태어나 신흥무관학교와 중국 손문이 설립한 황포 군관학교를 졸업했다. 본명은 장지락이다. 이후 상해로 가사 독립운동을 하다가 옌안으로 가서 홍군에서 활동했다. 강성한테 살해당하기 전에 당시 그곳에 취재차 와 있던 미국 여기자 헬렌 포스터 스노(옌안의 마오를 취재한 『중국의 붉은 별』을 쓴 에드거 스노의 부인)를 만났는데 그녀는 그를 소재로 하여 『아리랑』을 님 웨일즈라는 필명으로 남기기도 했다.

서를 잡을 필요가 생겼다. 더 이상 철딱서니 없는 홍위병들이 날뛰는 것을 그냥 놔두면, 자신의 권력까지 무너질 우려가 있었기 때문이었다. 결국 마오는 인민해방군이 홍위병보다 우위라고 선언을 하고 홍위병들을 제어하기 시작했다. 그리고 홍위병질을 하던 젊은이들을 소위 상산하향운동上山下鄕運動의 일환으로 농촌에 내려 보내 홍위병을 사실상 해체했다.

린뱌오의 모반

류와 덩을 제거한 마오는 자신의 최측근이자 문혁의 일등공신인 린뱌오를 사실상 후계자로 내정했다. 마오는 린을 크게 신뢰했고 모든 공식 행사에서 '마오 주석과 린 부주석'이란 식으로 호칭되었다. 린의 위상은 1969년 제9차 중국 공산당 중앙위원회에서 그대로 드러났다. 새로 구성된 정치국 상무위원에서 린은 마오에 이어 제2인자 자리에 등극했다. 바야흐로 린의 시대였다. 하지만 린은 좀 더 확실한 미래 권력의 발판을 얻고 싶어 했다. 그래서 류가 실각한 뒤, 폐지된 국가주석직의 복원을 추진했다. 마오를 국가주석에 앉히고 린이 국가부주석에 앉으면, 건강에 적신호가 켜진 마오 사후에 자동적으로 린이 국가주석직을 승계할 수 있었기 때문이었다. 1970년 8월 23일, 제9차 중국 공산당 중앙위원회 회의에서 린과 짝짜꿍이 된 천보다가 총대를 메고 국가주석직의 복원을 제안했다. 그러나 마오는 천보다의 발언을 비난하면서 그를 정치국 상무위원직에서 쫓아내 버렸다.

눈치가 빠삭한 마오는 국가주석직 복원을 린이 자신의 권력을 찬탈하려는 것으로 바로 알아차렸다. 결국 국가주석직 복원 시도가 무산되고 린은 무력감을 느꼈다. 린을 의심하기 시작한 마오는 린의 권력과 당내 영향력을 점점 줄여 나가기 시작했다. 이렇게 되자 초조해지기 시작한 린과 그의 측근들은 결국 아직 남아 있는 군권을 이용해 마오를 제거하기로 결정했다. 린의 아들인 린리궈가 린을 지지하는 군내 세력들과 함께 꾸민, 소위 '571 공정工程'이라 알려진 이 음모는 마오를 제거하고 공군 폭격과 병력을 동원해 권력을 장악한다는 내용이었다.

이 음모는 1971년 9월 8일부터 9월 10일 사이에 계획되었다. 이때 마오는 중국 남부를 열차로 순시 중이었다. 이때 마오의 열차가 상하이로 진입하기 직전 바로 비행기로 폭격을 할 예정이었는데 마오가 눈치를 채고 상하이를 살짝 비껴가면서 베이징을 향해 전속력으로 내빼버렸다. 이렇게 일이 틀어지자 린은 아들 린리궈와 가족들, 측근들과 함께 비행기를 타고 소련으로 망명하려 했다. 그러나 린 일행이 탄 비행기는 소련까지 가지 못하고 몽골 상공에서 추락했다. 추락 원인은 연료 부족이나 조종사의 실수로 추정하고 있다. 린이 사라진 뒤 마오의 후계자가 공석이 되면서 마오는 앞날에 대해 크게 걱정하기 시작했다.

덩샤오핑의 복귀

1973년 저우가 마오에게 건의해 덩이 다시 정계로 돌아왔다. 덩은 부총리직에 올라 정부 행정을 점차 관장해 나아갔다. 이렇게 되자 문혁을 주도했던 4인방이 똘똘 뭉쳐 대놓고 저우와 덩에게 저항하기 시작했다. 이들은 언론을 장악하고 저우와 덩의 경제정책을 비난해대기 시작했다.

1973년 말, 4인방은 뜬금없이 '비림비공批林批孔 운동'을 일으켰다. 비림비공은 중국에서 공자로 대표되는 유교 문화를 일소하고 린의 역적 행위를 규탄하자는 내용이었지만, 결국 이들이 겨냥한 것은 저우였다. 마오가 후계자를 지명하지 않고 덜컥 사망한다면 저우가 그 뒤를 물려받을 것이고, 암투병 중인 저우는 곧바로 덩에게 권력을 승계할 것이 불 보듯 뻔했다. 이들은 똥줄이 타기 시작했다. 그러나 이들의 저우에 대한 발악적인 반대 움직임은 실효를 거두지 못했다. 인민들은 4인방의 패악질에 질려 있었고 이들의 행동에 관심조차 가지지 않았다. 게다가 대중들의 저우에 대한 인기가 워낙 높았다. 그러자 이번에는 목표를 바꿔 덩을 공격했다.

덩은 실용적 경제정책의 추진으로 점점 영향력이 높아지고 있었다. 덩을 수정주의자라고 공격한 것이 효과를 거두어서 마오는 덩의 정책을 '우파의 복권 정책'으로 판단했고, 덩에게 자아비판서를 쓰도록 지시했다. 1976년 1월 8일, 저우가 방광암으로 사망했다. 그는 대중들에게 엄청난 지지를 받고 있었기 때문에 그에 대한 추모 열기는 뜨거웠다. 다음 달이 되자 4인방은 최후로 남은 덩을 끌어내리기 위해 발버둥을 쳤다. 그러나 4인방의 기대와는 달리 말년에 정신이 살짝 돌아왔던지, 마오는 4인방에게 권력을 주지 않고 그때까지 전혀 알려지지 않았던 자기 고향 마을인 후난성 당서기인, 자기와 닮은 투실투실하고 떡대가 산(山) 만한 촌장 스타일의 화궈펑을 총리로 임명했다.

3월 말이 되자 중국 인민들은 천안문 광장에 모여 저우를 추모하기 시작했다. 4월 5일은 청명절이었다. 저우이 추모에 이어 4월 5일이 되자 수십만의 군중들이 모여 4인방을 비난하는 집회를 열었다. 깜짝 놀란 4인방은 공안을 동원해 이들을 강제 해산시키고 미디어를 동원해 이 집회를 우파 분자들의 책동이라고 나발을 불어대면서 그 배후가 덩이라고 몰아갔다. 이제 4인방이 세상을 장악하는 것처럼 보였다. 그러나 4인방의 천하는 오래가지 못했다. 1976년 9월 9일, 마오가 사망했다. 전 중국은 추모 열기에 휩싸였다.

사인방의 몰락과 문화대혁명의 종말

사망 직전에 마오는 화궈펑을 후계자로 지명했다. 하지만 4인방은 촌닭 같은 화궈펑이 정치적 야심이 없고 일단 자기네 편이라고 생각하고 아예 신경도 쓰지 않았다. 이들이 어물어물하는 사이에, 실각했지만 아직 영향력이 있던 덩과 인민해방군의 지지를 받고 있는 예젠잉 원수가 화궈펑과 손잡고 10월 10일, 4인방을 전원 체포했다. 이로써 마오가 주도해 중국을 극도의 혼란 속으로 몰아넣으면서 야기했던 끔찍했던 10년간에 걸친 문화대혁명은 그 막을 내리게 되었다.

대약진운동에 이은 문화대혁명은 중국을 극도의 혼란에 빠트렸다. 사람과 사람 사이는 서로에 대한 불신으로 점철되었고 심지어 가족 간에도 서로를 믿을 수 없었다. 개인의 인권 같은 것은 안중에도 없었다. 아버지가 마오에 대해 아주 약간의 불만을 혼잣말로 중얼거리면 아들이 그것을 곧바로 공산당에 일러바쳤다. 그러면 바로 홍위병들이 몰려와 아버지를 조리돌림 시키고 두들겨 패는 지경에까지 이르렀다. 그냥 두들겨 패는 것이 아니라 고깔모자에 '더러운 자본주의의 개' 따위의 글을 적어 씌우고 사람들이 모여 있는 광장에 결박해 놓았다. 그리고 '제트기 태우기(비판대상자의 상반신을 앞으로 구부리고 두 사람이 옆에서 목덜미를 꽉 누르고 팔을 뒤로 꺾어 올리는 것)'를 행하고 고깔모자 안에는 압핀을 박아 밖에서 누르기만 해도 피가 나도록 했다. 그 고통이 이루 말할 수가 없었다. 피해자 중 미쳐버리거나 자살하는 사람도 부지기수였다.

문혁의 피해자 대부분은 원래 고위급 관직을 맡거나 권위 있는 지식인 등 중국 사회의 엘리트들이었다. 정신이 멀쩡한 엘리트들이 그렇게 미쳐나가고 죽어가며 투옥되었기 때문에 중국 사회의 수없이 많은 인재들이 몰살당했다. 이 와중에 수백만 명의 죄 없는 사람들이 고문을 당하거나 죽임을 당했다. 더 끔찍한 사실은 마오는 "자살은 인민으로부터 자신을 분리하는 행위다"라고 개 풀 뜯어먹는 소리를 하는 통에 자살할 경우 유족들은 장례식조차 공개적으로 치르지 못하고 쓸쓸하게 화장해야 했다.

문혁의 광풍이 끝난 뒤 1981년 6월 중국공산당은 "문화대혁명은 당·국가·인민에게 씻을 수 없는 가장 심한 좌절과 고통, 그리고 손실을 가져온 마오의 극좌적 오류이며 그 결과는 오로지 그의 책임이다"라고 결론지었다.

제35장

디어 헌터

연기의 특급 달인, 로버트 드 니로 / 베트남 전쟁 / 호치민의 일생

I. 디어 헌터(1979년), The Deer Hunter

영화 〈디어 헌터〉는 약관 28세의 마이클 치미노 감독이 월남전을 소재로 하여 만든 서사적이고 감동적인 영화이다. 이 영화는 이전에 베트남 전쟁을 그린 여타 영화들과는 달리 미국의 패전 분위기를 최초로 영상화한 작품으로 많은 관심을 불러 모았다. 이 영화는 베트남 전쟁의 실체에 대한 사실적인 묘사와 등장인물들의 섬세한 내면  연기, 그리고 영혼을 울리는 테마곡인 애잔한 선율의 '카바티나'가 깊은 감동을 안겨주고 있다.

아카데미 5개 부문(작품상·감독상·남우조연상·편집상·음향상)을 수상했다. 원래 할리우드의 유명한 시나리오 작가이기도 한 치미노 감독은 각본·제작·감독 등 1인 3역을 맡으면서

영화에서 메릴 스트립과 로버트 드 니로

기염을 토했다. 상업적으로도 놀라운 성공을 거두었다. 이 작품이 그의 두 번째 연출 작품이라니 놀랍기 그지없다. 〈디어 헌터〉는 3시간이 넘는 시간 동안 배우들의 뛰어난 연기가 관객들을 압도한다. 특히 로버트 드 니로·크리스토퍼 월켄·메릴 스트립의 연기는 강렬하다.

드 니로의 무표정한 겉모습 안에 숨겨진 복잡한 내면 연기, 월켄의 러시안 룰렛 도박장에서의 광기 어린 모습, 메릴 스트립의 표출되지 못하는 안타까운 감정 등이 무척 인상적이다. 그리고 도입부문에서 장황하게 이어지는 결혼식 장면과 많은 논의 대상이 된 끔찍한 러시안 룰렛 게임도 이 영화에서 눈여겨 볼만한 독특한 시퀀스이다. 영화 초반의 결혼식과 피로연은 러시아정교회식으로 진행되는데 이 영화에 출연하는 많은 인물들이 우크라이나 이민 후손들이었다는 후문이다.

이 영화는 펜실바니아주의 철강 공장에 다니며 휴일에는 사슴사냥을 즐기는 평범한 세 명의 노동자들의 삶이 갑작스러운 월남전 참전으로 인해 어떻게 변질되고 파멸되어 가는가를 그리고 있다. 전쟁이 빚어내는 처절한 허무감을 통해 미국인들이 순수함을 상실하는 과정이 사실적으로 묘사되고 있다. 이 영화에서 사냥의 대상인 사슴은 베

트콩에게 사로잡힌 미국 병사들에 다름 아니다. 포로인 그들에게 러시안 룰렛을 강요하는 베트콩들에게는 룰렛은 심심풀이 게임에 불과하지만 미국 병사들에게는 잔인한 고문에 지나지 않는 것이다. 그래서 영화 마지막 부분에 전쟁에서 돌아온 마이클이 사슴 사냥에 나갔다가 겨누었던 총구를 거두는 것도 그 일이 문득 연상되었기 때문이었을 것이다.

이 영화에서 관객들의 가슴을 적시면서 흘러나오는 '카바티나'는 일종의 주제곡으로 영화 전체의 분위기를 이끌어가는 역할을 한다. 카바티나는 오페라에 나오는 짧고 서정적인 기악곡으로 이 영화에서 삽입되면서 널리 알려졌다. 이 곡 카바티나는 1970년 스탠리 마이어스가 피아노곡으로 작곡했는데 세계적인 기타리스트 존 윌리엄스의 부탁으로 마이어스가 기타 곡으로 편곡한 것이다. 이 곡은 영화 개봉 이후 클래식 기타의 불후의 고전으로 자리 잡았다.

II. 연기의 특급 달인, 로버트 드 니로

알 파치노처럼 로버트 드 니로도 할리우드를 대표하는 명배우 중 한 명이다. 〈택시 드라이버〉〈비열한 거리〉로 연기파로 자리를 잡았고, 〈분노의 주먹〉〈대부 2〉로 아카데미 남우주연상과 남우조연상을 거머쥐었다. 영화 속 캐릭터와 자신을 일치

로버트 드 니로

시키는 이른바 메소드 연기는 가히 발군이다. 연기를 시작하거나 배우로서 성공을 원하는 모든 이들에게 '드 니로 식 메소드 연기'는 신화가 되고 있다.

모두 이탈리아계인 마틴 스코세이지와 프란시스 코폴라 감독과는 드 니로에게 있어 평생을 같이하는 영화 동지들이기도 하다. 특히 그는 스코세이지 감독의 페르소나로도 유명하다. 스코세이지를 언급하지 않고 드 니로의 배우 인생을 이야기할 수 없을 정도이다. 배우 생활 초창기에 이탈리아계 젊은이들의 뒷골목 인생을 그린 〈비열한 거리〉로 스코세이지와 드 니로의 이름이 널리 알려졌다. 이후 그와 함께 〈택시 드라이버〉〈분노의 주먹〉〈좋은 친구들〉〈케이프 피어〉〈카지노〉〈아이리쉬맨〉 등의 걸작들을 만들었다.

이 밖에 그가 출연한 명작들로는 세르지오 레오네 감독의 마피아 영화 〈원스 어폰 어 타임 인 아메리카〉, 월남 전쟁의 아픔을 그린 〈디어 헌터〉, 백인 침략자들의 원주민 학살에 맞서 싸우는 선교사의 모습을 그린

〈대부 2〉에서 드 니로

〈미션〉, 비토 콜레오네의 젊은 시절을 그린 코폴라 감독의 〈대부 2〉 등이 있다. 지금까지 70여 편의 영화에 출연했으며, 자신이 설립한 영화제작사 '트리베카 필름센터'를 통해 10여 편의 영화를 제작했다.

드 니로는 1943년 미국 뉴욕에서 태어났다. 예술가를 부모로 둔 그

는 부모에게 배우로서의 자질을 듬뿍 물려받았다. 아버지인 로버트 드 니로 시니어는 추상 화가였다. 그는 아버지를 예술가로서 자신에게 많은 영향을 끼친 사람으로 꼽았고 아버지가 살던 뉴욕 소호의 아파트에서 지금도 살고 있다. 시인인 어머니 또한 드 니로가 자유로운 분위기 속에서 자랄 수 있도록 특별히 신경을 써주었다.

고등학교를 중퇴한 그는 배우 알 파치노처럼 뉴욕 뒷골목의 건달들과 어울려 다녔다. 이후 알 파치노 등을 배출한 액터스 스튜디오에 입학하면서 본격적으로 연기자의 길로 들어선다. 배우 초창기 시절부터 과묵하기로 유명했으며 사적인 이야기는 철저히 함구하는 편이다. 배우 초년병 시절 오디션에 계속 낙방한 연기자 지망생 친구에게 "모든 걸 까발리지 말라. 감출수록 더 유혹적인 법이다"라고 점잖게 조언을 해주기도 했다고 한다.

이따금씩 광기를 내뿜는 연기를 하는 모습과는 달리 성격은 수줍은 편이다. 배우 다니엘 데이 루이스와 같이 영화 외에는 달리 자신을 표현할 것이 없다고 생각할 정도로 연기에만 몰두하는 배우로 소문나 있다. 젊은 시절에는 강인하고 터프한 역할을 주로 맡았지만 나이가 들면서 푸근한 이미지의 노땅 역을 많이 맡고 있다. 젊은 세대에게는 팔팔했던 젊은 날의 드 니로를 떠올리기가 낯설 정도로 요즘에는 그의 역이 많이 변했다는 것을 보여주고 있다.

그가 좋아하는 것들은 신비·침묵·파리 센 강·시詩·요리 등이라고 한다. 뉴욕에 'Tribeca Grill'이라는 레스토랑을 운영하고 있다. 맛은 좋은데 가격은 약간 비싸다고 알려져 있다. 흑인 여성들을 좋아하며 두 번 결혼했는데 모두 흑인이었다. 사귀었던 연인들도 모두 흑인 여성들이었다. 슬하에 4남 2녀를 두었다. 그는 영화 〈인턴〉 촬영장에서 만난 무술 강사 티파니 첸과 열애를 시작하면서 세 번째 결혼식을 올렸다. 2023년 4월 딸을 출산하면서 4남 3녀의 아버지가 되었다.

〈인턴〉에서 드 니로

III. 베트남 전쟁

미국의 레드 콤플렉스(Red Complex)와 도미노 이론

베트남은 오랫동안 프랑스의 식민지로서 숱한 억압과 수탈을 당해 왔다. 제2차 세계대전 중 잠깐 일본이 점령하기도 했지만 대전이 끝난 후 프랑스는 제국주의의 미련을 버리지 못하고 베트남을 다시 점령했다. 즉각적으로 호치민이 이끄는 북베트남군은 무력 독립 투쟁을 시작했고, 1954년 디엔비엔푸 전투*에서 프랑스군을 패배시켰다. 긴

---

* 1941년 독립운동가 호치민이 이끄는 북베트남이 공화국 정부 수립을 선언하자, 프랑스군과 전투가 벌어졌다. 결국 1954년 3월부터 5월까지 북베트남군과 나바르 장군이 이끄는 프랑스군 사이에 최후의 전투가 라오스 국경 근처에 있는 디엔비엔푸에서 벌어졌다. 공군력을 과신한 나바르는 보 구엔 지압이 이끄는 북베트남군에 항복했고 이로써 프랑스의 인도차이나 지배가 끝났다.

세월 동안 베트남을 지배하면서 단물을 빨아먹던 프랑스는 미련을 버리지 못하고 발버둥치기도 했지만 기어코 쫓겨나고 말았다. 그러나 베트남인들의 독립의 기쁨도 잠깐이었다. 제네바 협정에 의해 베트남은 친서방적인 남베트남과 공산주의적인 북베트남으로 나누어진 것이다.

제2차 세계대전이 끝나면서 공산주의 소련에 의해 동구권에 철의 장막이 내려지고 곧바로 거대한 중국 대륙이 공산화되자 미국은 소스라치게 놀랐다. 동시에 이러다가 아시아 전체가 빨갛게 물들여지지 않을까 하는 공포가 엄습했다. 미국이 레드 콤플렉스에 빠지기 시작한 것이다. 이런 차제에 한반도에서 공산주의자들에 의해 전쟁이 터졌다. 미국은 공산주의 확산을 막기 위해 많은 피를 흘리면서 기를 쓰고 이 전쟁을 치렀다. 간신히 한반도의 공산화를 막고 한 숨 돌리는 순간, 베트남 문제가 불거져 나온 것이다.

프랑스가 쫓겨난 다음 등장한 베트남이 인도차이나반도에서 공산 세력의 거점이 될지도 모른다는 위기감이 엄습했다. 이른바 도미노 이론의 늪에 빠져들었다. 1954년 아이젠하워 대통령은 인도차이나 정세와 관련한 기자회견에서 이렇게 늘어놓았다. "도미노를 한 줄로 세워놓고 첫 번째 패를 건드리면 마지막 패까지 몽땅 쓰러지는 것은 한순간의 일입니다." 즉 베트남이 공산화되면 인접 국가들인 라오스·캄보디아 등 인도차이나반도가 벌겋게 물드는 것은 불을 보듯 뻔한 일이라는 것이었다.

곧이어 이웃의 태국·버마·말레이시아·인도네시아도 위험해지며 궁극적으로 동남아시아 전체가 공산화된다는 것을 의미하는 것이었다. 이 이론에 집착한 미국의 정치 군사전문가들은 먼저 베트남의 공산화를 적극적으로 막아야 한다는 데 필사적이 되어 갔다. 그래서 프랑스군이 물러가자마자 미국은 베트콩(남베트남 공산 게릴라)의 공격에 시달리는 남쪽의 응오딘지엠 정권을 지원하기 시작했다. 이와 같은 지원은 이미 아이젠하워 행정부 때 시작되었으며, 케네디가 암살될 즈음에는 이미 1만 6천 명의 미군이 베트남에서 군사 활동을 수행하고 있었다. 이제 케네디의 뒤를 이어 등장한 존슨 정부도 베트남 전쟁의 늪에 한 발자국씩 빠져들기 시작했다.

통킹만 사건

1964년 8월 2일, 베트남 북부 통킹만 북부 해안 10마일 밖에서 염탐 활동을 벌이던 미국 구축함 매덕스호가 북베트남 어뢰정 3척의 공격을 받자 이에 대응하여 발포하는 사건이 벌어졌다. 매덕스호는 즉각 대응하면서 어뢰정 1척을 격침하고 2척에 타격을 가했다. 주변에 있던 항공모함 타이콘데로가호도 가세하여 함재기들이 날아갔고 다른 구축함 터너죠이호도 공격에 가세하였다. 미국은 매덕스호가 공해상에 있었는데도 북베트남의 어뢰정이 공격했다고 주장했지만, 사실 이는 미국이 일부러 북베트남의 도발을 유인하려고 한 행동이었다.

린든 B. 존슨 대통령

1971년 《뉴욕 타임스》와 《워싱턴 포스트》는 이른바 펜타곤 문서(미 국방부의 비밀문서)를 입수해 매덕스호는 북베트남 영해에 있었다고 폭로한 바 있다. 8월 4일, 존슨은 즉각적으로 북베트남 폭격 명령을 내렸다. 그리고 8월 7일,

격렬해지는 베트남전

이 소식에 접한 미국 의회는 월맹의 미국에 대한 군사적 공격을 격퇴하고 이후의 공격을 사전에 차단하기 위해 필요한 조치들을 취할 수 있는 권한을 존슨 대통령에게 전폭적으로 부여했다. 미국은 '베트남 악몽'이라는 진흙탕에 본격적으로 빠져들기 시작했다.

이어서 존슨은 즉각 대규모 전투 병력을 투입했다. 1965년 말에 이르기까지 18만 4천 명의 미군 병력이 베트남에 도착했고, 1968년에는 그 숫자가 무려 53만 8천 명에 늘어났다. 열대 정글에서의 승리를 위해 네이팜탄·고엽제 같은 비인도적 살상 무기가 무진장 동원되었다. 그러나 압도적으로 우세한 화력과 병력을 가지고도 게릴라 전술로 맞서는 월맹군에 대해 미군은 결정적 승기를 잡을 수가 없었다. 전쟁이 질질 끌면서 끝이 보이지 않게 되고 사상자도 부쩍 증가하면서 국내에서 점차 반전 여론이 들끓기 시작했다.

호치민 통로

호치민의 북베트남이 남베트남을 패배시키고 베트남을 통일할 수 있었던 요인은 무엇보다도 남베트남 지도자들에게 만연된 부정부패와 불교의 탄압 등으로 인한 민심의 이반 등을 들 수 있다. 다음으로는 게릴라전을 능숙하게 전

호치민 루트

개하였기 때문이었다. 북베트남은 2차 세계대전 이후 프랑스군을 몰아낸 게릴라전이야말로 미국의 막강한 화력도 이겨낼 수 있는 최고의 무기라고 판단하고 있었다. 게릴라전이야말로 오랜 옛날부터 중국군과 몽골군을 물리친 유구한 역사와 전통을 자랑하는 베트남인들의 비장의 무기였다. 이 게릴라전을 성공적으로 수행할 수 있었던 배경에는 '호치민 통로'와 '구찌 터널'의 존재가 있었다. 게릴라들의 의식주 해결을 위해서는 현지 조달도 필요했지만 대부분의 전투장비 및 물자 등의 공급은 바로 '호치민 통로'와 '구찌 터널'을 통해 이루어졌다.

호치민 통로란 베트남의 중부를 가르는 17도선에서부터 사이공 인근까지 총 1,600㎞ 길이에 달하는 군수물자 운송 경로를 말한다. 미군은 이 길을 북베트남의 지도자였던 호치민의 이름을 인용하여 '호치민 통로'라고 불렀다. 1963년 북베트남은 남쪽에서의 베트콩의 활동을 적극 지원하기로 하면서 신속히 병력과 물자를 운송키 위한 루트

개발을 서두르게 되었다. 호치민 통로의 개척은 결코 호락호락한 게 아니었다. 첩첩한 산과 빽빽한 밀림지대를 뚫는 험난하기 짝이 없는 대공사였다. 대공사가 끝나면서 북베트남에서 출발해서 캄보디아·라오스를 잇는 도로에는 물자를 수송하는 트럭이 다닐 수 있게 되었다. 이 밖에도 주유 시설 및 물자를 비축할 수 있는 중간 기착지도 갖추게 되었다. 이제 북베트남군은 이 호치민 루트를 통해서 각종 무기와 보급물자를 운반하면서 자기네들이 원하는 시간과 장소를 골라가면서 전투를 벌일 수 있었다.

북베트남은 이 호치민 통로를 십분 활용하면서 울창한 밀림으로 뒤덮인 지형적 조건을 최대한 이용한 게릴라식 전법을 구사했다. 이 호치민 통로에는 미군의 B-52 폭격기의 어마어마한 융단폭격과 고엽제 살포로 초목이 말라버린 베트남전 최대 격전지인 캐산 지역을 포함한 치열했던 전투지역들이 곳곳에 자리 잡고 있다. 그만큼 미군도 베트남 전쟁에서 호치민 루트가 지니고 있는 중요성을 지나칠 수 없었기 때문이었다.

이밖에 북베트남의 게릴라 활동과 관련하여 구찌터널을 빼놓을 수가 없다. 베트남 전쟁이 발발하자 모든 것이 열세인 베트콩은 미군과의 효과적인 전투를 위해 구찌 터널을 최대한 활용하였다. 구찌 터널은 호치민(과거 사이공)에서 가까운 곳에 위치하는 지역으로 미군을 상대로 동시다발적인 게릴라 전술을 펼치기에 유리한 곳이었다. 원래 구찌 터널은 1948년 인도차이나전쟁 당시 베트남인들이 프랑스에 대항하기 위해 만들어졌다. 구찌 터널의 총길이는 무려 250km에 이르고 깊이는 지하 3m~8m까지 만들어져 있다. 내부에는 여러 층에 분산된 방들이 만들어져 있고 4층 구조로 넓게 만들어진 공간도 있다.

심지어 학교·식당·병원들까지 설치하면서 땅굴 속에서 간단한 생활도 영위할 수 있도록 되어 있다. 베트콩들은 10여년 이상 이 땅굴 터널 속에서 치열한 게릴라 활동을 펼쳐나갔다. 터널의 통로는 세로 약 80cm, 가로 50cm로 되어 있다. 무척 협소하여 움직이는 데 불편하지만 몸집이 작은 베트남인들이 잽싸게 이동하는 것은 일도 아니었다. 덩치가 큰 미군들에게는 아주 고약한 땅굴이었다. 터널의 입구는 나뭇잎과 가지 등으로 정교하게 위장이 되어 있어 외부에서 쉽사리 발견되지 않는다. 베트남 전쟁 당시, 미군기지 바로 밑으로 터널이 지나가기도 했으나 미군들은 땅굴의 존재를 까맣게 몰랐다. 현재 이곳은 베트남의 인기 관광코스로 개발되어 있다.

북베트남의 구정 공세

북베트남군과 베트콩은 1968년 설 연휴 동안에 미리 잠입한 병력을 투입하면서 남베트남 주요 도시에 파상적인 공격을 감행했다. '테트 공세'라고도 한다. 이 구정 대공세는 베트남 전쟁의 분수령을 이루는 사건

구정공세 격전

이었다. 1968년 1월 31일 새벽 2시 30분, 19명의 베트콩이 사이공의 미

대사관 정문을 택시로 뚫고 들어갔고, 한편으로는 담장을 폭파시킨 후 총을 난사하며 대사관 건물로 돌진했다. 미국을 대표하는 건물이 싸움판이 되었다. 대사관을 지키던 해병대원들과 치열한 총격전이 벌어졌고, 미 해병 5명이 사망한 끝에 침입자들을 간신히 격퇴할 수 있었다.

이 광경을 본토에서 미국인들은 TV를 통해 생생히 지켜보고 있었다. 미국인들은 경악했다. 그동안 미국이 베트남 전쟁에서 연전연승하고 있다는 보도들이 모두 새빨간 거짓말이 아닌가 하고 의심하기 시작한 것이다. 미 대사관 공격을 신호탄으로 베트콩 특공대가 사이공의 탄손누트 공항, 남베트남 정규군 사령부, 대통령궁을 차례로 급습했다. 문화와 종교의 중심지인 옛 도시 후에에서는 5,000여 명의 북베트남 정규군이 점령했다. 남베트남의 중소도시 13개가 베트콩에게 함락되었다.

구정 공세는 10일쯤 지나서 막을 내렸다. 미군은 적의 전사자가 3만 7천여 명이라고 발표했다. 미군 전사자는 2천 5백여 명에 불과했지만 문제는 그게 아니었다. 이번 기습공격은 백악관은 물론 미국 국민들에게 깊은 충격과 회의를 안겨줬다. 실제 구정 공세는 북베트남이나 베트콩 측으로 볼 때는 군사적인 면에서 완패였다. 그러나 군사적 득실을 떠나서 미국의 TV를 비롯한 각종 매체들은 너도나도 이 구정 대공세를 미국의 결정적인 패배라고 떠들어대기 시작했다. 어떤 매체는 구정 공세야말로 베트콩들에게는 '제2의 디엔비엔푸'라고까지 비아냥거렸다. 《타임》은 이렇게 보도했다.

"놀라운 일이었다. 감쪽같이 사라져 흔적을 찾아볼 수 없었던 적군이 갑자기 전국 도처에서 출현하면서 동시다발적으로 공격을 감행했다."

남베트남에서 벌어지고 있는 이들 격렬한 전투 장면은 특파원들의 보도를 통해 생생하게 미국 국민들에게 전달되고 있었다. CBS 텔레비전에서는, 자애로운 아저씨 인상으로 존경받는 뉴스 앵커 월터 크롱카이트가 현장 중계방송을 하면서 이렇게 물었다.

"도대체 지금 무슨 일이 벌어지고 있는 겁니까? 저는 그동안 미국이 베트남전에서 이기고 있다고 철석같이 믿고 있었습니다. 그런데 이게 도대체 무슨 일입니까? 바로 이 순간 미국 대사관이 유린당하고 있습니다."

당시 남베트남에는 50만 명이 넘는 미군과 한국을 비롯한 몇몇 지원국의 병사들, 그리고 남베트남 정규군 등 무려 100만 명이 넘는 병사들이 도처에 포진되어 있었다. 그리고 미국은 엄청난 전비를 끝도 없이 쏟아붓고 있었다. 그런데도 소리도 없이 나타난 수만 명의 북베트남 병사들과 베트콩에게 속수무책으로 기습을 당한 것이다. 한편으로는 쉽게 끝나리라고 예상되던 베트남전은 끝날 기미가 안 보이면서 젊은 미군 병사들의 주검이 속속 본국에 도착하고 있었다. 여기에 대사관까지 유린당하기 직전까지 몰리게 된 것이다.

그제서야 미국인들은 이 전쟁이 정의롭지도 않으며 도덕적이지도 못하다는 실체를 깨닫기 시작했다. 군사전문가 브라이언 젠킨스는 이렇게 말했다. "베트남에서 미국은 공산군과 싸우는 것이 아니라, 오랜 세월 동안 독립운동을 지속해온 베트남의 민족주의자들과 싸우고 있는 것이다." 대학가를 필두로 전국적인 반전운동이 동시다발적으로 일어나기 시작했다. 수십만 명의 젊은이들이 징병을 거부했고 베트남 전쟁을 둘러싸고 미국 사회가 분열되고 반목하기 시작했다. 온 미국이 벌집 쑤셔놓은 것처럼 난리법석을 떨고 있었다. 결국 존슨 대통령은 굴복했다. 그는 베트남 주둔 미군을 현 수준에서 동결하고, 북베트남에 대한 공습을 제한하며, 평화협상을 모색한다고 발표했다. 그리고 자신은 그해 대통령 선거에 나서지 않겠다고 선언했다. 그해 가을 대선에선 공화당 후보 리처드 닉슨이 당선됐다.

베트남 전쟁의 종결

사이공 대통령궁에 진입하는 월맹군 전차

닉슨은 취임하자마자 베트남전의 종식을 위해 미군의 단계적 철수를 발표했다. 그리고 우여곡절 끝에 드디어 1973년 1월 27일 종전 협정이 체결되었다. 그해 8월부터 인도차이나반도에서 미국의 군사적 행동을 일체 금지했고, 1973년 말까지 거의 모든 미군이 베트남에서 철수했다. 그러나 불행하게도 남북 베트남 간의 전쟁은 계속되고 있었고 주도권은 북베트남이 쥐고 있었다. 1975년 1월, 북베트남군의 대공세가 시작되어 4월에는 남베트남의 북쪽 절반이 공산군의 수중에 넘어갔다. 사이공 함락이 눈앞에 닥치면서 미국인들은 해로와 공로를 이용해 황급히 베트남을 빠져나왔다. 티우 대통령은 타이완으로 꽁지 빠지게 도망갔다.

4월 30일 남베트남 정부는 드디어 무조건 항복을 선언했고 북베트남군의 탱크가 굉음을 울리며 대통령궁으로 굴러 들어갔다. 10년간에 걸친 베트남 전쟁은 관련된 모든 국가에 가혹한 희생을 가져다주었다. 남베트남 정부군 25만이 사망하고 60여만 명이 부상당했다. 북베트남의 경우는 희생이 더욱 커 90만 명의 병사가 사망하고 200만 명이 부상당했다. 수백만 명의 민간인들이 목숨을 잃었다. 네이팜탄 폭격과 고엽제 살포로 전 국토가 거의 황폐화되고 말았다. 한편 미국은 4만 7천 명의 미군이 사망했고, 30만 명이 부상당했다. 10년간 전쟁을 치르는 데 무려 2천억 달러의 천문학적인 돈이 들어갔다. 그럼에도 불구하고 결과는 참담한 패배였다.

케네디와 존슨 정부에서 국방장관직에 있으면서 베트남전을 치렀던 로버트 맥나마라는 전쟁이 끝난 후 25년 뒤에 쓴 회고록에서 패전 요인을 다음과 같이 요약했다.

첫 번째, 월맹과 베트콩이 정글이라는 지정학적 이점을 십분 활용하고 있음을 미국은 처음부터 모르고 있었다. 두 번째, 남베트남 지도층이 미국식 자유와 민주주의를 추구하는 것으로 잘못 판단했다. 그들이 필사적으로 공산군과 싸울 준비가 돼 있는 것으로 착각한 것이다. 세 번째, 미국은 오랜 식민지 지배에 저항하면서 뿌리내린 베트남의 민족주의를 이해하지 못했다. 북베트남과 베트콩은 미국과의 전쟁에서 그들의 독립을 위해 언제든지 목숨을 바칠 수 있다는 대의에 충만해 있었다. 네 번째, 미국은 베트남의 역사·문화·정치·종교·습관·정서 등을 간과하거나 무시했다.

다섯 번째, 미국은 비록 재래식 무기이지만 사기가 충천한 북베트남과 베트콩을 상대로 최첨단 무기를 비롯한 무진장하게 쏟아부을 수 있는 화력을 너무 과신했다. 여섯 번째, 미 정부는 국민들에게 애초부터 베트남 전쟁의 의의·정당성·필요성을 이해시키지 못했다. 일곱 번째, 대규모 군사 개입 후에도 베트남에서 어떤 일이 일어나고 있는지를 국민에게 소상하게 알리지 못해 군사 행동에 대한 미국인들의 지지를 받지 못했다. 여덟 번째, 미국은 미국 안보에 직접적인 위협이 되지 않는 이 전쟁에서 국제적 협조와 호응 없이 독단적으로 전쟁을 치렀다.

호치민을 오판한 미국

미국이 막대한 희생을 치르고 패배하면서 베트남에서 철수했을 때, 베트남전 초기에 미국이 호치민의 제안을 거들떠보지도 않으면서 전쟁을 피할 수 있는 황금 같은 기회를 놓쳤다는 이야기들이 속속 터져 나왔다. 일본의 패전이 점차 가시화되던 1944년 초, 베트남의 독립운동을 이끌던 호치민은 중국의 남부 쿤밍에서 처음으로 미국과 접촉을 하기 시작했다. 접촉 대상은 CIA 전신인 OSS(전략 사무국)의 인도차이나 담당관이자 정보장교인 패티 소령이었다. 호치민은 패티를 만나 자주 이런 이야기를 했다.

"베트남 사람들은 미국 사람들을 좋아하며 미국을 지지한다. 미국 사람들에게 베트남 사람들의 충정을 잘 전해 달라. 베트남 사람들은 결코 미국과 싸우지 않을 것이다."

호치민

당시 호치민은 미국에 대해 존경심을 갖고 있었으며 베트남 독립선언문에 "모든 사람은 평등하게 태어났다. 사람들은 모두 생명·자유·행복을 추구할 천부의 권리를 조물주에게 부여받았다"라는 미국의 독립 선언서에 나와 있는 구절들을 집어넣기도 할 정도였다. 원래 루스벨트 대통령은 영국과 프랑스 등 제국주의 국가들의 식민지 지배에 관하여 반감을 갖고 있었고 제2차 세계대전이 끝나면 이들 국가의 식민지 통치에 대하여 손 볼 생각도 갖고 있었다. 호치민은 이를 잘 알고 있었던 것이다. 오랜 세월을 오로지 독립운동에만 평생을 바쳐왔던 그가 이런 미국에 기대를 한 것은 당연한 일이기도 했다.

호치민에 관한 이러저러한 내용을 담은 패티의 보고서가 여러 차례 국무부에 도착했지만 관계자들은 애초부터 이 보고서를 깔아뭉겠다. 호치민에게 된통 혼쭐이 난 프랑스가 호는 빨갱이라고 계속 쏘삭거리는 바람에 미 국무부는 호치민이 공산주의자라고 철석같이 믿고 있었다. 더구나 그때 미국은 레드 콤플렉스에 휩싸여 있을 때여서 패티의 보고서는 거들떠보지도 않았다. 패티의 뒤를 이어 부임한 화이트 소령도 호치민과 여러 번 만남을 가졌다. 화이트는 베트남전이 막바지에 접어든 1972년 상원 청문회에서 이렇게 말했다.

\"호치민은 민족주의자였으며 공산주의 자체에 큰 비중을 두고 있는 것 같지 않았다. 그는 비록 소련으로 가서 마르크스와 레닌을 공부했고 한때 공산주의 이상을 선호했지만 공화국 체제를 갖춘 민족주의를 지향하고 있었다.\"

청문회에 나왔던 사람들은 이 말을 듣고 기가 막혔다. 왜 이런 얘기가 이제야 나왔느냐고 하면서… 그러나 이미 미국은 막대한 희생을 치른 뒤 발을 빼기 시작하던 때였다. 미국 사람들이 호치민의 이러한 실체를 알게 되기까지 30년이라는 긴 세월이 지났다는 사실은 안타깝기만 하다. 베트남이나 미국에게 엄청난 희생과 고통, 그리고 비극을 안겨주고….

IV. 호치민의 일생

호치민은 1890년 베트남 중부 호앙쭈라는 작은 마을에서 출생했으며, 본명은 '응우옌 신 꿍'이었다. 어린 시절 어머니가 죽고 독립 운동가인 아버지는 관직에서 면직되면서 빈곤하게 살았다. 사춘기가 지나서 프랑스 증기선 아미랄 트레빌 호의 주방에서 일하며 여러 나라를 다니며 인생 경험을 쌓았다. 이후 런던 등지에서 밑바닥 인생을 전전했고 1919년 제1차 세계대전이 끝나면서 파리에 정착하였다. 그곳에서 정원사·웨이터·청소부 등으로 일하며 '응우옌 아이 꾸옥'이란 이름으로 사회주의 운동을 시작한다. 그는 생전 50여 개가 되는 가명과 필명을 사용했다.

1924년 모스크바로 가서 코민테른*에 적을 두고 공산당 혁명사상을 접했다. 이후 그는 중국 남부 및 태국 등 베트남 주변을 돌아다니면서 혁명운동을 계속했다. 눈에 불을 켜고 쫓아다니는 프랑스 경찰 때문에 고국으로 들어갈 수가 없었다. 그는 중국 남부에 근거지에 근거지를 만들어 베트남 혁명청년동지회를 결성했고 이곳에서 훈련받은 베트남인들을 베트남의 지하조직으로 내보냈다. 1941년 기어코 고국에 잠입해서 베트남독립동맹을 결성하여 해방을 위한 본격적인 독립운동에 들어갔다. 이때부터 '호치민'이라는 이름을 사용하게 된다.

　일본이 패망하고 물러난 후 1945년 9월, 호치민은 베트남민주공화국의 독립을 선언하면서 정부 주석으로 취임하였다. 1954년에는 직접 프랑스에 대한 항전을 지휘하여 독립을 지켜냈지만 완전한 독립에 이르지는 못했다. 관련된 여러 국가가 참여한 제네바 회담에서 베트남은 17도 선을 경계로 남북으로 분할되었기 때문이었다. 곧이어 미국이 남베트남을 지원하면서 피비린내 나는 베트남 전쟁이 시작되었다. 당시 호치민은 정계 일선에서 물러났으나 여전히 막후에서 영향력을 행사하고 있었다.

　그러던 중 1969년 9월 2일, 6년 후 조국이 통일되는 것을 보지 못하고 파란만장했던 독립운동가의 일생을 마감했다. 하노이는 121개국으로부터 2만 2천 통의 조문 메시지를 받았다. 우루과이의 한 신문

---

* 코민테른(Comintern)은 공산주의 인터내셔널(Communist International)의 약칭이다. 레닌에 의해 1919년 모스크바에서 창립되었다. 각국의 공산당에 그 지부를 두고 공산주의 혁명운동을 지원했다.

에서는 "그는 우주만큼 넓은 심장을 가진 사람이었으며, 특히 어린이들에 대한 끝없는 사랑을 가진 사람이었다. 그는 모든 면에서 소박함의 모범이었다"고 말했다. 《뉴욕 타임스》도 "그와

호치민의 일상

가장 심하게 적대적인 관계에 있던 사람들조차 이 체구가 작고 허약한 호 아저씨에 대해 존경과 숭배의 감정을 갖지 않을 수 없었다"라고 보도했다.

그는 생전에 옛 프랑스 총독의 관저를 주석궁으로 해서 거주하기를 원했던 당의 간절한 요구를 단호히 물리치고, 총독관저의 정원사가 살았던 초라한 집에서 무소유의 삶을 살았다. 호치민은 낡은 옷을 기워 입었고, 폐타이어를 잘라 신발을 만들어 신었다. 그의 집무실에는 고물 라디오 한 대와 책 몇 권이 있는 게 전부였다. 그는 유언장에서 자신을 위해서 동상을 만들지 말고, 무덤도 만들어서는 안 되며 화장을 해서 그 재를 베트남 북부·중부·남부에 나누어서 뿌려달라고 했다. 그러나 후임자들은 그의 희망과는 달리 그의 시신을 방부제로 처리해서 기념관에 보존했고 동상도 세워놓았다. 살아생전에 한없이 소박하고 진실했고 친절했던 그를 베트남 사람들은 '호 아저씨(월남어로 박 호(Bac Ho))'라고 불렀다. 지금도 그들은 '국부'라고 부르기 보다는 '호 아저씨'라고 부르는 것을 좋아하고 있다.

제36장

더 포스트

연기의 신, 메릴 스트립 / 불알 달린 여자, 캐서린 그레이엄

I. 더 포스트(2018년), The Post

영화는《워싱턴 포스트》의 신문 발행인 캐서린 그레이엄과 편집국장 벤 브래들리가 정부가 숨기고 있던 펜타곤 기밀문서(페이퍼)를 입수하고 이 문서에 담긴 베트남 전쟁 진실을 용기 있게 보도한 실화를 바탕으로 했다. 펜타곤 페이퍼란 펜타곤에서 작성한 미국의 베트남전 개입 관련 최고 기밀문서를 말한다.

2010년대에 들어오면서 기존의 흥행 위주의 작품에서 작품성 있는 영화에 애착을 보여주고 있는 명장 스티븐 스필버그가 메가폰을 잡고 이 영화에서도 다시 한번 완벽에 가까운 연출력을 보여주었다. 스필버그 감독은 처음에 각본을 접하고 "이 이야기에 본능적으로 이끌렸다. 지금 당장 만들어야 한다고 생각했다" 이어서 "힘없는 여성 사주社主에서 언론 역사에서 가장 중대한 결정을 내렸던 캐서린의 모습을 표현하는 것이 영화의 키 포인트였다"고 소감을 밝혔다.

영화는 《워싱턴 포스트》가 기밀문서를 손에 넣게 되지만 이를 보도하고자 하는 편집장 벤과, 그 보도가 회사에 미칠 영향을 심각하게 고민하는 발행인 캐서린과

캐서린 그레이엄과 벤자민 브래들리

의 갈등이 고조되면서 극적 긴장감이 조성된다. 결국 《워싱턴 포스트》는 보도를 하게 되고, 이후 《뉴욕 타임스》와 겨루는 수준의 전국지로 발돋움한다.

특히 이 영화에서 할리우드 연기의 신으로 불리는 메릴 스트립과 미국 국민배우라 불리우는 톰 행크스가 최고의 환상적인 연기 앙상블을 보여주고 있다. 먼저 메릴 스트립이 《워싱턴 포스트》의 첫 여성 발행인 캐서린 역할을 맡아 1970년대 남성 우선의 미국 사회에서 당당히 자신의 역량을 드러내는 모습을 치밀하고도 탄탄한 연기력으로 소화했다는 평을 받았다. 또한 출연하는 영화마다 최고의 감동을 선사하는 톰 행크스가 진정한 언론인으로 추앙받는 《워싱턴 포스트》

의 편집장 벤을 맡아 영화의 완성도를 높였다.

메릴 스트립은 걸음걸이를 비롯한 모든 것이 캐서린을 떠올리게 했고 톰 행크스 역시 벤의 사소한 버릇까지도 완벽하게 흡수했다고 《워싱턴 포스트》지의 관계자들이 입을 모아 칭찬했다. 특히 캐서린의 아들인 도널드 그레이엄은 만약 어머니가 살아계셔서 메릴 스트립의 연기를 보셨다면 굉장히 만족했을 것"이라고 말했으며, 벤의 아내인 샐리 퀸은 "마치 남편이 살아 돌아온 것만 같다"는 말로 극찬을 아끼지 않았다는 후문이다.

영화 마지막 부분에서 《워싱턴 포스트》의 손을 들어주면서 연방 대법원은 신문사의 언론자유를 옹호하는 판결을 내렸다. 당시 휴고 블랙 판사는 "언론은 통치자가 아닌 국민을 섬겨야 한다"는 명언을 남기기도 했다.

II. 연기의 신, 메릴 스트립

메릴 스트립은 할리우드 역사상 가장 위대한 배우 중 한 명으로 손꼽히고 있다. 거의 동네 마실 가듯 매년 개최되는 각종 시상식 후보에 오르는 것은 물론 상까지 챙겨간다는 소문이 자자하게 나있는 배우다. 스트립은 칸 영화제 여우주연상과 아카데미 여우주연상 2회(《소피의 선택》〈철의 여인〉), 여우조연상 1회를 수상했다. 아

메릴 스트립

카데미상은 노미네이트 무려 21회라는 대기록을 세우고 있는 명실상부한 할리우드를 대표하는 여배우다. 미국 영화 역사를 통틀어 그녀에 비견될 만한 커리어를 쌓은 사람은 할리우드 초반기와 중반기의 전설적 배우였던 캐서린 헵번이 유일하다. 캐서린 헵번은 아카데미에 12번 노미네이트되어 여우주연상을 4회 수상했다.

스트립은 1949년 미국 뉴저지주에서 제약회사 임원인 아버지와 프리랜서 일러스트레이터인 어머니 사이에서 출생했다. 어려서부터 성악 트레이닝을 받았지만 본인은 성악가로서의 꿈을 일찍이 접었다. 그녀는 여자 명문대학인 바사 칼리지를 졸업하고 예일대학교 연극대학원에서 수학했다. 이때부터 학교에서는 이미 연기 천재로 소문이 자자했다. 예일을 졸업하자마자 스트립은 뉴욕 브로드웨이에 진출했다. 졸업 직후에 무려 6주 동안 5개 연극의 주연을 맡았는데 하나같이 관객들의 찬사를 받았다.

〈아웃 오브 아프리카〉에서 레드포드와 스트립

연극무대에서 그녀를 눈여겨본 배우 로버트 드 니로의 추천에 의해 1979년 데뷔작인 영화 〈디어 헌터〉에 출연하게 된다. 1981년, 〈프랑스 중위의 여자〉로 골든 글로브 여우주연상을 수상하고 그 이듬해 〈소피의 선택〉으로 생애 첫 아카데미 여우주연상을 수상하였다. 〈소피의 선택〉에서의 그녀의 연기는 영화 역사상 최고의 연기 중 하나로 손꼽히고 있다. 1986년에는 〈아웃 오브 아프리카〉에 출연하여 로버트 레드포드와 앙상블을 이루면서 두 사람은 영원히 남을 명작을 탄생시켰다. 이 영화는 그때까지 메릴이 출연한 영화 중 가장 많은 관객 수를 기록하기도 했다. 스트립은 이 영화에서 뛰어난 연기를 보여주면서 세계적으로도 많은 팬을 확보하는 계기가 되었다.

스트립은 현 남편인 돈 검머와 결혼하기 전 영화 〈대부 1〉〈대부 2〉에서 알 파치노(마이클 콜리오네 역)의 형 프레도 역으로 나오는 배우 존 카제일과 연인사이였다. 1978년 3월에 카제일이 폐암으로 사망할 때까지 3년 동안 함께 살았다. 카제일이

조각가 돈 검머와 스트립 부부

사망한 지 6개월 후인 1978년 조각가 돈 검머와 결혼식을 올렸고 이들 부부는 40년 넘게 해로하며 4명의 자식을 키웠다. 그녀는 영화 시사회나 시상식을 거의 가족 행사로 만드는 것으로 유명하다. 그의 남편이자 조각가 돈 검머를 비롯해 음악가로 활동 중인 아들 헨리 검머, 엄마를 따라 배우 생활 중인 마미 검머, 그레이스 검머와 모델 루이자 검머까지 가족들은 늘 그녀의 행사에 참석했고 화목한 모습을 보여주었다.

이혼과 스캔들을 밥 먹듯 하는 할리우드 세계에서 보기 드문 모범적인 사례 중의 하나로 손꼽힌다. 사회활동 등에서도 적극적이라는 평을 받고 있다. 이 시대의 많은 여배우들은 그녀를 자신들의 롤모델

로 꼽고 있기도 하다. 그녀는 가정사에 대해 이렇게 말했다.

"가정을 꾸려가는 일에 절대적인 법칙은 없어요. 항상 엄청난 타협의 연속이에요. 하지만 저는 제 일과 가족 간의 끈끈한 유대감과 사랑, 그 두 가지에 대한 욕구가 모두 충족되어야 하는 사람이에요. 둘 중 하나라도 없는 삶은 상상할 수가 없어요."

그녀의 무수한 작품 중에 대표작으로는 〈디어 헌터〉〈프랑스 중위의 여자〉〈소피의 선택〉〈아웃 오브 아프리카〉〈메디슨 카운티의 다리〉〈악마는 프라다를 입는다〉〈다우트〉〈맘마 미아〉〈더 포스트〉 등을 꼽을 수 있다.

III. 불알 달린 여자, 캐서린 그레이엄

캐서린 그레이엄

캐서린 그레이엄은 1917년 6월 16일 유대인 사업가이자 고급 관료를 지낸 유진 메이어와 독일 루터교 목사의 딸인 애그니스 언스트의 넷째 딸로 뉴욕에서 태어났다. 아버지는 뉴욕에서 금융 관계 사업을 하면서 거부가 되었고, 이후 워싱턴에서는 고위 관리를 지내면서 7명의 미국 대통령과 인연을 맺었다. 그래서인지 후일 연방준비제도이사회(FRB) 의장과 세계은행 총재 등 금융계 최고위직을 역임했다. 1933년 경영난으로 경매에 나온 워싱턴 포스트를 매입하면서 언론계에도 발을 디뎠다. 《워싱턴 포스트》지는 1877년에 창간된 유서 깊은 신문이었지만 역대 사주들의 부실경영으로 재정난에 시달리다 유진 메이어가 사들일 때에는 거의 팔리지 않는 지역신문으로 명맥을 유지하고 있었다. 《워싱턴 포스트》지를 사들인 후 유진 메이어는 신문의 독립성의 추구와 정확한 보도를 통하여 차츰 신문사의 위상을 높이기 시작했으나 갈 길은 멀기만 했다.

캐서린은 다섯 남매 중에서 아버지와 가장 가까웠다. 아버지는 캐서린이 다섯 살 때 당시 대통령이었던 루스벨트에게 "후에 캐서린이 깜짝 놀랄 만한 일을 보여줄 것"이라고 말한 적이 있다. 아마도 그는 딸의 재능을 일찌감치 간파하고 있었는지도 모른다. 그녀는 아버지로부터는 탁월한 정치적 감각과 뛰어난 사업 능력을, 어머니에게는 예술적이고 사교적 감각을 물려받았다. 부유하고 문화적인 분위기 속에서 자란 캐서린은 고등학교를 졸업하고 당시 명문 여자 대학인 바사 대에서 2년을 다니다가 시카고대학 3학년으로 편입했다. 그녀는 대학 생활 동안 당시 언론자유에 대한 뛰어난 식견을 지니고 있었던 시카고대학 총장이었던 허친스에게 매료되었으며 그에게서 언론계에서 일해 볼 것을 권유를 받기도 했다. 그녀는 방학 때에는 아버지가 운영하는 《워싱턴 포스트》에서 인턴사원으로 일하기도 했다.

대학을 졸업한 뒤 캐서린은 《워싱턴 포스트》에서 일하라는 아버지의 제안을 거절하고 서부로 가서 《샌프란시스코 뉴스》지에 입사했다. 당시 샌프란시스코는 젊은이들이 환호하는 새로운 문화를 만들어 가는 신선한 공기가 충만한 지역이기도 했다. 그녀는 그곳에서 기자 생활을 하면서 이전까지 부잣집 딸로 자라면서 전혀 경험하지 못했던 사회적 부조리와 가난한 하층민들의 삶을 접했다. 그녀는 부두 노동자들과 싸구려 독주를 나눠 마시면서 어울리기도 했다. 이후 이들의 삶을 취재해 신문에 연재했다. 이때 그녀는 부모의 영향으로 막연히 지지했던 공화당에서 민주당으로 지지 정당을 바꾸기도 했다. 비록 반년이라는 짧은 기간이었지만 그녀에게 샌프란시스코에서 생활은 독특한 사회적 경험과 한편으로는 독립심과 배짱을 키워준 토양이 되었다.

이후 아버지의 돌아오라는 권유가 계속되었다. 1939년 결국은 동부로 돌아와 《워싱턴 포스트》지에 입사했다. 신문사에서 그녀가 처음 맡은 일은 '독자란'으로서 샌프란시스코에서와 같은 바닥에서 뛰는 역동적인 업무는 아니었다. 당시 보수적이었던 동부의 워싱턴 분위기는 서부와는 달리 여성의 사회활동은 극히 제한적이었고 캐서린도 이런 분위기에 순응했다. 그러는 와중에 그녀는 아버지가 점찍어둔 전도양양한 청년 변호사 필립 그레이엄을 만나 사랑에 빠지고 1940년 6월 5일 결혼했다. 그녀는 이제 캐서린 메이어에서 캐서린 그레이엄이 되었다. 하버드대 법대를 졸업한 필립은 제2차 세계대전 당시 태평양 전선에서 정보장교로서 종군했다. 후일 대통령이 되는 케네디와 절친한 친구 사이이기도 했다.

1946년 장인인 메이어는 아들 대신 명민했던 사위 필립에게 《워싱턴 포스트》의 발행인 자리를 물려주었다. 실제 《워싱턴 포스트》지의 급격한 성장은 필립이 등장하면서 시작되었다. 필립은 유능한 편집장을 영입하여 신문의 질을 높여갔으며 1954년에는 경쟁지였던 《워싱턴 타임즈 헤럴드》를 합병함으로써 워싱턴 5개 신문사 중 만년 꼴찌라는 꼬리표를 떼었다. 곧이어 이 지역 신문사 중에서 선두로 나섰으며 플로리다 TV방송국과 《뉴스위크》도 인수하는 등 영영 다각화를 시도하면서 몸집을 불려나갔다.

그러나 배우자인 캐서린의 결혼 생활은 그리 행복하지는 못했다. 필립은 자사의 여기자와 공공연히 바람을 피우면서 캐서린의 속을 태웠고 아울러 조울증에도 시달리고 있었다. 결국 필립은 1963년 8월 3일 권총 자살로 48세의 삶을 마감했다. 그러나 훗날 캐서린은 남편의 죽음에 대해 "나는 남편을 진정으로 사랑했노라"라고 자서전에서 심경을 토로했다. 네 자녀를 키우면서 가정에서 조용히 전업주부로 지내던 그녀는 결혼 23년 만에 갑자기 사회로 떠밀려 나오게 되었다. 아버지가 헐값에 사들였을 때보다 남편의 영향에 힘입어 엄청나게 성장하면서 미국의 주력 신문 중의 하나가 된 《워싱턴 포스트》가 그녀에게 덜컥 안겨진 것이다.

대부분의 여성들의 사회 진출이 드문 당시, 여성들의 일자리는 많지 않았고 여성은 결혼하면 으레 집안에 들어앉는 것으로 여겨졌다. 그녀 역시 한 남자의 아내로, 2남 2녀의 어머니로, 가정주부로 살면서 초기에는 정계 진출을 꿈꾸던 남편을 조용히 내조했다. 이후 아버지가 남편에게 《워싱턴 포스트》의 발행인 자리를 물려주었을 때에는 남편이 워싱턴 구석의 일개 신문사를 미국 전국지로 키워 갈 수 있도록 보필했다.

이제 캐서린은 남편의 갑작스런 죽음으로 "《워싱턴 포스트》를 팔아버리던지, 다른 경영인을 내세우든지 혹은 자신이 직접 경영에 뛰어들던지" 세 가지 중 한 가지를 선택해야 하는 기로에 서게

집무실에서 그레이엄

됐다. 그녀는 처음엔 망설였지만 고심 끝에 그동안 집안 구석에 있었던 삶을 박차고 과감하게 신문사 경영 일선에 나서는 결심을 한다. 그녀는 자신의 일생에서 발행인으로 나선 것이 가장 훌륭한 판단이었다고 회고했다. 그녀는 1963년 9월 20일 《워싱턴 포스트》지의 발행인으로 취임했다. 남편의 죽음으로 인한 충격에서 채 벗어나기도 전에 대(大) 신문사를 맡아야 하는 책임을 지게 된 것이다. 그녀는 후일 자서전에서 "눈감은 상태에서 일을 시작해서 눈을 뜨고 보니 어느새 발을 땅에 디디고 있었다"고 고백했다.

캐서린은 자신은 아무것도 모른다는 자세로 경영을 시작했다. 그래서 그녀는 누구든지 자신에게 도움이 될 만한 사람은 닥치는 대로 스승으로 삼았다. 먼저 《뉴욕 타임스》의 제임스 레스턴과 저명한 칼럼니스트인 월터 리프만에게는 저널리즘에 대해 배웠다. 또한 정치인, 사업가, 문화계 인사들과도 폭넓은 관계를 맺으면서 조언을 들었다. 이밖에 컴퓨터업계의 왕자 빌 게이츠, 다이애나 영국 왕세자빈, 투자의 귀재 워런 버핏 등과도 친교를 맺었다. 특히 그녀는 워런 버핏과

밀접한 관계를 맺었다. 그녀는 일생 동안 그와 자주 만나면서 투자에 대한 그의 고견을 하나도 허투루 듣지 않았다. 워런 버핏도《워싱턴 포스트》의 주식을 매입하기 시작해서 나중에는 170만 주를 보유하면서 대주주가 되었다. 이는《워싱턴 포스트》소유권의 18%에 이르는 수준이다.

캐서린은 자신의 일생 중, 대 신문사의 발행인을 맡는다는 결정 다음에 두 번째로 잘한 것은 벤자민 브래들리를 편집장으로 영입한 것이었다고 회고했다. 브래들리는 펜타곤 보고서 폭로 사건과 워터게이트 사건을 진두지휘한 인물이었다. 브래들리는 위의 두 건의 엄청난 정치적 격랑 속에서 캐서린이 옳은 판단을 내릴 수 있도록 눈이 되어 준 동료였다. 한편으로는 정

명편집장 벤자민 브래들리

론 직필을 실천한 전설적인 언론인이었다. 캐서린은 자서전에서 브래들리의 강직함과 공정하고도 성실한 보도 태도, 언론인으로서의 훌륭한 품격을 들었다. 그녀는 그가 있었기에 펜타곤 보고서 폭로와 워터게이트 사건 보도가 가능할 수 있었다고 했다. 그리고 세계적인 언론사로 자리매김한 지금의《워싱턴 포스트》와 자신이 있을 수 있었다고 했다. 영화〈더 포스트〉에서 톰 행크스가 브래들리 역을 맡으며 인상적인 연기를 펼쳤다.

그녀는 정치권으로부터의 독립성을 강조하면서도 정치와 재계, 그리고 문화계의 명사들과의 친분을 돈독히 하는데 게을리하지 않았다. 그녀는 자신의 집에 때때로 '라운드테이블' 만찬이라는 이름의 파티를 열곤 했다. 12명 정도의 저명 인사들을 초청하여 '오프 더 레코드'라는 전제조건을 달고 흉금을 터놓고 속내를 말할 수 있는 자리를 마련했던 것이다. 그녀의 만찬에 초청받지 못하면 진정한 명사가 아니라는 말까지 있을 정도로 이 자리는 '워싱턴의 명물'로 소문이 나기도 했다. 17, 18세기 프랑스에서 교양과 지성으로 무장한 여주인이 자신의 저택에서 작가·예술가·철학가 등을 불러 우아한 분위기에서 담소를 즐겼던 살롱을 연상케 하는 대목이다. 실제로 캐서린은 이 만찬 자리를 통해 얻은 워싱턴 정가의 흐름에 관한 정보들을 신문사 편집진에 전달하기도 했다. 이 만찬 자리에는 레이건 대통령이 두 번, 클린턴과 부시가 백악관 입성 직전에 초대를 받았다. 또한 전직 미국 대통령·외국의 지도자·외교관·행정부의 고위 인사와 이 밖에 사업가·예술인·언론인들이 이 자리를 거쳐 갔다.

차츰 신문사 사주로 입지를 굽혀갈 무렵인 1971년부터 캐서린에게 자의적이던 타의적이던 간에 역사적인 격랑이 휘몰아치기 시작했다. 먼저 월남 전쟁의 추악한 진실을 담은 펜타곤 기밀문서 폭로 사건이었다. 로버트 맥나마라 국방장관의 지시로 만들어진 월남전 관련 이 극비문서에는 미국이 베트남 전쟁에 군사개입을 강화하는 구실로 삼았던 통킹 만 사건이 조작이었다는 놀라운 내용도 담겨 있었다. 원래 이 기밀문서의 내용을 밝힌 것은 라이벌 언론사였던 《뉴욕 타임스》였다. 《워싱턴 포스트》는 한발 늦었지만, 《뉴욕 타임스》보다 더 자세하고 적극적으로 취재하면서 기밀문서에 대한 기사를 쏟아냈다. 화가 잔뜩 난 닉슨 정부는 국가기밀 누설 혐의로 두 신문사를 제소하여 1심에서 보도정지 판결을 이끌어냈다. 두 신문사는 즉각 대법원에 항소했다.

하지만 법적인 판결이 미결인 상태에서 보도를 계속하는 것은 무척이나 위험했다. 《워싱턴 포스트》의 법률 고문 팀은 캐서린에게 대법원 판결까지는 가급적 보도를 하지 말 것을 권유했다. 반면 기자들은 지금 당장 보도해야 한다고 주장했다. 이 결정은 잘못하면 신문사의 기둥뿌리가 흔들릴 수 있는 문제였다. 대법원에서 닉슨 정부의 손을 들어줄 경

앙숙이었던 닉슨과 그레이엄

우 신문사는 꼼짝없이 국가 기밀을 누설했다는 어마어마한 죄를 뒤집어쓸 상황이었다. 캐서린은 기자들의 편이 되었다. 그녀는 간단하게 "계속 갑시다(go ahead)"라고 말했다. 이 말은 모든 책임은 자신이 짊어지겠다는 것을 의미했다. 이와 같은 사주 캐서린의 담대한 용기에 기자들은 큰 힘을 얻었다. 《워싱턴 포스트》에서 연일 관련 보도가 터져 나오고 타 신문사에서도 함께 보도를 하기 시작했다. 이와 함께 베트남 전쟁에 반대하는 분위기도 전국적으로 퍼져 나가기 시작했다. 그리고 마침내 대법원은 정부가 제소한 지 2주 후에 국민들의 알 권리가 중요하다면서 언론의 자유를 외치는 신문사들의 손을 들어 주었다. 이는 곧 캐서린의 승리이기도 했다.

이어서 정치계를 뒤흔드는 엄청난 대지진이 1년 뒤에 터졌다. 1972년 6월 워싱턴 워터게이트 호텔 건물에서 소소한 절도 사건이 일어났다. 5명의 괴한이 민주당전국위원회 본부 사무실의 문을 따고 들어가려다 경비원에게 적발된 것이다. 그냥 좀도둑이라고 생각됐지만 당시 《워싱턴 포스트》에서 경찰 출입 기자였던 우드워드와 번스타인의 안테나에 이 사건이 포착되었다. 이 둘은 범인들이 도청 장치를 지닌 것에 대해 의아하게 생각했다. 더더구나 침입 장소가 민주당전국위원회였다. 두 기자는 범인들이 민주당 전국위원회 사무실에 도청기를 설치하려고 했던 사실과 이를 뒤에서 지휘하던 인물이 닉슨 대통령 측근이란 것도 파악했다. 캐서린은 이 사건을 즉각적으로 보도하는 것을 허락했다. 이는 결국 닉슨 정부와 《워싱턴 포스트》 사이의 3년간의 험난한 싸움으로 이어졌다.

그렇지 않아도 펜타곤 기밀문서 폭로사건으로 닉슨에게 미운털이 박혀 있던 《워싱턴 포스트》지에 대해 각종 비열한 압박이 가해지기 시작했다. 당시 닉슨의 선거본부장이자 나중에 법무장관이 된 존 미첼은 번스타인과 우드워드 기자에게 캐서린의 젖가슴을 세탁기에 집어넣어 쥐어짜겠다는 폭언을 퍼붓기도 했다. 나중에 우드워드 기자는 이를 상징하는 의미로 캐서린에게 10달러짜리 빨래 짜는 건조기를 선물했고, 캐서린은 그것을 자기 사무실에 걸어 놓았다. 이어서 세무조사, 방송국 허가권 갱신 문제, 제3자에게 《워싱턴 포스트》 주식을 사게 해 경영권을 빼앗으려는 시도 등, 닉슨과 그 측근들의 전방위적이고도 집요한 압박으로 신문사는 곧 문을 닫아야 할지도 모를 위기에 몰리고 있었다. 이때 캐서린은 눈 하나 깜빡하지 않았다. 그녀는 이미

주사위는 던져졌기 때문에 이대로 갈 수밖에 없다면서 기자들을 독려했다. 이때 그녀가 보여준 두둑한 배짱으로 캐서린은 '불알 달린 여자(Ballsy Woman)'라는 아름답지 못한 닉네임까지 얻었다.

사건 초기에 캐서린은 편집실로 들어와 기자들에게 우리가 지금 도대체 무엇을 하고 있느냐 하고 걱정스럽게 물었지만 나중에는 확신을 가지게 되면서 틈틈이 내려와 편집국장 브래들리와 여러 기자의 힘을 북돋워 주었다. 특히 우드워드와 번스타인 기자에게는 세심한 주의를 기울였다. 당시 캐서린과 가까운 월가의 한 친구는 그녀에게 혼자 다니지 말라는 충고를 하기도 했다. 진흙탕 같던 이 싸움의 결과는 닉슨의 목소리가 실린 녹음테이프가 공개되면서 언론의 승리로 끝으로 막이 내렸다. 악전고투를 무릅쓰고 워터게이트 사건을 보도하고 닉슨과 그 측근들의 비리를 밝히는데 앞장섰던 《워싱턴 포스트》는 결국 퓰리처상을 받았다. 이 사건으로 《워싱턴 포스트》지는 세계적인 언론사로 거듭나게 되었다. 아울러 언론의 기본 사명을 고수하고 어떤 외압에도 머리를 숙이지 않는 가장 바람직한 발행인 상을 구현한 캐서린이라는 이름도 전 세계적으로 명성을 떨치게 된다.

언론인으로서 캐서린은 올바른 언론을 표방하고 알려야 할 사실을 알리는 데 중점을 두었지만 그렇다고 경영인으로서 업무를 도외시한 것은 아니었다. 그녀는 언론사가 제대로 역할을 하려면 정부로부터 자유로워야 하고 그러기 위해선 재정적으로 반드시 자립해야만 한다고 생각했다. 그러기에 그녀는 돈 버는 데에도 심혈을 기울이면서 탁월한 사업적 수완을 발휘했다. 그녀는 《워싱턴 포스트》를 《포천》지가 선정한 '미국의 500대 기업'의 하나로 성장시켰다. 또한《워싱턴 포스트》외에 신문·잡지·TV·케이블 및 교육사업 등을 망라하는 기업군으로 키워냈다. 캐서린이 발행인으로 취임할 당시《워싱턴 포스트》는 매출액이 1억 달러에도 못 미쳤다. 그러나 30여 년 후인 1991년, 그녀가 장남 도널드에게 경영권을 넘겨줄 때는 매출액이 14억 달러 규모로 성장했다.

캐서린은 일찍이 큰아들을 후계자로 점찍고 혹독한 경영수업을 시켰다. 도널드는 하버드대를 졸업한 뒤 월남전에 참전한 후 경찰 근무를 거쳐 1971년《워싱턴 포스트》에 입사했다. 이후 그는 여러 부서를 거쳐 1976년 부사장에 임명됐다. 1979년《워싱턴 포스트》발행인이 되었고 1991년엔 '워싱턴 포스트 컴퍼니'의 CEO 자리에 올랐다. 그해 캐서린은 30년 동안의 노고 끝에 경영권을 아들 도널드 그레이엄에게 물려주고 일선에서 물러났다. 은퇴 후에도 캐서린은 언론 분야를 비롯해서 사회 각 방면에서 활동을 지속했다. 그녀는 AP통신의 첫 번째 여성 이사로 활동했다. 이외에도 미국 신문발행인협회회장·광고주협회 이사·워싱턴 및 시카고대학 이사 등도 역임했다.

그녀는 80세 때인 1997년 유명 인사들과의 교분 관계 등을 밝힌 자서전『개인의 역사Personal History』를 펴내 퓰리처상을 수상했다. 그녀는 자서전에서《워싱턴 포스트》도 여러 보도에서 권언유착이 없지는 않았다고 솔직히 고백했다. 1952년 대선 당시, 아이젠하워에게 비판적인 사설 등을 빼도록 압력을 행사했고, 린든 B. 존슨을 위해 찬조 연설을 하고 연설문을 작성했으며 케네디가 존슨을 후보로 지명하도록 영향력을 발휘한 사실 등도 열거하고 있다. 그녀는 이에 대해 그때는 그런 일이 다반사였다고 술회했지만 한편 지나친 경우도 있었음을 반성했다. 또한《워싱턴 포스트》가 미국의 월남전 개입을 적극 찬성하다가 반전으로 돌아선 사실도 언급했다.

캐서린은 내향적으로 보이는 외모와 달리, 필요할 땐 한 가닥 하는 성깔을 보여주기도 했다. 뉴스워크지의 한 간부회의에 참석한 유일한 여성이었던 캐서린은 왜 여성 참석자는 없느냐고 물어봤다. 그러자 한 간부 직원이 "안 그래도 복잡한 일이 많은데 여자까지 회의에 참석하면 골치가 아프다"고 귀신 씨나락 까먹는 소리를 늘어놓았다. 그러자 캐서린은 바로 재떨이를 집어 던졌다. 재떨이가 날아가고 이어서 깨지는 소리가 나면서 캐서린은 그 간부에게 "이 성차별주의자!"라고 소리쳤다. 그 사건 이후 어느 회의에서도 여성 직원들도 참석할 수 있게 됐다.

캐서린은 2001년 7월 14일, 넘어져 머리를 다친 후 수술을 받았으나 의식을 되찾지 못하고 17일 84세의 나이로 끝내 운명했다. 캐서린의 유족으로는 도널드 외에도 1명의 딸과 2명의 아들이 있고, 모두 10명의 손자와 손녀들을 두었다. 캐서린의 장례식에서《워싱턴 포스트》지의 격랑기를 그녀와 함께 헤쳐 나간 명콤비이자 위대한 편집국장이었던 브래들리가 손수건으로 눈물을 닦는 장면이 많은 이들의 심금을 울렸다. 브래들리는 추모사에서 "위대한 신문을 만드는 것은 바로 위대한 신문사 사주"라며 그녀를 기렸다. 워터게이트 사건으로 사임한 닉슨대통령 밑에서 국무장관을 지낸 키신저는 "캐서린은 고위 공직자들이 윤리와 사법적 규범에 따르도록 한 인물"이라고 추모했다. 역사학자 슐레진저는 "그녀는 독립적이고 부패하지 않아야 한다는 언론의 중요성을 새롭게 인식시켰다. 워터게이트 사건을 계기로 '제왕적 대통령제'가 힘을 잃었다"고 말했다.

《워싱턴 포스트》지는 2013년 8월 아마존의 제트 베이조스가 인수했다.

제37장

아폴로 13

미국의 국민배우, 톰 행크스 / 아폴로 13호 사고 전말

I. 아폴로 13(1995년), Apollo 13

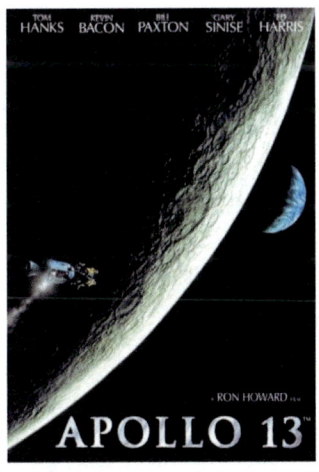

〈아폴로 13〉은 고장 난 우주선 아폴로 13호의 필사적인 지구 귀환의 과정을 그린 영화이다. 1995년에 개봉되었으며 그해 박스 오피스 1위를 차지했다. 1970년 아폴로 13호의 우주사고는 NASA 최악의 실수이자, 최고의 휴먼드라마를 낳은 실화로 역사에 기록된다. 영화는 당시 아폴로 13호의 사령관이었던 짐 러블이 제프리 클루거와 함께 쓴 『Lost Moon: The Perilous Voyage of Apollo 13』에 기반하고 있다. 감독은 론 하워드, 주연은 미국의 국민배우라고 일컬어지는 톰

행크스를 비롯하여 빌 팩스톤, 케빈 베이컨, 게리 시나이즈, 에드 해리스 등 베테랑 배우들이 열연을 펼쳤다. 각각의 캐릭터들이 죽음의 위기를 벗어나기 위한 필사적인 노력을 펼치는 모습이 무척 인상적이다. 음악은 제임스 호너가 담당했다.

아폴로 12호에 이어서 1970년 4월 11일 세 번째로 달에 착륙할 계획으로 발사된 아폴로 13호는 발사 3일째 되는 날, 산소탱크가 폭발하는 바람에 우주선의 기능들이 하나하나 마비되어 간다. 영화는 4일 동안 우주 공간 속에서 고립무원의 상황에서 지상요원들과 조종사들의 필사적인 노력 끝에 갖은 난관을 극복해가며 무사히 귀환하는 내용을 실감나게 묘사하고 있다. 아폴로 13호는 달에 착륙하지는 못했으나, 사고 이후 조종사들이 구사일생으로 살아 돌아오기까지 미국인들뿐만 아니라 전 세계인들의 주목을 받았다.

아폴로 13 승무원들, 왼쪽부터 세 번째는 매팅리(그는 홍역 문제로 탈락했다)

영화는 당시를 고증하는 여러 소품을 사용하여 더욱 실감 나게 완성했다는 평을 들었다. 특히 여러 장면을 실제 무중력에서 촬영해서 주목을 끌었다. 여러 다른 영화에서 무중력 장면의 경우 컴퓨터 그래픽 등을 사용하기도 하는데, 〈아폴로 13호〉은 아예 실제 무중력에서 촬영했다. NASA에서 직접 무중력 실험기를 사용하도록 편의를 봐주었다고 한다.

실제 주인공인 짐 러블과 그의 아내 마릴린 러블이 카메오로 출연했다. 마릴린의 경우 발사를 구경하러 올라가는 사람들 중에 섞여 있었고, 짐 러블은 마지막 장면인 바다에 착수한 우주인들을 구하기 위하여 출동한 이오지마 항모의 함장인 미 해군 대령으로 출연한다. 아폴로 13호는 비록 월면 착륙을 달성할 수는 없었지만 관계자들이 신속하고 과감하게 대응하면서 위기를 극복한 것 때문에 '성공적인 실패'라고도 불린다. 이 공로 때문에 우주비행사들과 지상의 관제사들은 나중에 대통령 자유의 메달 훈장을 받았다. 톰 행크스와 론 하워드 감독은 이후 이 영화의 제작 장비와 노하우를 활용하여 다큐드라마 〈지구에서 달까지〉를 만들었다. 〈아폴로 13〉은 아카데미 편집·음향 부문에서 수상했다.

II. 미국의 국민배우, 톰 행크스

톰 행크스는 수더분한 인상과 올바른 인성, 뛰어난 연기력으로 할리우드에서 가장 존경받는 배우 중의 한 사람이다. 그를 가리켜 '가장 미국적인 배우', '미국의 얼굴'이라는 표현을 많이 쓰기도 한다. 이전에 미국의 1대 국민배우였던 제임스 스튜

톰 행크스

어트에 이어 2대 미국의 국민배우라고 일컬어진다. 최근 어느 잡지의 조사에서 미국에서 가장 신뢰할 수 있는 배우 1위로 뽑히기도 했다.

행크스는 1956년 7월 9일 출생으로 캘리포니아의 콩코드의 이스트 베이 시티에서 태어났다. 어머니를 6살 때 여의었고 요리사인 아버지를 따라 전국 각지를 돌아다니며 다양한 사람들을 접하게 된다. 이때의 경험이 훗날 그의 연기력에 보탬이 되었을 것이다. 고등학교 시절에 유진 오닐의 연극 〈아이스맨 코메스〉를 보고 배우가 되겠다는 마음을 먹고 캘리포니아 대학에서 연기를 전공하게 된다. 대학 졸업 후 TV와 영화에 드문드문 출연하다가 론 하워드가 감독한 84년 작품 〈스플래쉬〉의 주연으로 출연하면서 알려지게 된다. 이후 주로 로맨스 코미디물에 출연했다. 1991년 〈그들만의 리그〉와 1993년 〈시애틀의 잠 못 이루는 밤〉이 흥행에 대성공하면서 최고의 코미디 로맨스 배우로 자리를 잡지만 이 장르에서 벗어나기로 결심한다. 이제 더 이상 로맨스나 코미디물만 할 수 없다면서 이후 들어오는 섭외는 모두 거절한다.

그래서 고르고 골라서 출연한 영화가 1994년도의 〈필라델피아〉였다. 이 영화에서 에이즈에 걸린 게이 변호사 연기로 아카데미상 남우주연상을 수상하게 되면서, 비로소 코미디물에서 벗어난 그의 정통파

〈시애틀의 잠 못 이루는 밤〉에서

연기가 인정을 받기 시작했다. 이듬해 로버트 저메키스 감독의 〈포레스트 검프〉에 출연, 다시 아카데미 남우주연상을 받았다. 2년 연속 남우주연상을 받은 것은 아카데미 역사에서 딱 두 명뿐이다. 다른 한 사람은 대배우 스펜서 트레이시이다. 평론에서도 극찬을 받았지만 흥행

에서도 총 6억 6천만 달러 수익이라는 대기록을 세웠다.

그 뒤로도 〈아폴로 13〉〈캐스트 어웨이〉〈그린 마일〉〈로드 투 퍼디션〉〈캐취 미 이프 유 캔〉〈터미널〉〈라이언 일병 구하기〉〈다빈치 코드〉〈찰리 윌슨의 전쟁〉〈설리: 허드슨 강의 기적〉〈더 포스트〉 등 다수의 명작에 출연했다. 근래에는 〈로맨틱 크라운〉이라는 영화에서 감독·주연을 맡아 눈길을 끌었다. 제작 활동도 활발해서 스필버그와 함께 2차 세계대전 시리즈인 〈밴드 오브 브라더스〉〈더 퍼시픽〉〈마스터스 오브 디 에어〉를 만들었다. 이밖에 〈맘마미아〉 시리즈 등도 제작했다.

행크스는 팬을 대하는 태도가 겸손하고 친근한 배우 중 한 명으로 정평이 나 있다. 그가 지금의 최고의 배우로 자리를 잡을 수 있게 해 준 가장 큰 장점이 바로 이 친근감이다. 이 친근감을 바탕으로 해서 지금까지 인간미 넘치는 역할을 많이 맡았고 이것이 그의 퍼스널 브랜드가 되다시피 되었다. 이 밖에 그는 무려 32개의 자선구호단체에게 기부를 하고 있는 훈남이기도 하다.

첫 번째 부인 서맨사 루이스와 10년간 결혼생활 후에 1988년부터 현재의 부인 리타 윌슨과 지금까지 살고 있다. 자녀는 3남 1녀를 두었다. 장남 콜린 행크스는 미드 〈밴드 오브 브라더스〉와 코엔 형제가 만든 미드 〈파고〉에 출연했다. 최근에 〈오토라는 남자〉에서 오토 역으

행크스 부부

로 나오는 행크스의 젊은 날을 차남 트루먼 행크스가 역을 맡아 화제가 되기도 했다. 행크스는 현명한 의사결정과 뛰어난 능력으로 오랜 시간에 걸쳐 퍼스널 브랜드를 발전시킨 할리우드의 모범적인 사례이다. 그에 대해서 이렇게들 말하고 있다. 그는 '비범한 보통 사람'이라고.

III. 아폴로 13호 사고 전말

사고 발생

1970년 4월 11일 발사 예정인 아폴로 13호는 예전만큼 사람들의 관심을 끌지 못했다. 이미 아폴로 11호와 12호에 의해 달 착륙이라는 목표가 달성되었기 때문에 달 탐험에 대한 열기가 식기 시작할 때였다. 아무튼 제임스 러블·잭 스와이거트·프레드 헤이즈 3명의 우주인을 태우고 계획대로 달의 '프라 마우로' 고원高原을 향한 여정이 시작될 참이었다. 그런데 13이라는 숫자의 저주를 상기시키듯 발사 초장부터 불길한 조짐이 보였다. 추진 로켓에서 문제가 발생한 것이다. 2단계 추진을 할 때 5개의 로켓 엔진이 동시에 예정된 시간까지 추력을 내줘야 하는데 공교롭게도 중앙 엔진이 2분이나 일찍 꺼졌던 것이다.

이로 인해 우주비행사들과 휴스턴 관제센터에서는 발사를 취소해야 하는 것 아니냐는 소리가 나왔지만 나머지 4개의 엔진을 좀 더 오래 작동하면 정상적으로 궤도에 올릴 수 있다고 판단하면서 발사는 진행됐다. 우주비행사들과 관제센터 관계자들은 이 사소한 문제점에 대해, 13이라는 숫자의 저주를 떠올리면서 액땜한 것 정도로 치부했다. 그러나 13이라는 숫자는 결국 애를 먹이고 만다. 발사 56시간이 지난 후 지구에서 321,860㎞ 떨어진 지점이었다. 갑자기 아폴로 우주선*의 일부인 기계선의 산소탱크 하나가 폭발하는 사고가 벌어진 것이다. 그야말로 세 명의 우주인들의 생사의 갈림길이 시작된 것이다.

당시 기계선에는 두 개의 산소탱크가 설치되어 있었다. 이 두 개의 산소탱크가 나란히 배치되어 있는데, 산소와 수소를 섞어주며 내부의 기체를 관리한다. 우주인들에게는 단순한 일상 업무 중 하나인 산소탱크 내의 수소와 산소를 섞어주는 과

아폴로 13호 승무원들

정 중에 그만 2번 산소통이 폭발하고 만 것이다. 조종사가 제2탱크의 교반기에 스위치를 넣었을 때 전선 합선으로 인해 발화가 되면서 순간 압력을 견디지 못하고 폭파되었다. 불행하게도 이 충격으로 옆에 붙어 있던 1번 탱크까지 폭발해 버렸다. 우주비행사들은 조그만 운석 같은 것이 날아와 우주선에 부딪쳤을 것으로 단순하게 생각했다. 보고를 받은 휴스턴 관제센터에서도 사고가 발생했음을 알아차렸지만 역시 무엇이 폭발했다고는 몰랐다. 관제센터 본부장인 진 크랜츠

---

* 아폴로 우주선은 사령선·기계선·착륙선 세 부분으로 되어 있다. 사령선은 우주인들이 거주하면서 우주선 전체를 통제한다. 지구에 진입할 때 유일하게 귀환하는 부분이다. 기계선은 주요 추진 장치가 있고 에너지·전기·물·식량 등을 공급한다. 착륙선은 2인의 우주인이 탑승하여 달에 착륙한다.

제37장 아폴로 13

는 "알았어. 우리가 해결해줄 테니까 우주여행이나 계속하라구"라면서 대수롭지 않게 생각했다.

기계선의 폭발 상상화

우주비행사들이나 관제센터에서는 문제가 얼마나 치명적인지 당장에는 정확한 상황 파악이 어려웠다. 일단 관제센터에서는 2번 탱크는 파손됐지만 1번 탱크까지 이상이 생겼다고는 생각하지 못했다. 하지만 무심코 창 너머를 본 러블 팀장이 우주선에서 하얀 가스가 뿜어 나오고 있는 것을 발견했다. 뭔가 큰 문제가 발생했다는 것을 파악한 러블은 관제센터에 "휴스턴, 문제가 생겼다"라고 보고했다. 결국 우주비행사들과 관제센터에서는 두 개의 산소 탱크가 모두 박살이 난 것을 확인했다. 전기 공급이 끊기면서 당장 사령선은 사용할 수 없게 되었다. 관제센터에서는 사실상 달 착륙을 포기하는 방향으로 가닥을 잡았다. 일단 우주비행사들에게 잠시 후 공기가 바닥날 사령선을 폐쇄하고 공기가 있는

파손된 기계선

달착륙선인 아쿠아리우스로 이동할 것을 지시했다. 이렇게 되면서 아폴로 13호의 예정되었던 달 '착륙 미션'은 졸지에 우주비행사들을 무사히 돌아오게 하기 위한 '생환 미션'으로 급변했다.

당장 관제센터에서 결정해야 할 문제는 우주비행사들을 어떻게 지구로 데려올 것인가란 점이었다. 우선 우주선을 그 자리에서 U턴 시켜 지구로 돌아오는 방식과 달까지 운행을 계속해서 달의 뒷면을 선회한 다음 다시 지구로 돌아오는 방식이 고려되었다. 검토 끝에 관제센터에서는 즉시 U턴은 불가능하며 후자의 방식이 그나마 실현 가능하다는 판단을 내렸다. 이른바 스윙바이* 방식으로 돌아오자는 것이었다. 이미 아폴로 13호는 달의 중력권에 접어든 상태였고, 그 자리에서 U턴을 하자면 이미 산소 탱크가 날아가면서 연료전지가 절단 난 상태에서 엔진을 한 번 점화하고 컴퓨터로 궤도를 계산하는 것 자체가 전기를 엄청나게 소모하는 일이었다.

긴급 수리 및 귀환

이렇게 귀환 방법이 결정되었으나 이번에는 귀환할 때까지의 필수적인 전력 문제가 대두되었다. 산소탱크가 절단 나는 바람에 연료전지가 정상 가동이 불가능한 상황이었다. 남아있는 전력은 사령선에 있는 배터리와 달착륙선의 배터리가 전부였다. 게다가 사령선에 있는 배터리는 추후 지구 재진입할 경우를 대비하여 무턱대고 사용할 수도 없었다. 이 골치 아픈 문제를 해결하기 위해 또다시 관제센터의 전 엔지니어들이 매달려 머리를 싸매기 시작했다. 결국 필수 불가결한 장비만 작동토록 하고 나머지는 모조리 꺼 버리기로 결정했다. 난방 등

---

* 스윙바이Swingby 방식은 우주선이 행성 가까이 다가가면 중력에 빨려 들어가며 속도가 빨라지는데, 이를 이용해 우주선의 속도와 방향을 조절하며 추력을 받는 것을 말한다. 슬링샷 혹은 그래비티-어시스트라고도 한다

기초적인 건강 유지에 필요한 것은 물론이며 심지어 항법 컴퓨터마저도 필요할 때 잠깐씩만 켜기로 했다. 그나마도 전력이 달랑달랑해지자 아예 우주비행사들은 수동으로 항로를 계산할 수밖에 없었다. 어쨌든 관제센터와 우주비행사들의 피 말리는 노력 끝에 지구로 돌아올 때까지 버틸 수 있는 전력을 간신히 확보할 수 있었다.

어느 정도 상황이 안정 단계에 접어들었다고 판단했을 무렵, 이번에는 이산화탄소 문제가 불거져 나왔다. 우주선에는 이산화탄소 제거기(필터)를 사용하는데, 이들이 옮겨온 달착륙선은 2명만 탑승하도록 되어 있어 3명이 내뿜는 이산화탄소를 처리할 수 있는 장치가 없었다. 달착륙선 내의 이산화탄소 수치는 쉴 새 없이 올라가고 있었다. 관제센터에서는 사령선의 이산화탄소 제거기를 달착륙선에 이식해서 문제를 해결하려고 했다. 그러나 사령선의 이산화탄소 제거기는 사각형 모양이었고 달착륙선의 제거기는 원통형이어서 서로 호환성이 없었다. 난감한 일이 발생한 것이다. 어쨌든 관제센터에서는 이 장치를 연결할 수 있는 방법을 끙끙거리면서 강구해야만 했다. 우주선 안에 있는 재료만을 써야 됐기 때문에 쉽지 않은 문제였다. 결국 하룻밤을 꼬박 샌 끝에 비행사들의 양말과 파이프를 잇는 테이프, 매뉴얼 책자 겉표지를 이용하는 등 '메일박스'라 불리는 필터를 고안했는데 이름하여 우체통이다. 우주비행사들은 관제센터의 지시에 따라 빠르게 제작에 착수했고 결국 완성했다. 이를 통해 이산화탄소 문제도 이럭저럭 해결이 되었다.

이런저런 불거지는 사태를 해결하느라 정신없이 시간을 보냈지만 착륙선 내에 옹기종기 끼어 앉아있는 우주비행사들의 생존 환경은 점차 열악해져 가기 시작했다. 전력 소모를 줄이기 위해 히터까지 사용하지 못하게 되면서 내부 온도는 영하 이하까지 떨어졌다. 당연히 히터를 사용할 줄 알고 따뜻한 옷을 준비하지 않았기 때문에, 이들이 착용할 수 있는 보온장비는 달 착륙선에 비치된 월면화와 장갑뿐이었다. 하지만 달 착륙선은 원래 2명만 타도록 되어 있어 월면화와 장갑도 당연히 2켤레뿐이었다. 그래서 나머지 1명은 그냥 참고 견뎌야 했다. 이로 인해 헤이즈는 우주 감기라는 이전까지 듣도 보도 못한 희귀한 질병에 걸렸다.

식사와 물도 문제였다. 우주비행사들에게 하루 동안 주어진 식량은 핫도그 한 개와 물 3온스, 즉 90㎖였다. 일회용 종이컵의 용량은 190㎖이다. 그러니까 이들은 하루 반 컵 정도의 물로 버틴 것이다. 원래 물은 별도로 싣고 가는 게 아니라 연료전지가 가동을 하면서 나오는 물을 정수해서 마시도록 되어 있었다. 그런데 산소가 부족하니 물이라고 잘 나왔을 리가 없었고 심지어 그 핫도그와 물조차도 영하의 기온 속에 딱딱하게 굳거나 얼음으로 변하고 말았다. 이로 인해 헤이즈는 우주 감기에다가 신장염까지 얻게 되어 귀환 후 오랫동안 후유증으로 고생했다.

이러한 고난으로 우주비행사들의 체력은 극한에 내몰렸다. 하지만 이들의 초인적인 의지와 관제센터 엔지니어들의 헌신적인 노력에 힘입어 마침내 4월 17일 지구 재진입 단계에 이르렀다. 우주비행사들은 지구 궤도에 진입하기 직전, 사령선으로 옮겨 탔다. 그리고 사령선 배터리를 이용해 사령선을 재부팅하고, 기계선을 먼저 분리했다. 이제 그동안 생명선이기도 했던 달착륙선 아쿠아리우스를 분리할 때가 되었다. 나중에 이들은 달착륙선을 분리하는 순간이 가장 슬펐다고 했다. 마치 생사고락을 같이 한 동료를 잃어버리는 것 같은 기분이었다고 술회했다. 영화에서도 이 장면이 상당히 감동적으로 묘사되고 있다.

무사히 착수한 사령선

재돌입 과정에서는 4분 정도 통신이 두절되는데, 실제로는 무려 6분 정도 깜깜이 상태였다. 착수着手하고 나서도 30초 동안 통신이 두절되었다. 피를 말리는 시간이었다. 지상에서는 그 30초 동안 우주인들은 모두 사망했을 것이라 생각하며 정적이 감돌았다. 그때 "반갑다. 휴스턴!"이라는 무전이 수신되었다. 우주인들의 무전을 목메어 기다리던 가족들을 비롯하여 많은 사람이 울음을 터트렸다. 아폴로 사령선은 1970년 4월 17일 오후 6시 7분 41초에 사모아섬 남서쪽 태평양상에 성공적으로 착수했다. 미군은 항공모함 이오지마를 대기시켰고 결국 항모로부터 6.5km 거리에 착수한 아폴로 13호 조종사 모두를 구조하는 데 성공했다. 닉슨 대통령은 이오지마 함으로 헬리콥터 마린 원(Marine Won)을 타고 날아가 아폴로 13호 미션을 '성공적인 실패(Successful Failure)'라고 선언했다. 재미있는 표현이었다.

사고원인과 후일담

우주비행사들이 돌아온 후 곧바로 사문위원회査問委員會가 구성되어 조사에 착수하였다. 사고 발생의 원인은 탱크 내부 상태를 알려주는 유일한 관측 수단인 센서기의 고장 등 여러 가지 소소한 문제가 있었으나 가장 큰 문제는 잘못된 산소탱크 히터의 온도조절장치에 부속된 전류차단장치에 있었다. 원래 28볼트가 최대 수용가능 전압으로 설계되었던 전류차단장치에 아폴로 우주선의 통용 전압인 65볼트가 넘는 전압이 계속 걸렸던 것이다. 아폴로 우주선의 통용 전압이 65볼트라는 사실은 이미 아폴로 우주선이 제작되면서 NASA가 부품업체에게 통보했으며, 업체도 이에 따라 각종 전기규격을 65볼트로 바꾸긴 했다. 하지만 이 업체는 전류차단장치는 28볼트 전압용으로 그냥 놔두는 어처구니없는 실수를 저지른 것이다.

케네디 우주센터에서 점검할 때 전류차단장치는 처음에는 정상적으로 작동하는 것처럼 보였다. 하지만 점검이 계속되면서 28볼트용으로 제작된 전류차단장치에 65볼트의 과전압이 계속 걸리면서 전류차단장치가 녹아버렸

얼마 전에 눈을 감은 허블 선장

다. 이렇게 장시간에 걸쳐서 가열이 진행된 나머지 탱크의 중앙관 속의 동선 다발을 피복하는 테프론(Teflon)으로 된 절연체까지 녹아버렸고 이 절연체의 쪼가리들이 후에 크게 문제를 일으키고 만다. 이렇게 계속되는 케네디 우주 센터에서의 점검으로 인해 해당 산소 탱크 내부의 배선 계통 피복은 모두 녹아있었으며 액체산소 위에 불이 아주 잘 붙는 테프론제 절연체 쪼가리들이 내부에서 둥둥 떠다니고 있었던 것이다. 이런 상황에서 발사 이후 56시간이 경과되었을 즈음 우주비행사가 점검차 전류를 넣었는데 그때 산소·가연 물질·전기 스파크가 합체

되면서 폭발하게 된 것이다. 이어서 1번 탱크까지 폭발하는 바람에 기계선이 깡통으로 변해버린 것이다. 해당 부품업체는 당장에 잘렸다.

아폴로 13호 우주조종사 3명은 '지구에서 가장 멀리 나간 인간들'로 기네스북의 공인을 받았다. 달에 착륙하기 위해서는 아폴로 모선은 달 저궤도를 돌게 되어 있었다. 그러나 문제가 생긴 아폴로 13호는 달에 착륙하기 위해서가 아니라 달을 돌아 지구로 귀환하는 게 목적이었기 때문에 통상의 달 저궤도보다 훨씬 높은 궤도를 돌아야 했다. 이 때문에 아폴로 13호는 달 표면에서 254km, 즉 지구 표면에서 400,171km까지 나가게 된 것이다.

아폴로 13호가 발사되었을 때에는 이전에 아폴로 11호와 12호의 연속적인 달 착륙으로 달 탐험에 대한 대중의 관심은 시들해지고 있었다. 그래서 아폴로 13호의 발사 및 달을 향한 여정에 관해서는 매스컴에서도 별로 보도되지 않았다. 하지만 사고가 터진 이후부터는 역설적으로 세인들로부터 최초로 달에 착륙했던 아폴로 11호를 능가하는 지대한 관심을 받게 되었다.

영화 〈아폴로 13〉 이후 론 하워드 감독과 배우 톰 행크스 등 제작진은 의기투합하여 아폴로 계획 전체를 다룬 TV 미니시리즈 〈지구에서 달까지〉를 만들었다. 그 시리즈에서는 아폴로 13호 우주비행사들이 귀환 도중 죽을 고생을 하는 장면을 보여주는 한편 지상에서는 기자들이 갑자기 관심을 보이면서 어떤 설레발을 치는지를 보여주고 있다. 영화에서도 러블의 아내 마릴린이 "우리 남편이 달 간다고 할 때는 무관심하던 기자 양반들이, 이젠 우리 남편이 죽게 생겼으니까 난리들을 치고 있다"라며 기자들에 대한 환멸을 드러내는 장면이 나온다.

한편으론 우주비행사들이 달 착륙을 하기 전에 폭발이 일어난 것이 역설적으로 그들의 목숨을 구한 셈이 되었다. 만약 달 착륙을 한 후에 산소통이 폭발했다면, 지구로 돌아올 방법은 영영 사라졌을 것이다. 즉 아폴로 13호가 달 착륙 후 재이륙하여 착륙선을 폐기하고 달 궤도에 있던 상태에서 사고가 발생했다면 달 궤도를 탈출할 추력을 잃고 말게 되기 때문이다. 적어도 우주정거장이 만들어지고 달 궤도를 마음대로 컨트롤할 수 있는 시점이 될 때까지 수십 년 동안 세 명의 우주비행사들을 실은 관棺이 달의 궤도를 돌고 있었을 것이다. 달 궤도에서 탈출하여 지구로 귀환하던 중에 사고가 발생했더라도 착륙선이 없는 상황에서 역시 전력과 산소 부족 등으로 비행사들의 귀환은 난관을 겪었을 것이다. 다행히 지구 궤도 진입 직전에 사고가 났다면 혹시 모를 일이다.

이 사건 이후의 승무원 3명과 매팅리의 운명도 묘하게 흘러갔다. 홍역 문제가 불거지면서 졸지에 멤버에서 탈락된 매팅리와는 달리 아폴로 13호에 탑승했던 세 명은 모두 그 후로 달은커녕 추가적인 우주비행도 하지 못했다. 반면에 매팅리는 아폴로 16호에 탑승했고 우주왕복선 비행도 두 차례 더 하고 해군 소장으로 진급해서 복무하다가 전역하는 등 우주비행사로서 더할 나위 없는 화려한 행보를 보였다. 인생사 새옹지마라는 말이 떠오르게 하는 대목이다.

제38장

모두가 대통령의 사람들

명배우·명감독이자 지성인 로버트 레드포드 / 워터게이트 사건

I. 모두가 대통령의 사람들(1976년), All The President's Men

이 영화는 미국에서는 보기 드문, 역사상 재임 기간 중 사임한 리차드 닉슨 대통령 측근들의 음모와 1972년도의 워터게이트 도청 사건을 취재한 두 기자 밥 우드워드(로버트 레드포드 분), 칼 번스타인(더스틴 호프만 분)의 취재 실화를 그리고 있다. 영화는 실제 당사자인 두 기자가 사건으로부터 2년 뒤인 1974년에 취재 내용과 비화를 엮어『모두가 대통령의 사람들』이라는 책을 바탕으로 만들어졌다. 최종적으로 엔딩 크레딧에 오른 각본가는 윌리엄 골

드먼이었지만 두 기자는 직접 영화의 시나리오 수정 과정에도 참여했던 것으로 알려졌다.

로버트 레드포드가 제작과 주연을 겸했고, 알란 J. 파큘라가 감독을 맡았다. 평소 정치에 관심이 많았던 로버트 레드포드가 두 기자를 설득해 원작의 판권을 사들였다. 이 영화는 49회 아카데미에서 각색상·남조연상·미술상·음향상을 수상했다. 진정한 저널리즘이 무엇인지, 밝혀야 하는 진실을 파헤치기보다는, 단지 독자가 듣고 싶어 하는 내용만을 보도하는 그래서 기자 정신이 실종된 오늘날의 저널리즘을 되짚어 보게 하는 의미심장한 영화이기도 하다.

'모두가 대통령의 사람들'이라는 영화 제목은 《워싱턴 포스트》 기자 외에는 모두가 대통령에게 매수된 것을 의미한다. 두 기자는 편집국장에게 이 모든 사실을 보고한다. 그때 편집국장의 한말이다. 이때의 편집국장

우드워드(레드포드 분)와 번스타인(호프만 분)

벤자민 브래들리는 국방부에서 작성된 1급 기밀문서인 '펜타곤 페이퍼'에 대한 후속보도 관련 내용을 다룬 영화 〈더 포스트〉에서 주연으로 나온다. 톰 행크스가 연기했다.

영화의 줄거리는 닉슨의 본격적인 낙마 과정이 아니라 이에 도화선이 되었던 워터게이트 스캔들 초기 7개월간의 이야기이다. 영화에서 닉슨은 TV에 비친 모습 외에 직접 등장하지 않는다. 영화는 아직 워터게이트 스캔들이 닉슨에게 치명상을 입히기 전, 닉슨이 재선에 성공하는 장면에서 끝이 난다. 닉슨의 추락은 영화 속에서는 앞으로 도래할 사건으로 남겨진다. 영화 말미에 두 기자는 다음과 같은 대화를 나눈다.

"갤럽 여론 조사 봤나?"
"워터게이트 사건은 국민의 반도 몰라."
"이건 보통 일이 아냐."
"헌법 위반의 문제이고 언론의 자유와 국가의 장래가 걸린 문제야."

그래서 이 두 기자는 생명의 위협에도 불구하고, 그리고 아무도 관심 가지고 있지 않으며 외로이 진실을 향한 투쟁을 하고 있지만 끝까지 포기하지 않기로 하고 후속 기사를 준비하게 된다. 영화는 이런 과정까지를 묘사하고 닉슨 대통령이 재선되어 취임식을 하는 TV 속 장면과 한편으로는 타자기를 붙들고 열심히 기사를 쓰고 있는 두 기자의 모습을 보여준다. 이어서 다음 해의 워터게이트 관련 전신 타자 헤드라인이 몽타주로 이어진다. 마지막으로 닉슨의 사임과 1974년 8월 9일 제럴드 포드 대통령 취임식 보도 자막으로 끝난다.

II. 명배우·명감독이자 지성인 로버트 레드포드

로버트 레드포드의 얼굴은 정말로 반듯하다. 깊이를 알 수 없는

로버트 레드포드

호수 같은 그의 눈망울에서는 상대방의 마음 속 깊은 밑바닥을 울리는 호소력을 지니고 있다. 또한 묵직하면서도 울림 있는 그의 목소리는 삶의 연륜과 깊이를 느끼게 한다. 그래서 그랬을까. 지금껏 그가 출연했거나 감독한 영화들은 하나같이 삶의 깊이를 온존이 담아냈다는 평을 받아 왔다.

1936년 캘리포니아주 산타모니카에서 태어난 그는 고등학교 시절에는 예상 밖으로 말썽도 꽤 피우는 문제아였다고 한다. 야구 특기생으로 들어간 콜로라도대학에서는 음주 문제로 장학생 자격

〈아웃 오브 아프리카〉에서 스트립과 레드포드

을 박탈당하기도 하였다. 1년간 석유 노동자로 일한 뒤 얼마간 파리 등 유럽에서 그림을 그리며 방랑 생활을 하기도 했다. 배우 수업은 미국에 돌아와 뉴욕의 드라마·예술 아카데미를 다니며 비로소 시작하였다. 이후 연극무대에 섰다가 1960년대 초부터는 TV 드라마에 조연으로 출연하며 영화배우로서의 첫 발을 내밀게 된다.

그리고 1967년 제인 폰다와 함께 공연한 〈맨발로 공원을〉이라는 작품으로 레드포드는 스타급으로 도약하게 된다. 금발에 전형적인 미국의 젊고 잘생긴 청년상을 보여준 레드포드는 이후 폴 뉴먼과 콤비

로 나온 〈내일을 향해 쏴라〉〈스팅〉〈추억〉〈머나먼 다리〉〈위대한 개츠비〉〈모두가 대통령의 사람들〉〈아웃 오브 아프리카〉 등의 영화로 1970년대 미국에서 최고의 인기와 흥행을 몰고 다녔다. 1980년에는 〈보통 사람들〉로 자신이 직접 영화감독으로 데뷔하기도 했다. 한 가족의 불행을 다룬 이 영화는 아카데미 작품상과 감독상을 그에게 안겨주었다. 1993년에는 〈흐르는 강물처럼〉을 감독하면서 그의 뒤를 이을 차세대 '골든보이' 브래드 피트를 주연으로 발탁하기도 했다.

사실 젊은 시절의 레드포드도 매력이 풍겼지만 눈가에 잔주름이 짙어가는 인생 후반기에도 여전히 멋있었다. 그가 분했던 〈호스 위스퍼러〉의 톰 부커, 〈라스트 캐슬〉의 유진 어윈, 그리고 〈스파이 게임〉의 네이단 뮈어는 정말이지 잊을 수 없는 캐릭터들이다. 온몸으로 겪어낸 삶 속에서 쌓인 지혜가 서려 있는 그의 눈빛과 부드러운 미소에 인간적인 신뢰가 쌓여있다. 주로 휴머니티 넘치는 연기를 펼쳤고, 연출한 영화에서도 휴머니즘을 강조한 그의 이미지와 어쩌면 그렇게도 닮았는지 모르겠다.

그는 무명의 영화감독들에게 자신의 작품을 선보일 수 있는 기회를 주는 〈선댄스 영화제〉를 창립하기도 했다. '선댄스'란 자신이 출연했던 〈내일을 향해 쏴라〉의 주인공 이름(선댄스 키드)에서 따왔다. 또한 자연보호와 환경 문제, 아메리카 인디언의 인권 문제 등에 힘을 써왔다. 또한 그는 사생활도 상당히 모범적인 케이스를 보여 왔다. 지금은 이혼하였지만 무명 시절 결혼한 첫 번째 부인과는 거의 40년에 가까운 결혼 생활을 유지하였으며 젊고 잘 나가는 시절에도 그 흔한 스캔들조차 하나 없었던 레드포드였다. 71세가 되던 2009년 그동안 동거 생활을 하고 있던 추상화가인 21세 연하의 지빌레 차가르스와 결혼식을 올려 잔잔한 울림을 주기도 했다.

레드포드 연출 〈흐르는 강물처럼〉

그는 지난 2018년 그의 나이 82세 때 만든 영화 〈미스터 스마일〉을 끝으로 연기 생활을 접었다. 그의 영화 인생의 마지막을 장식한 〈미스터 스마일〉은 60여 년간 은행을 털고, 30번의 도주로 탈옥의 아티스트라는 별명을 얻었던 전설적인 포레스트 터커의 이야기를 소재로 제작됐다. 레드포드의 우아한 은퇴작이 되었다. 그는 사생활을 감추려고 가급적 스포트라이트를 피해온 인물이었다. 스타로서의 자신으로부터 개인적인 자신을 분리하려고 애써온 그는, 영화 〈흐르는 강물처럼〉을 찍었던 몬태나주에서 편안한 운둔자로서의 노후를 보내다가 2025년 9월 16일 89세의 나이로 눈을 감았다. 항상 정의롭고 깨끗한 선한 역을 맡아오던 명배우 레드포드는 할리우드의 또 하나의 전설로 기억될 것이다.

III. 워터게이트 사건

체포

워터게이트 건물

1972년 6월, 워터게이트 호텔의 경비원이 괴한이 침입한 흔적을 발견하고 경찰에 신고하였다. 급히 출동한 경찰은 민주당 전국위원회 본부에 침입한 배관공으로 위장한 다섯 명의 남자를 현장에서 체포했다. 체포된 범인들은 끝까지 단순 절도임을 주장하였다. 그러나 이상하게도 이들은 도청 장비를 갖추고 있었다. 또한 일당 중 한 명이 가지고 있던 수첩에서 닉슨의 변호사인 하워드 헌트의 전화번호가 발견되었고 또 한 명은 닉슨재선위원회의 간부였다. 침입자들은 동시에 CIA에도 줄이 닿아 있었다. 수상하기 짝이 없는 배선공들이었다. 경찰 수사 결과 이들은 3주전에도 민주당 사무실에 침입했으며, 이번 침입은 고장 난 도청기를 교체하기 위한 목적이었다는 게 밝혀졌다. 언론들의 주목을 받으면서 FBI가 직접 수사에 착수했다.

취재

밥 우드워드(오른편)와 칼 번스타인 기자

이 사건은 대통령 선거 열풍에 휩싸여 세인들에게 큰 주목을 받지 못했다. 특히 민주당 측에서는 워터게이트 선거 사무실에 별다른 비밀문건이 없어 이 사건을 크게 문제 삼지 않았다. 그러나《워싱턴 포스트》지의 밥 우드워드와 칼 번스타인 두 기자는 '딥 스로트'

라는 익명의 취재원으로부터 제보를 받으면서 관련 보도를 쏟아내기 시작했다. 그들은 6개월 동안 휴가도 반납하고 하루 16시간씩 일하면서 거의 매일 특종 기사를 하나씩 터뜨렸다. 한편《워싱턴 포스트》지에 대한 닉슨과 그 측근들에 의한 가공할 협박과 방해공작이 맹위를 떨치기 시작했다. 그해 1972년 대선에서 닉슨은 압승을 거뒀으나 워터게이트 사건에 대한 사법절차는 여전히 진행되고 있었다. 경찰 수사와 검사의 기소를 거쳐서 재판 끝에 1973년 1월 도청 장치를 기도한 범인들에게 유죄 판결이 내려졌다.

사건 발생 1년이 조금 못 미친 1973년 5월 7일,《워싱턴 포스트》에 워터게이트 사건 보도에 대한 퓰리처상이 주어졌다. 그동안 우드워드·번스타인 두 기자의 필사적인 노력도 대단했지만 포스트의 사주 그레

두 기자와 사주 그레이엄 여사

이엄 여사의 지원 사격도 만만치 않았다. 처음에는 이 사건에 대해 긴가민가하던 그레이엄 여사는 점차 확신을 갖게 되면서 이 두 기자를 적극적으로 보호하는 데 앞장섰다. 또한 그녀는 워터게이트 사건 내내 닉슨 진영으로부터 각종 압력과 공갈에 강단 있게 맞섰다. 또한 편집장 브래들리는 자칫하면 위험할지도 모르는 이 사건에 대한 기사를 냉철하게 편집하면서 보도 과정을 무난히 조율해냈다.《워싱턴 포스트》의 적극적인 보도에 힘입기도 했지만 선거가 끝나면서 이 사건은 점차 국민들의 이목을 모으기 시작했다.

녹음 테이프

드디어 그해 5월 17일부터 37일 동안 워터게이트 청문회가 시작됐다. 이 청문회는 전 미국인의 이목을 집중시킨 거대한 이벤트의 하나가 되었다. 5일째 되던 날에는 미국 전 가구의 73.2퍼센트가 TV 앞에 앉아 있었다. 워싱턴 정관계에서 내로라하는 증인들이 줄지어 나와 새로운 사실들을 까발리면서 워터게이트 중계방송은 점점 더 흥미를 더해갔다. 혐의를 피하기 위해 닉슨 행정부에 속해 있는 사람들이 줄줄이 입을 열기 시작한 것이다. 그들은 법정에서, 상원의 진상조사위원회에서, 그리고 언론사에 정보를 관련 흘렸다. 워터게이트 사건은 점차 파국으로 치닫고 있었다.

닉슨의 수석 보좌관 로버트 홀더먼과 존 에일리크먼이 유죄 판결을 받았다. 결국 닉슨도 깊이 관련되어 있었다는 것이 입증되기 시작한 것이다. 1973년 6월 25일에는 전 대통령 법률 고문 존 딘이 닉슨이 워터게이트 사건 은폐에 관련되어 있다고 폭탄발언을 했다. 7월 16일에는 백악관 보좌관 알렉산더 버터필드는 닉슨이 1971년 자신의 집무실 안에서 이루어지는 모든 대화를 비밀리에 녹음하는 녹음장치를 설치했음을 폭로했다. 이 녹음장치는 1972년 2월, 닉슨이 훗날 자유주의 역사가들이 자신의 월남 정책을 잘못 평가할까 두려워 설치한 것인데 결국은 자승자박이 된 꼴이었다.

토요일 밤의 대학살

녹음테이프가 있다는 이 증언이야말로 닉슨 몰락의 치명타였다. 이 사건 조사를 위하여 임명된 아치볼트 콕스 특별검사와 상원 특별위원회는 녹음테이프를 증거로 제출하라고 백악관에 요구했지만, 닉슨은 행정 특권을 들먹이며 못 내놓겠다고 똥고집을 부렸다. 그러자 콕스는 녹음테이프를 빨리 내놓으라고 열화와 같이 성화를 부렸다. 약이 오른 닉슨은 콕스의 목을 자르기로 마음먹고 엘리엇 리처드슨 법무부 장관에게 콕스 특별검사를 당장 잘라낼 것을 명령했으나 엘리엇은 명령을 거부하고 사임했다. 장관이 사임하자 닉슨은 이번에는 윌리엄 러클하우스 부副장관에게 해임을 명령했지만, 그 역시 명령을 거부하고 사표를 냈다. 닉슨은 로버트 보크 차관에게 해임을 지시하는 궁색한 지경에까지 몰렸다. 결국 보크 차관에 의해 콕스 특별검사는 해임되었다.

1973년 10월 20일 토요일 단 하루 동안 특별검사가 해임당하고 법무부 장관과 부장관이 사퇴한 전무후무한 사태를 두고 언론은 '토요일 밤의 대학살'이라고 부르면서 닉슨의 무분별한 권력 행사를 신랄하게 비판했다. 닉슨은 결국 자신의 뜻대로 특별검사를 해임하는 데는 성공했지만, 미국인들은 닉슨에게서 등을 돌렸다. 11월 17일 똥줄이 탄 닉슨은 '토요일 밤의 대학살'로 인한 악화된 여론을 잠재우고자 직접 기자회견에 나섰다. 그는 여기서 "나는 사기꾼이 아니다"라는 유명한 발언을 남겼다. 이러한 닉슨의 전면적 부인과는 상관없이 대통령이 말한 "사기꾼"이라는 단어만 국민들의 뇌리에 박히면서 여론은 오히려 걷잡을 수 없이 악화되어만 갔다.

'토요일 밤의 대학살' 후 새로 임명된 특별검사 레온 자보르스키는 연방항소법원에 이의를 제기했고, 항소법원은 이를 연방 대법원에 제출했다. 그리고 8명의 대법관은 만장일치로 녹음테이프를 제출하라고 판결했다. 이 판결은 대통령의 권한과 특권의 한계를 정리한 기념비적 판결로 기록된다. 결국 닉슨은 테이프를 제출했다. 이 테이프에서 닉슨이 거짓말을 한 사실이 들통 났다. 그동안 닉슨은 계속해서 워터게이트 사건 및 사건 은폐 공작과의 관련성을 부인했다. 그러나 테이프에는 CIA 국장에게 직접 FBI의 수사를 방해하라고 지시하는 내용과 주변 측근들과 사건에 관해 논의하는 내용들도 있었다. 더구나 테이프의 내용 일부가 의도적으로 지워지고 내용 자체도 조작된 흔적마저 있었다.

사임

이제 닉슨은 더 이상 빠져나갈 방법이 없게 되었다. 이렇게 대통령으로서 보낸 그의 마지막 9개월은 사임을 향해 줄곧 내리막길로 굴러 떨어지고 있었다. 급기야는 권한 남용과 사법절차 방해라는 사유로 탄핵이라는 올가미가 닉슨의 목을 조여 오기 시작했다. 곧이어 닉슨의 탄핵안이 연방 하원에 제출되었고 하원 법사위원회는 탄핵안을 승인했다. 1974년 여름, 상원 법사위원회에서도 마침내 닉슨의 탄핵이 결정되면서 탄핵안이 상원을 통과할 것이 확실시되었다. 이날 밤 백악관에서는 닉슨의 아내와 딸, 사위가 여기서 물러서면 안 된다고 하는 등 식구들 모두가 울고불고하면서 뜬눈으로 밤을 새웠다. 1974년 8월 8일 닉슨은 기어코 사임을 발표했다.

딥 스로트와 후일담

우드워드와 번스타인은 끝내 취재원을 끝내 밝히지 않았다. 이는 제보자와 처음 접촉할 때 끝까지 그의 이름을 밝히지 않겠다는 약속을 했기 때문이었다. 이들에게 정보를 준 익명의 제보자를 가리켜 흔히 '딥 스로트Deep Throat'라고 불렀다. '목구멍 깊숙이'라는 뜻의 '딥 스로트'는 1972년에 개봉된 포르노 영화의 제목이었다. '딥 스로트'의 정체는 2005

마크 펠트(딥 스로트)

년 5월에 한 월간 잡지에 의하여 밝혀졌다. '딥 스로트'는 당시 FBI 부국장이었던 마크 펠트였다. 펠트는 후버가 죽자 당연히 FBI 국장이 될 것으로 생각했는데 FBI와는 별로 업무상 연관이 없는 엉뚱한 패트릭 그레이가 국장으로 임명되었다. 뿔이 난 펠트는 결국 그런 이유로 '딥 스로트'가 된 것으로 알려져 있다. 한편으로는 그가 FBI라는 조직을 개인적인 정략으로 이용하려는 닉슨의 태도에 분노했기 때문이라는 얘기도 있다. 마크 펠트와 관련한 '딥 스로트' 이야기는 2017년 리암 니슨이 주연한 〈백악관을 무너트린 사나이〉라는 이름으로 영화화되었다.

닉슨의 사임 이후 부통령 제럴드 포드가 대통령직을 계승했다. 이후 포드 대통령에게 닉슨의 사면 문제가 현안으로 떠올랐다. 닉슨의 사임 후 부인, 딸, 사위가 백악관의 포드에게 계속 전화를 걸면서 어려운

사임 발표를 하는 닉슨

시간을 보내고 있는 닉슨을 사면해 달라고 요청했다. 착한 성품의 소유자였던 포드는 닉슨 가족들의 간절한 애원을 모른 체 할 수 없었다. 그는 결국 9월 8일 포드는 닉슨의 재임 기간 중 범죄사실에 대해 사면 조치를 취함으로서 이 사건은 일단락되었다. 그러나 닉슨에 대한 사면 결정에 대하여 국민들은 납득을 못했고 급기야 이는 포드의 재선을 가로막는 장애물이 되었다.

닉슨 본인은 워터게이트의 도청 장치 설치와 관련되어서는 죽을 때까지 자신이 개입했다는 걸 부정했다. 왜냐하면 닉슨 입장에서는 대놓고 민주당 본부에 침입하여 도청기를 설치하라고 명령을 내린 적이 없었기 때문이다. 대부분의 미국인들도 닉슨이 직접 지시를 내렸다고는 보고 있지 않다. 단지 녹음테이프 제출과 관련해서 도청하지 않았다는 그의 거듭되는 오리발에 진저리를 친 것이다. 한편 말년의 닉슨은 재임 시절 중국의 죽의 장막을 걷어 올리고 소련과 데탕트 시대를 여는 등 세계적인 긴장 완화에 큰 기여를 했고 이밖에 정치적으로도 비범한 통찰력을 가졌다는 등 과거의 좋은 평판을 상당히 회복하기도 했다.

제39장

아르고

포스트 클린트 이스트우드, 벤 애플렉 / 이란 인질 사태

I. 아르고(2012년), Argo

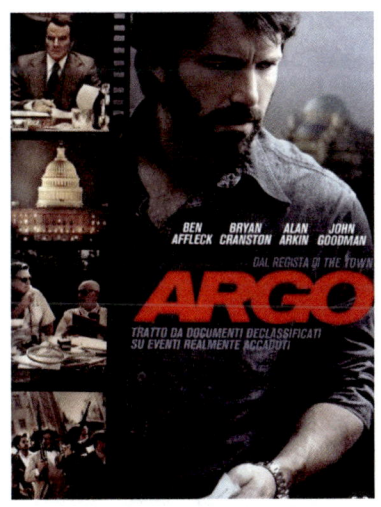

영화 〈아르고〉는 2012년 12월 개봉된, 손에 땀을 쥐게 하는 긴장감이 극도로 지속되는 정치 스릴러물이다. 벤 애플렉이 제작·감독·주연을 맡았고 크리스 테리오가 각본을 썼다. 이 영화는 미국 CIA의 구출 전문요원 토니 멘데스의 책『The Master of Disguise』를 원작으로 해서 주 이란 미국 대사관 인질 사건에서 실제로 벌어진 인질 구출 작전(작전명: 캐나디안 케이퍼)을 바탕으로 만들어졌다.

벤 애플렉은 〈가라, 아이야, 가라〉〈타운〉에 이어 연출한 이 영화로 아카데미 최우수 작품상을 받는 기염을 토했다. 그는 "스릴러 드라마로서의 시나리오가 뛰어났고 전체적으로 스토리텔링이 조화롭게 구성돼 있었다"고 연출 동기를 설명했다. 벤 애플렉은 할리우드 영화 제작자들과 손을 잡고 테헤란의 캐나다 대사관에 인질로 잡혀있는 6명의 직원을 구출하기 위해 기상천외 작전을 세우는 CIA 구출 전문 요원인 토니 멘데스를 직접 연기했다. 멘데스는 자신의 아들이 보고 있던 영화 〈혹성탈출: 최후의 생존자〉에서 힌트를 얻어 이 작전을 구상했다고 한다.

영화는 수많은 비평가로부터 찬사를 받으며, 2013년 미국 아카데미상 최우수 작품상·각본상·편집상 수상의 3관왕을 차지하였고, 골든 글로브상 최우수 작품상·감독상을 수상했다. 〈아르고〉는 1979년 이란 혁명군을 속이기 위해 인질들을 할리우드 영화 스태프로 위장한다는 내용으로서 CIA 작전 실화를 바탕으로 한다. 이 실화는 18년간 기밀에 부쳐졌고, 2007년 한 잡지에 의해 공개됐다. CIA 역사상 가장 기발한 작전이란 평가를 받기도 했다.

이 영화의 장점은 비교적 긴 상영 시간임에도 불구하고 역사적 사건을 생동감 넘치게 만들었다는 데 있다. 영화는 시시각각으로 조여 들어 오는 이란 측의 손길과 초조함 속에 극도로 몰려있는 인질들을 교차해 보이면서 팽팽한 긴장감을 유지하고 있다. 또한 시선이 외부 환경으로 쏠리지 않도록 복잡한 정치 상황을 생략하고 사건 자체에만 관심을 집중토록 한다. 출국을 기다리는 인질들을 마치 칼질을 기다리고 있는 도마 위의 생선처럼 다루는 클라이맥스 시퀀스는 실로 소름이 오싹 끼친다. 실제 인물들과 비슷한 배우들이 캐스팅됐고 뿔테 안경 등 당시 의복과 소도구들도 치밀하게 동원되었다.

공항에서의 멘데스(벤 애플렉 분)

이 영화의 실제 주인공인 토니 멘데스는 지난 2019년 1. 19일 78세를 일기로 타계했다. 그는 1979년 이란 테헤란 미국 대사관 인질 사건 당시 캐나다 대사관저로 대피한 미국 외교관 6명을 탈출시킨 극비작전 '아르고Argo'의 책임자였다. 그는 25년간 CIA에 재직하면서 수많은 작전을 수행한 베테랑 요원이었다. 특히 자타가 인정하는 변신의 귀재로 심지어 인종을 뛰어넘어 흑인이나 아시아인으로 모습을 바꿔 신출귀몰한 활약을 펼쳤다고 한다. 결국 고인의 뛰어난 스파이 능력은 2012년 할리우드 영화 〈아르고〉의 소재가 된 것이다. 이 영화의 감독과 주인공을 맡았던 애플렉은 고인의 추도사에서 "멘데스는 진정한 미국의 영웅이었고 자신의 활동으로 관심을 받으려 하지 않았으며, 단지 국가를 위해 일하는 것만을 추구했다"고 높이 평가했다.

이 영화에서 가장 인상 깊었던 장면은 카터 전 대통령의 멘트가 직접 나오는 부분이다. 당시 카터 대통령은 이 작전이 성공한 이후 CIA의 주도 아래 이루어졌음에도 불구하고 이를 기밀에 붙이도록 했다. 이는 캐나다 정부의 적극적인 협조하에 이루어진 작전으로 세상에 알려지게 하기 위해서였다. 이는 여전히 미국 대사관에 억류된 다른 인질들의 무사 구출을 위한 배려였던 것이다. 아르고 작전은 17년 동안 기밀에 붙여졌다가 1997년 클린턴 대통령에 의해 기밀에서 해제되었다.

II. 포스트 클린트 이스트우드, 벤 애플렉

캘리포니아주 버클리에서 배우이자 무대 감독이었던 아버지와 교사였던 어머니 사이에서 출생했다. 아버지의 음주벽으로 부모가 이혼한 후 어머니를 따라 어렸을 때 매사추세츠주 케임브리지로 이사를 왔다. 사실상 매사추세츠주 토박이인 셈이다. 8살 때부터 같은 동네의 맷 데이먼과 불알친구로 자라면서 같

벤 애플렉

은 고등학교를 다녔다. 버몬트 대학에서 스페인어과를 다니기도 했지만 시나리오 쓰는 일에 푹 빠지기 시작했다. 그가 영화계에 알려지기 시작한 것은 친구 데이먼과 공동 각본을 쓰고 조연으로 출연한 〈굿 윌 헌팅〉을 통해서부터였다.

이때부터 대작 〈아마겟돈〉과 〈진주만〉 등에 주연으로 출연하면서 잘생긴 청춘스타 이미지로 팬들의 인기를 모았으나 이후 출연한 여러 작품에서 비평이나 흥행면에서 별반 주목을 받지 못했다. 반면에 〈오션스 일레븐〉과 〈제이슨 본〉 시리즈로 한창 인기 가도를 달리는 친구

데이먼과 자주 비교되기도 했다. 안정적인 연기력을 보였지만 이렇다 할 정도의 두각을 드러낸 인상적인 작품이 없었던 것이다.

그런 그가 빛을 본 분야는 바로 각본과 연출이었다. 2007년 동생 캐시 애플렉을 주연으로 해서 처음으로 감독한 〈가라, 아이야, 가라〉를 통해 다소 비판적이었던 자신에 대한 평가를 뒤바꾸는 데 성공했다. 데니스 루헤인의 동명 소설을 각색한 영화로, 아동

〈아마겟돈〉의 애플렉

실종 사건을 통해 미국 내 아동 보호에 대한 사회적인 맹점과 학대의 현실을 날카롭게 그려냈다는 평을 받았다.

이어서 2011년에는 두 번째 연출작 〈타운〉으로 호평을 받았다. 애플렉은 이 영화를 찍기 위해 보스톤의 뒷골목 어깨들이나 FBI 요원들과 교분을 나누기도 했다. 아무튼 이 영화의 성공이 결코 본인의 운만은 아니었다는 것을 증명하면서 감독으로서의 역량을 확실히 인정받는다. 그리고 2012년에는 〈아르고〉로 아카데미 작품상과 감독상을 수상하면서 포스트 클린트 이스트우드라는 명예로운 별명을 얻기에 이른다. 〈아르고〉는 단순한 스토리를 컴팩트한 연출로 극적인 긴장감과 영화적 재미를 끌어내며 높은 평가를 받았다. 2021년에는 애플렉과 데이먼 두 사람은 〈라스트 듀얼: 최후의 결투〉에서 공동 각본과 주연으

〈타운〉에서 제레미 레너와 애플렉

로 만나 거장 리들리 스콧의 연출 솜씨를 빌어 명작을 탄생시켰다.

2023년에는 나이키 사의 '에어 조던' 브랜드 탄생에 관한 영화 〈에어〉를 감독했다. 절친 데이먼이 브랜드 탄생에 기여한 소니 바카로를 연기하고, 본인은 당시 나이키 사장이었던 필 나이트를 연기했다. 영화 〈에어〉를 통해 세번째 협업을 하게 된 두 사람은 "이 영화는 우리가 아는 스포츠 스타(마이클 조던)에 대한 이야기지만 그 이면에 그의 어머니의 영향력에 대한 드라마이다. 그것이 우리가 이 이야기를 좋아했던 이유다"라고 소감을 밝혔다. 이 영화를 찍기 위해 애플렉은 조던과 친구로 지내는 등 치밀하게 준비해 왔다고.

애플렉은 지난 2022년 7월 배우이자 가수인 제니퍼 로페즈와 재결합하면서 세간의 화제가 되었는데 이 두 사람은 18년 전에 약혼을 파기한 바 있었다. 이 둘은 3년을 같이 살다가 2025년에 이혼했다. 애플렉은 지난 2005년부터 2018년까지 결혼 생활을 이어온 전처 제니퍼 가너와 세 자녀를 슬하에 두고 있다. 그동안 애플렉이 메가폰을 잡은 작품에서는 전반적으로 사회의 변두리에 살고 있는 사회적 약자들에 대한 예리한 시선과 기교 없는 현실적인 담백한 태도가 곳곳에서 보인다는 평을 듣고 있다.

III. 이란 인질 사태

이란 인질 사태란 1979년 11월부터 1981년 1월까지 미국인 52명이 이란 주재 미국 대사관에서 인질로 억류되어 있다가 풀려나온 사건을 말한다. 이 사건은 팔레비 이란 팔레비 국왕의 폭정과 미국의 지원이 그 단초를 제공했다.

팔레비의 폭정暴政

팔레비 국왕

팔레비는 1919년 이란의 수도인 테헤란에서 카자르 왕조의 군인이던 레자 칸의 장남으로 태어났다. 1925년 레자 칸은 카자르 왕조를 쿠데타로 뒤엎고 레자 샤로 즉위하면서 팔레비 왕조를 열었다. '샤'는 이란어로 왕이란 뜻이다. 한편 제2차 세계대전 당시 아버지 레자 칸은 이란 국내에 거주 중인 독일인의 추방을 거부하고 연합국의 철도사용을 반대하면서 이란은 추축국인 독일 편에 선 꼴이 되었다. 그래서 영국과 소련은 1941년 8월 25일에 철도를 포함한 보급로와 석유 등의 자원 확보를 위해 이란을 침공하게 된다. 결국 1941년 9월 17일 이란군은 소련과 영국에게 패배했다. 결국 레자 샤는 아들이던 팔레비에게 왕위를 물려주고 본인은 망명의 길을 떠났다.

팔레비의 지배하에서 민주적으로 선출된 모사데크 총리는 영국이 장악하고 있던 이란의 석유 산업을 국유화하기 시작했다. 그러나 평소 영국·미국과 친하게 지내던 팔레비는 석유 국유화를 추구하는 모사데크 수상을 못마땅하게 생각하기 시작했다. 기어코 1953년에 미국의 CIA와 영국의 MI6의 지원을 받아 부하 장군을 시켜 쿠데타를 일으키면서 모사데크를 끌어 내렸다. 팔레비의 본격적인 친정이 시작되었다. 모사데크 축출 후 팔레비는 이란을 완전한 친 서방 세속국가로 만들어 나갔다. 1961년부터 부왕 때부터 시작하기는 했지만 서구화 정책을 대폭 수정한 이른바 백색혁명을 시작한다. 백색혁명의 명분이나 슬로건 자체는 문제될 것이 없었다. 히잡(이슬람 여자들이 머리와 상반신에 뒤집어쓰는 베일) 착용 및 일부다처제 금지, 이란이 아시아가 아닌 서양 즉 아리안이라는 정체성 부각, 여성참정권과 교육 기회의 확대 등을 추진했다. 이웃 나라 튀르키예의 케말 파샤가 추구하던 정교분리·근대화 등으로 요약되는 케말리즘과 닮은꼴이었다.

그러나 팔레비의 백색혁명은 실패하고 말았다. 팔레비는 겉으로는 이란의 현대화를 추진했지만, 수십억 달러의 사유재산을 가지고 흥청망청 써댔고 황실과 그 측근들의 사치와 부정부패는 극에 달했다. 자신의 정권 유지를 위해 정치인들을 철저하게 억압했으며, 고문·암살·정치적 위협을 자행하는 비밀경찰조직인 샤바크를 동원하면서 이란을 철권 통치했다. 이 과정에서 그는 적을 너무 많이 만들었다. 먼저 페르시아의 전통적 상인 계급인 바자르의 상권을 정리하면서 거센 반발을 불렀다. 히잡 착용의 금지 및 사원의 토지를 농민에게 강제 분배하는 등 이슬람의 세속화 정책을 실시했는데, 이는 호메이니 같은 이슬람 율법자들의 거센 반발을 사게 되었다. 게다가 이스라엘을 국가로 인정한 것도 국민들의 분통을 샀다. 결국 나중에 이들 이슬람 세력과 지방 토호, 바자르 상인들이 똘똘 뭉쳐 반反팔레비 왕정 혁명의 기반이 된다.

팔레비는 즉위 시작부터 노골적인 친미·친영 노선을 표방했다. 그는 '중동의 경찰'이란 미명 아래 미제 무기를 수입하면서 군비를 강화했고 미국 정유회사들과의 유착 관계는 깊어만 갔다. 이런 팔레비가 미국은 예쁠 수밖에 없었다. 미국은 팔레비 절대왕정에 대해 음으로 양으로 옹호를 했지만 이에 비례해서 이란 국민들의 반미 정서는 날이 갈수록 커져 갔다. 팔레비의 브레이크 없는 폭정으로 인한 국민들의 불만은 점차 극한으로 치달았고 한편으로 팔레비에 대한 미국을 비롯한 서방의 묻지 마 지원과 옹호는 급기야 이란 혁명을 불러왔다.

이란 혁명

1978년 1월 성지 꼼에서 이슬람 신학생들의 데모가 벌어졌다. 득달같이 들이닥친 치안경찰의 진압 과정에서 많은 희생자가 발생했다. 이란도 대부분의 다른 나라의 혁명 초기 과정과 같은 전철을 밟기 시작했다. 희생자들에 대한 추도 데모가 40일마다 전국적으로 열리기 시작했다. 이 추도 데모가 순식간에 퍼져 나가면서 이는 곧 반 팔레비 데모로 변질되었다. 급기야는 9월 테헤란 광장의 추도 데모대에 발포하면서 수천 명의 희생자가 나왔다. 검은 금요일이라고 불렀다. 이제 시위는 걷잡을 수 없이 번져갔고 군대마저 등을 돌리게 되자 결국 팔레비는 "나는 지쳤다"라고 구시렁거리면서 1979년 1월 16일 휴양이라는 이름으로 전용 보잉 727기에 황후와 가족들, 측근들을 태우고 이집트로 도주했다. 이윽고 프랑스에 망명 중이던 종교 지도자 아야톨라 호메이니가 귀국하고 2월 11일 혁명정부가 권력을 장악하면서 이란 혁명은 그 대미를 장식했다.

호메이니의 등장

호메이니

호메이니는 1902년 9월 24일 이란의 호메인에서 태어났다. 일찍이 종교 지도자의 길로 들어선 그는 젊은 시절 팔레비 국왕의 서구화 운동인 '백색 혁명' 등에 강력하게 저항했다. 그는 이 이 정책을 거짓된 터번을 쓴 정책이라고 호되게 비난하기 시작했다. 호메이니는 1950년대 후반 '아야톨라'라는 칭호를 부여받았다. '아야톨라'는 페르시아어로 '알라의 신호'라는 뜻으로 시아파 고위 성직자에게 주는 칭호이다. 드디어 그는 1960년대 초에는 이란 내 시아파 종교 공동체의 최고지도자가 되었다. 1963년, 팔레비가 토지 개혁으로 사원 토지를 축소하고 본격적으로 여성 해방 조치를 취하자, 그는 팔레비 정부를 공개적으로 비난하고 반대 시위를 조직했다가 체포되어 8개월간 옥고를 치렀다. 사실 팔레비의 여성 해방 시책은 일찍이 그의 아버지가 국왕일 때부터 시작한 터였다.

이듬해인 1964년, 석방된 호메이니는 이번에는 미국을 맹비난하기 시작했다. 이 때문에 강제 출국당한 그는 튀르키예를 거쳐 이라크에 가서 반정부 투쟁을 계속했다. 그는 이라크에 있는 시아파 성지인 안나야프에 머무르면서 팔레비의 퇴출과 이란에 이슬람 공화국을 세우기 위해 노력했다. 1970년대 중반부터 팔레비 정권에 대한 국민들의 저항이 거세지면서 이라크에 있던 호메이니의 영향력이 커지기 시작했다. 이라크의 사담 후세인은 1978년 10월 6일 시끄럽기 짝이 없는 호메이니를 국외로 내쫓아버렸다. 호메이니는 튀르키예를 거쳐 프랑스 파리의 교외 노플르샤토에 정착해서 고국으로 귀국할 때까지 이란의 반정부 세력을 원거리에서 진두지휘했다. 호메이니는 그곳에서 육성을 녹음한 테이프를 만들어 고국으로 쉴 새 없이 보냈다. 그는 오로지 목소리를 통해 이란 국민들의 마음을 움직였다. 혁명이 끝나고 팔레비가 도망가자 망명에서 돌아온 호메이니는 1979년 4월 국민투표로 신권적 지배, 즉 이슬람의, 이슬람을 위한, 이슬람에 의한 이슬람 공화국을 수립했다.

그는 비이슬람 국가들의 형법 체계를 불신했다. 오늘날의 사우디 등에서도 찾아볼 수 있지만 역사적으로 이슬람 국가에서는 복잡한 재판절차를 거치지 않고 판례에 따라 즉시 판결을 내리는 전통이 내려오긴 한다. 그는 이슬람 형 집행 방식에 대해 이렇게 말했다. "범죄는 응보의 법칙으로 다스려야 한다. 만약 이슬람의 형법을 단 1년만 적용해 보아라. 모든 파멸적 불의와 부도덕은 단숨에 뿌리 뽑힐 것이다. 살인자는 죽여라. 간음한 남녀는 흠신 패줘라 등등…. 코란의 율법에 의하면 일곱 가지 구비조건만 갖추었다면 누구라도, 어떤 종류의 사건도 처결할 자격이 있다. 여기에서 일곱 가지 조건이란, 성인일 것, 깊은 신앙심의 소유자일 것, 코란의 율법에 완전히 통달할 것, 공정 무사할 것, 건망증 환자가 아닐 것, 사생아가 아닐 것, 여성이 아닐 것이다. 형 집행에 대한 이런 단순 무식한 방법은 형 집행뿐만 아니라 통치 전반에도 적용할 터였다.

인질 억류

혁명으로 쫓겨난 팔레비는 이제 어느 곳에서도 환영받을 수 없는 처량한 신세가 되었다. 그는 이집트를 거쳐 모로코·바하마·멕시코 등지로 정처 없이 떠돌아다녔다. 팔레비는 오랫동안 앓고 있는 암 치료를 위해 미국의 입국을 요청했다. 그러나 카터는 이란의 눈치를 보느라고 잠깐 머뭇거렸다. 테헤란 주재 미국 대사관 측에서도 "만약 미국이 팔레비를 받아들인다면 이란 내 미국인들에게 심각한 화가 미칠 것이다"라고 경고를 한 터였다. 카터는 팔레비를 미국에 입국시키라는 록펠러와 키신저 그리고 팔레비의 다른 오랜 친구들의 압력에 봉착했다. 결국 '뉴욕의 병원에서만 적절한 암 치료를 받을 수 있다'는 궁색한 동기를 이유로 1979년 10월 그를 입국시켰다. 아마도 미국의 전통적인 우방국의 독재자들의 얼굴이 눈에 어른거리기도 했을 것이다. 팔레비는 10월 22일 뉴욕에 도착했고, 이란인들은 미국의 이런 조치에 격앙했다.

이란에서는 미국이 팔레비를 입국시킨 것이 단순한 의료 치료의 목적이 아니라 그에 대한 지원이라고 생각했다. 1979년 11월 4일 500여 명의 과격한 이슬람 대학생들이 테헤란의 미국 대사관 앞에서 난리를 피웠다. "팔레비를 당장 돌려보내라! 카터를 죽여라! 미국은 지옥에나 떨어져 버

주 이란 미대사관을 점거하는 군중들

려라!"라는 살벌한 구호를 연신 외쳐댔다. 이윽고 이들은 호메이니가 'CIA 스파이들의 소굴'이라고 매도했던 대사관 정문의 쇠줄을 단숨에 절단하고 대사관으로 난입했다.

그리고 90명의 대사관의 직원들을 붙잡아 인질극을 벌이기 시작했다. 이들은 팔레비의 즉각 송환을 요구했다. 어떤 학생은 "우리가 불쌍한 베트남인들을 대신해 복수해주겠다"라고 악을 썼다. 어떤 시위대원은 25년 전

대사관 인질들

CIA가 음모를 꾸민 팔레비의 쿠데타를 들먹이며 "이란에서 CIA가 다시는 그따위 짓을 해서는 안 된다는 것을 똑똑히 보여 줄 것이다"라고 목청을 높였다. 이후 인질 가운데 여성과 흑인들은 차례차례 풀려났지만 52명은 이후 444일이나 감옥 아닌 감옥에서 억류된다.

인질 구출 작전

이란의 인질극에 대응해서 카터는 미국 내 이란 자산을 동결했으며 이란에 대한 무기 판매를 중단하고 이란의 석유 수입을 금지하는 등 압력을 가했으나 별무 효과였다. 왜냐하면 이란은 더 이상 미국의 무기를 원하지 않았기 때문이다. 게다가 이란의 석유 생산량은 자국의 필요를 충족시키기에도 부족한 수준이었다. 미국은 이런 상황에서도 협상할 상대를 찾지 못했다. 이란은 혁명적 상황에 처해 있었기 때문

이다.

 이란은 1980년 2월이 되어서야 요구를 제시했다. 제시된 조건은 팔레비의 이란 귀국 및 재판 회부, 팔레비 재산의 이란 귀속, 미국이 과거 이란에서 행한 행동에 대한 잘못의 인정과 사과, 장래 이란문제에 개입하지 않겠다는 약속 등이었다. 이러한 요구는 미국이 도저히 받아들일 수 없었다. 4월 7일, 카터는 대이란 외교관계 단절, 이란에 대한 전면적 경제금수 단행, 미국 내 이란 자산에서 공제할 대이란 재정적 청구권 목록 등을 발표하고 이란 외교관들에게 24시간 내에 미국을 떠나라고 통고했다.

 재선을 코앞에 앞둔 카터는 인질 사태를 해결하고자 했으나 대화가 불가능한 이상 강제로 인질을 구출해오는 길밖에 없었다. 이에 따라 군에서는 구출 작전의 가능성을 검토했다. 작전명은 '독수리 발톱 작전'이었다. 11월 17일자로 델타포스라는 이름의 구출부대가 만들어졌다. 델타포스는 이란인들 모르게 이란에 잠입해 테헤란으로 들어가 인질들을 구해올 터였다. 수십 명이 탄 수송기 및 급유기와 헬리콥터 8대가 순식간에 적지 한 가운데로 들어가서 수십 명을 구출해서 끌고 나온다는 참으로 지난한 임무였다. 수립된 계획은 이러했다. 그런데 무척이나 복잡다단하기도 했다.

 1단계는 1980년 4월 24일 09시 이집트 와디 카나 공군 기지에서 델타포스를 태운 C-141 수송기와 급유 수송기가 '데저트 1'으로 향한다. '데저트 1'은 인질 구출 작전에 나선 델타포스의 최초 집결지를 말한다. 테헤란에서 남서쪽으로 270마일쯤 떨어진 곳이다. CIA 사전 조사 결과 이란 혁명군의 감시가 미치지 않는 안전한 곳이라고 했다. 그리고 당일 19시 05분 이란에서 60마일 떨어진 바다에 자리 잡고 있던 항공모함 니미츠호에서 헬기 8대도 '데저트 1'을 향해 날아가기로 되어 있었다. 이들은 '데저트 1'에서 델타포스와 합류하기로 되어 있었다.

2단계는 '데저트 1'에서 구출부대가 모두 합류한 다음, 밤이 깊어지면 밴 트럭에 각각 분승하여 미국 대사관으로 신속히 이동하여 인질을 구출한다. 동시에 대사관 인근의 축구 경기장에 헬기가 착륙하면 인질들을 싣고 바로 점령 예정인 만자리에 공항으로 날아간다. 인질을 구출하는 사이 특수부대원 수십 명이 특수전 수송기 편대에 탑승한 후 낙하산을 타고 만자리에 공군 기지에 낙하한다. 이들 특수부대원들은 공항을 공격하여 적 병력을 소탕한 뒤 뒤따라

파괴된 델타포스 헬리콥터

날아 온 C-141 수송기 2대를 착륙시킨다. 마지막으로 공항에서 인질과 구출부대는 수송기에 탑승하여 항공모함으로부터 발진한 해군 전투기의 호위 속에 안전히 귀환한다. 이런 계획이었다. 그럴듯하다고 하기에는 지나치게 무모하다는 느낌이 드는 계획이었다.

워싱턴의 카터는 전화로 출발 직전의 구출 부대에게 이렇게 호기롭게 외쳤다. "자, 그럼 이제 이란으로 가서 그들을 모두 데려오시오."

그런데 제1단계에서부터 문제가 꼬이기 시작했다. 헬기 조종사들은 실제 작전 시 확실한 안전 확보를 위해 200피트 이하로 날도록 명령을 받았다. 그게 문제였다. 너무 낮게 비행한 탓에 헬기 2대가 '하붑'이라 불리는 모래바람에 휘말린 것이다. 조종사들은 아무것도 볼 수 없었다. 계기의 정보에 의존해 날던 8대의 헬기 중 2대가 엉뚱한 곳에 착륙해 버렸다. 이 2대는 합류 지점인 '데저트 1'에 도저히 시간에 맞춰 도착할 수가 없다고 판단, 항공모함으로 돌아가 버렸다. 이제 대사관에서 인질들을 싣고 수송기가 기다리는 공항으로 가기 위해서는 6대의 헬기만 남았다. 그런데 알량하게 남은 헬기 중 1대가 또 유압기 고장으로 탈락하게 되면서 헬기 5대만 남았다.

결국 헬기 5대만 남는 바람에 인질 구출 작전이 불가능해진 델타포스는 작전 포기를 결정했다. 독수리 발톱 작전은 발톱을 제대로 한 번 내밀어 보지도 못하고 허무하게 접을 수밖에 없었다. 하지만 그게 끝이 아니었다. 작전을 포기한 이후에 사태가 더욱 악화되었다. 갑작스러운 모래바람 속에서 귀환을 위해 서두르던 헬기 1대가 서서히 이동 중이던 EC-130 급유기에 충돌한 것이다. 이 충돌로 두 기체에 화재가 발생했고, 5명의 수송기 승무원과 3명의 헬기 승무원이 사망했다. 그나마 이 정도가 다행이었다. 훨씬 더 비극적인 참사가 발생할 뻔했다. 충돌한 급유기에 무려 40여 명의 델타포스 대원들이 탑승하고 있었던 것이다. 순식간에 수송기가 불길에 휩싸이자 대원들은 신속하게 수송기에서 뛰어내렸다. 인질 운반용 수송기로 옮겨 탄 대원들은 황급히 항공모함이 기다리는 곳으로 날아갔다.

인질 석방

1980년 4월 25일의 군사작전이 참담한 실패로 끝나면서 인질 석방 문제가 장기화되기 시작했다. 9월에 접어들자 호메이니는 인질 석방을 위한 조건 네 가지를 미국에 제시했다. 첫째, 팔레비의 재산 반환, 둘째, 이란에 대한 모든 재정적 청구권 취소, 셋째, 미국 내 이란 자산의 동결 해제, 넷째, 이란문제에 결코 개입하지 않겠다는 약속이었다. 미국의 행동에 대한 사과 요구가 언급되지 않았기 때문에 적어도 협상을 위한 여지는 남아 있었다. 카터는 이에 대해 만일 이란이 인질을 석방한다면 이란 자산의 동결을 해제하고 경제제재를 종식시키며 이란과의 관계를 정상화하겠다고 발표했다.

질질 끌던 인질 사건은 엉뚱하게도 다른 일련의 사건으로 해결의 실마리를 찾게 되었다. 팔레비가 1980년 7월 이집트에서 사망한데다 호메이니가 이끄는 회교 성직자들이 의회 장악에 성공함으로써 이제 더 이상의 정치적 목적으로 인질극을 연장할 필요가 없어졌다. 9월 들어 이란-이라크 전쟁이 터진 것도 인질사건 해결에 도움이 되었다. 11월 4일, 대통령 선거에서 레이건은 카터에 승리했고 카터는 이란이 인질을 석방하는 대가로 동결된 이란 자산을 80억 달러로 평가하는 합의에 동의했다. 1980년 1월 20일 레이건의 대통령 취임에 맞춰 52명의 인질들이 오랜 억류 생활을 마치고 조국과 가족의 품으로 돌아왔다.

제40장

아메리칸 스나이퍼

팔방미인 노익장, 클리트 이스트우드 / 크리스 카일 이야기 / 이라크 전쟁

I. 아메리칸 스나이퍼(2015년), American Sniper

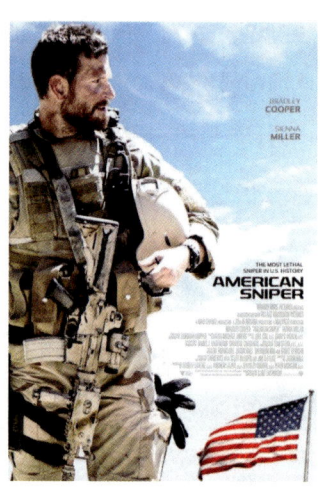

영화 〈아메리칸 스나이퍼〉는 크리스 카일·스콧 맥퀸·짐 디펠리스의 공동 저서 『아메리칸 스나이퍼』를 원작으로 해서 제작됐다. 미군 역사상 최고의 저격 기록을 지닌 특등사수 크리스 카일의 생애를 줄거리로 해서 만든 영화다. 명장 클린트 이스트우드가 메가폰을 잡았다. 이 영화는 이스트우드가 연출한 역대 영화 중 최고의 수익을 기록했다. 철저한 보수주의자답게 이스트우드는 선한 자와 악한 자를 딱 가르면서 미국적 시각에서 영화를 만들었다는 비판적인 평을 받기도 했다.

한편 이스트우드는 영화가 끝난 후 한 인터뷰에서 "비록 이 영화가 저격행위를 미화하는 것 같지만 저격수 카일이 때때로 이를 후회하는 모습을 보여주고 있어 결코 폭력을 찬성하는 영화는 아니라는 것을 말하고 싶다"라고 말했다.

원래 이 영화는 스티븐 스필버그가 메가폰을 잡을 예정이었으나 사정상 중도에 하차했으며 영화의 주인공인 카일이 후임으로 이스트우드 감독을 원하면서 그가 연출을 맡게 되었다. 카일은 영화 제작 준비 중에 총격으로 숨졌다. 카일은 죽기 이틀 전만 해도 제작진과 대본 수정과 관련해 모임을 갖기도 했다. 때문에 제작진에서도 이 사건에 매우 충격을 받았고 카일의 죽음이 없었다면 영화의 마지막 얘기도 달라졌을 것이다.

영화는 이라크 전쟁 당시 네 차례나 파병되어 백이십 명 이상을 사살한 최고의 저격수 크리스 카일의 이야기이다. 브래들리 쿠퍼가 카일 역을 맡았다. 카일은 네이비실

크리스 카일 역의 브래들리 쿠퍼

*의 저격수로 발탁되어 뛰어난 사격 실력으로 이라크전의 전설이 된다. 카일은 어린 시절부터 나쁜 짓은 그냥 두고 보지 못하는 성격의

---

* 네이비실(Navy SEAL)은 미 해군 특수부대를 말한다. 'SEAL'은 해상(Sea)·공중(Air)·지상(Land)에서 활동하는 진천후 특수부대라는 뜻이나. 1962년 케네디 대통령 때 창설됐다. 1942년에 생긴 '수중폭파대(UDT)'를 뿌리로 삼고 있으니 그 역사가 80년에 이른다.

소유자였다. 그래서 전쟁터에서의 카일은 아군을 공격하는 적은 결코 용서하지 않는다. 그는 고국에 두고 온 임신한 아내를 그리워하는 일 외에는 저격 자체에만 열중하는 단순한 캐릭터이다.

카일은 저격행위에만 몰두하지만 간혹 전투 중 동료를 잃는 등의 어려움을 겪는 순간에서는 인간적으로 흔들리는 모습을 보여주기도 한다. 영화는 거창하게 이라크 전쟁에 대한 여러 가지 담론을 말하려 하는 것이 아니다. 단지 저격이라는 자신의 임무에 충실했다가 귀국해서 다른 제대군인에게 사살당하는 한 병사의 얘기를 담담하게 그리고 있을 뿐이다.

II. 팔방미인 노익장, 클린트 이스트우드

클린트 이스트우드는 배우면 배우, 감독이면 감독, 게다가 자신이 만든 영화의 음악 작곡까지, 영화에 관한 한 이만한 팔방미인도 거의 없을 것이다. 영화계에 60년 이상 몸담으며 출연한 작품만 50편이 넘으며 이 가운데 본인이 직접 연출한 40편이나 된다. 90세를 넘는 지금까지 배우와 감독 활동을 지치지 않고 지속하고 있는

클린트 이스트우드

이스트우드는 이제 할리우드의 전설이 되어가고 있다.

이스트우드는 미국 공황기의 어려웠던 시절에 떠돌이 노동자 생활을 하던 부모 밑에서 자랐다. 캘리포니아에서 어린 시절을 보냈는데, 공부는 애초부터 관심 밖이었고 운동이나 노는 데 더 정신이 팔려 있었다. 20대 초반에 군에 징집되었지만 당시 한창이던 한국 전쟁에는 참전하지 않았다. 대신 샌프란시스코 인근 부대에서 2년 가까이 복무하면서 인명구조강사 노릇을 했다. 제대 후 LA 시티대학교에서 경영학을 공부하다가 유니버설 인터내셔널 스쿨의 탤런트 양성 프로그램에 등록해 연기자의 꿈을 키웠다. 이후 B급 영화에 출연하기도 하고 TV 드라마에도 얼굴을 내밀다가 TV 시리즈물 〈로하이드〉에 출연하면서 성공의 발판을 마련한다.

〈로하이드〉로 이름을 알리긴 했지만, 스타덤에 오른 계기는 34세 때 이탈리아의 세르지오 레오네의 마카로니 서부극 〈황야의 무법자〉였다. 그리고 41세 때 첫 번째

〈용서받지 못한 자〉의 이스트우드

감독작인 〈어둠 속에 벨이 울릴 때〉를 내놓았다. 〈용서받지 못한 자〉로 작품상과 감독상을 수상했을 땐 63세였다. 그리고 74세에 힐러리 스웽크가 아카데미 여우주연상을 수상하는 〈밀리언 달러 베이비〉에서 감독과 주연을 동시에 맡았다. 이처럼 이스트우드처럼 꾸준히 자신의 비전을 넓혀갔던 배우나 감독은 없을 것 같다. 이스트우드는 영화 인생을 살면서 한 번도 조급해한 적이 없었다.

〈로하이드〉의 카우보이 역으로 시작한 그의 연기 인생은 레오네 감독의 무법자 시절, 돈 시겔 감독의 형사 시절을 거쳐 그리고 본격적으로 감독으로 나서는 시절로 크게 구분되는 그의 영화 인생은 스펙트럼이 넓고도 깊다. 먼저 무법자 시절을 살펴보자. 원래 레오네 감독은 〈황야의 무법자〉 주인공 역으로 여러 할리우드 배우들에 대해서 간을 보긴 했지만 빡빡한 예산으로 1만 5천 달러의 개런티로 간신히 이스트우드를 확보할 수 있었다. 당시 레오네는 이스트우드의 무표정했던 얼굴이 기분이 나빠지면 갑자기 양미간을 찌푸릴 때의 고양이 같은 느낌이 마음에 쏙 들었다고 한다.

아마도 이탈리아어를 모르기 때문이기도 했겠지만 그는 말보다는 몸으로 연기했고, 표현을 절제했다. 역동적인 무기력함을 보이는 한편 표정을 아끼는 연기로, 일반적인 주인공들과는 다른 독특한 캐릭터를 보여주었다. 그것이 그의 트레이드 마크가 되었고 관객들은 환호했다. 그가 이탈리아에서 찍었던 영화들에 대해 정작 고향인 미국에서의 비평가들은 하나같이 변방의 스파게티 웨스턴에 불과하다고 비아냥거렸다. 그러나 그의 무법자 영화들은 관객들은 열광했고 흥행도 하나같이 대성공했다.

이제 무법자 시리즈도 한물갈 무렵 미국은 새로운 시대를 대변할 수 있는 영웅의 탄생을 기다리고 있었다. 그는 돈 시겔의 〈더티 해리〉에서 강력계 형사의 캐릭터로 변신한다. 〈더티 해리〉 시리즈를 통해서 그는 마초적 이미지를 더욱 강렬하게 부각시켰다. 남근을 연상시키는 큼지막한 권총인 매그넘으로 범인들을 무차별 처결하는 거친 형사 해리를 관객들은 박수를 보내면서 카타르시스를 만끽했다. 〈더티 해리〉 시리즈는 선풍적인 인기를 끌어 총 5편의 시리즈로 만들어졌다. 이스트우드는 〈더티 하리〉 시리즈를 찍으면서 시겔로부터 감독의 권유를 받는다. 그는 1971년 맬파소 프로덕션이라는 제작사를 차려 1973년 스릴러 〈어둠 속에 벨이 울릴 때〉로 감독으로 데뷔했다.

〈그랜 토리노〉의 이스트우드

그는 일생 동안 항상 배우는 자세였다. 25세에 비교적 늦깎이 배우로 시작해서 B급 영화를 전전하던 초짜 배우 시절도 이스트우드는 긍정적으로 회고한다. "배울 게 많은 시절이었다. 많은 배우와 아이디어와 감독을 접했다. 그러면서 배웠다. 이 사람처럼 해야겠다 혹은 이 사람처럼 하지 말아야겠다"라고. 감독으로서는 레오네나 시겔에게서 많은 것을 배웠다. 특히 이들로부터 절제된 연기 스타일을 배웠고 그의 영화에도 깊게 녹아 있다. 바로 이 절제된 스타일로 만든 작품이 바로 〈용서받지 못한 자〉였다. 이 영화는 서부영화를 총결산하는 작품이라는 찬사를 받기도 했다.

그는 1986년부터 2년간 캘리포니아주 카멜시의 시장직을 지내는 등 잠시 외도를 하기도 했다. 이후 〈퍼펙트 월드〉〈매디슨 카운티의 다리〉〈앱솔루트 파워〉에서 배우와 감독으로 겹치기로 나섰지만 흥행은 연속해서 대박이었다. 이어서 〈밀리언달러 베이비〉〈미스틱 리버〉〈아버지의 깃발〉〈체인질링〉〈그랜 토리노〉〈내 인생의 마지막 변화구〉〈설리: 허드슨 강의 기적〉 등 걸작들을 연달아 내놓았고 80대에 접어들어서도 〈아메리칸 스나이퍼〉〈라스트 미션〉〈리차드 쥬얼〉〈크라이 마초〉 등의 문제작들을 연달아 발표했다. 올해 93세인 그는 새 영화 〈2번 배심원〉 제작을 준비한다고 하는데 끝을 모르는 그의 노익장은 그저 놀라울 따름이다.

게다가 그는 영화음악에도 뛰어난 자질을 유감없이 발휘하고 있다. 10대 때부터의 꿈이었다는 음악가로서의 재능을 지니고 있는 이스트우드는 그동안 틈틈이 자기가 만든 영화의 메인 타이틀을 작곡하기도 했다. 영화 〈용서받지 못한 자〉에서의 메인 타이틀인 '클라우디아 테마'가 그 대표적인 곡이다. 이 작품 이전에도 그는 이미 두 개의 영화음악을 만든 적이 있지만, 이 영화의 성공 이후, 그는 오랫동안 그토록 사랑하는 재즈에 기반을 둔 실력으로 〈메디슨 카운티의 다리〉에서 만만치 않은 음악적인 재능을 과시하였고 〈아버지의 깃발〉과 〈그랜 토리노〉에서도 멋진 메인 타이틀을 작곡하기도 했다.

그는 보수주의자로서 열성적인 공화당 지지자로 유명하다. 할리우드 등 미국 영화계 인사들이 대부분 민주당 지지자인 점을 감안하면 특이한 경우이다. 하지만 완전 골통 보수주의자는 아니며 사안마다 열린 태도를 보이고 있다. 이라크 전쟁을 반대하기도 했고 낙태의 합법화·총기 규제 강화·동성 결혼·미투 운동을 지지하기도 했다. 사생활에서는 화려한 여성 편력으로도 유명하다. 그래서인지 보수주의자로서 사생활은 좀 조신해야 하지 않겠냐는 얘기도 듣지만 정작 본인은 마이동풍馬耳東風 격이다. 결혼은 2번 했지만 여기저기서 사귀던 여인으로부터 낳은 7명의 자녀가 있다.

III. 크리스 카일 이야기

크리스 카일

녹색 얼굴의 악마, 전쟁의 종결자라고 불리는 네이비실 요원 중에서도 전설이라 불렸던 사나이 크리스 카일, 그는 1974년 4월 8일 텍사스주 오데사에서 출생했다. 그는 8세 때 아버지로부터 사격을 배웠다. 입대 전에는 프로 로데오 선수로 진출을 희망했으나 여러 차례 부상을 입는 바람에 프로 진출을 포기했다. 이후 입대를 결심, 1999년 해군 특수부대인 네이비실에 입교했고 2001년 3월에 졸업했다. 이후 이라크에 8차례 파견되어 SEAL 3팀의 저격수로서 10년간 활동했다.

그는 은성·동성 무공훈장 등 다수의 훈장을 수여받았다. 카일의 뛰어난 저격 실력은 반군들에게도 널리 알려져 있었다. 반군들은 그의 무시무시한 살상 능력에 공포에 떨었다. 그들은 처음에는 그에게 2만 1천 달러의 현상금을 내걸었다가 나중에는 8만 달러까지 액수를 높이기도 했다. 반군들은 그를 '라마디의 악마'라는 별명으로 불렀다. 라마디는 카일이 작전을 수행했던 지역이었다. 카일의 공식적인 저격 기록은 160명이고, 비공식 기록으로는 255명 이상이라고 한다. 매번 작전 후 상부에 올리는 보고서를 합산하면 255명이었고 목격자가 있어서 확인된 것이 160명이란 의미이다. 매번 목격자가 있다는 것이 쉽지가 않아 실제 기록은 255명 쪽에 가까울 것이다.

카일은 다른 병사들과는 달리 PTSD(외상 후 스트레스 장애) 같은 증상으로 심하게 힘들어하는 타입은 아니었다. 오히려 마초 끼가 다분한 전형적인 특수부대 출신 스타일의 캐릭터였다. 그는 기자들에게 동료들을 보호하기 위해 해야 할 일을 했을 뿐이라고 하면서 많은 수의 적을 죽였지만 이에 대해 크게 개의하는 것 같지는 않았다. 카일은 전역 후 PTSD를 앓고 있는 제대 군인들을 돌보는 일을 하고 있었다. 2013년 2월 2일, PTSD를 앓고 있던 에디 레이 루스라는 전직 해병을 치료하기 위해 텍사스 인근 사격장에서 그와 만났는데 느닷없이 루스가 총격을 가하는 바람에 친구인 리틀필드와 함께 그 자리에서 절명했다. 그때 카일의 나이는 38세였다.

루스는 범행 당시 '마약과 술에 취한 상태여서 만약 그때 자신이 카일과 리틀필드를 죽이지 않았으면 그들이 자신을 죽일 것'이란 망상에 사로잡혔었다고 증언했다. 루스는 평소에 카일을 영웅처럼 숭배했다고 한다. 루스는 1987년생으로 사건 당시 만 25세였다. 그는 해병대에 입대하여 2007년 이라크에 파병되었다. 그는 바그다드 인근 포로수용소의 경비병 등으로 근무를 했지만 실제 전투 경험은 없었다. 2011년 여기저기 근무하면서 7년간의 군 복무를 마치고 제대를 하면서 바로 PTSD 판정을 받았다. 해병대 전우들의 증언에 따르면 전투에 참가하지도 않은 그가 PTSD 판정을 받은 것을 의아해했다. 한편

의사들은 그를 알콜 중독으로 의심하고 있다.

그러던 중 카일의 애들이 다니는 학교에 근무하던 루스의 어머니는 전쟁 영웅 카일이 제대한 군인들의 PTSD 재활을 돕는다는 얘기를 듣고, 자신의 아들을 도와달라는 부탁을 했다. 카일은 쾌히 돕겠다고 했고 루스와 함께 사격장에서 사격을 하며 스트레스를 풀기로 약속했다. 당시 술에 취해 있던 루스는 초면인 카일과 그의 친구 리틀필드를 만나자마자 갑자기 숨겨둔 45구경 권총을 꺼내 두 사람을 즉사시켰다. 루스는 재판정에서 총격 당시 '망상에 사로잡혀 어쩌구 저쩌구' 횡설수설하면서 지껄였지만 결국 무기징역이 선고되어 감방에서 복역 중에 있다.

IV. 이라크 전쟁

전쟁 개시

2001년 9·11 테러 사건이 일어난 뒤 부시 대통령은 북한·이라크·이란 3국을 '악의 축'으로 선언했다. 부시는 특히 사담 후세인이 지배하는 이라크에 대해 집중적으로 비난하기 시작했는데 이는 진작부터 이라크

이라크 전쟁

와의 전쟁을 염두에 두고 있었던 것으로 보인다. 부시와 측근인 딕 체니 부통령, 도널드 럼스펠트 국방장관도 이라크에 대량살상 무기가 있다고 줄기차게 나발을 불어대면서 군불을 때기 시작했다. 나중에 UN 조사단에 의해서 대량살상 무기는 털끝만치도 발견되지 않았지만 말이다. 이밖에 부시 정부는 사담 후세인의 잔인하고 불법적인 행위들을 비난했다.

후세인은 1988년에 소수민족인 쿠르드족 5천 명을 생화학무기로 학살했던 적이 있었다. 그러나 당시 미국은 그 건에 대해서는 입도 뻥긋하지 않았다. 그때는 미국이 오히려 이란과 전쟁을 치르고 있는 이라크를 지원하는 입장에 있었기 때문이었다.

기어코 미국은 이라크의 대량살상 무기를 제거함으로써 자국민을 보호하고 세계평화를 위한다는 구실로 동맹국인 영국·호주와 함께 2003년 3월 20일 오전 5시 30분, 바그다드 남동부 등에 미사일을 쏘면서 전쟁을 개시하였다. 작전명은 '이라크의 자유'였다. 이라크의 후세인은 미국과의 전쟁을 앞두고 큰소리를 탕탕 쳤지만 8년간의 이란과의 전쟁과 아버지 부시가 벌인 걸프 전쟁* 때 이미 전력이 탈탈 털려버린 상태였다.

---

* 걸프 전쟁(Gulf War)은 1990년 8월 2일 이라크가 쿠웨이트를 점령하자, 미국·영국·프랑스 등 34개 다국적군이 이라크를 상대로 벌인 전쟁이다. 다국적군은 1991년 1월 17일 '사막의 폭풍 작전'이라는 이름으로 공격을 개시했다. 2월 28일 쿠웨이트로부터 이라크군을 축출하면서 전쟁이 끝났다.

전쟁 개시와 함께 연합군은 이라크의 미사일 기지 등 주요 기지에 수차례 파상적인 공습을 감행하고, 3월 22일에는 이라크 남동부의 바스라를 점령하였다. 이어 바그다드를 공습하고 대통령궁과 통신센

이라크 전쟁

터 등을 집중적으로 파괴하였다. 이후 바그다드로 향한 쾌속 진격이 이어졌다. 4월 4일에는 사담후세인국제공항을 장악하고, 4월 7일에는 바그다드 중심가로 진입한 4월 10일 미국은 바그다드를 완전 장악하였다. 4월 14일에는 미군이 이라크의 최후 보루이자 후세인의 고향인 북부 티크리트 중심부로 진입함으로써 전쟁 발발 26일 만에 전쟁은 사실상 끝이 났다. 어린아이 손목 비틀기보다 쉬웠다. 부시는 '임무 완수'라는 플래카드가 펄럭이는 항공모함으로 날아갔다.

전쟁의 여파

그러나 전쟁은 쉽게 이겼지만 끝난 후가 더 문제였다. 잔존 이라크군의 저항 때문에 점령지에 대한 통제가 안 되었다. 2003년 12월에는 후세인을 잡아 처형했지만 이라크 저항군들의 공격은 끈질겼다. 시간이 흐를수록 일반 이라크인들은 자기 나라가 미국에 점령당했다는 사실에 점점 분통이 터지기 시작했다. 미군의 폭격으로 수많은 이라크 사람들이 목숨을 잃기도 했지만 그들은 미국이 이라크의 석유를 노리고 쳐들어왔다고 여기고 있었다. 또한 미국의 침략으로 후세인 시절

보다 살기가 더 나빠졌다고 생각했다.

이라크 점령 기간 중 미군은 반군으로 간주되는 수천 명의 이라크인들을 닥치는 대로 감옥에 가두었다. 미군들이 이라크 포로들을 고문하는 사진들도 여기저기 나돌아 다녔고 그런 행위가 미 국방부의 승인하에 이루어졌다는 증거들까지도 나타났다. 이러한 모든 일들이 미국에 대한 이라크인들의 적개심을 더욱 불태웠다. 조사에 의하면 거의 모든 이라크인들이 미국의 이라크 철수를 원하고 있었다.

그러는 동안 미군의 사상자는 나날이 늘어만 갔다. 2006년에는 미군의 사상자 수는 2,500명을 넘어섰다. 중상자를 포함한 부상자 수는 수천 명 이상이 발생하고 있었다. 이라크인들의 사상자 규모는 미국에 비해 택도 없이 많았다. 이라크인의 사망자 수는 수십만에 달했다. 나라 전체가 도살장이나 다름없었다. 이라크인들은 미군들의 폭격 여파로 전기 부족은 물론이거니와 식수도 확보하기가 어려웠다. 폭력과 혼돈의 도가니 속에서 가까스로 하루하루를 살아가고 있었다. 제2의 베트남 전쟁의 악몽이 어른거리기 시작했다.

전쟁이 시작될 때만 해도 대다수 미국인은 후세인이 대량살상 무기를 보유하고 있으며 이라크 공격이 '테러와의 전쟁'의 일환이라는 정부의 주장을 철석같이 믿고 있었다. 주요 언론매체들도 이에 의문을 제기하지 않았으며 민주당까지도 전쟁을 전폭적으로 지지했다. 그러나 전쟁이 끝나 점령 기간이 길어질수록 미국인들은 점점 더 사태를 파악하게 되었다. '이라크 자유 작전'이 이라크에 선사한 것은 민주주의도 아니고 자유도 아니었으며 더더구나 안정도 아니었다. 부시 정부는 있지도 않은 '대량살상 무기'가 있다고 떠들어대면서 국민을 속였던 것이다. 또한 부시 정부는 아무런 증거도 없이 9.11 테러와 이라크가 연관되었다고 어처구니없이 주장하기도 했다. 미군은 이라크인들을 체포하여 쿠바의 미국의 군사기지 관타나모*에 마구잡이로 잡아넣었다. 그곳으로부터 고문에 관한 소문들이 끊임없이 흘러나왔으며 수감자 중 일부는 자살을 선택하기도 했다.

미국의 이라크 침공 이후 전쟁을 반대하는 시위가 세계 곳곳에서 벌어졌다. 미국의 이라크 침공 목적이 대량살상 무기가 아니라 이라크의 원유확보에 있다는 비난이 따랐다. 또한 민간지역에 대한 오폭 등으로 인해 사상자가 늘어나면서 비난의 강도도 더욱 거세졌다. 베트남 전쟁 때보다는 규모는 작았지만 미국의 곳곳에서도 이라크전쟁에 대한 반대 시위가 일어나기 시작했다. 전쟁이 계속되면서 군에 입대한 젊은이들의 생각도 달라졌다. 전쟁이 시작되고 2004년이 지날 때까지 무려 5,500명의 병사가 병영을 이탈했다.

대부분은 캐나다 국경을 넘어갔다. 미국의 젊은이들이 점점 입대를 기피하기 시작했다. 2006년의 여론조사에 의하면 미국인들 대부분이 전쟁에 반대하며 부시 대통령을 신뢰하지 않고 있다고 했다. 그동안

---

* 관타나모(Guantanamo)는 쿠바 동부 관타나모주州에 있는 도시로 미국-스페인 전쟁(1898년)의 결과 1903년 이래 미국의 해군기지가 되었다. 미국은 9·11테러 이후 아프가니스탄과 이라크전에서 붙잡은 일부 포로들을 마구잡이로 관타나모 수용소에 구금했다. 인권침해 문제에 대한 논란이 일어났다.

꿀 먹은 벙어리처럼 잠잠하던 언론과 정치인들도 여기저기서 목소리를 내기 시작했다. 보수적으로 유명한 유타주의 솔트레이크시티 앤더슨 시장은 부시를 '역사상 최악의 대통령'이라면서 씹어댔다. 부시의 지지도는 연일 바닥을 치고 있었다.

부시가 주도한 이라크 전쟁은 실패로 돌아갔다. 2003년 3월부터 8년여 동안 전쟁에 쏟아부은 돈은 7천억 달러에 달했으며 미군 4,400여 명이 사망했다. 부시와 체니, 럼스펠트 등은 후세인에게 핵폭탄 제조계획을 비롯한 대량살상 무기를 숨기고 있다는 혐의를 뒤집어씌웠다. 전쟁이 끝난 후 UN은 수백 명의 조사단을 파견해 이라크 구석구석을 조사했다. 조사단은 대량살상 무기를 찾아내지 못하였으며 더더구나 이라크가 핵무기를 만들고 있다는 증거도 발견하지 못했다.

이라크 전쟁의 주역 3인방

이라크 전쟁을 일으킨 장본인은 부시 대통령과 체니 부통령, 그리고 럼스펠트 국방장관 이 세 명이 거론된다. 사실 부시는 얼굴마담이었고 뒤에서 부시를 충동질한 것은 이들 두 인물로 보는 사람들이 많다. 하지만 이 둘의 상관인 대통령 부시도 이 책임에서 자유로울 수가 없다. 9.11 사태 이후 부시는 기회가 있을 때마다 사담 후세인을 '흉악한 폭군', '야수', '살인자'라고 비난해댔다. 그는 후세인이 "핵무기를 제조하고 있으며 생화학무기로 미국을 공격할 음모를 꾸미고 있다"고 터무니없는 거짓말을 늘어놓으면서 미국민들에게 "우리는 최악의 사태를 막아야 할 의무가 있다"라고 거품을 물곤 했다.

근거도 없는 부시의 이런 확신은 그의 종교관에서 비롯된 것으로 보인다. 그는 입만 열었다 하면 성경 구절이 튀어나왔다. 그는 아침 일찍 5시 30분에 일어나 기도와

부시 대통령

성경 읽기로 하루를 시작했다. 집무 도중에도 시도 때도 없이 눈을 감고 기도를 했다. 그리고 주 1회 이상 콘돌리자 라이스 백악관 안보담당관을 포함한 10여 명의 백악관 직원들과 성경 읽기 모임을 가졌다. 도대체 부시는 대통령인지 목사인지 헷갈린다는 말을 하는 사람도 있었다. 근본주의 냄새가 강하게 풍기는 복음주의 교파에 속하는 부시는 외국을 대하는 태도에서도 이런 선과 악의 이분법적 접근방법에서 벗어나지 못하고 있었다. 그는 9.11 테러를 계기로 걸핏하면 성서를 인용하고 악과의 대결은 피할 수 없는 것이라고 강조했다. 이라크·이란·북한을 '3대 악의 축'이라고 공개적으로 떠든 것도 이런 연유에서였다. 이 악을 제거하는 것이야말로 신이 자기에게 부여한 소명이라고 철석같이 믿고 있었다. 바로 후세인이야말로 부시가 반드시 제거해야 할 거대한 악이었던 것이다.

두 번째로는 딕 체니 부통령이었다. 그는 워싱턴에서 네오콘*들의 왕초로 군림했다. 아버지 부시 대통령 밑에서 국방장관을 역임하면서 아들 부시와 깊은 인연을 맺었다. 비록 부통령 직책이었지만 아

---

* 네오콘은 네오 콘서버티브(Neo-conservatives)를 줄인 말이다. 미국 공화당의 신보수주의자들을 중심으로 해서 이들과 비슷한 생각들을 공유한 세력을 통틀어 일컫는다. 힘이 곧 정의라고 믿으며 군사력을 바탕으로 미국이 세계의 패권국으로 유지하는 것을 목표로 한다.

딕 체니 부통령

들 부시 대통령 밑에서 사실상 정부 내 최고 권력자 행세를 했다. 부시가 그를 전폭적으로 신임하는 바람에 사실상 체니의 말이 곧 법이었다. 부시는 얼굴마담이고 진짜 대통령은 체니라는 말이 나올 정도로 막강한 권한을 행사했다. 부시는 열심히 성경공부만 하면 되었다. 체니는 부시의 신임을 뒷배로 하면서 정부의 주요 포스트에 자기 입맛에 맞는 네오콘 친구들을 쏙쏙 박아 놓았다.

그리고 아들 부시에게 계속 쏘삭거리면서 기어코 북한·이란·이라크 등을 악의 축으로 규정하게 만들었다. 이어서 이 국가들을 극단적으로 몰아붙이면서 다른 아랍권에 대해서도 강경일변도로 나가게 만들었다. 나중에 실패로 끝나지만 이라크 전쟁이나 아프간 전쟁 모두 체니의 입김에서 비롯된 것이라고 봐도 과언이 아니다. 그는 방산업체인 핼리버튼 사장 출신이었다. 그래서 부시가 벌이고 있는 아프간 전쟁과 이라크 전쟁 모두가 거대 군수업체들의 배를 불리기 위한 것이 아니냐는 의심의 눈초리에 휩싸이게 되었다. 사실 두 전쟁 때문에 체니와 이런저런 관련이 있는 군수업체들이 덕을 많이 보긴 봤다. 본인은 아니라고 딱 잡아뗐으나 그때마다 바로 들통이 나면서 이라크전을 벌이고 있던 부시의 이미지는 나날이 구겨져 갔다. 결국 화가 잔뜩 난 부시는 정부의 요직을 차고 앉아있던 체니의 네오콘 친구들을 상식적인 인물들로 갈아치웠고 체니는 공화당 내에서도 눈총을 받는 천덕꾸러기로 추락했다.

세 번째 인물은 럼스펠트 국방부 장관이었다. 그는 베트남전 다음으로 미국 최악의 실패로 꼽히는 이라크 전쟁을 부추긴 장본인이었다. 체니는 겉으로 표가 안 나는 부통령 자리에 있어 전쟁 실패의 몫은 국방장관인 럼스펠트에게 오로지 돌아갈 수밖에 없었다. 이라크 전쟁의 대의명분인 대량살상 무기의 존재에 대하여 그는 이렇게 지껄였다. "세상에는 알려진 사실이 있지만 알려지지 않은 미지의 사실도 있다. 이는 우리가 알지 못하는 것을 알지 못한다고 말하고 있는 것과 마찬가지다." 요상한 말장난 같은 이 발언은 대량살상 무기가 실제 있는지는 알지 못하지만 있을 가능성에 무게를 두도록 국민들을 현혹시켰다. 이 발언으로 그는 '헛소리Foot in Mouth' 상을 수상하기도 했다. 이 상은 영국의 한 단체가 공식 석상에서 애매모호한 발언을 하는 유명 인사에게 수여하는 상이기도 하다.

럼스펠트 국방장관

장관 시절 럼스펠드는 자신감이 넘치면서 거들먹거렸고 군 고위 장성들을 거만하게 마구 대한다는 오명을 남겼다. 부하들에게 이라크 전쟁을 준비시키면서 그는 이라크의 언어와 종교·정서·관습 기타 정치적 세력 관계 등을 깡그리 무시하고 그냥 미군이 우당탕탕 하고 밀고 들어가면 되는 줄 알았다. 그러면 후세인의 독재와 압제에 시달리던 이라크인들이 자유의 해방자 미군에게 양손을 들고 만세를 부르며 환영할 것이라는 망상에 빠져 있었다. 그리고 장기적인 점령에 따른 문제에 대해서는 심각하게 고려하지 않았다. 전후 재건은 이라크 석유를 판 돈으로 미국의 기업들에 맡기면 되고 국내 정치는 이라크 망명자들을 끌어모아 친미 정부를 세워서 그럭저럭 꾸려 나가면 된다고 생각했다. 이렇게 친미 정권을 중동 한복판에 떡 세워서 주물러 나가면 만사 오케이가 될 것으로 럼스펠드와 네오콘들은 오만하게 판단하고 있었다.

그러나 이라크 전쟁이 생각보다 질질 끌면서 미군들의 사상자가 증가하자 럼스펠드에 대한 비난이 고조되기 시작했다. 이라크 내의 아부 그라이브 수용소*와 쿠바 관타나모 수용소에서의 포로 학대에 대한 논란은 민주당은 물론 공화당에서도 럼스펠드 경질론에 기름을 부었다. 럼스펠드는 2004년 두 차례 부시에게 사의를 밝혔으나 부시는 이를 받아들이지 않았다. 결국 2006년 11월 공화당이 의회 선거에서 왕창 깨진 뒤에야 럼스펠트는 교체되었다.

---

* 아부 그라이브 수용소(Abu Ghraib) 수용소는 이라크 바그다드 인근의 아부 그라이브 시에 있었던 감옥소다. 후세인 정권 때도 말도 못 하게 악랄했고 이라크 전쟁 때는 더 참혹했다고 한다. 미군이 전쟁 범죄를 저지른 장소로 낙인이 찍혀있다.

참고문헌

강준만. 2010. 『미국사 산책』
그레고리 토지안. 2005. 『카스트로의 쿠바』. 홍민표 옮김
그레이엄 앨리슨. 2005. 『결정의 엣센스』 김대현 옮김. 모음북스
김경묵. 2006. 『이야기 러시아사』. 청아출판사
김봉중. 1992. 『미국의 역사』. 소나무
김성곤. 1995. 『김성곤 교수의 영화에세이』 열음사
김성곤. 1997. 『문학과 영화』 민음사
김영덕. 2008. 『영화로 본 미국사』신아사
김진묵. 2011. 『흑인 잔혹사』 한양대학교 출판부
김준봉. 2002. 『이야기 남북 전쟁』. 동북아공동체연구소
김학준. 1979. 『러시아 혁명사』. 문학과지성사
김현종. 2002. 『유럽인물열전』. 마음산책
김현숙. 2015. 『미국문화의 이해』 신아사
남도현. 2009. 『히틀러의 장군들』. 플래닛미디어
노무라 아쓰시. 2002. 『고흐가 되어 고흐의 길을 가다』. 김소운 옮김. 마주
니콜라우스 슈뢰더. 2001. 『클라시커 50 영화』. 남완식 옮김. 해냄
도리스 컨스 굿윈. 2007. 『권력의 조건』. 이수연 옮김. 21세기북스
로버트 로젠스톤. 2002. 『영화, 역사』. 김지혜 옮김. 소나무
로버트 크런든. 1996. 『미국문화의 이해』. 정상준 · 황혜성 · 전수용 옮김. 대한
리더스 다이제스트. 1977. 『20세기 대사건들』. 동아출판.
루치아노 아모리초. 2006. 『알 카포네』 김영범 옮김. 이라크네
마르크 뒤갱. 2006. 『대통령을 갈아치우는 남자』 이원희 옮김. 들녘

박보균. 2005. 『살아 숨쉬는 미국역사』. 랜덤하우스

박정기. 2002. 『남북 전쟁』. 삶과꿈

박홍규. 1999. 『내 친구 빈센트』. 소나무

박홍진. 1993. 『시네마, 시네마의 세계』. 둥지

박태균. 2015. 『베트남 전쟁』 한겨레 출판

밥 우드워드 & 칼 번스타인. 2014. 『워터게이트』 양상모 옮김. 오래된 생각

배리 스트라우스. 2011. 『스파르타쿠스 전쟁』. 최파일 옮김. 글항아리

배은숙. 2013. 『로마 검투사의 일생』. 글항아리

빌 브라이슨. 2014. 『여름, 1927, 미국』. 오성환 옮김. 까치

서정남. 2009. 『할리우드 영화의 모든 것』 이론과 실천

스콧 앤더슨. 2017. 『아라비아의 로렌스』. 정태영 옮김. 글항아리

스티븐 슈나이더. 2005. 『죽기 전에 꼭 봐야 할 영화 1001』. 정지인 옮김. 마로

스티븐 얼리. 2020. 『미국영화 톺아보기』 장세진 옮김. 헤드림

신문수. 2010. 『시간의 노상에서』 솔

실비아 앵글레트르. 2006. 『상식과 교양으로 읽는 미국사』 장혜경 옮김. 웅진

시오노 나나미. 1995. 『로마인 이야기』. 김석희 옮김. 한길사

안혁. 2015. 『마피아』 지성문화사

알리스테어 쿠크. 『도큐멘터리 미국사』 윤종혁 옮김. 한마음사

알베르트 슈페어. 2007. 『기억』. 김기영 옮김. 마티

앙드레 모로아. 1988. 『영국사』. 신용석 옮김. 김영사

앙드레 모로아. 2015. 『미국사』 신용석 옮김. 김영사

앙리 샤리에르. 2017. 『빠삐용』. 문신원 옮김. 황소자리

앨리슨 위어. 2007. 『헨리 8세와 여인들』. 박미영 옮김. 루비박스

앨리슨 위어. 2008. 『헨리 8세의 후예들』. 박미영 옮김. 루비박스

어니스트 헤밍웨이. 2012. 『누구를 위하여 종은 울리나』. 안은주 옮김. 시공사

어빙 스톤. 1981. 『빈센트 반 고흐』. 최승자 옮김. 까치

에덤 호크실드. 2017. 『스페인 내전』. 이순호 옮김

유시민. 1988. 『거꾸로 읽는 세계사』. 푸른나무

이강혁. 2003. 『스페인 역사 100장면』. 가람기획

이길주 · 한종만 · 한남수. 2003. 『러시아』 도시출판리 수

이구한. 2010. 『이야기 미국사』 청아출판사

이일범. 2004. 『세계명작 100선』 신아사

이형식 외 25인. 2017. 『영화로 보는 미국역사』 건국대학교 출판부

연동원. 2018. 『영화로 역사 읽기』 학지사

연동원. 2001. 『영화 대 역사』 학문사

유달승. 2009. 『이슬람 혁명의 아버지, 호메이니』 한겨레 출판

유시민. 1988. 『거꾸로 읽는 세계사』 푸른 나무

유종선. 2012. 『미국사 다이제스트』 가람기획

윌리엄 J. 듀이커. 2003. 『호치민 평전』 정영묵 옮김. 푸른숲

전리군. 2012. 『모택동시대와 포스트 모택동 시대 1949~2009』. 연광석 옮김. 한울

정종화. 2006. 『영화에 미친 남자』. 맑은소리

제임스 레스턴. 2003. 『신의 전사들』. 이현주 옮김. 민음사

조르주 보르도노브. 2008. 『나폴레옹 평전』. 나은주 옮김. 열대림

조셉 커민스. 2008. 『만들어진 역사』. 김수진, 송설희 옮김. 말글

조재익. 2004. 『굿모닝 러시아』. 지호출판사

존 M. 오언 4세. 2017. 『이슬람주의와 마주보기』 이종삼 옮김. 한울

제임스 도허티. 2012. 『아메리카 대장정』 오소희 옮김. 리빙북

찰스 디킨스. 2014. 『영국사 산책』. 민청기, 김희주 옮김. 옥당

토머스 매튼. 2005. 『십자군』. 권영주 옮김. 루비박스.

폴 존슨. 2016. 『미국인의 역사』 명병현 옮김. 살림

프란시스 휘트니. 2004. 〈미국의 역사〉. 이경식 옮김. 주미대사관 공보과

프랭크 매클린. 2016. 『나폴레옹』. 조행복 옮김. 교양인.

피셔, 토드. 2009. 『나폴레옹 전쟁』. 박근형 옮김. 플래닛미디어.

하워드 진. 2008. 『하워드 진 살아있는 미국역사』 김영진 옮김 추수밭

크리스 카일 외 2인 2014 <아메리칸 스나이퍼> 양욱,윤상용 옮김. 플래닛 미디어

최웅, 김봉준. 1992. 『미국의 역사』 소나무

최희섭. 2007. 『미국문화 바로알기』 동인

Anderson, Scott. 2017. Lawrence in Arabia. Geulhangari Publishers.

Ann Rinaldi. 2003. A Story about the Salem Witch Trials. Graphia

Barnett, Correlli. 1989. Hitler's Generals. PhoenixGiants

Bob Woodward & Carl Bernstein. 2014. All the President's Men. Simon & Schuster

Charles Mann. 2012. 1493:Uncovering the New World Columbus. Random House

David. 1993. Knight's Cross, Erwin Rommel. Harper Collins.

Deirdre Bair, 2017. Al Capone. Random House

Geatrice Harris. 2021. The Trails of Tears. Gareth Sevens Publishing

Hansen, Harry. 1961. The Civil War. Penguin Books.

Herold, Christopher. 1987. The Age of Napoleon. Houghton Mifflin.

Hodges, Andrew. 2014. Alan Turing: The Enigma. Vintage. Isaacson,

Lewis Baker. 2017. Chris Kyle. Createsspace Publishing

Max Hastings. 2019. Vietnam:An Epic History of a Tragic War. Charles River Editors

Andre Maurois. 1937. Hstoire de le Royaum-Uni. Maison Francaise Inc.

Andre Maurois. 1943 Histoire de l'E'ats-Uni. Maison Francaise Inc.

Andre Maurois. 1947 Histoire de la France. Maison Francaise Inc.

McLynn Frank. 1997. Napoleon. Jonathan Cape

Schom, Alan. 1997. Napoleon Bonaparte. Harper Collins

Tyler Bowen. 2016. Fidel Castro. Createsspace Publishing